DIYで作る
リメイク家具・
リモデル家具

山田芳照［著］

ナツメ社

はじめに

本書では、家具のリメイク・リモデル考える方のために、ＤＩＹでできるテクニックとアイデアを中心に、ていねいに解説しています。

古くなった家具やライフスタイルが変化して不要になった家具を、不要品にする前に新たな家具として作り変えてみてはいかがでしょうか。

リメイク、リモデルの定義としては、用途をそのままにデザインを変えることをリメイク、元の家具から別の用途に変えることをリモデルとしてみました。

リモデルの例としては、タンスの一部をカットして小型のチェストにしたり、タンスの扉部分を使ってままごとキッチンを作ったりと、タンスの枠材はしっかり作られているので、アイデア次第で欲しかった家具に作り変えることができます。また、足踏みミシンがあれば、天板をあらたに作ってオシャレなテーブルにすることができます。本書では、木でモザイク風にした天板やタイルを組み込んだ天板の作り方などを詳しくご紹介しています。

リメクの例としては、家族構成が変わって大きなテーブルが不要になったら、二人掛けのテーブルサイズに作り変えることができます。さらに、余ったイスを使ってベンチにすることもできます。

家具のリメイク・リモデルはハードルが高いと思っている方も多いのですが、簡単なものを一つ作ることでさらにアイデアがわいてきます。ぜひ本書を活用しての家具リメイク・リモデルに挑戦してください。

DIYで作る リメイク家具・リモデル家具

CONTENTS

公式YouTubeなどで数々のDIY作品作りにチャレンジするなど、DIYへの造詣が深いことで知られている俳優・とよた真帆さん。そんな彼女にモノづくりの魅力やこだわりの〝もったいない精神〟などについてうかがいました。

使わなくなった家具も端材もむやみに捨てない リメイクすれば別の使い道が生まれるから

女優でいながらDIYの世界に踏み入れたきっかけとは

女優として多方面で活躍するとよた真帆さんは、美術への造詣が深いことで知られ、アート作品を手掛けるほか、京友禅の絵師としてデザインにも携わっています。また、TV番組や公式YouTubeで、数々の作品づくりにチャレンジするなど、DIYに関する知識や技術も豊富なことでも知られています。

とよたさんがDIYの中でも得意としているのが、使わなくなった家具や端材など、不要になったさまざまな素材を再利用したDIYです。

とよたさんは、女優として活躍しながら、なぜDIYの世界に足を踏み入れたのでしょう。また、その作品作りへのこだわりや、母親から受け継いだという〝もったいない精神〟について語ってもらいました。

「子供の頃から工作やモノづくりが好きでした。手芸や工作、絵画など、とにかく手を動かして何かを作ることが好きだったんです。母がアッセンデルフト（Assendelft・アッセンデルフト

愛犬の"ぱるる"と大きなコイルドラム。こちらは何かに使えるだろう、ということで自宅にストックしているとのこと。

／オランダ発祥のフォークアート。家具や生活小物などにチューリップやバラ、水仙などの花のモチーフを描くアート）を描いていたので、家には常にカラフルな絵の具がたくさんありました。その絵の具を使って姉からもらった白い家具に花柄を描くなどということもしていましたね。また、私自身が美術科に通っていたこともあって油絵なども描いていましたし、日常的にアートが身近にあったということもＤＩＹやモノづくりが好きになったことに大きく影響しているのだと思います」

ご自宅の部屋もこのように自らDIYで模様替えをしています。その技術や経験値はすでに趣味の域を超えていてプロ顔負けです。

PROFILE：
俳優　とよた真帆

東京都生まれ。学習院女子高等科在学中にモデルデビューし 1986 年に「アニエスb.」のモデルとしてパリコレクション等に出演。

1989 年に女優としてデビ ュー後はドラマや映画、舞台等で活躍。

京友禅の絵師としてもデザインを手がけ、DIY や水石など多彩な趣味を持つことでも知られている。

もったいない精神の塊のような母親から受け継いだDNA

今、DIYの世界では「SDGs」や「サステナブル」といったキーワードと共に、リサイクルやリメイク、アップサイクルを意識したモノづくりが注目されています。とよたさんはDIYでさまざまな作品づくりをするなかで、そういったことも意識されているのでしょうか。

「最近になってリメイクなどの取り組みが盛んに言われていますが、昭和5年生まれの母が〝もったいない精神〟の塊のような人で、ひとつのものを大切に使って、リメイクするのが当たり前でした。そんな母の姿を幼い頃から見て育ったので、私も使わなくなったらすぐに捨てたり、次々新しく買ったりするという発想がそもそもありません。特にリサイクルということを意識していなくても不要となった家具や洋服、端材なども〝別の何かに使えないかな？〟と、常に新たな使い道を考えてしまいます。だからきっと私のDIY作品にはリメイクものが多いのかもしれませんね」

大きな古いタンスを解体して DIY の材料として活用。
こちらも何かに使えるだろうとストックしていたもの。

アンティークの木製糸巻きがテーブル脚に変身

「例えば〝お部屋にちょっとしたテーブルが欲しいな〟と思ったら、ストックしておいた素材や家の中のモノを見渡して、それを材料にリメイクして新しい何かが作れないかなってアイデアを練ったりします。そんな時に使う素材は、ストックから選ぶこともありますし、それ以外にも旅先やアンティークショップ、骨董市やネットショッピングで買うこともあります。先日京都で養蚕用の古い糸巻きを見つけました。とても味わいのあるかわいい枠木の糸巻きで、見つけた瞬間〝これはテーブルの脚に使えるかも！〟と思って4本セットで購入しました。そんなふうに、古いオケや味のある天板、時代を感じるタンスなども〝これかわいい！〟と感じたら買ってストックしています」

ストックをしていると、時に無駄になってしまうようなことはないのでしょうか？

「ストックしているものは、いつか絶対に使おうと思ってストッ

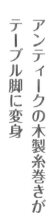

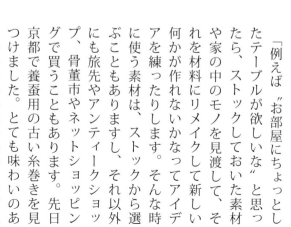

こちらもポーリングアートの作品。使っている絵の具は絵を描いた際に余ったものを活用しているとのことです。作業の際は使い終えたBBQ用のアルミ皿などを使っているそうです。

こちらはポーリングアートの作品の一部。100円ショップで購入したまな板に、アクリル絵の具を使ってポーリングアートを施したものです。

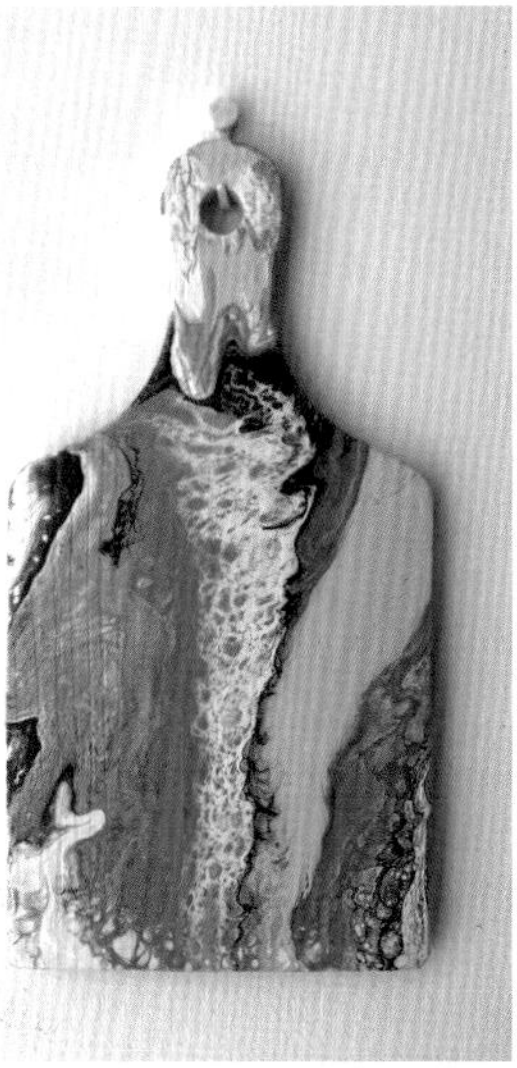

右のページの解体したタンスの一部は、英語の文字を並べて表札に生まれ変わりました。

こちらはとよたさんがDIYで壁紙を張り替えたという寝室。鮮やかな色合いが見事です。さすがアーティストとしても活動する、とよたさんならではのセンスを感じます。

クしているので無駄になることはないですね。意外なケースで使う機会がやってきます。この間もたまたまネットで見つけた古い花台が、自宅のリフォームで役立ちました。木の切り株みたいな大きな花台、それが洗面ボールの台にちょうどぴったりで、かわいらしい洗面台ができました。そんなふうに、取っておくと、いつか何かに使えるので、むやみに捨てるなんてことはないですね」

脚を取りつけた表面は、独特の風合いのあるコンパクトなテーブル（ちゃぶ台）に見事にリメイクされました。この味わいは時代を経たタンスならではの雰囲気を醸しだしています。

時代を感じさせる古いタンス。このままでも味わいがあって素敵ですが、こちらもDIYの材料として購入したとのこと。

上のタンスの扉を解体して、裏に折り畳み式の脚を取り付けてあります。

DIYの作品づくりで余った端材や、落ちていた小枝などを組み合わせて作られた小鳥の巣箱。自宅の木に取り付けたそうです。

端材や布きれなどをうまく組み合わせて作った愛犬“ぱるる”のためのベッドです。

余った絵の具も有効活用して ポーリングアートに

アート作品の製作やDIYで余った絵の具や端材、使い終えた日用品なども、極力捨てずに取っておくといいます。こうした端材や余った絵の具を使って製作された色彩豊かな作品もいくつか見せてくれました。

「私は絵も描くので絵の具もどうしても中途半端に残ってしまう色があるのですが、そういった絵の具はこのようにポーリングアート（注／キャンバスにさまざまな色の絵の具を垂らして独特のマーブル模様を作るというアート）に使っています。絵の具は、使わなくなった容器で混ぜ、自由な模様で塗っていきます。特別

カラフルな壁掛け時計もとよたさんの手によるもの。シンプルですがデザインや色あいがとてもおしゃれです。

壁掛け時計の文字盤をよく見ると、ボタンが使われていることがわかります。これらはすべてとよたさんが着なくなった洋服から取り外し専用の箱にストックしていたものを使っています。

ボタン以外にも着られなくなった洋服は生地として再利用するためにストックされています。ジーンズのデニム生地はイスの座面などに使うとのこと。

見事な彫刻が施された古材を台に載せて、さらにその上にガラス板を重ねて天板にしたベッドサイド用のテーブル。

天板の下に使った台も古いタンスをリサイクルしたもの。古材を組み合わせたものですが、機能的でもあります。

存在感のあるテーブルを、とよたさんはさらにDIYで手を加えて、現在は脚付きのしっかりとしたテーブルにリメイクされています。

リサイクルを意識して作っていません。"もったいない"から当たり前のことを好きで手掛けているだけです」

何もないところから新しい何かを生み出せることが楽しい

とよたさんは女優として多忙な日々を送るなか、DIYにも真剣に取り組み次々と新たな作品を生み出していますが、その原動力とは何なのでしょうか。

「俳優はプレッシャーも多いのですがやりがいがある仕事です。一方、DIYは自分で手を動かして、何もなかったところから何か新しいものを生み出してイメージを形にするのが楽しい。そういった気持ちが原動力かもしれません。少なくともリラックスできる大切な時間なのは間違いありません。楽しいから次々と作品を作りたくなる。今も、使っているベッドをリメイクしてベッドでありソファのようにも使える、そんな作品を作ろうと計画中です。そのベッドの周りにはベッドに合った便利な棚やイスなども作りたい。そんなことを考えている時間は、私にとっては欠かせない大切なひと時です」

押入れスペースをDIYで大改造してオシャレなディスプレイスポットに。よく見ると古い配管や古材などをリメイクして飾り棚にしています。

床の間もとよたさんの作品で美しく飾られています。作品だけでなく、壁の仕上げや愛猫の出入り口もとよたさんによるDIYです。

DIYでうまくいかなくても それがあなたのオリジナル

DIYでこれからリメイクを挑戦したいと考えている読者へメッセージをお願いします。

「とにかく、まずはやってみてください。家具にリメイクシートを貼るだけでも、お花の絵を描いてみるのでもいいです。〝失敗したらイヤだな〟なんて考えなくていいんです。完璧を求めるから、うまくいかないだけで失敗したっておもってしまいます。でも、理想通りにいかなくても失敗と思わなければそれは失敗でなくあなたのオリジナルの作品です。難しく考えず、まずは一歩踏み出してください。自分の手で思い描いた作品ができた時には、きっと大きな達成感が得られるはずです」

とよた真帆さんは女優としての活動のほかアート作品やDIYでのモノづくりについて、SNSなどで幅広く発信されています。もしアート作品やとよたさんのDIYのノウハウを知りたいのであれば、とよた真帆さんの公式サイトをぜひチェックしてみてください。

端材を組み合わせたモザイクテーブル

こちらの作り方の詳細は94頁参照

アンティークな足踏みミシンを元にミシン台と脚を分解し、端材を使ったモザイク柄の天板を取り付け、リメイクしたテーブルです。こちらは本書籍内で詳しい作り方を紹介しています。

階段スペースの壁紙もDIYでとよたさん自ら貼ったもの。すでにDIYの技術は匠レベルなので、この手の作業はお手のものです。

01

タンス・チェストをリモデル

タンスをリモデル

分割してチェストとままごとキッチンに作り替える

大きいタンスのリモデルは「リサイズ」がポイント。分割するとと発想が広がってさまざまなアイテムをイメージできます。作例では引き出しをいかすローチェストと、戸棚をベースにしたままごとキッチンへと作り変えてみました。

リモデルプラン
Remodel PLAN

普及価格帯のタンスを素材として使用。元の高さでは置き場所を選び、リモデルできるアイテムが限られるため、分割して複数に作り替える方針を立ててプランニングをスタート。タイプの異なるローチェストとままごとキッチンの2アイテムにリモデルします。

ローチェストはカラーと前板を変更して、タンスの面影が残らないほどにイメージチェンジ。洋室に置けるデザインを目指しました。

また、ままごとキッチンでは、扉や引き出しを流用しながらも、シンク周りやオーブンドアなど各部の加工にこだわって、大胆な用途変更に挑戦しています。

ままごとキッチン

❶戸棚の下でカットして、ままごとキッチンの本体として使用。背面にパネルを取りつけ、天板をシンクとガスレンジに加工します。

❷小引き出しはシンク下の収納に。木製の取っ手はおしゃれな陶製のものに交換します。

❸戸棚の扉は1枚をオーブンの扉に流用します。まん中を四角く切り抜いて窓を作り、オーブンらしく仕上げます。

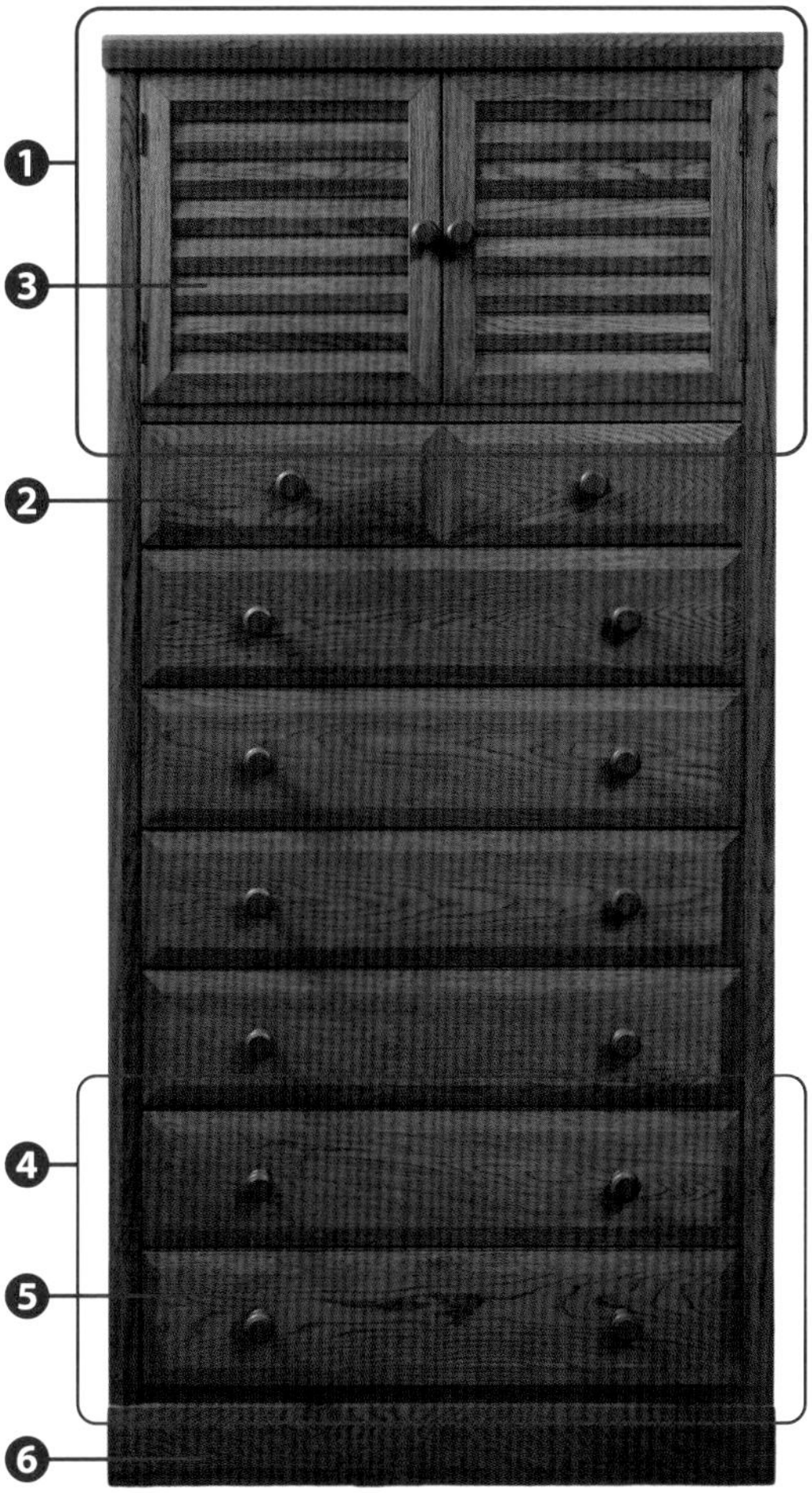

ローチェスト

❹作りたいチェストの高さに合わせてカット。今回は引き出し2段分を使い、上部に天板を張り直してローチェストに仕上げます。

❺引き出しは、重くなってもスムーズに出し入れができるようにスライドレールを取りつけ。アカシア集成材で前板を作り直します。

❻下部は幕板を取り外し、市販の金属製の脚を取りつけてすっきりとイメージチェンジします。

作業の流れ

タンスの分割 ← 戸棚部分を切り離す ← 引き出し2段分を切り離す

- ローチェストにリモデル ← 天板を取り付ける ← 脚を取り付ける ← 本体を塗装する ← 引き出しを取り付ける ← 前板・取っ手を取り付ける ←
- ままごとキッチンにリモデル ← 背面パネルを取り付ける ← 収納とオーブンを作る ← 本体を塗装する ← シンクを作る ← ガスレンジを作る ← 調理器具を作る

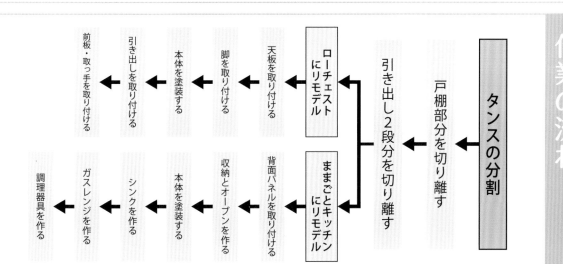

本体を分割する

扉と引き出しを取り外して、カットするための準備をします。扉と引き出しの一部は、後ほど素材として使用します。

1

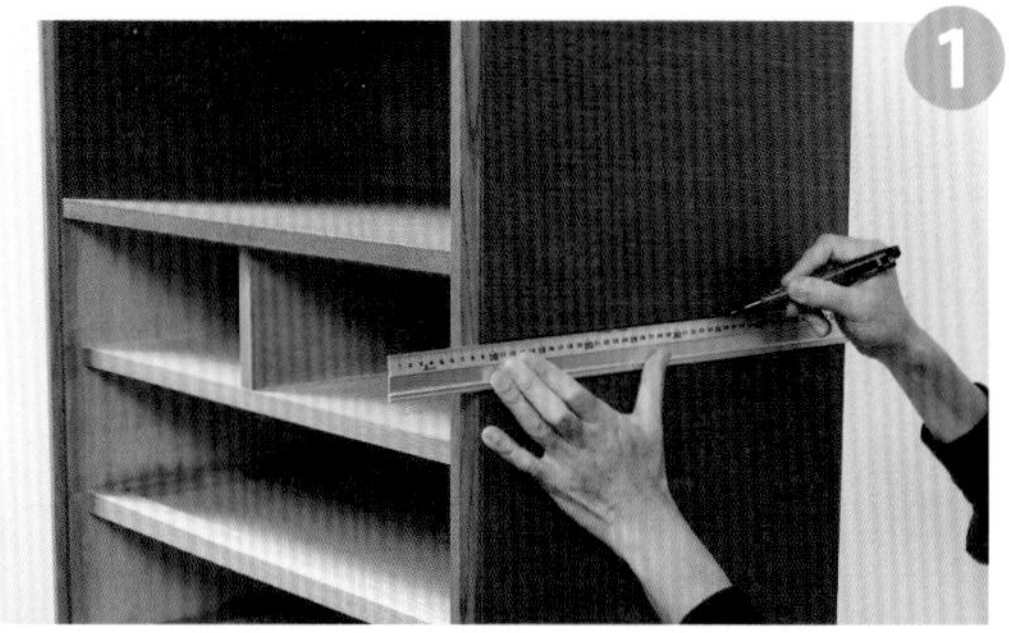

タンスの上部は戸棚の下に、ぐるりと一周、カットするラインを引きます。脚にするため、側板を50mm程度残しています。

2

側板をカットします。側板は中空構造でノコギリが引っ掛かりやすいので注意。ここは丸ノコでカットすることもできます。

3

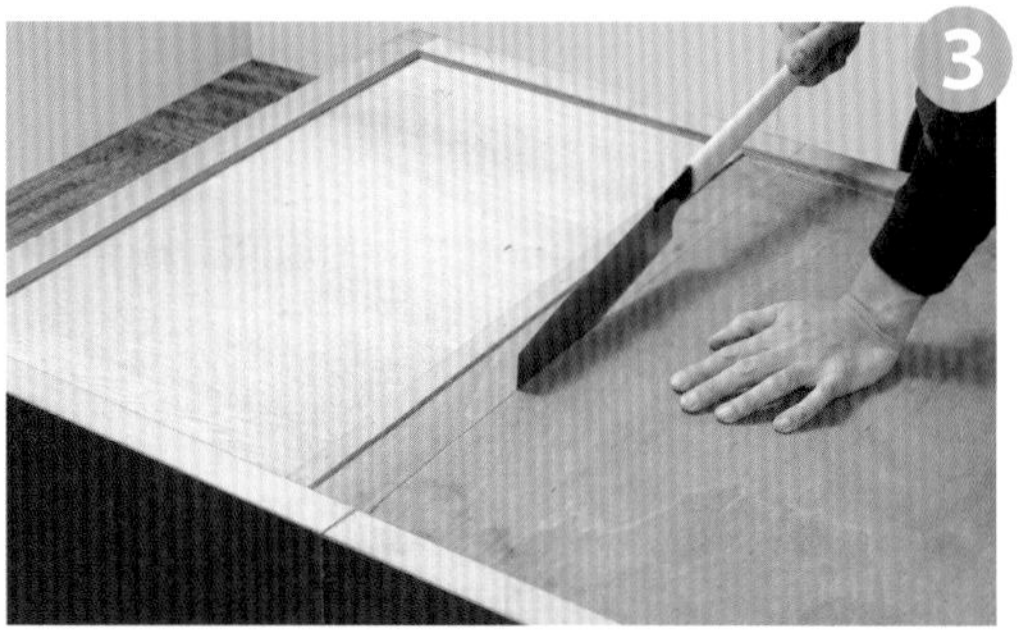

背板には薄いベニヤ板が使われています。段差があるので、ノコギリでていねいにカットします。

4

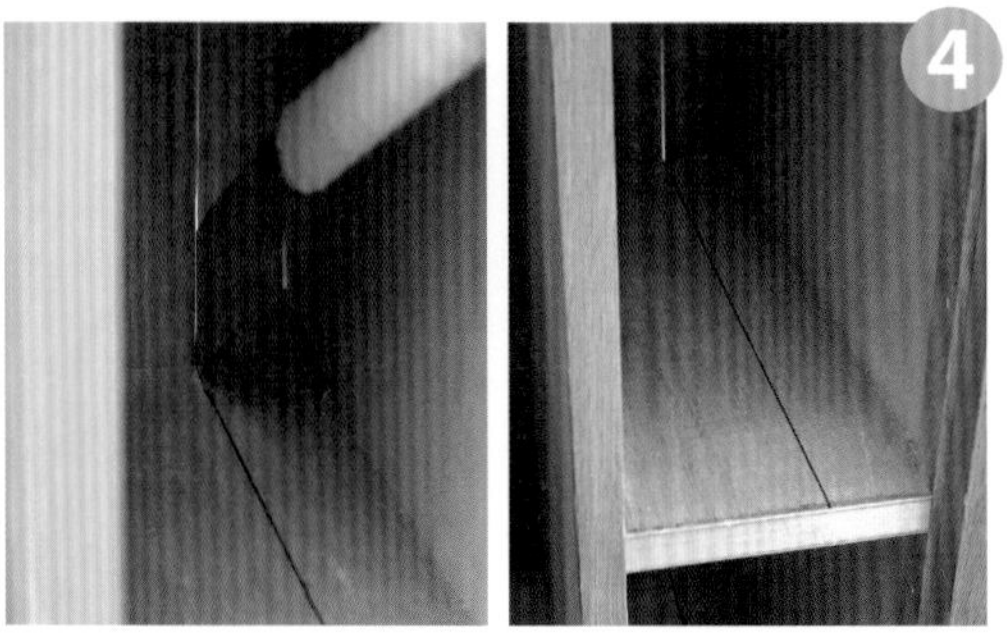

引き出しの仕切りなど内側についている板は、外周の切り跡に合わせて線を引いてノコギリでカットします。

5

ままごとキッチンの素材として使う戸棚部分のカットが完了しました。

6

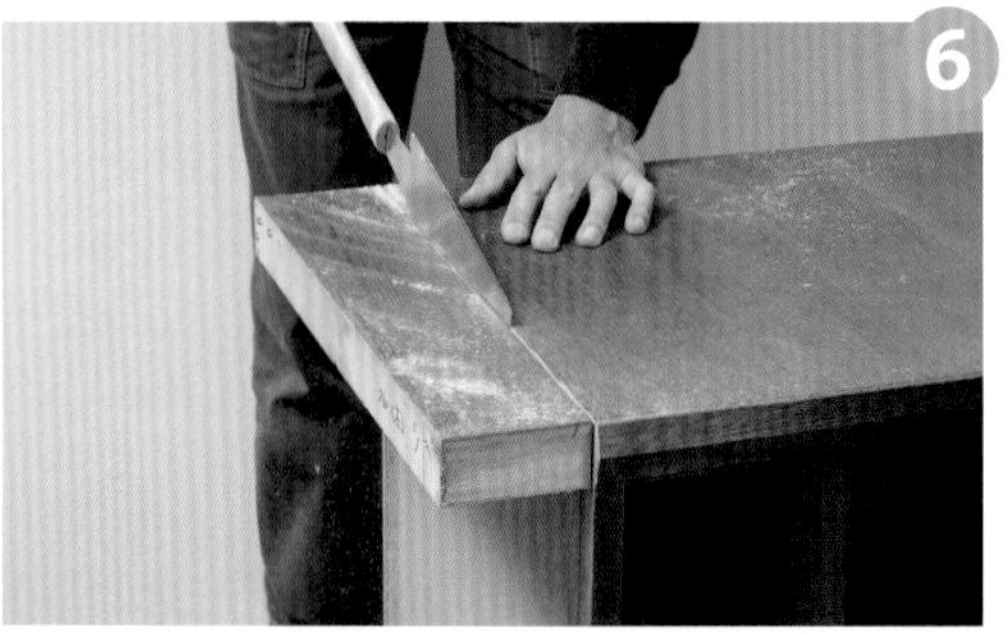

本体下部は幕板を取り外してから、底板の高さにそろえてカットします。

7

上部と同様にして引き出し2段分の高さでカット。こちらをチェストの素材として使います。

幕《まく》板《いた》を取り外す

下部の四角についているクッションをカワスキなどを使って取り外し、板の接合部が見える状態にします。

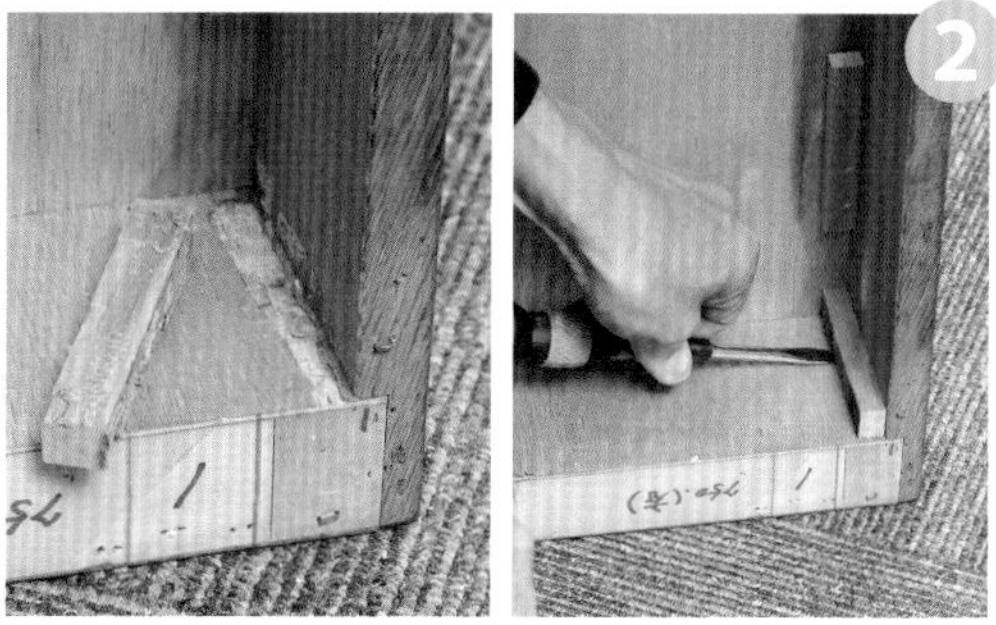

幕板の裏側に補強の角材が入っている場合は、マイナスドライバーなどでこじって取り除いておきます。

裏側から金づちで叩いて幕板を取り外します。このタンスは接着のみでしたが、クギを使っている場合もあるかもしれません。

ビスケットを入れて接着し、後側の幕板と側板の固定を強めているパターン。これは内側から叩いても取れません。

この場合は、下方向に抜くために上から当て木をして叩き、少しずつずらしてはずします。

前後の幕板を取り外せました。今回のように部材が接着されている場合は、金づちで叩いてはずすのが効果的です。

ローチェストのベース

ままごとキッチンのベース

普及価格帯の家具の特徴と扱い方

側板は軽量な中空構造

大量生産される普及価格帯の家具や組み立て家具の多くは、フラッシュ構造で作られた側板を組み立てて作られています。このフラッシュ構造は、角材を組み立てた枠の両面に化粧ベニヤを張って一枚板に見せる製法です。内部のほとんどの部材が空洞のため軽く、無垢材を使うのに比べて安価にできるため、家具や室内ドアなどによく使われています。

フラッシュ構造の板は、叩くとコンコンと軽い音がするのですぐにわかります。当然、空洞の部分は強度が低くなり、芯材が入っていないところはネジを打っても利きません。普及価格帯の家具をリモデルする場合は、この構造を踏まえて切断や加工をする必要があります。

外観は一枚板に見えるように作られていますが、フラッシュ構造の側板を叩いてみると、軽い音がして中が空洞であることがわかります。

写真はフラッシュ構造を採用したチェストの切断面です。側板の外側や棚の接合部に芯材が入っている以外は、ほとんどが空洞になっているのがわかります。

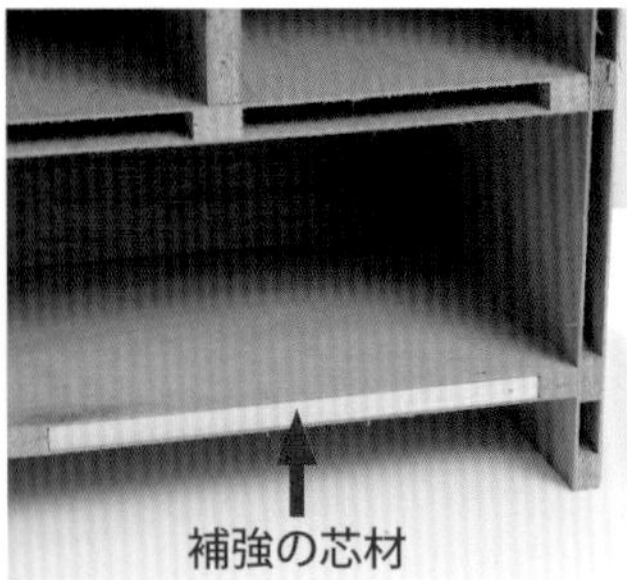

フラッシュ構造の家具を切断してリモデルする場合は、空洞部分の扱いに要注意。金具を取りつけたい場所、強度を保ちたい場所には、事前に芯材を入れておく必要があります。

丸ノコでカットするには?

フラッシュ構造の表面に使われているベニヤ板は、カットする際に割れや荒れが発生しやすい素材です。ノコギリでカットする分にはあまり気を使うことはありませんが、丸ノコを使う場合はマスキングテープを使って切断部の荒れを防ぐ一手間をかけるとよいでしょう。

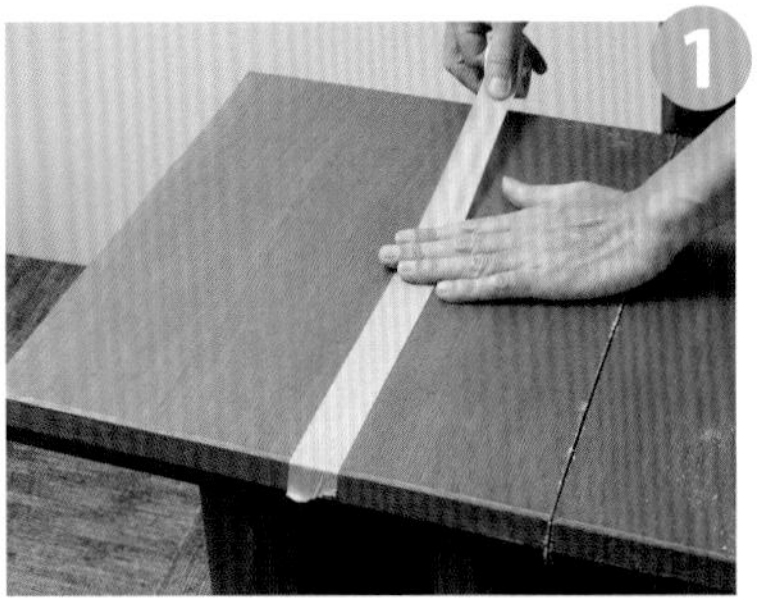

カットする位置にマスキングテープを貼ります。

マスキングテープの上にカットする線を引きます。

線に沿って丸ノコでカットします。

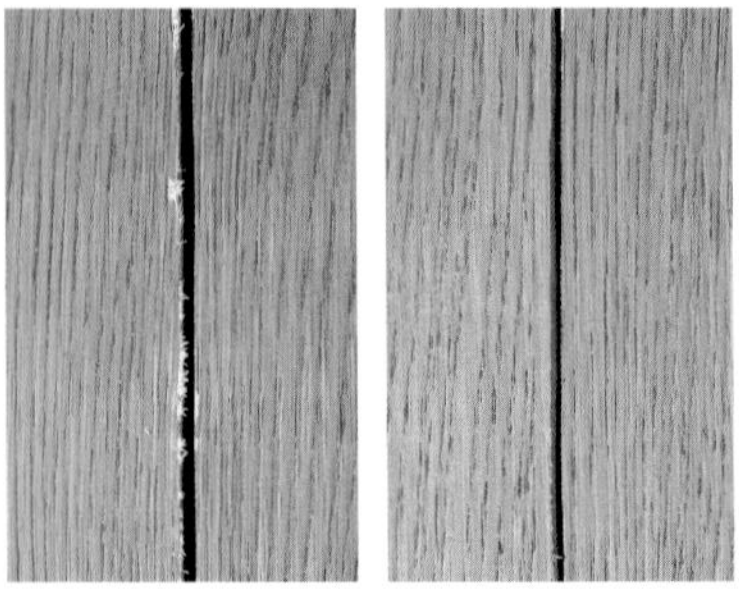

右がマスキングテープ使用、左が未使用。切断部の荒れ具合が明らかに違います。

傷んだ部分を補修する

欠け、へこみを直す

セメダイン
エポキシパテ木部用

補修には欠けた部分に硬く盛ることができる、木部用のエポキシパテを使用します。

1

欠けやへこみといった目立つ破損は、リモデルのついでにきれいに補修しましょう。

2

破損部分を80番程度のサンドペーパーで磨いて、表面をならします。

3

エポキシ樹脂と硬化剤が２層のロール状になったものを、使う大きさにカットします。

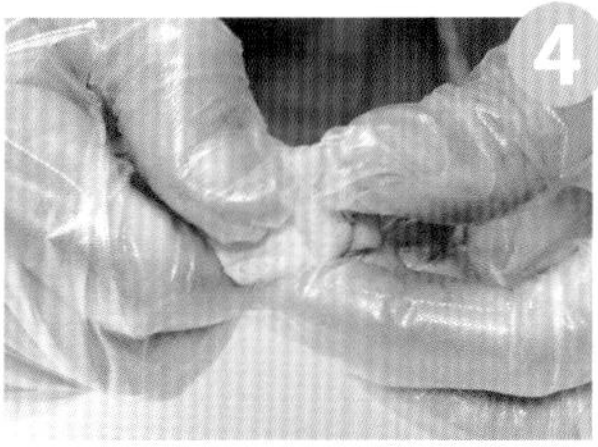
4

指でよく練って、色が均一になるまで２剤を混ぜ合わせます。

5

混ぜるとすぐに硬化が始まります。手早く破損箇所に盛って、コテなどを使って成形します。

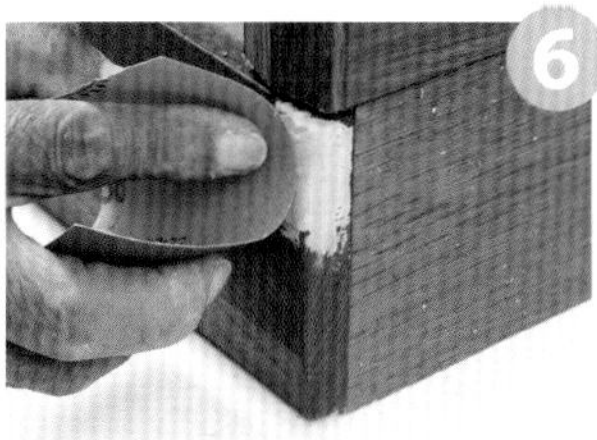
6

１日たって完全に硬化したら、400番程度のサンドペーパーで表面を仕上げます。

7

周囲の色に近い水性塗料を塗って、色合わせをします。

8

注意して見なければわからない程度まで、破損箇所を修復することができます。

はがれを直す

1

フラッシュ構造の家具は、ベニヤ板の接着が弱くなると、周辺部からはがれてきます。

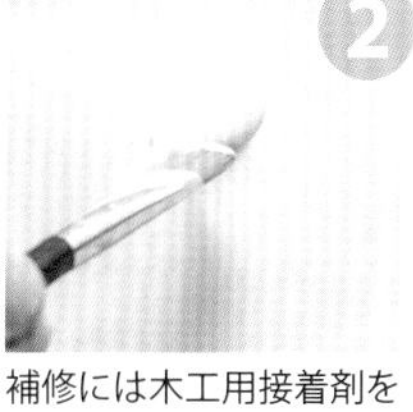
2

補修には木工用接着剤を使用。この作業には絵筆をつかうのがおすすめです。

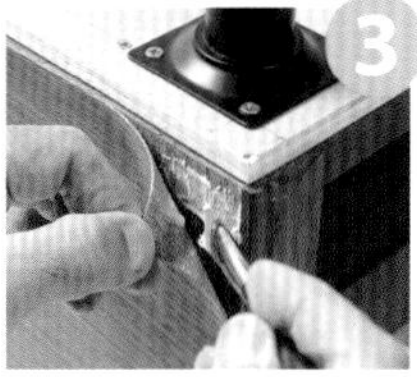
3

木工用接着剤を絵筆につけて、はがれている部分の全面にしっかりと塗ります。

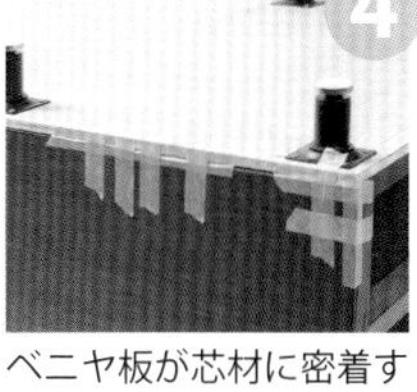
4

ベニヤ板が芯材に密着するようにマスキングテープで固定して、１日ほどおきます。

丁番のガタつきを直す

1

よく開閉していた扉は、丁番がガタついたり、扉が傾いたりすることがあります。

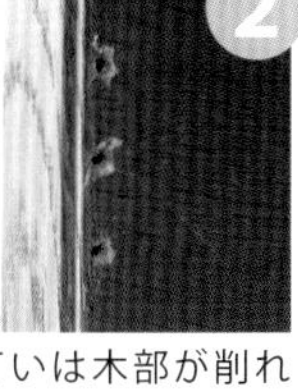
2

たいていは木部が削れて、ネジが大きくなっていることが原因です。

3

エポキシパテを使用。練ってこより状にしたパテで、大きくなったネジ穴を埋めます。

4

ネジ穴の奥までパテを押し込み、完全に硬化したら丁番をネジどめし直します。

ローチェストを作る

道　具		
■電動ドリルドライバー	■ダボキリ	■クランプ
■丸ノコ	■金づち	■プラスチックハンマー
■サンダー	■ダボ切りノコギリ	■ハケ

天板の材料を切り出す

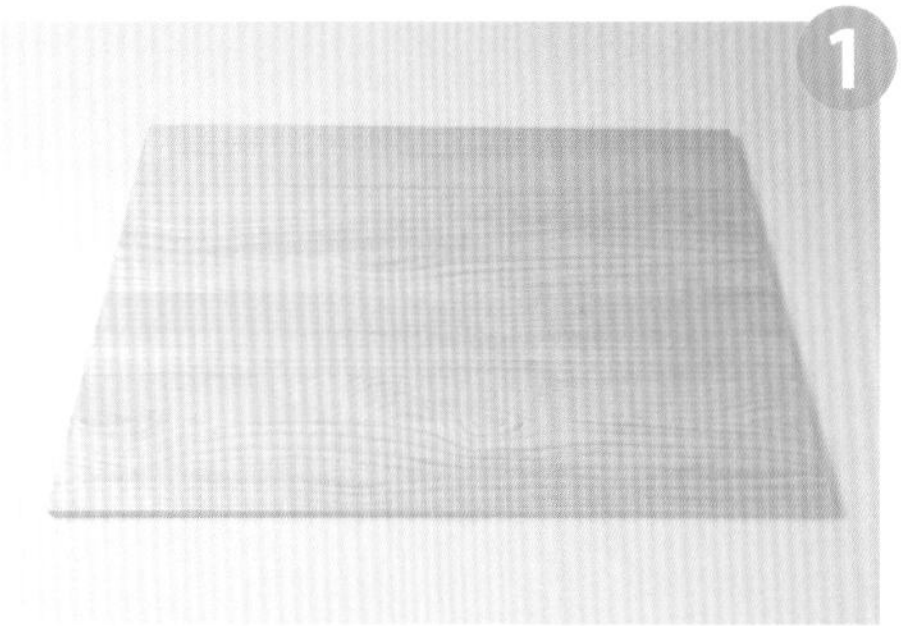

1 18mm厚のパイン集成材を、チェストのサイズに合わせて天板として加工します。

2 チェスト本体の横幅と奥行を測ります。天板の奥行は本体にそろえ、横幅は60mm大きくします。

3 パイン集成材を使用する寸法にカットします。丸ノコの直線カットには、平行ガイドや定規を利用しましょう。

4 サンディングして切断面のバリ、荒れを取り、角は面取りをしておきます。

天板を取りつける

天板は前後を本体にそろえ、左右が本体から均等に出るように位置合わせをします。

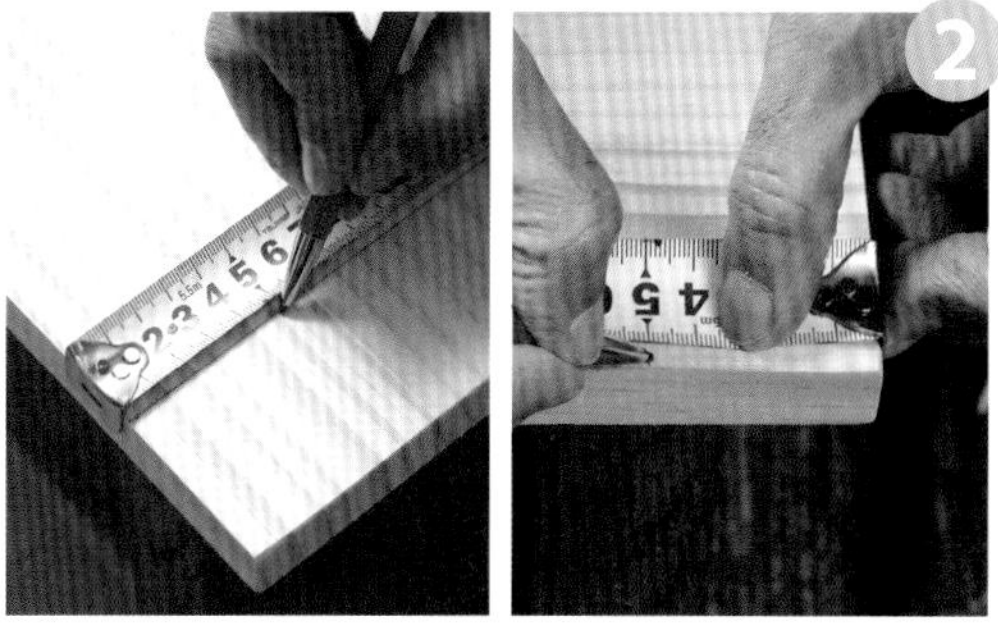
本体に芯材が入っている位置を確かめておき、ネジを打つ位置に印をつけます。

天板はネジ頭を隠すため、10mmのダボを使って埋木処理をします。

ネジを打つ角の4か所に10mm径のダボキリで穴をあけます。

天板との接合面に木工用接着剤を塗ります。

40mmの木ネジを打って天板を本体に固定します。

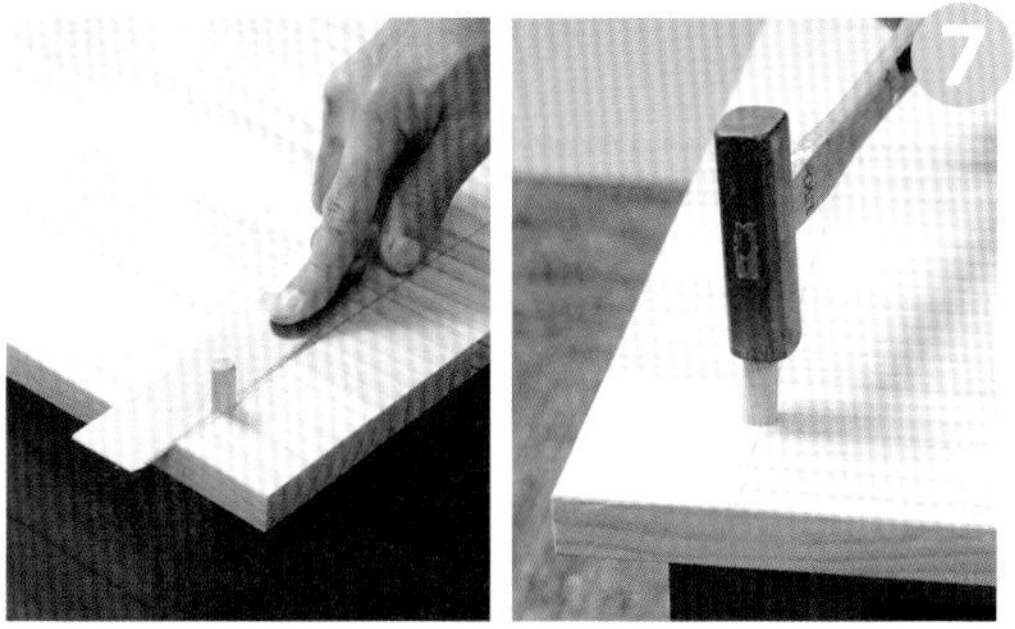
先端に接着剤をつけたダボを穴に打ち込み、余った部分をダボ切りノコギリでカットします。

天板の取りつけが完了しました。

脚を取りつける

1

チェストの底面に補強として 9mm 厚の合板を使用。底面の寸法に合わせてカットしたものを用意します。

2

接合面に木工用接着剤を塗り、20mmの木ネジで固定します。本体に芯材が入っている位置にネジを打ってください。

3

アジャスターつきの脚を使用します。移動できるようにする場合は、キャスターを取りつけましょう。

4

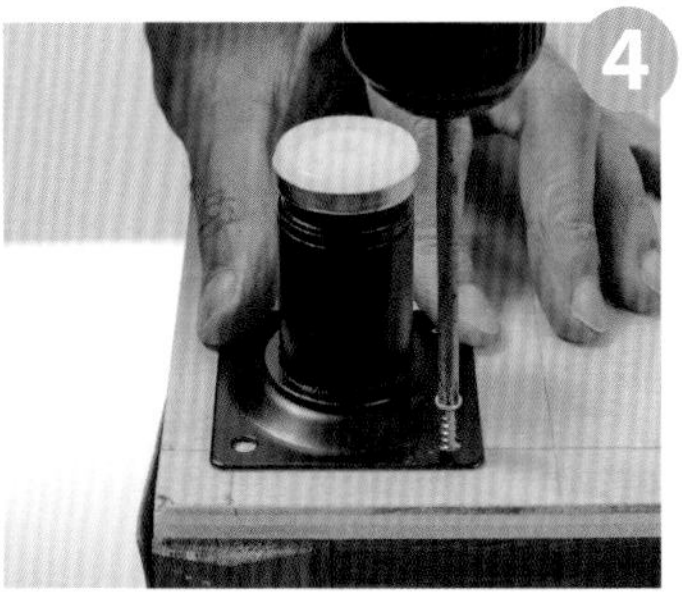

位置を決めて脚を底板にネジどめします。最初の 1 本は、ずれ止めのために緩めに締めておきます。

5

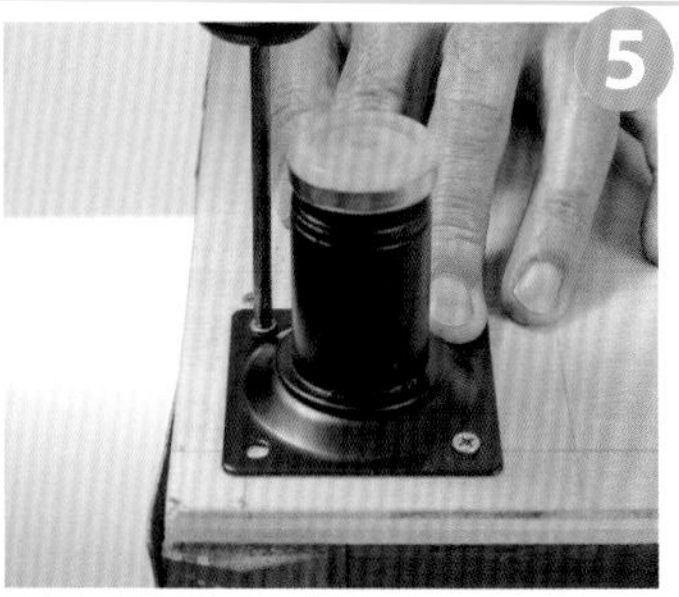

1本目の対角に2本目のネジを打ったら、残りのネジをしっかりと締め付けて脚を固定します。

6

脚の取りつけが完了しました。

本体を塗装する

1

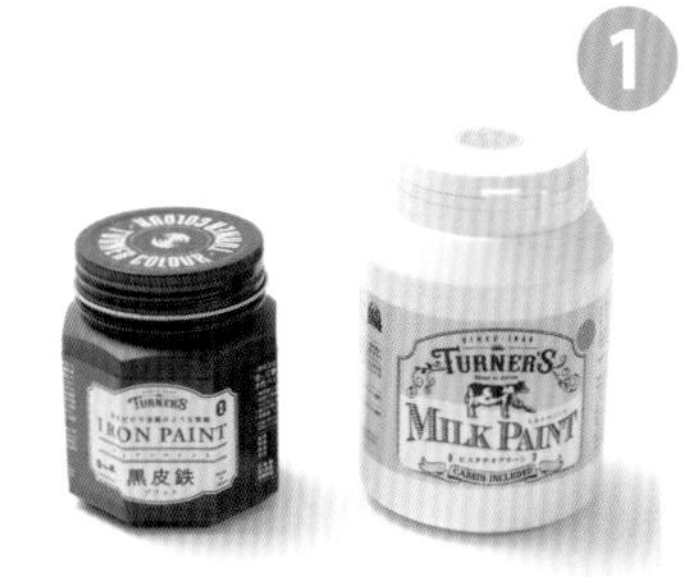

側板の塗装は水性のミルクペイント、天板は渋い光沢が特徴のアイアンペイント「黒皮鉄」を選択。

2

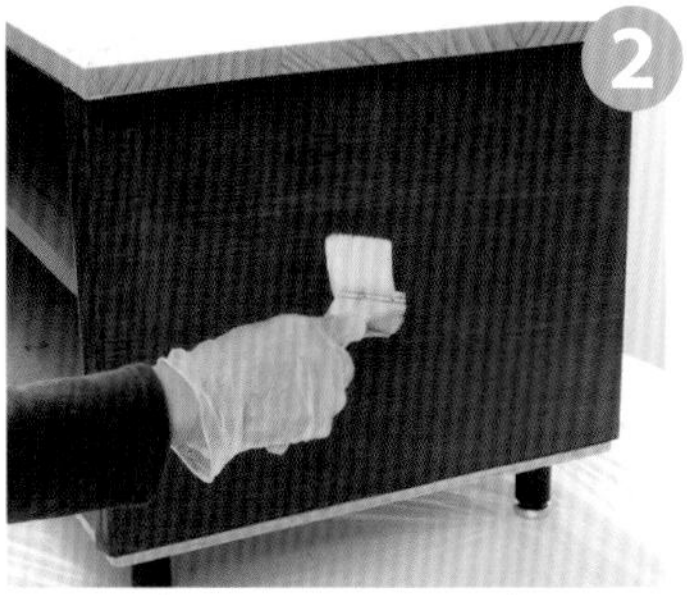

側板の化粧ベニヤには、塗料が密着しやすいようにプライマーを下塗りしておきます。

3

天板との境界をマスキングテープで養生しておき、側板をミルクペイントで塗装します。

4

続いて、天板をアイアンペイントで塗ります。下の木目が透けないように 2 度塗りしましょう。

5

アイアンペイントが完全に乾燥してから、乾いたウエスで塗装面を磨いて光沢を出して仕上げます。

6

鉄の表面にできる黒サビをイメージしたという「黒皮鉄」。光沢塗装とマット塗装の中間の表情が独特です。

引き出しを小さく加工する

1

スライドレールを左右に取りつけるため、引き出しを分解して横幅をつめる加工をします。

2

引き出しの内側から接合部の近くに当て木をして叩き、両端を少しずつずらしながら左右の板をはずします。

ここが
ポイント!

台形に作られたホゾと突起を組み付けて接合されている場合は、矢印方向に接合部をずらして板をはずします。

3

残った前後の板はクギなどで固定されていることが多いので、これも内側から叩いて底板からはずします。

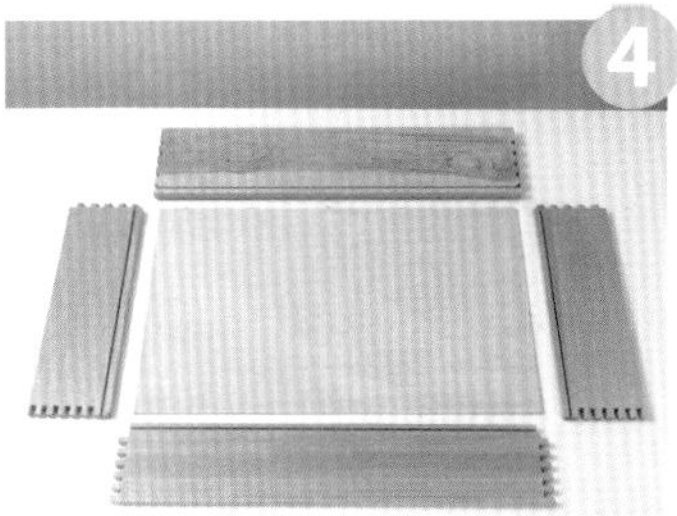
4

引き出しをきれいに分解できました。破損していないので、これらの部材をリサイズして組み立て直します。

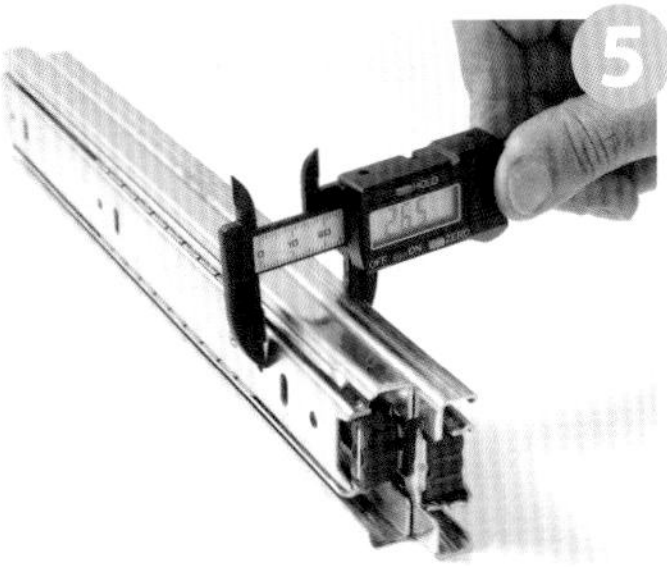
5

使用するスライドレール2枚分の厚みをノギスで測ります。厚みは製品パッケージに記載されている場合もあります。

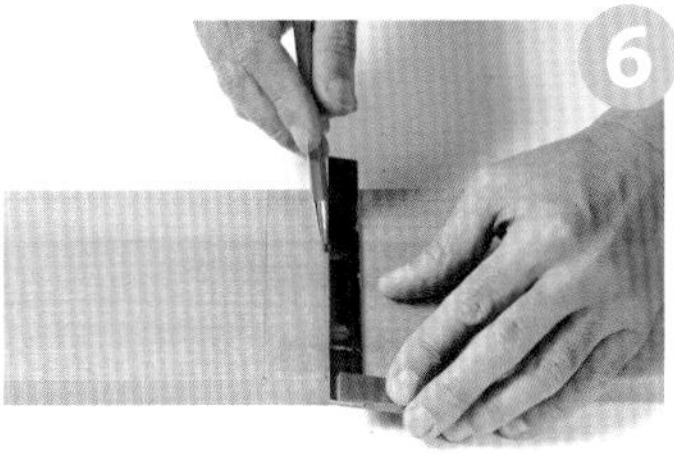
6

背板のまん中あたりに、スライドレールの厚みと同じ幅で線を引きます。

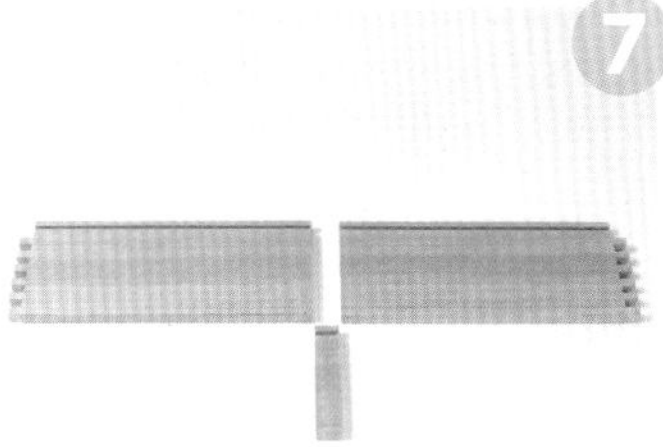
7

背板を線に沿ってカットします。これでスライドレールをつけるスペースを確保します。

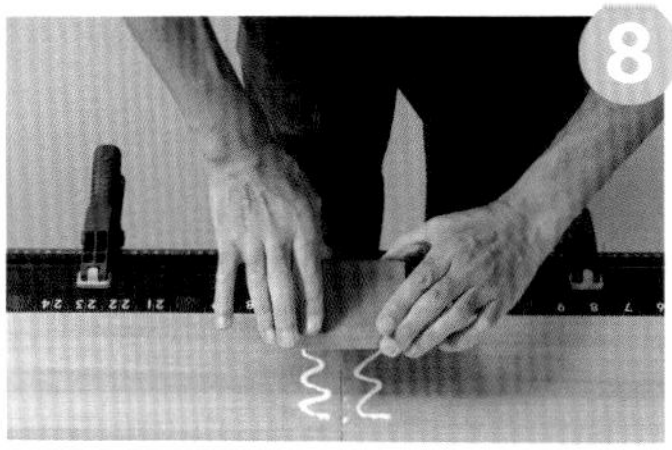
8

背板をつなぎ直します。背板の高さに合わせてカットした板を添え木にして、接合部を補強します。

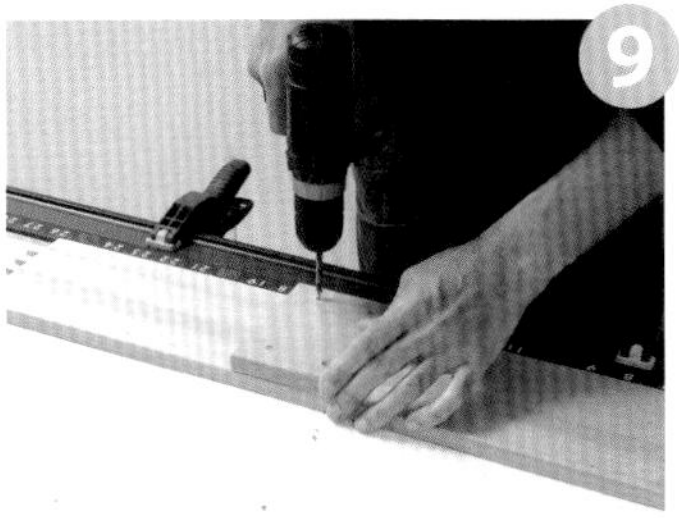
9

接合面に木工用接着剤を塗っておき、さらに木ネジを打って添え木をしっかりと固定します。

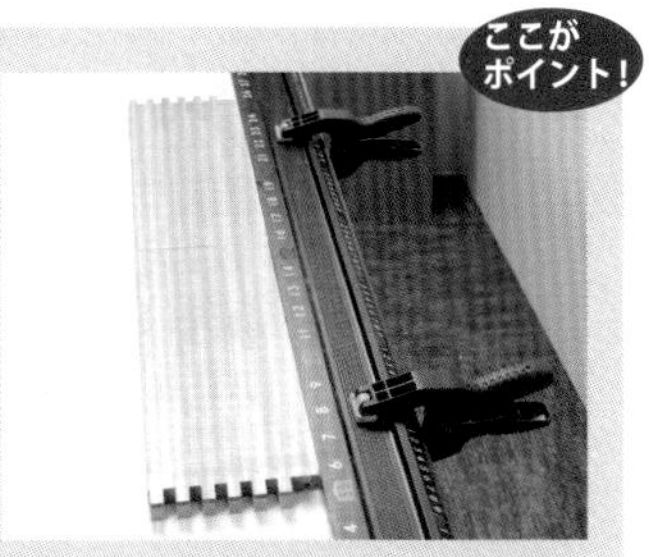
ここが
ポイント!

板をつなぎ直す際は、定規などをあてて下側を真っすぐにそろえた状態で固定しましょう。

10

左右の側板は、前側を板の厚み分だけ短くします。現物をあてて線を引き、カットしましょう。

引き出しを組み立て直す

一端をカットした左右の側板を、背板に固定し直していきます。

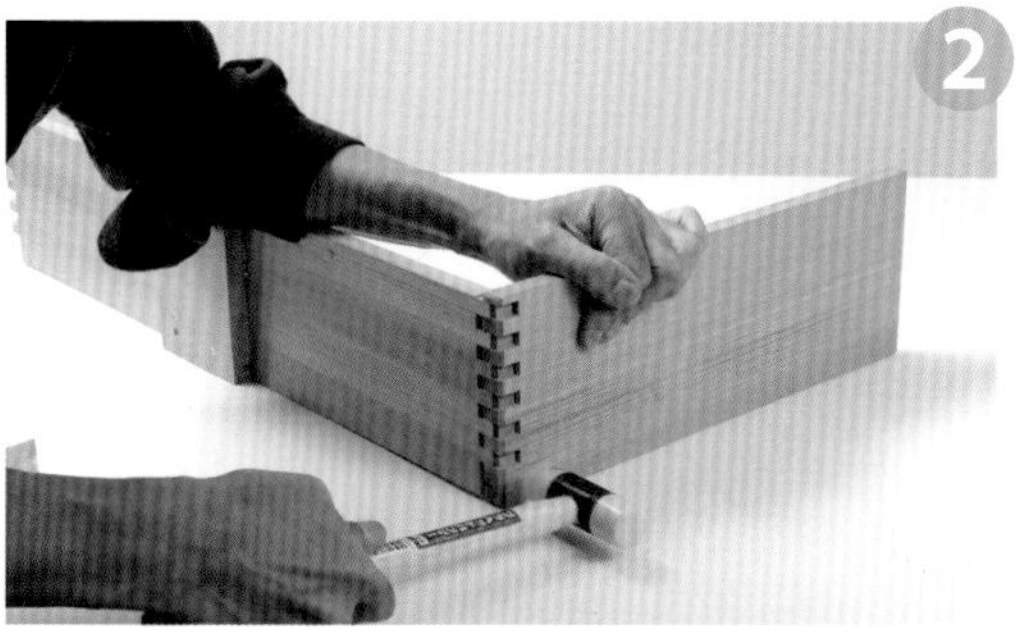

背板と側板の継手を合わせ、プラスチックハンマーなどで叩いてはめ込みます。

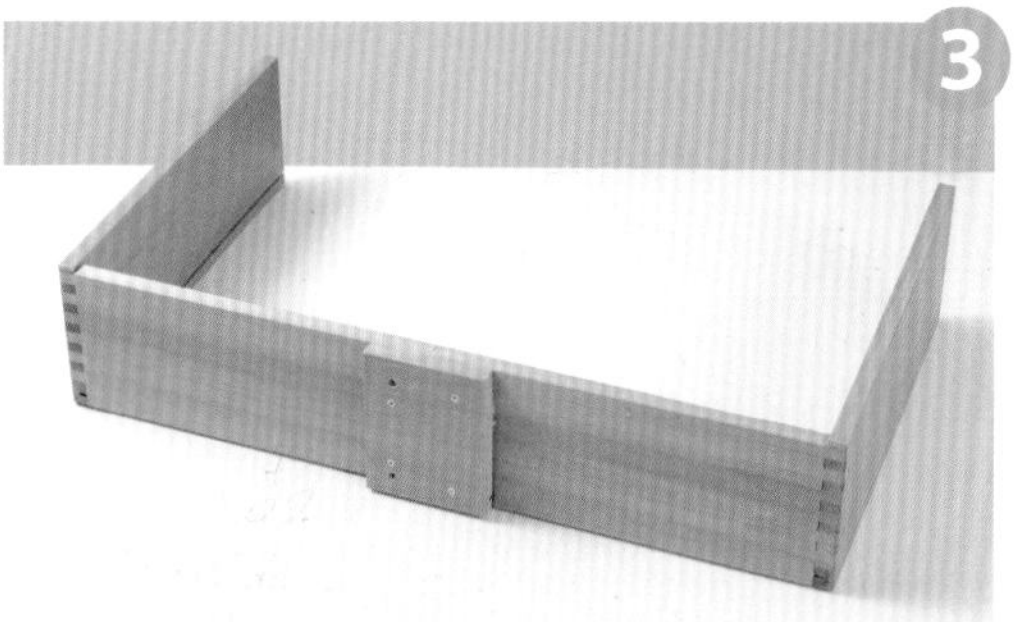

左右の側板を組み直したところです。

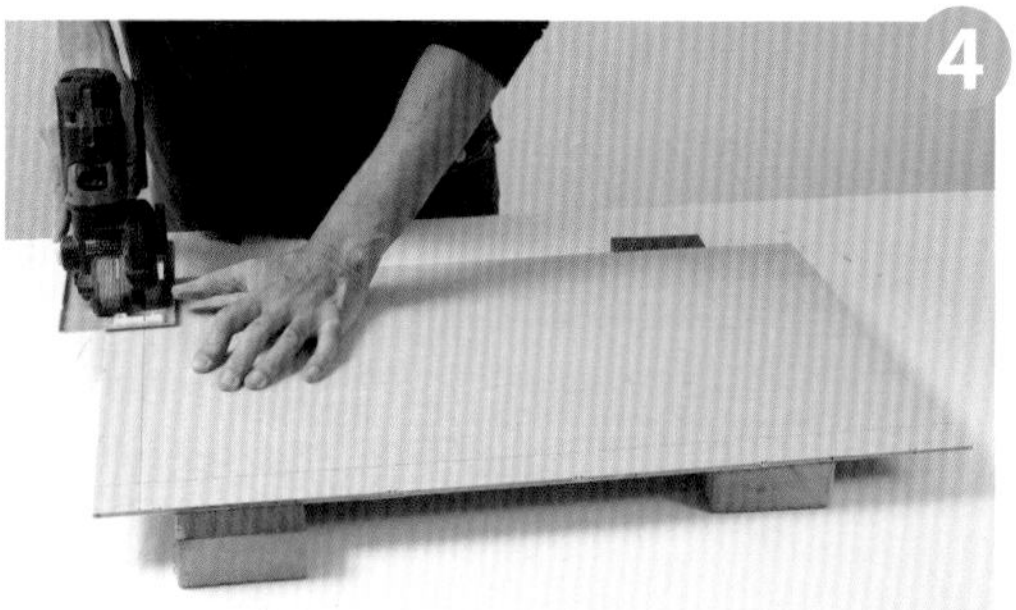

新しい引き出しの内寸に合わせて底板をカットします。溝に差し込む作りの場合は、溝に差し込む分大きくしてください。

カットした底板をはめ込みます。

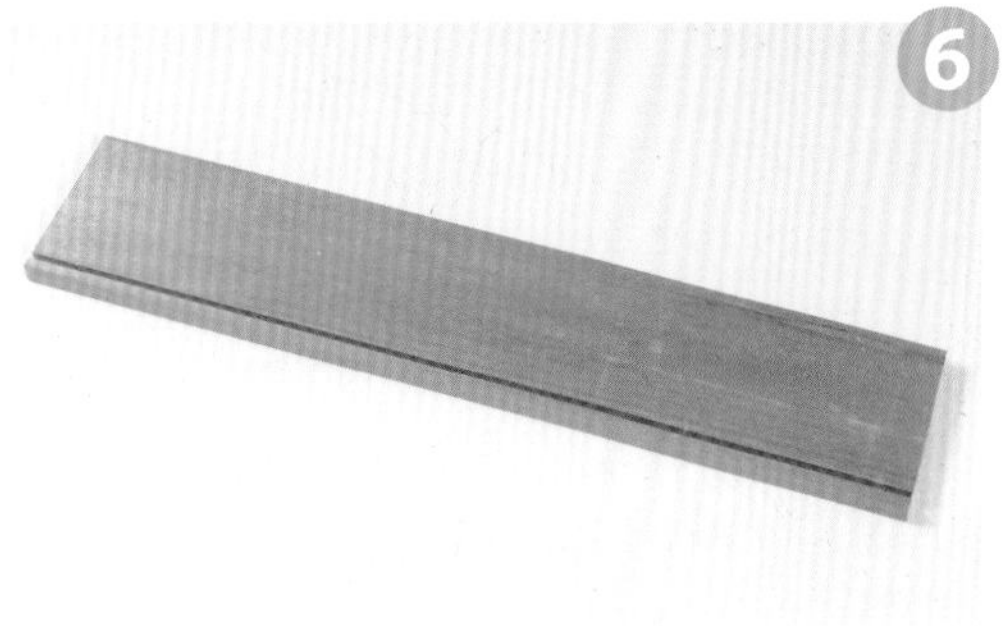

前板には余った引き出しの背板を使います。内寸の幅に合わせて両端をカットしたものを用意します。

前板を側板の内側に入れ、外側から木ネジを打って固定します。

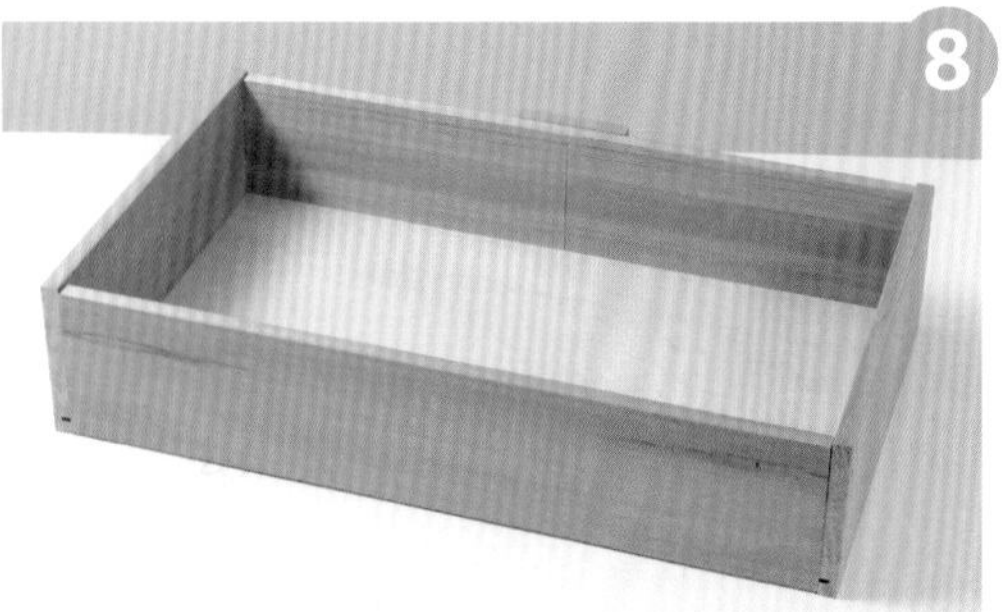

引き出しのリサイズが完了しました。前側には後ほど化粧板を取りつけて仕上げます。

引き出しを取りつける

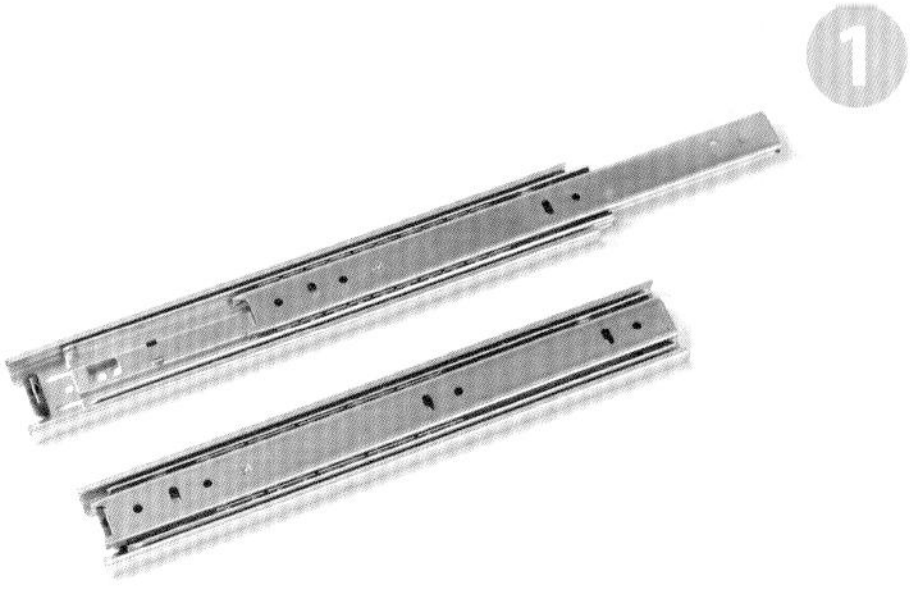

奥行に合わせたサイズのスライドレールを用意。スライドレールを使って引き出しを本体に取りつけます。

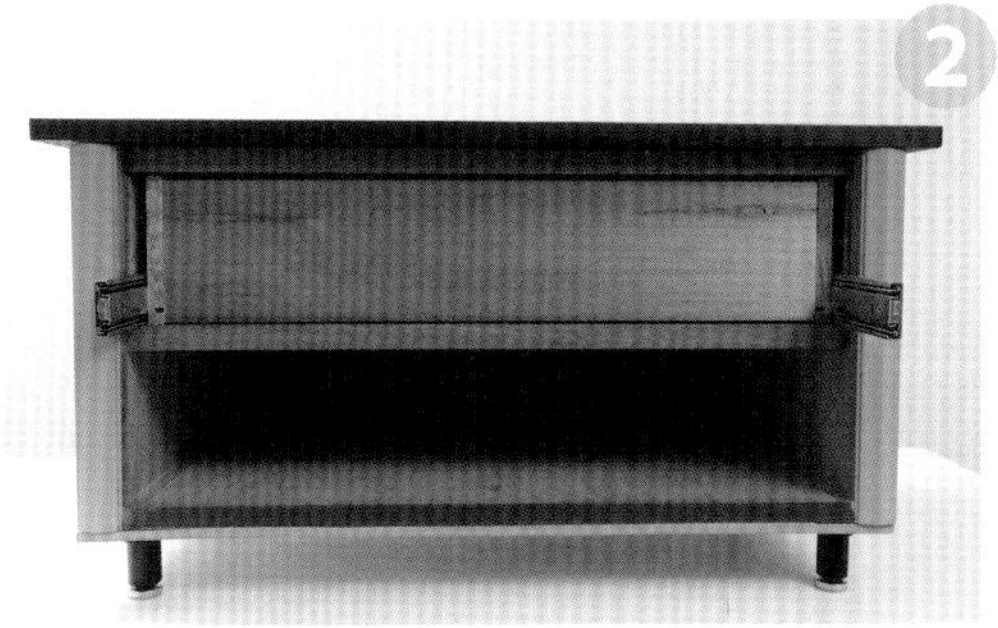

引き出しの両側にスライドレールを入れて、すき間が合っていることを確認したら作業開始です。

スライドレールの高さが引き出しのまん中あたりになるように、木材などの台を置いてスライドレールをセットします。

ヒント

スライドレール取りつけジグが市販されています。このジグを使うと、本体との水平垂直を簡単に出すことができます。

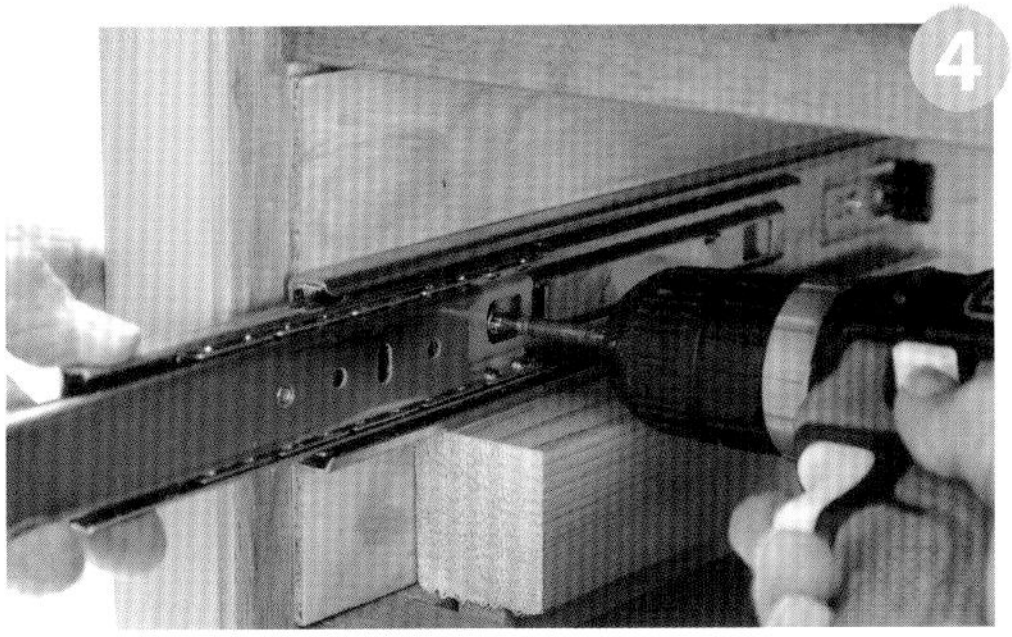

インナーレールを前方にスライドさせ、アウターレールの取りつけ穴にネジを打ってチェストの側板に固定します。

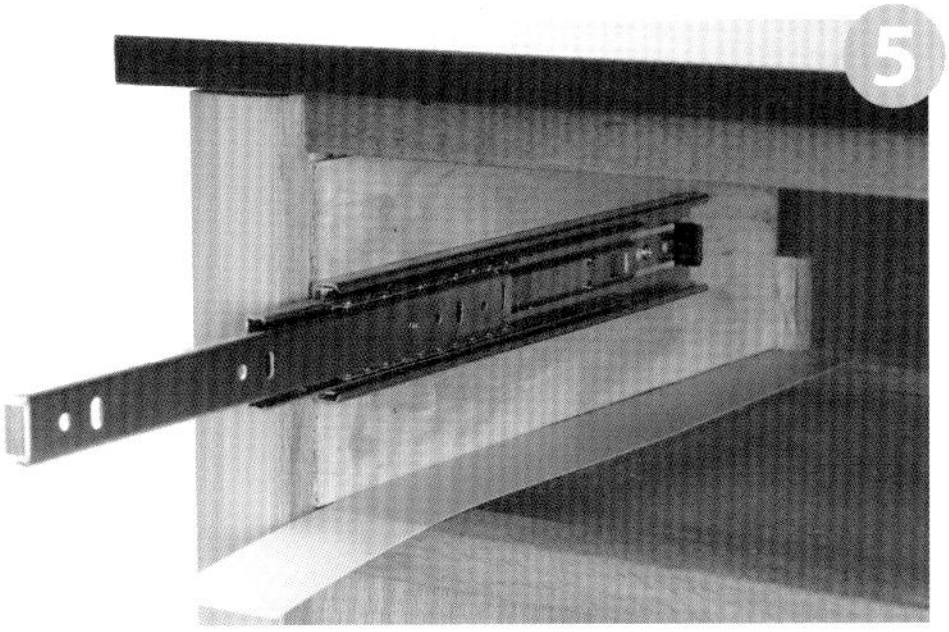

スライドレールをチェスト本体へ取りつけたところ。反対側も同じ高さに取りつけます。

インナーレールを引き出しに固定。引き出しの底が本体に接しないように、下に0.5mmのスペーサーを挟んでおきます。

両側のレールともに手前の穴にネジを打ったら、引き出しごと前に出して奥の穴にネジを打って固定しましょう。

引き出しに化粧板を取りつける

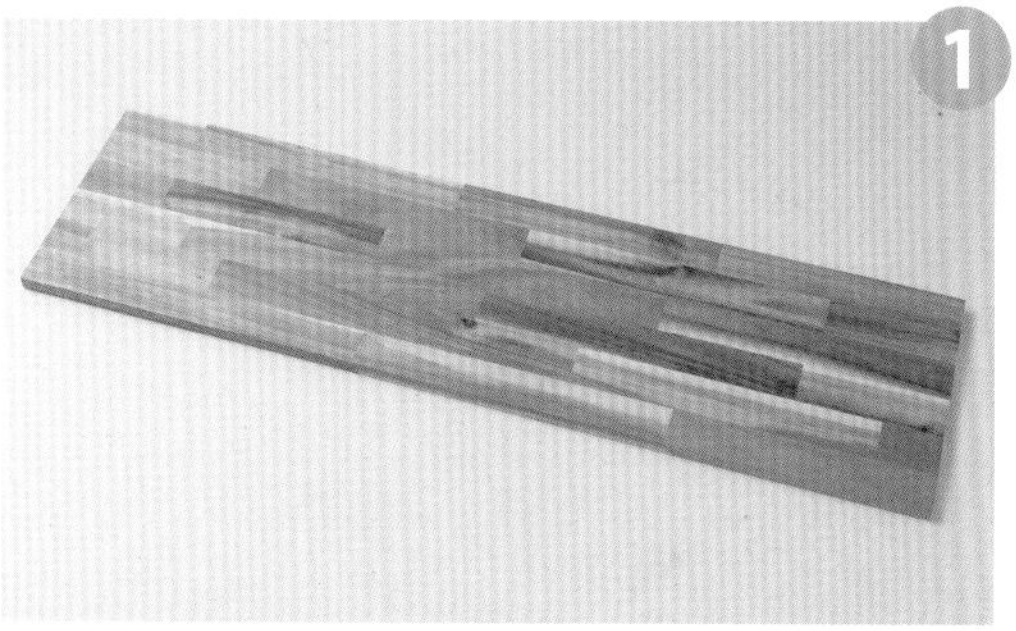

今回は色味が個性的な15mm厚のアカシア集成材を、引き出しの化粧板として使います。お好みの板を用意してください。

本体上部から仕切り板までの高さと本体の横幅を測って、化粧板のサイズを決めます。

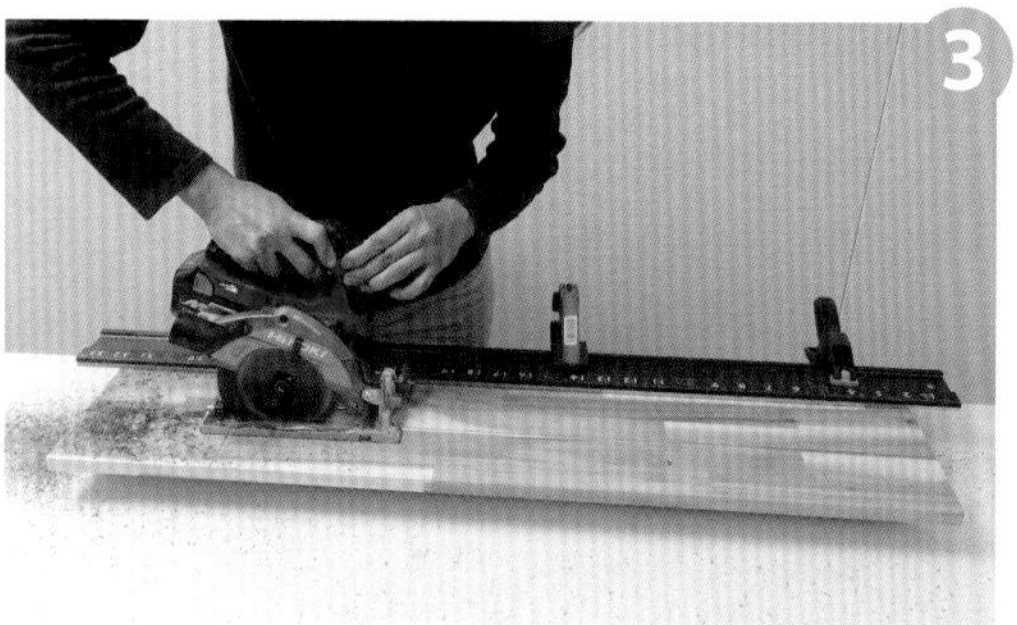

アカシア集成材を測った寸法にカットします。切断面をサンディングしてバリや荒れを取っておきましょう。

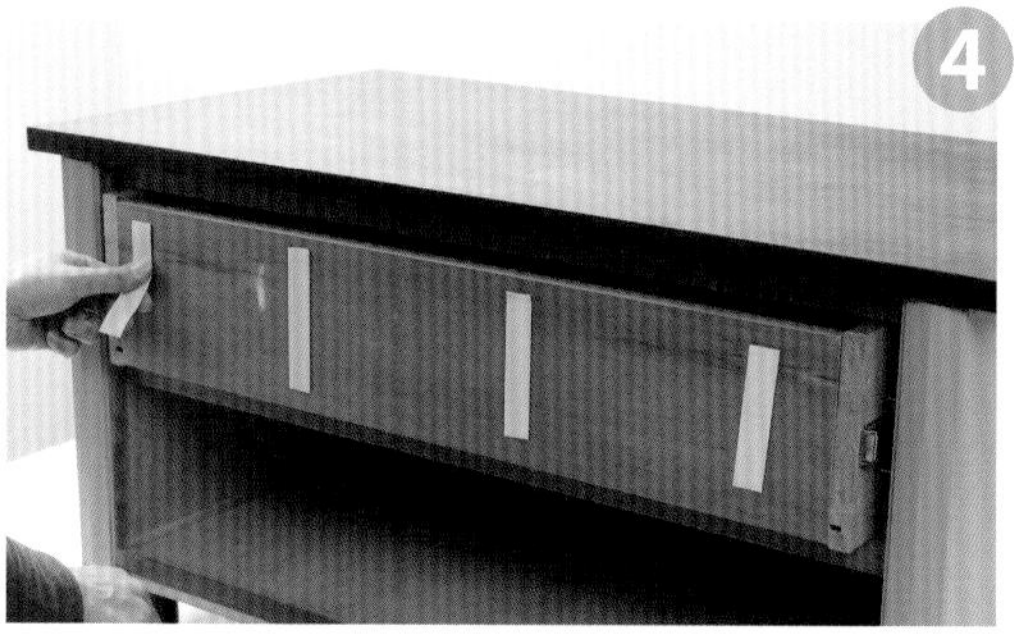

引き出しの前面に両面テープを貼ります。

本体と左右、高さがずれないように注意して、化粧板を引き出しに合わせます。

しっかり押さえて、化粧板がずれないように接着します。

引き出しの内側から数か所に木ネジを打って、化粧板を完全に固定します。

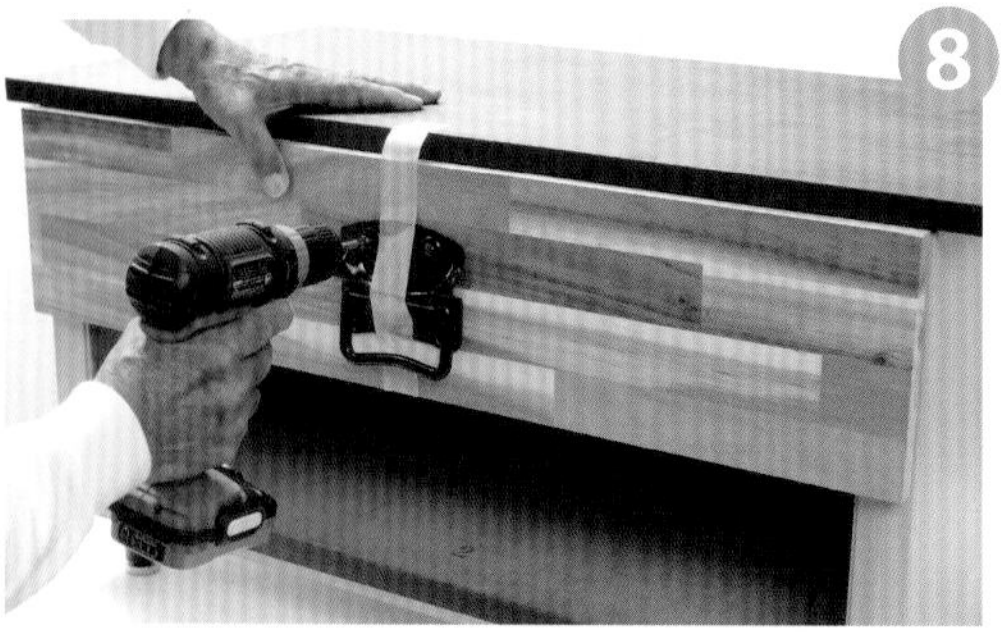

化粧板のまん中に取っ手をつけて、引き出しの取りつけは完了です。同様にもう1段を作ったら、ローチェストの完成です。

化粧板をデザイン塗装する

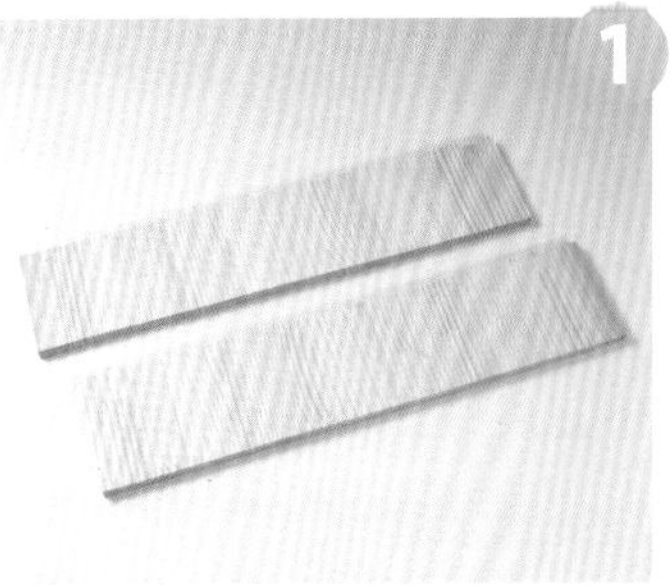

1 ストライプ塗装のオリジナル化粧板を作ってみましょう。まず使用するサイズにカットした集成材を用意します。

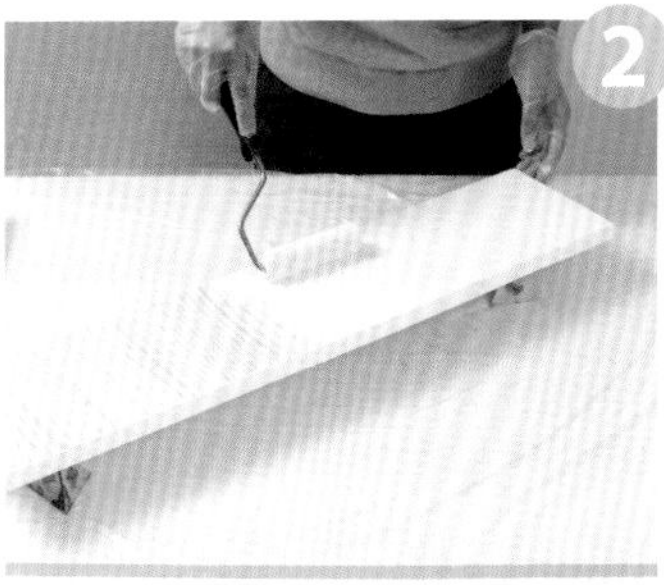

2 ホワイトの水性塗料で全面を塗って下地を作ります。ホワイトは透けやすい色なので、2～3回重ねて塗りましょう。

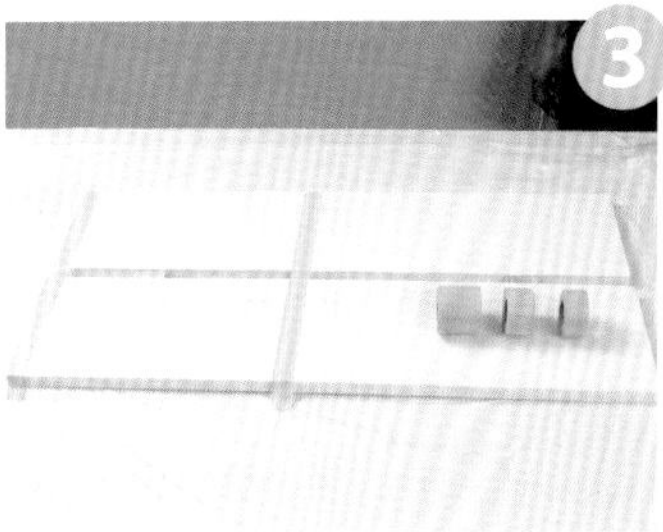

3 両端をそろえて2枚の板を並べます。板同士が接しないように、間にスペーサーを挟んで仮どめしておきます。

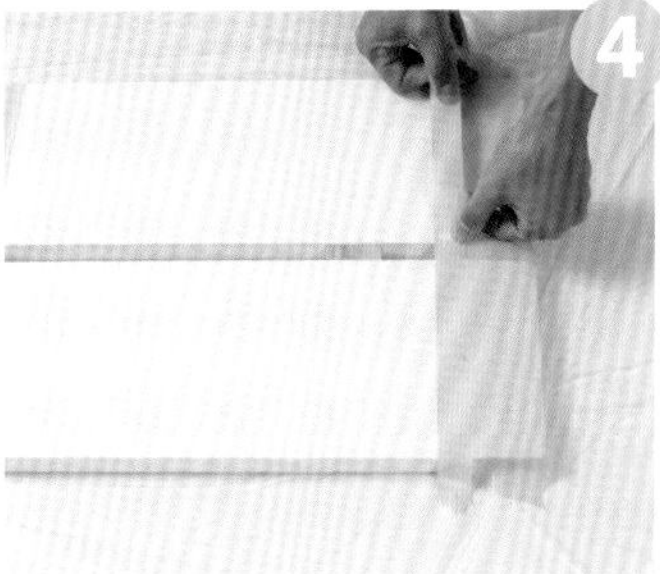

4 ストライプ柄をデザインします。すき間や重なりができないように、マスキングテープを平行に貼っていきます。

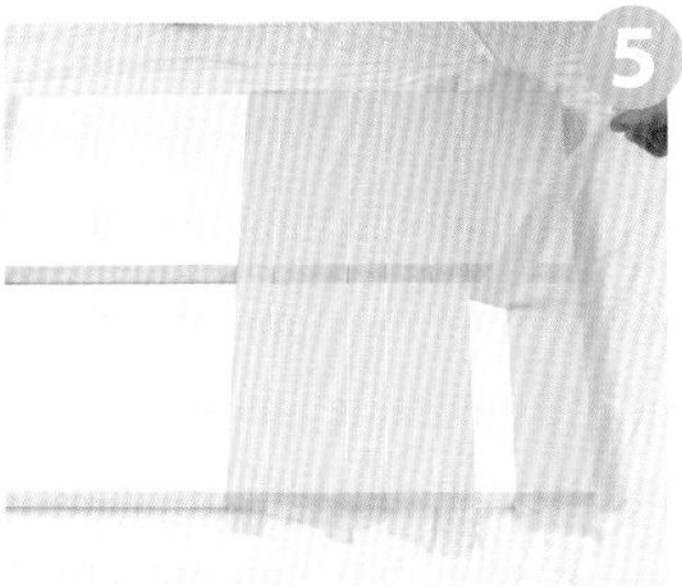

5 仕上がりをイメージして、塗装する部分のマスキングテープをはがします。

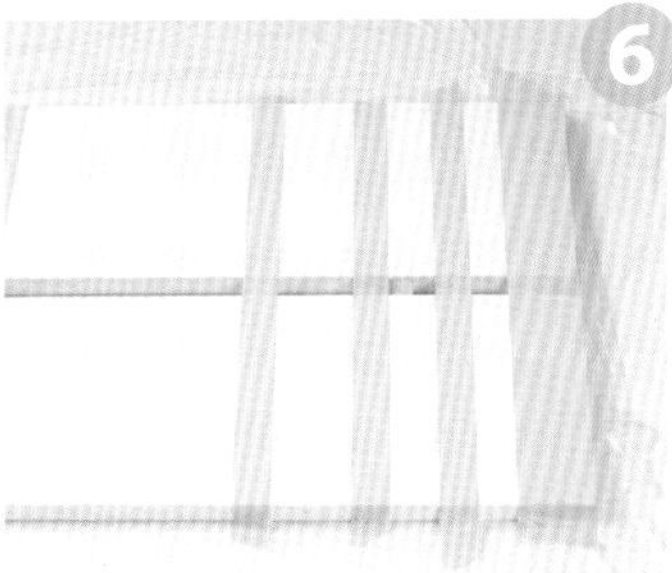

6 マスキングテープを利用した型紙のできあがり。縦、横、斜め、自由にストライプをデザインしてみましょう。

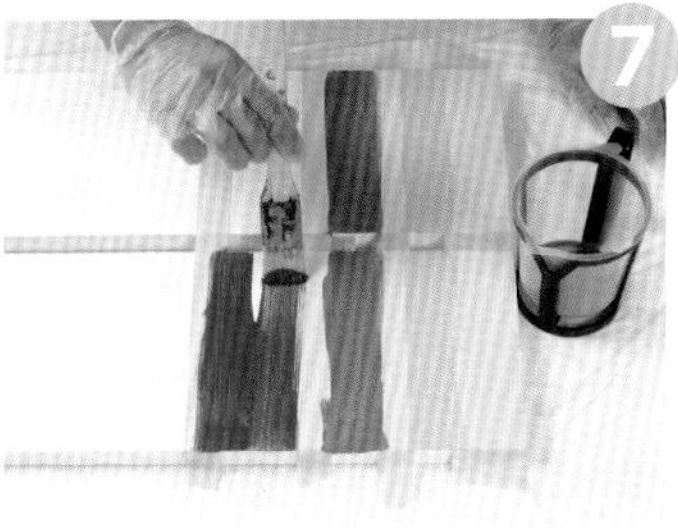

7 ストライプの部分を好みの色に塗装します。

8 塗料が乾く前にマスキングテープをはがして、塗装は完了です。

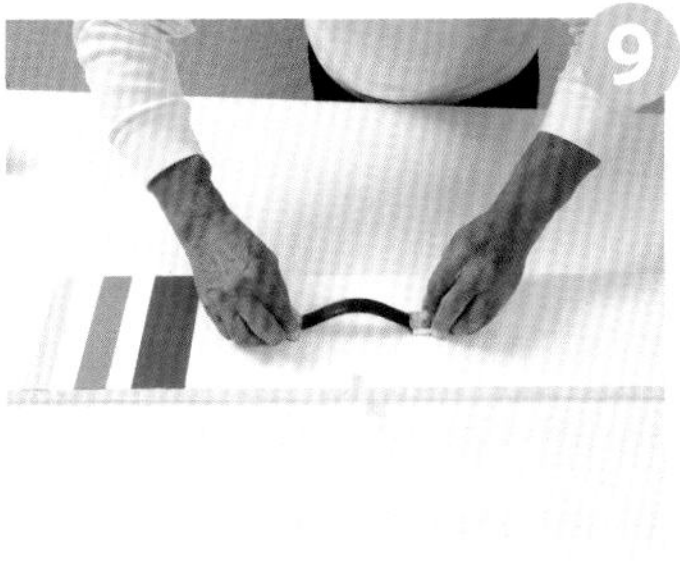

9 板のセンターに合わせて取っ手の取りつけ位置を決めて、ネジ穴の位置に印をつけます。

10 取っ手をネジで固定したら、オリジナル飾り板の完成です。

飾り板をデザイン仕上げすることで、前ページまでのナチュラルなチェストとまったく異なる印象に仕上がりました。リモデルではこうした大胆なイメージチェンジも楽しみましょう。

難易度 ★★★★☆

タンスを
リモデル

ままごとキッチンを作る

道　具

- ■電動ドリルドライバー
- ■丸ノコ
- ■ジグソー
- ■サンダー
- ■ドライバー
- ■金づち
- ■クランプ
- ■プラスチックハンマー
- ■ハケ
- ■木工用接着剤
- ■強力両面テープ
- ■木工用パテ

脚部を補強する

タンスを分割した際に残っていた仕切り板の一部、扉のラッチなど、不要なものを取り外します。

切りっぱなしの側板の下部はベニア板がむき出しの状態。補強の木材を接合するために、補強部分に木工用接着剤を塗ります。

側板の寸法に合わせてカットした木材を接着し、木ネジを打って固定します。

脚の代わりとして補強を取りつけることができました。ベニヤ板が接地しないので、傷みにくくなります。

パネルを取りつける

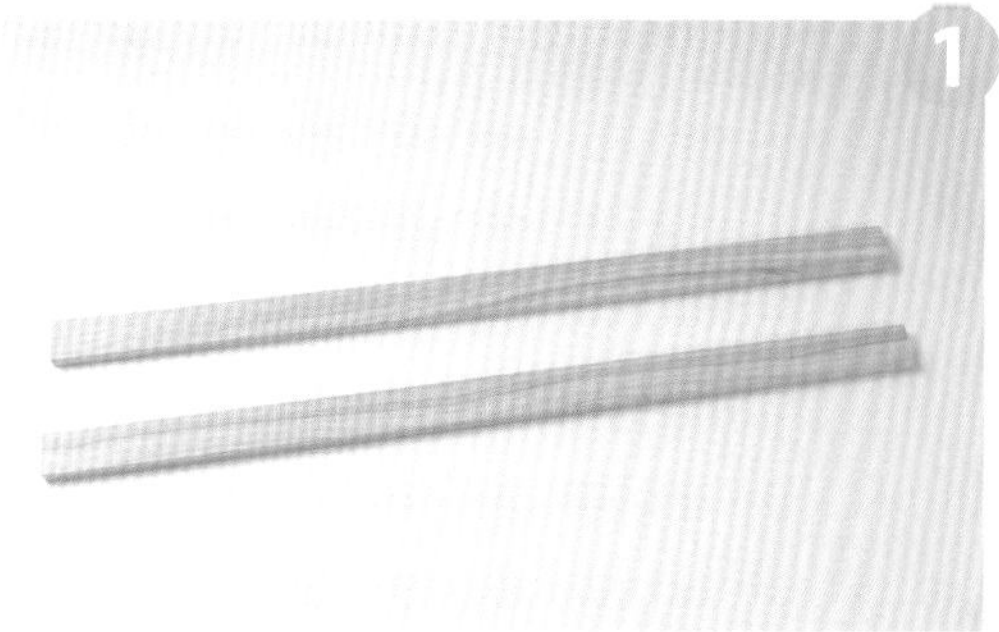

パネルの支柱として15×40mmの木材を用意。天板より上に300mm出る長さにカットしておきます。

支柱は本体背面の両端に取りつけます。木工用接着剤と木ネジを使ってしっかりと固定しましょう。

支柱を取りつけた状態を後側から見たところ。支柱の上部にパネルを取りつけます。

天板の上のパネル取りつけ部分の寸法を測り、4mm厚の有孔ボードを使用するサイズにカットします。

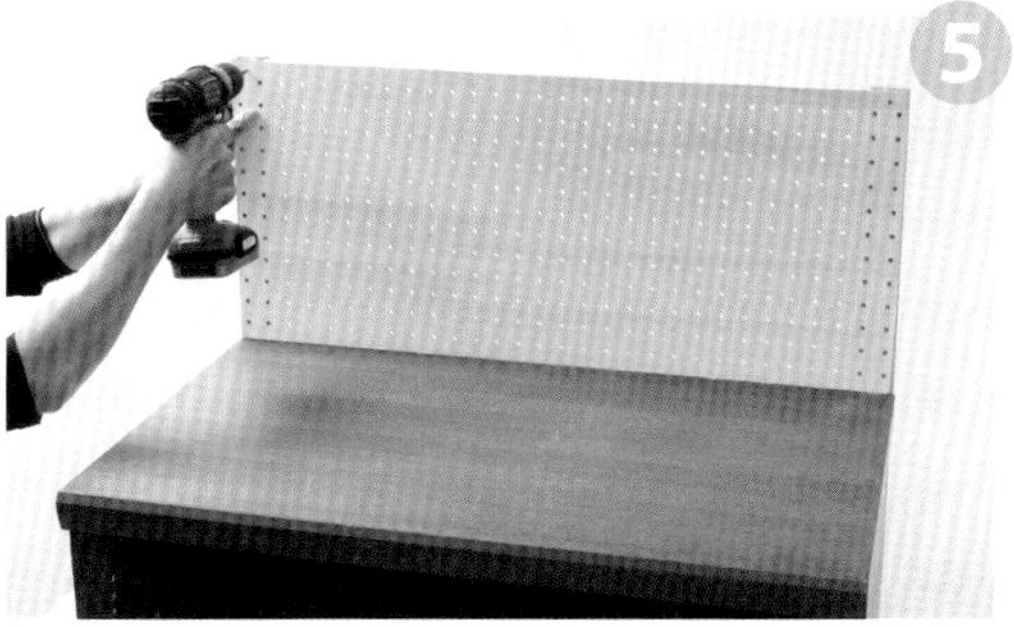

細ネジを使って有孔ボードをパネルの支柱に固定します。

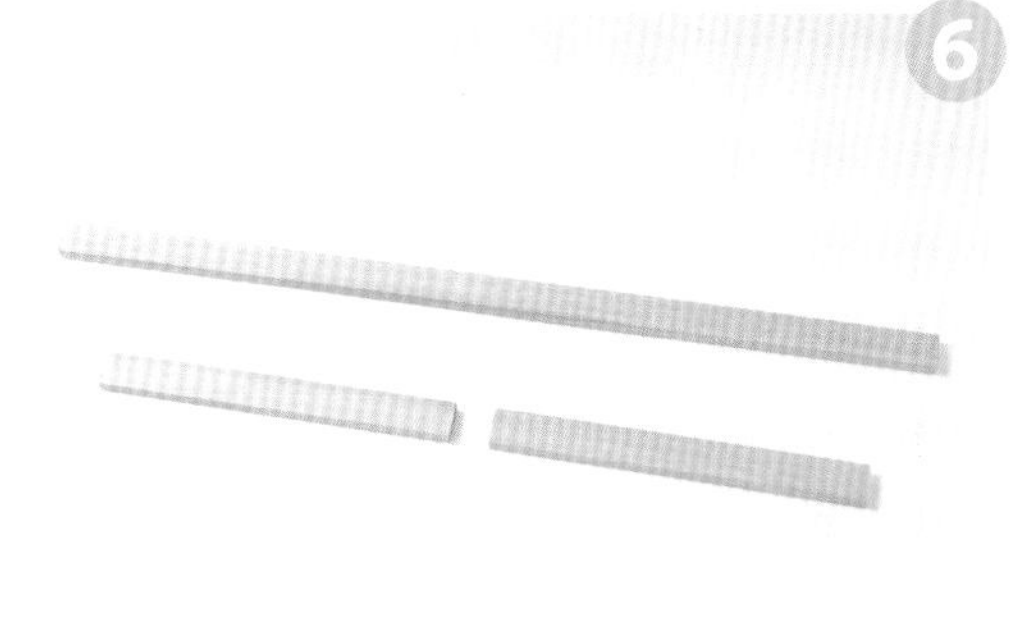

パネルの前側のフレームには、12×30mmの木材を使用。パネルのサイズに合わせてカットします。

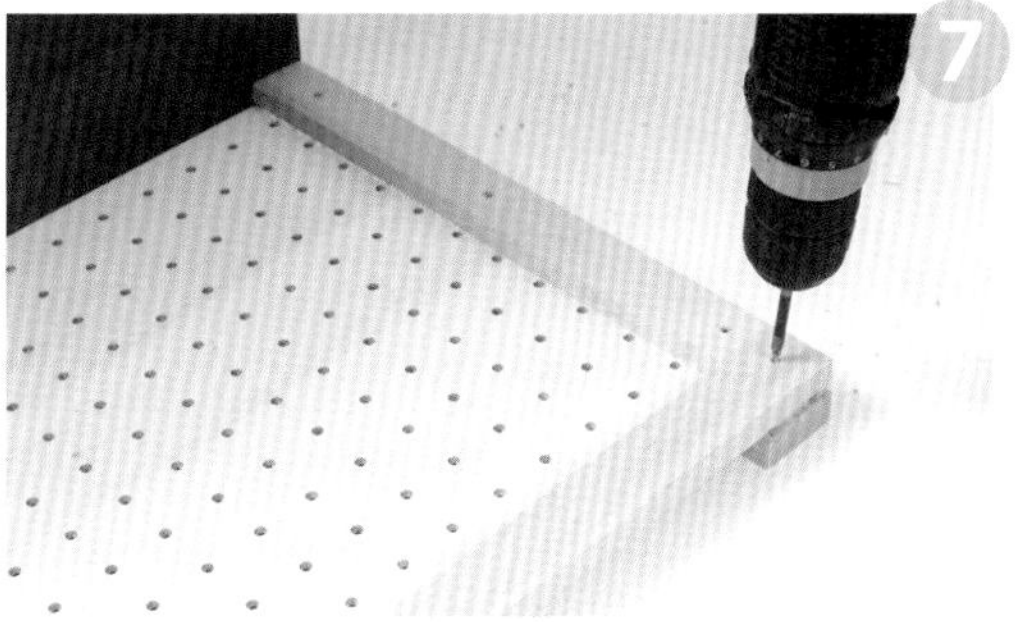

パネルの縁に沿ってフレーム材をネジどめします。

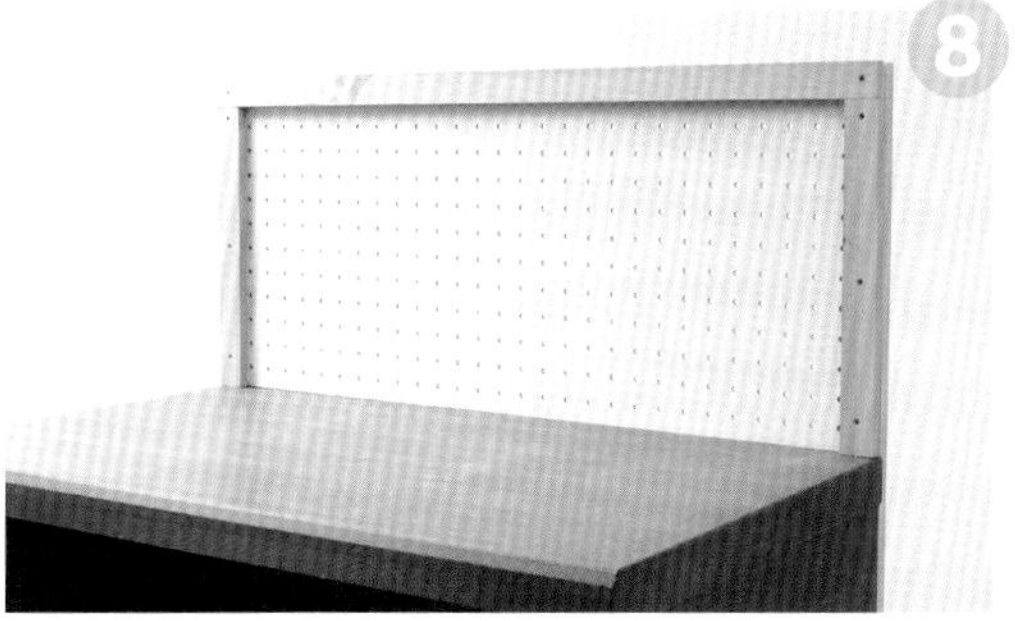

背面パネルの取りつけが完了しました。

オーブンの扉のベースを作る

1 戸棚の扉をオーブンの扉へと加工します。古い丁番、取っ手、ラッチなどを取り外しておきましょう。

2 窓の位置とサイズを決めたら、窓を抜く場所にマスキングテープを貼って印をつけます。

3 ジグソーを使って窓抜き加工をするために、ドリルでブレードを差し込む穴をあけます。

4 マスキングテープに沿って内側を切り抜きます。ジグソーブレードは直線用と曲線用を使いわけるとスムーズです。

5 四角く切り抜いたところ。この後曲線になっている角の部分を切り落として、直角にしておきます。

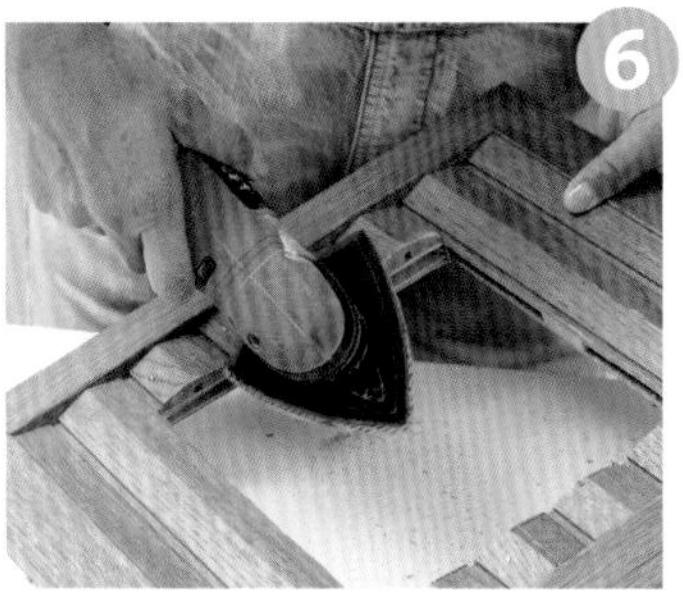

6 切断面をサンディングしてきれいに磨きます。中が空洞になっていると割れやすいので、力加減に注意しましょう。

7 扉の厚みに合う工作材を内枠として使います。切り抜いた窓に直接あてて寸法を取り、カットします。

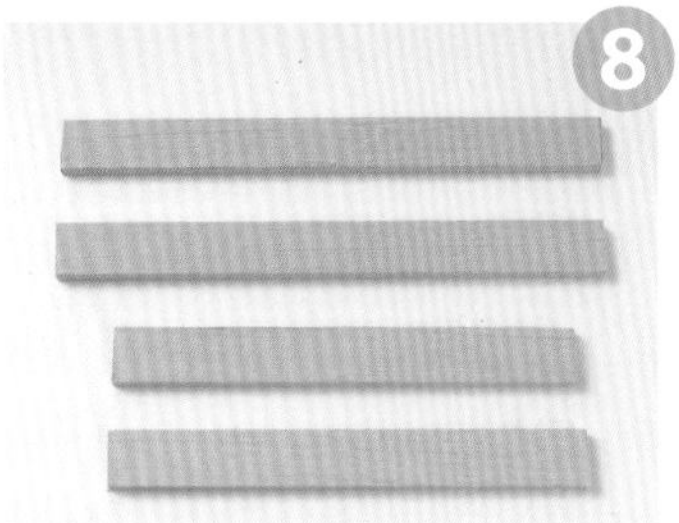

8 カットした内枠の材料には、切り抜いた窓に入れる場所がわかる印をつけておきましょう。

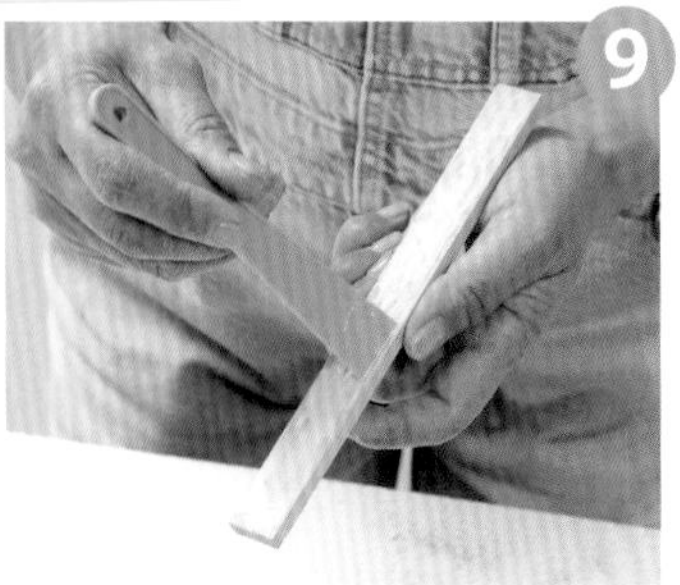

9 内枠材に木工用接着剤を塗ります。

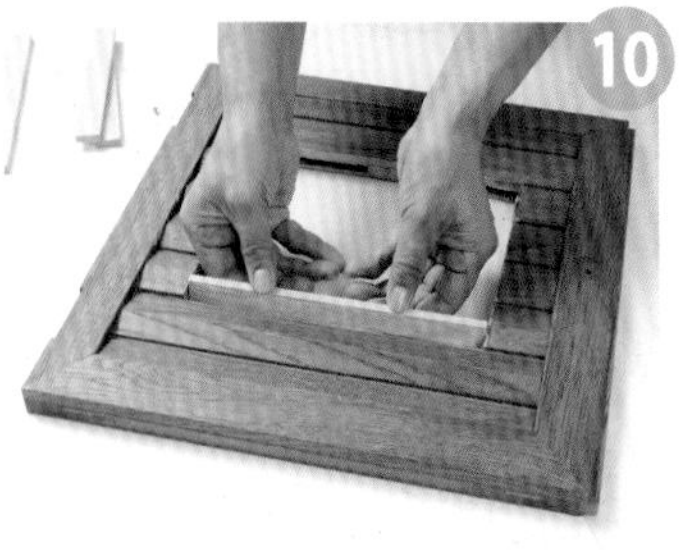

10 長くカットした 2 枚の材料を、先に窓の内側に接着します。

11 続いて短くカットした材料をはめ込んで接着します。

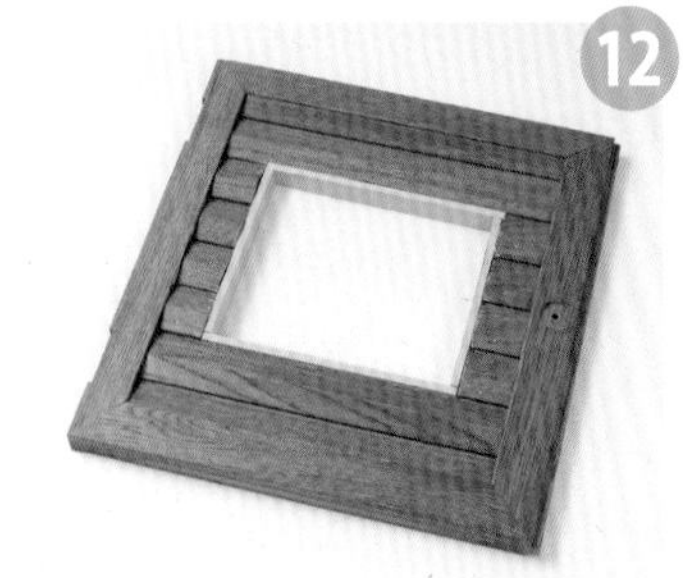

12 窓の加工が完了。徐々にオーブンの扉らしくなってきました。

窓パネルをはめる

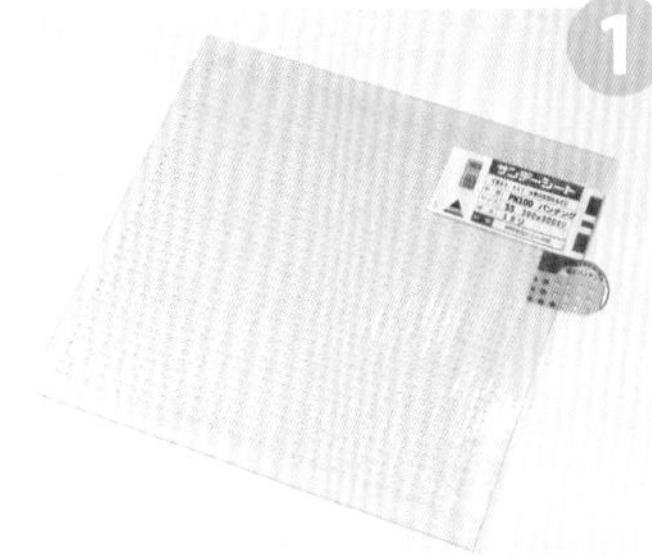

窓はガラスの代わりに 1mm 厚の塩化ビニール板を使用します。

窓の大きさに対して、上下、左右が40mmずつ大きくなるように、塩ビ板にカットする線を引きます。

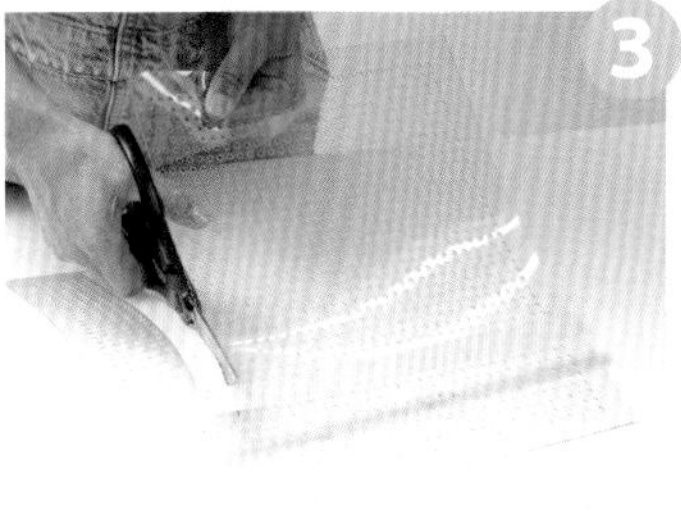

マスキングテープで引いた線に沿って塩ビ板をハサミでカットします。

塩ビ板の縁に強力両面テープを貼って、保護紙をはがします。

扉の裏側から窓に合わせて塩ビ板を貼り付けます。

透明パネルがついて窓の加工が完了しました。

取っ手を付け替える

完成イメージに合わせて、引き出しと扉に取りつける新しい取っ手を用意します。

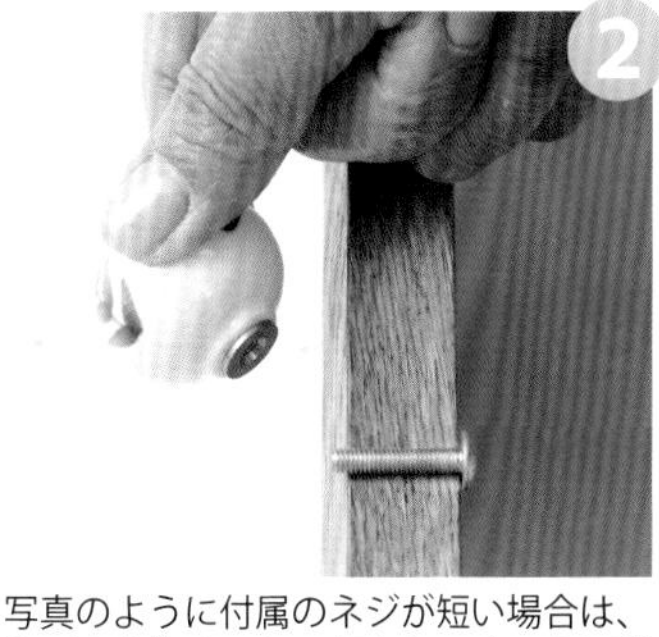

写真のように付属のネジが短い場合は、ネジを交換するか、板を加工する必要があります。

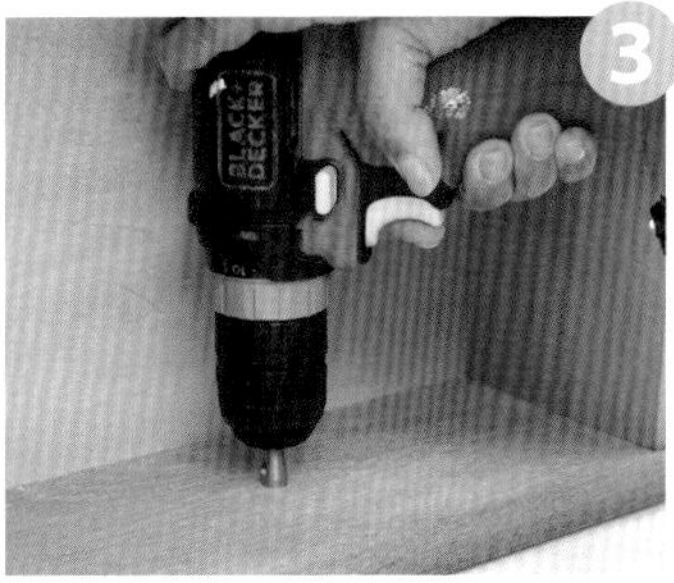

板を加工する場合は、ネジを深く差し込めるように、座掘りビットやダボキリを使って既存のネジ穴を加工します。

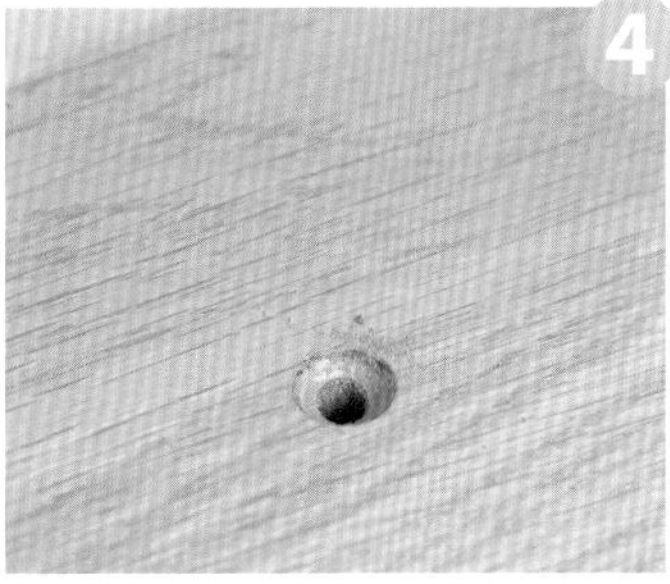

ネジの先端が 5mm 程度飛び出す深さまで、ネジ穴を掘り下げましょう。

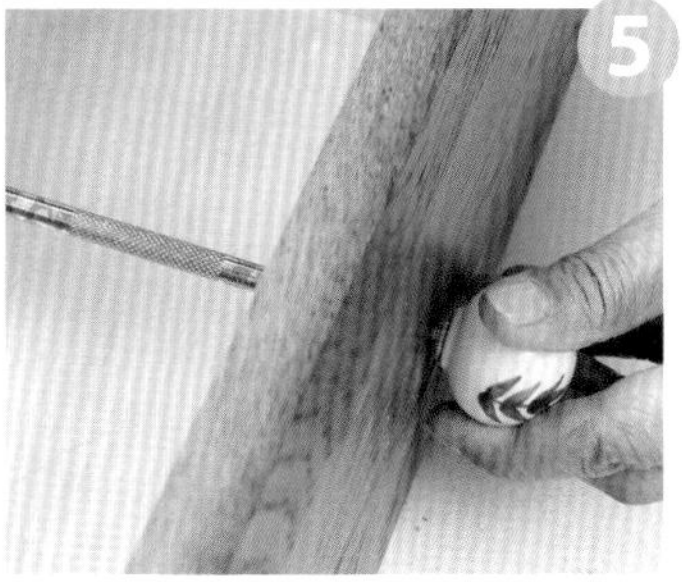

引き出しに新しい取っ手を取りつけます。

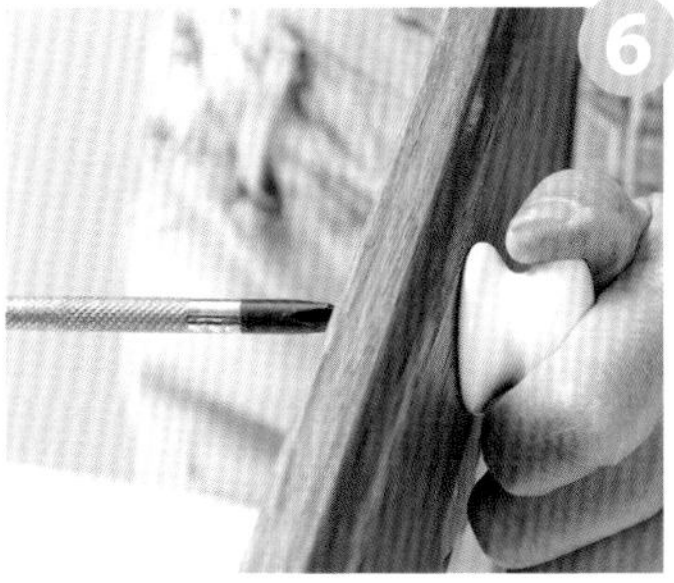

扉も同様にして、新しい取っ手に付け替えます。

収納部に仕切りをつけてオープン扉を取りつける

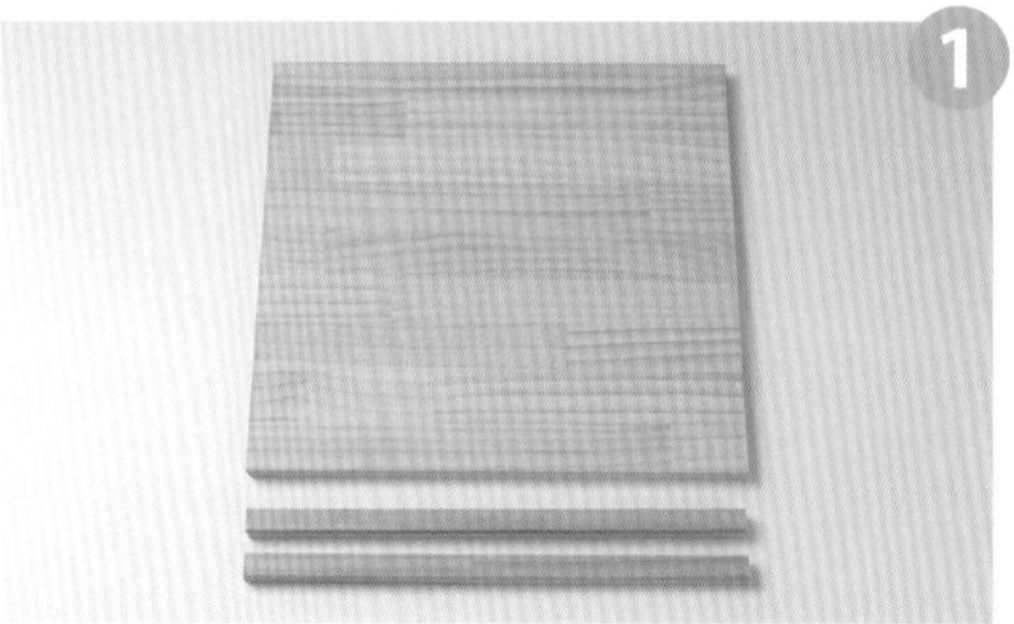

18mm厚の集成材と小割材を、奥行から扉の厚みを引いた寸法にカット。集成材は高さにも合わせておきます。

オープン扉と引き出しを配置通りに仮置きしたところ。この収納部のまん中に、扉の受けを兼ねた仕切りを取りつけます。

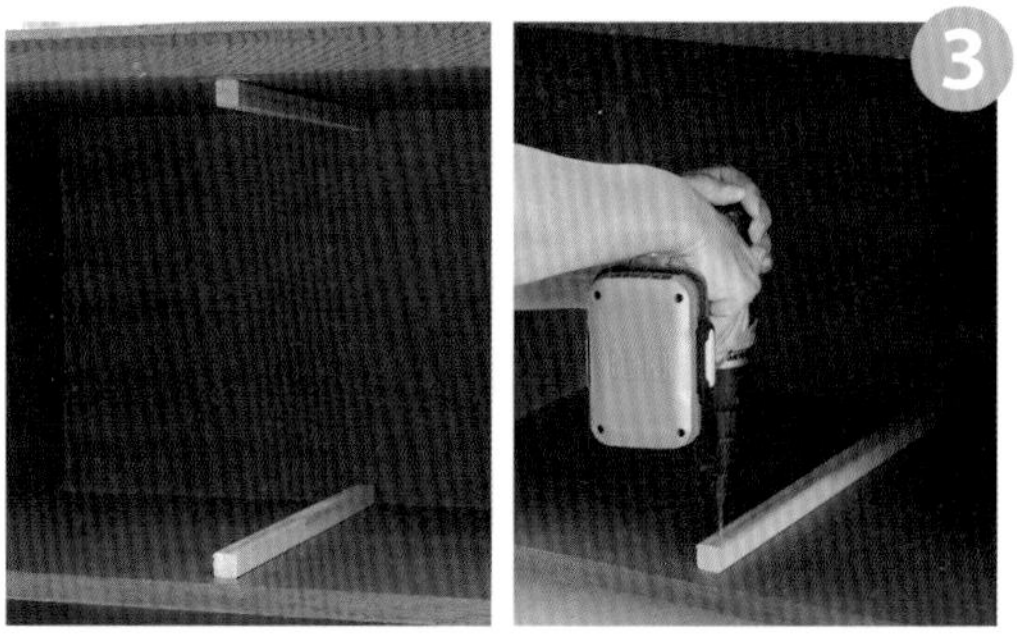

引き出しの横に仕切り板の厚みを計算して位置を決め、小割材をネジどめします。

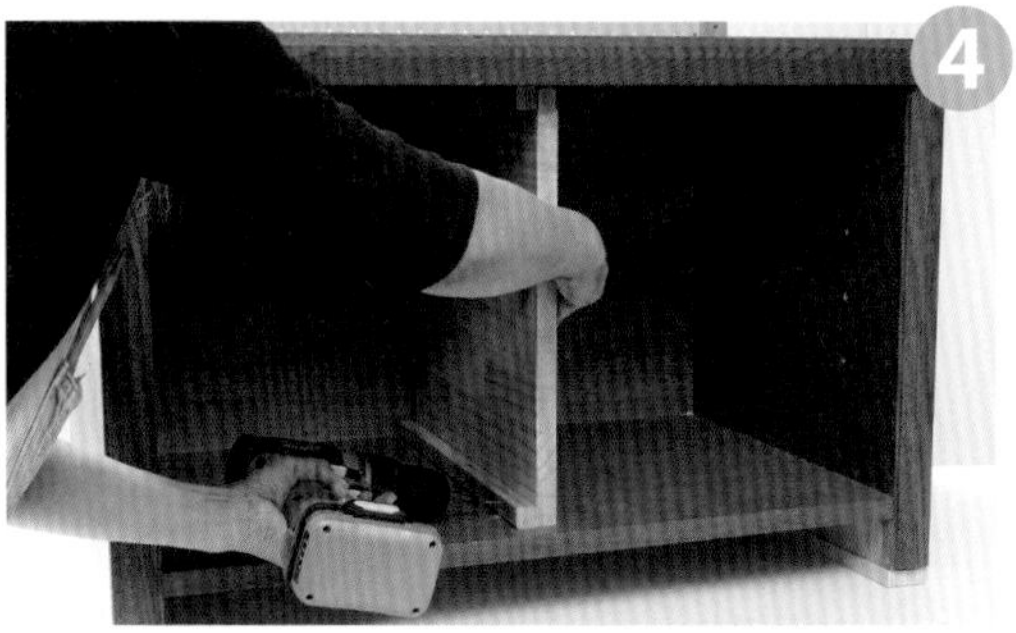

細ネジを打って仕切り板を小割材に固定します。

扉に丁番をつけ直し、元の位置に取りつけます。

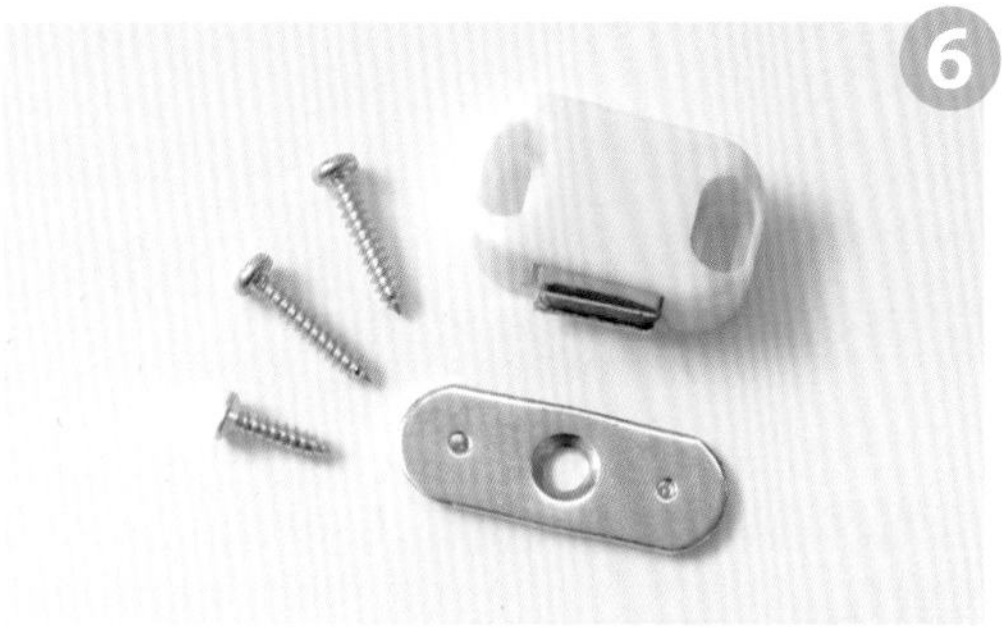

扉を閉めておくためのマグネットラッチを取りつけます。

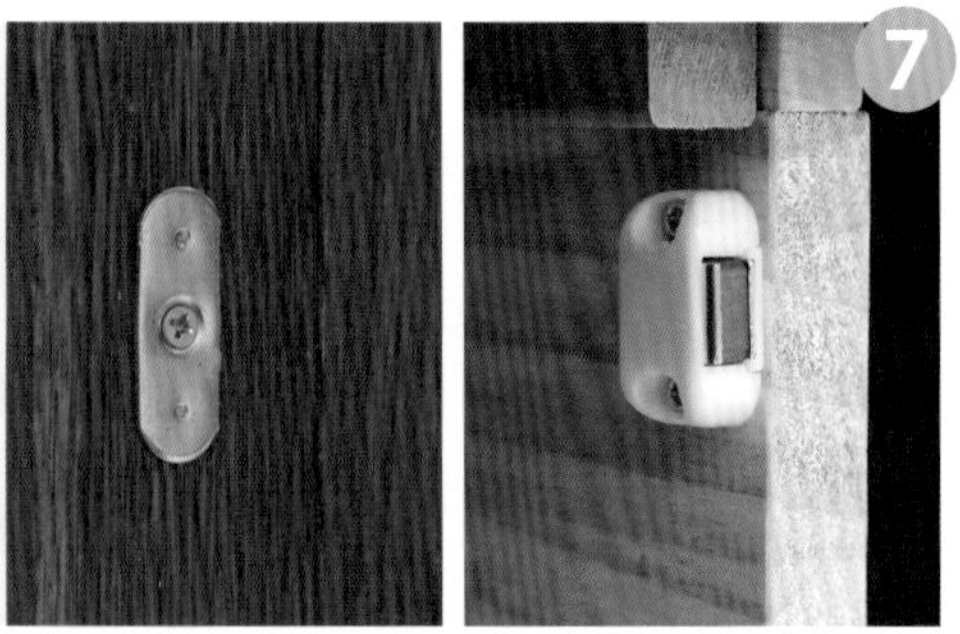

戸当りになる仕切りにラッチ本体を固定し、それと位置を合わせて扉側にプレートを取りつけます。

仕切り板とオープン扉の取りつけが完了しました。

天板を補強する

1

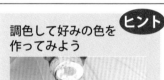

シンクとして加工するため、天板のサイズに合わせてカットした5mm厚の合板を用意します。

2

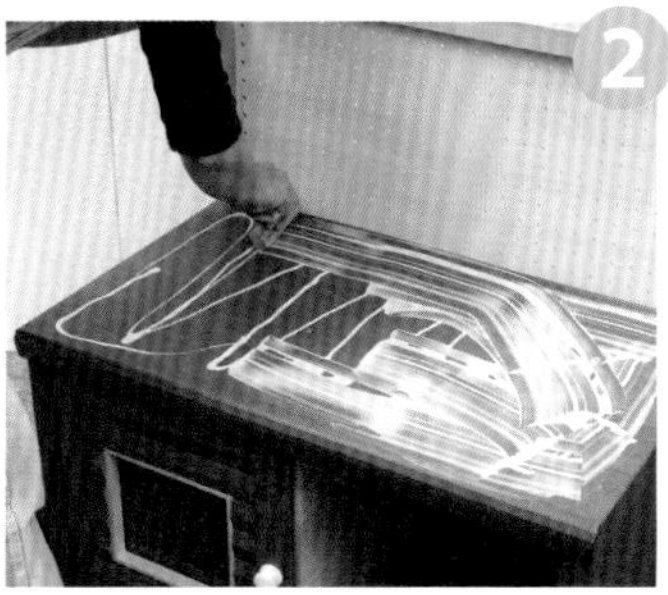

天板の全面に木工用接着剤を塗ります。

3

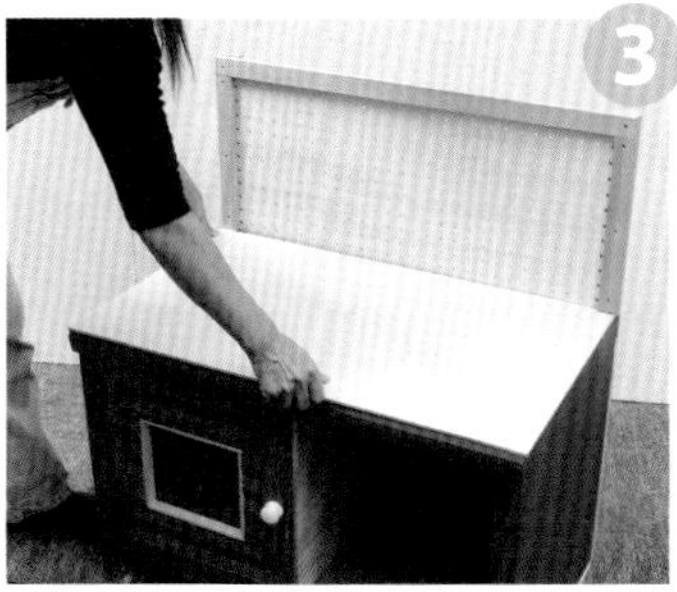

天板の上に合板を接着します。

4

接着の強度を高めるために、隠しクギを打ちます。隠しクギはクッションが少しつぶれる深さに打ち込んでください。

5

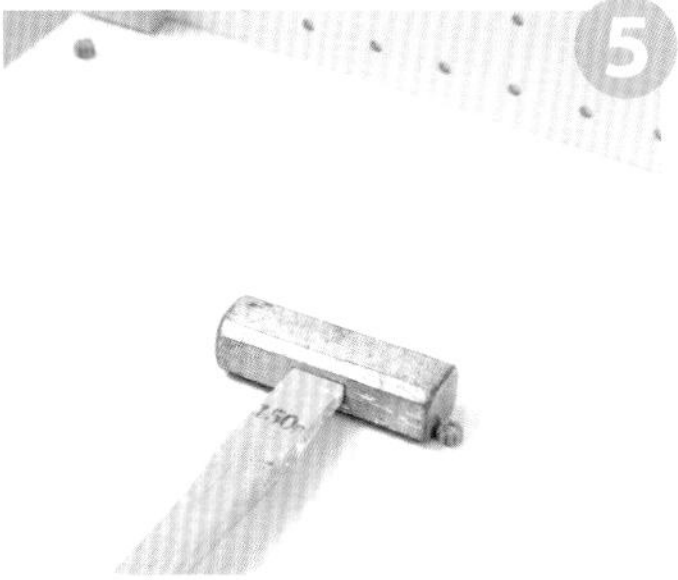

接着剤が完全に固まったら、隠しクギの頭を打ち飛ばしておきます。

6

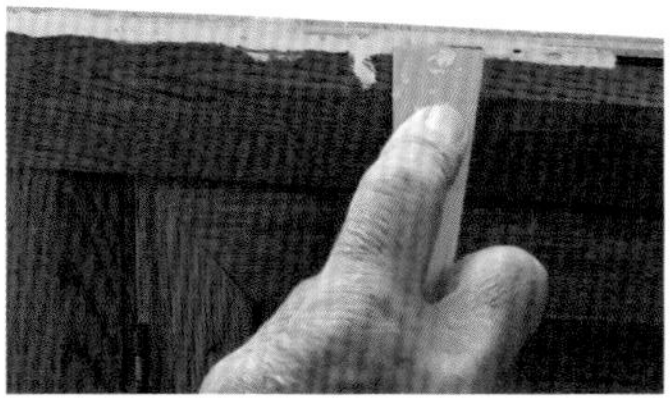

天板と合板の合わせ目にすき間ができる場合は、木工用パテを塗り込んで平らにならしておきましょう。

本体を塗装する

1

丁番や取っ手、窓の枠など、塗装しない部分にマスキングテープを貼って養生します。

2

塗料のつきが悪い化粧ベニヤに、密着を高めるプライマーを下塗りします。

3

プライマーが乾いたら水性塗料で塗装します。下地が透けないように、2度塗りをしてしっかり着色しましょう。

4

小物の収納に使う引き出しは、リメイクシートなどを使ってかわいく飾るのもおすすめです。

ヒント

調色して好みの色を作ってみよう

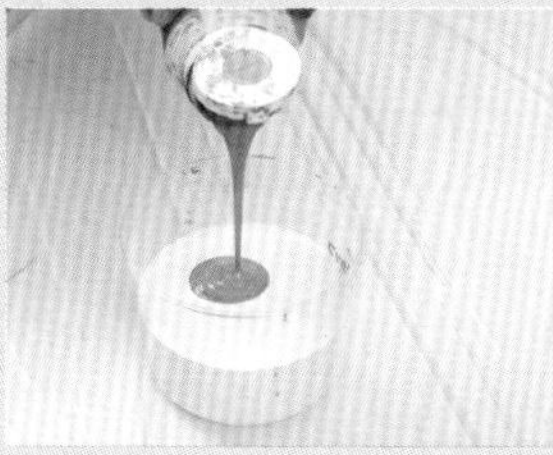

薄い色をベースに濃い色を少しずつ混ぜます。同じ色を再現するのは難しいので、塗装に十分な量を作りましょう。

均一になるまでよく混ぜ合わせて確認し、色が薄ければ濃い色を少しずつ足して調整します。

シンクを作る

シンクには市販のボウルや容器を使います。天板のサイズに合うかわいいものを用意しましょう。

ボウルと水栓に使う材料を天板の上に配置して、おおよその取りつけ位置を決めます。

天板と前後、左右のラインを平行にそろえるために、天板の端から寸法を測って基準となる線を引きます。

基準の線に合わせてボウルを置いて形を写します。ボウルの縁がかかるように、ひと回り小さく線を引き直しておきましょう。

引いた線の内側に、ジグソーブレードを差し込む穴をあけます。

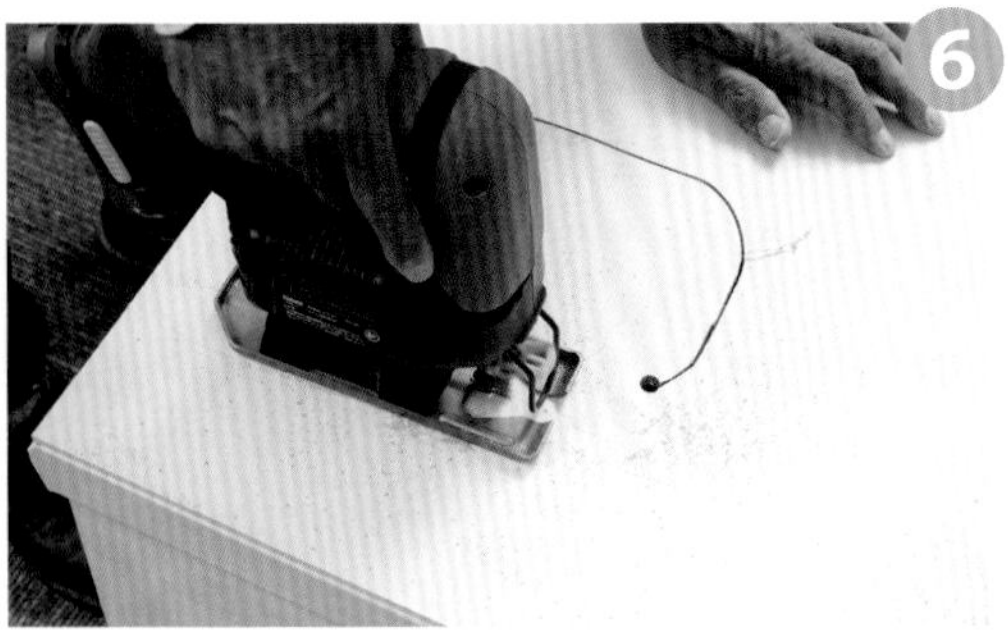

線に沿ってジグソーでカットし、天板を切り抜きます。

天板の切り抜きが完了。芯材が入っている場所ではジグソーのフィーリングが変わるので、注意して作業してください。

必要があればボウルの形に合わせて穴を調整し、切断面をサンディングします。

水栓のパーツを作る

1

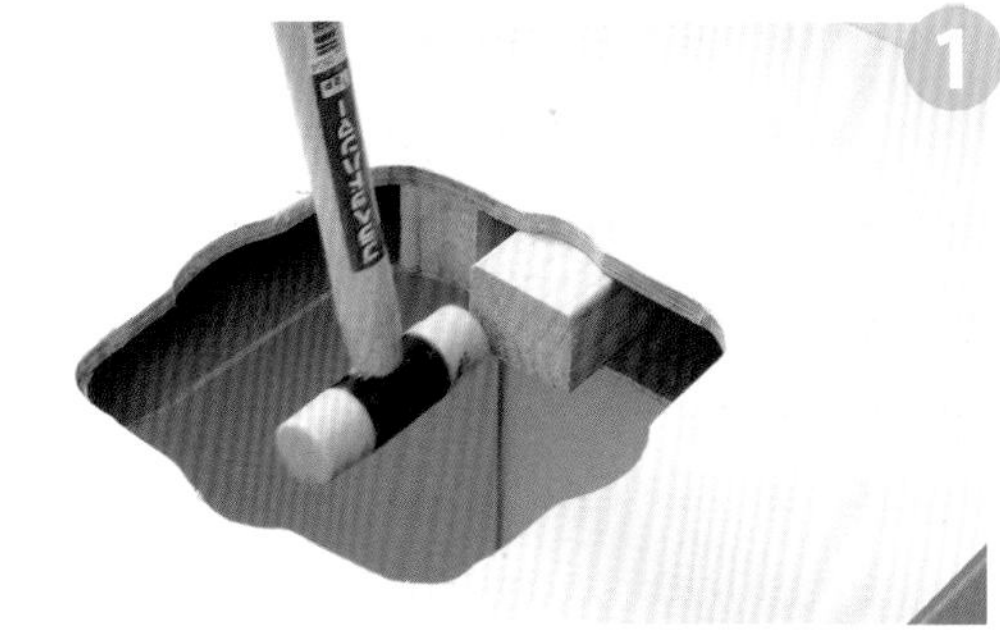

空洞に合うサイズの木材を用意して、水栓を取りつける場所に芯材として入れます。

2

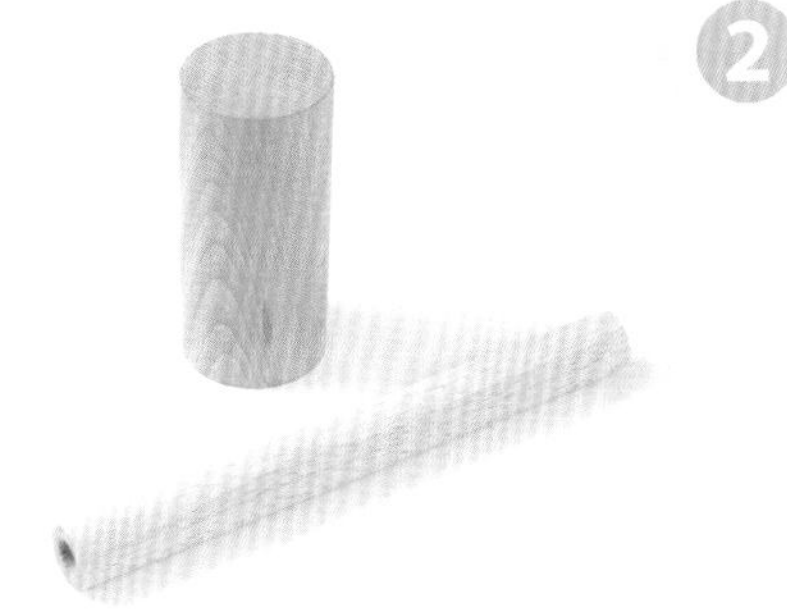

水栓金具には成形された工作材を使うのが便利。ここでは50mm径の円柱を水栓、20mm径の円筒を蛇口に加工します。

3

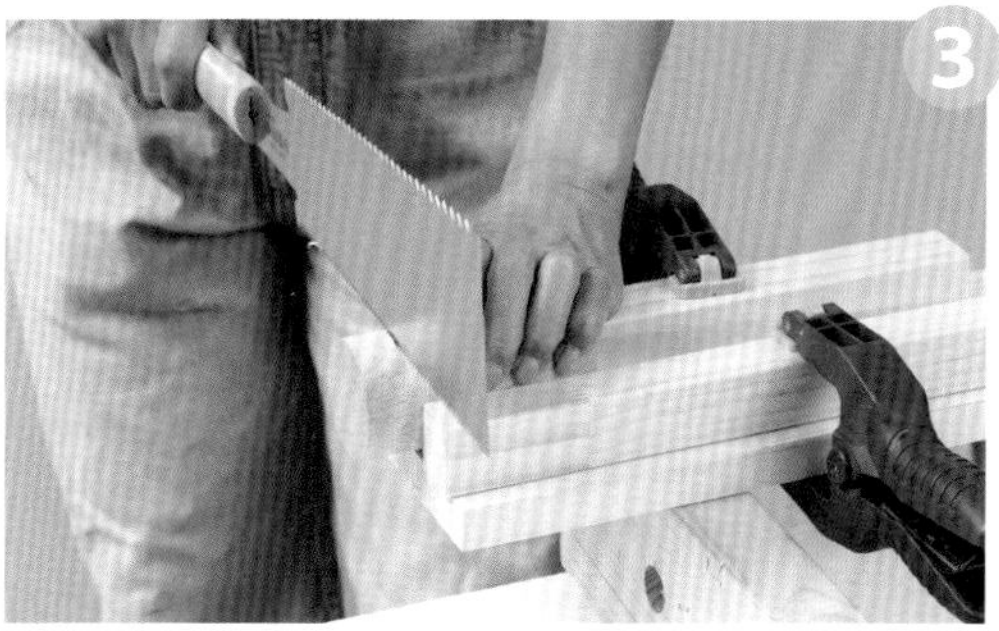

円筒形パーツは上から20mmのところでカットして、2つのパーツにわけます。

4

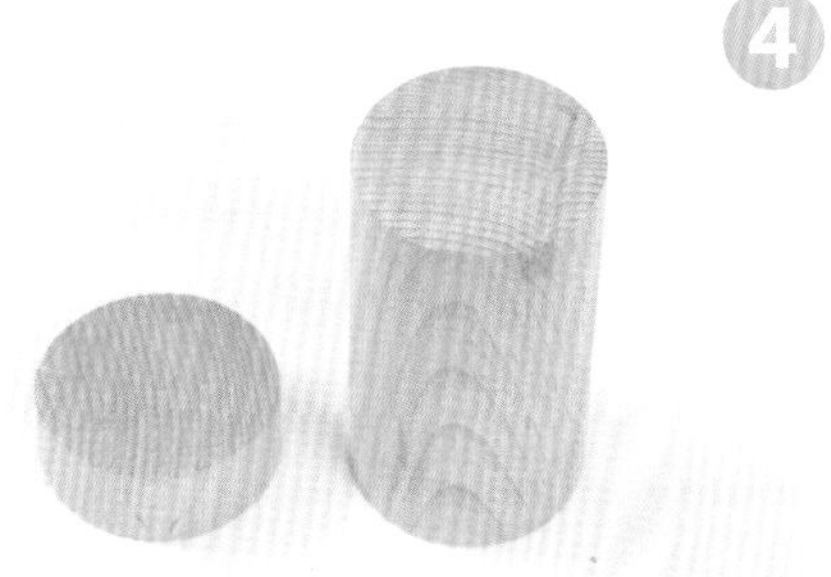

大きいパーツを水栓本体として、小さいパーツをハンドルとして使用します。

5

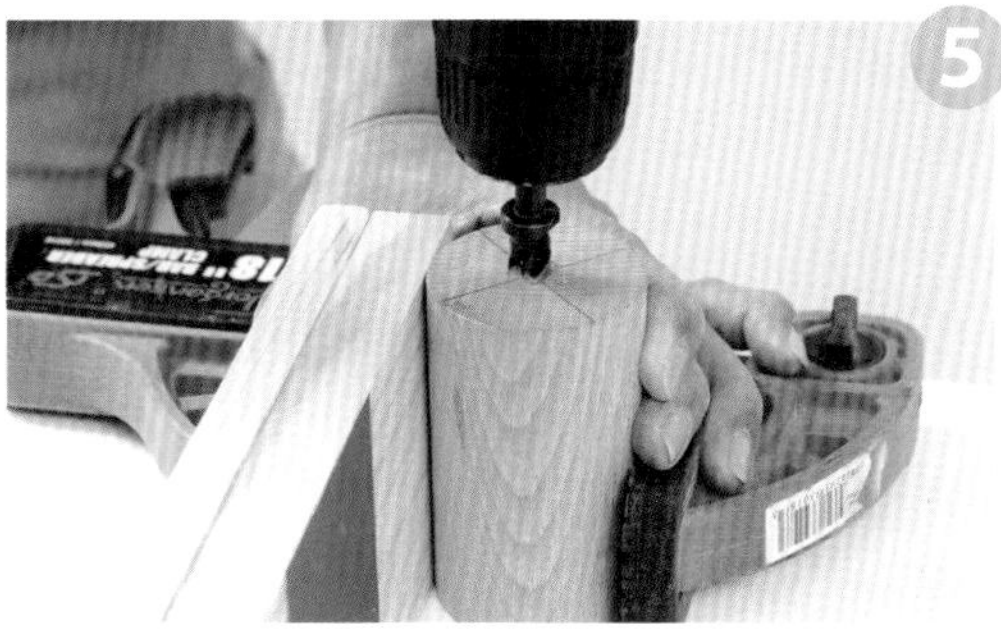

本体用パーツのセンターに、10mm径のダボキリで穴をあけます。

6

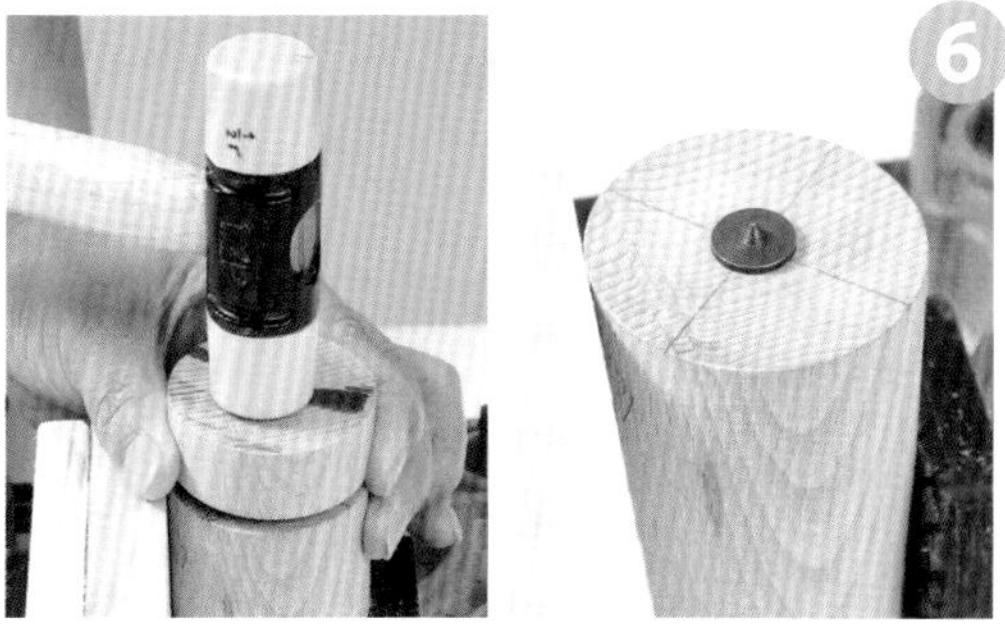

穴にダボマーカーを入れ、上からハンドルパーツをあてて穴の位置がわかるようにマークします。

7

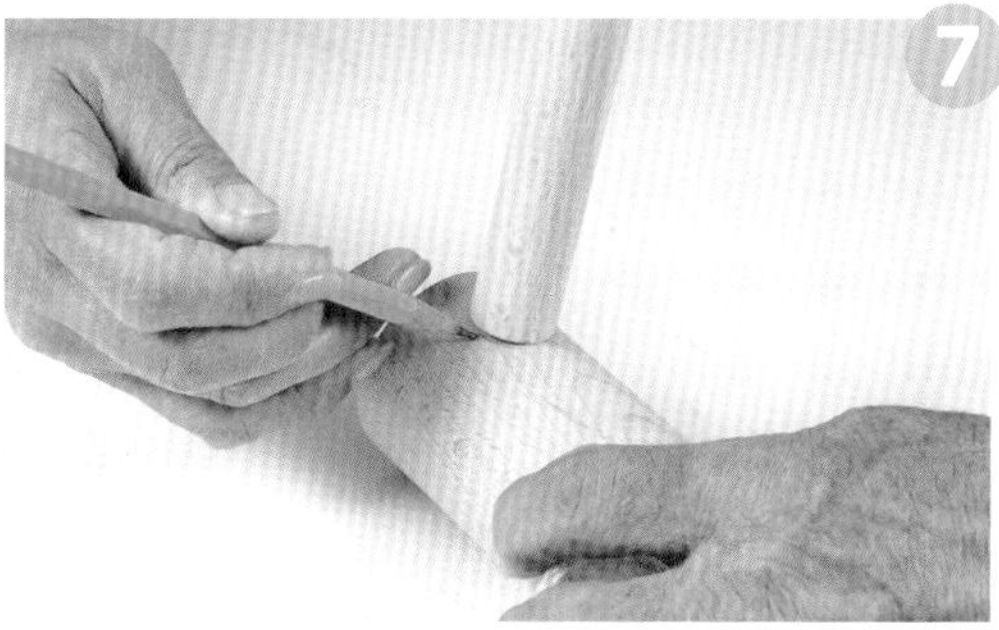

水栓本体に蛇口パーツをあてて取りつける位置を決め、印をつけます。

8

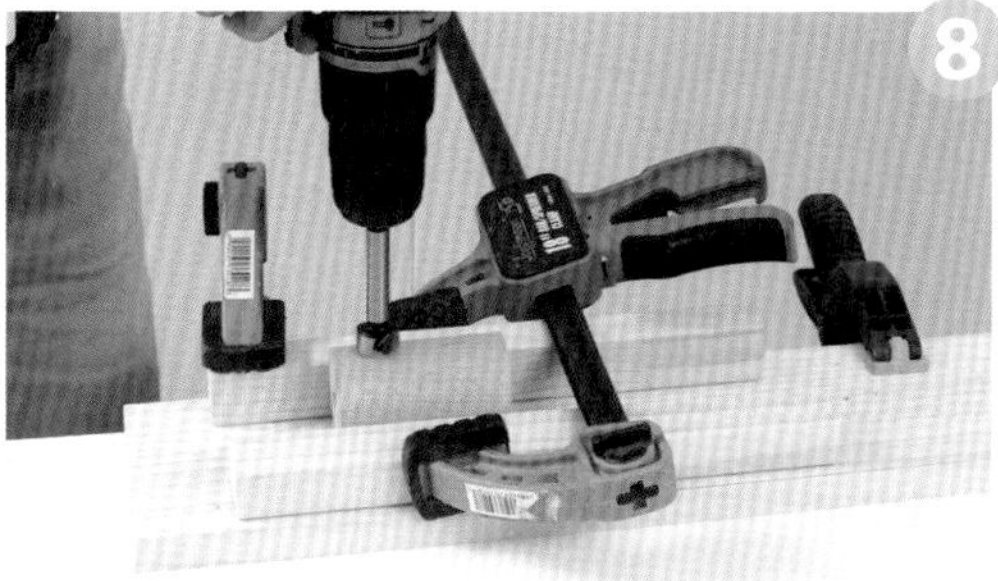

木材を利用して水栓本体を固定し、20mm径のボアビットで蛇口の取りつけ位置に深さ10mmの穴を掘ります。

水栓を組み立てて設置する

1

水栓の本体と上部につけるハンドル、2つのパーツの加工が完了しました。

2

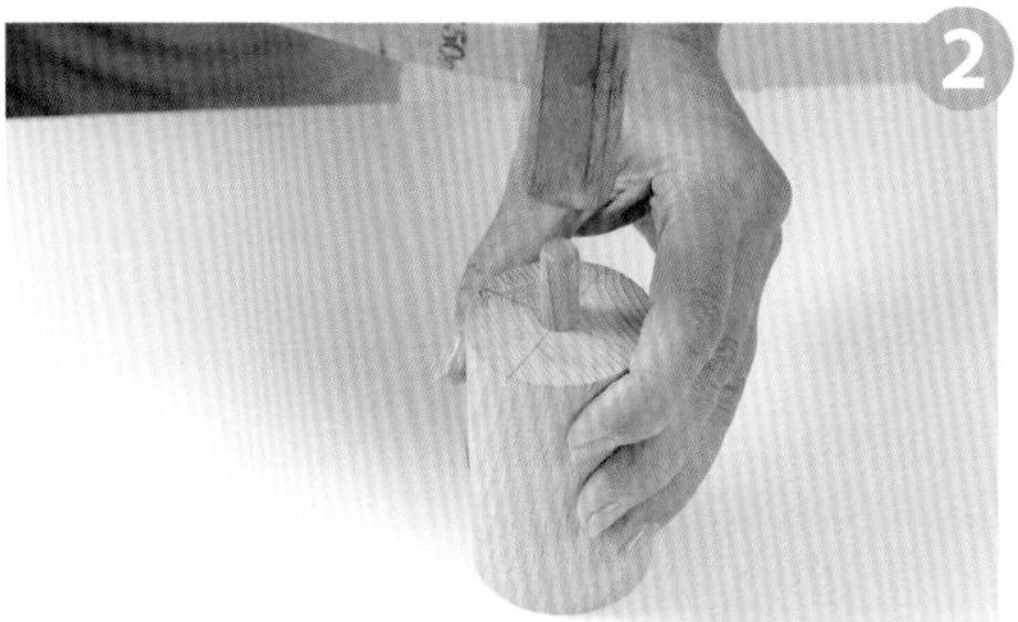

本体の穴に10mm径のダボを打ち込みます。

3

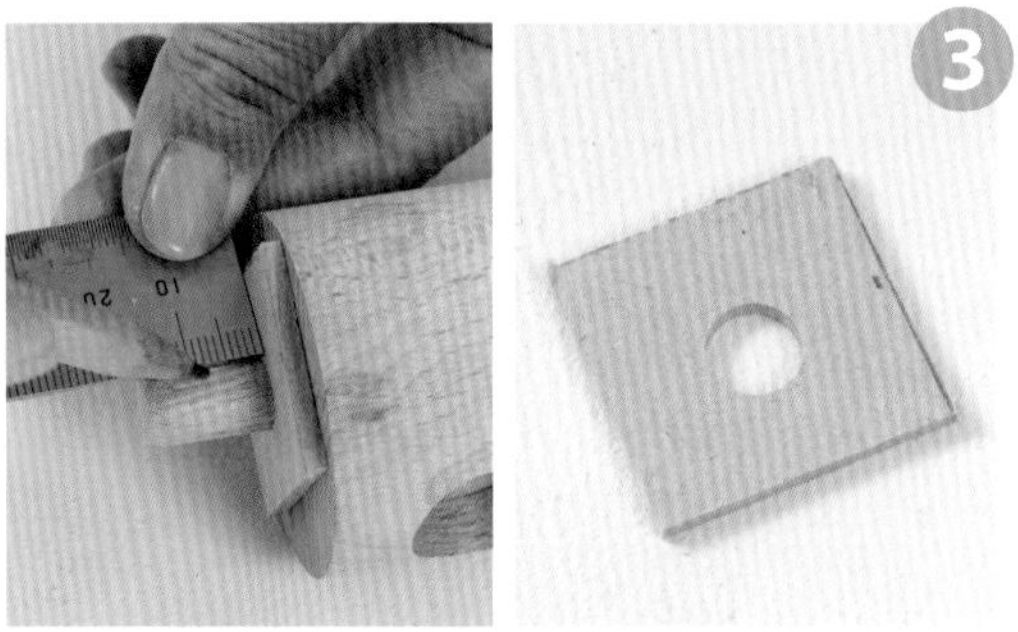

30mm角程度のベニヤ板に10mmの穴をあけて本体のダボに入れ、出ているダボを8mmにカットします。

4

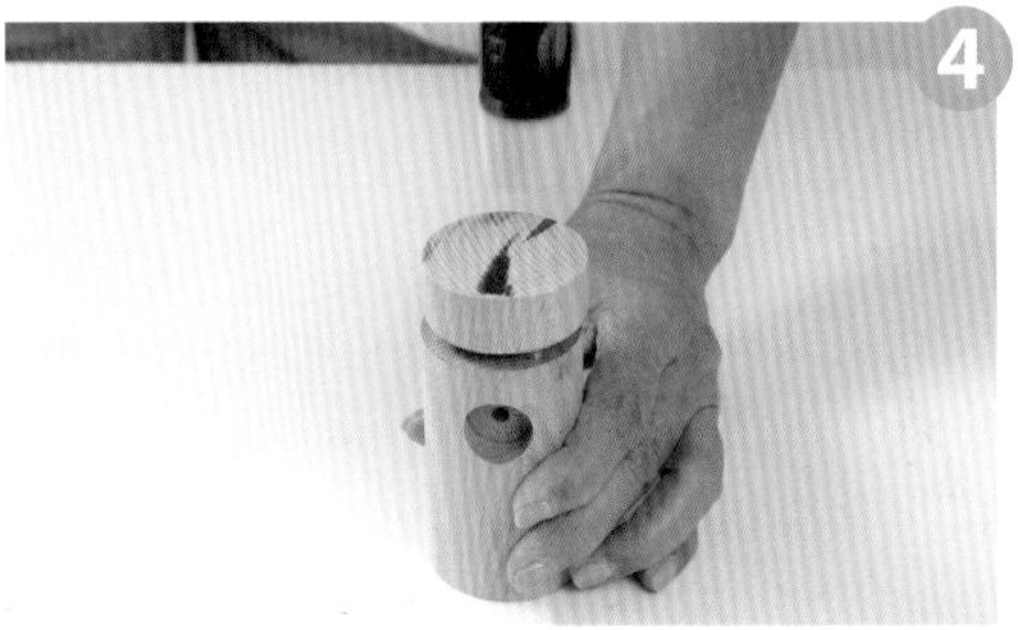

ハンドルパーツを本体のダボにはめ込みます。本物のように回転するハンドルに加工できました。

5

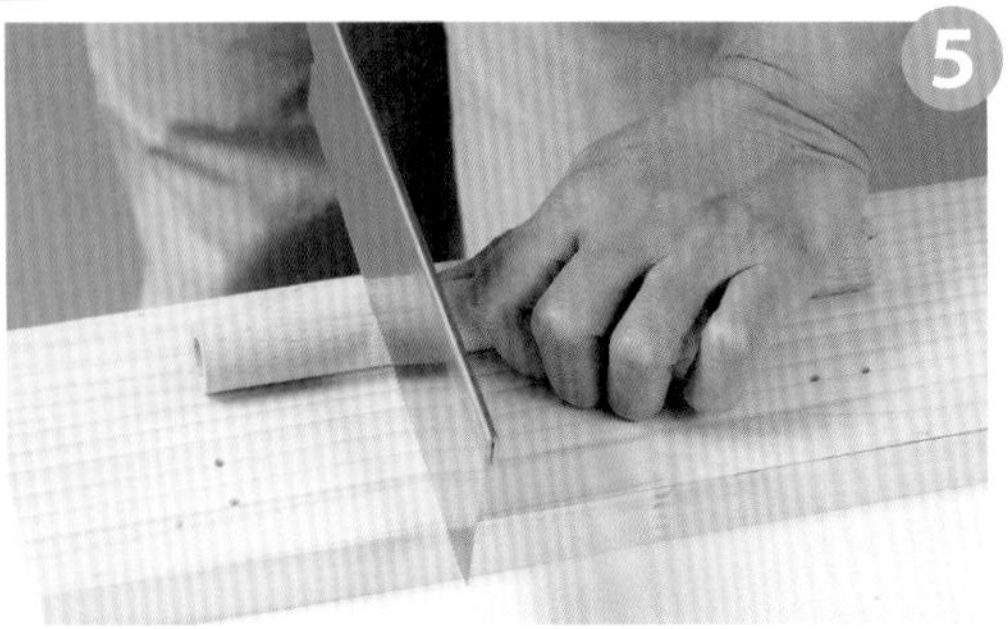

蛇口用の円筒形パーツを、水栓とのバランスを考えて適した長さにカットします。

6

蛇口を水栓本体に接着して、組み立ては完了です。

7

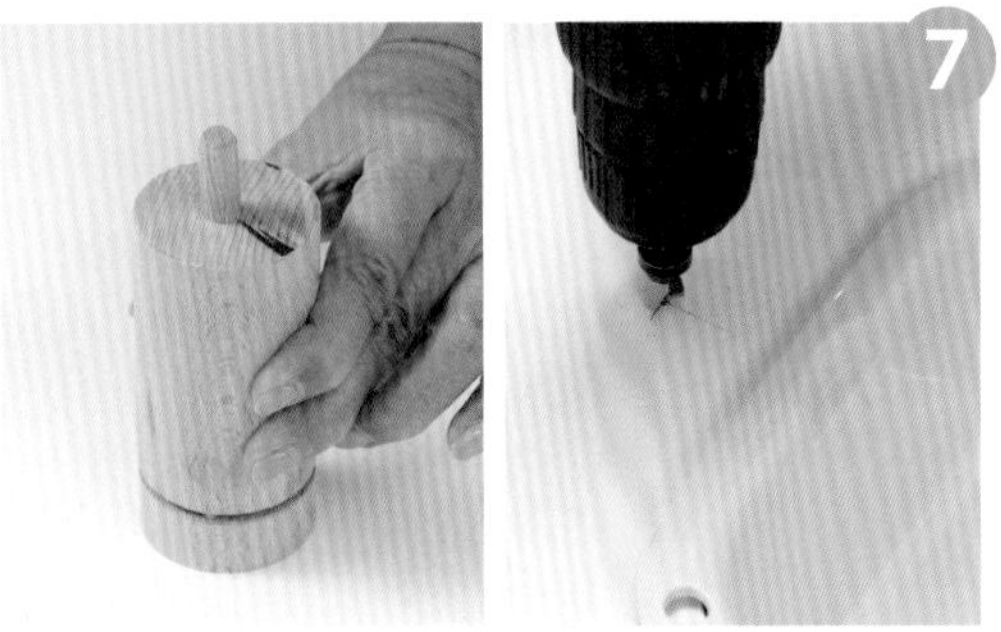

ハンドルパーツの取りつけと同じ手順で、ダボを使って天板に水栓を固定します。

8

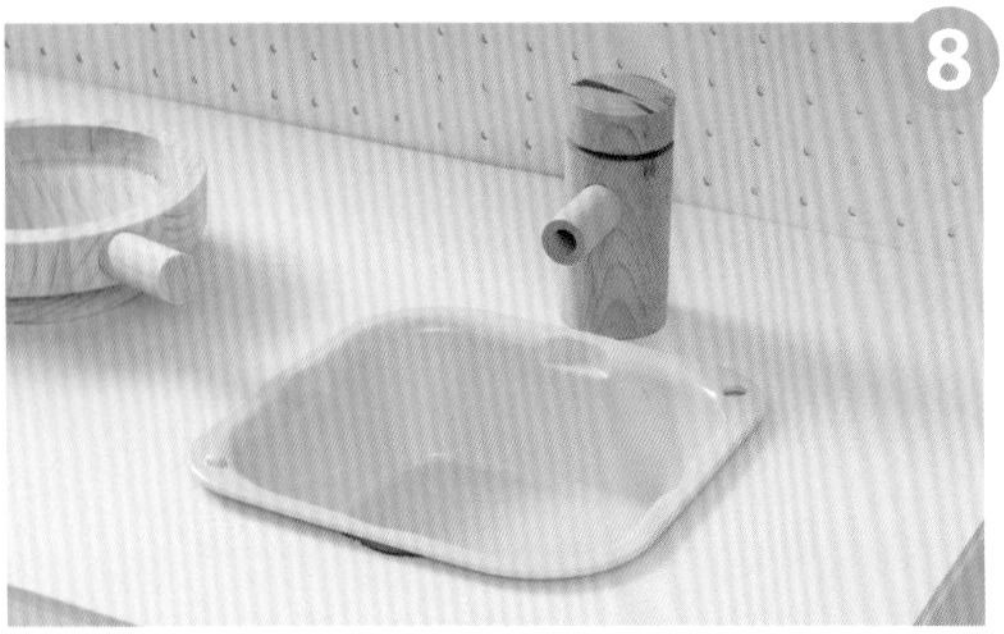

ダボを8mmにカットして天板の穴に差し込めば、水栓の設置は完了です。

IHヒーターの作り方

お絵かきソフトでIHヒーターのイラストを作ってプリント。ガラストップ用に透明の樹脂パネルを用意します。

イラストを使用するサイズに合わせてカット。樹脂パネルはイラストよりひと回り大きくカットしておきます。

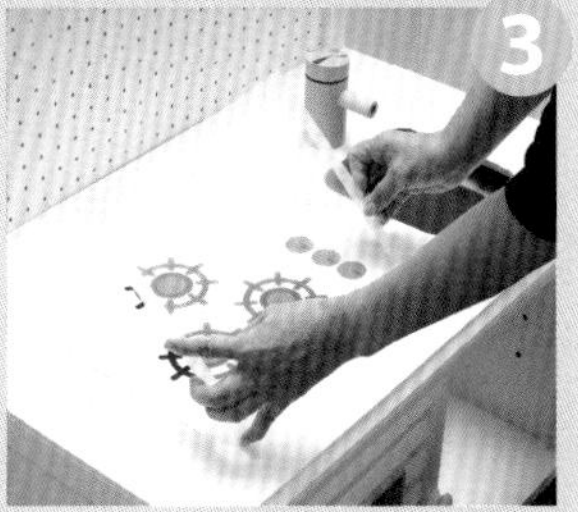

スプレーのりなどを使ってイラストを天板に貼り、その上に両面テープを貼った樹脂パネルをかぶせます。

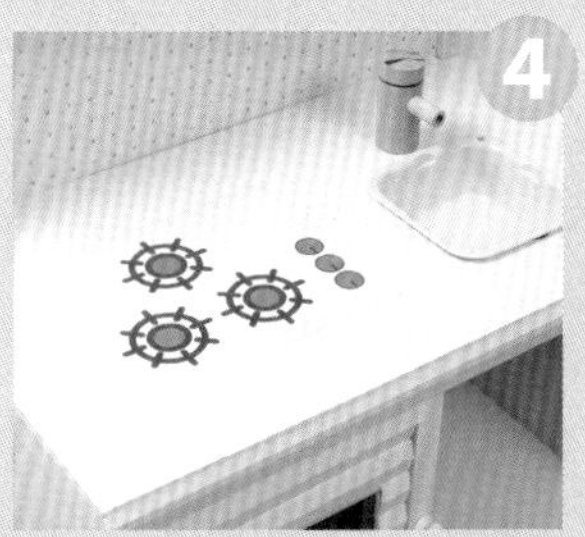

使っているIHヒーターに似せてイラストを作ると、よりリアリティがアップします。

ガスコンロを作る

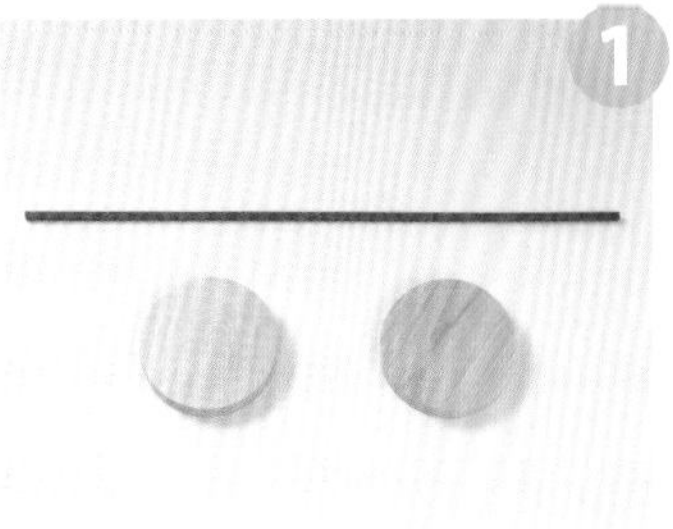

コンロ部分は厚さ 15 ～ 20mm の板材を直径 100mm 程度の円形にカット、ゴトク部分は細い工作材を使います。

コンロのパーツに、円を4分割する線を引きます。

工作材を20mm程度の長さにカットしてゴトクのパーツを用意します。

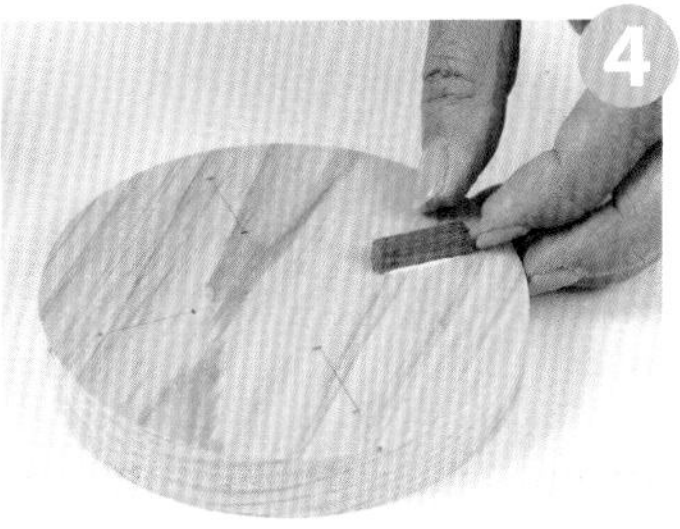

ゴトクのパーツに木工用接着剤を塗り、コンロのパーツに引いておいた線に合わせて接着します。

2 口か 3 口か、設置したい数だけコンロを作ります。

点火つまみは小さい円形パーツで作ります。写真のつまみは直径 40mm のパーツを使っています。

配置を決めてコンロと点火つまみを両面テープで接着します。シンクとコンロの製作が完了して、キッチンらしくなりました。

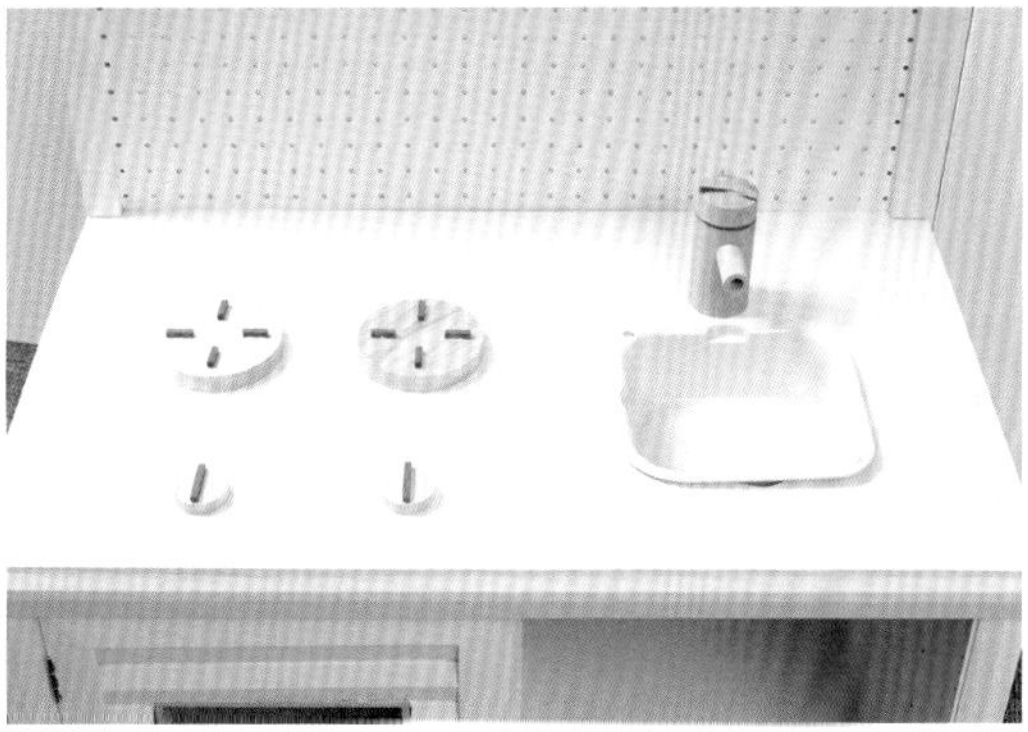

キッチン小物を作る

フライパン

1

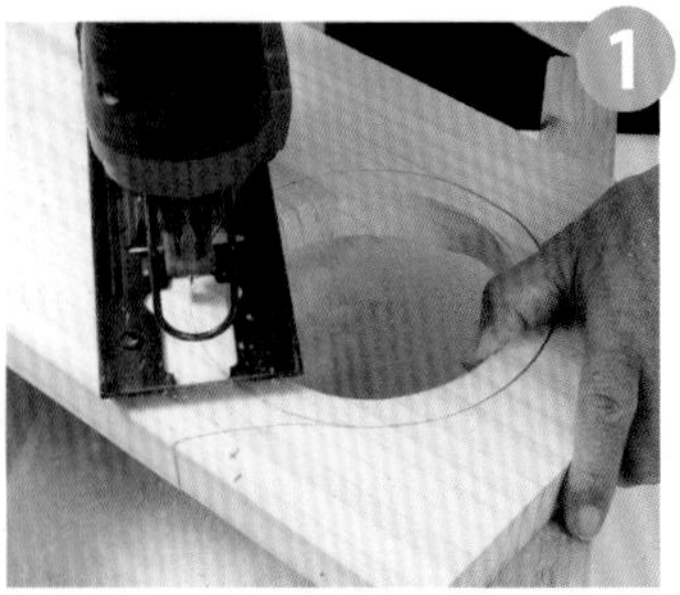

25mm厚の板から、外径150mm、内径135mmのリング状のパーツを切り出します。

2

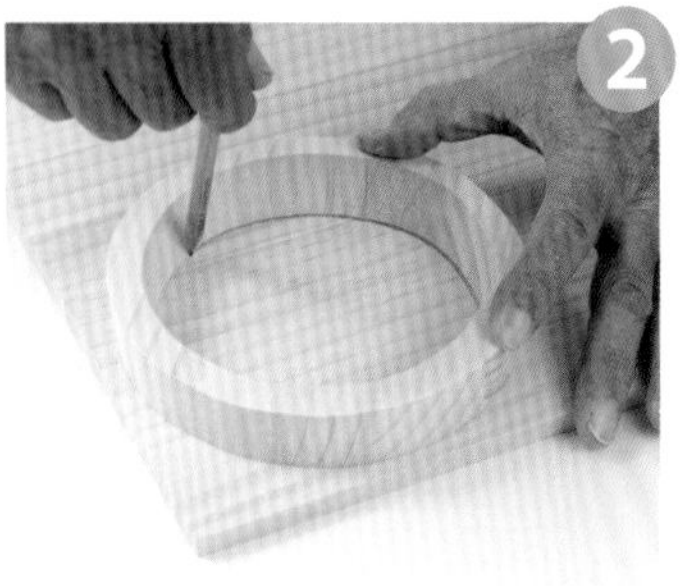

9mm 厚の板をリング状パーツの内径に合わせてカットします。

3

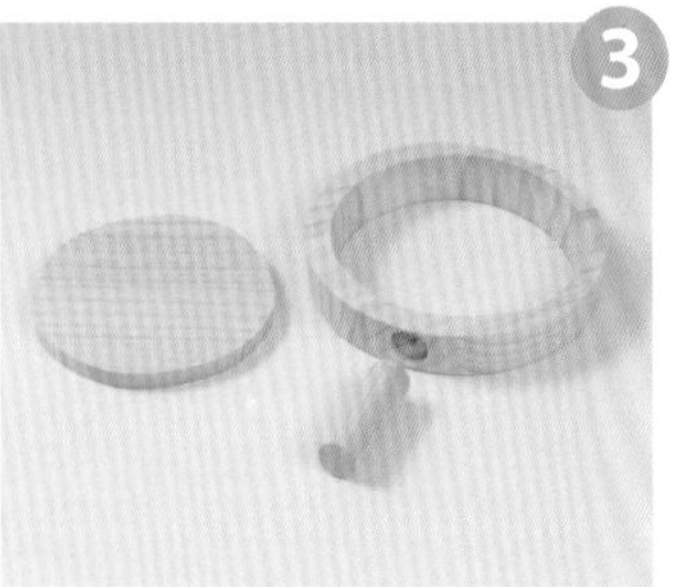

20mm 径の丸棒を取っ手用にカットし、リング状のパーツには 20mm 径の止め穴を掘っておきます。

4

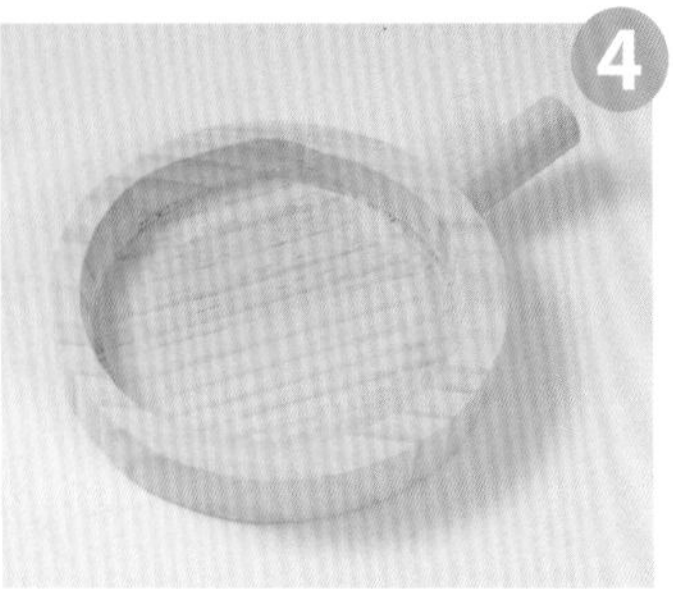

3つのパーツを木工用接着剤で組み付けて、フライパンの完成です。

クッキングポット

1

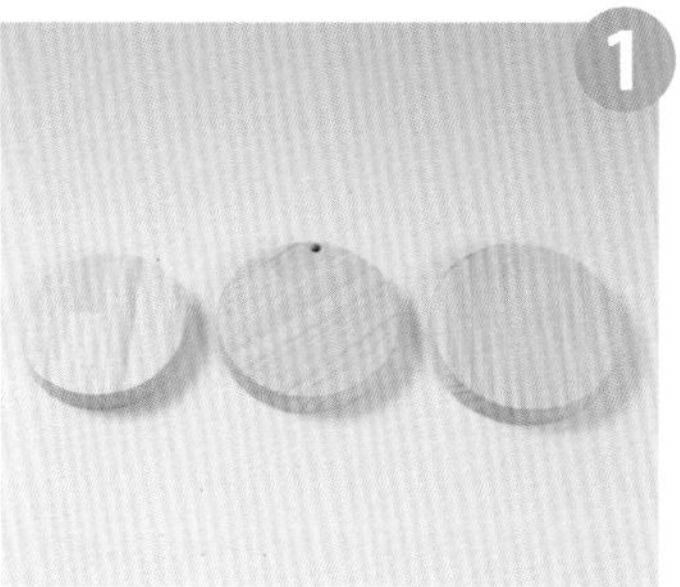

直径150mm、160mm、170mmの円形に切り出した25mm厚の木材を、3枚重ねて本体を作ります。

2

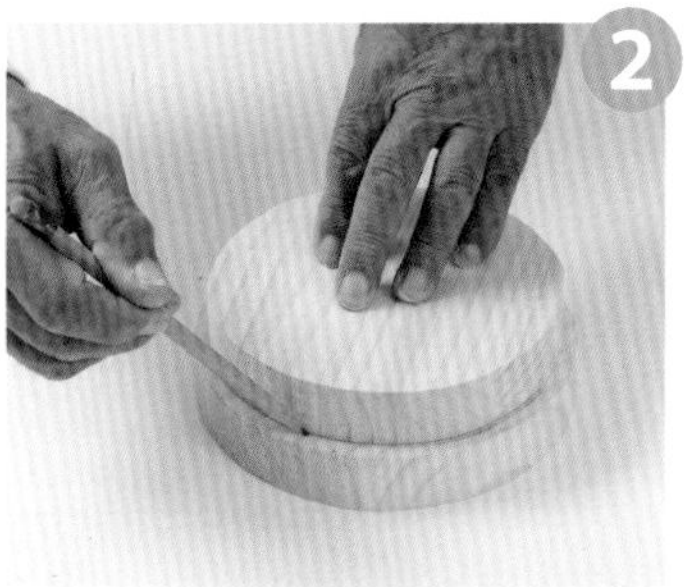

大きい板に小さい板の縁に沿って線を引き、サイズの差がわかるようにします。

3

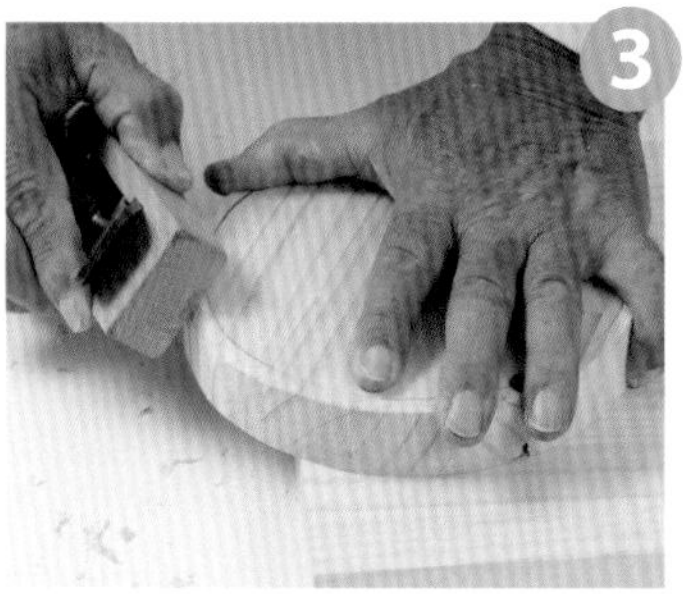

重ねたときの段差をなくすために、板の縁を先ほど引いた線を目安にカンナで斜めに削ります。

4

木工用接着剤を塗り、3 枚の板を重ねて接着します。

5

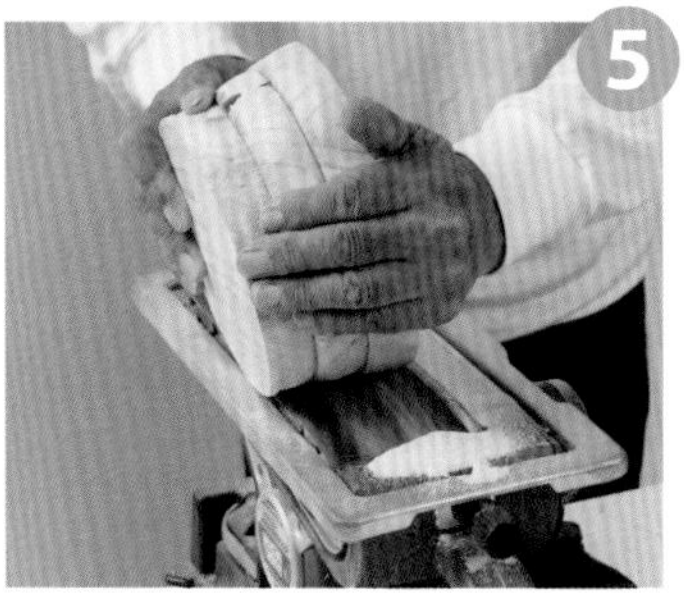

段差が気になる場合は、ヤスリやグラインダーで形を整えます。この作業は接着剤がかたまってから行ってください。

6

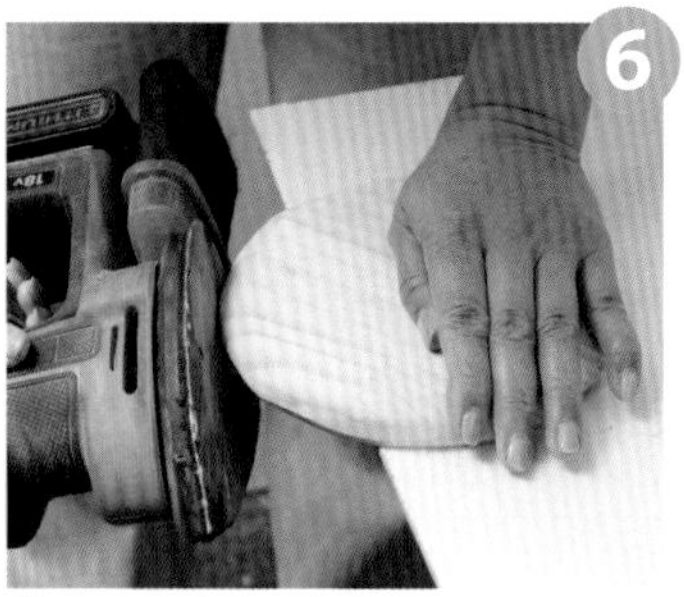

続いてフタを作ります。直径 170mm の円形の板をもう 1 枚用意し、縁を丸く削ります。

7

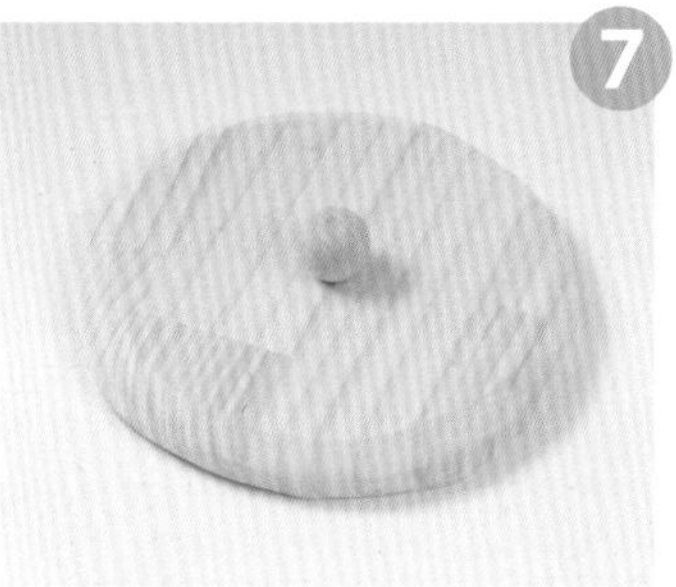

フタの裏側から木ネジを打って、球体の工作材を固定します。

8

ポットの本体に短くカットした角材をネジどめして、クッキングポットの完成です。

スパイスボトル

1

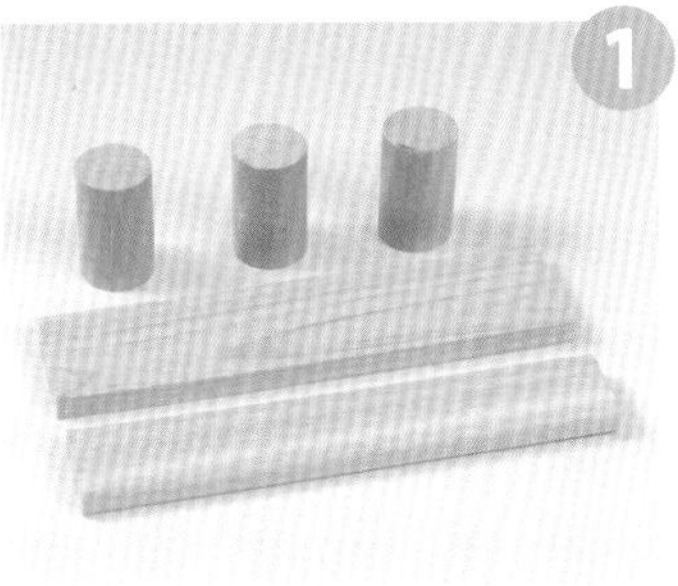

30mm径の丸棒を50mmにカットしたもの、9mm厚の板を30mmと50mmの幅にカットしたものを用意します。

2

2枚の板を木工用接着剤と細ネジで固定してL字型のラックに組み立てます。

3

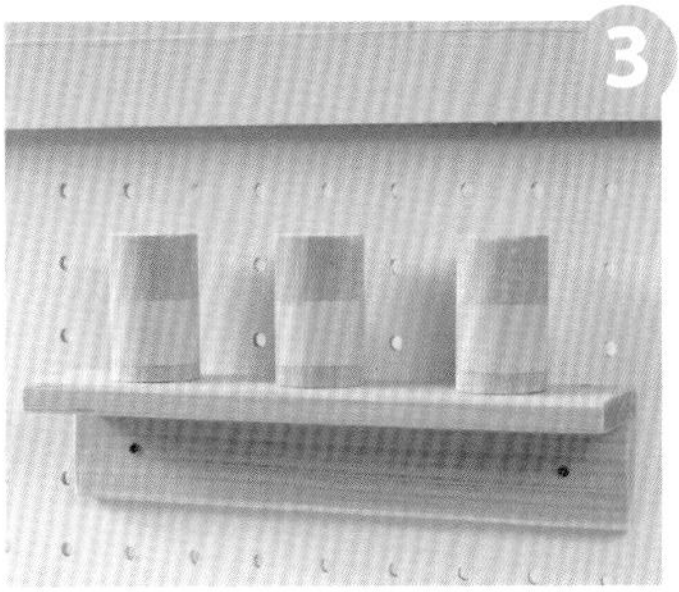

好みにデザインした丸棒のスパイスボトルを、有孔ボードにネジどめしたラックに並べて完成です。

キッチンツール

1

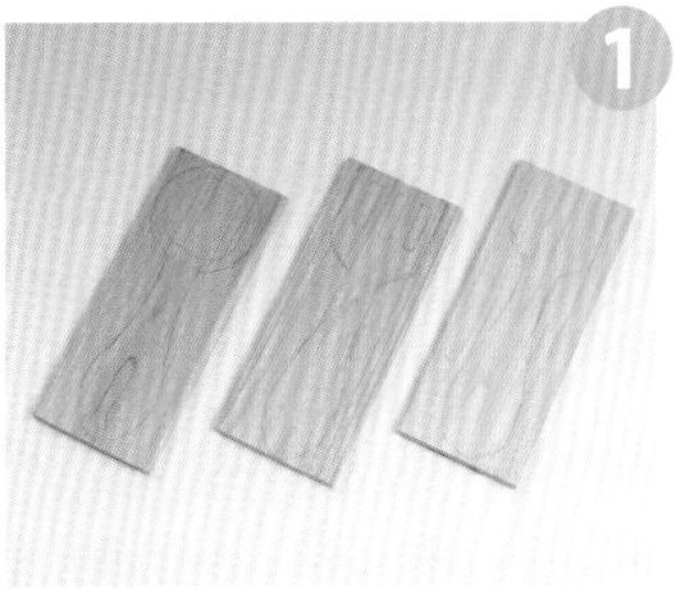

9mm厚の板にレードルやターナーなどの下絵を描きます。子供向けにかわいい形にしましょう。

2

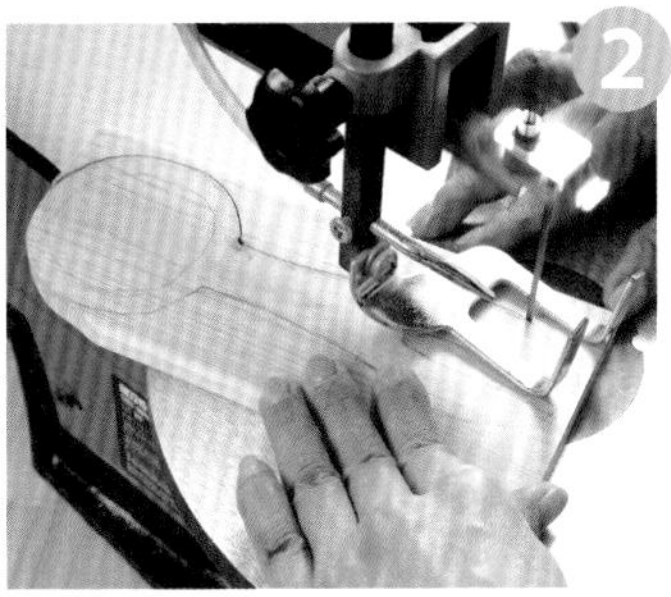

糸のこ盤やジグソーを使って、板からツールを切り出します。

3

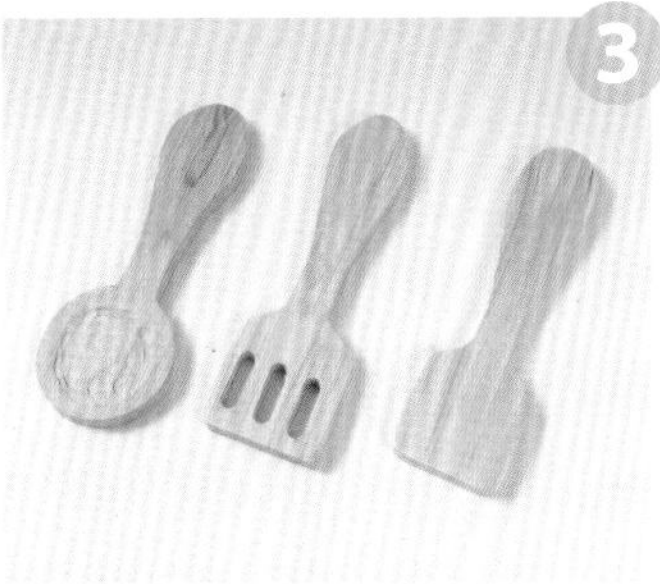

切り出したツールは荒目の番手でサンディングし、角を落として丸く仕上げます。

4

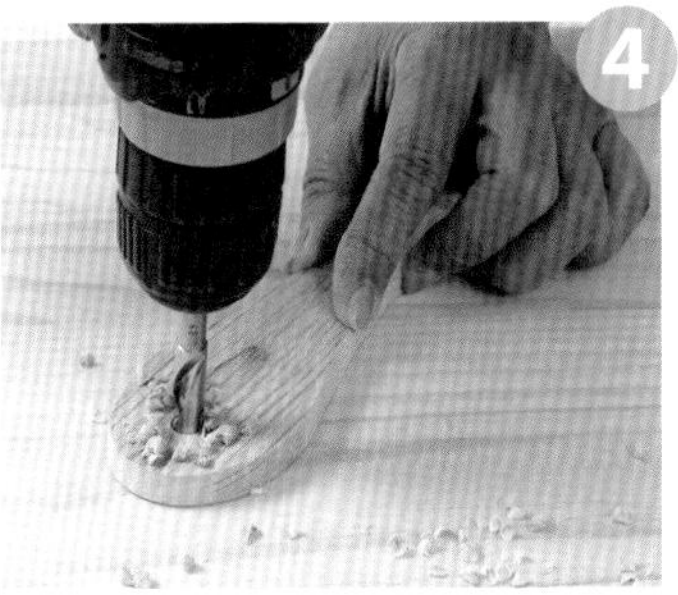

取っ手に吊り下げ用の穴をあけます。

5

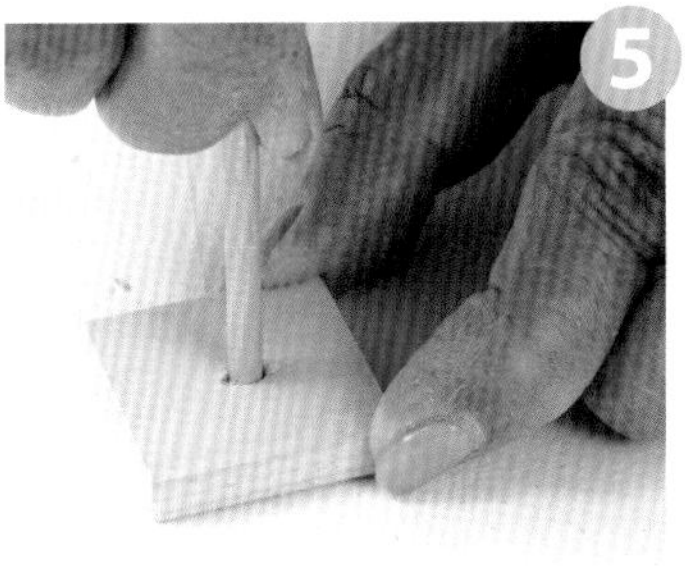

四角くカットした板に3mm径の穴をあけ、同じ太さの丸棒を木工用接着剤で固定して吊り下げフックを作ります。

6

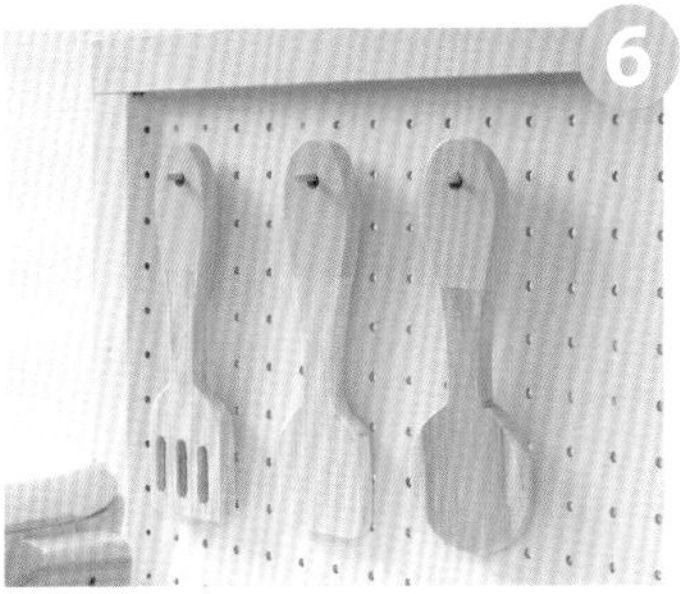

有孔ボードの裏側からフックを差し込んで、キッチンツールをかけておきましょう。

すべてのキッチンツールを配置すると、かわいらしいままごとキッチンのできあがり。小物まで手作りすることで、全体に優しい印象の仕上がりになります。

ヒント

小物作りで活躍するのが、さまざまな形に加工された工作材です。種類が豊富なので、どのパーツに使えそうかをイメージしながら選ぶと楽しくなります。

ローチェストをテレビボードにリモデル

引き出しを下開き扉に変えて機器の操作をしやすく機能的に

ローチェストは、衣類や小物を整理するために用いられることが多く、個人の部屋に置く収納としてよく利用されています。このタイプの引き出し収納は、何でもしまっておけてとても便利なのですが、デザインがインテリアに合わなくなったりしたときは、リモデルを考えるタイミングです。デザインや用途を変えて、新しいアイテムとして使えるようにしましょう。

ローチェストのサイズは高さを抑えているため圧迫感がなく、リビングから玄関のような狭いスペースまで、さまざまな場所で使えます。引き出し収納にこだわらないで、オープン棚や扉つき棚へのアレンジまで発想を広げると、新しい用途とデザインをイメージしやすいでしょう。

作例は、収納部のスペースをそのまま利用できるテレビボードへのリモデルです。用途に合わせて扉の仕様も変更しています。

リモデルプラン
Remodel PLAN

収納量を重視しているチェストは、奥行が500㎜ほどと深く作られています。それに対してテレビボードの奥行は、AV機器を設置する場合でも300㎜ほどが一般的です。まずは用途の変更に合わせてチェストのサイズを変更します。

収納部分は、大きい引き出しを撤去してAV機器の設置スペースにします。リモコン操作に対応させたい場所はオープン棚に、ホコリが入るのを防ぎたい場所は扉つきにと、2パターンを作りました。

また、黒いカラーでどっしり重々しい外観は、塗装と脚でポップなイメージに仕上げています。

Before

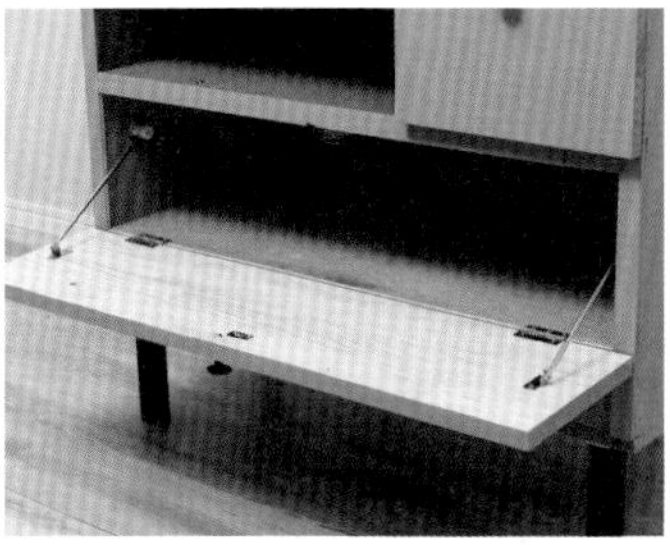

大きい引き出しは撤去し、下段には使いやすい下開き扉を取りつけています。

かわいくポップなイメージに仕上げるために、脚つきの仕様に変更しています。

AV機器や通信機器の設置を想定して、棚の背面には配線コード用の穴を加工しました。

引き出しは、小さいものだけを小物用として再使用。本体に合わせて奥行を調整しています。

その他の材料

- ■工作材（5mm 厚）
- ■集成材（18mm 厚）
- ■丁番
- ■マグネットラッチ
- ■取っ手
- ■前蓋用ステー
- ■配線穴キャップ
- ■テーブル脚
- ■リメイクシート
- ■プライマー
- ■水性塗料

道　具

- ■電動ドリルドライバー
- ■丸ノコ
- ■ノコギリ
- ■サンダー
- ■ドライバー
- ■ハサミ
- ■カッター
- ■ハケ
- ■ローラーバケ
- ■木工用接着剤

本体をカットする

1
用意したチェストの奥行は500mmほど。テレビボードとしては奥行が深すぎるので、300mmにカットします。

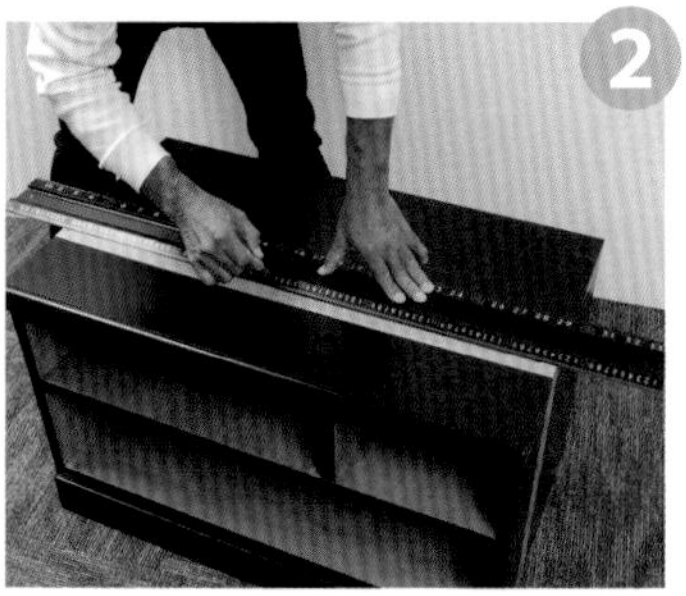
2
後側から 300mm のところに線を引きます。見やすいように、マスキングテープを貼った上に線を引いています。

3
平行定規を取りつけた丸ノコで、側板をカットします。マスキングテープは、切断面の荒れ防止にもなります。

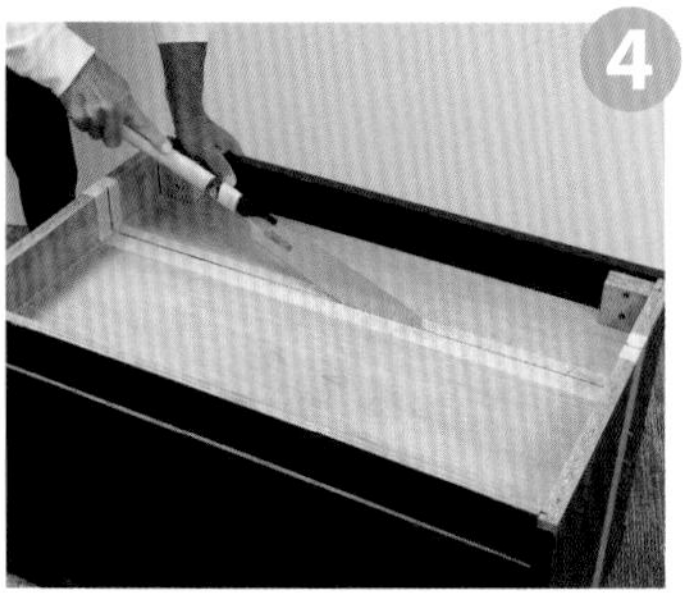
4
丸ノコを使えない底板は、ノコギリを使ってカットします。

5
内側に仕切り板がついている場合も、ノコギリでカットしましょう。

6
チェストの前部を切り落としたところ。部分的に補強されているものの、板の中はほとんどが空洞になっています。

7
後ほど扉を追加するため、丁番、ステー、ラッチなどの取りつけ位置に芯材を入れておきます。

ここがポイント!

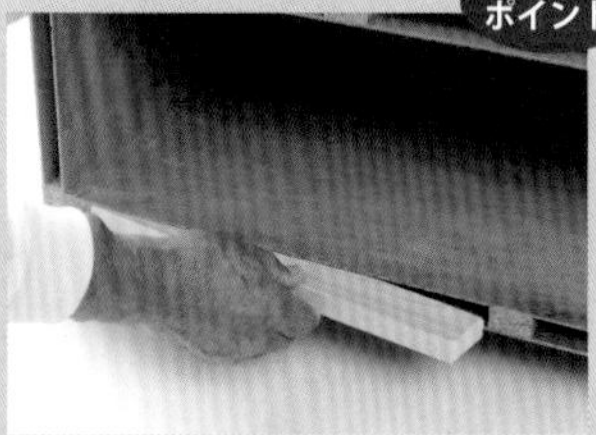
新たに金具を取りつけるところには、ネジが効くように空洞部分に芯材を入れて、木ネジで固定しておきましょう。

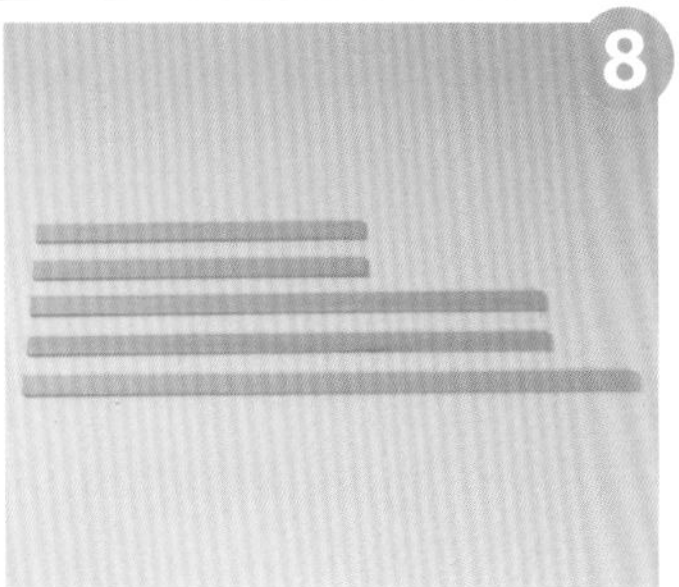
8
側板などの厚みと同じ幅の薄い板を、切断面を隠す化粧板として使います。必要な長さにカットして用意しましょう。

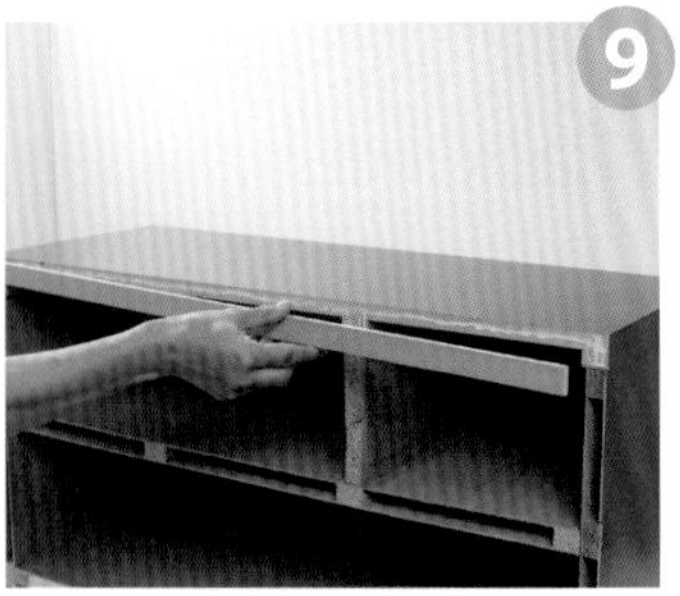
9
本体の切断面に木工用接着剤を塗って、化粧板を貼り付けます。

10
ピンネイルや隠しクギを打って、化粧板をしっかりと固定します。

11
本体の加工が完了。薄型テレビにぴったりの奥行になりました。

下段に扉を取りつける

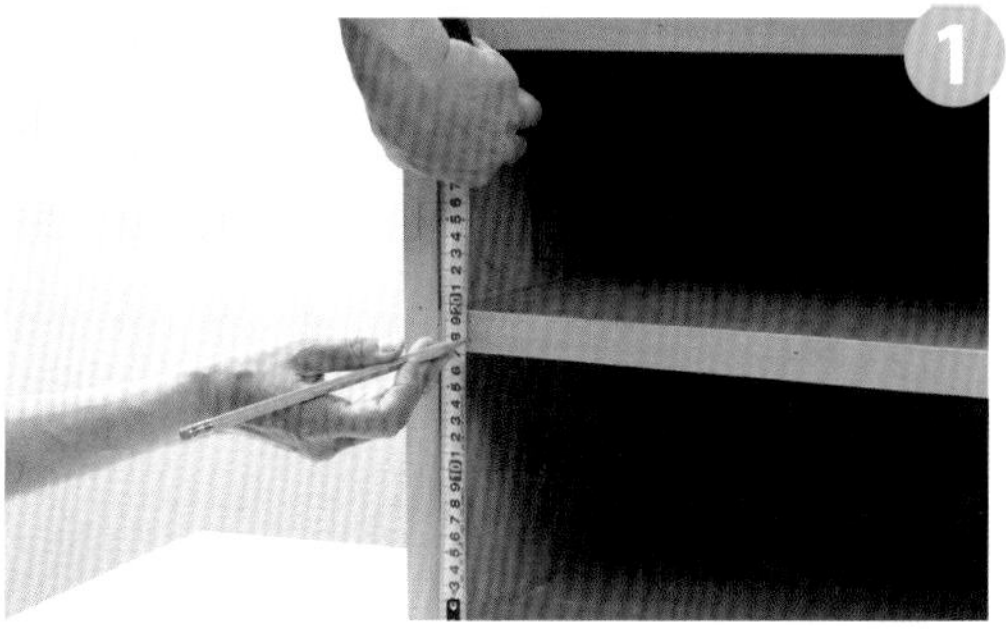

扉の寸法を決めます。横幅は本体の両端に合うように、高さは丁番の軸の太さを考慮して測ります。

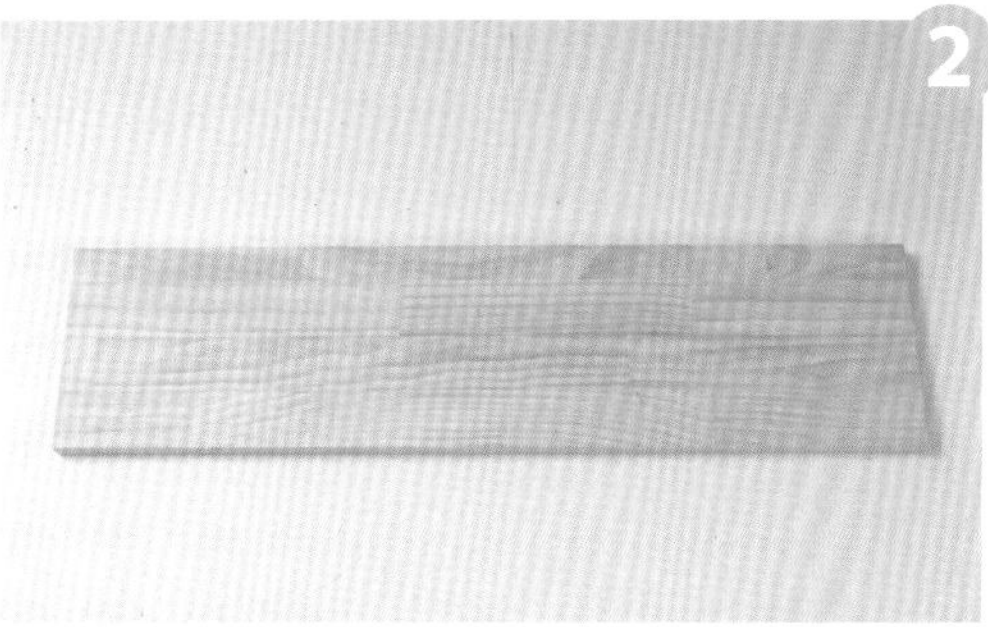

18mm厚の集成材を使用する寸法にカットして用意します。

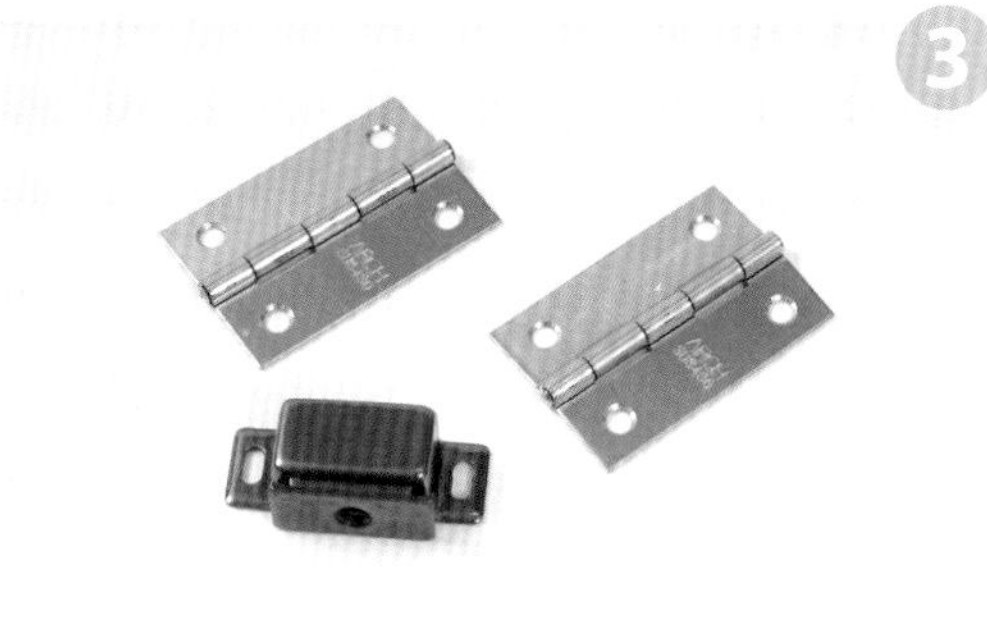

扉の取りつけには角丁番を使用。扉を保持するためのマグネットラッチは、後ほど取りつけます。

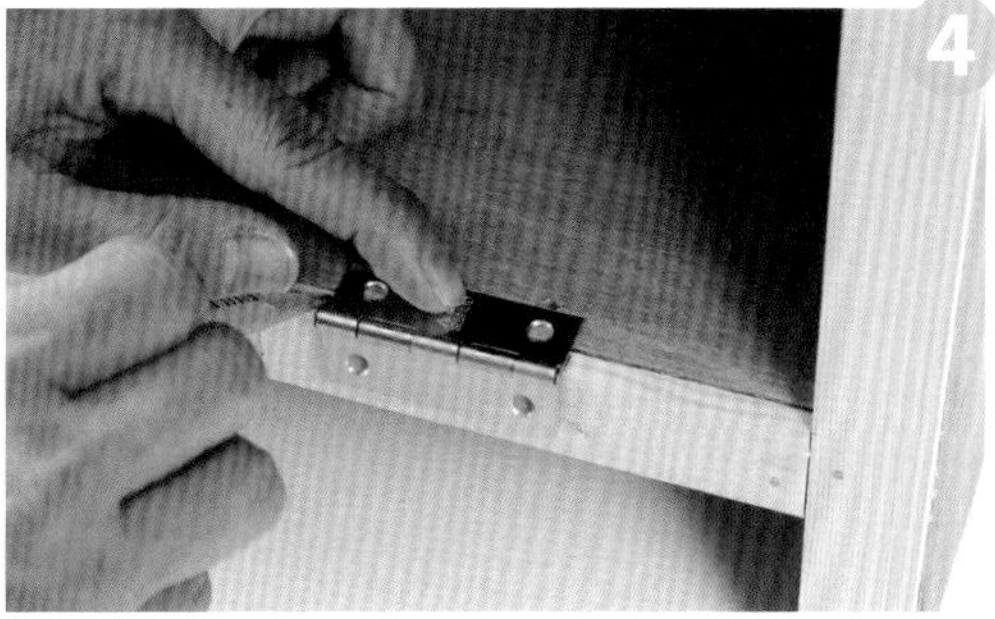

棚の端から丁番1枚分程度をあけて、取りつける位置を決めます。

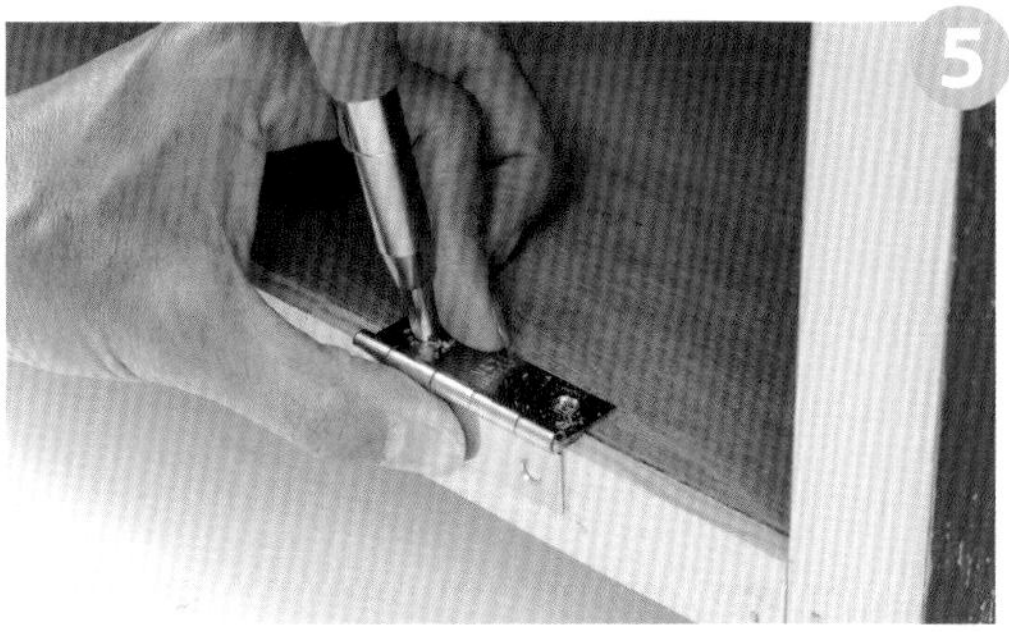

キリやドリルでネジの下穴をあけます。この作業には、穴のまん中にぴったりと合う丁番下穴ドリルがおすすめです。

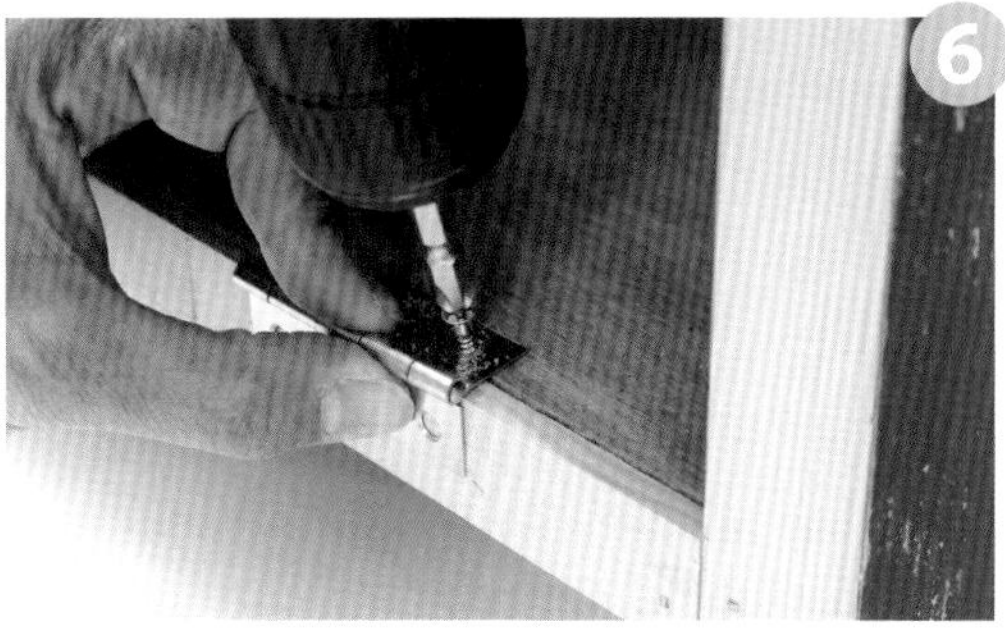

丁番を固定します。下穴あけ→ネジどめの作業は、1本ずつ行うとずれる心配がありません。

取りつける扉の下に木材などを入れて、棚板と高さを合わせます。

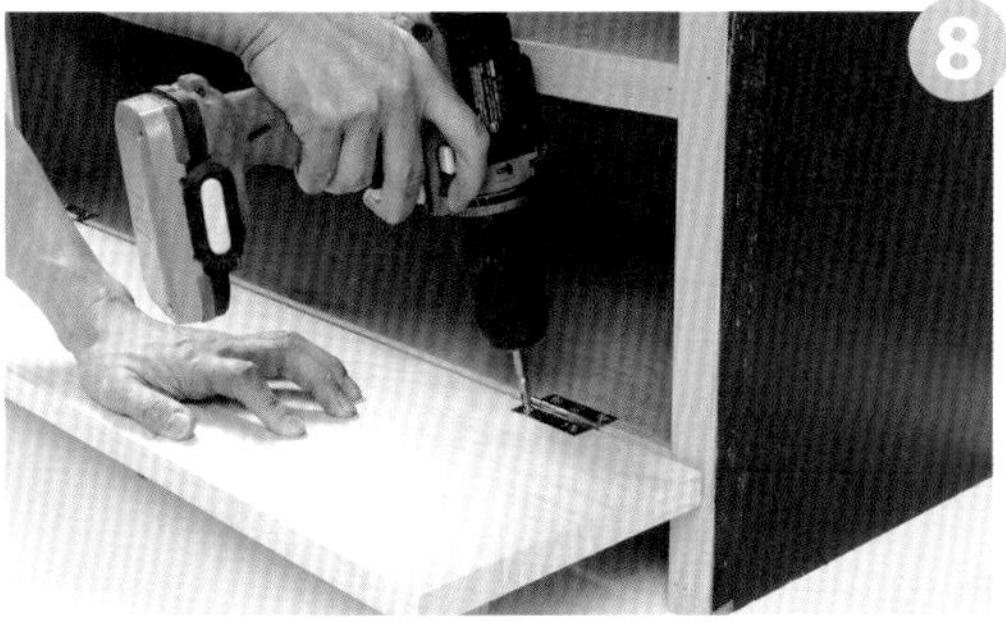

下穴をあけ、木ネジを打って、丁番に扉を固定します。

扉に金具を取りつける

1

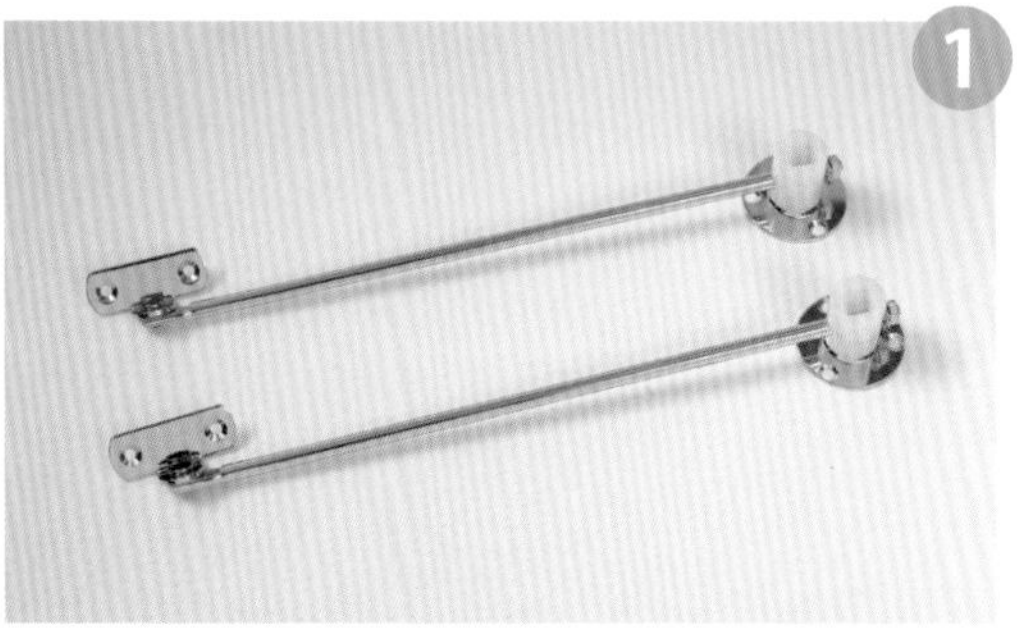

扉の支えに使用するのは前蓋用ステーです。開閉に合わせて丸棒がスライドするタイプを、扉の両端に取りつけます。

2

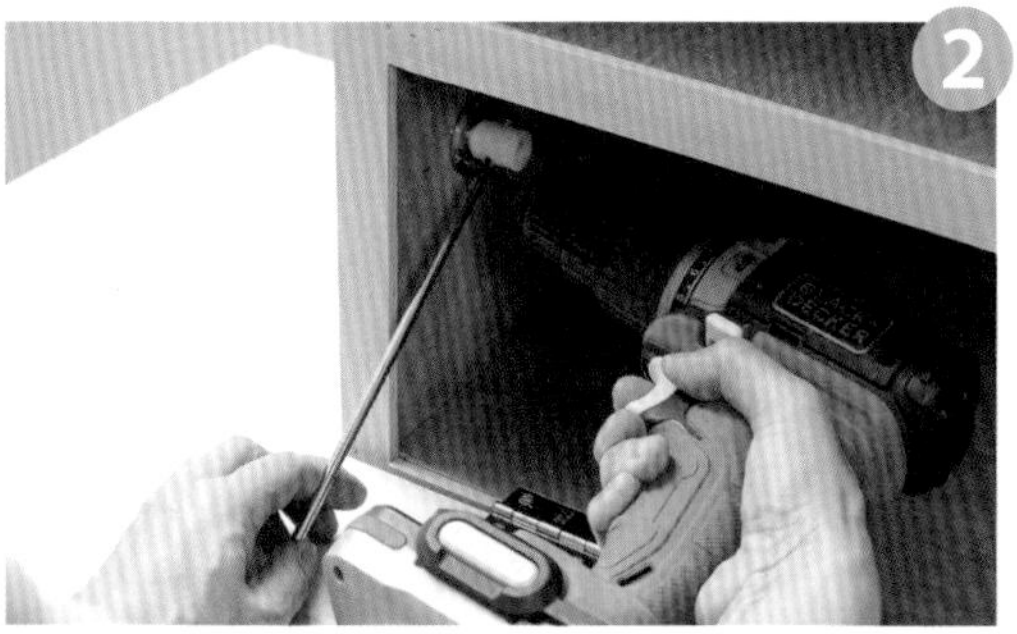

まず側板の内側に固定金具をネジどめします。ステーの角度が45°程度で、閉めたときに上段にあたらない位置に。

ヒント

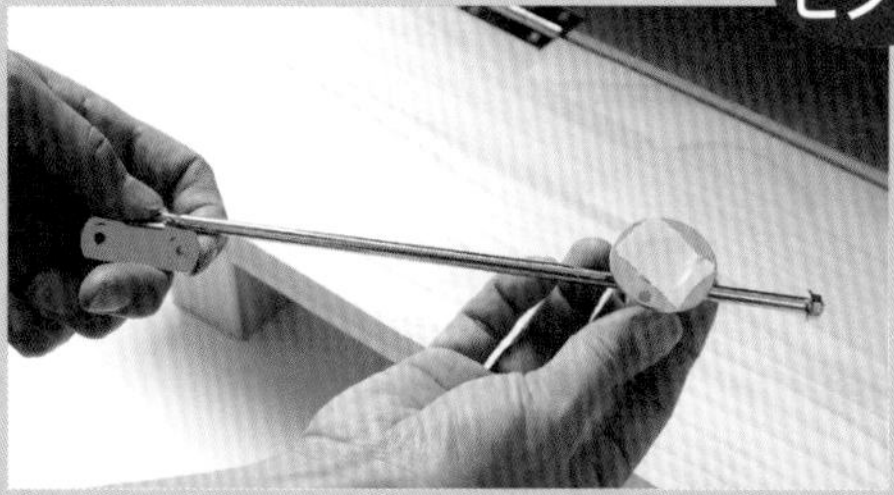

棚の中に手を入れにくい場合は、固定金具を両面テープで仮どめしておくと、ネジが打ちやすくなります。

3

もう一方の金具を扉にネジどめします。ステーが本体の側板と平行になる位置に固定してください。

4

マグネットラッチの本体を棚板に固定し、それと位置を合わせてプレートを扉の内側にネジどめします。

5

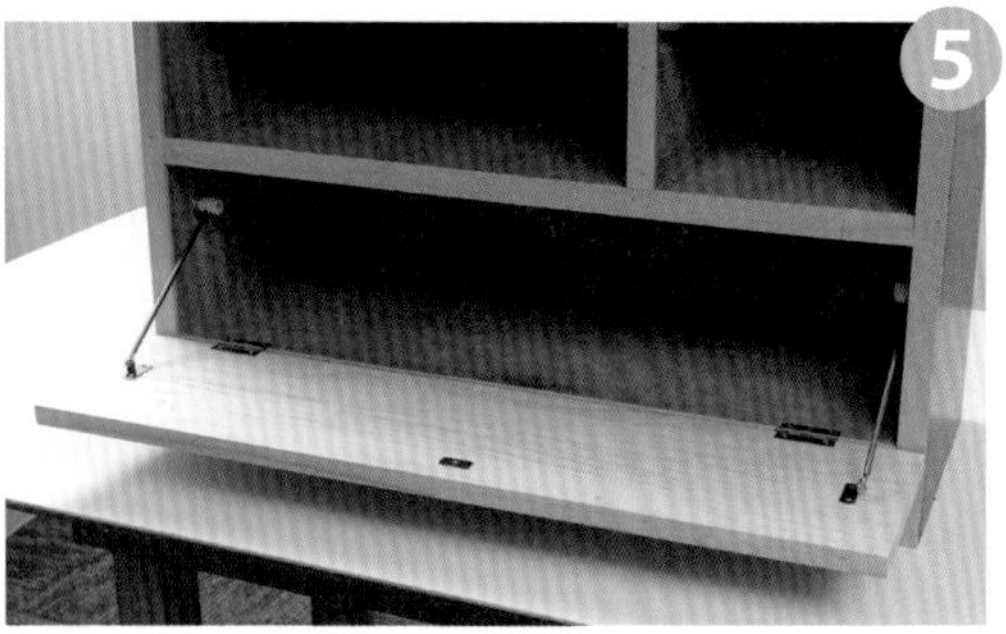

扉と金具の取りつけが完了しました。

6

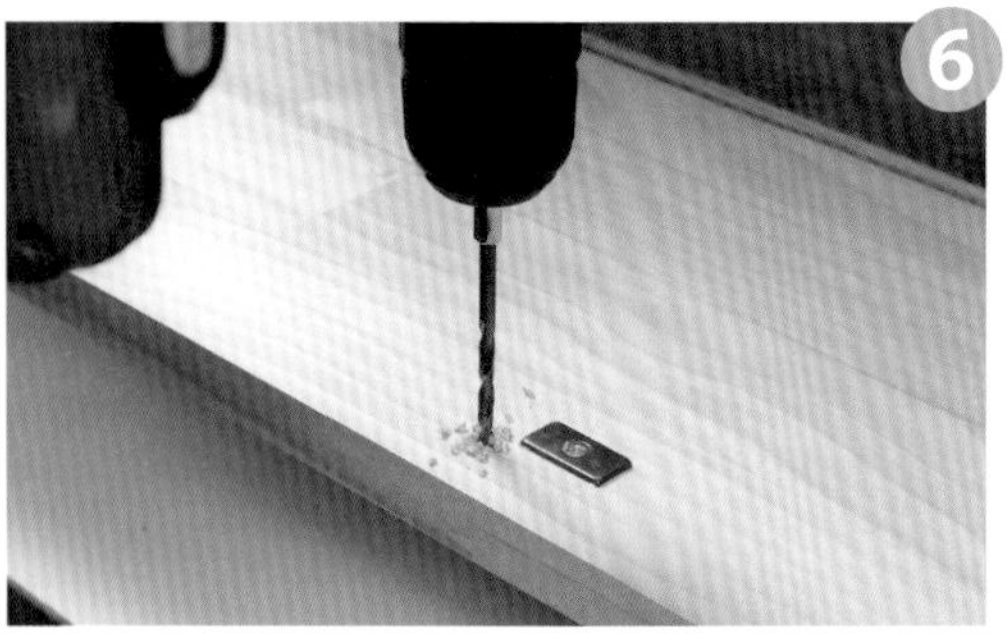

取っ手を取りつけるためのネジ穴を扉の裏側からあけます。

7

裏側からネジを入れて取っ手を固定します。

引き出しを作り変える

引き出しは既存のものを1つ小物収納として再使用。本体の奥行に合わせて、引き出しも短く作り変えます。

本体内寸の奥行を測って、作り変える引き出しの奥行を決めます。余裕を残して少し浅くするのがポイントです。

作り変える奥行の寸法で箱部分の3面に線を引きます。その際は面によって線の位置がずれないように注意すること。

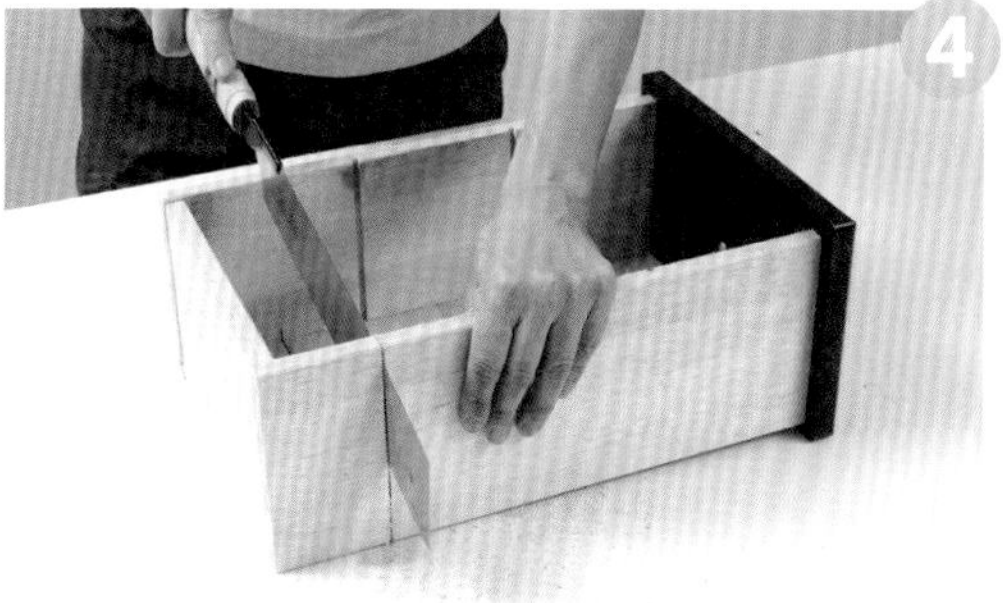

線に沿ってノコギリでカットし、後端の不要な部分を切り落とします。

箱の背板だけ再利用したいので、板を割らないように注意して切り落とした部分を金づちで叩いてバラします。

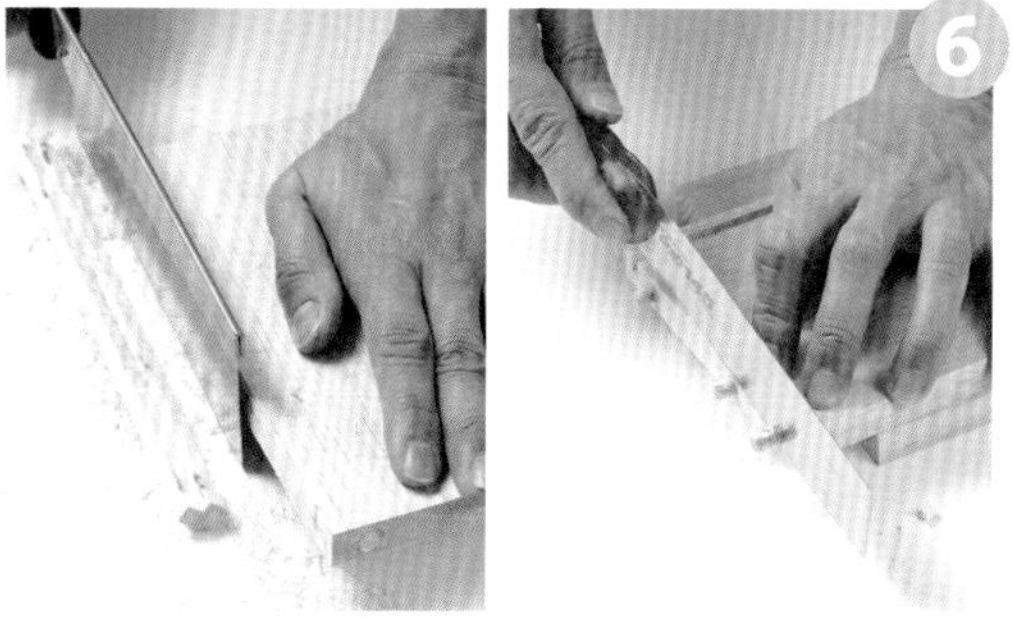

はめ直す際にじゃまになるダボや底板より下側の部分を切り落として、背板の寸法を箱の内寸に合わせます。

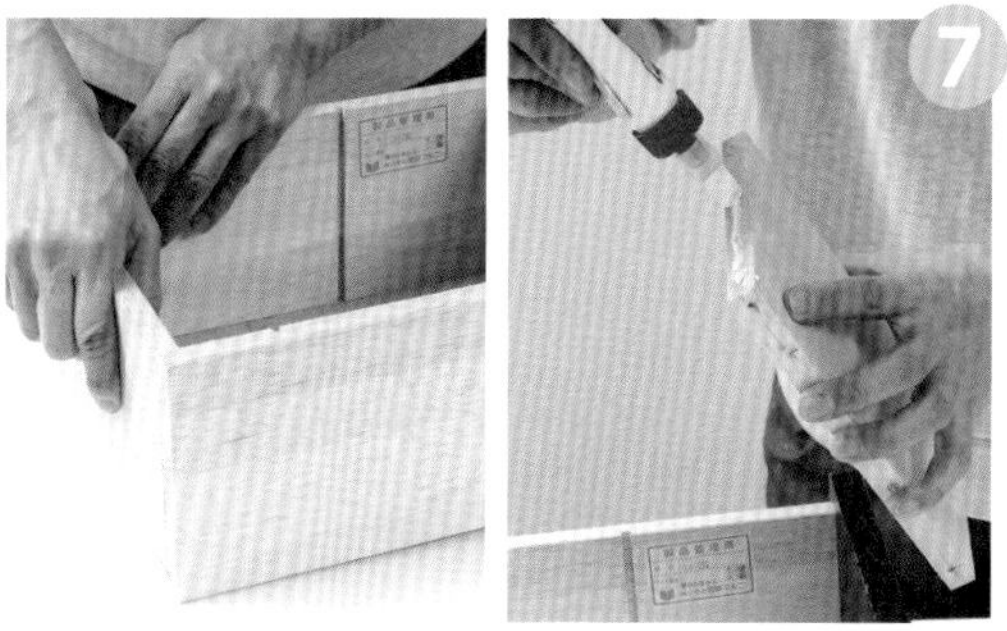

背板の木口に木工用接着剤を塗って、再利用する箱の後部にはめ合わせます。

側板、底板の3方向からピンネイルや極細ネジを打って、背板を固定し直します。

前板をつけて引き出しを仕上げる

前板を付け替えるため、既存の前板をはずします。この引き出しはダボで接合していたため、叩いてはずしています。

引き出しの外側を測って、その寸法で前板の下地として使う9mm厚の合板をカットします。

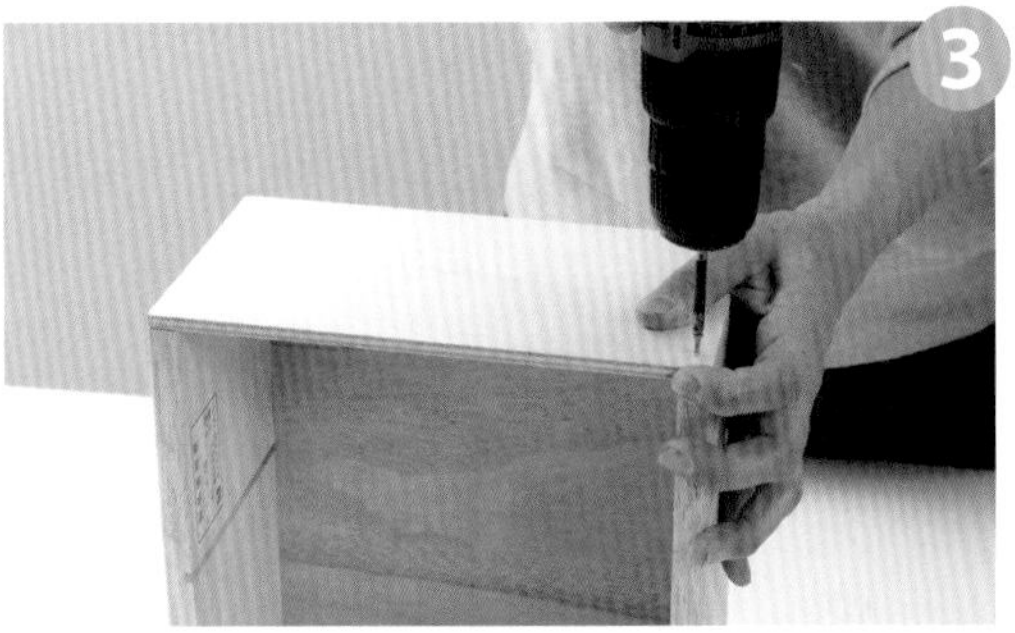

木工用接着剤を塗ってから細ネジを打って、箱の前面に合板を固定します。

本体から前面が少し飛び出すように引き出しをセットし、両面テープを貼ります。

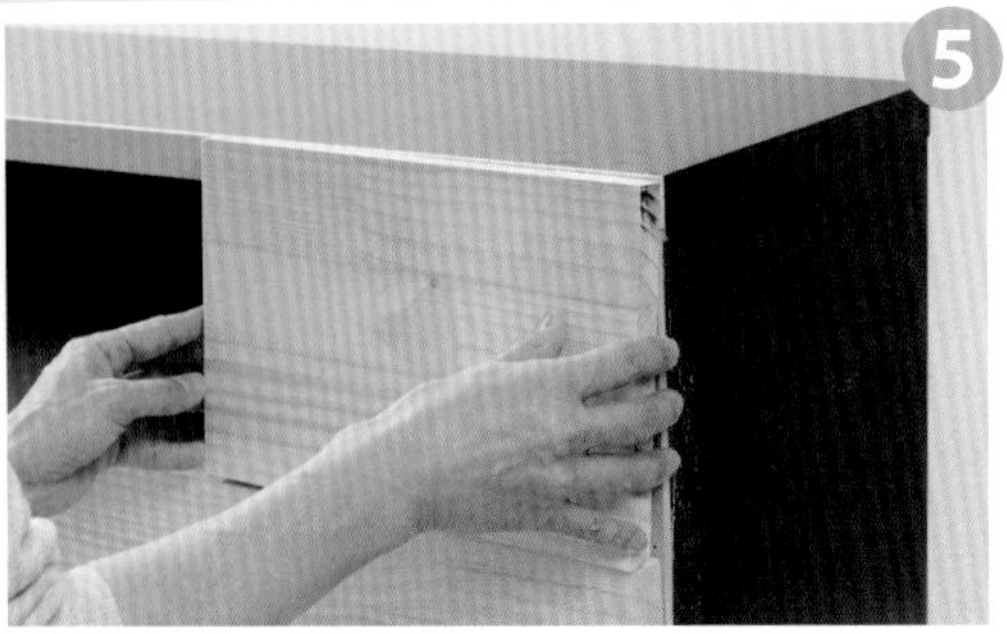

取りつけスペースに合わせてカットしておいた集成材の前板を、本体の上面と側面に位置を合わせて仮どめします。

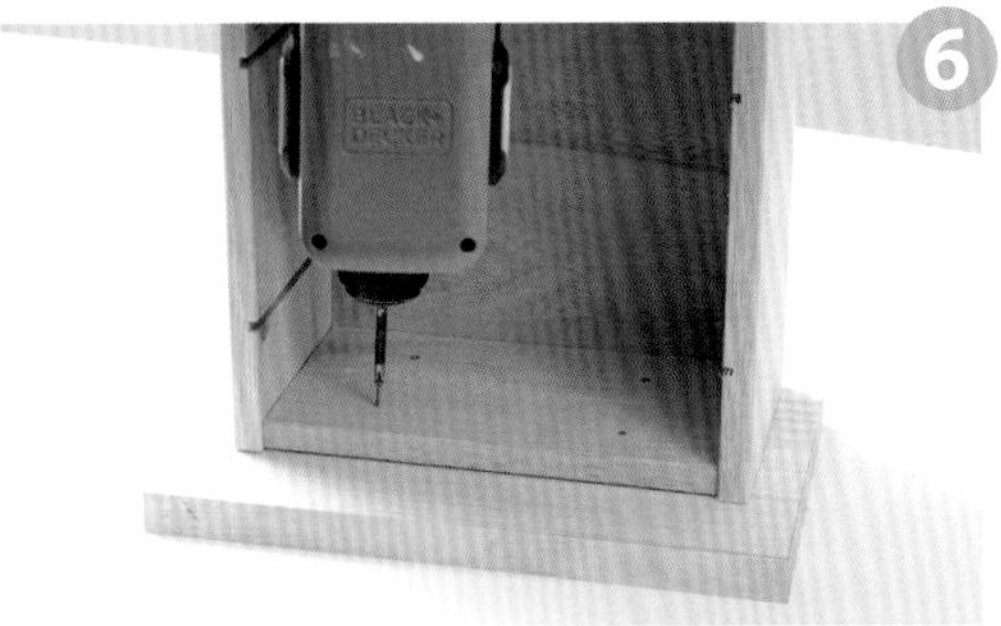

引き出しの内側から2か所程度に細ネジを打って、前板を固定します。

前板の裏側からネジ穴をあけておき、ネジを入れて取っ手を取りつけます。

下開き扉の取りつけと引き出しを作り変える作業が終わって、主な加工は完了しました。

配線穴を加工する

1

上下の棚に配線を通す穴を加工します。本体にあけたい穴の大きさに合わせて配線穴キャップを用意しましょう。

2

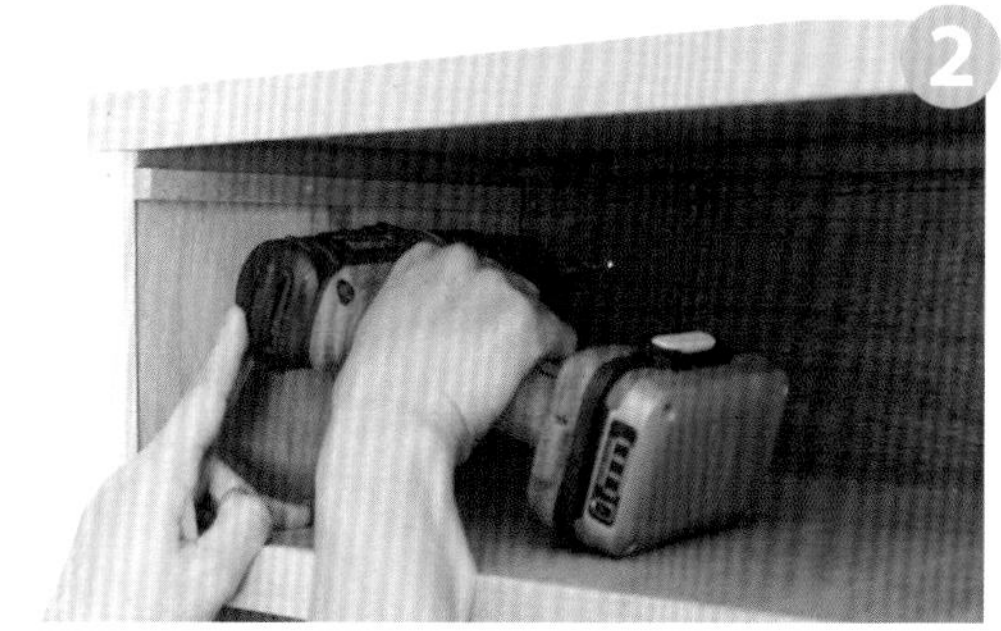

穴の大きさを考えて位置を決め、中心になるところに下穴をあけます。端に寄りすぎると板割れしやすいので注意。

3

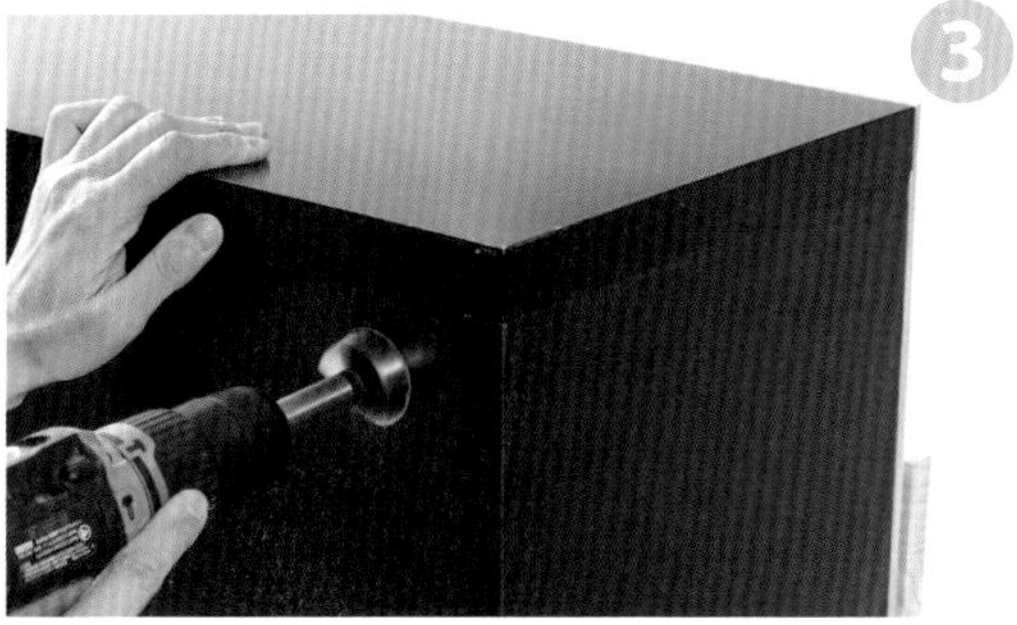

配線穴キャップのサイズに合わせて、指定の大きさで背板に穴をあけます。

4

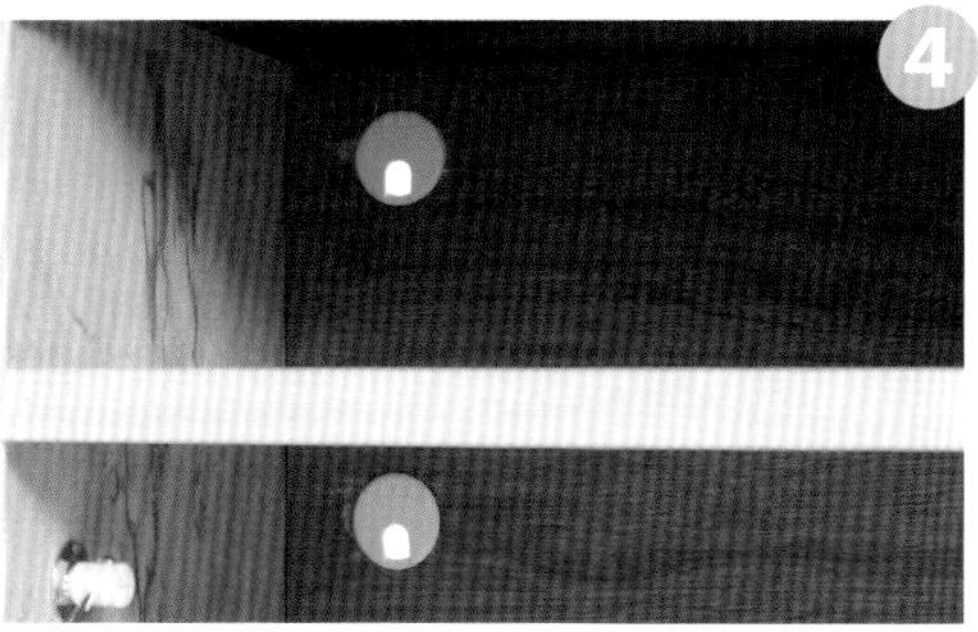

あけた穴に配線穴キャップをはめ込んで作業は完了です。配線コードを通すときは、フタを外してプラグを通します。

幕板を取りつける

1

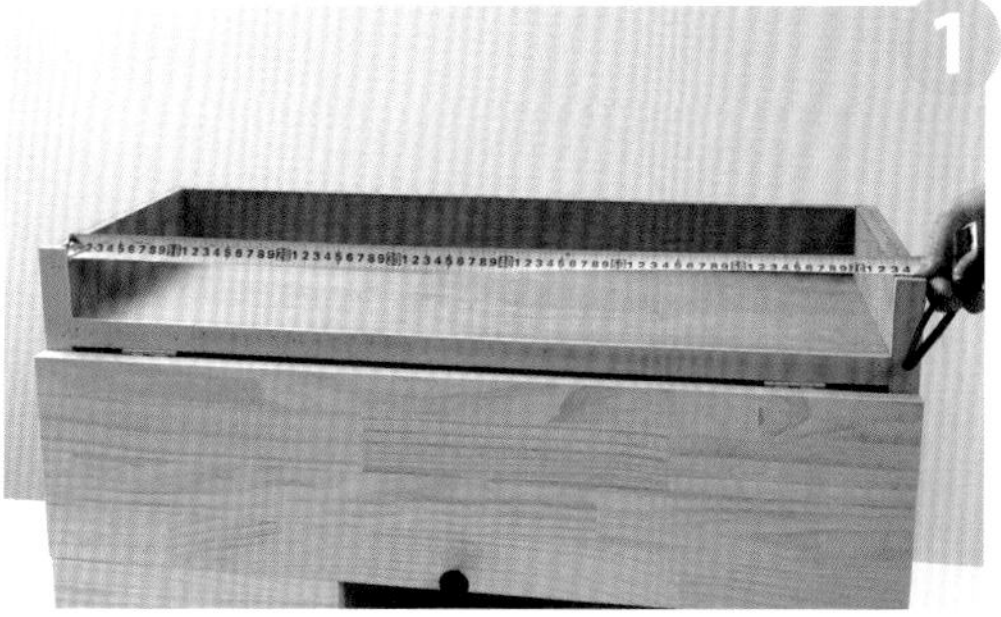

側板の内側に幕板を取りつけるため、内寸を測ります。下開き扉の開閉を邪魔しない位置にするのがポイントです。

2

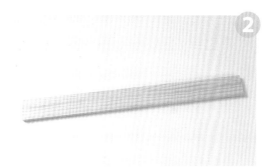

寸法に合わせてカットした18mm厚の集成材を用意します。

3

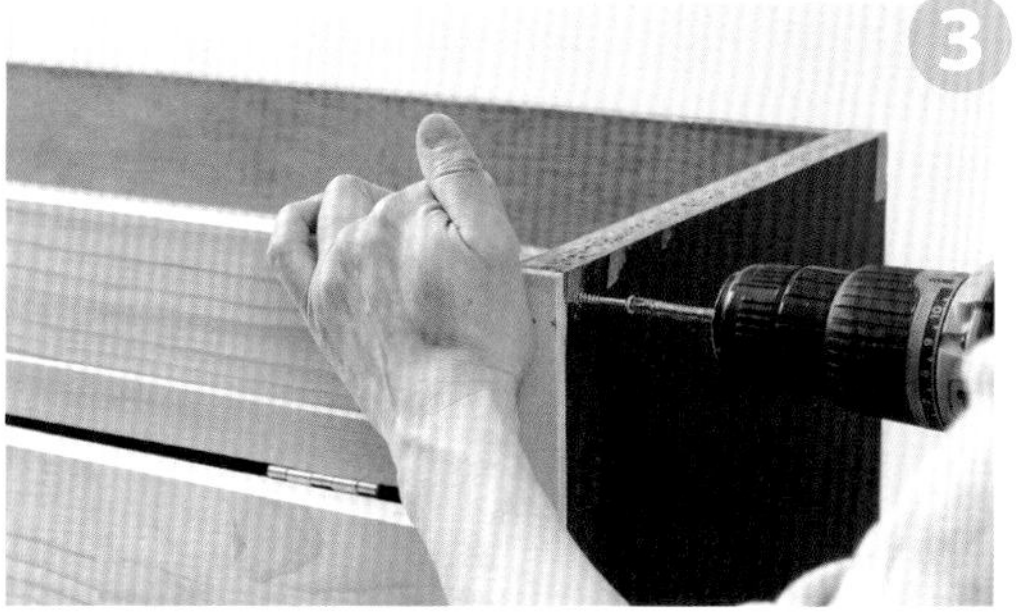

側板に下穴をあけ、木ネジを打って幕板を固定します。

4

左右を2か所ずつネジどめして、幕板の取りつけは完了です。

塗装とシートで外観を仕上げる

塗料がのりにくい本体の表面は、事前に密着性を高めるプライマーを下塗りしておきます。

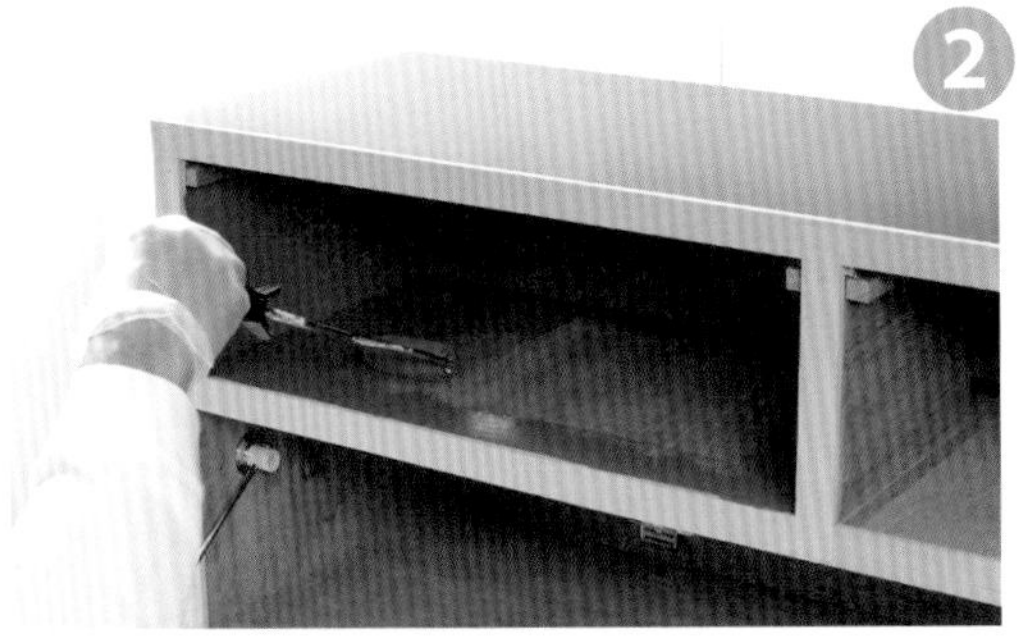

狭くて塗りにくい棚の内側をグレーで塗ります。別の色を塗る前面の化粧板はマスキングテープを貼って養生しています。

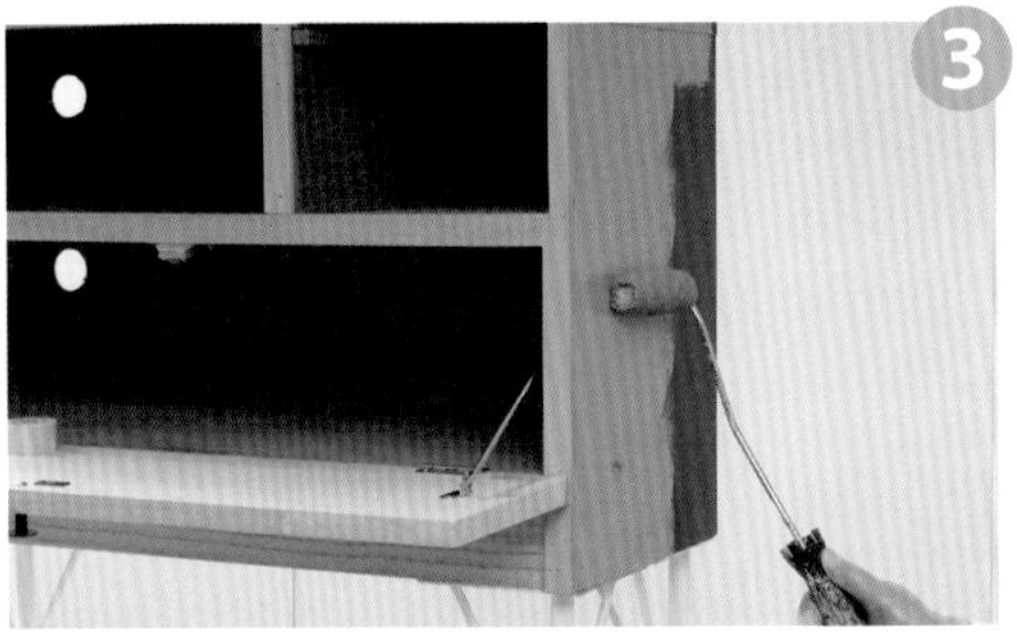

本体の表面に塗ったプライマーが乾いたら、ローラーバケを使って側板、前面、扉、引き出しを塗ります。

テレビを設置する天板の上面は、塗装に比べて摩擦に強いリメイクシートを貼ります。

リメイクシートを、貼る面よりもひと回り大きいサイズにカットします。

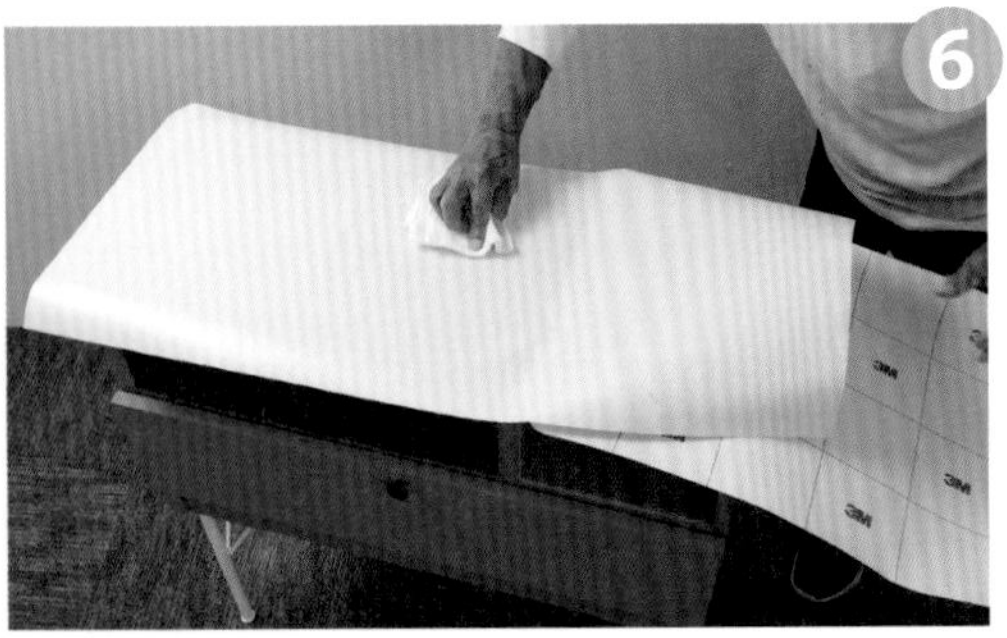

裏面の保護紙をはがしながら、シートを貼っていきます。乾いたウエスで擦って空気を追い出しながら貼りましょう。

余ったシートをカッターで切り落とします。刃の側面を角に押し付けながら滑らせるのが、きれいに切るコツです。

塗装とシート貼りが完了。黒一色だった引き出しチェストの面影はまったくなくなりました。

脚を取りつける

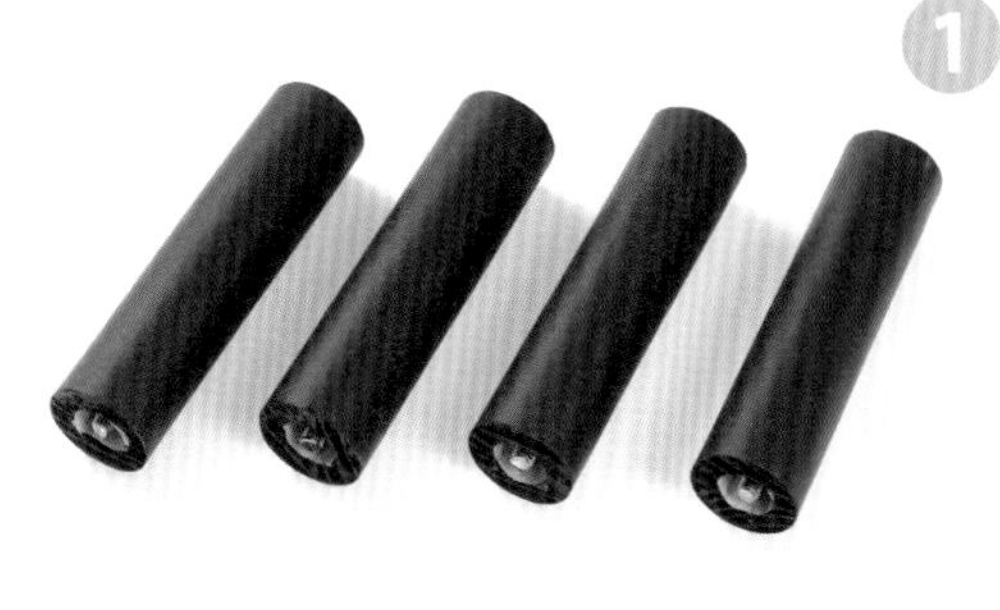

市販の丸脚を使用。仕上がりのイメージに合わせて、カットと塗装をしています。

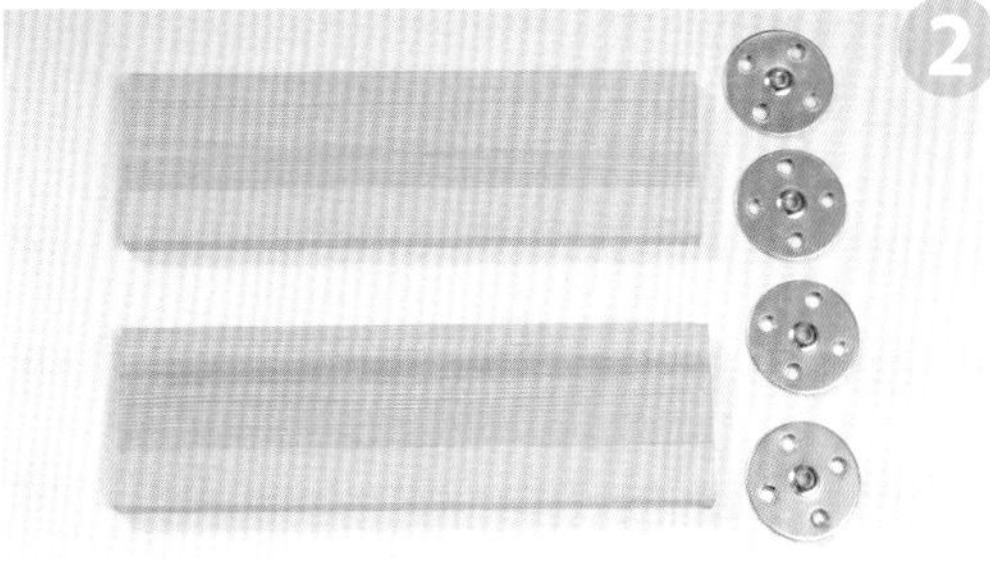

脚の固定用に、本体側に丸座金を取りつけます。今回は取りつけるスペースがないため、12mmの集成材を補強用として併用します。

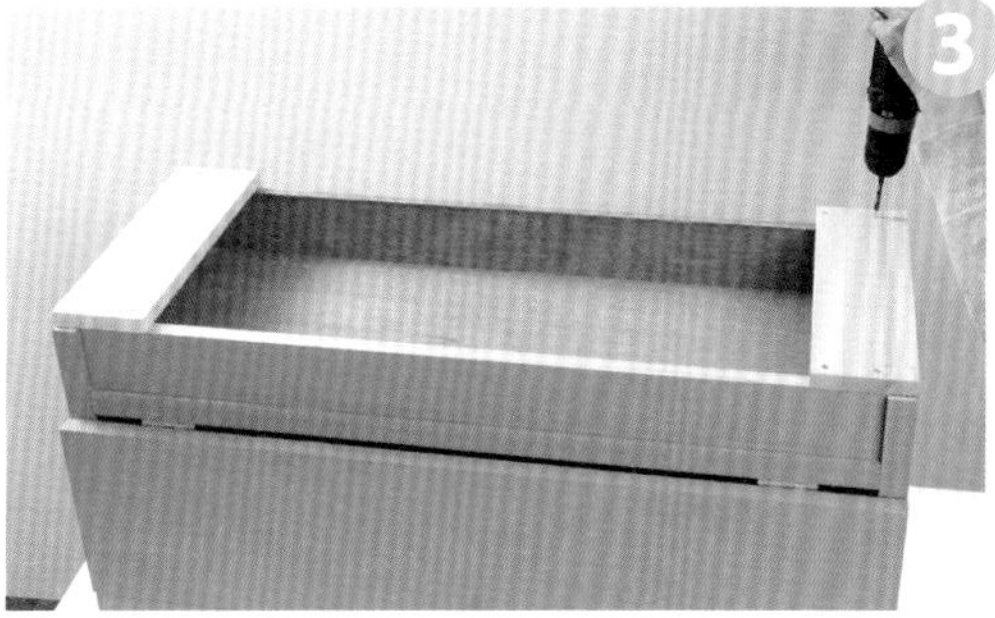

本体の底板が薄く強度が足りないので、ネジが効く側板にあらかじめ補強用の板をネジどめしておきます。

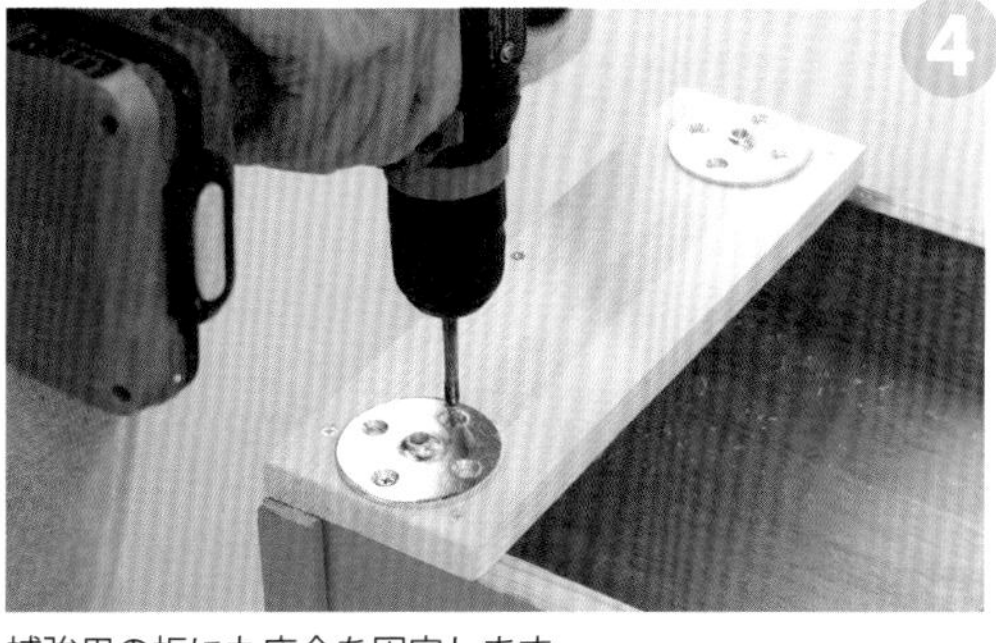

補強用の板に丸座金を固定します。

丸座金に脚をねじ込んで取りつけます。

脚の取りつけが完了して、チェストをリモデルしたテレビボードの完成です。

ヒント

脚選びでは台座の形状もチェック！

脚の取りつけ方法は、本編で紹介した座金にねじ込むタイプのほか、直接ネジどめするタイプも選べます。取りつける場所の状態も関係するので、後づけとなるリモデルではデザインとともに確認しておきたいポイントです。

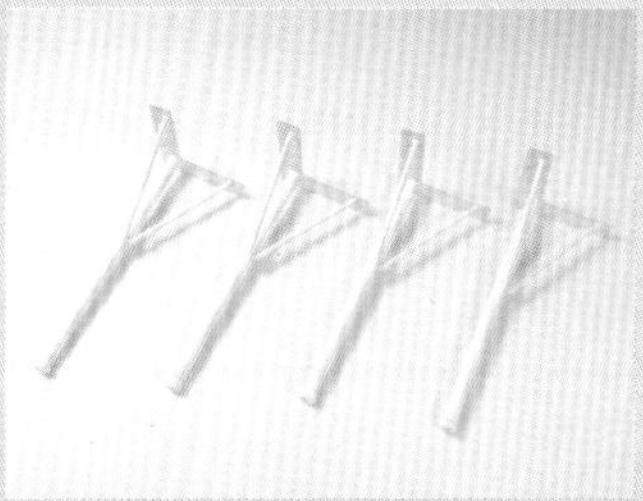

写真のスチール製の細い脚は、ネジどめして固定するL字型の台座を採用しています。

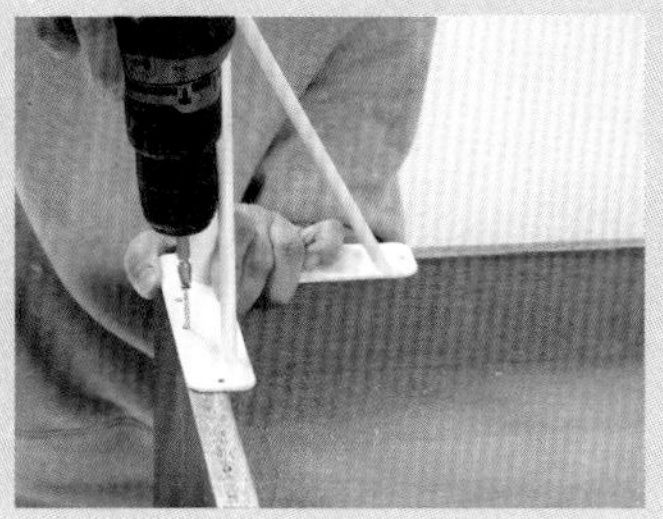

このタイプであれば、今回製作したテレビボードの側板に直接ネジどめすることができます。

ドライバー

力加減が難しいネジ回しや調整に

木工では、丁番《ちょうばん》を取りつけたり、繊細な材料をネジ止めするようなときは、力加減をしやすい手回しのドライバーの方が向いています。コンセントカバーの取り外し、ドア丁番の調整、照明器具の交換など、修繕やリフォームでもドライバーを利用するので、必要なサイズをそろえておくと便利です。

プラスのネジは太さによって頭部分の溝のサイズが異なり、これに対応したサイズのプラスドライバーを使う必要があります。先端サイズは1番、#1、№1のように表示され、数字が小さいほどサイズも小さくなります。

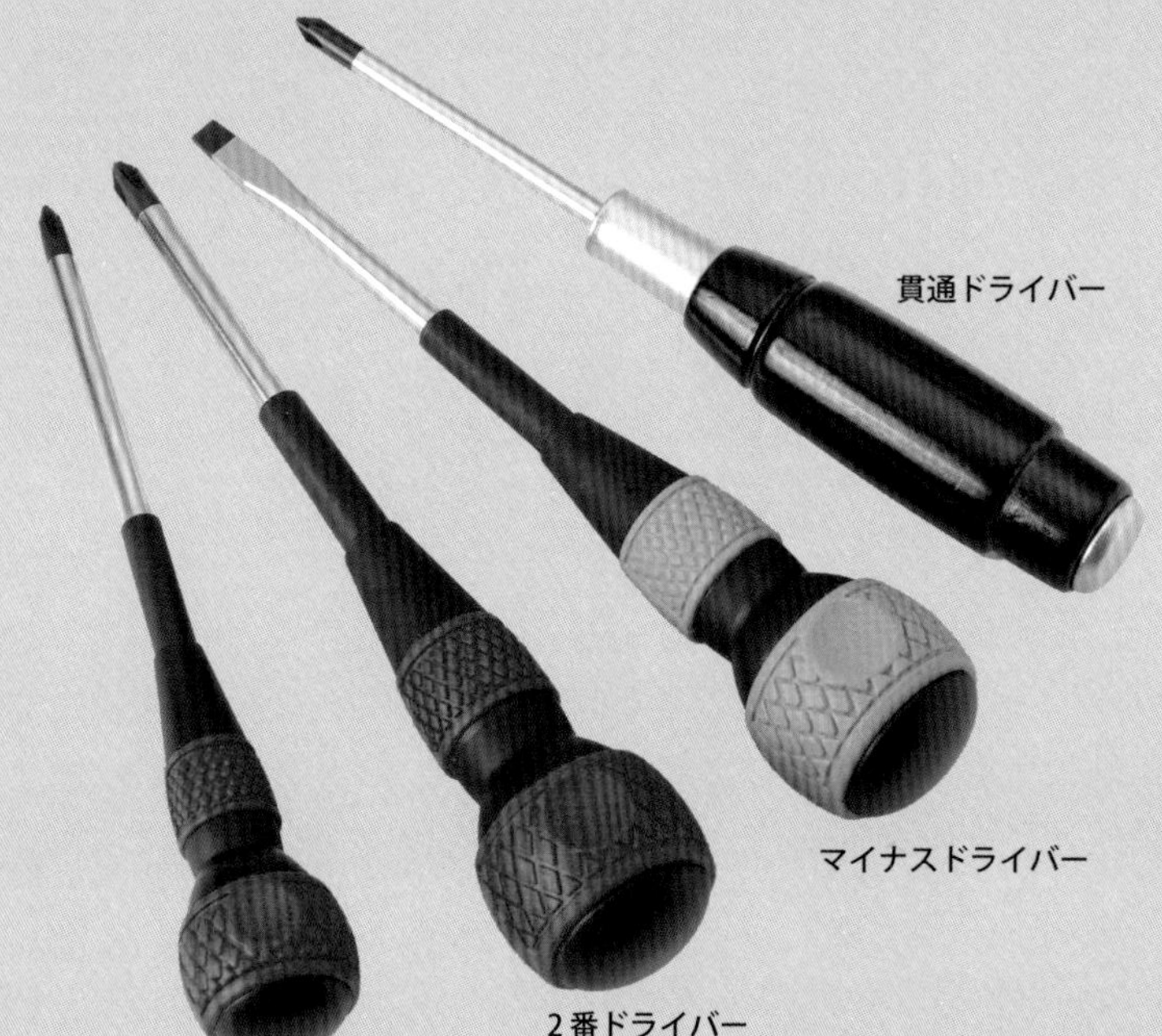

固く締まったネジの緩め方

ネジの溝が壊れてしまうと、ドライバーの先端がフィットせず、ネジを回すことができません。壊れかけた溝でも、滑り止め材を塗ると、摩擦が増してドライバーの力が伝わりやすくなります。

軸がグリップ後端まで通っている貫通ドライバーは、叩いて使うことができます。先端を溝に合わせてまっすぐに立て、座金を叩いてネジにショックを与えると、固着したネジが緩みやすくなります。

正しいサイズで作業する

ほとんどの木ネジにはプラスの2番(P.2)が、小さい木ネジには1番(P.1)が適合します。ネジのサイズがわからないときは、最初に溝より大きめのドライバーを試し、入らなければサイズを下げて、ピッタリ合うもので作業してください。

基本的な使い方

ネジを回すときにはドライバーの先端が浮きやすく、その状態で強い力を加えると溝を傷めてしまいます。先端の浮きを防ぐために、ドライバーを押しながら回しましょう。ネジが軽く回るときは押す力が弱くても大丈夫ですが、基本は「押す力：回す力＝7：3」で、固く締まったネジを緩めるときにはさらに強い力で押す必要があります。

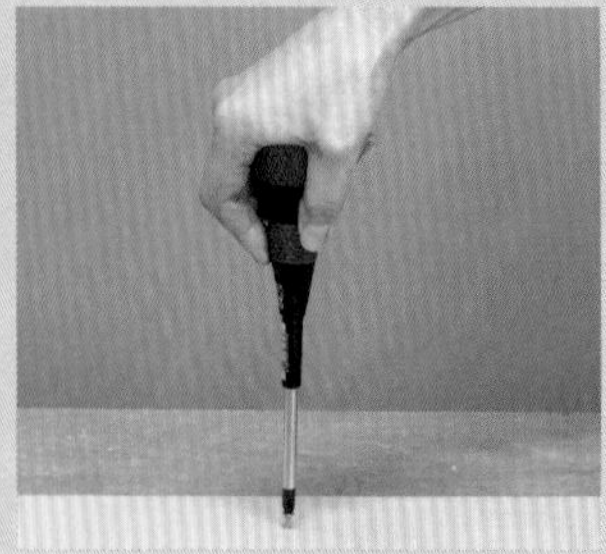

ドライバーを磁化する方法

市販のドライバーには、ネジをキャッチできるように軸を磁化してあるものとしてないものがあります。ドライバーの軸を通すだけで着磁・脱磁できるアイテムを使えば、作業に応じて一時的に磁化したり、磁力を弱めたりできます。

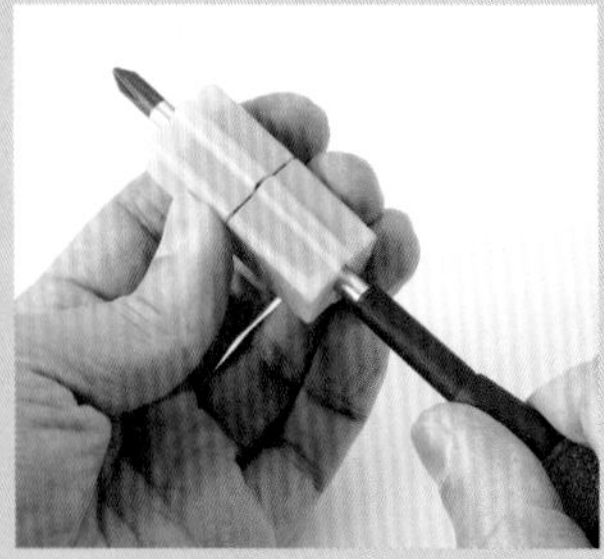

02

ボックスをリモデル

カラーボックスをアイランドカウンターにリモデル

カラーボックスと天板の組み合わせで憧れのスタイルを実現

キッチンとリビング・ダイニングが一体化した間取りにぴったりなアイランドカウンター。壁に接することなく島のように独立して設置されたスタイルで空間を間仕切るものがないため、開放的なのが特徴です。リビングにいる家族の様子を眺めながら洗い物や調理をすることができるので、家族との会話も弾みます。

市販されているアイランドカウンターはデザイン性はもちろんのこと、形状や大きさなどのバリエーションが豊富なため、使う用途に合わせて選びやすくなっています。その一方で、設置場所のスペースや価格が高いなどの問題から、まだまだ簡単には手に入るとはいえないのが現状です。

そこで不要になったカラーボックス2個と天板を組み合わせ、ご自宅にぴったりのアイランドカウンターを作ってみませんか。ほぼ手を加えずにカラーボックスの収納力を生かすので、サイズを決めれば誰でも手軽に作ることができます。

リモデルプラン
Remodel PLAN

After

扉を取りつけることで食器を隠せます。奥行きも高さもあるので鍋などの調理器具もラクに収納できます。

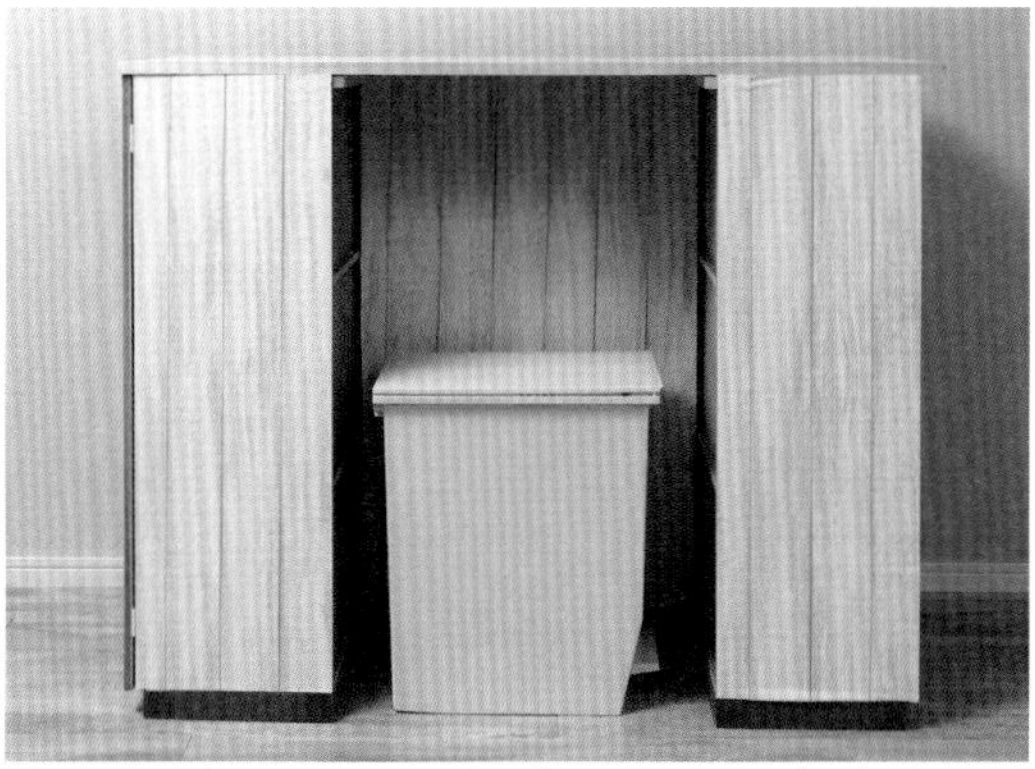

前面からは全く見えませんが、背面には45Lのゴミ箱がすっぽり収納できます。調理時のゴミもさっと捨てられます。

Before

使用するカラーボックスは3段のタイプが必須です。今回使うカラーボックスの高さは890㎜。他のメーカーでも約800～900㎜前後のタイプが一般的で、女性が立って作業するちょうどよい高さとなります。両脇にカラーボックスを置いて上から天板を置くだけでアイランドカウンターの形状はできます。ポイントは2個のカラーボックスを固定させる役割の土台のフレーム。棚には扉などを作っておしゃれに仕上げてみましょう。

その他の材料

- ■ゴミ箱（45L）
- ■集成材（18mm 厚）
- ■ヒノキ角材（40mm 厚）
- ■１×４材
- ■化粧ベニヤ板（2.5mm 厚）
- ■シナベニヤ板（3mm 厚）
- ■サネ加工の羽目板
- ■リメイクシート
- ■取っ手
- ■木ネジ
- ■極細ネジ
- ■隠しクギ
- ■ダボ（10mm）
- ■平丁番
- ■マグネットキャッチ
- ■水性塗料

道　具

- ■電動ドリルドライバー
- ■電動ドライバー
- ■サンダー
- ■丸ノコ
- ■ノコギリ
- ■ダボ切りノコギリ
- ■タッカー
- ■ペインターズピラミッド
- ■木工用接着剤
- ■ハケ
- ■ローラーバケ

土台のフレームを組み立てる

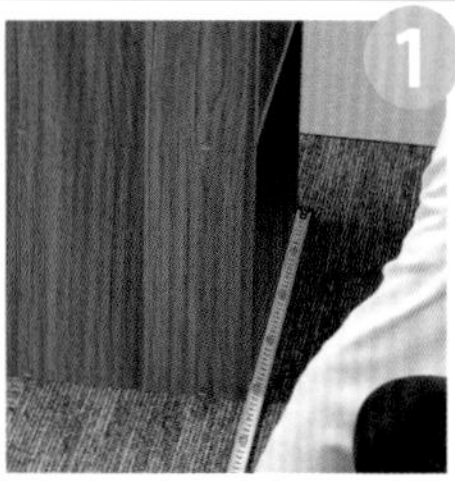

カラーボックスと45Lのゴミ箱を仮置きして、寸法を測りサイズを決めます。今回の横幅のサイズは1140mmにします。

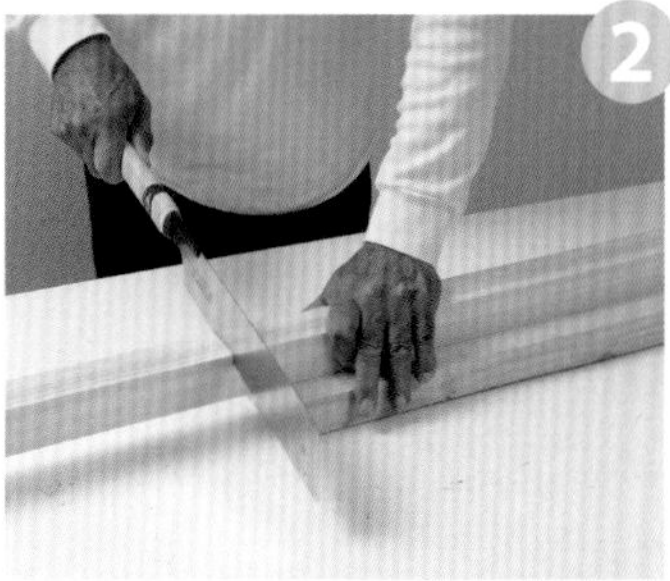

横幅と奥行のサイズが決ったら、40mm厚の角材をノコギリでそれぞれの長さにカットしていきます。

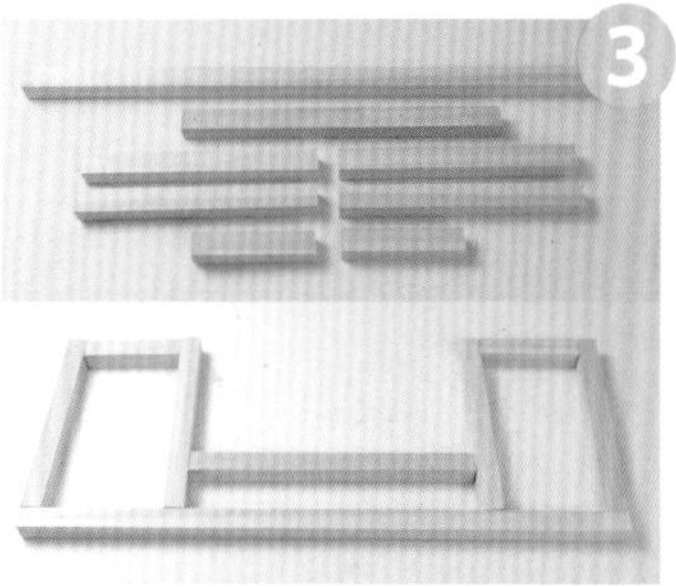

フレームの部材を切り出したところです。切り出した部材は組み立てる前に、仮組みしましょう。

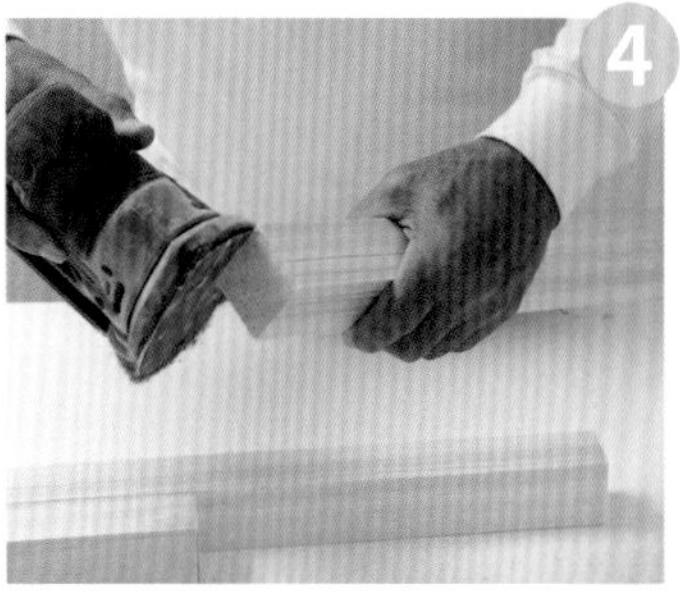

カットした断面に加え、すべての部材のバリを取るため、サンダーでサンディングします。

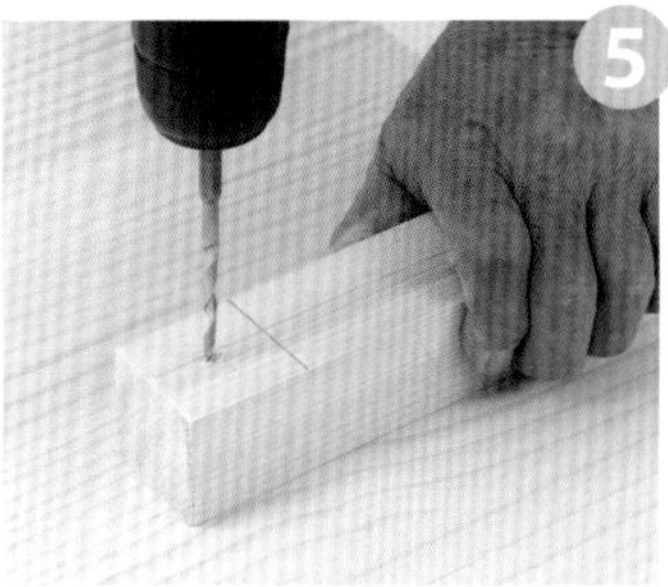

組み合わせる角材の厚みを写し、ネジを打つ印をつけたところに、下穴キリビットで穴をあけます。

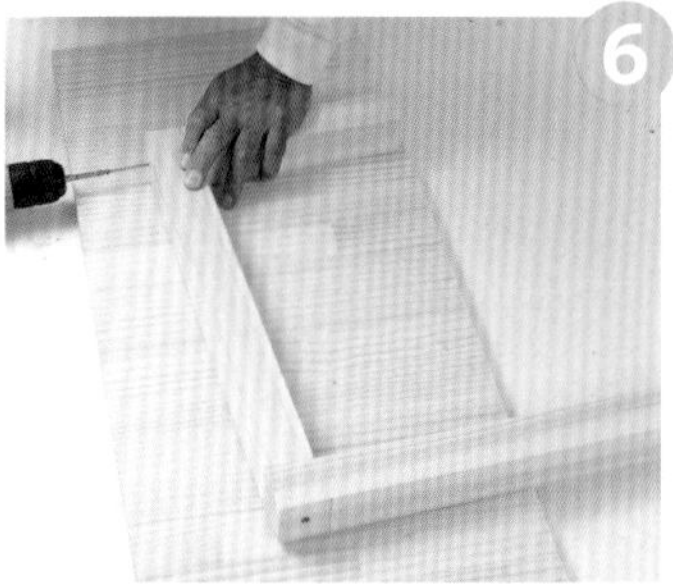

木工用接着剤を塗って角材を組み、穴をあけたところに木ネジ 90mm を打ち込んで固定します。

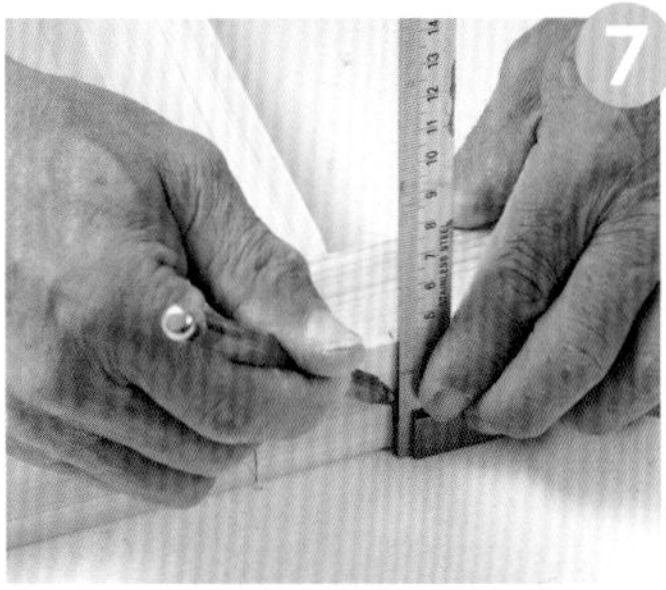

組み立てを進めていくと、板の厚みを写せない場所がでてきます。さしがねを直角にあてて組んだ板の厚みを写してください。

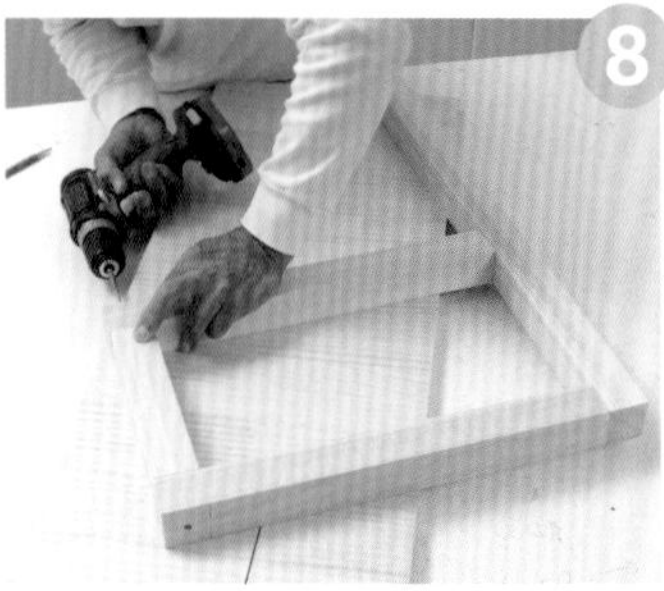

木ネジを打ち込んで口の字型に組み立てます。口の字部分にカラーボックスを設置するようになります。

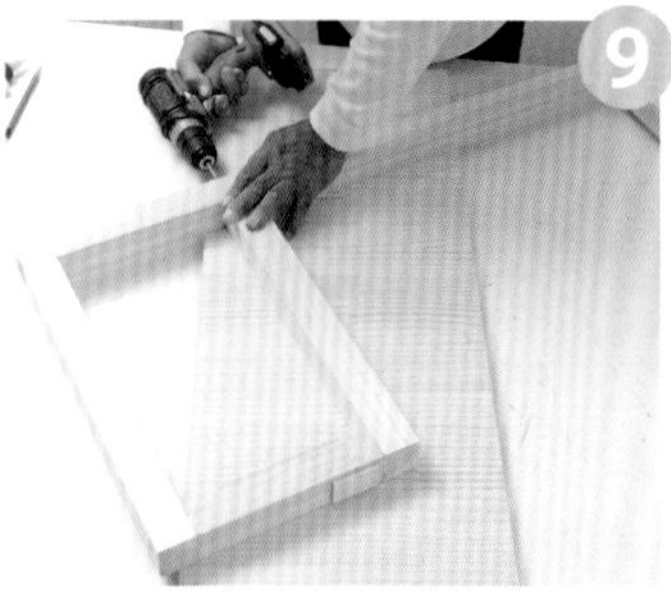

同じ手順でもう片方にも、木ネジを打って口の字型に組み立てていきます。

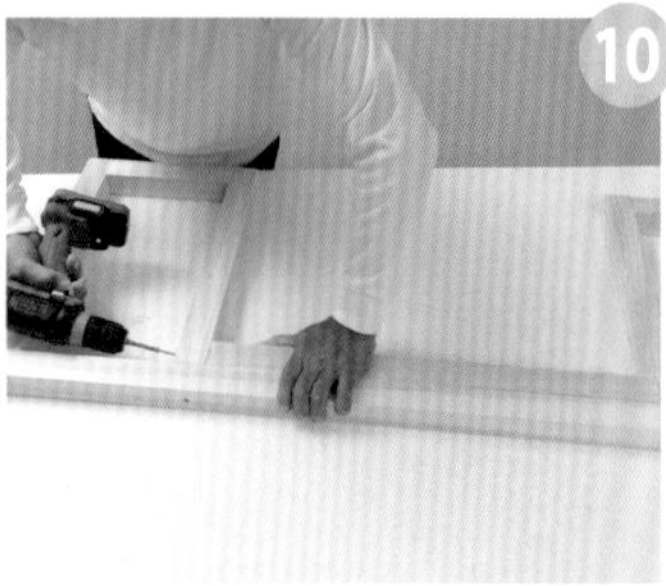

両サイドを固定するため、補強材を取りつけます。他と同じ木ネジ 90mm を使用します。

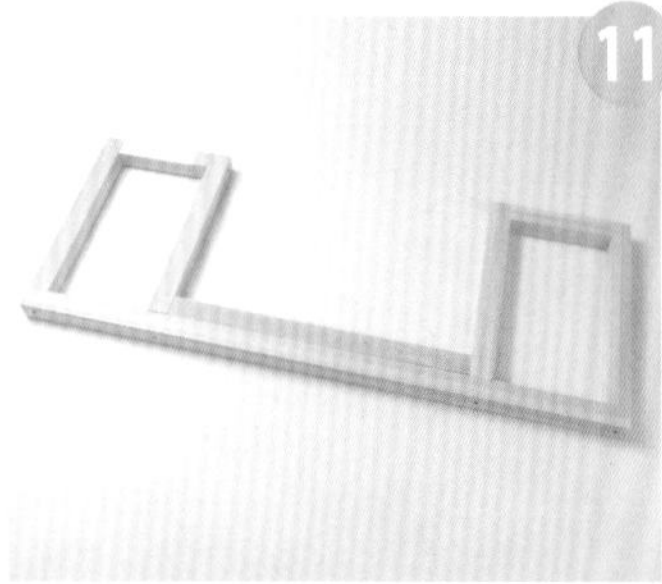

補強材の取りつけができたら、土台のフレームのできあがりです。

カラーボックスをフレームに取りつける

フレームのロの字部分にカラーボックスを載せます。カラーボックスは、前面と側面を10mm出して載せます。

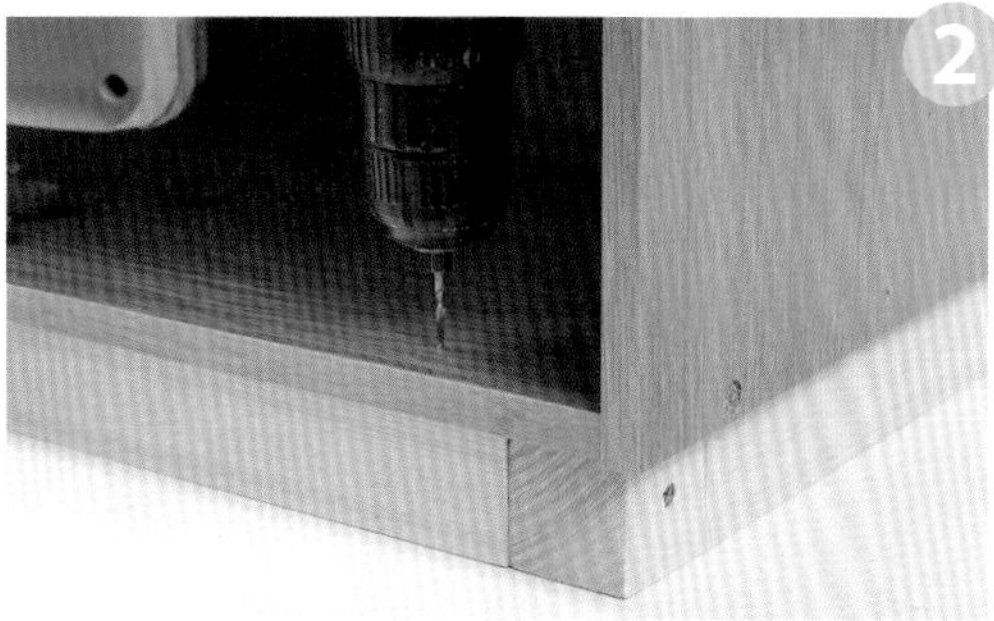

カラーボックスに、下穴キリビットで前と後にそれぞれ2か所に穴をあけます。

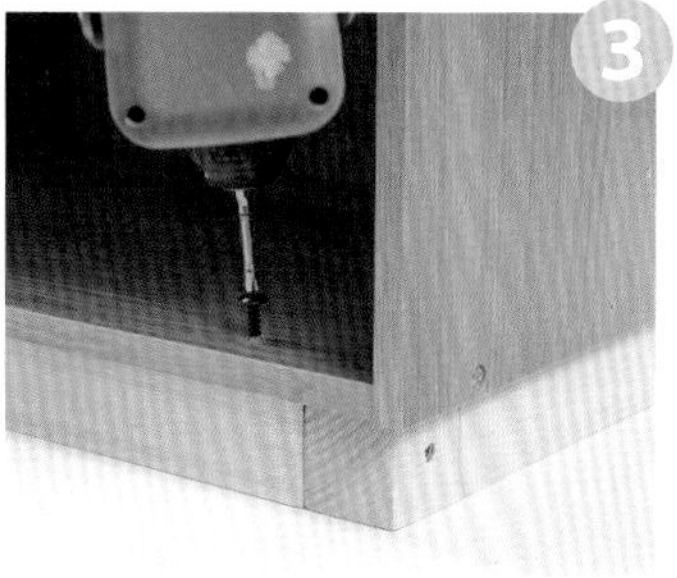

穴をあけたところに、ネジ頭が丸い木ネジ30mmを打ち込んでカラーボックスを取りつけます。

フレームに沿って前と後にネジを打って、カラーボックスの取りつけができました。

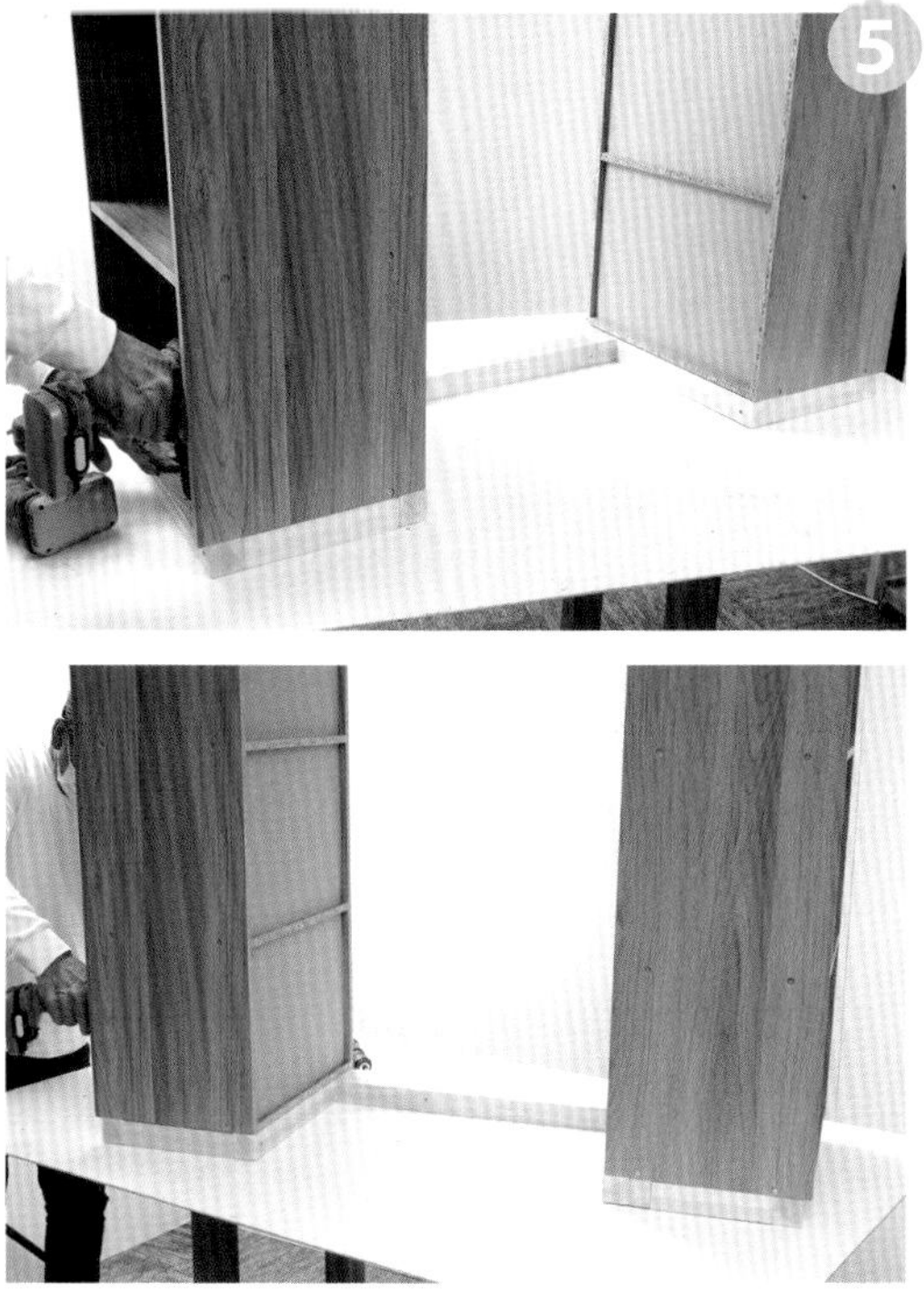

もう片方のカラーボックスも取りつけます。前面と側面に出した10mmがずれないように固定して取りつけましょう。

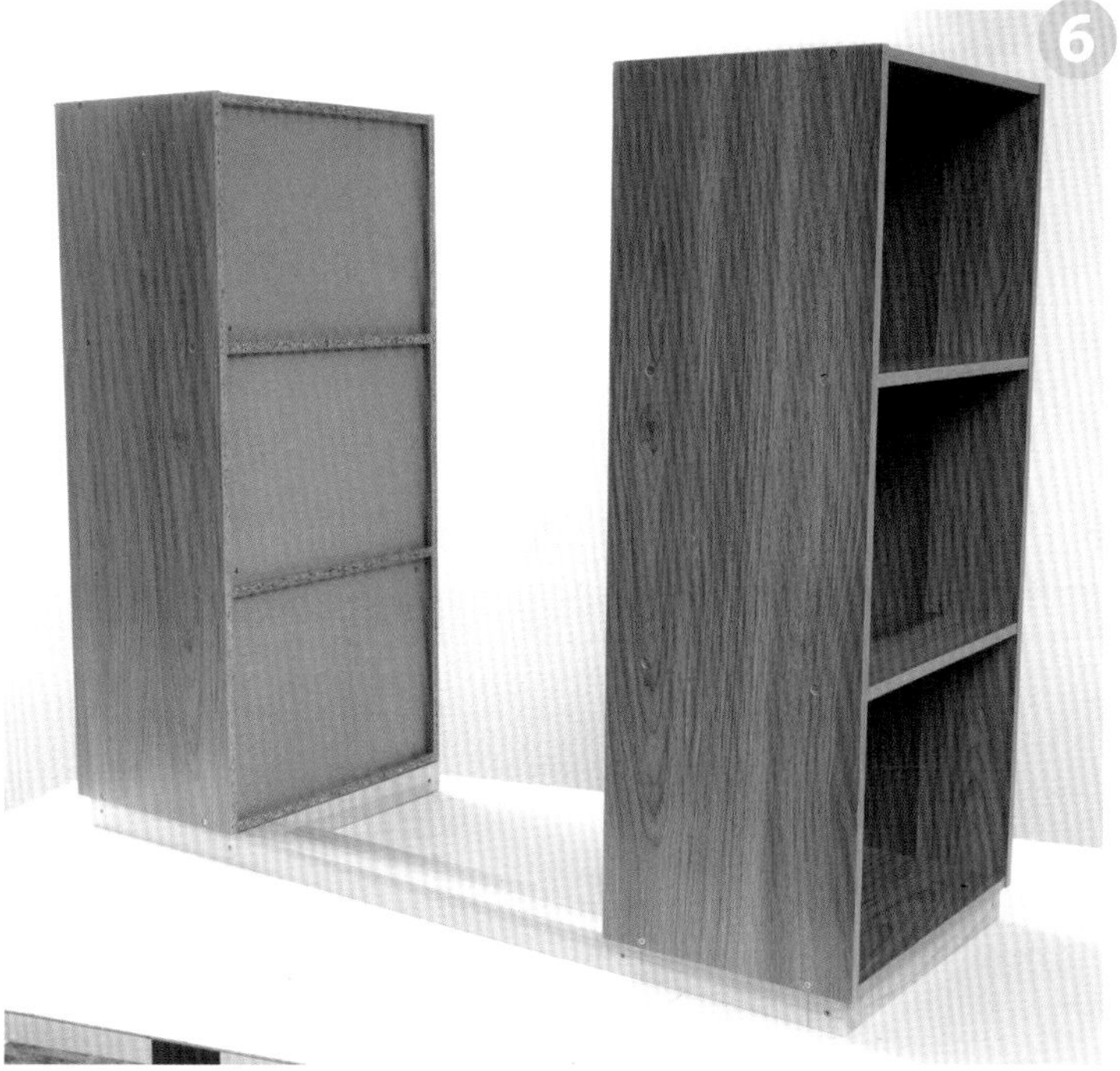

2個のカラーボックスの取りつけができました。

飾り棚を組み立てる

1

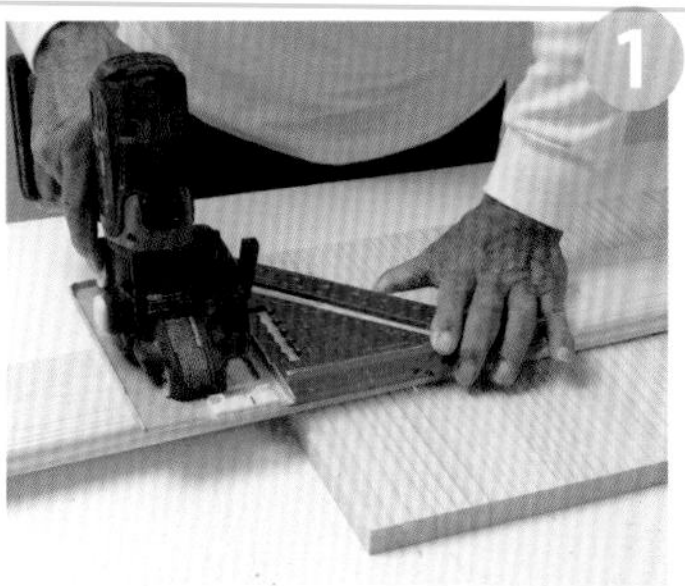

両サイドに設置したカラーボックスの間の横と縦の長さを測り、その長さに合わせて1×4材を丸ノコでカットします。

2

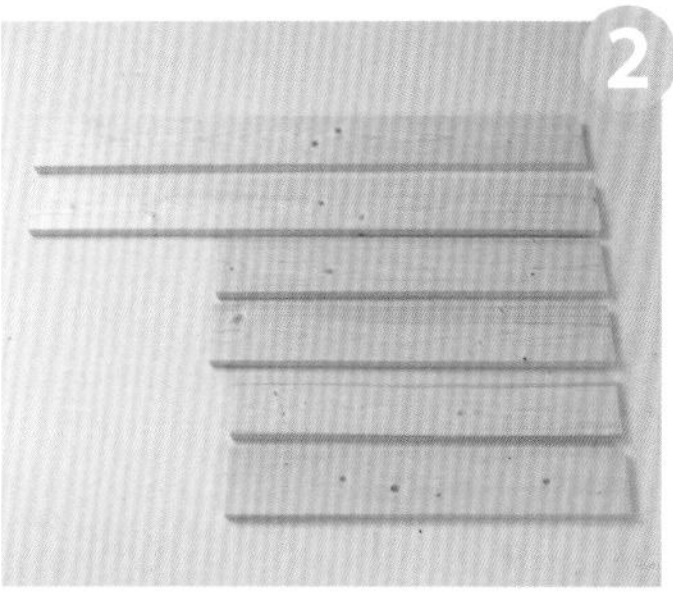

飾り棚の部材を切り出しました。カットした断面は、サンダーでサンディングしましょう。

ここがポイント！

組む板の厚み分を写し、ネジを打つところに印をつけます。ネジは木割れを防ぐため指1本分、内側にします。

3

下穴キリビットで穴をあけ、接着剤を塗って板を組みます。そして 19mm の木ネジを打ち込んで固定します。

4

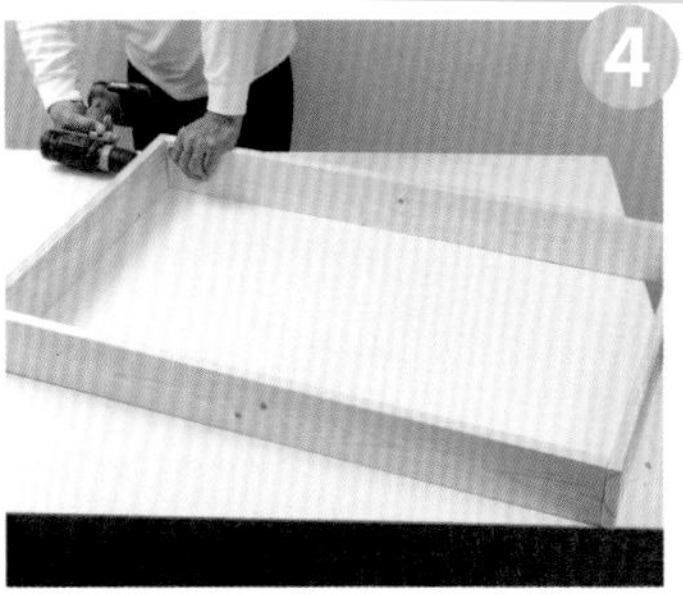

外枠が箱型になるように組み立てます。箱の強度を高めるには、側板を中に入れて組むようにします。

5

飾り棚を 2 段にするため、外枠の上下から 300mm の位置に印をつけ、線を引きます。

6

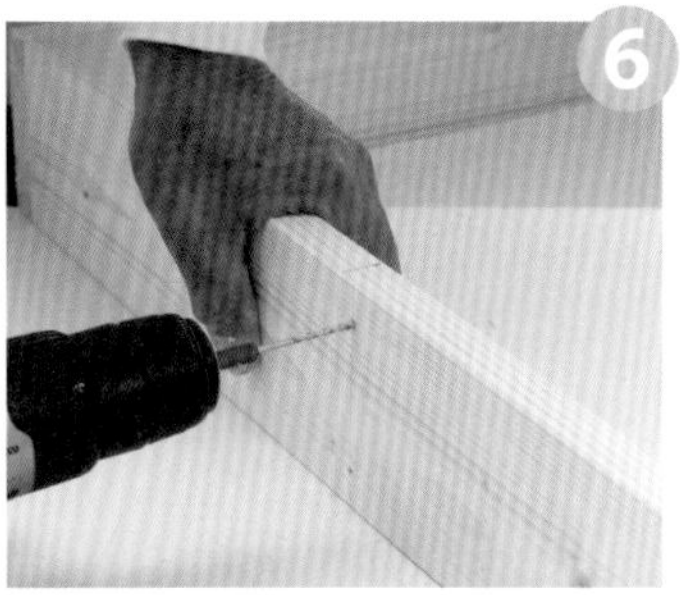

印をつけたところに板をあてて中心に線を引きます。その線上に下穴キリビットでネジを打つ用の穴をあけます。

7

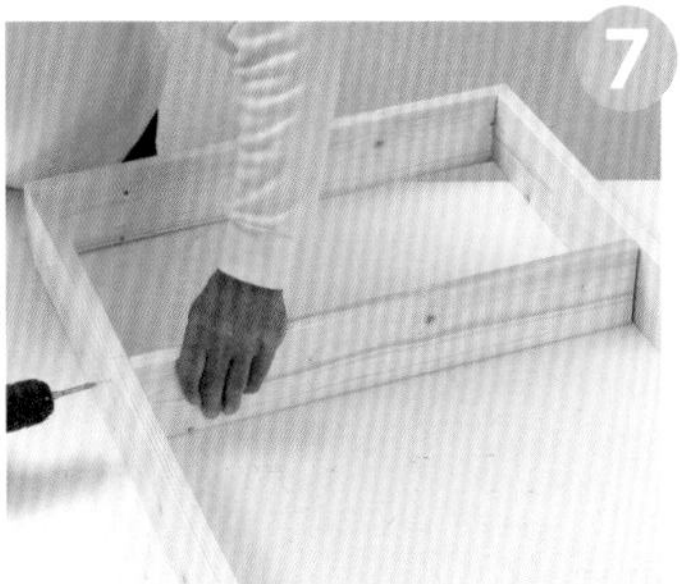

板をしっかり押さえて固定し、あけた穴に木ネジ19mmを打って上段と下段の棚板を取りつけます。

ここがポイント！

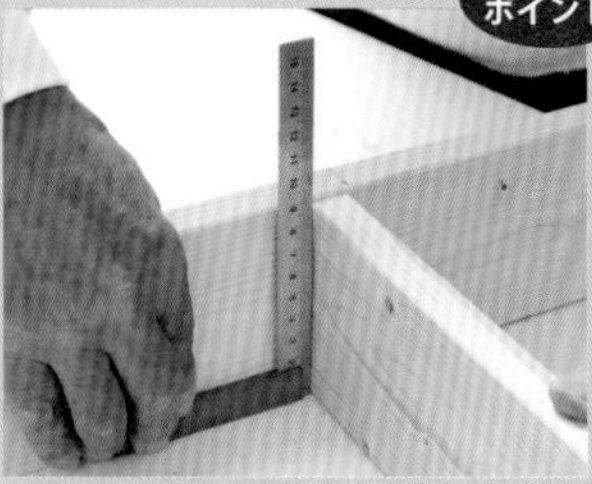

板が反って組みづらい場合は、さしがねなどを垂直にあてて板の反りを調整しましょう。

8

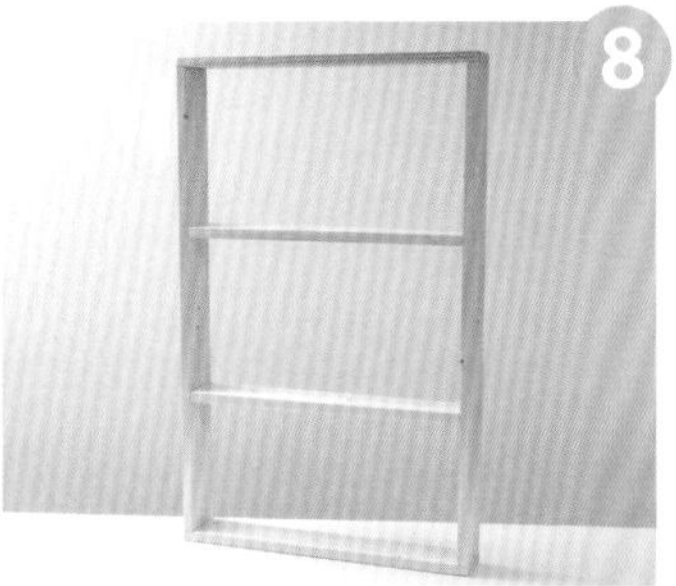

飾り棚の上段と下段の棚の取りつけができました。

9

飾り棚に背板を取りつけます。背板は 2.5mm 厚の化粧ベニヤ板を使用します。

10

背板を飾り棚に合わせ、はみ出た余分な部分に線を引きます。そして余分な部分はノコギリでカットします。

11

カットした面をサンダーでサンディングしてバリなどをしっかり取り除きます。

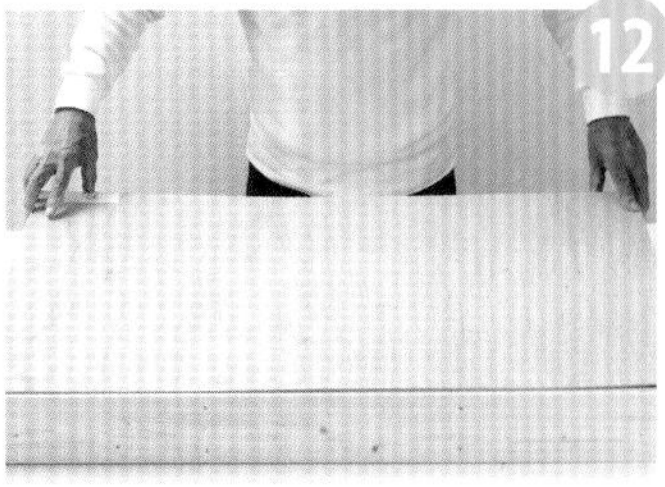

12

白い化粧面を内側にして角を合わせて、背板を飾り棚に載せます。

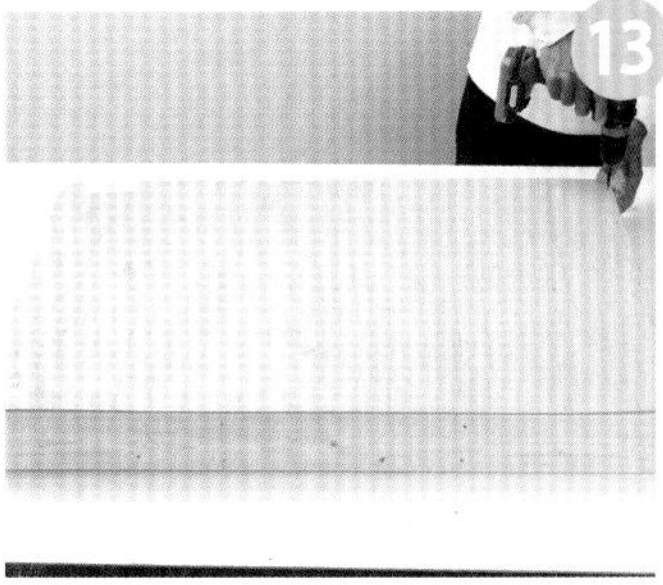

13

極細ネジ15mmを背板に打って、取りつけていきます。

14

上段と下段の棚にネジを正確に打てるようにするため、棚板を取りつけた位置に線を引きます。

15

線に沿って3か所に極細ネジ15mmを打ち込みます。

16

棚に飾る小物の転落を防ぐ、ストッパーの役割を担う角材を用意します。

17

下穴キリビットで側板に穴をあけ、天板と底板に角材をしっかり押しあてて極細ネジ 37mm を打って固定します。

18

同じ手順で上段と下段の棚にも角材を取りつけたら、棚板のできあがりです。

前面に飾り棚を取りつける

1

飾り棚をカラーボックスの間にはめ込みます。

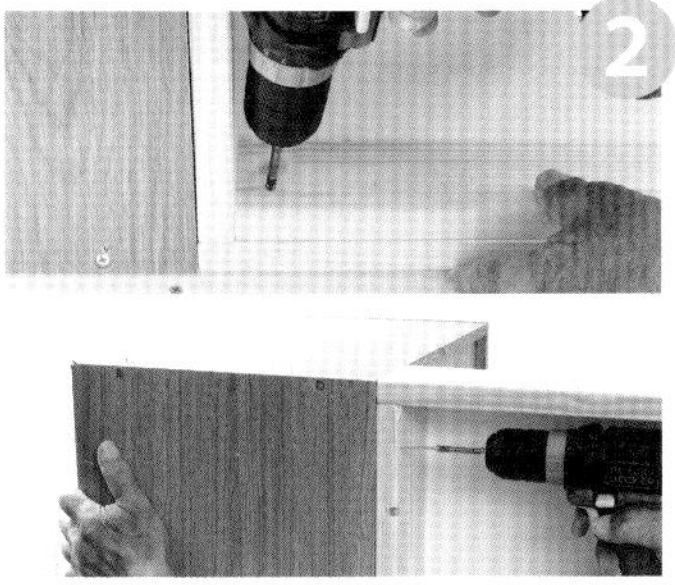

2

必ず下から取りつけるようにし、木ネジ 40mm で取りつけます。上はカラーボックスに木ネジ 40mm を打って取りつけます。

3

同じ手順でもう片方も固定したら、飾り棚の取りつけのできあがりです。取りつけは前面に合わせるのが基本形です。

ここがポイント!

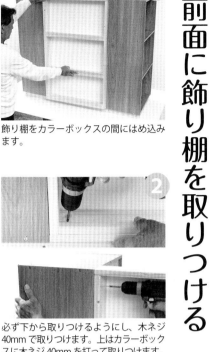

前面を板張りで仕上げる場合は、板張りの部材の厚み分を出して飾り棚を取りつけるようにします。

天板を取りつける

天板の取りつけを補強するための添え木です。添え木は30mm厚を使用します。

接着剤を塗った添え木をカラーボックスにあて、40mmの木ネジを2か所に打って固定します。

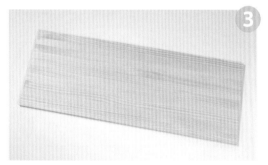

天板は集成材を使用します。サイズはW1200×H450×D18mmです。

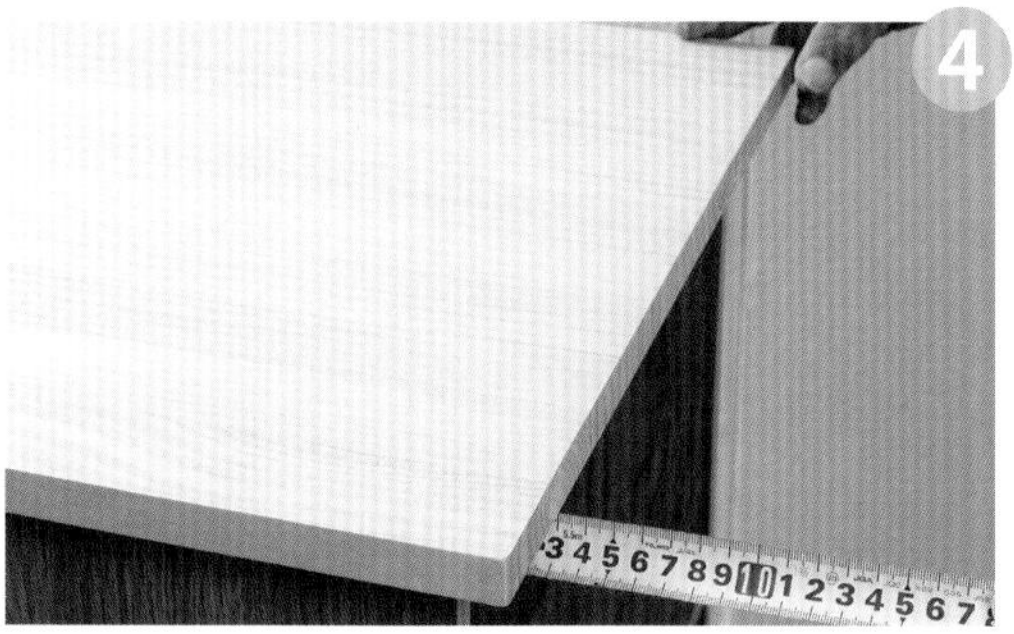

本体を持ちやすいようにするため、左右を30mmはみ出すようにします。

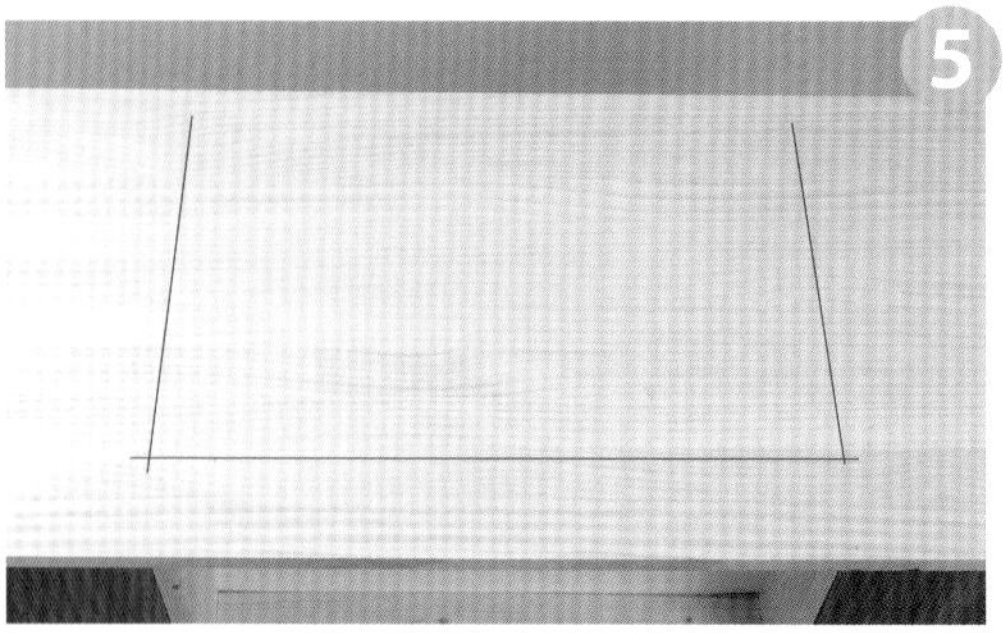

カラーボックスにネジを打つと割れてしまうため、ネジが打てる飾り棚と添え木の設置面に合わせて線を引きます。

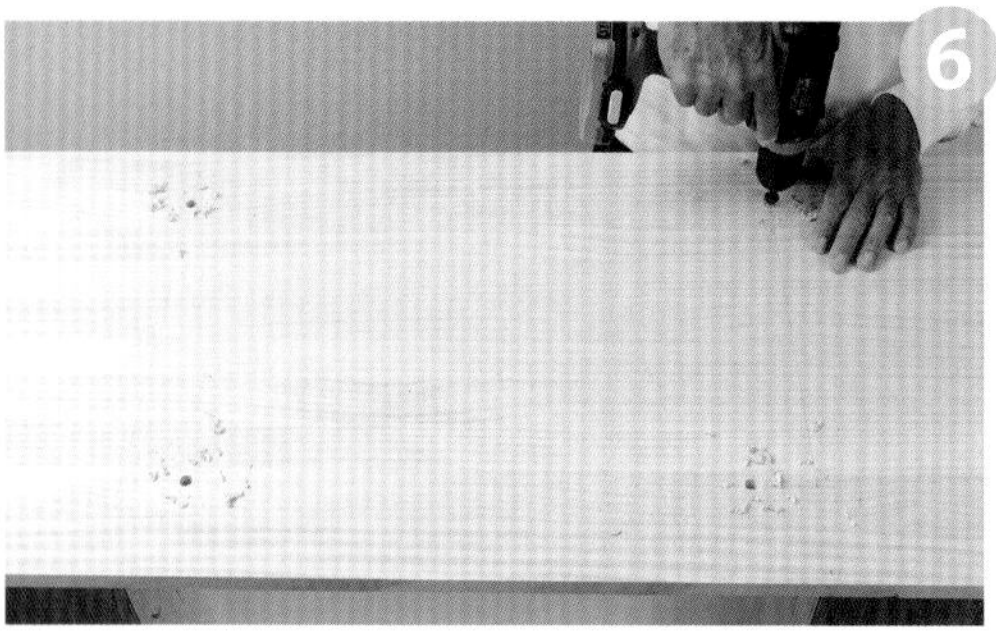

線に沿って、ダボ穴ビットで穴をあけていきます。

20mmの木ネジを打って固定します。

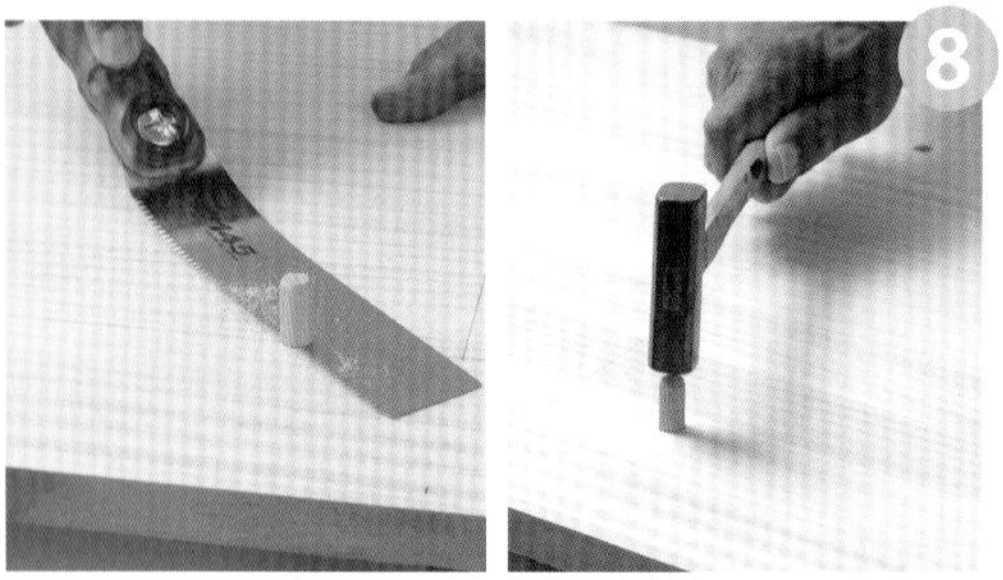

すべてのダボ穴に径10mmのダボを金づちで叩いて埋めます。ダボ切りノコギリで余分なダボをカットしたら表面をサンダーでサンディングします。

前面を板張りにする

1

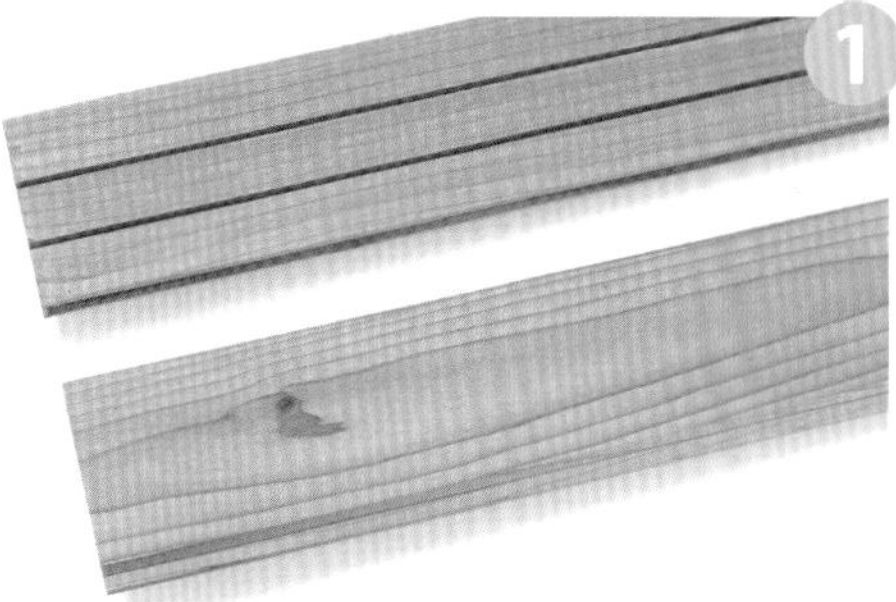

板張りの部材です。板同士の繋ぎ目が凹凸が組み合わさるサネ加工が施されてる羽目板を使用し、溝がない面を表にします。

2

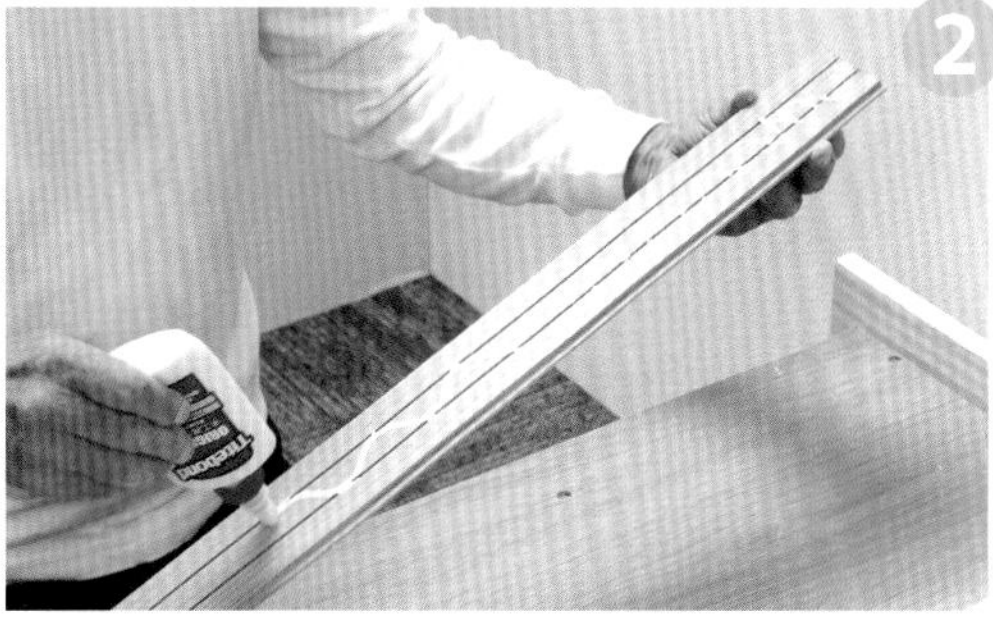

羽目板の裏面にたっぷり木工用接着剤を塗ります。

3

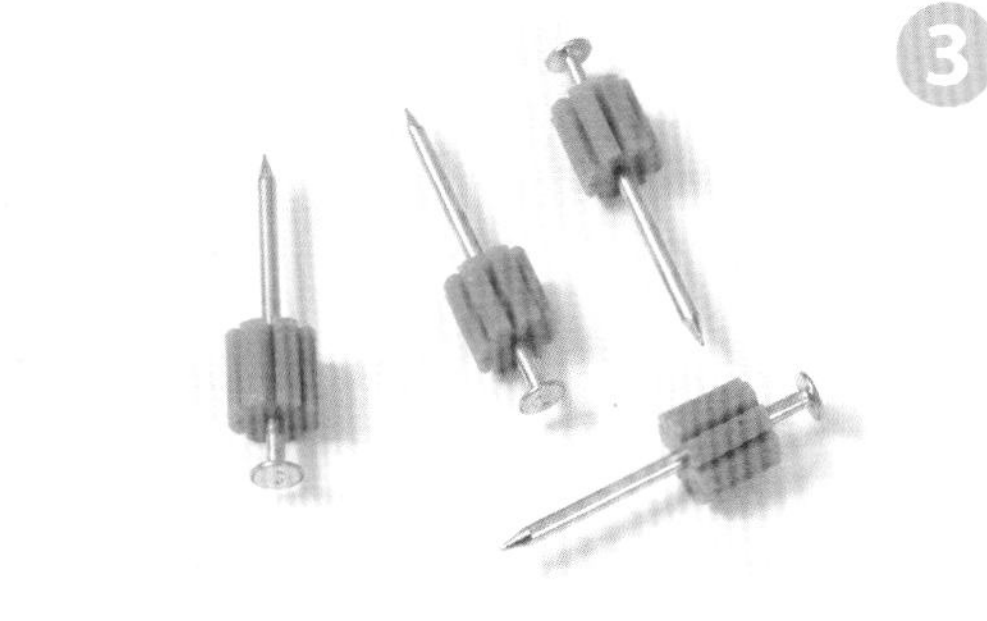

隠しクギはクギを打ち込んだ後、クギ頭が残らずサビにくいのが特徴です。クギ頭の部分を落とすのできれいに仕上がります。

4

張り付けた羽目板に、金づちで叩いて隠しクギの樹脂部分がつぶれる程度に打ち込んでいきます。

5

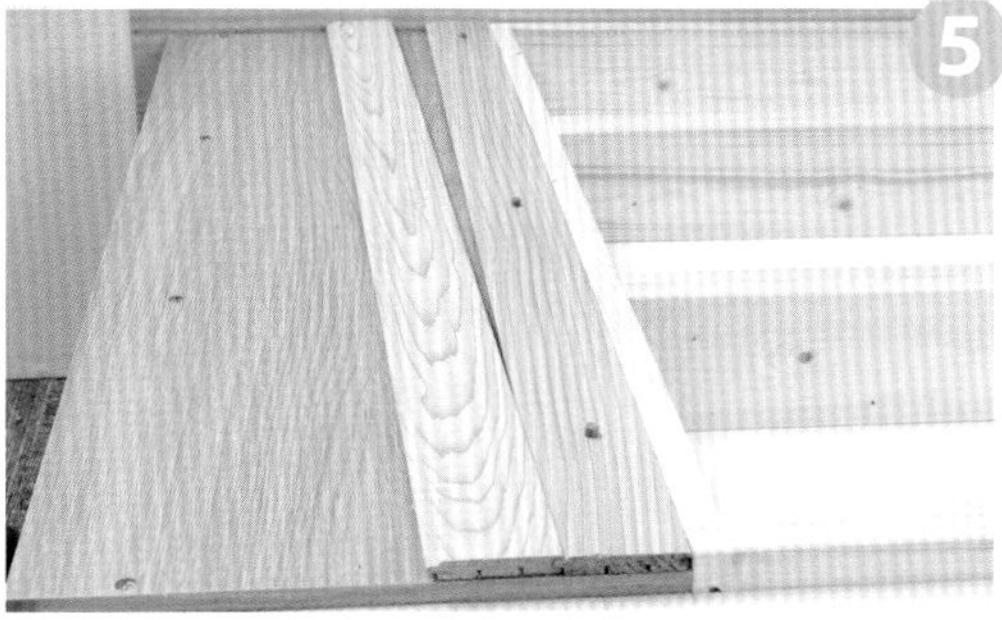

1枚目を張り終えたら、凹凸のジョイント部分をはめ合わせて連結させます。これを繰り返して羽目板を張っていきます。

6

端は丸ノコでカットして横幅を調整します。

7

すべて張り終えたら、端材を隠しクギの頭の樹脂の部分にあて、金づちで横から叩いて打ち飛ばします。

8

もう片方も同じ作業で羽目板を張り、隠しクギを飛ばしたら、板張りの完了です。

扉を作る

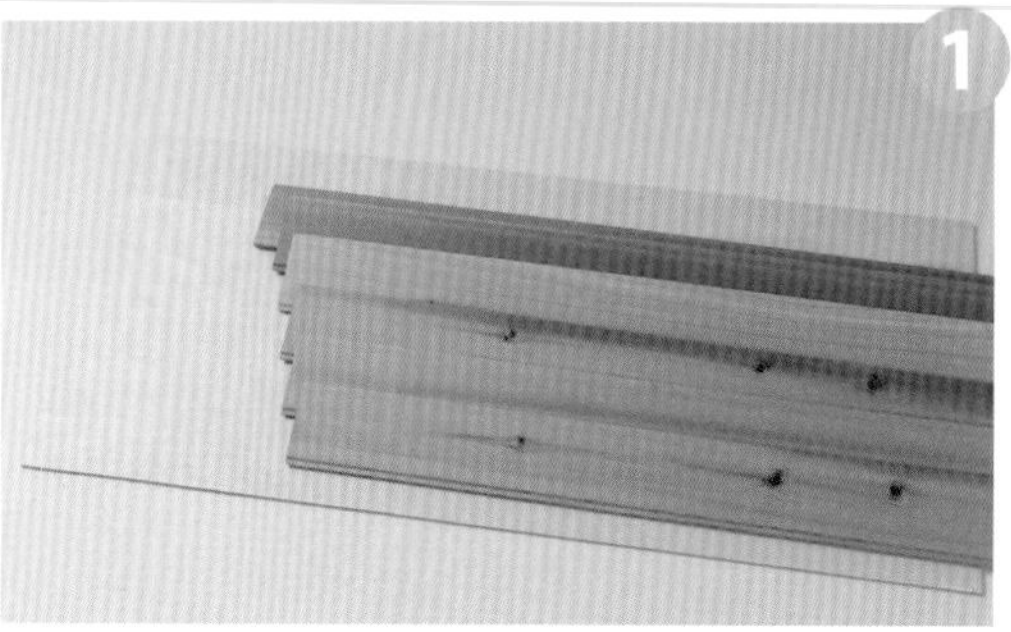

扉に必要な材料です。カラーボックスの外枠に合わせたシナベニヤ板をベースに、板張りで使った羽目板で装飾します。

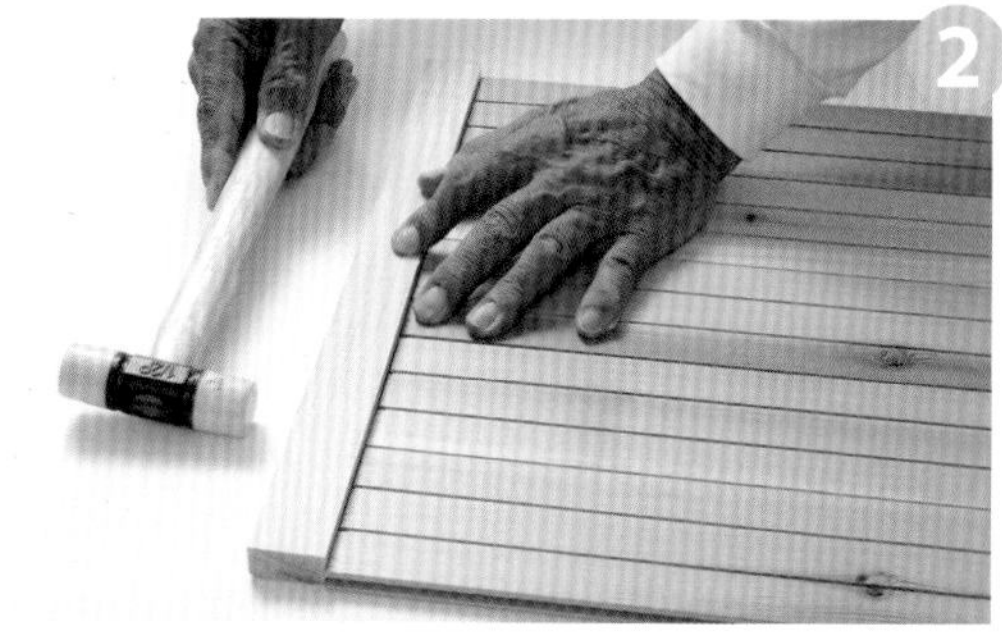

羽目板のジョイント部分をはめ合わせて連結させます。端材を羽目板にあて、金づちで叩いて木口をそろえます。

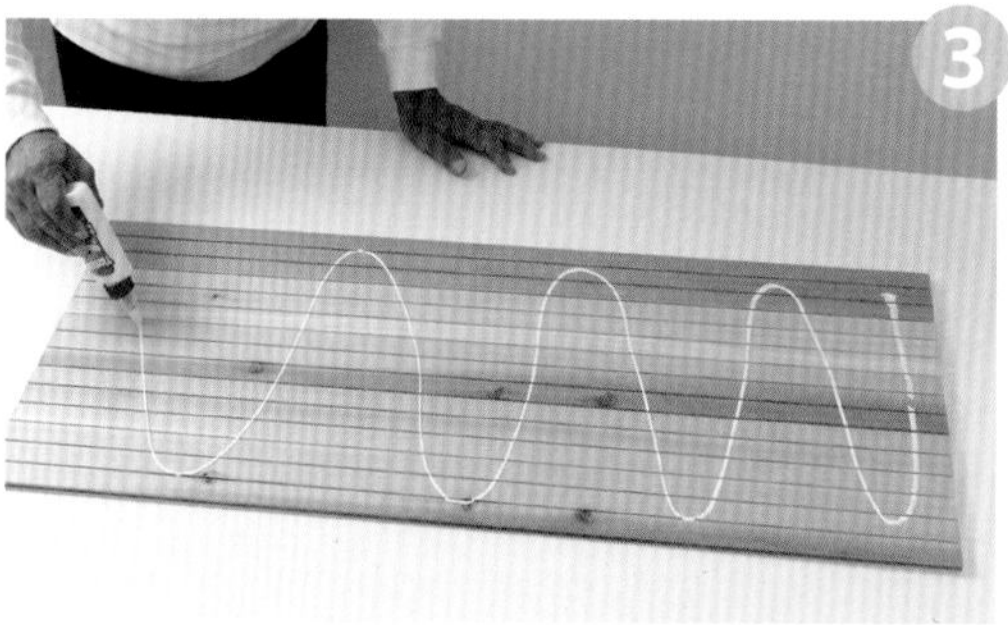

連結させた羽目板を裏返しにし、木工用接着剤をたっぷり塗ります。

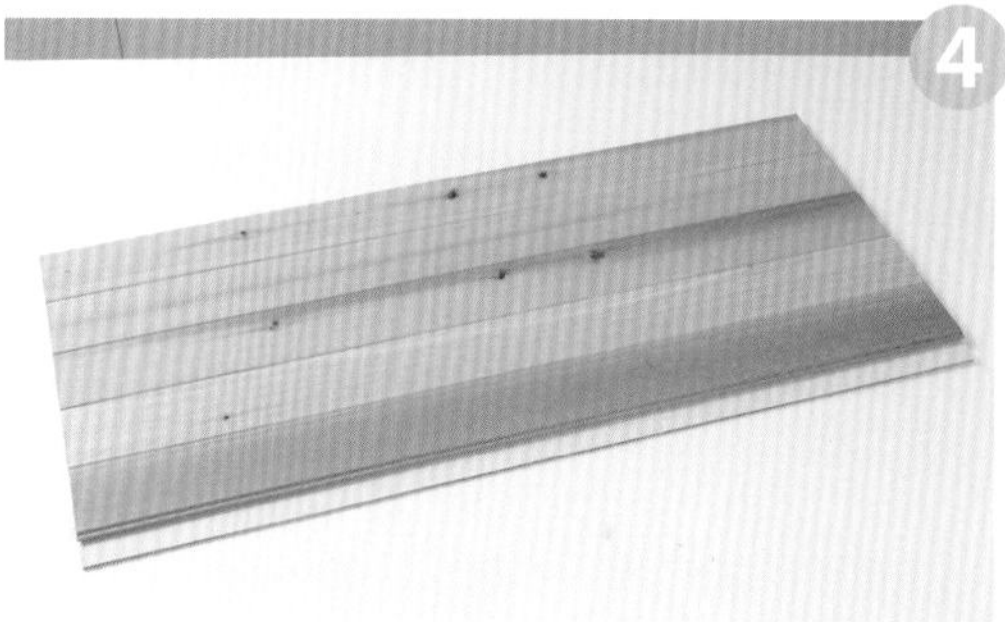

羽目板をシナベニヤ板にしっかり圧着し、木工用接着剤が乾くのを待ちます。

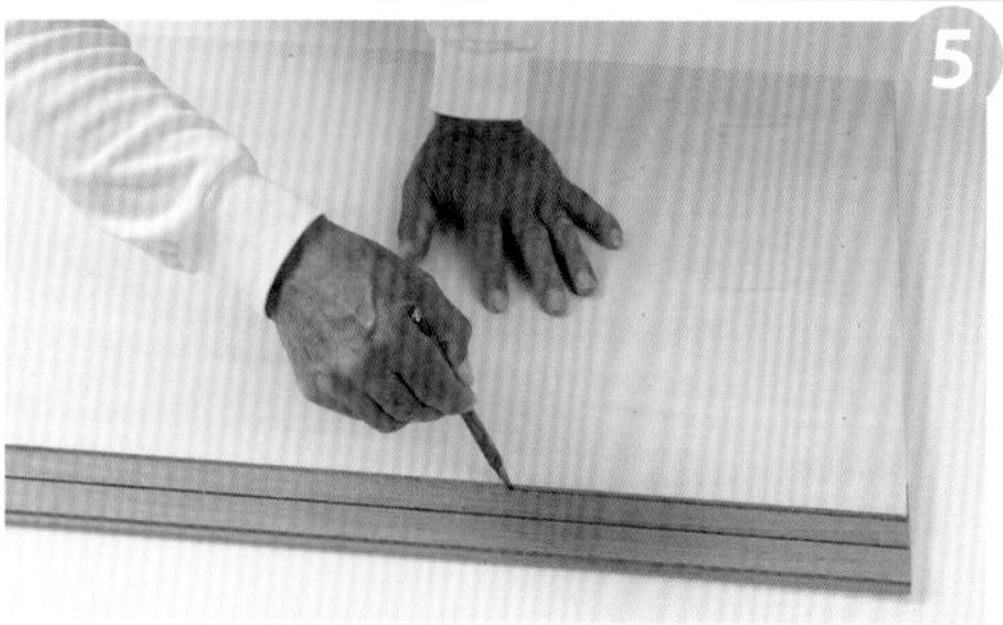

足りない端に羽目板をはめ、はみ出た部分に線を引きます。

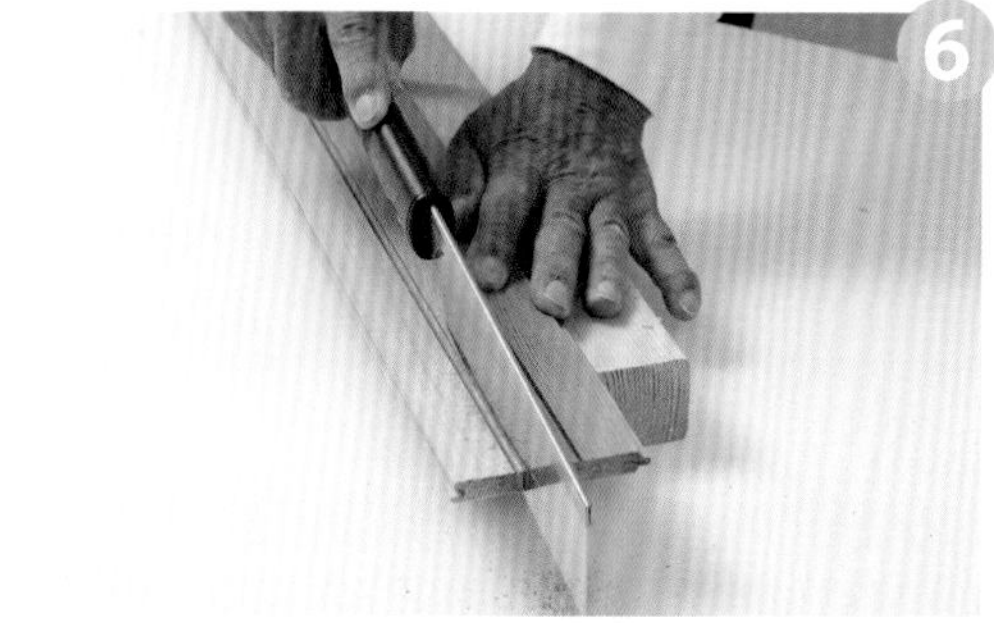

線に沿ってノコギリでカットしていきます。カットした羽目板に木工用接着剤を塗ってはめ込みます。

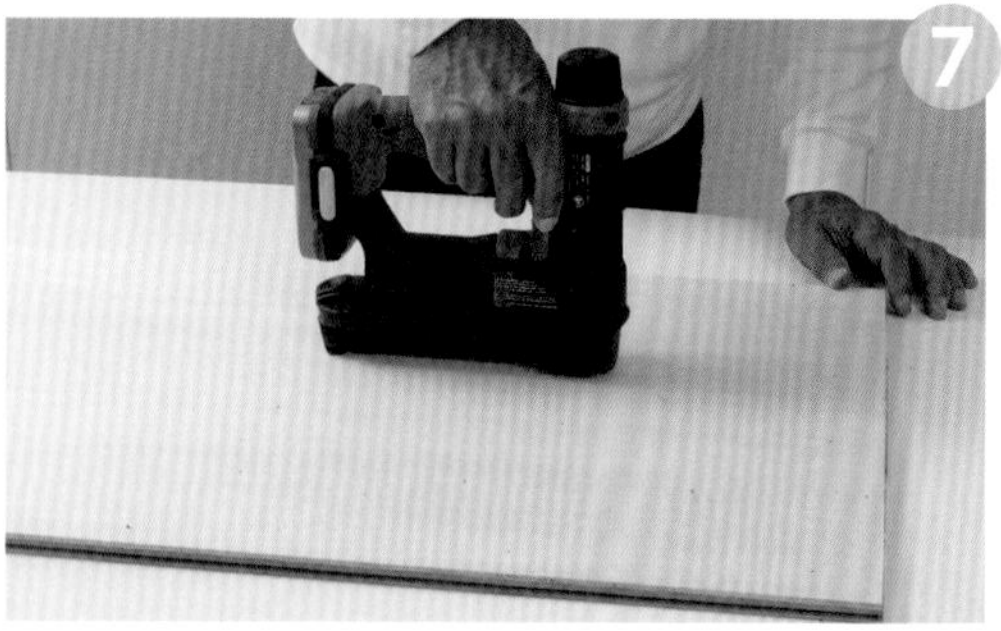

シナベニヤ板側から、タッカーで10mmのピンネイルを打って固定します。

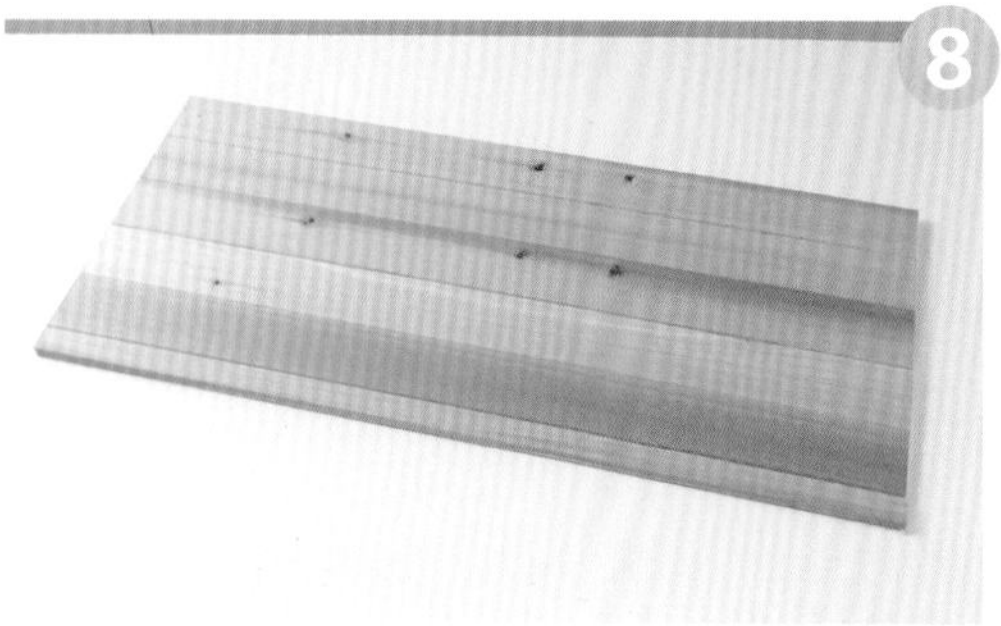

扉ができあがりました。

扉と取っ手を取りつける

扉を取りつける材料は平丁番、マグネットキャッチに加え、開閉の動作に便利な取っ手です。

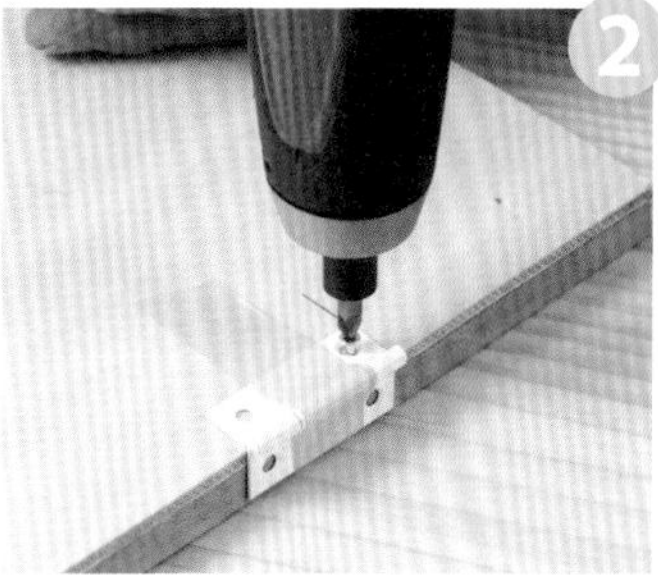

電動ドライバーで付属のネジを締めて平丁番を取りつけます。丁番の取りつけ位置は、上下とも 80mm にしました。

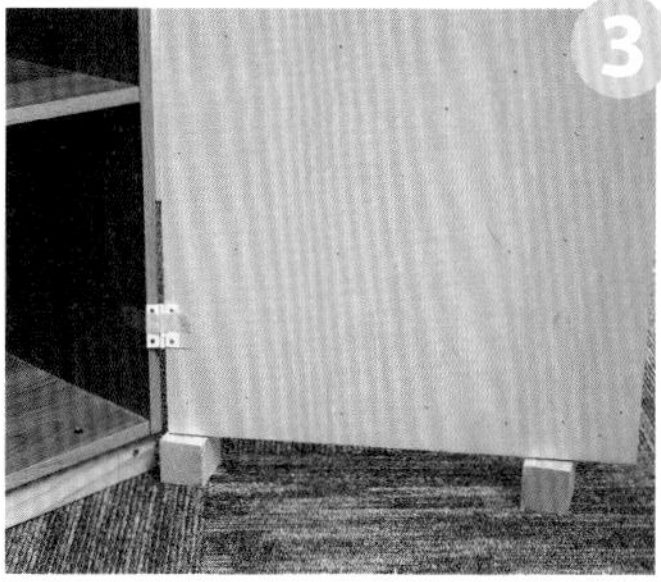

土台のフレームと同じ厚みの端材の上に扉を載せ、丁番の軸を合わせながら取りつける位置を決めて固定します。

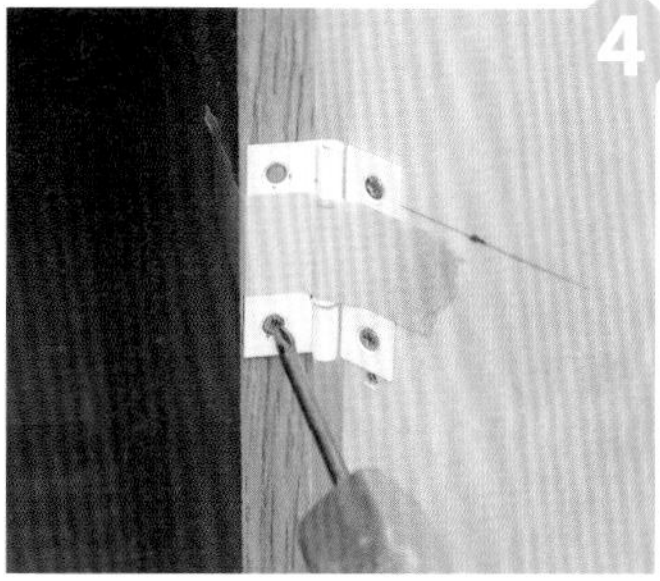

ネジを締めやすくするため、キリで穴をあけます。

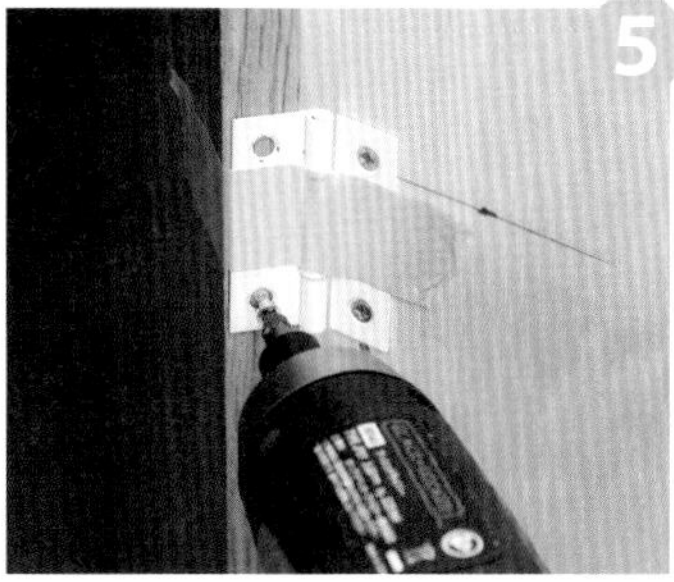

電動ドライバーで付属のネジを締めます。トルクが強い電動ドリルドライバーはネジ頭がつぶれやすいので注意しましょう。

扉の取っ手の位置を決めます。扉の開閉をしやすくするため、センターより上の位置に取りつけるようにします。

取っ手に付属しているボルトの太さをノギスで測ります。ボルトの太さは径3.9mm です。

ボルトの太さよりも少し大きく穴をあけるため、径4mmの下穴キリビットで穴をあけます。

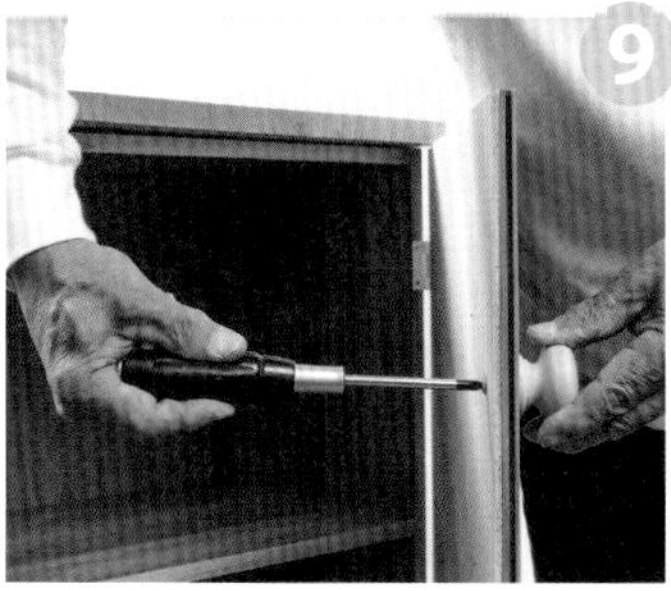

付属のボルトを背面から通し、取っ手を押さえながらドライバーで締めて固定し、取りつけます。

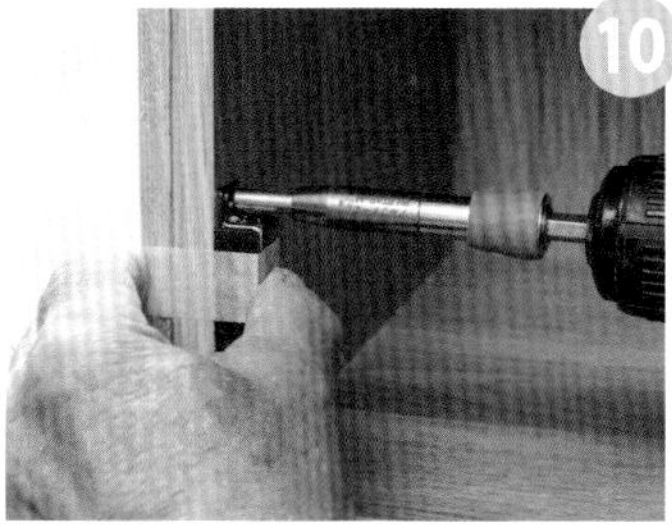

カラーボックス側に取りつけるマグネットキャッチ本体の位置を決め、丁番下穴ビットで穴をあけます。電動ドリルドライバーで付属のネジを締めていきます。

扉側に取りつけるマグネットは扉を閉め、ツメの突起の跡が付いた場所にマグネットを合わせてネジを締めて固定します。

カラーボックスに、扉と取っ手の取りつけができました。

リメイクシートを貼って背面を装飾する

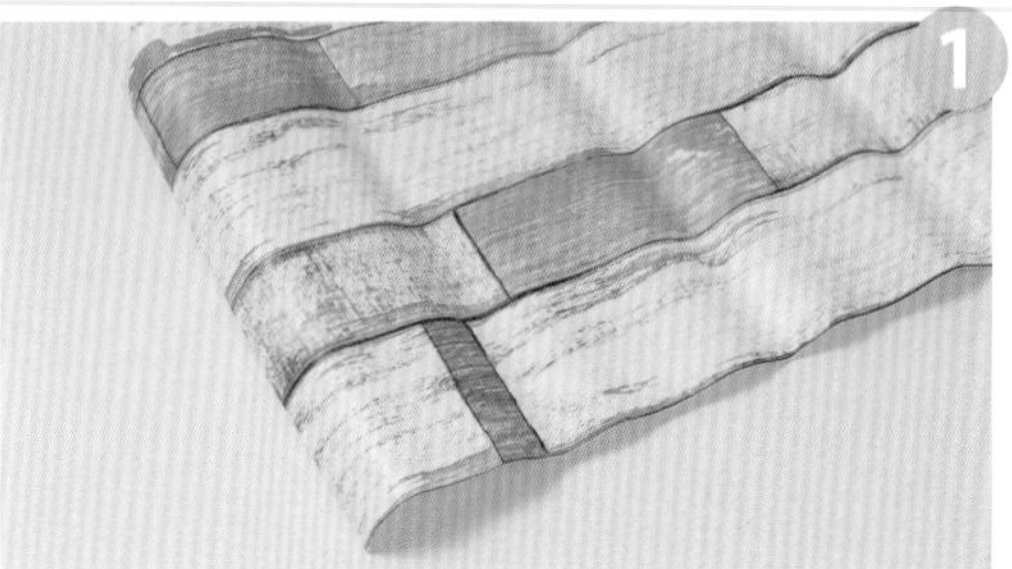

リメイクシートは部屋の壁や家具などに簡単に貼れ、デザインのバリエーションが豊富なのが特徴です。このシートを背面に貼っていきます。

カラーボックスのサイズに合わせて、シートをハサミでカットします。カットしたシートのフィルム面をはがします。

位置を決めてシートを貼り、外に向かってシワや空気を取り除きます。余分な部分はカッターでカットします。

同じ手順で飾り棚の背面も貼っていきます。失敗した場合は貼り直しできますが、粘着力が落ちるので注意してください。

前面をリメイクシートで装飾

リメイクシートで前面を装飾する場合は、飾り棚の取りつけをカラーボックスの前面に合わせるようにしてください。

背面に貼った作業と同様に、カラーボックスのサイズに合わせてハサミでカットします。サイズは目安でかまいません。

シートのフィルム面を徐々にはがしながら貼っていき、シワや空気を取り除きます。同じ工程を繰り返して全面に貼ります。

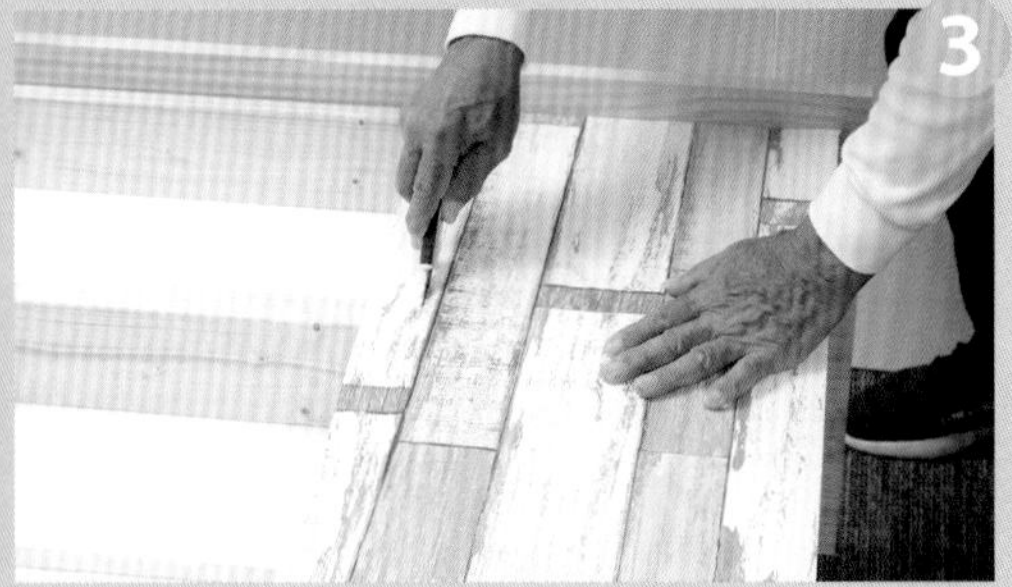

余分な部分はカッターでカットして取り除きます。

前面のシート貼りが完了しました。板張りとは違った印象になります。お好みのデザインのシートを貼ってみてください。

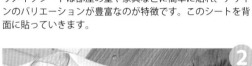

塗装して仕上げる

床や作業台を汚すことなく塗装ができるペインターズピラミッドで本体を浮かし、マスキングテープで養生します。

土台のフレームを塗装します。ミルクペイントのモルタルグレーを使用し、一度乾燥させて二度塗りをしてください。

フレームの塗装が乾燥したら、飾り棚の塗装しない部分にマスキングテープを貼ります。

飾り棚をミルクペイントのピュアホワイトで塗装します。細かい部分から塗装し、二度塗りしてください。

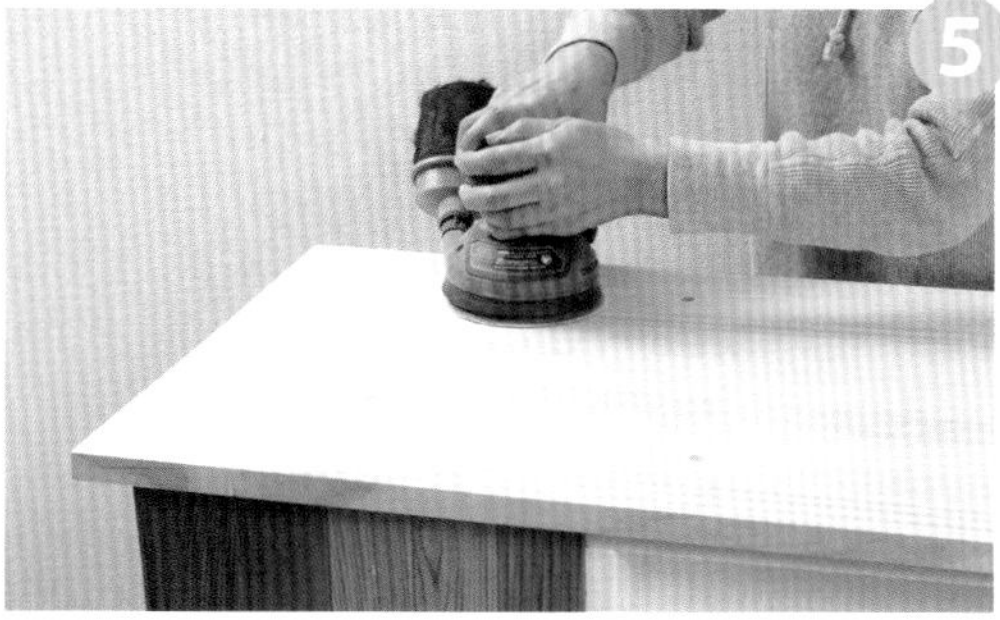

天板を塗る前に、サンダーで表面をしっかりサンディングして下地を調整します。

天板をきれいな状態で塗るため、ウエスでホコリやサインディングで出た削り粉などを拭き取ります。

オススメ

天板の塗料は臭いが少なく、乾くと硬い塗膜ができて強力に保護してくれる水性ウレタンニスを使用します。

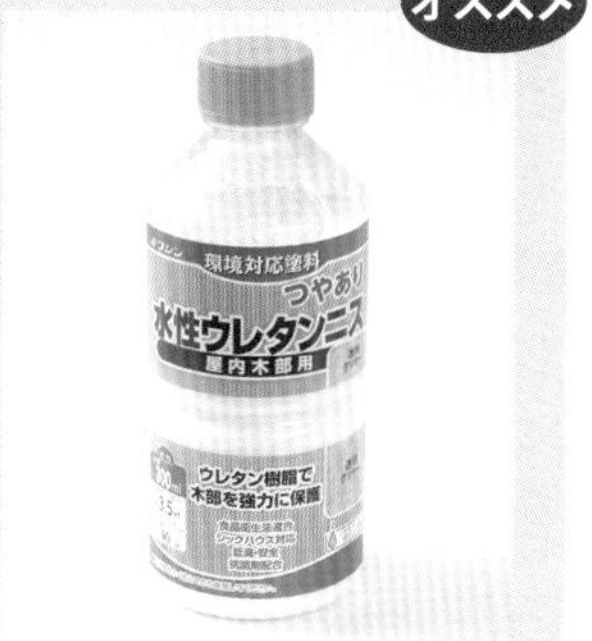

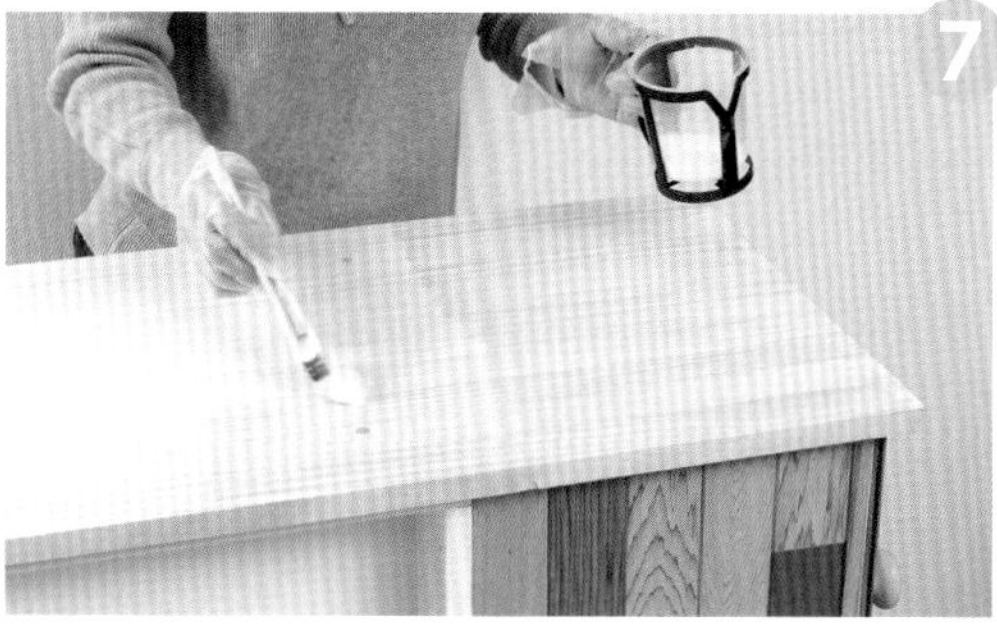

ハケに水性ウレタンニスをたっぷり浸して塗っていきます。2度塗りした後に乾燥したら完成です。

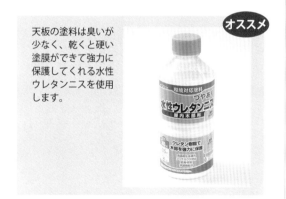

難易度 ★★★★★

カラーボックスをコレクションケースにリモデル

お気に入りのコクターグッズを ショップ風のディスプレイで楽しむ

　お気に入りや推しのキャラクターの大切なフィギュアやぬいぐるみなどのコレクターグッズは、きちんとケースに飾りたいものです。さまざまな種類のケースが発売されていますが、ショップでよく見かけるガラスケースはおしゃれに飾れることからコレクターの誰もが憧れます。しかし、この特別な演出感が魅力的なガラスケースは大型なモデルが主流で設置場所に悩まされてしまいます。さらにガラスケースは高額のため、フィギュアを飾るケースにそこまでお金をかけられないという声も聞かれます。

　こうした問題を解決してくれるのがカラーボックスです。お手頃な価格で手に入りやすいカラーボックスは収納とディスプレイを兼ね備えているので、大きなフィギュアも飾ることが可能です。このカラーボックスは鏡のようなアクリルミラー板を貼り特別感を演出できるように仕上げます。さらにアクリル板の扉を取りつけることでほこりや汚れからコレクションを守れるようにします。ガラスケースは重くて移動がたいへんですが、カラーボックスだと移動がラクなので部屋の模様替えや引越しのときなども簡単に移動できます。部屋のアクセントにもなるカラーボックスのコレクションケースで、お気に入りのグッズをおしゃれに飾って楽しみましょう！

リモデルプラン
Remodel PLAN

After

脚つきのベースを取りつけることにより、目線を上げるのでイスに座った状態でも飾ったグッズがよく見えます。

アクリル扉は、ガラスケースのような雰囲気で飾ることができます。また、ほこりや汚れからもしっかり守ってくれます。

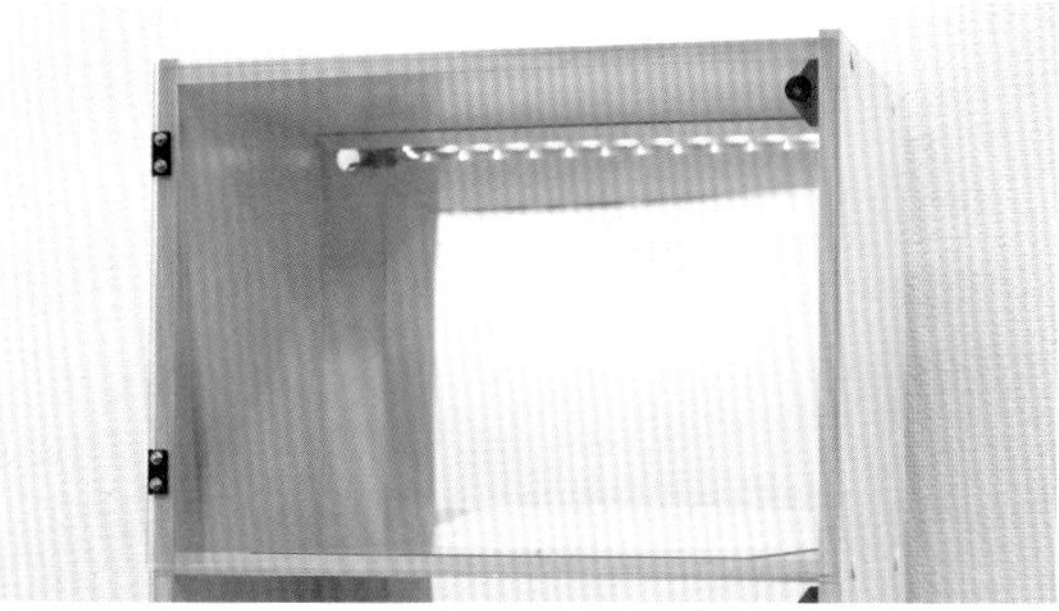

上段に間接照明のLEDライトを取りつけ、背板と底板に貼ったミラーシートがおしゃれな雰囲気を演出します。

Before

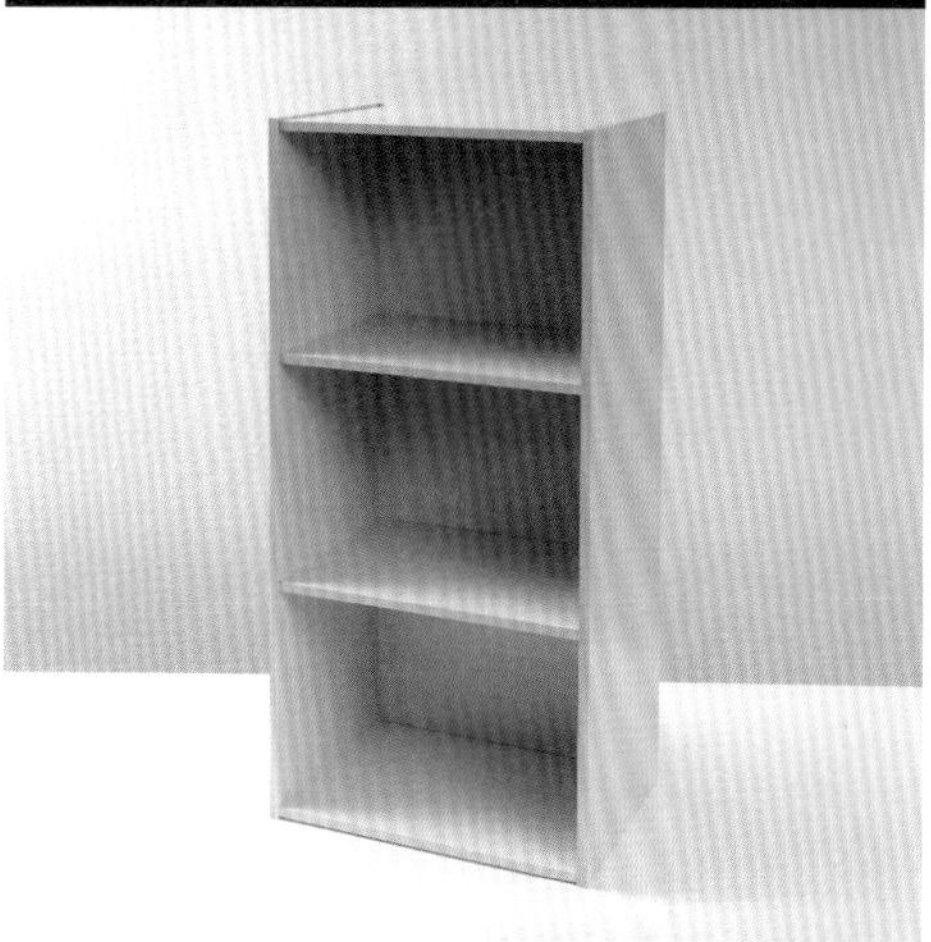

リモデルに使用するカラーボックスは1段、2段、3段で展開する一般的なタイプの中からお好みのタイプを選びましょう。アクリル扉を棚ごとに取りつけるため、棚は可変式よりも固定されているものがおすすめです。

カラーボックスは奥行きがあるので、暗くなりがちな場所にはLEDライトを付け、おしゃれに見せる効果で解消しました。大掛かりな工具も必要なく作業ができるので、コレクター魂をくすぐるケースを製作してみてください。

その他の材料

- ■集成材（18mm 厚）
- ■ヒノキ材（12mm 厚）
- ■アクリル板（2mm 厚）
- ■アクリルミラー板
- ■コルクシート
- ■丁番
- ■タッチマグネット
- ■ LED タイプのテープライト
- ■アルミアングル
- ■木ネジ
- ■極細ネジ
- ■ボルト
- ■水性塗料

道　具

- ■電動ドリルドライバー
- ■電動ドライバー
- ■サンダー
- ■ノコギリ
- ■スプレーのり
- ■木工用接着剤
- ■ハケ
- ■ローラーバケ

脚つきベースを組み立てる

1

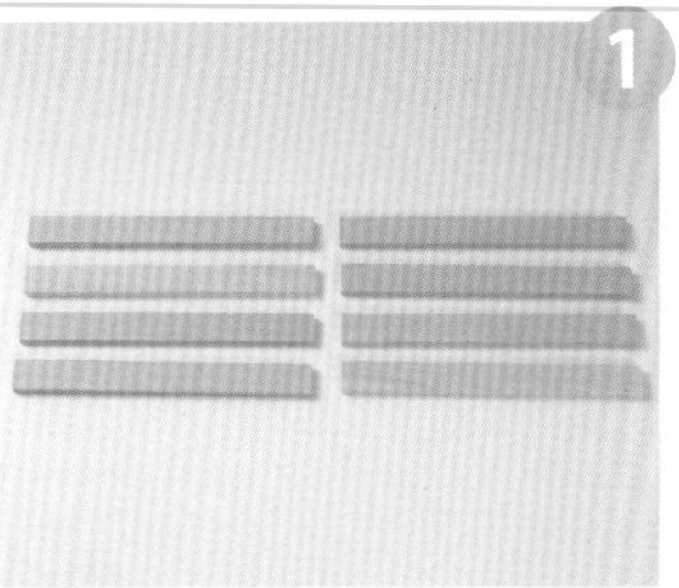

脚の材料は12mm厚のヒノキ材をL字に組むので8本用意します。長さは300mmにしていますが、お好みで決めてください。

2

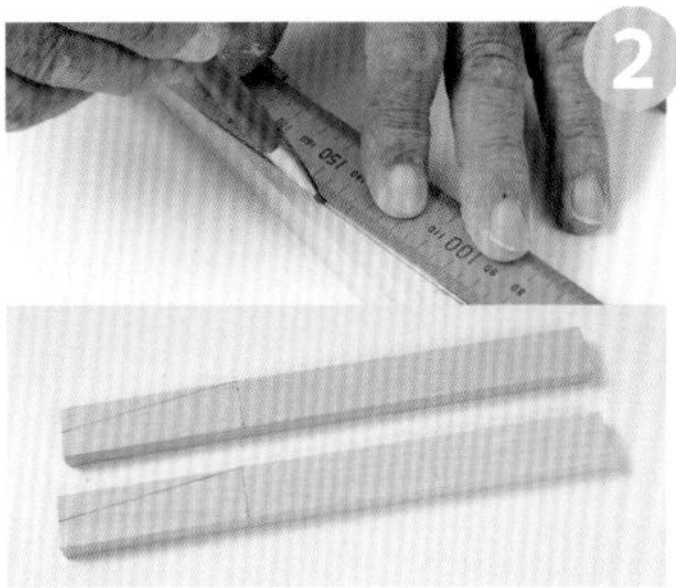

脚を斜めにしたデザインにするため、下から 100mm に線を引き、端から 20mm の位置とを結んで斜線を入れています。

3

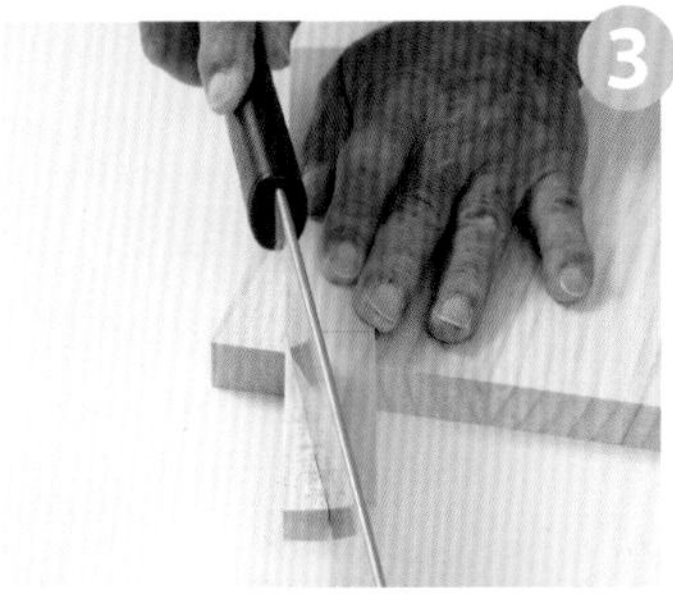

端材を敷き、斜めに引いた線に沿ってノコギリでカットします。

4

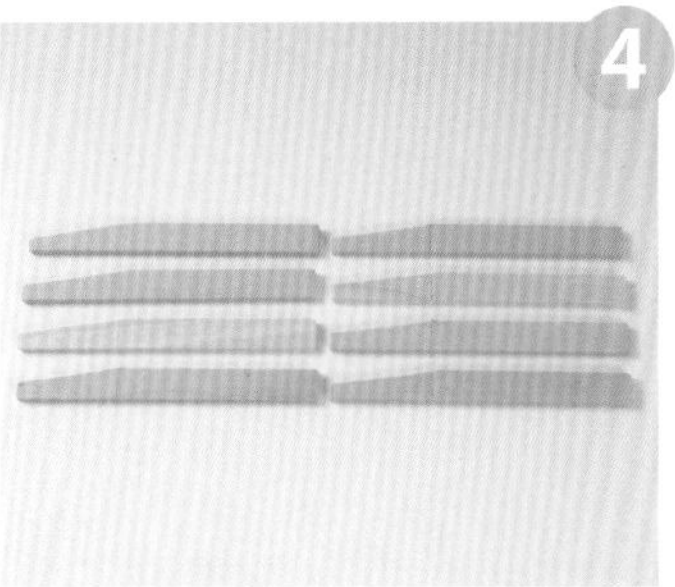

8 本すべて斜めにカットできました。カットした断面は、サンダーでしっかりサンディングしてください。

5

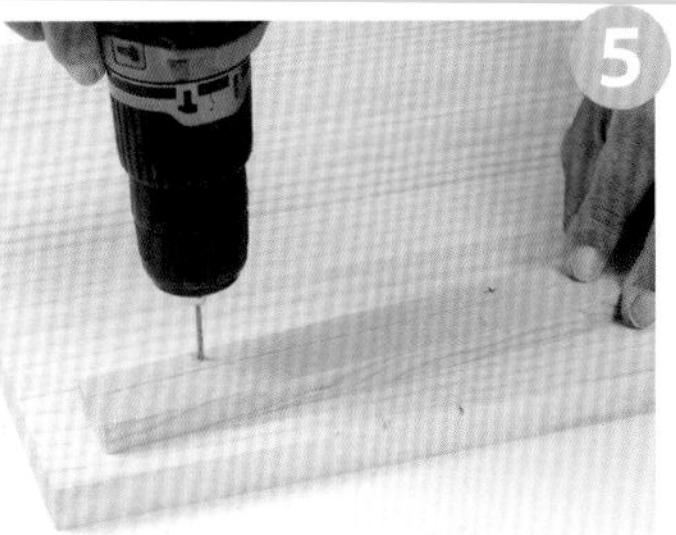

L字に組むヒノキ材の厚みを写し、ネジを打つ印をつけたところに、下穴キリビットで2か所に穴をあけていきます

ここが ポイント!

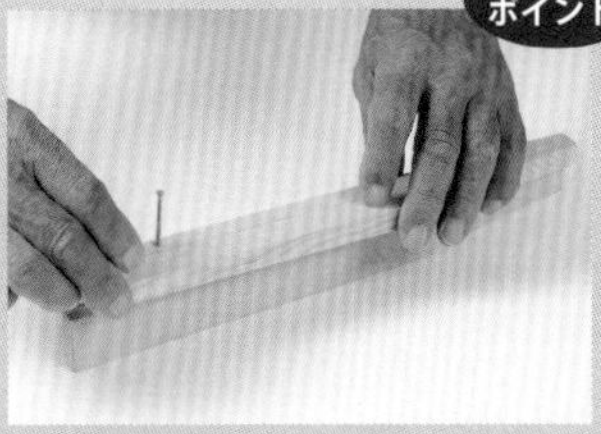

ネジを打ちやすいように、先に32mmの極細ネジをある程度打って木工用接着剤を塗って組みます。

6

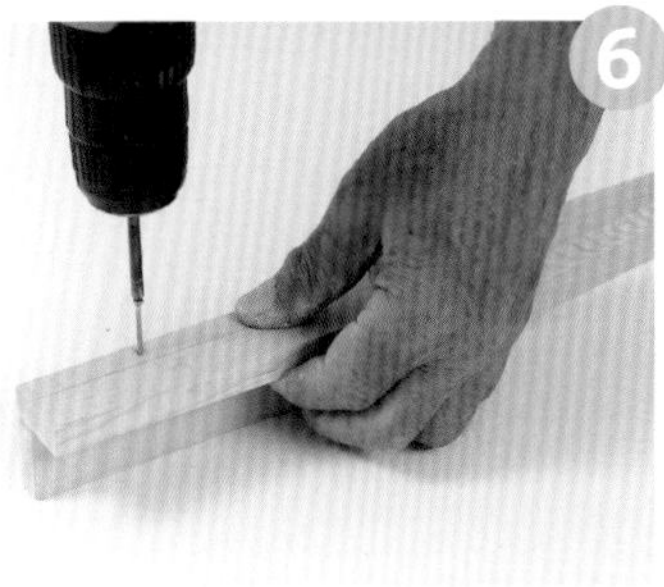

しっかり手で押さえて立てておいたネジを打ち込みます。2 本目はズレるのに気をつけ、ネジを打って固定します。

7

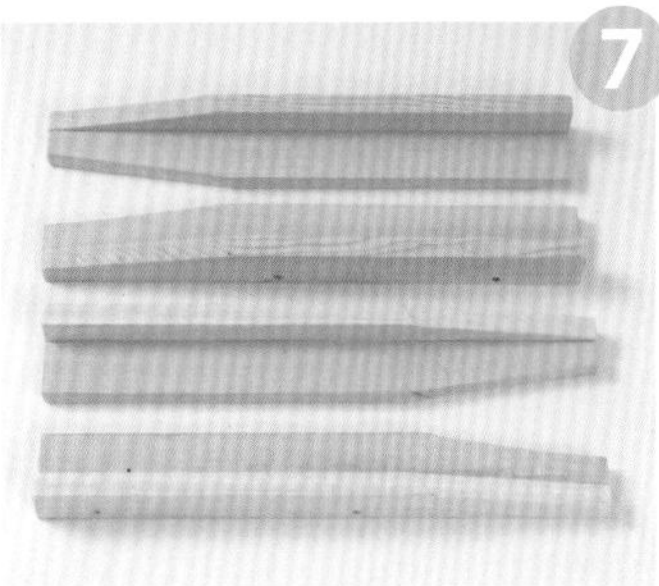

前後2本ずつの脚ができました。組み立ては前後の向きに注意しましょう。

8

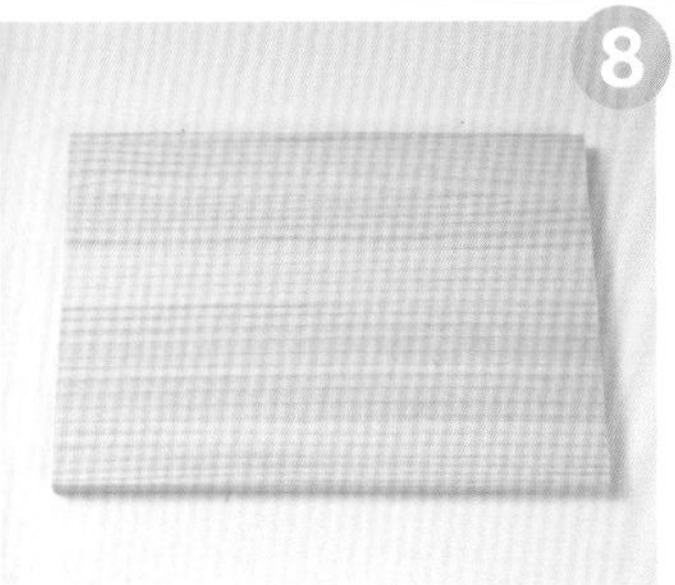

ベースの材料は、18mm厚の集成材を使用します。

9

脚の上部にベースの厚みを写し、2 か所にネジを打つ印をつけます。そこに下穴キリビットで穴をあけます。

10

木工用接着剤を塗った後、下穴に向かって 25mm の木ネジを打って 4 本の脚を固定します。

11

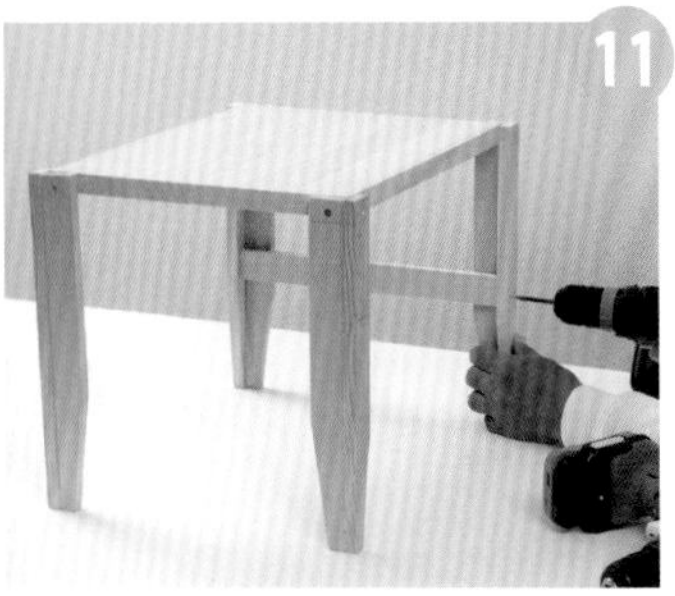

前後の脚に補強材を取りつけます。極細ネジ32mmを1か所打って固定できたら、脚つきベースのできあがりです。

脚つきタイプのキャビネットにリモデル

コレクションケースで製作した４本の脚の応用編として、キャビネットのリモデルを紹介します。製作方法は脚を直接カラーボックスに取りつけるだけなので、とっても簡単。横置き、縦置きのどちらでも可能です。キャビネットの高さは、お掃除ロボットが出入りできる約１００㎜を目安にしています。使わなくなったカラーボックスを少しだけ手を加え、おしゃれに変身させましょう。

今回は横置きです。L字に組んだ脚の長さはカラーボックスのサイズ415mmに、100mmを足した515mmにします。

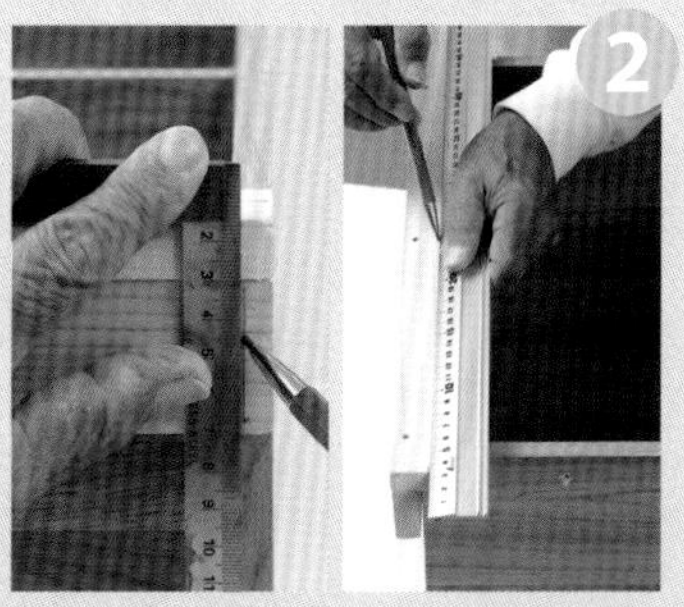

カラーボックスに脚をセットし、カラーボックスの前と横の木口の中心にネジを打つ線を引きます。

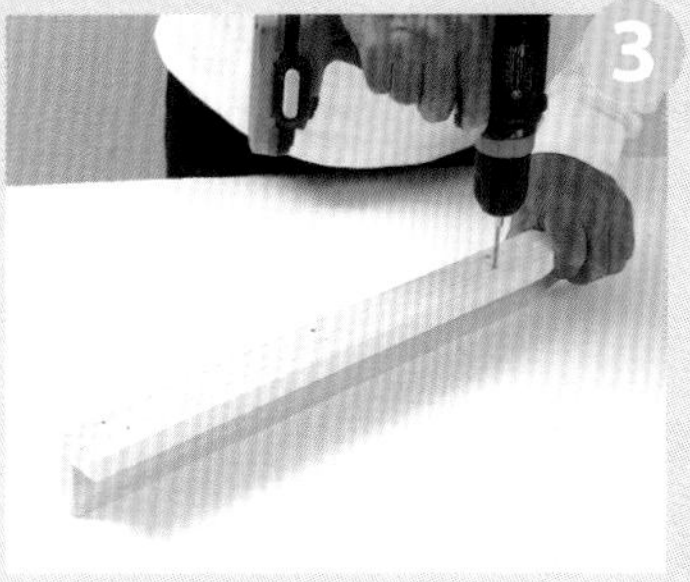

線の上にネジを打つ印をつけ、下穴キリビットで穴をあけます。ネジを打つ印は、3か所につけます。

下穴をあけたところに、ダボキリビットで穴を掘ります。

脚に接着剤を塗り、30mmの木ネジを前面の3か所に打ち込んで取りつけます。

横は上下の２か所、側板が通っている部分に木ネジ30mmを打ちます。同じ手順でもう片側の脚も取りつけます。

前脚２本の取りつけができたら、後脚を取りつけます。線に沿って30mmの木ネジを打ち込んで固定したら完成です。

縦置きの場合は取りつける脚が長くなるため、しっかり押さえてネジを打つようにしましょう。

脚つきベースを塗装して取りつける

1

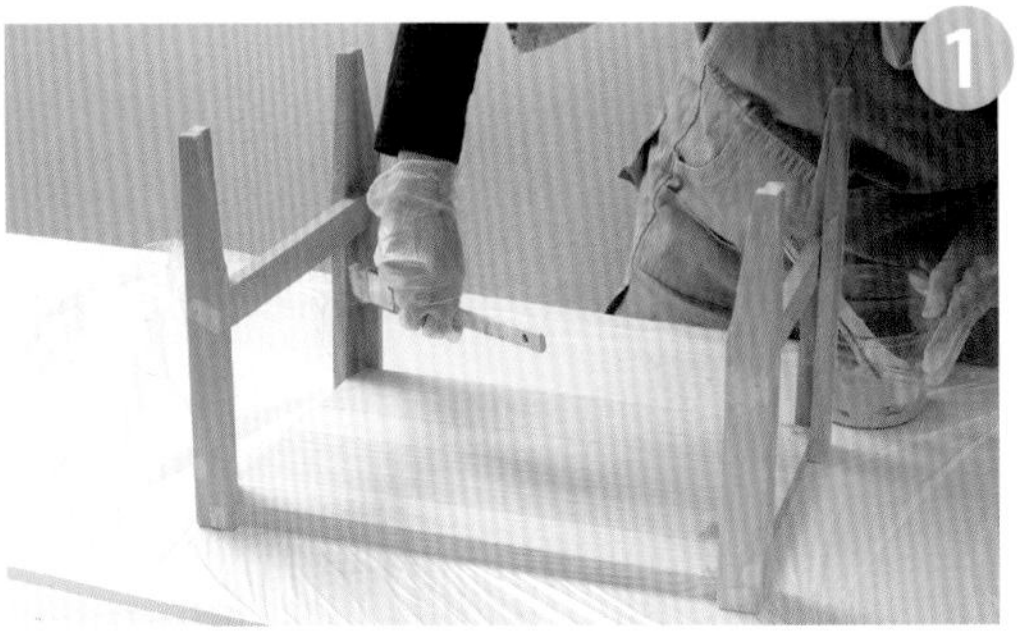

ミルクペイントのミモザイエローで脚つきベースを塗装します。脚の裏側の塗りにくい面から塗るようにします。

2

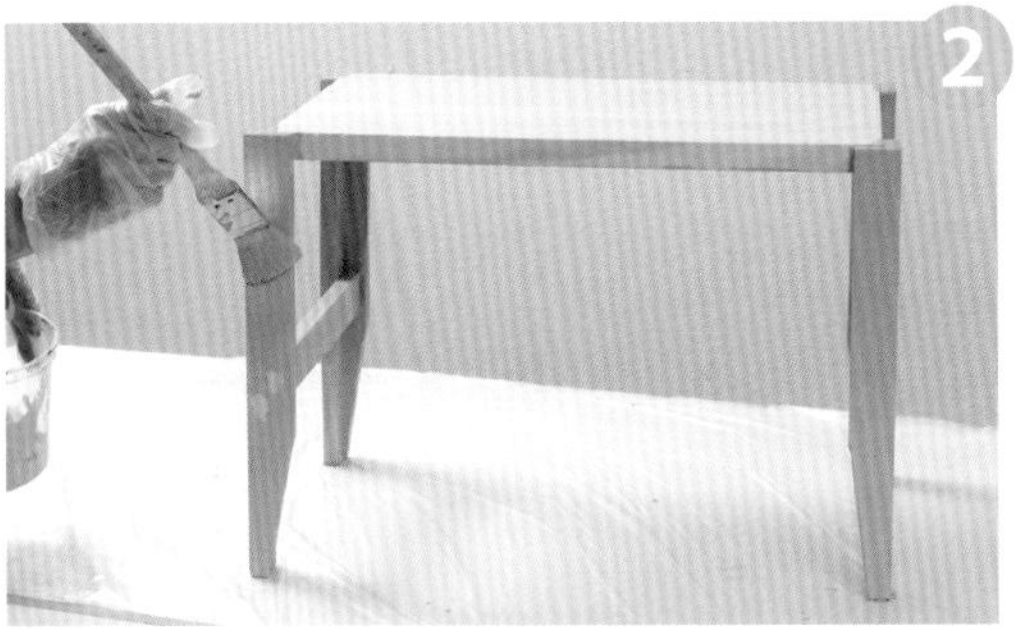

裏側を塗り終えたら外側や木口を塗っていきます。平らな面はローラーバケで塗ると効率よく塗れます。

3

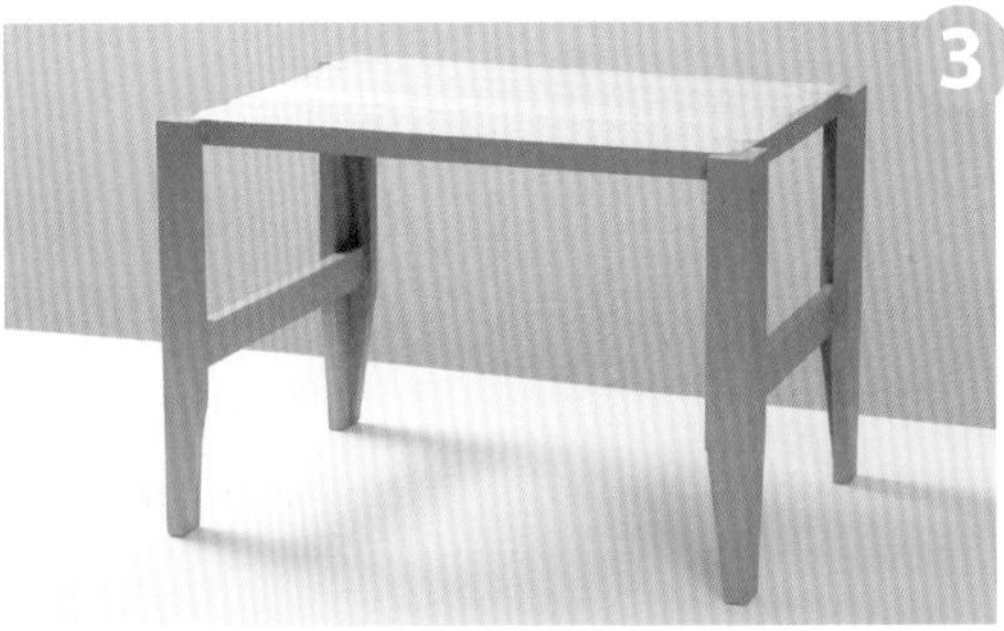

2度塗りをして乾燥させたらできあがりです。ベースの上部はカラーボックスを取りつけるので塗りません。

4

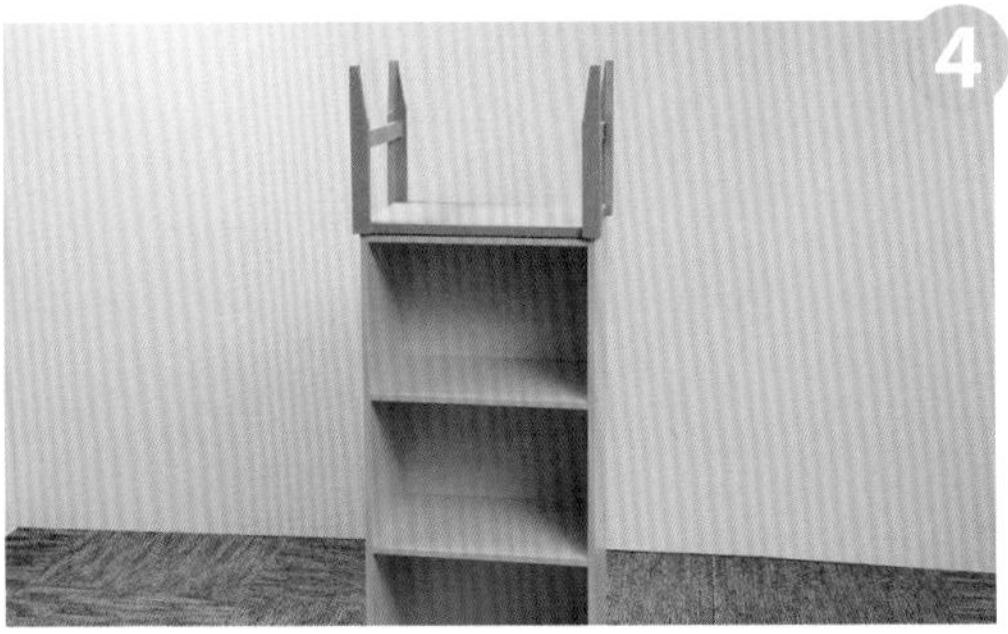

脚つきベースを取りつけるため、逆さにしてカラーボックスに載せます。

5

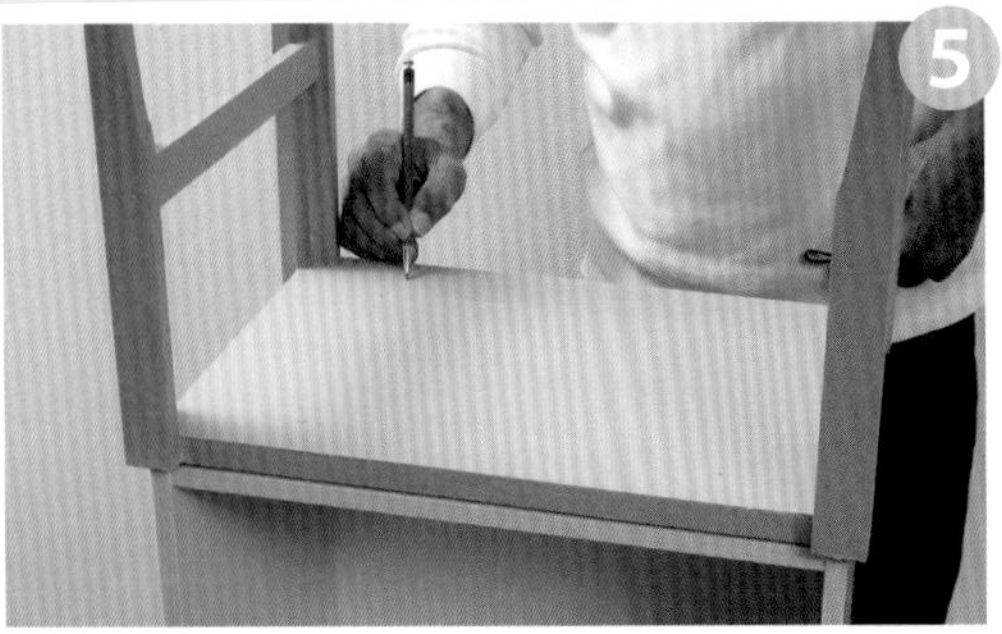

前後2か所ずつにネジを打つ印をつけます。

6

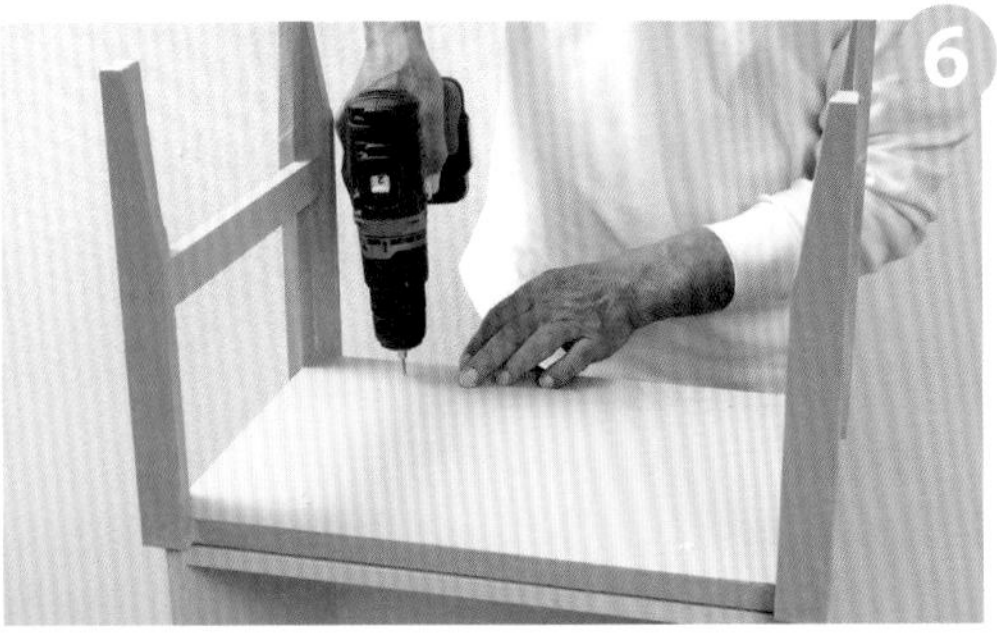

印をつけたところに、下穴キリビットで穴をあけます。

ここがポイント!

ネジの長さは、カラーボックスの底板の厚みとベースの厚みを測って決めます。今回は30mmの木ネジを使用します。

7

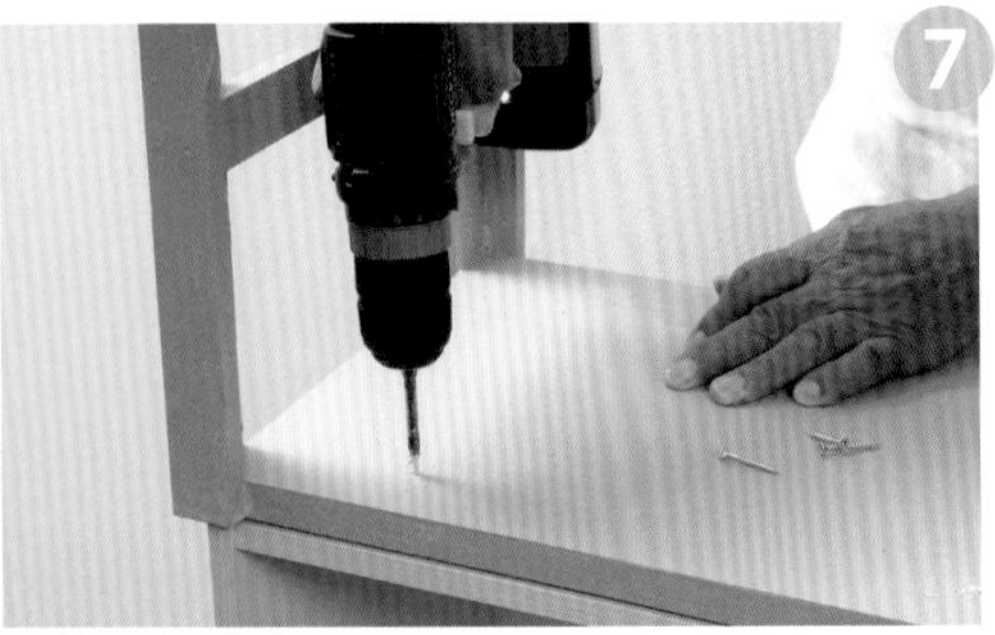

穴をあけた4か所に30mmの木ネジを打って固定すれば、脚つきベースの取りつけは完了です。

アクリルミラー板を取りつける

カラーボックスの棚と背面に貼るアクリルミラー板は、軽くて割れにくいのが特徴です。

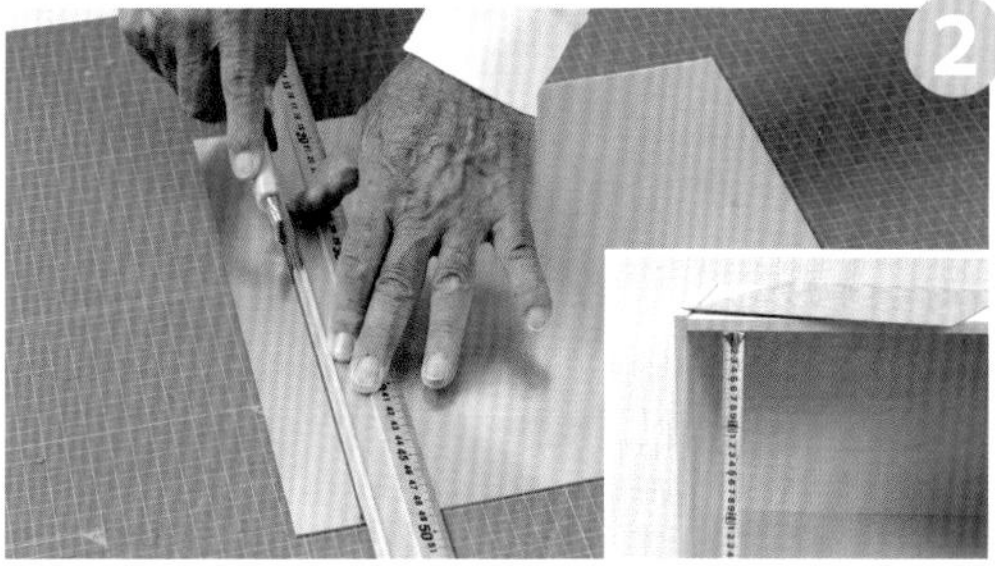

棚の内寸より5mm程度短くしたアクリルミラー板をカッターでカットします。2〜3度切れ目を入れて溝を掘るような感覚で引きます。

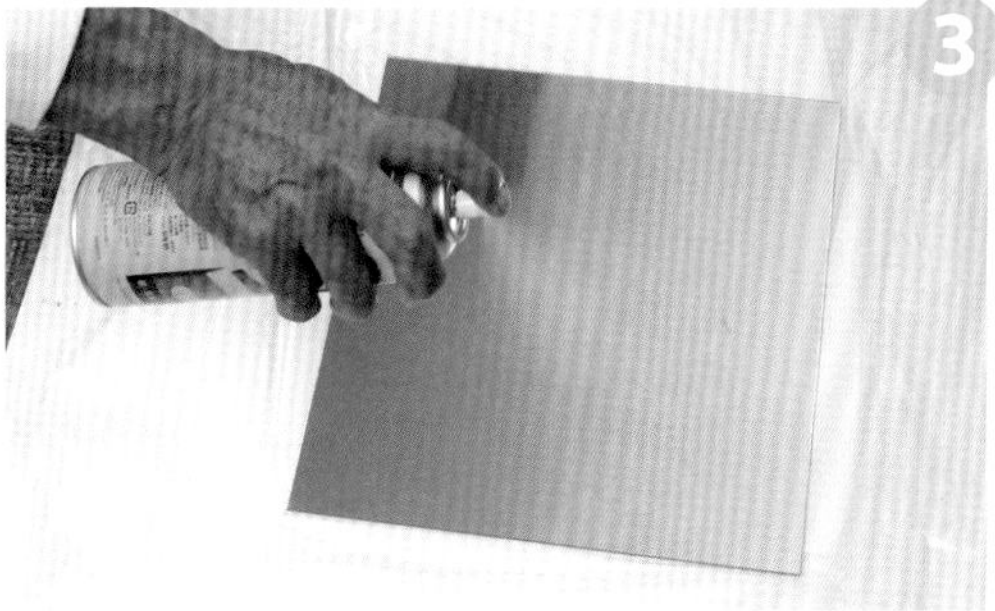

裏面の剥離紙をはがしてスプレーのりなどを吹きかけます。20cmほど離して均等に吹きかけてください。

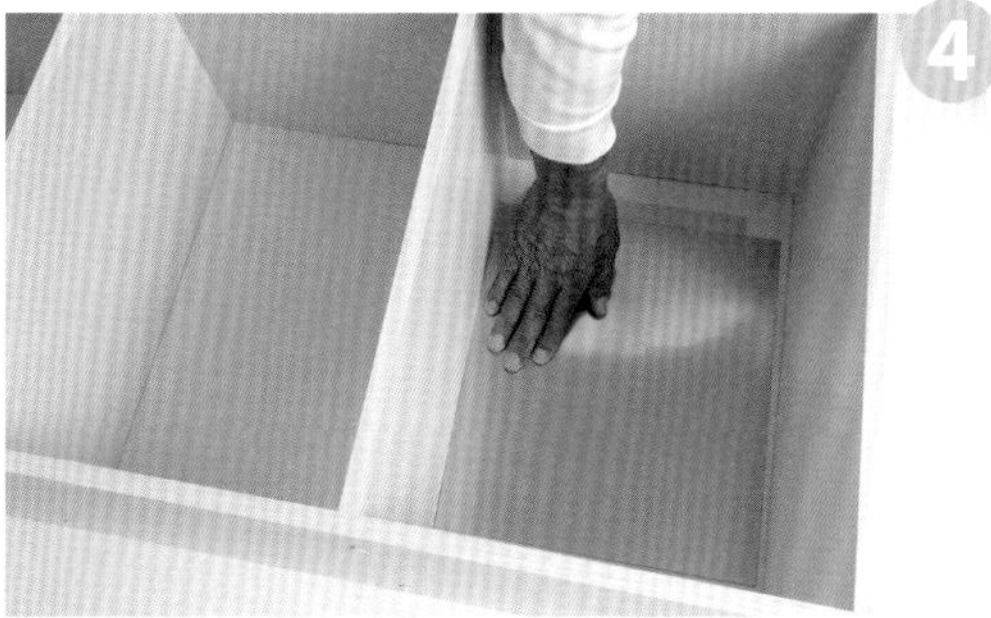

最初は背板に貼っていきます。シートがずれないようにマスキングテープでガイドをして貼るようにしましょう。

背板が貼れたら同じ手順で棚板にも貼っていきます。背板のミラーと位置を合わせるように貼ります。

すべて貼ることができたら保護フィルムをはがします。

オススメ

棚板面はアクリルミラー板の他に、飾ったグッズを守ってくれるクッション性に優れたコルクシートもおすすめです。

ミラー板と同じ手順でカットし、スプレーのりなどをたっぷり吹きかけて底板に貼ります。

アクリル扉を作って取りつける

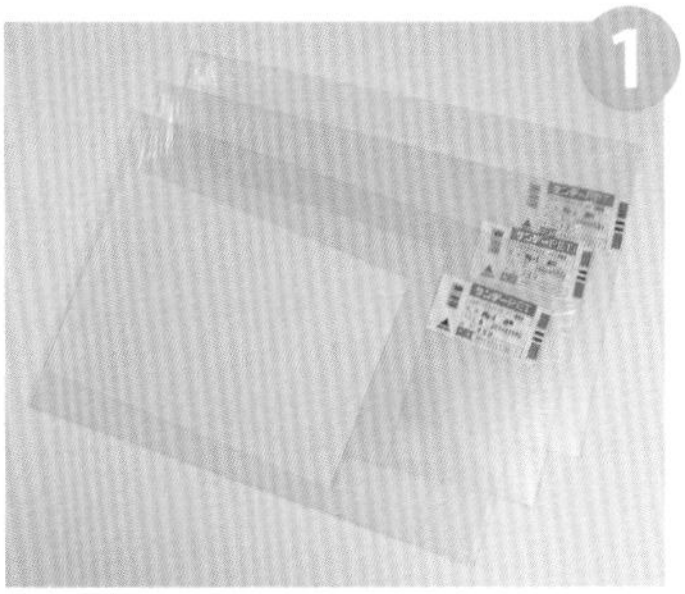

扉は2mm厚のアクリル板を使います。サイズは上段と下段が同じで、中段が異なるので2種類にわけます。

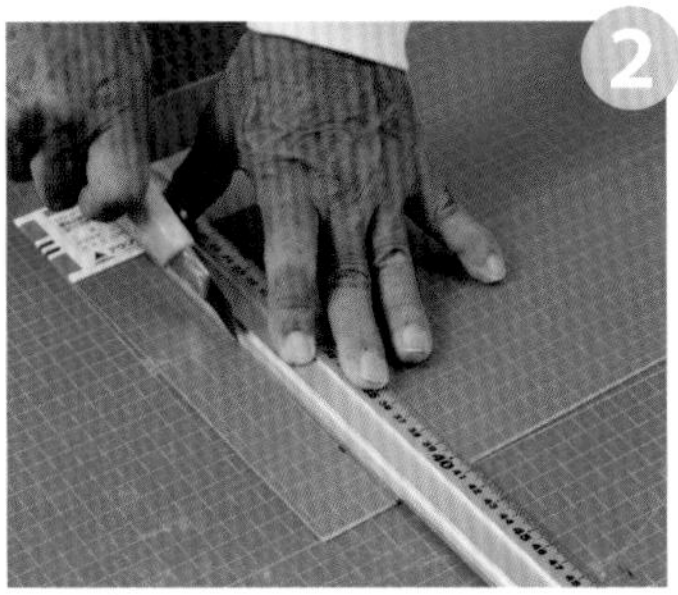

サイズに合わせてカッターでカットします。アクリルミラー板と同じ方法で切り落としてください。

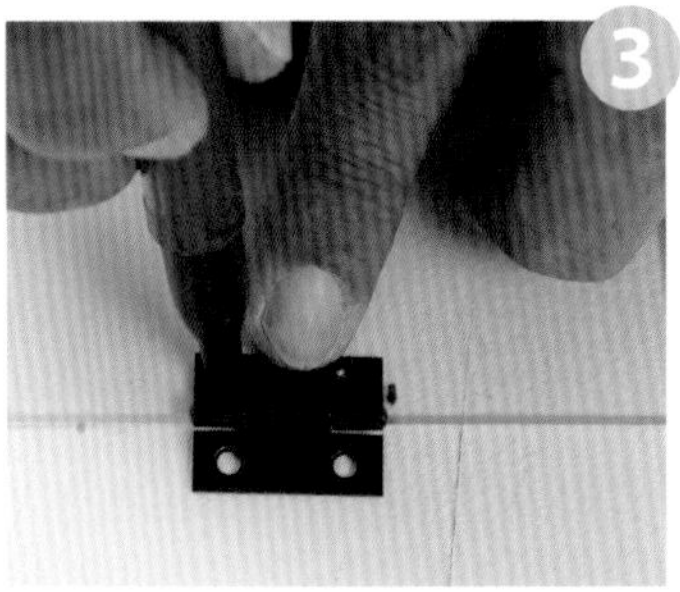

丁番を取りつける位置を決め、ネジ穴に印をつけます。丁番の軸が上になるようにします。

ヒント

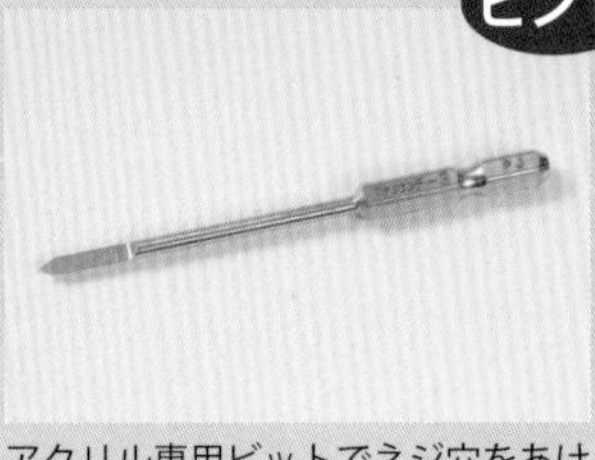

アクリル専用ビットでネジ穴をあけます。特殊形状により、アクリル板の割れや欠けを防いでくれるので便利です。

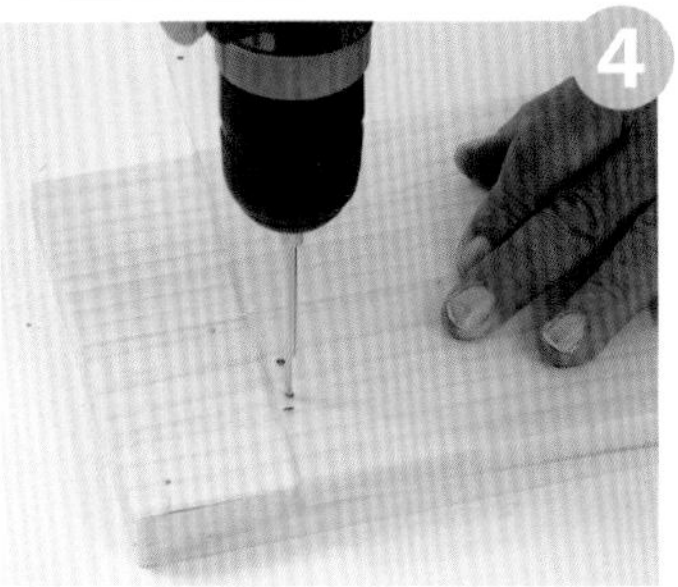

端材を敷いて垂直にビットを押して穴をあけます。力を入れ過ぎるとアクリル板が割れるので注意してください。

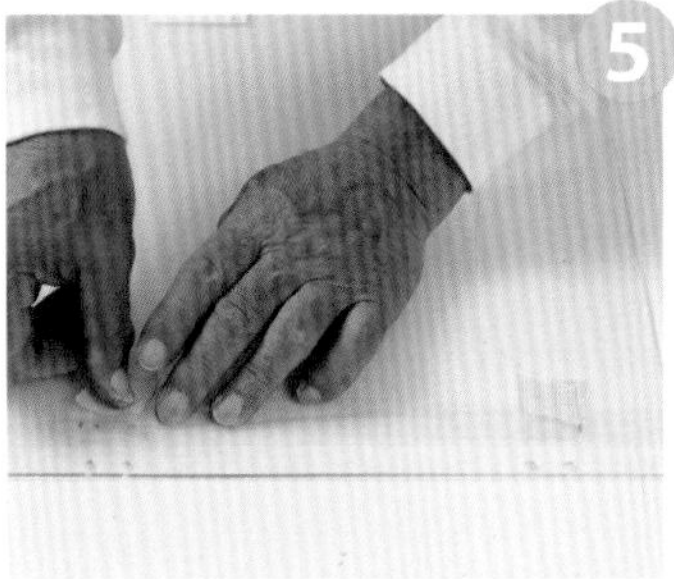

丁番をつける位置まで保護フィルムをはがします。保護フィルムにマスキングテープを貼ると、はがしやすくなります。

丁番をアクリル板にかぶせて、3mmのボルトを通します。背面からワッシャーをはめてナットを回します。

ペンチなどでナットを挟んで、ドライバーでボルトを回して固定します。

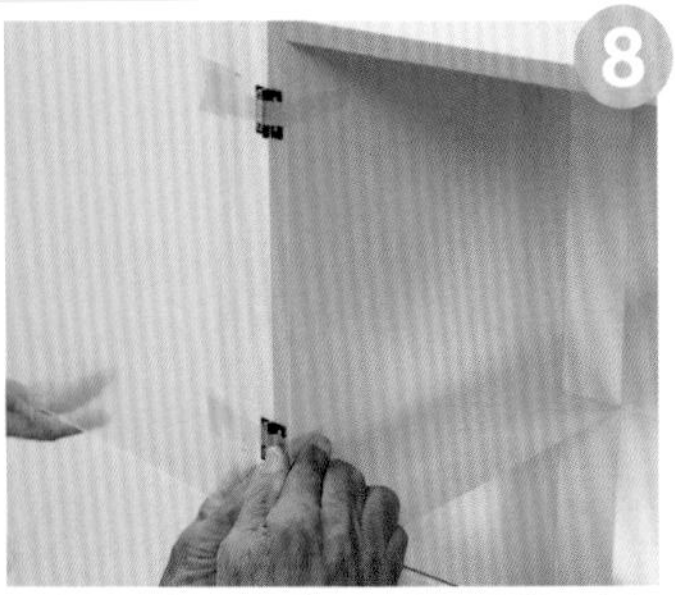

アクリル板に丁番の取りつけができたら、カラーボックス側に取りつける位置を決め、マスキングテープでとめます。

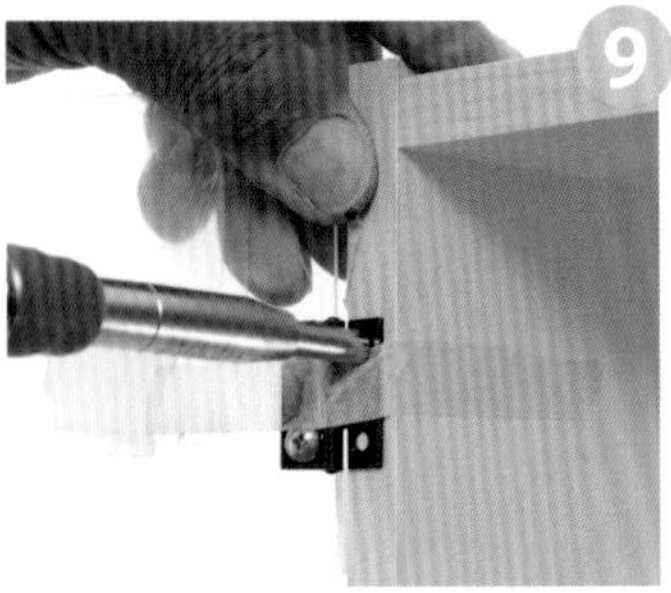

ネジを締めやすくするため、丁番下穴ギリでネジ穴をあけます。

カラーボックス側は、25mmの極細ネジを打ち込んで丁番を取りつけます。

カラーボックス側に取りつけた後、残りの保護シートをはがせば、アクリル扉の取りつけは完了です。

マグネットキャッチを取りつける

1

マグネットでアクリル扉が開くのを防いでくれる材料は、マグネットキャッチを取りつけます。

2

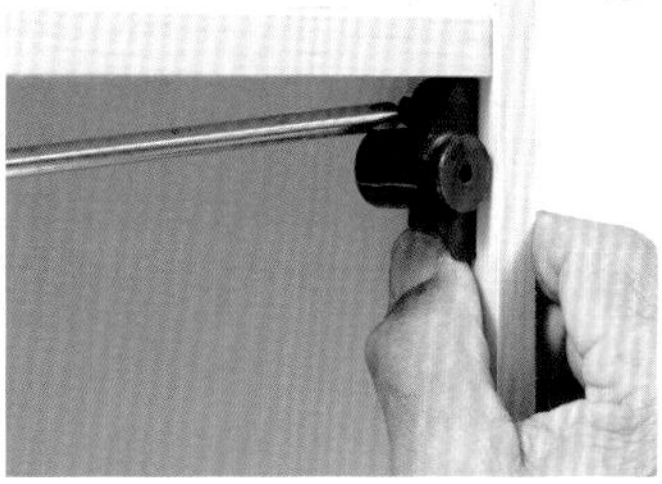

マグネットキャッチをあて取りつける位置を決めます。そして磁石をつけたまま本体側を付属のネジで固定します。

3

アクリル扉を閉じた状態にし、磁石をつけた本体の位置にマスキングテープで印をつけます。

4

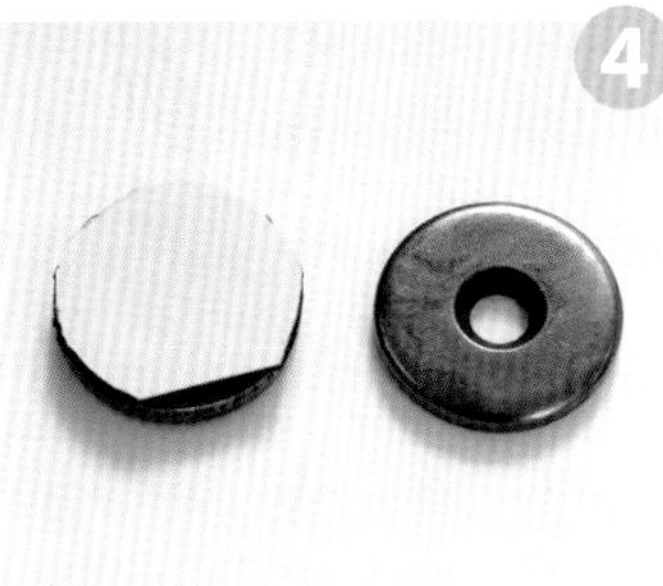

磁石の裏面に両面テープを貼ります。余分な部分はハサミでカットします。

5

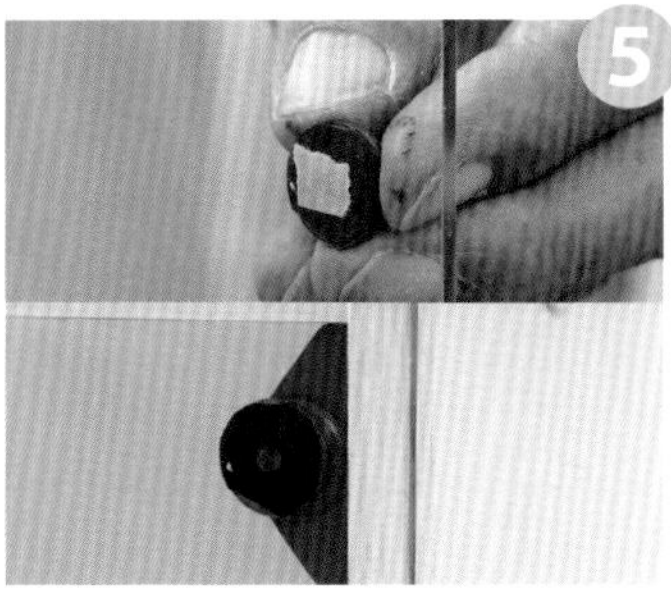

マスキングテープでつけた印に合わせ、アクリル扉に磁石を取りつけます。マスキングテープははがしてください。

6

中段と下段も同じ方法でマグネットキャッチを取りつけます。

LEDライトを取りつけて仕上げる

1

間接照明に適したLEDタイプで両面テープ付きのテープライトを使います。

2

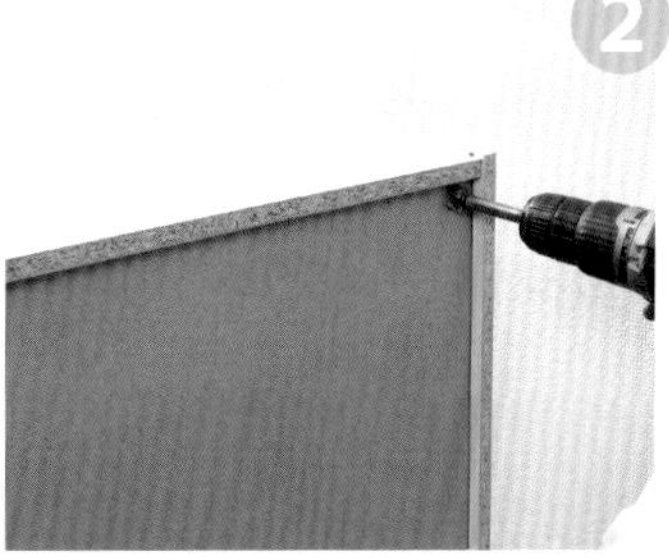

背板にテープライトのコードを通すため、20mmのボアビットで穴をあけます。

3

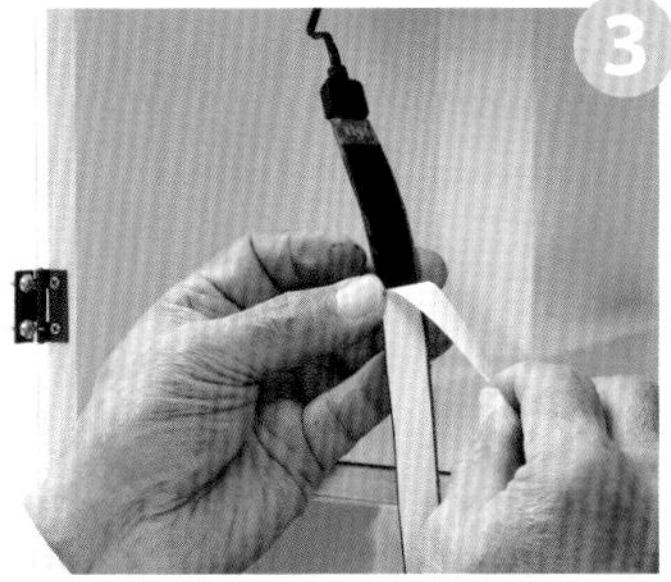

コードをテープライトにつなげて両面テープをはがします。

4

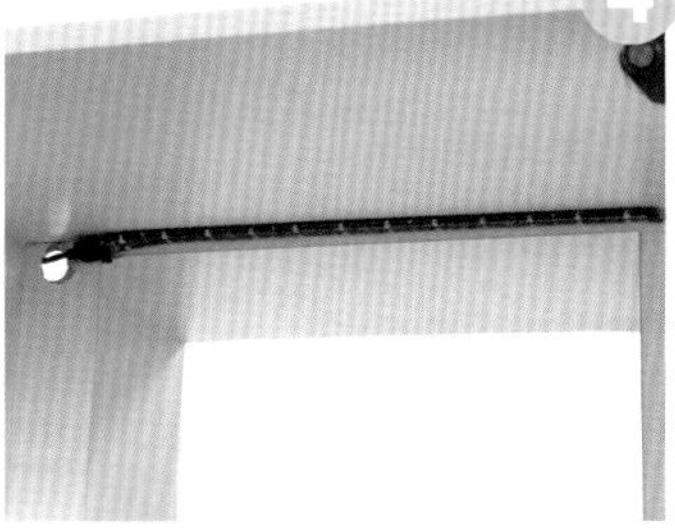

カラーボックス上段の上部に、テープライトを取りつけます。

5

テープライトを隠すのにアルミアングルを使います。アルミアングルが長い場合は、金切りノコでカットしてください。

6

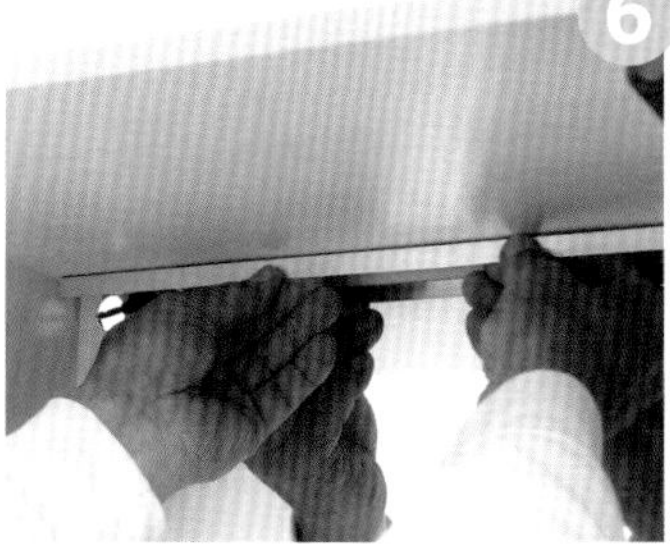

両面テープを貼ったアルミアングルをテープライトが隠れるように取りつけて仕上げたら完成です。

難易度 ★★★☆☆

ボックスをネコちゃんハウスにリモデル

居住性と安全性に配慮して猫が安心してくつろげる場所に

オープンタイプの小型収納ボックスは、傷んだ表面にシートを貼る簡単リメイクで長く使い続けることができます。ただ、買い替えなどによって余った場合は、用途を変える大胆なリモデルをしてみるのもよいでしょう。シンプルな箱型の形状を利用して、キャットハウスを作るなどもひとつのアイデアです。

キャットハウスにリモデルするにあたってポイントとしたいのは、リビングなどに置いても違和感のない外観と、猫が安心して過ごせる居住性、安全性です。猫は穴のような暗い空間を好むと言われていますから、光と人の視線を遮ることができる小さい開口に変更。組み立てる工程では、内側に接着剤を使わず、ネジや金具が露出しないように注意しましょう。

さらに一手間を加えられるようなら、ボックスの上にタワーを作ってあげるとよいでしょう。上下の移動を好む猫の運動不足解消にも役立ちます。

リモデルプラン
Remodel PLAN

広く開いたボックスの開口部には、出入り口つきの前板を取りつけて外部との仕切りを設けます。これによって猫にとってのプライベート空間を確保。化粧ベニアだった内側は、天然木の板張りに変更して、耐久性と断熱性を高めることにしました。ナチュラルで猫に優しい素材として木材を選びましたが、床面にカーペットを張ってフカフカに仕上げてもよいでしょう。

タワーの支柱はロープを巻いて、猫がツメをとげる場所にしています。遊んだり、ストレスを発散したりと、好きな要素を1か所にまとめて猫に気に入ってもらうプランです。

After

黒いボックスの外側に淡色で木目調のシートを貼って、インテリアなどに合わせやすい外観に変更。リビングなどの目立つ場所に置いてもよく馴染みます。

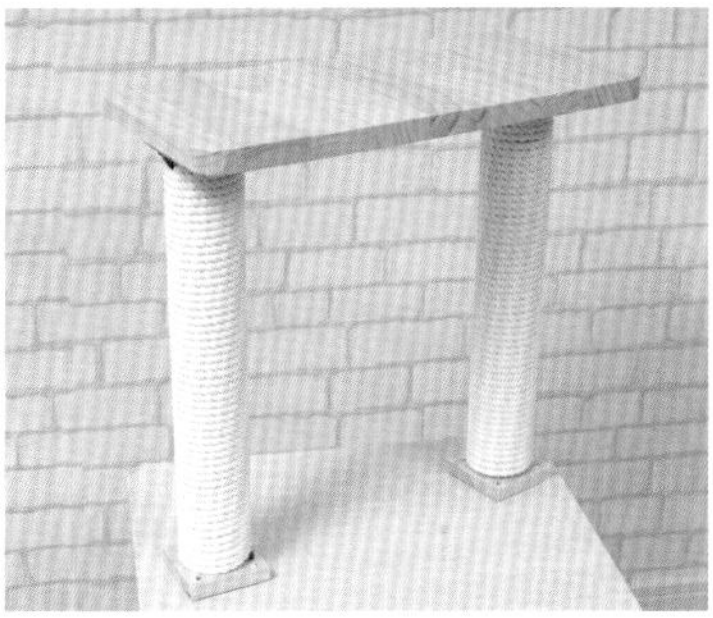

タワーの支柱にはロープを巻いて、猫がツメをとげるようにしています。

ひっかきや水濡れの対策として、内側は4面を板張りにしています。断熱効果も少しアップするはずです。

Before

その他の材料

- ■サネ板
- ■丸棒（50mm 径）
- ■角材
- ■集成材
- ■強化シート
- ■ロープ

道　具

- ■電動ドリルドライバー
- ■ジグソー
- ■ノコギリ
- ■サンダー
- ■グルーガン
- ■ハサミ
- ■カッター
- ■木工用接着剤
- ■強力多用途両面テープ

箱の内側に板を張る

1
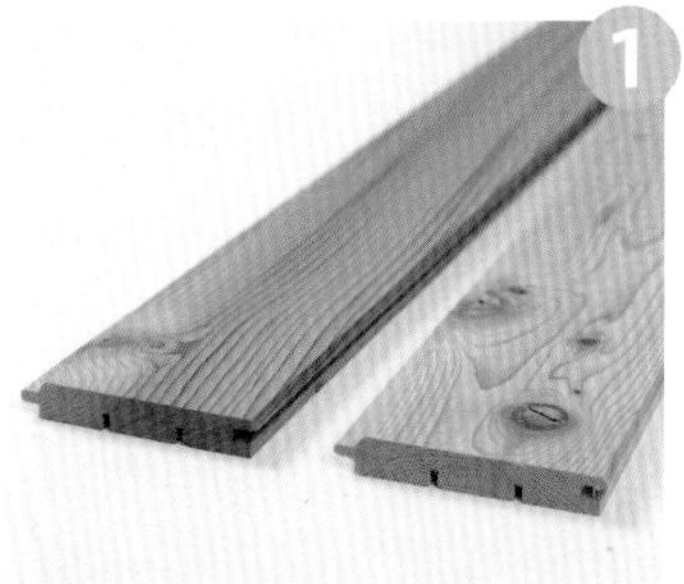
材料は、つなぎ目の側面が凹と凸に加工された（サネ加工）床や壁に使われる板材を使用。これを箱の内側に張ります。

2

内寸の奥行を測ります。そこから前板の厚みを差し引いた寸法を、張る板の長さとします。

3

寸法通りにカットした材料を用意します。今回使用するのは、幅 60mm と細めのタイプです。

4
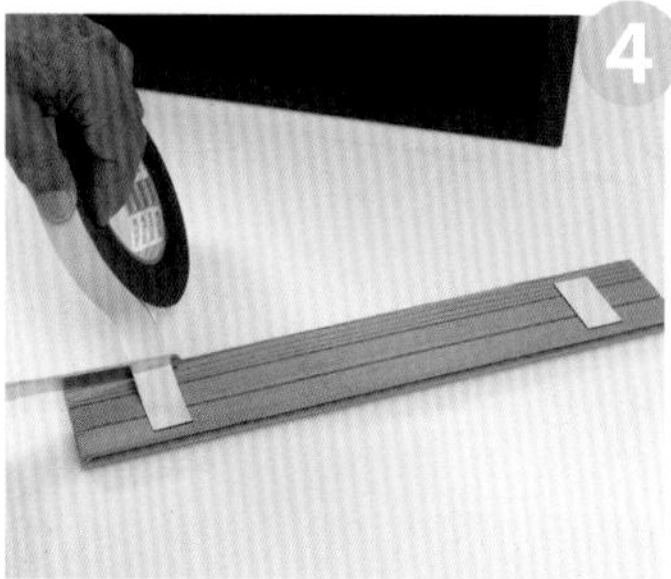
板の固定には、多用途タイプの強力両面テープを使用。すべての板の裏面に貼ります。

5
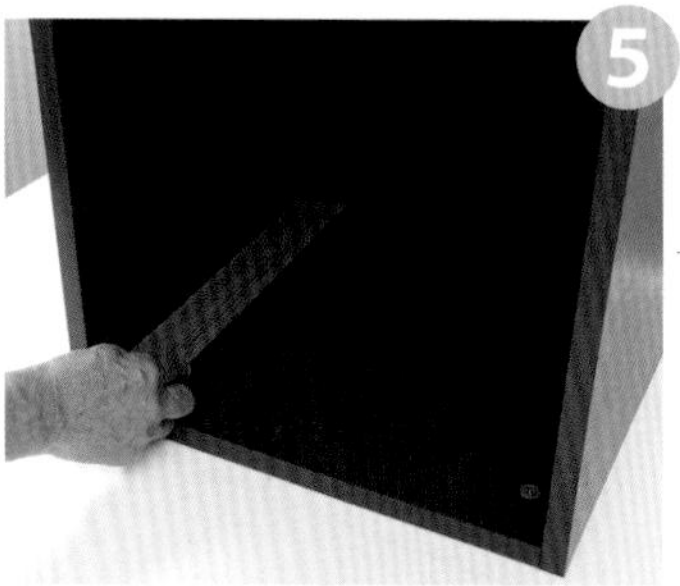
1枚目は、板の凹側を側板の方に向けて、側板と背板にぴったりと合わせて張ります。

6
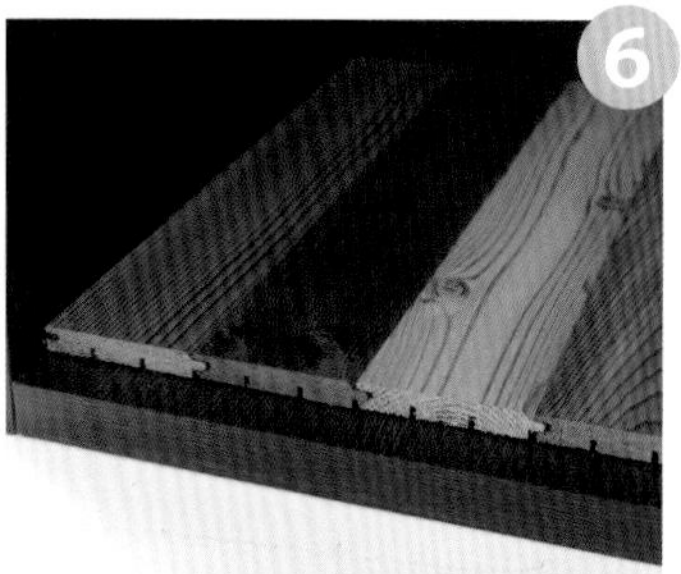
2 枚目以後は、1 枚ずつ凹と凸をはめ合わせながら張っていきます。

7
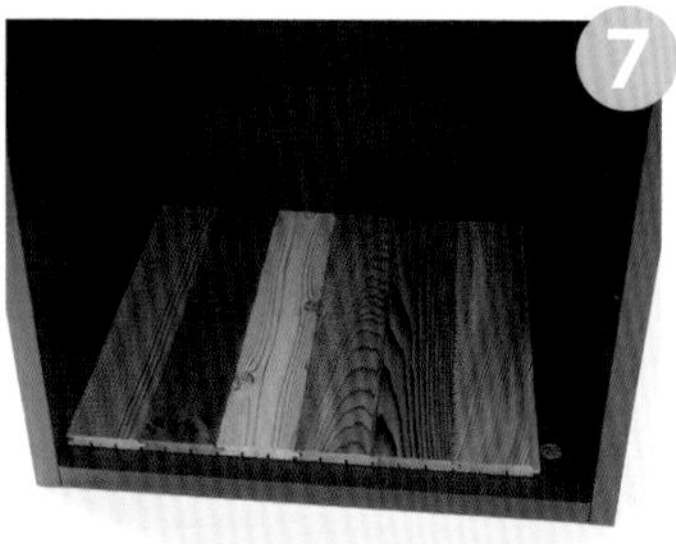
板幅のまま張れるところまで張ったら、残ったすき間には幅を合わせてカットした板を入れます。

ここがポイント!
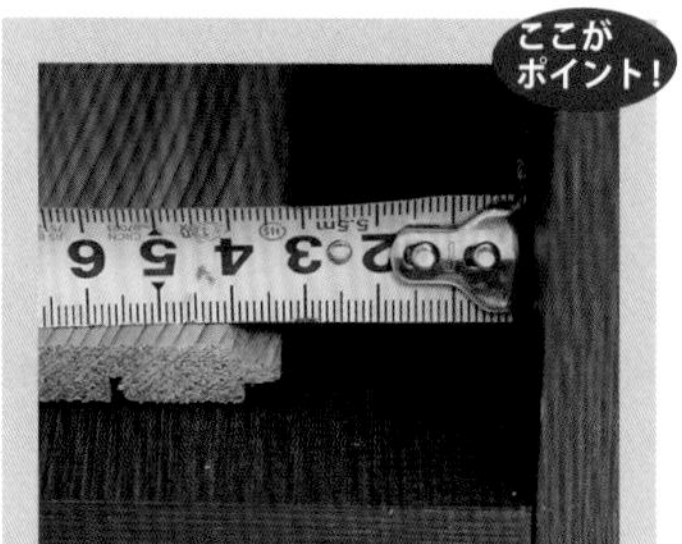
すき間の計測は、凸部分のつけ根から側板までの間隔を測ること。

8

すき間に入れる板は、寸法に合わせて凸側を切り落とします。

9

細くカットした板は、両面テープを貼らずに凹凸を合わせて前側から差し込みます。

10
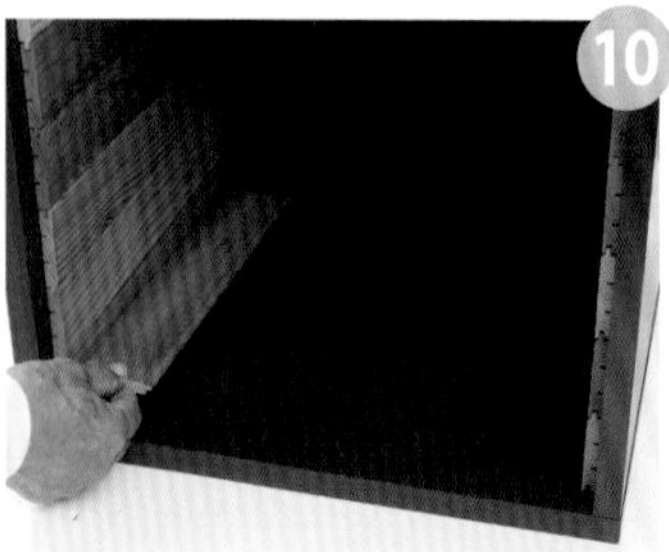
続いて残りの面にも、同じようにして板を張っていきます。

11

オールフローリングの内張りが完了しました。

脚を取りつける

1

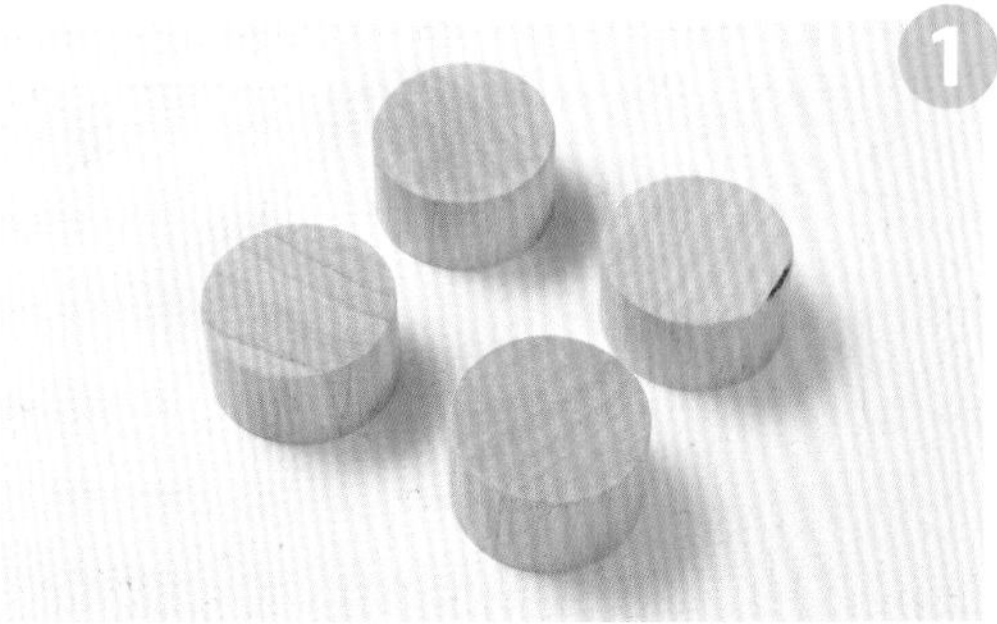

脚には直径50mmの丸棒を使用。高くなりすぎないように、長さ30mmにカットしたものを4つ用意します。

2

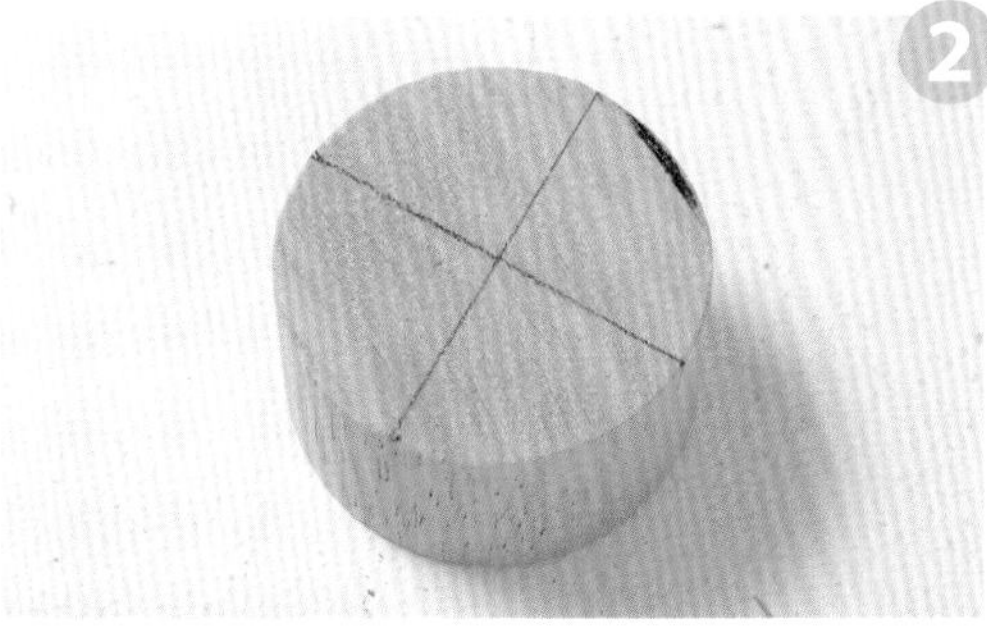

丸棒の中心を出します。

ヒント

円形の材料に中心を出す方法

さしがねをあて3つの角が円周に接する直角二等辺三角形を描くと、その底辺は円の中心を通る線になります。そうして引いた2本の線の交わる点が円の中心になります。

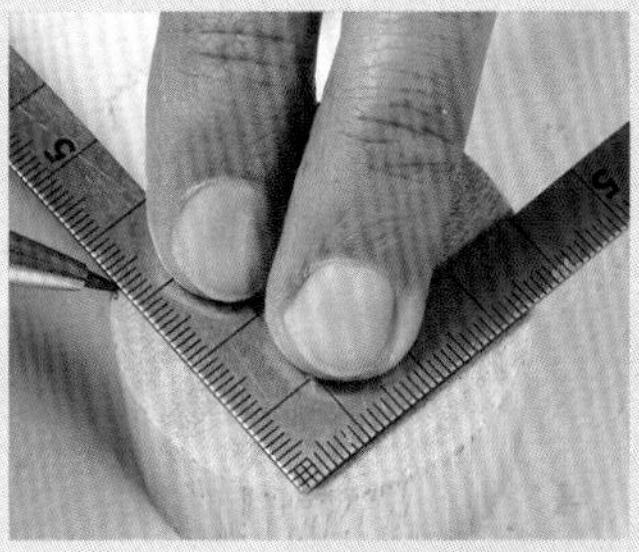

さしがねの角を円周上にあて、2方向の定規を同じ数値に合わせて印をつけます。その2点を結ぶ線を引きます。

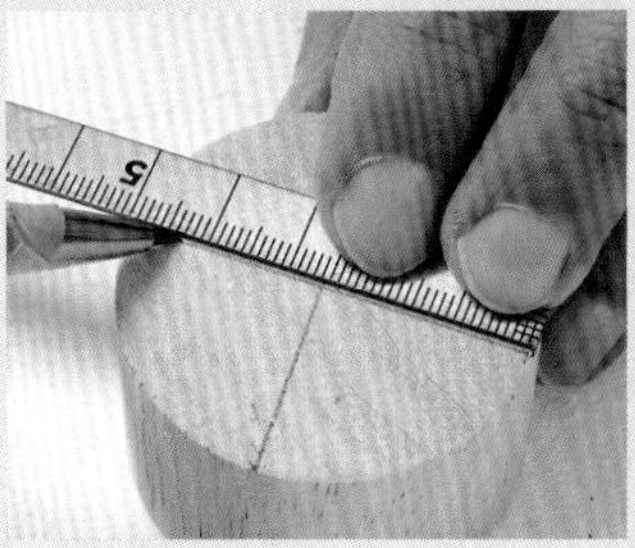

角の位置をずらして同じようにもう1本の線を引くと、線の交差する点が円の中心になります。

3

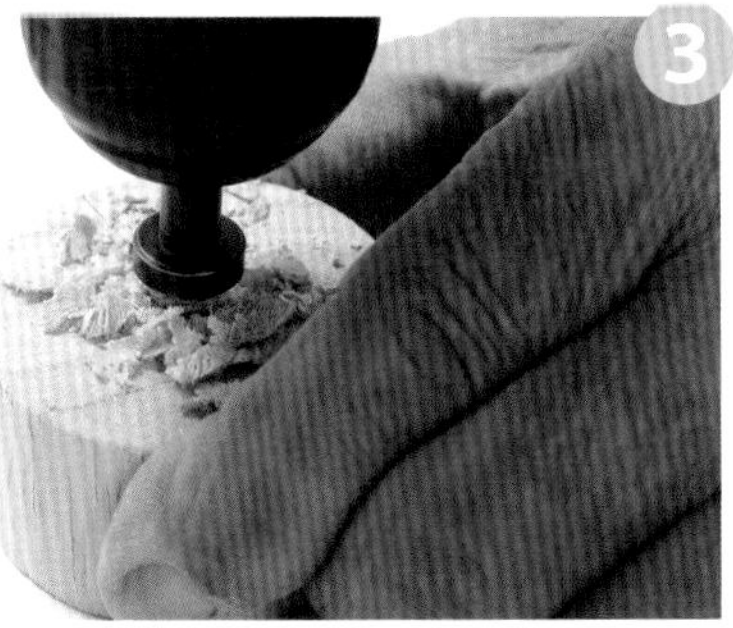

木ネジを打ちやすいように、ダボキリかドリルを使って深さ10mmほど掘り下げます。

4

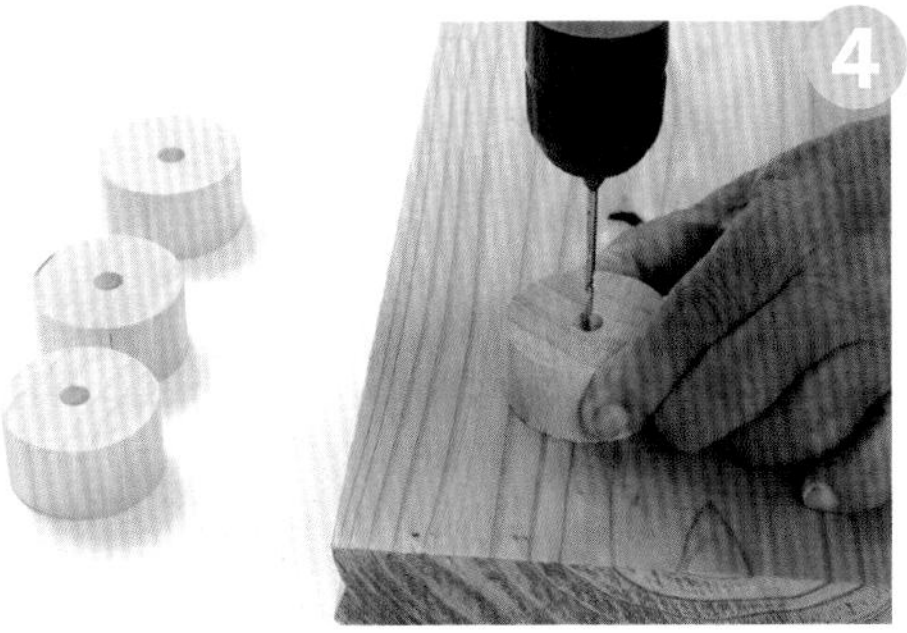

掘ったネジ穴の中心に下穴をあけます。

5

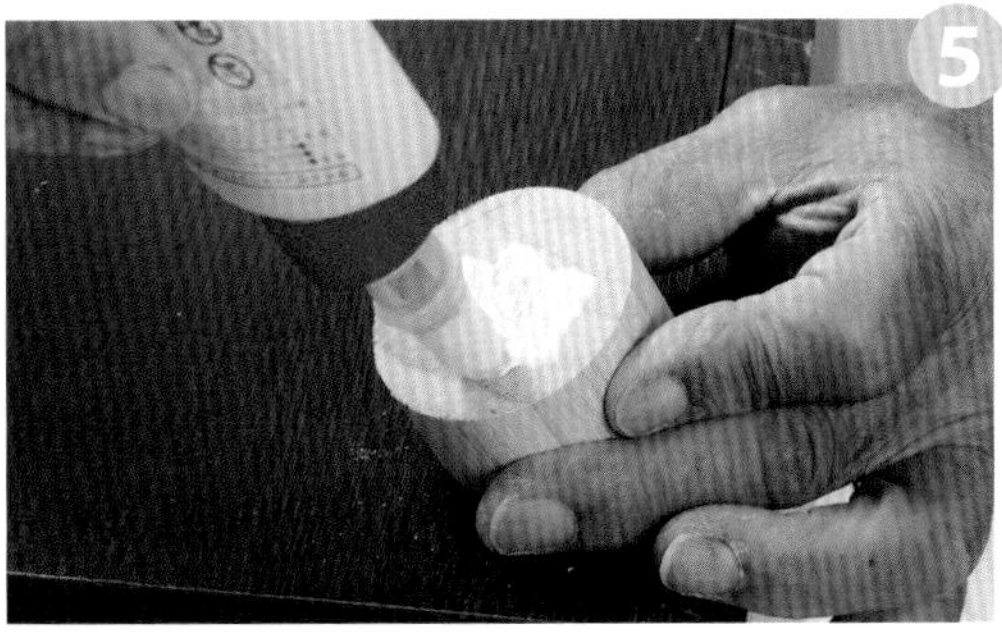

穴をあけていない面に接合強度を高めるために、木工用接着剤を塗ります。

6

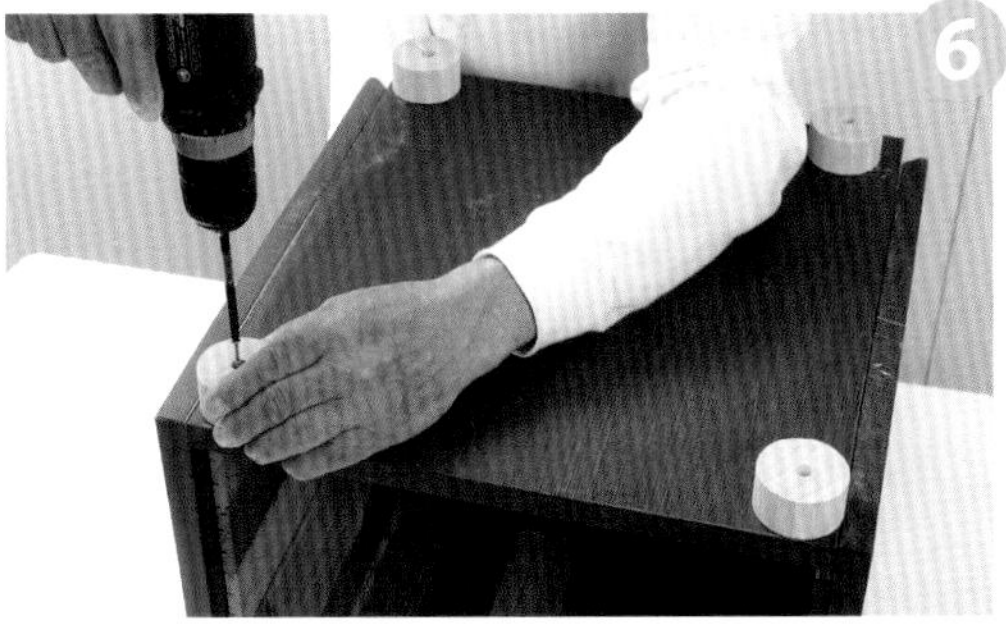

箱の内側に飛び出さない長さの木ネジを打って、箱の底に4つの脚を固定します。

前板の受けを箱に取りつけ、前板をデザインする

1

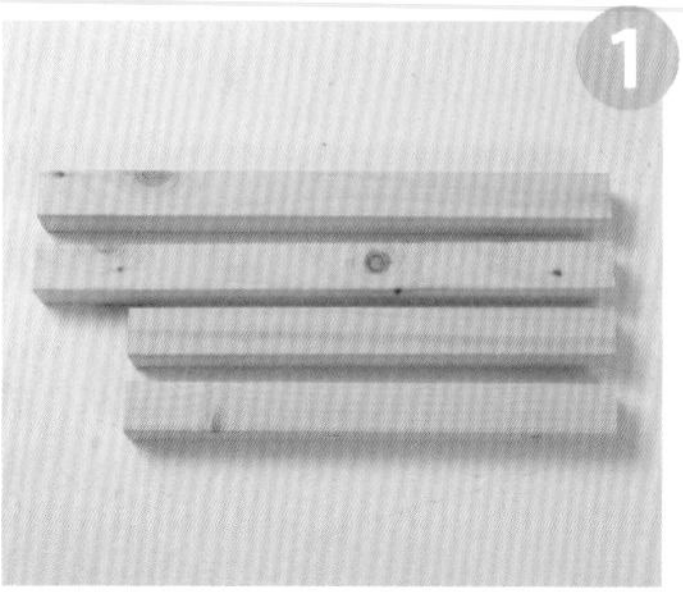

前板の受けとして30mmの角材を側板に取りつけます。内寸の幅で2本、60mmを引いた長さで2本を用意しています。

2

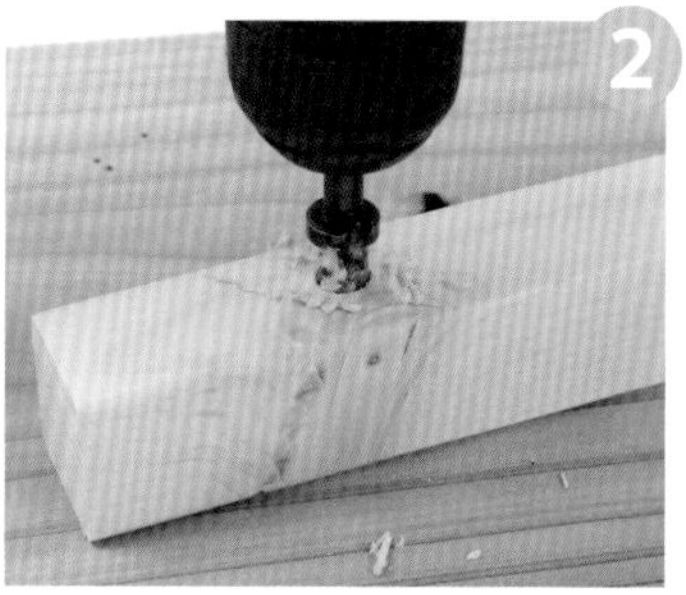

木ネジを打ちやすくするために、ダボキリかドリルを使って 10mm ほどネジ穴を掘り下げます。

3

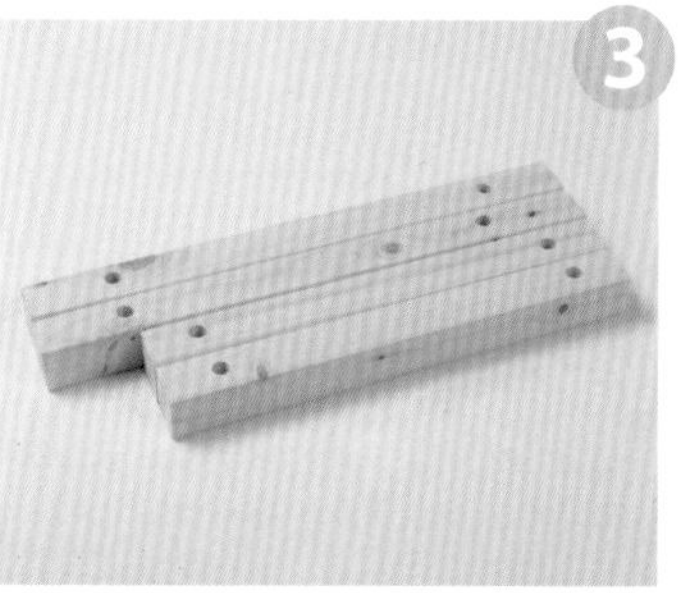

4 本の角材に、それぞれ 2 か所ずつ穴を掘っています。

4

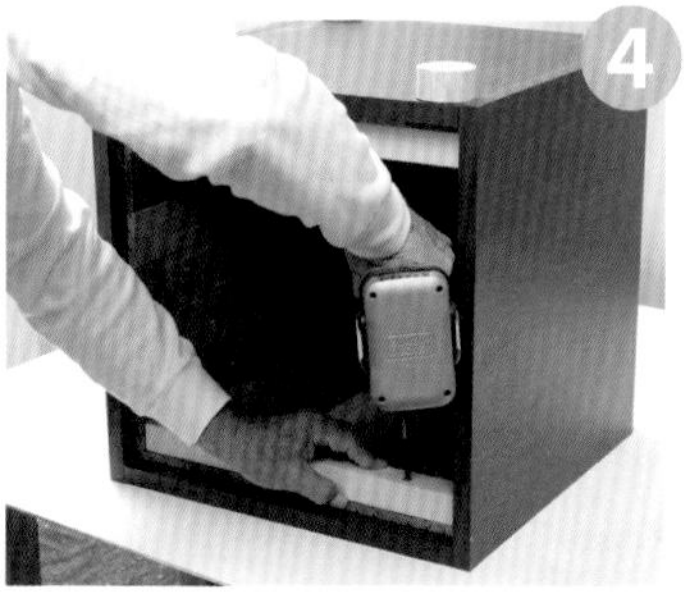

内張りした板に前側を合わせて、長い方の角材を箱の上下にネジどめします。

5

続いて短い方の角材を、箱の左右にネジどめします。

6

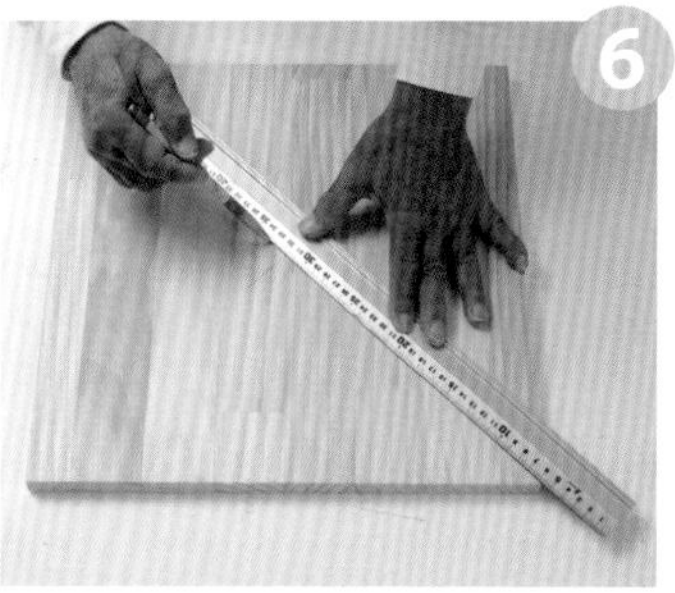

前板には内寸に合わせてカットした 18mm 厚の集成材を使用。2 本の対角線を引いて板の中心を出します。

7

受け材に当たらない大きさに出入り口の直径を決め、自作したコンパスで円を下描きします。

8

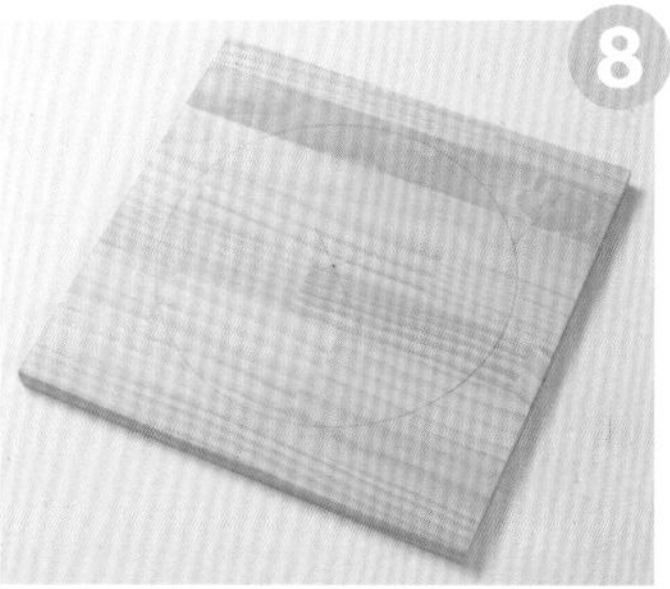

シンプルな円でもよいですが、ネコ用ということで耳を描いています。

ここがポイント!

自作コンパスで円を描く方法

材料に大きい円を描くときは、手持ちの材料でコンパスを自作すると便利。ここでは板を使う方法を紹介しますが、かわりにヒモや針金を使っても作ることができます。

1

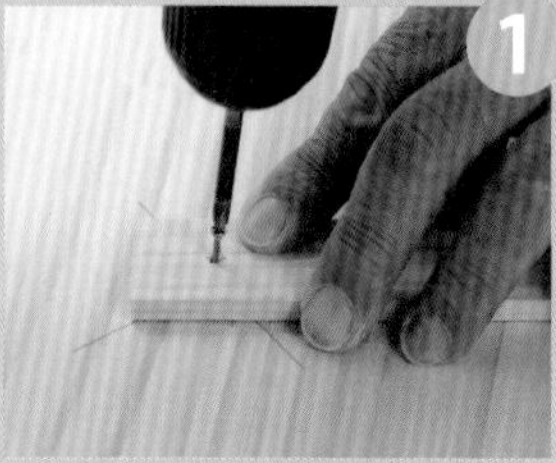

描く円の半径よりも長い板を用意し、板幅のまん中に木ネジを立てます。

2

木ネジの位置から円の半径を測り、その位置で板幅のまん中に印をつけます

3

印の位置に鉛筆の芯が入る大きさの穴をあけます。

4

立てておいた木ネジを円の中心に合わせて軽くねじ込み、先端の穴に鉛筆を差し込んでコンパスとして使用します。

前板を加工して取りつける

前板に出入り口を作るため、描いた円の内側にジグソーのブレードを差し込む穴をあけます。

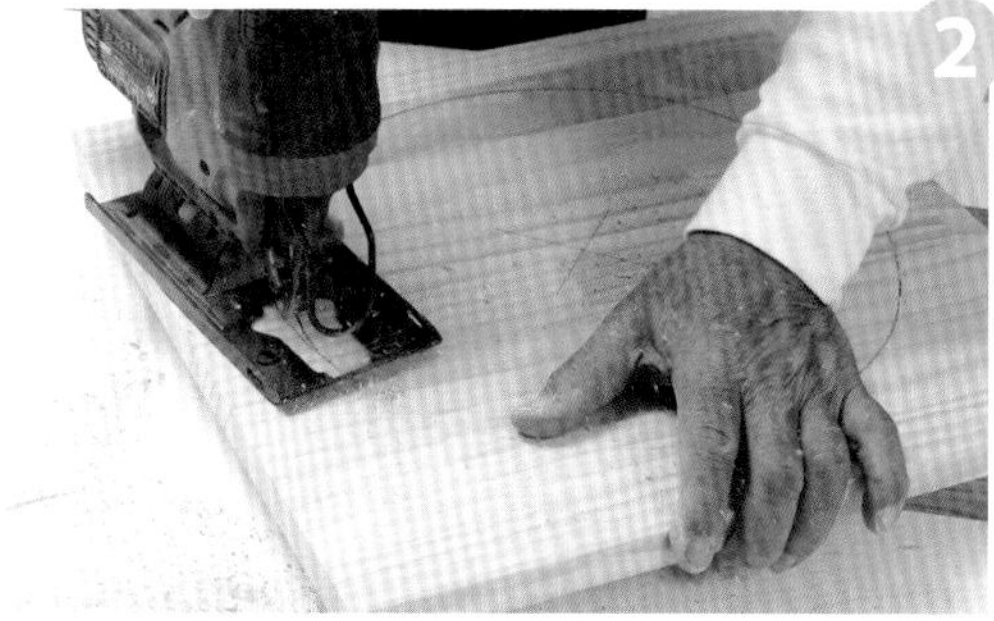

前板の内側を線に沿ってカットします。円形カットは板を固定しないで、手で回しながら作業するとスムーズです。

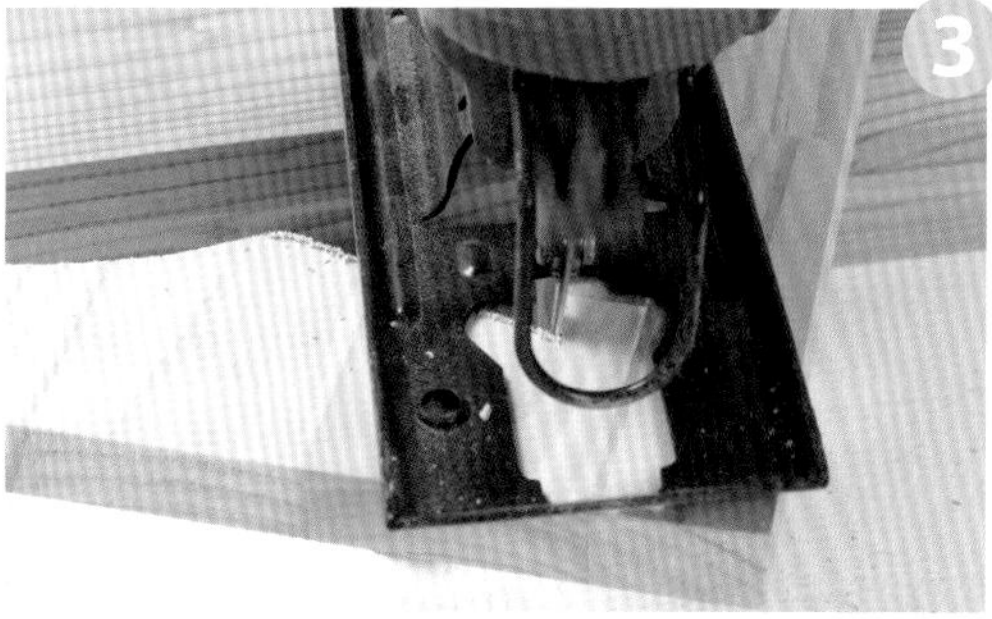

円形に切り落としたら、残った2か所の耳部分を三角形にカットします。

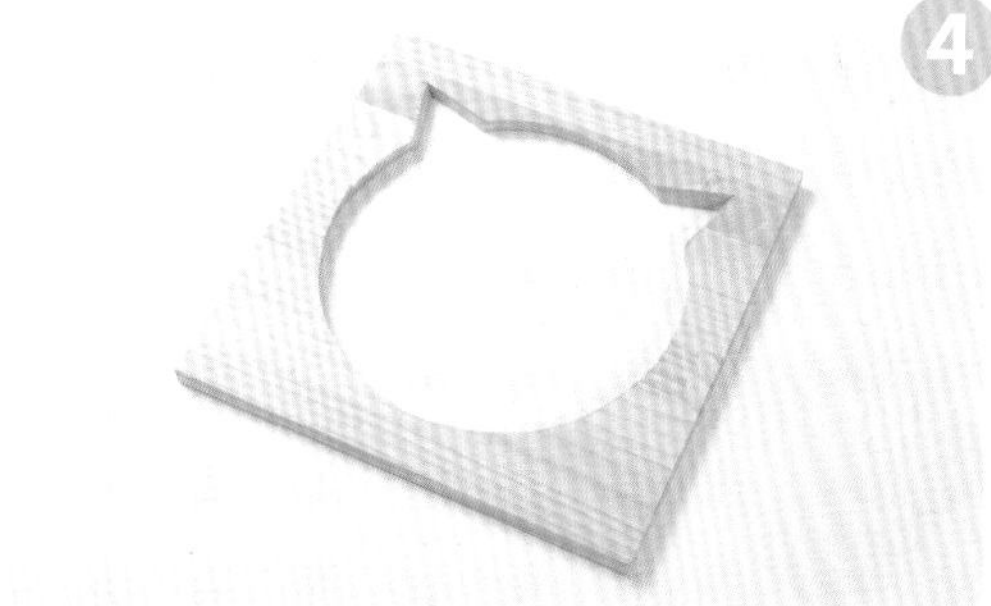

穴あけ加工が完了。バリが残らないように念入りに切断面をサンディングし、角を丸く面取りしておきます。

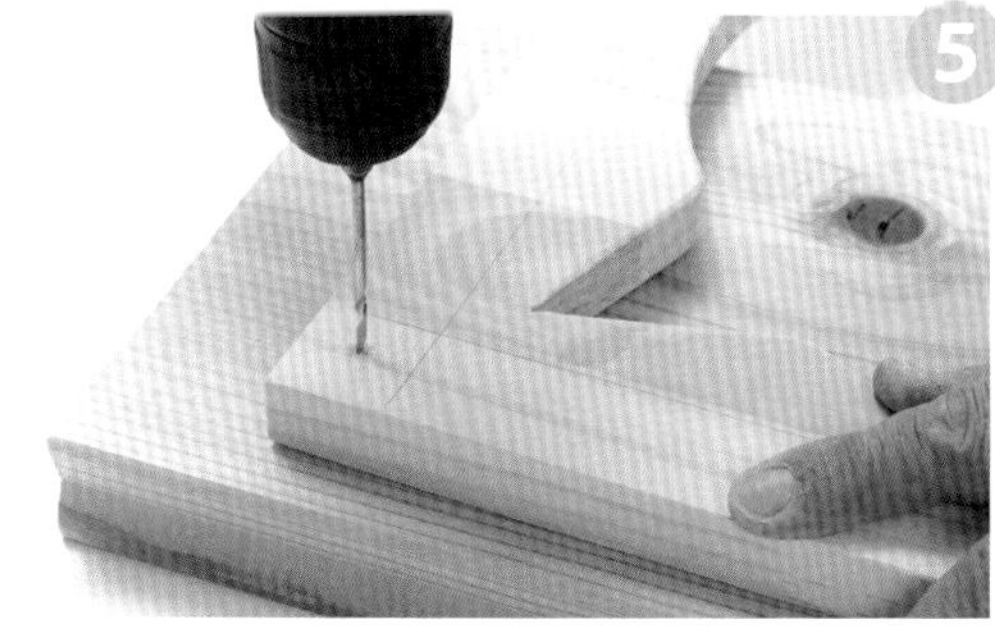

前板の角、受け材の幅に収まる位置に、表側からネジの下穴をあけます。

ネジ用キャップを使用するため、付属のワッシャーを通してから木ネジを打って前板を固定します。

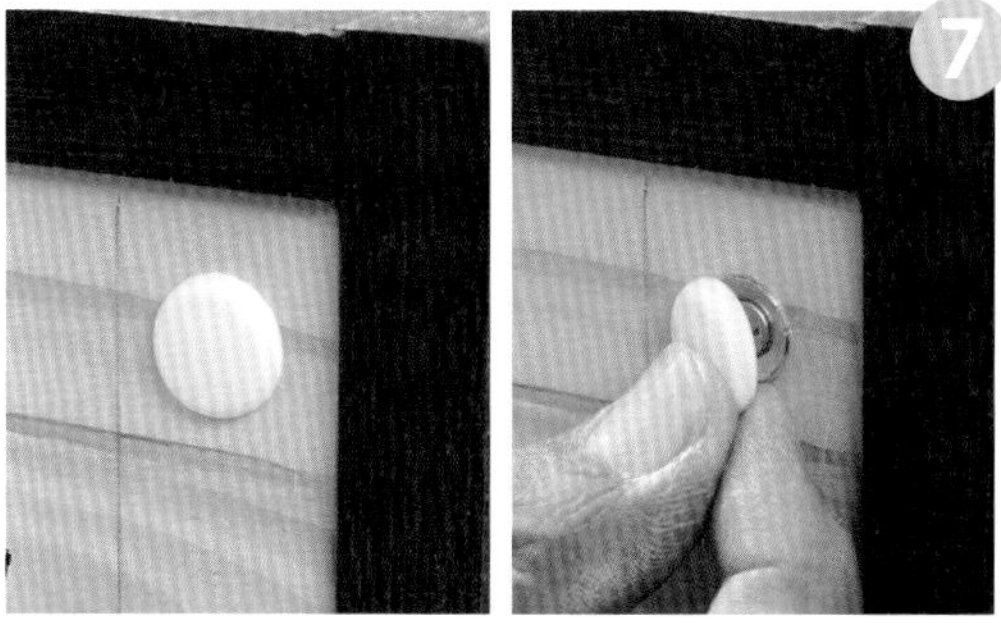

ネジ用キャップをワッシャーに被せて、ネジの頭を隠します。以上で前板の取りつけは完了です。

ヒント

安全のため、ネコが金属部品に触れないようにネジの頭を隠したいもの。処理が簡単でおすすめなのが、このネジ用キャップです。色を選べば、目立たないようにも、アクセントとして目立たせるようにも利用できます。

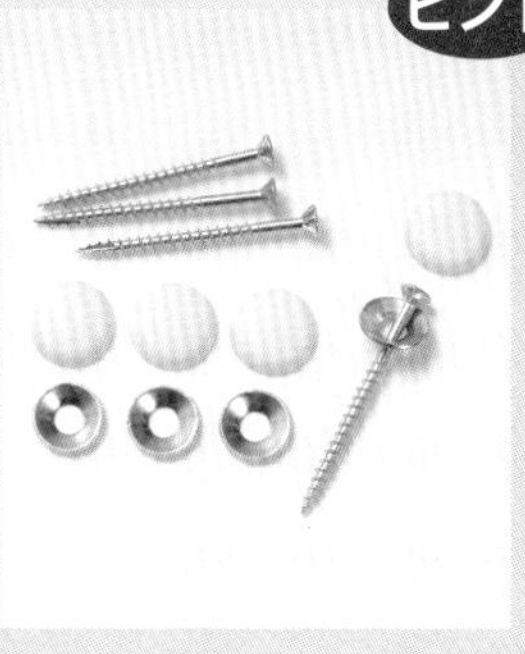

外面に強化シートを貼る

1

イメージチェンジ用の化粧シートとして、すり傷がつきにくい表面強化シートを使います。

2

乾いたウエスでホコリを拭き取って、外面の表面をきれいに掃除します。

3

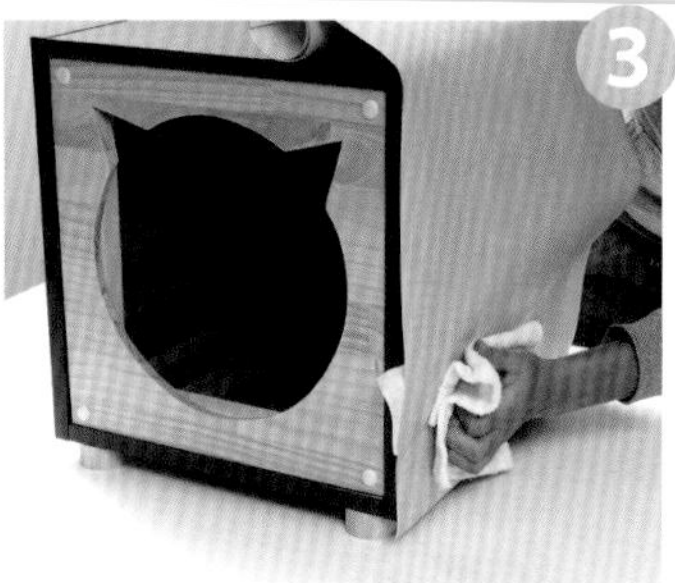

シート裏面の保護紙を20cmほどはがして軽く押さえ、位置を確認したら外側に空気を押し出しながら貼っていきます。

4

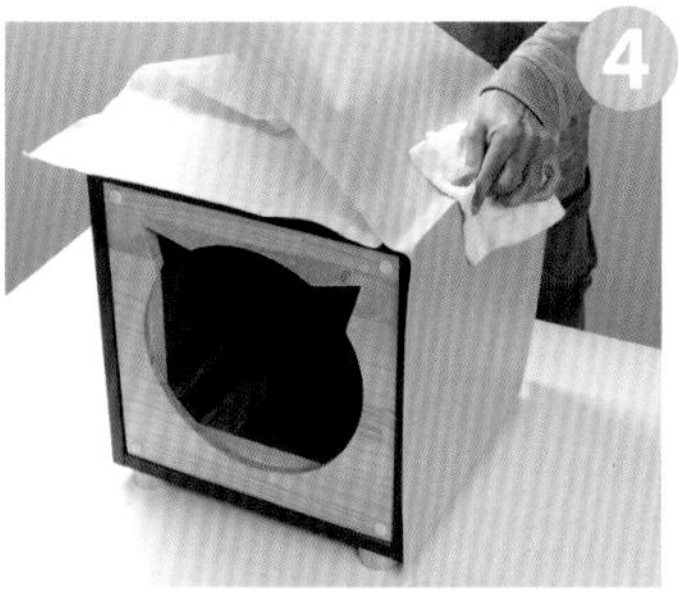

角に差し掛かったら、片手でシートを引っ張りながら角を押さえて、たるみができないように貼ります。

5

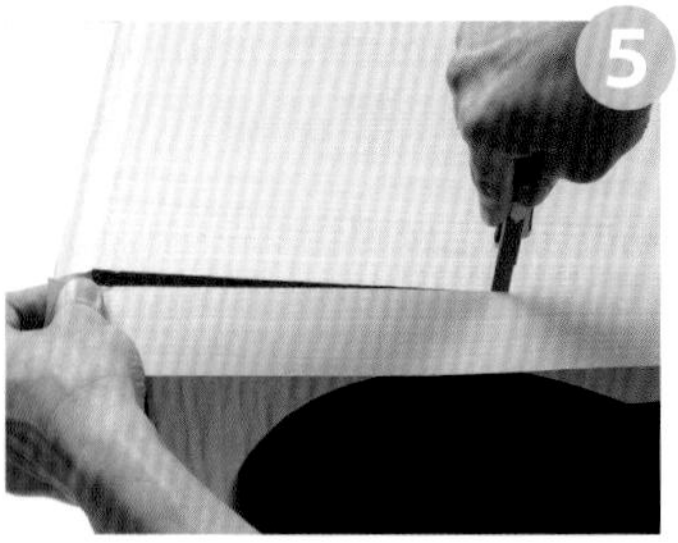

端まで貼り終えたら、余ったシートをカットします。カッターは、刃を長めに出しておき、しならせて角に密着させて使うのがコツです。

6

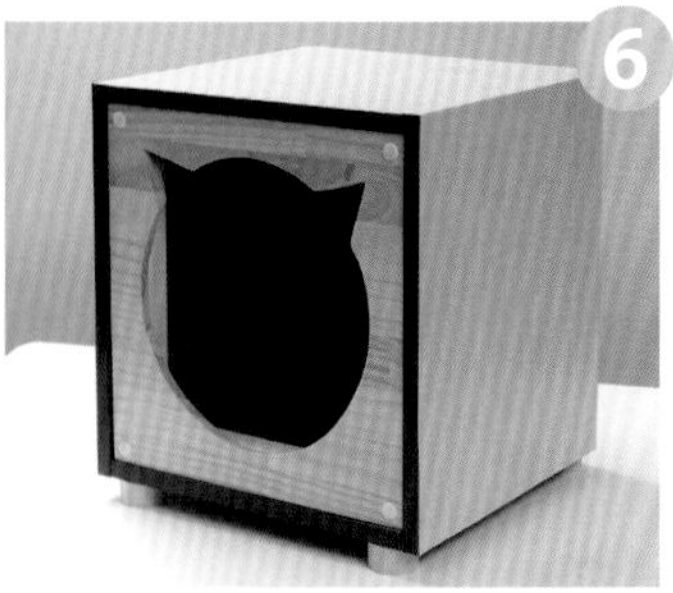

ここまでで本体のリモデルは完了です。

タワーの部材を作る

1

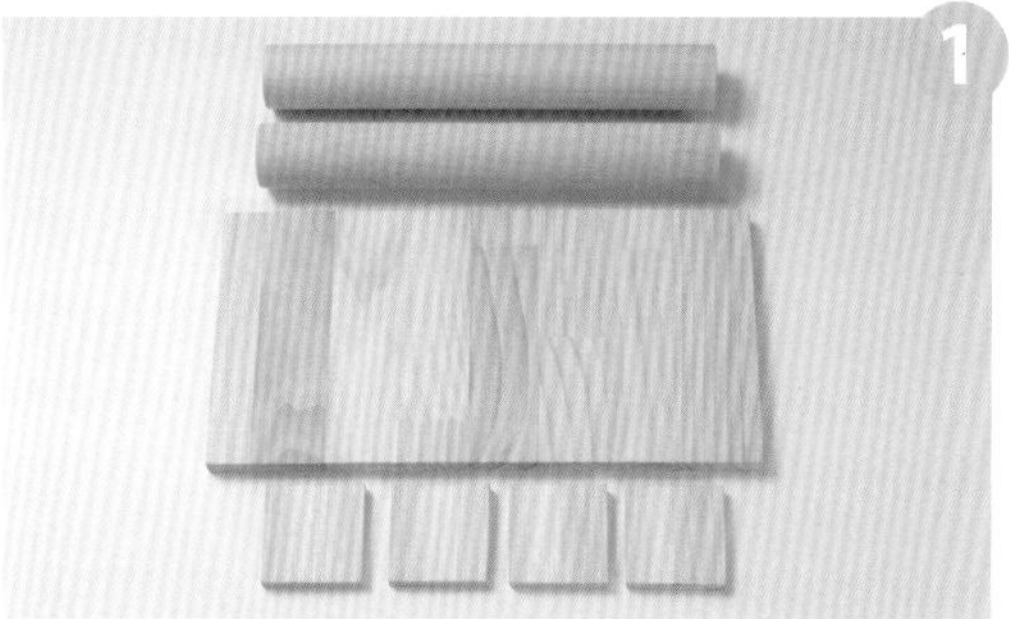

材料は、台用の集成材、支柱用の丸棒、台座用の板です。丸棒の太さはネコの体重などに合わせて決めるとよいでしょう。

2

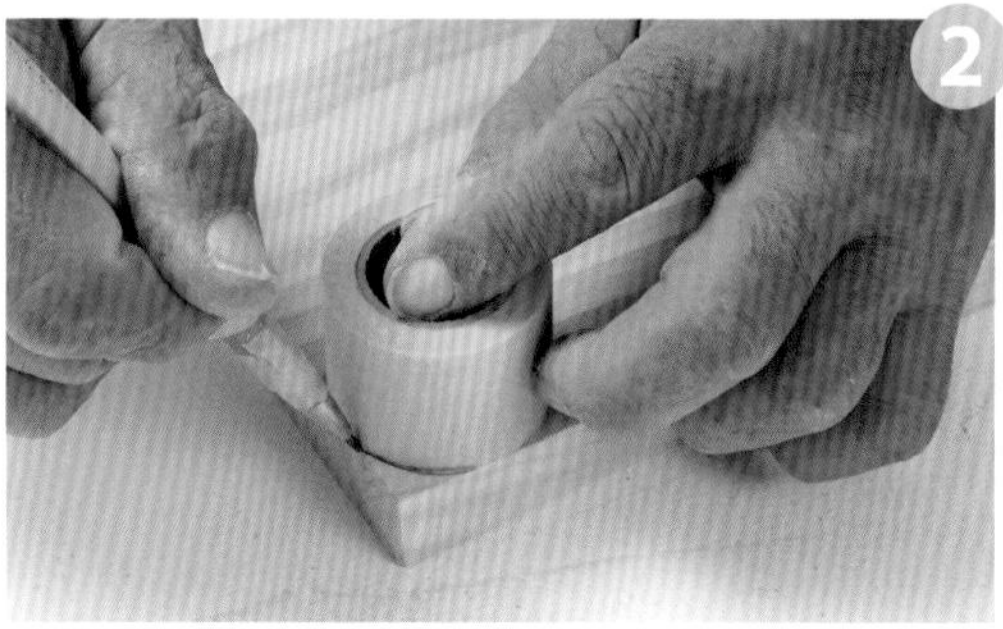

台の角を丸く加工するために、マスキングテープなどを使って4か所に線を引きます。

3

ジグソーを使って角を丸くカットし、切断面をよくサンディングして磨いておきます。

4

取りつける台のサイズは200×400mmに設定しています。寸法に決まりはないので、もっと広くしてもOKです。

ツメとぎを作ってタワーを組み立てる

1
支柱を台座にあてて、太さがわかるように線を引いて輪郭を写し取ります。

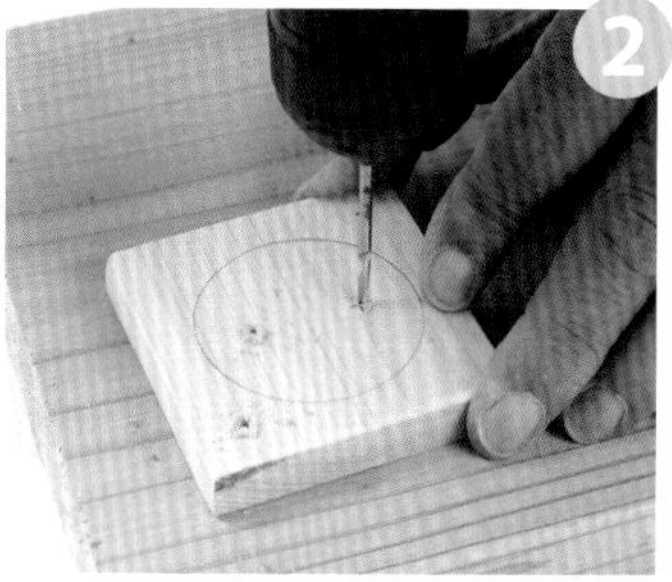
2
支柱を固定するためのネジ用、台座を本体に固定するためのネジ用に、線の内側と外側に貫通の下穴をあけます。

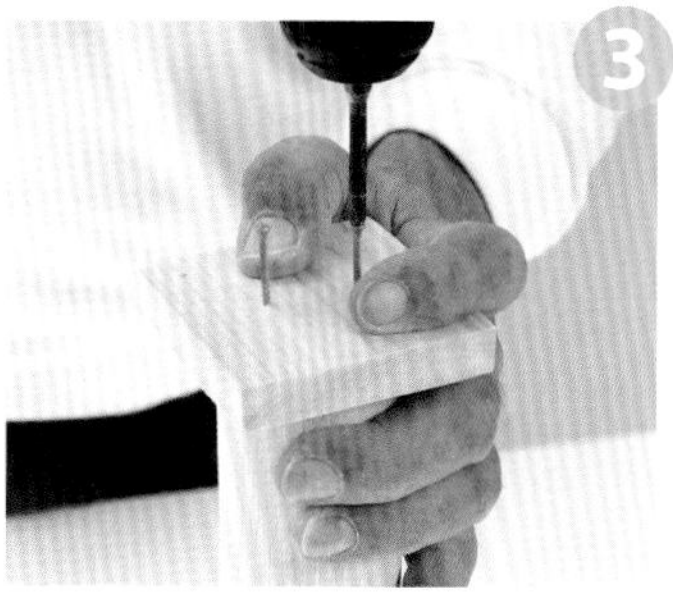
3
先ほど引いた台座の線に支柱を合わせ、ネジを打って固定します。ずれないようにネジは 2 本以上打っておくこと。

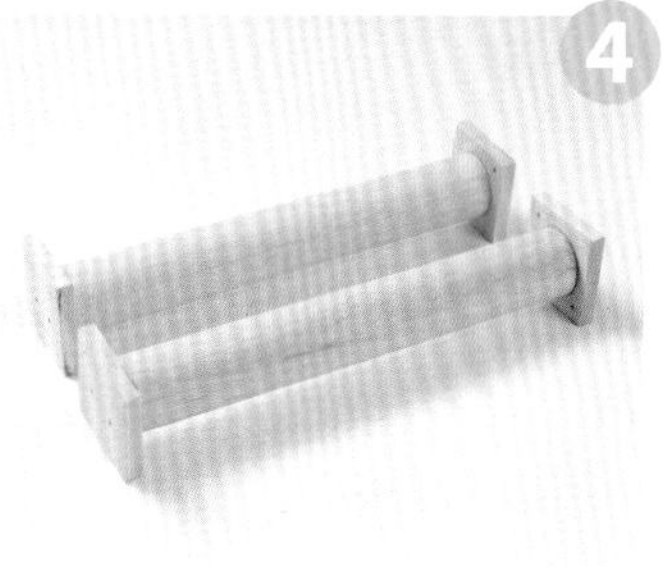
4
台座は 2 本の支柱それぞれの上下に取りつけます。

5
支柱をツメとぎ兼用にするため、太さ6mmのロープを使います。

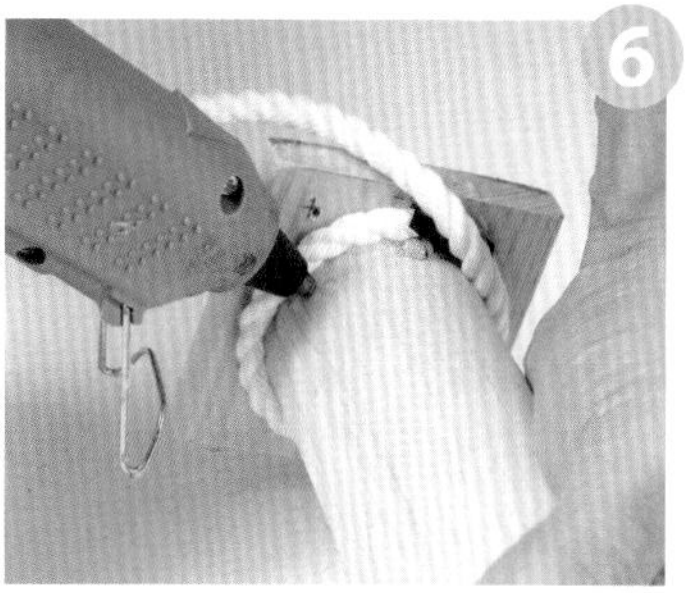
6
ロープの固定には交換時に取り外しやすいホットメルトを使います。巻き始めは 3 周ほど接着しておくと安心です。

ここがポイント!

まんべんなく接着するのはたいへんです。途中は固く巻きながら、ほどけを防ぐために 10 周ごとに 1 周くらいを目安に接着しておくとよいでしょう。

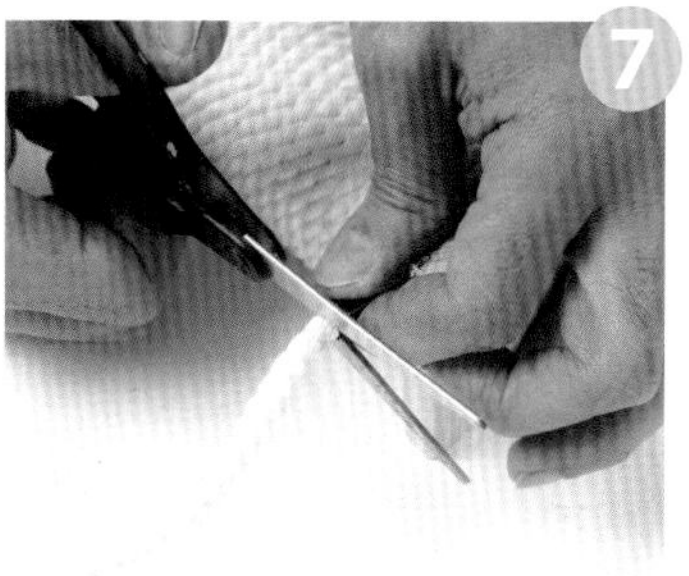
7
全体を巻き終えたら、ロープのほつれ止めのためにビニールテープを巻いてからカットします。

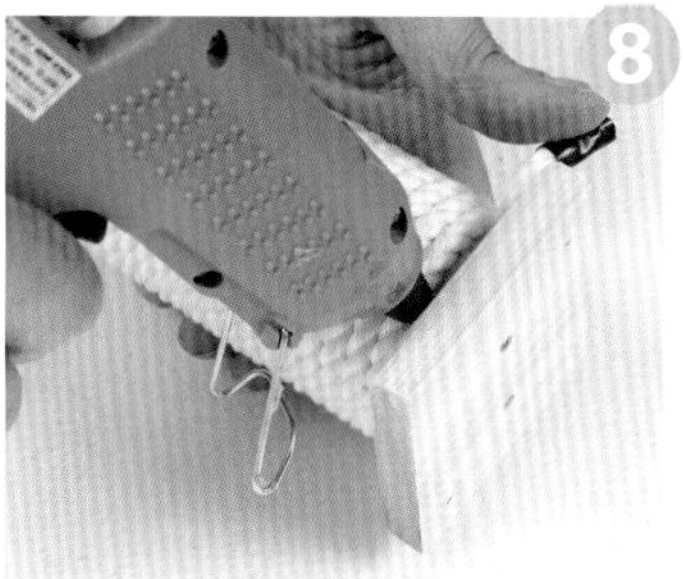
8
巻き終わりも、3周ほどはホットメルトをつけて確実に接着しておきましょう。

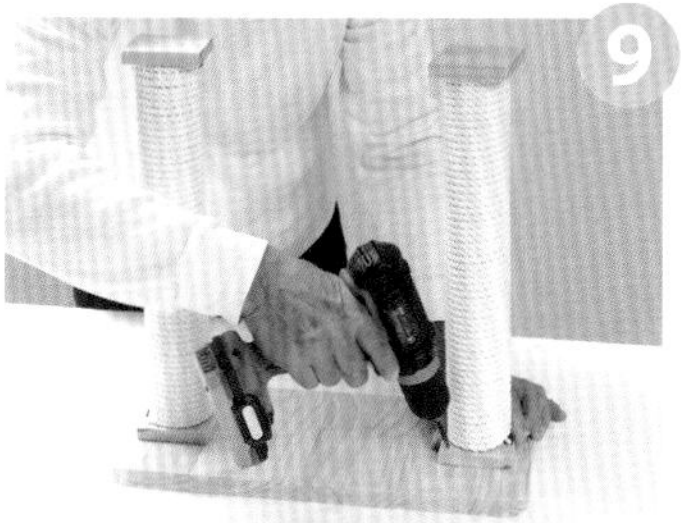
9
台に支柱を取りつけます。板が薄くて長いネジを使えない場合は、4 か所ずつネジどめしておくと安心です。

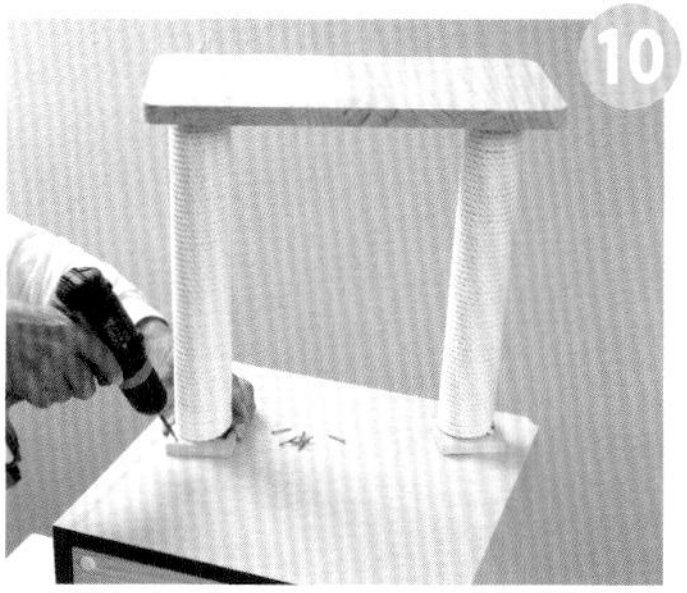
10
組み上がったタワー部分をボックス本体の上にネジどめします。

11
ネコちゃんハウスの完成です。ネコが座るボックスの上や台に、カーペットを貼ってアレンジするのもよいでしょう。

桐衣装箱《きりいしょうばこ》を引き出し収納にリモデル

着物用の特殊なサイズを使いやすい小物収納に

着物の収納に使われる桐の衣装箱は、標準サイズが91×42㎝と衣類用収納としては大型のため、そのままほかの用途の収納ケースとしては使いにくいものです。そこで少し視点を変えて考えてみましょう。大きい箱は縦置きにしてみると、そのままキャビネットの本体として使えそうです。

収納家具としては小型になりますから、収納部のアレンジは用途を考えながらアイデアを出していくとよいでしょう。作例では小物を分類・整理しやすい引き出し収納へのリモデルを提案しました。そのほか、オープンな棚にリモデルして、雑貨や旅行土産を並べるディスプレイ棚へ、さらにアクリル扉を取りつけてコレクション棚へと作り変えるなども面白いでしょう。

また、柔らかい材質の桐材は、使い古してくすんだり、小傷があったりしても、サンディングで簡単に磨き直すことができます。きれいな状態を取り戻すことができる桐の箱は、まさにリモデル向きの素材といえます。

リモデルプラン
Remodel PLAN

After

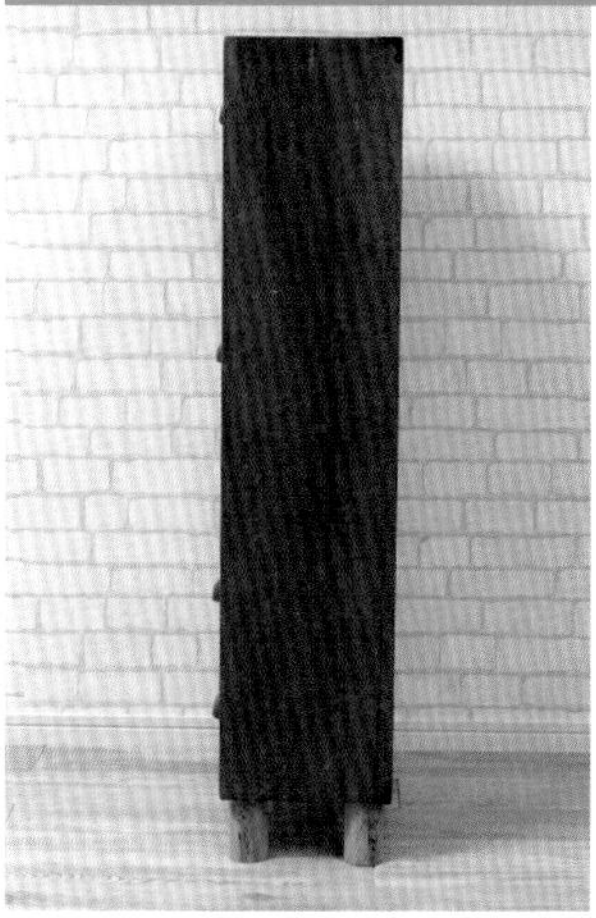

桐箱を利用した本体は、オイルフィニッシュで着色。桐材の素直な木目が浮かび上がって、高級感が増します。

ナチュラルな雰囲気で統一するために、丸棒をカットした木製脚を取りつけました。角型やアイアンなど別の脚を選ぶことで、より一層雰囲気が変わります。

引き出しタイプにすることで、箱の容量を有効に使える小物収納にできました。各引き出しのサイズは、用途を決めてから考えるとよいでしょう。

Before

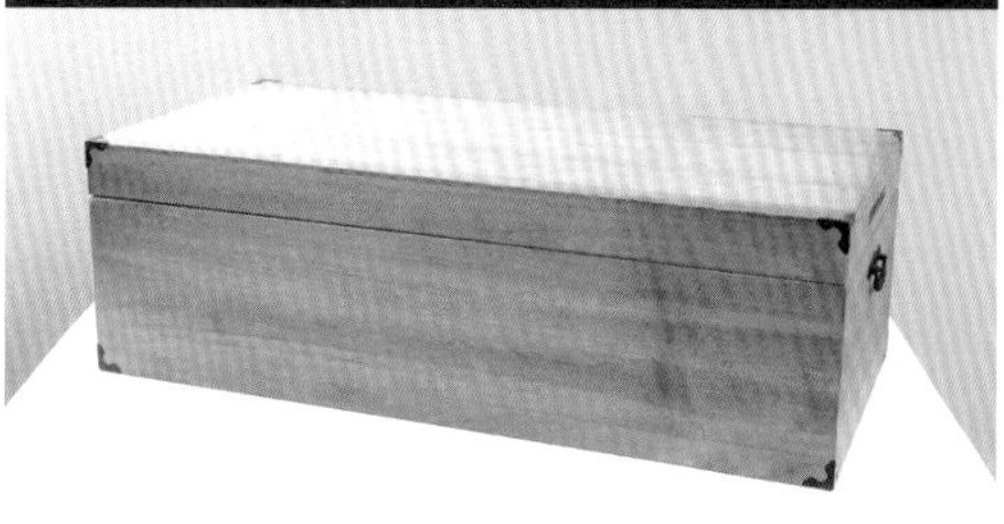

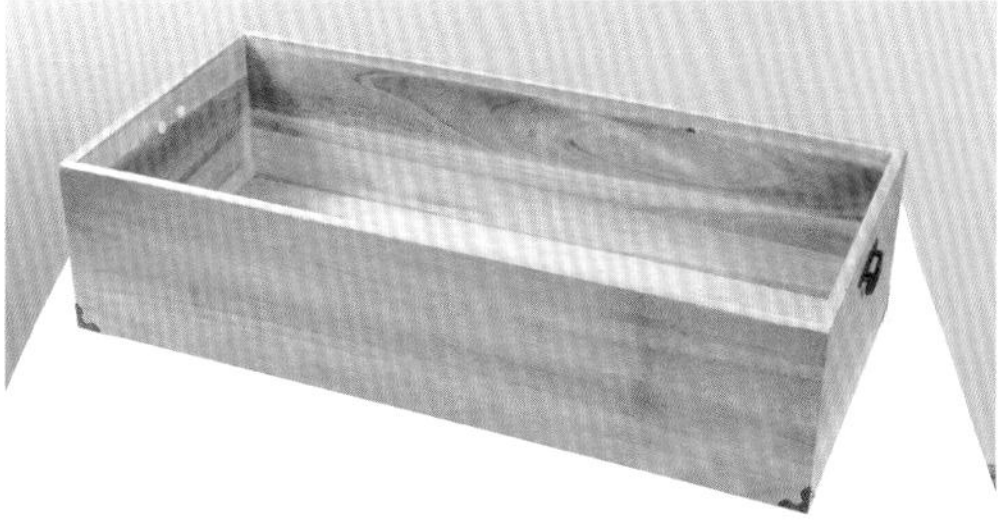

衣装箱をキャビネットの本体に見立てて、小物の整理に便利な引き出し収納へとリモデルします。床置きで使いたいサイズなので、ホコリ対策と外観の変化を狙って下部には脚を取りつけます。内部は段を細かく区切って小さい引き出しを多めに、また使い分けができるように大きい引き出しも作ることにします。仕上げは桐材らしく白木のまま使うかを迷うところですが、あえてオイルフィニッシュを使ってしっとりとした雰囲気に着色。遊びを出すために引き出しを多色で塗りわけます。

その他の材料

- ■集成材（9mm 厚）
- ■丸棒（50mm 径）
- ■角材（12 × 12mm ほか）
- ■シナ合板（9mm 厚）
- ■ MDF（3mm 厚）
- ■取っ手
- ■オイルフィニッシュ

道　具

- ■電動ドリルドライバー
- ■ノコギリ
- ■サンダー
- ■ドライバー
- ■スペーサー
- ■ハケ
- ■スポンジ
- ■木工用接着剤
- ■強力多用途両面テープ

脚を衣装箱に取りつける

1
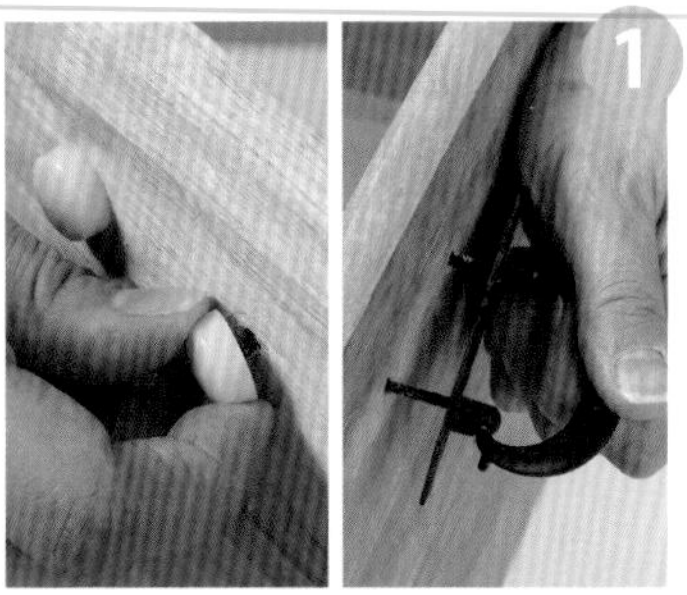
両側の取っ手を取り外します。内側にねじ込み式の留め具がついていたので、これをはずして引き抜きました。

2
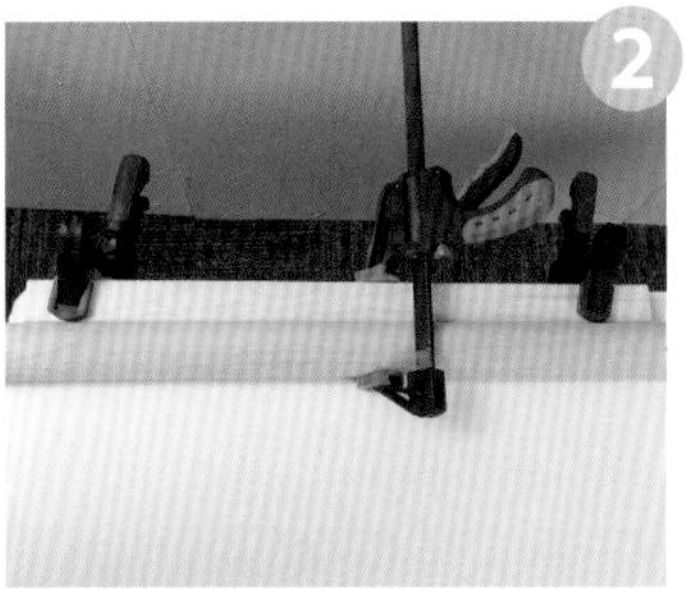
脚の材料となる50mm径の丸棒を、作業しやすいように角材とクランプを利用して作業台に固定します。

3

ノコギリで丸棒をカットします。作例は掃除機のかけやすさを考えて、長さを80mmに設定しています。

4
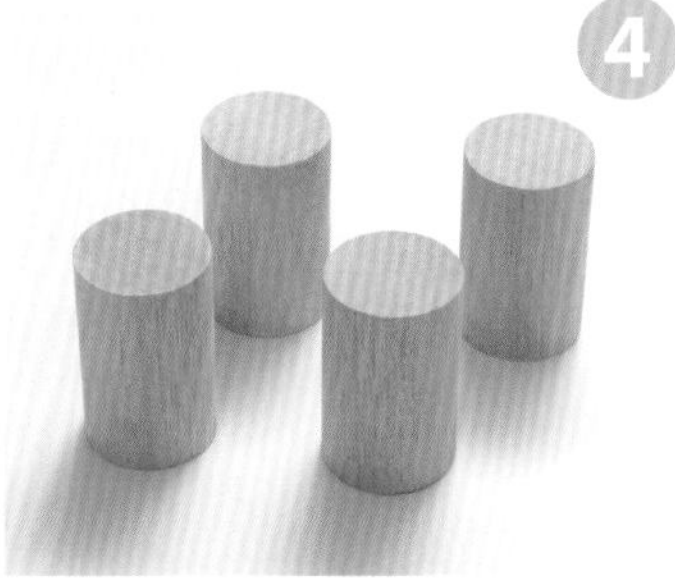
4本の脚のカットが完了したところです。切断面や角をサンダーで磨いておきましょう。

5

箱の底面に脚の取りつけ位置を決めます。脚の半径が25mmなので、角から30mmのところを中心にしました。

6

印の位置にネジの下穴をあけます。ネジを内側から打つので、位置がわかるように貫通穴をあけておきましょう。

7
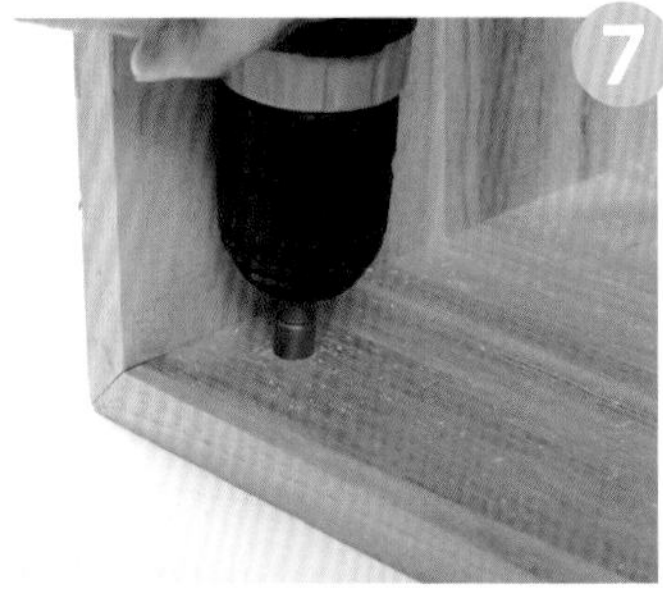
ネジの頭が板の内側に出ないように、ネジ穴を座堀りしておきます。

8
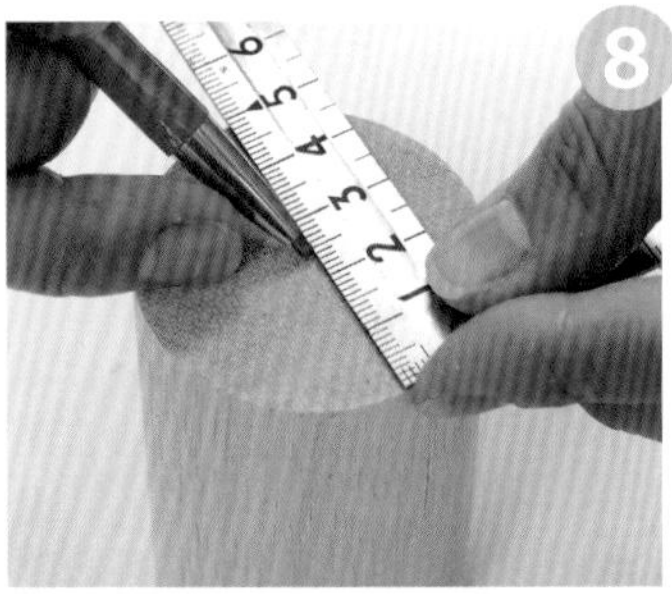
脚の中心を出して、ネジを打ちやすいように下穴をあけておきます。

9

箱の内側から木ネジを打って、ネジの先端が外側に少し出るところで止めておきます。

10

飛び出たネジの先端に、脚の中心を合わせてあてます。脚の接合面には木工用接着剤を塗っておきましょう。

11
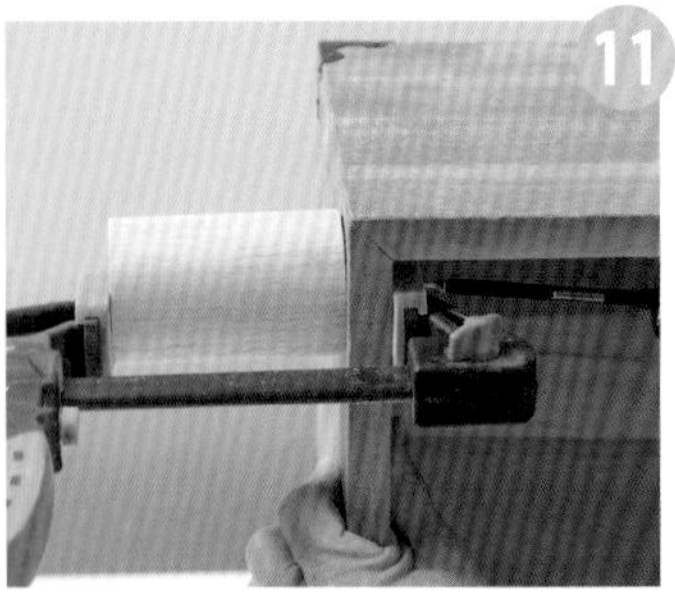
木ネジで締め付けて脚を固定します。

12
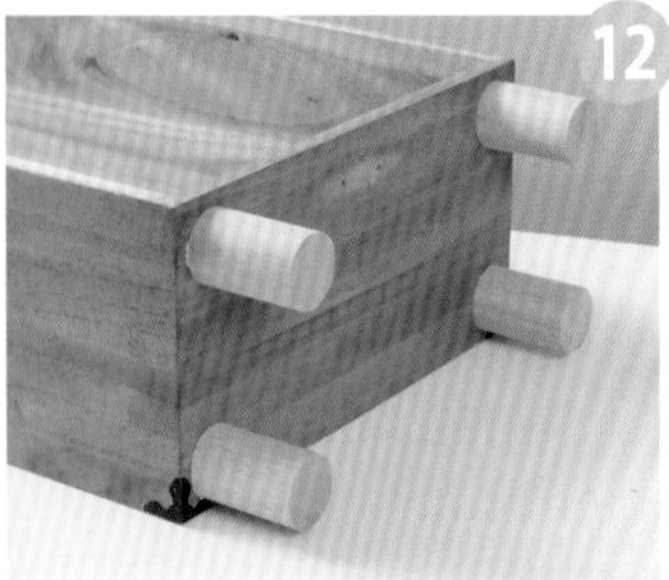
4本の脚の取りつけが完了しました。

仕切り板を加工する

段をわける仕切り板（9mm厚の合板）は、幅を箱の内寸に合わせ、奥行を前板の厚みを引いた寸法でカットします。

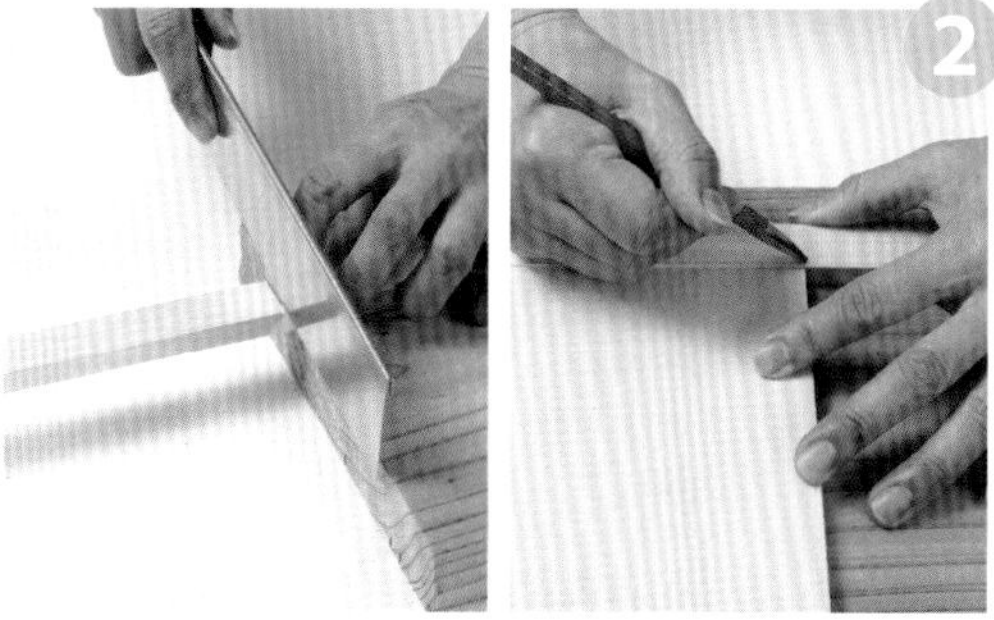

仕切り板の受けに使う10×20mmの角材を、板の奥行と同じ長さにカットします。

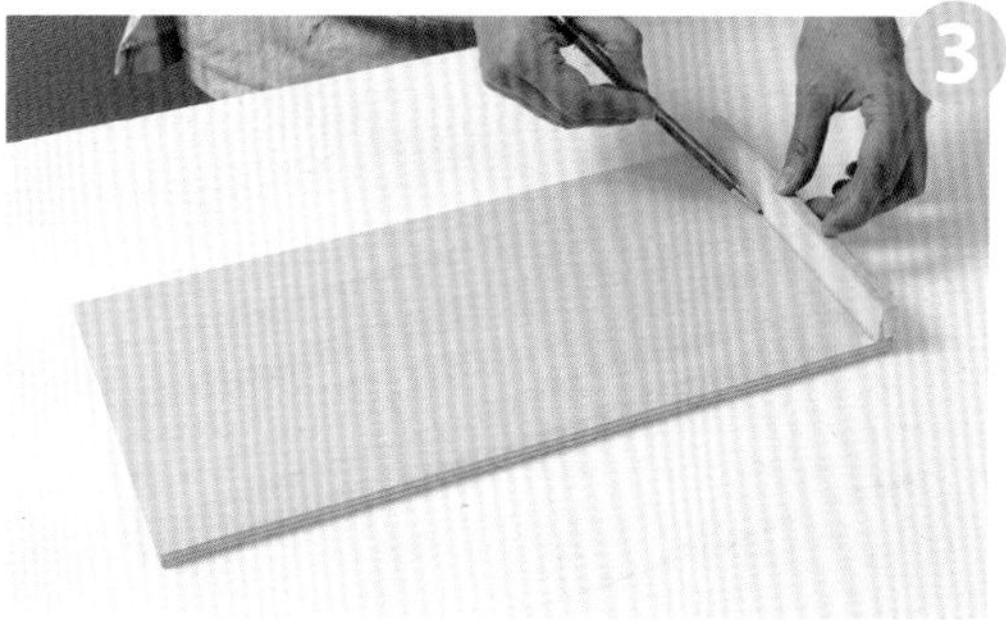

仕切り板の両端に受け材をあてて、取りつけ時の幅がわかる線を引きます。

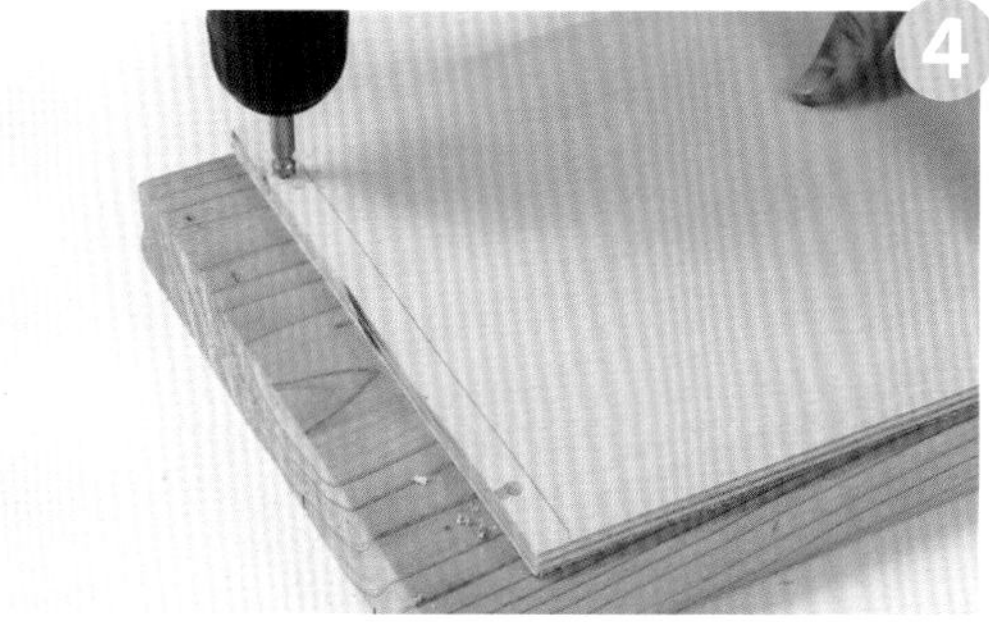

ネジを打つときの木割れを防ぐために、先ほど引いた線を目安にして下穴をあけておきます。

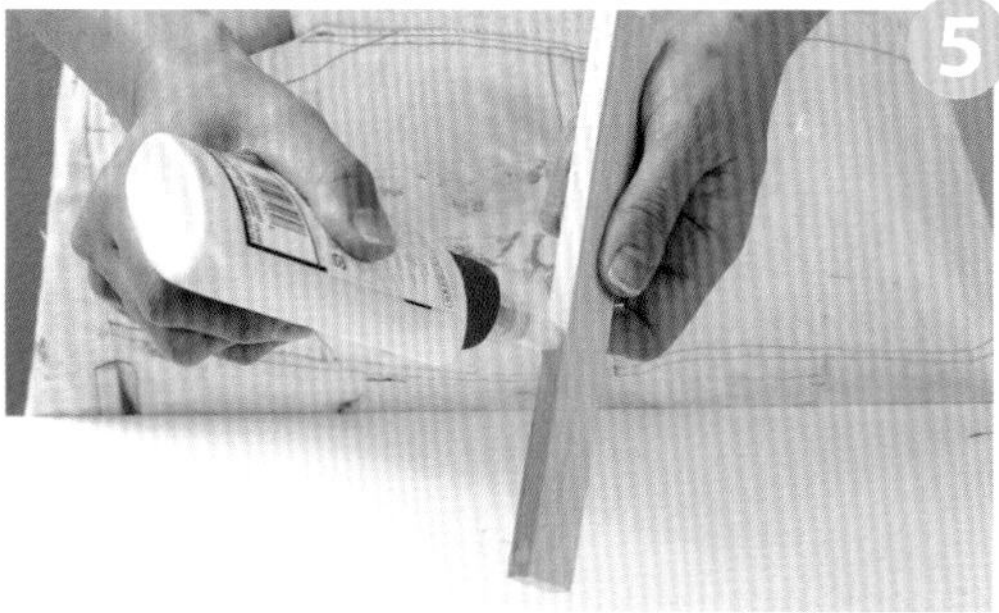

受け材の接合面に木工用接着剤を塗ります。

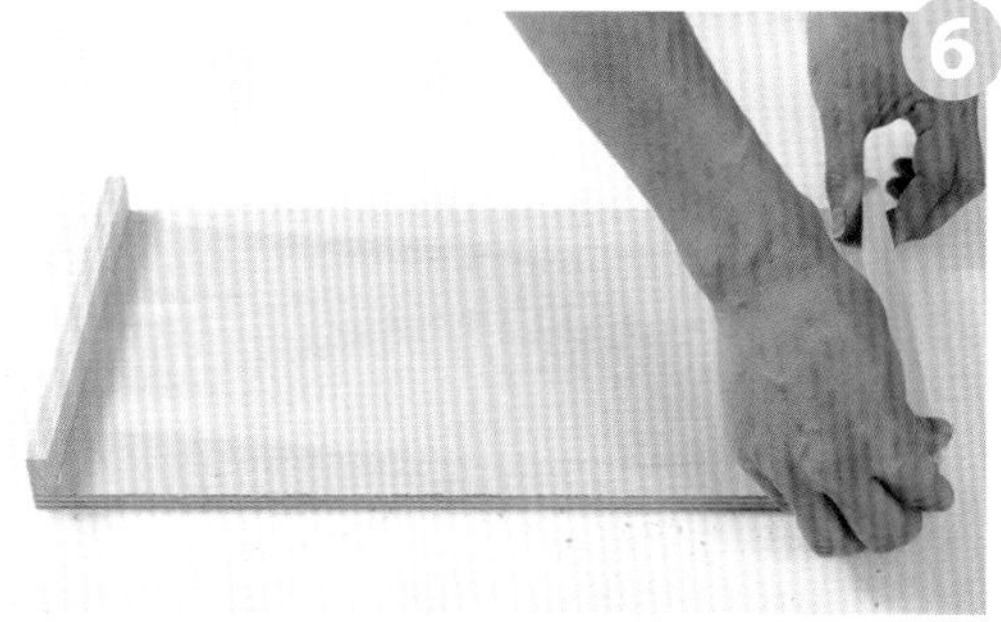

下穴をあけたのとは反対の面の両端に、受け材を接着して仮どめします。

仕切り板の上側から細ネジを打って、受け材を固定します。

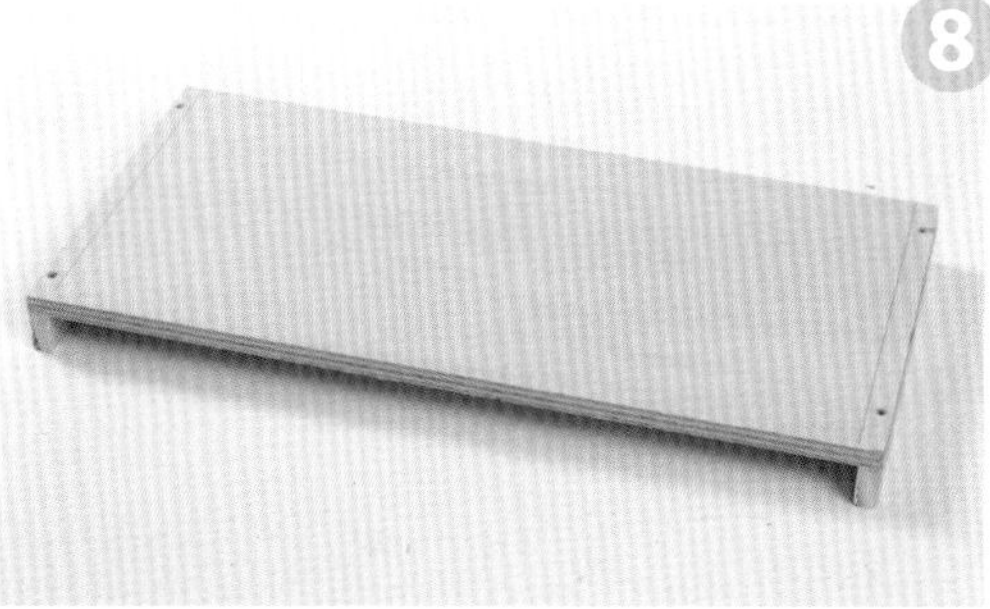

受け材の取りつけが完了して、仕切り板の取りつけ準備ができました。同じものを必要な枚数だけ用意しましょう。

仕切り板を取りつける

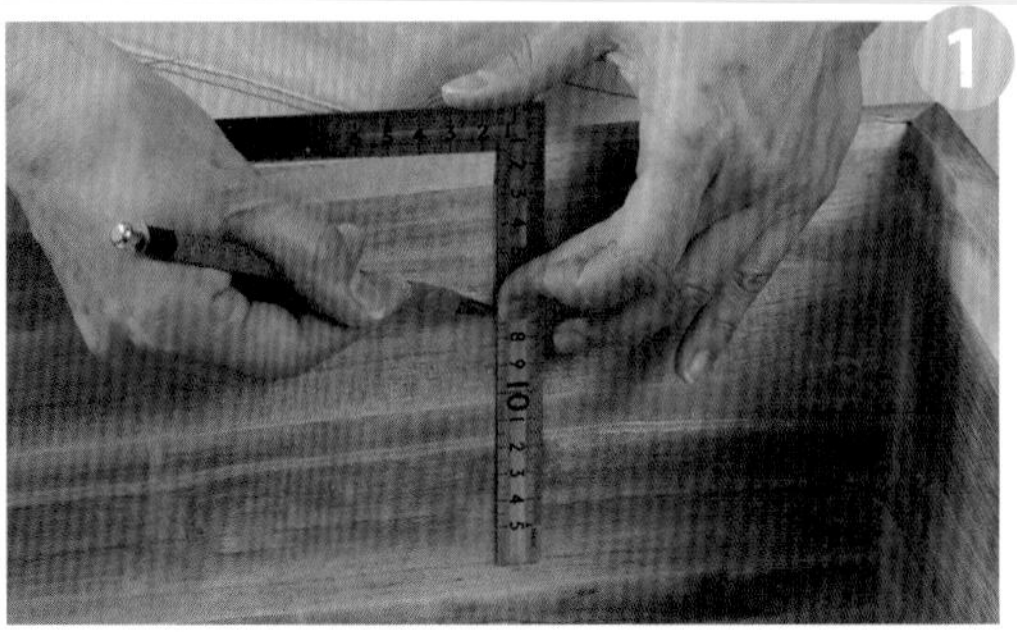

引き出しのサイズ、段数を決めて1段の寸法を出し、仕切り板を入れる高さに線を引きます。

作例では高さを均等に割って6段の引き出しを作ります。
[箱の内寸高さ−(仕切り板の厚み×枚数)]÷段数＝1段の高さ。

仕切り板の一端を線の位置に合わせ、受け材に木ネジを打って片側を側板に固定します。

残りの仕切り板も、同じようにして先に片側だけを側板に固定します。

作業をしやすいように箱の向きを変えて、仕切り板の反対側をまとめて側板にネジどめします。

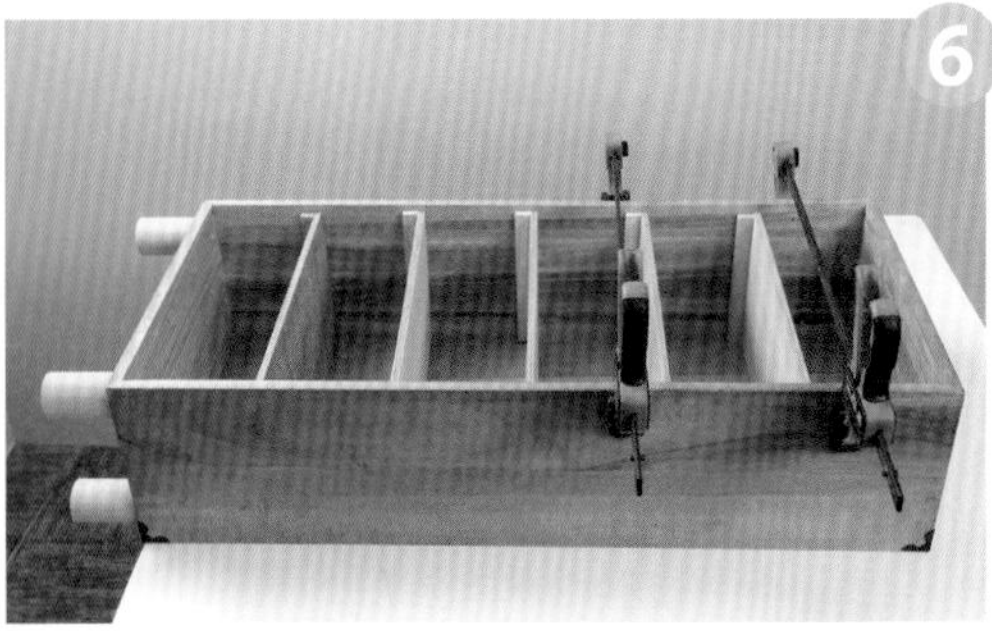

側板に反りや歪みが発生して仕切り板に接しない場合は、クランプで絞って位置を合わせてから固定するとよいでしょう。

仕切り板の取りつけが完了しました。段の高さは必ずしも均等である必要はありません。一部を大きい引き出しにしたり、オープンな棚にするなど、お好みでアレンジしてください。

引き出しを組み立てる

仕切り板の奥行に合わせて引き出し用に9mm合板を用意します。幅は両端と中央が2mmあくように決めましょう。

底板受けとして12×12mmの角材をカットします。組み立てる際に受け材同士があたらないように長さを決めてください。

木工用接着剤を塗った受け材を、側板の下端に細ネジを打って固定します。

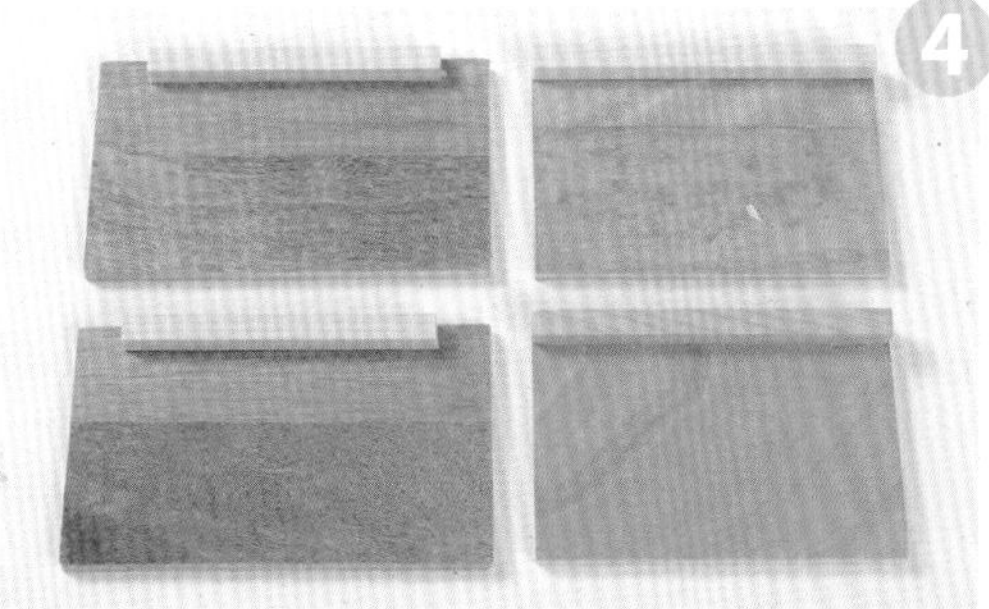

引き出しひとつ分の側板に底板受けを取りつけたところ。干渉し合わないように、2本の受け材は短くしてあります。

木工用接着剤と細ネジを併用して、側板同士を接合していきます。

4枚の側板を箱型に組み立てます。

底板受けに木工用接着剤を塗り、内寸に合わせてカットしたMDFの底板を接着します。

作例では小引き出しと大引き出しの2サイズを作りました。引き出しのサイズと数は使い方に合わせて決めてください。

引き出しに前板、取っ手をつける

1

収納時のずれをできるだけ少なくするために、引き出しを本体にセットした状態で前板をつけていきます。

2

念のため引き出しごとに必要な前板の寸法を測り、それに合わせて集成材をカットします。

ここがポイント!

前板の寸法が異なる場合は、つけ間違いを防ぐために、引き出しと前板に符合する番号を振っておきましょう。

3

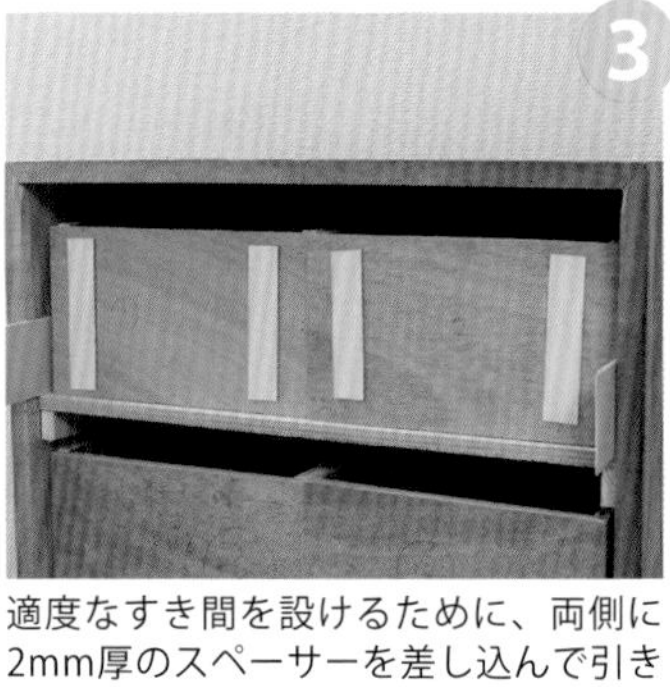

適度なすき間を設けるために、両側に2mm厚のスペーサーを差し込んで引き出しの位置を決めます。

4

引き出しの前面に両面テープを貼り、位置を合わせて前板を接着します。

5

1 段に複数の引き出しを入れる場合は、前板の高さやすき間を合わせてきれいに両面テープを貼りましょう。

6

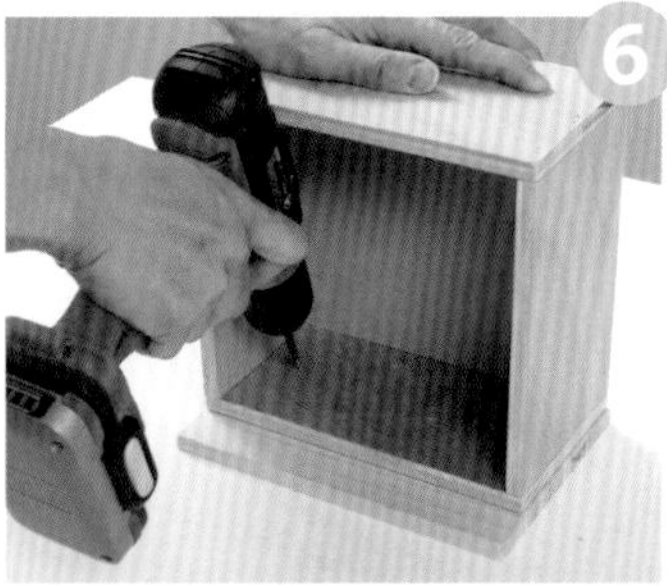

前板を仮どめした引き出しを一旦取り出し、内側から木ネジを打ってしっかりと固定します。

7

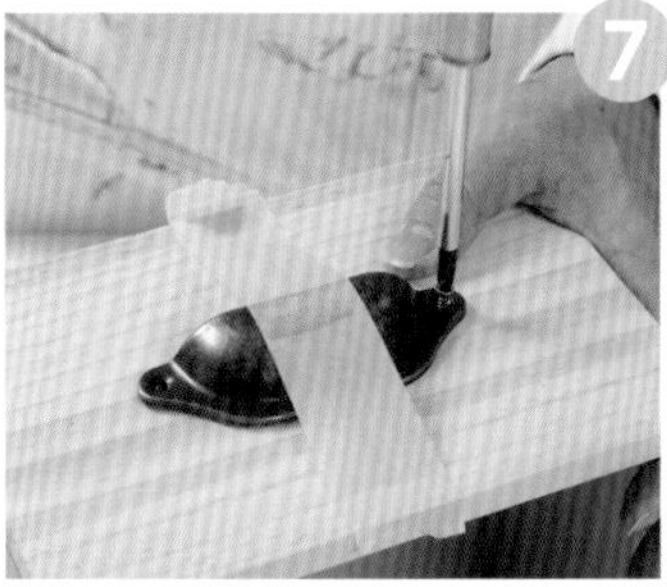

前板のまん中に合わせて、取っ手をネジどめします。

8

前板と取っ手の取りつけが完了しました。前板のそろいに気をつけながら、残りの引き出しを完成させます。

9

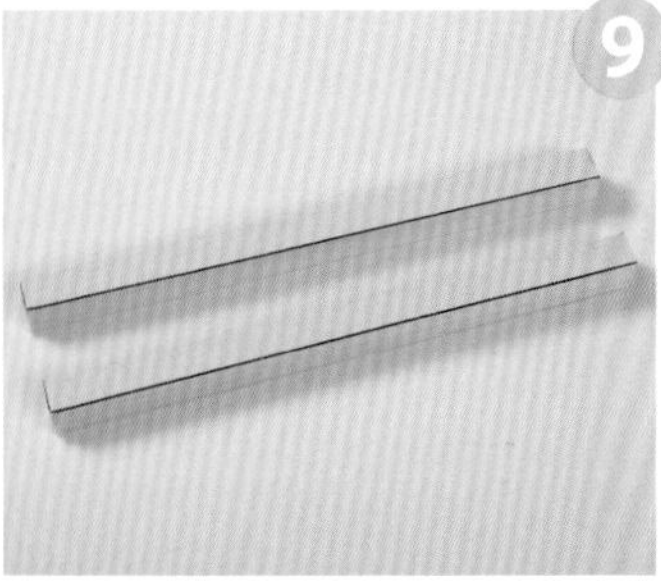

仕切り板の奥行と同じ長さで 12mm の角材を 2 本用意。最上段のストッパーとして使います。

10

最上段の両側の角に、両面テープを使って角材を貼り付けます。

11

すべての引き出しに前板を取りつけたら、組み立ては完了です。

塗装して仕上げる

劣化して色がくすんでしまった側板をサンディングして、塗装ムラができないように表面をきれいに整えます。

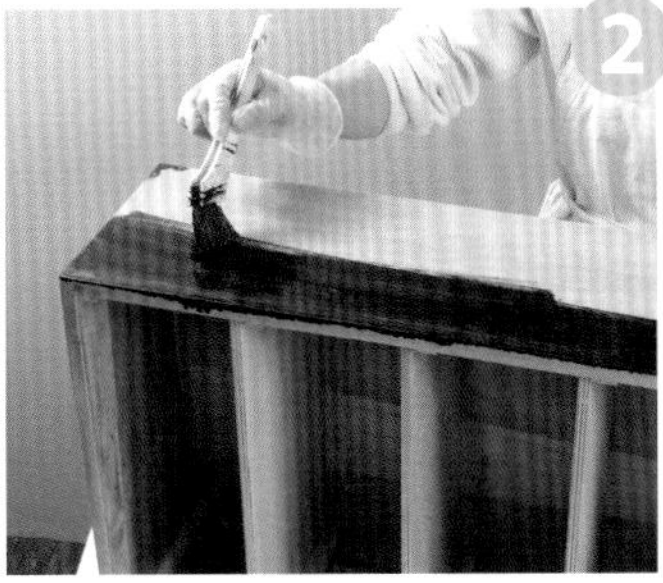

塗料は木目をいかせるオイルフィニッシュを使用。まずハケでたっぷりと塗って、木材に浸透させます。

少し浸透させてから、表面に残った余分なオイルを乾いたウエスで拭き取ります。

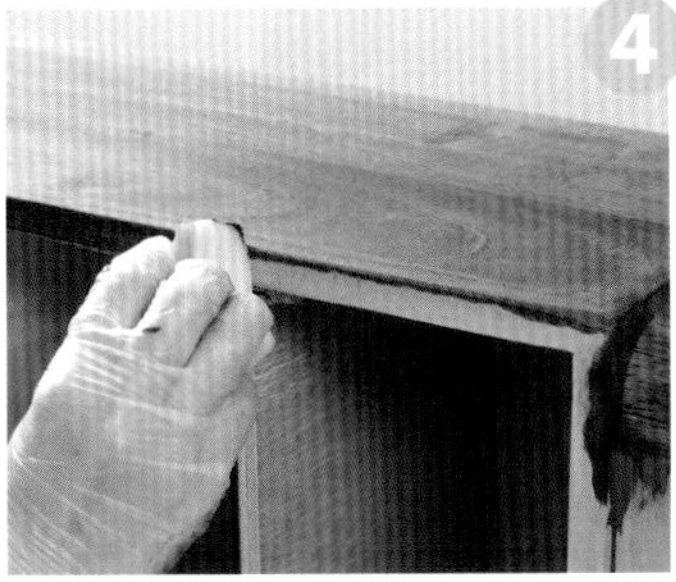

側板の木端をスポンジで塗ります。ハケよりもオイルが垂れにくく、きれいに塗れるのでおすすめです。

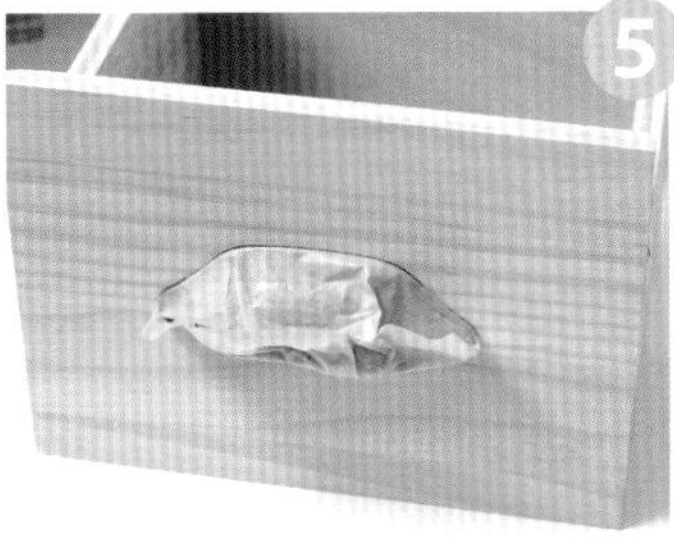

引き出しを塗る際は、先にマスキングテープで取っ手を養生しておきます。

引き出しの前板をオイルフィニッシュで着色します。

前板は落ち着きのあるオイルフィニッシュの仕上げに遊び心を加えるため、4色のオイルで塗りわけました。

引き出し収納の完成です。持て余しがちな大きな衣装箱が、使いやすいキャビネットに変身しました。

桐の魅力をいかせる仕上げがおすすめ

桐材の魅力といえば白木の美しさ。和箪笥の補修では、表面のくすみを削り落としてその美しさを蘇らせるのが通常です。変色した桐箱も、サンディングするだけできれいになるので、塗装をしないで白木のまま仕上げとしてもよいでしょう。元の素材をいかすリモデルとしては、こちらもおすすめです。

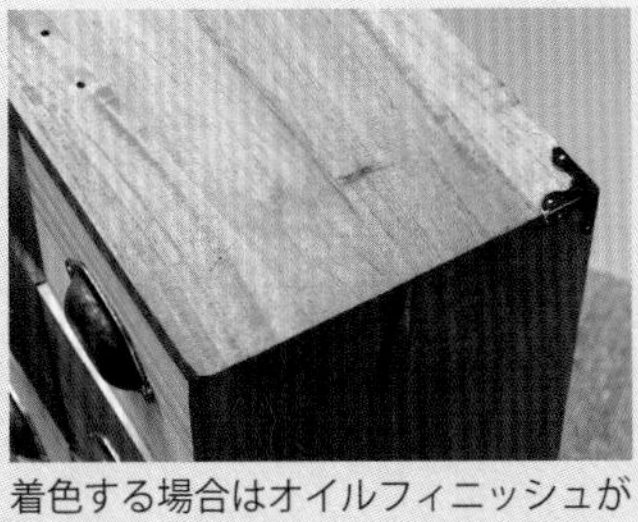

着色する場合はオイルフィニッシュがおすすめ。木目がきれいに浮かび上がります。

サンダーで磨くだけで、表面の茶色いくすみが取れて、桐本来の木肌が顔を出します。

養《よう》生《じょう》の基本

塗装をきれいに仕上げるための準備

養生とは、塗りたくないところ、汚したくないところをテープやシートで覆って、塗料の付着を防ぐことです。塗装部分との境目になるところにきちっとマスキングテープを貼ると、キワがきれいに仕上がりますし、はみ出しに神経質にならず、手早く塗装できます。

広い面は養生用のシートや新聞紙を使って汚れから保護します。動かせる家具は移動し、動かせないものはシートなどで覆うようにしましょう。

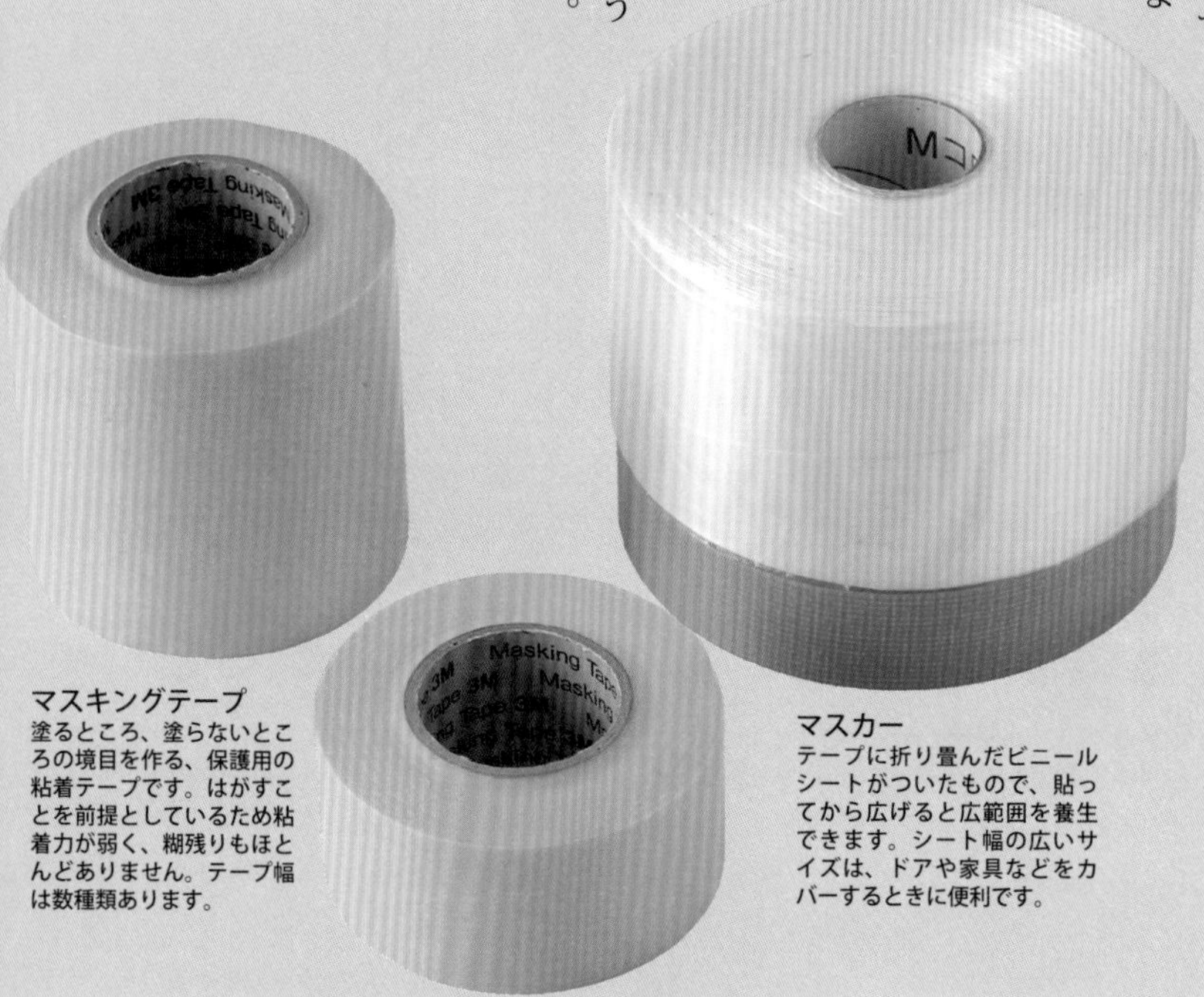

マスキングテープ
塗るところ、塗らないところの境目を作る、保護用の粘着テープです。はがすことを前提としているため粘着力が弱く、糊残りもほとんどありません。テープ幅は数種類あります。

マスカー
テープに折り畳んだビニールシートがついたもので、貼ってから広げると広範囲を養生できます。シート幅の広いサイズは、ドアや家具などをカバーするときに便利です。

壁を塗装するときの養生

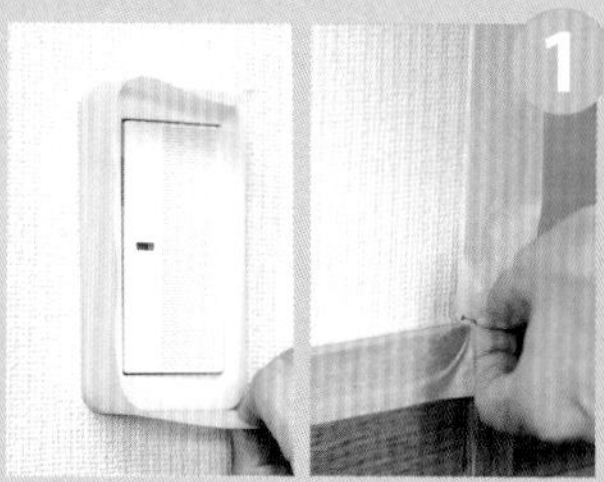

塗装面との境目に、すき間ができないようにマスキングテープをまっすぐに貼ります。

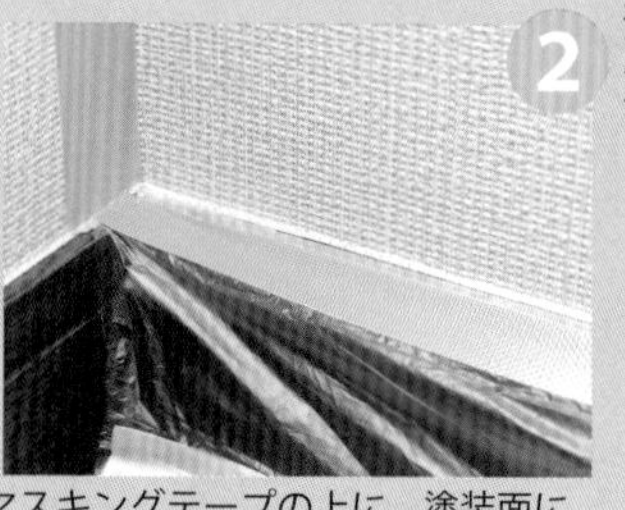

マスキングテープの上に、塗装面にはみ出さないように気をつけてマスカーを貼ります。

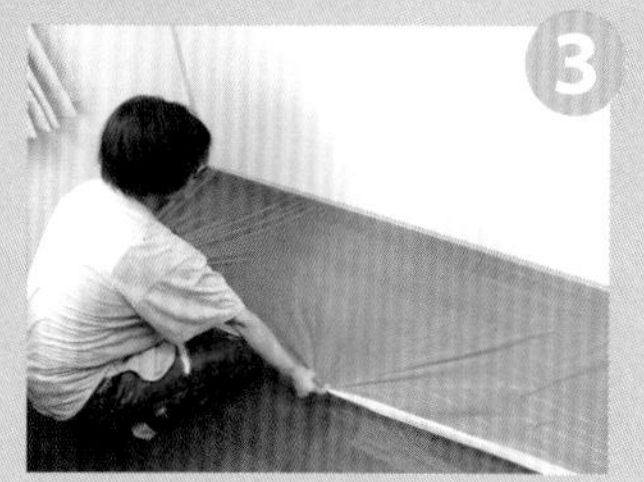

マスカーのシートを広げて床を養生します。シートは軽く押さえると静電気で張り付きます。

塗り終わったら、塗料が乾いて固まる前に、養生していたテープ類をはがしてください。

小物を塗装するときの養生

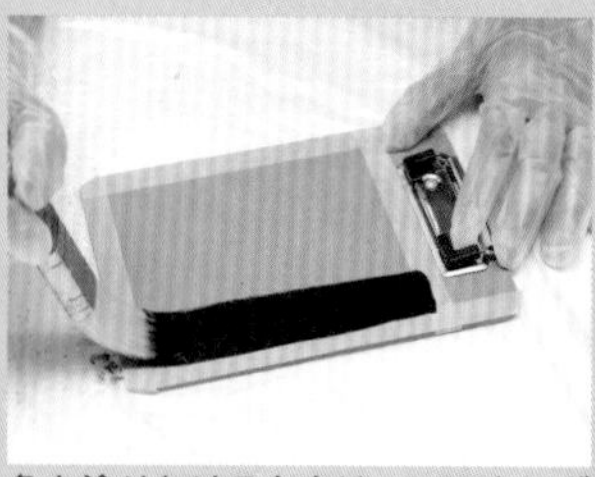

色を塗りわけるときは、マスキングテープで境目を作って塗装します。

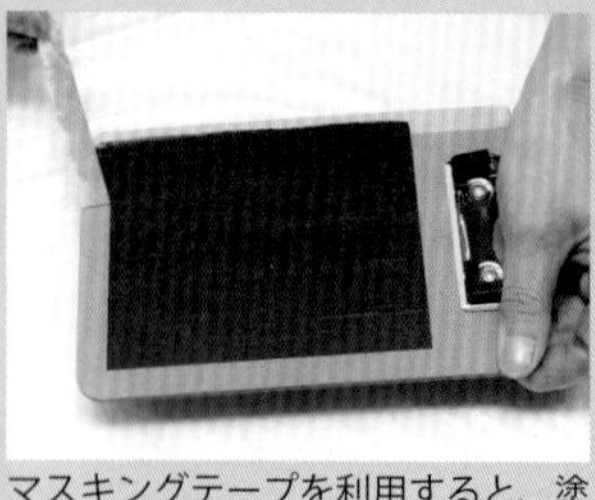

マスキングテープを利用すると、塗装で形や模様を作ることが簡単にできます。

03

足踏みミシンをリモデル

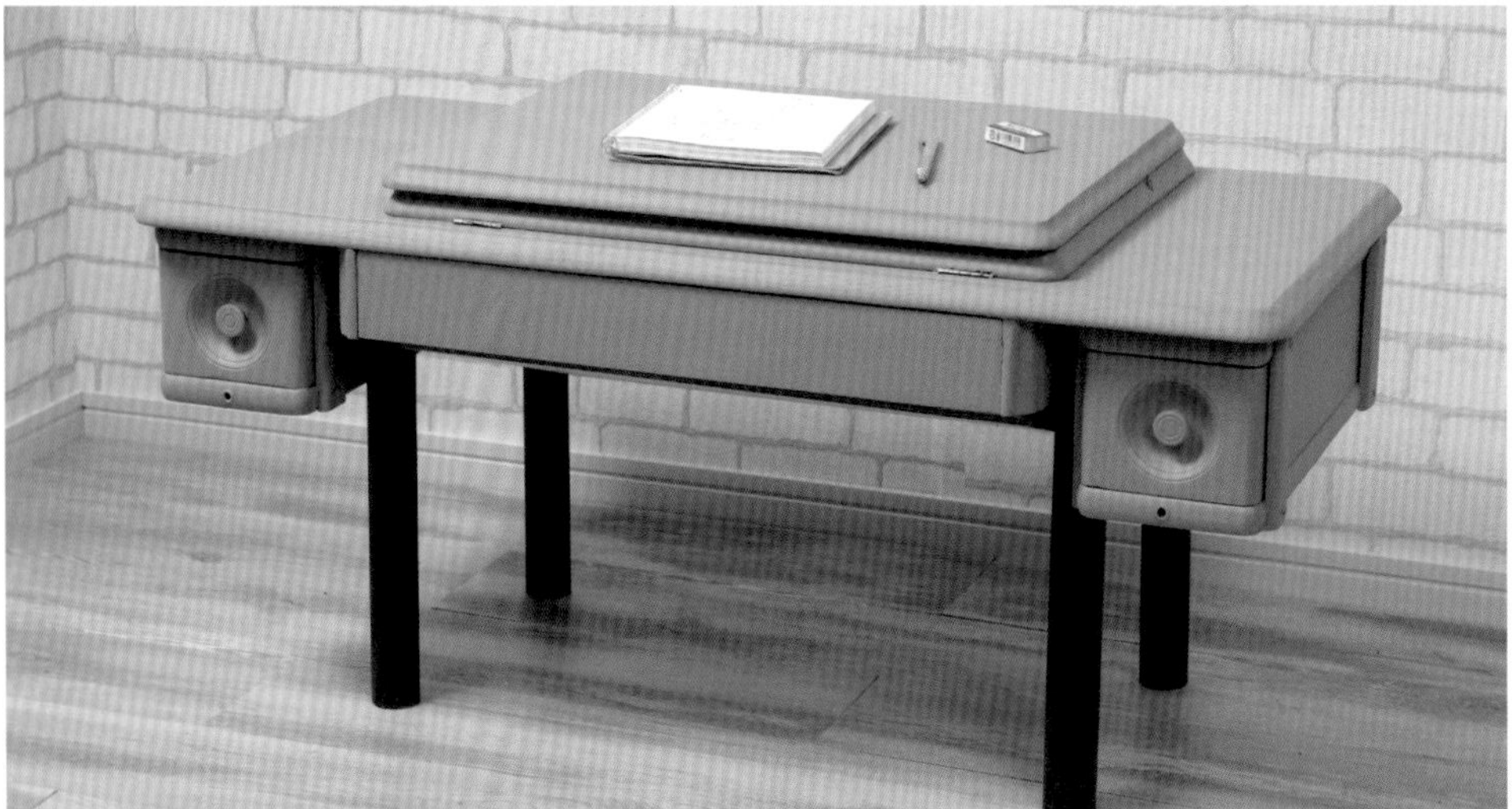

足踏みミシンをリモデル

ミシン台と脚を分解して、リモデルテーブルに作り替える

カタカタと音を鳴らし、昭和の頃まで活躍していた足踏みミシン。アンティークな風合いが魅力で、今でもインテリアとして飾っておけるほど人気です。この足踏みミシンの魅力を活かした誰もが気軽にできるリモデル方法を紹介します。

リモデルプラン
Remodel PLAN

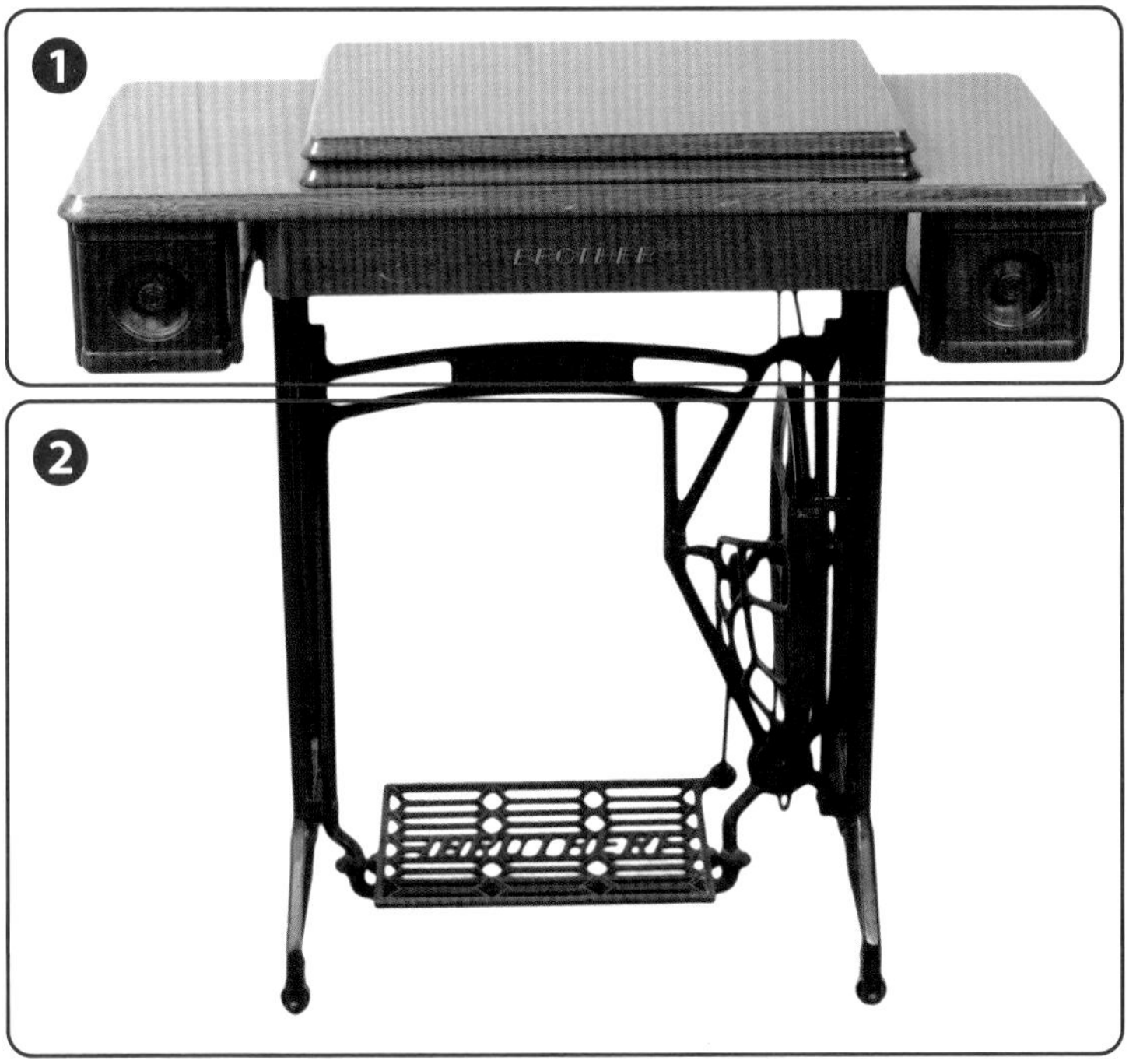

Before

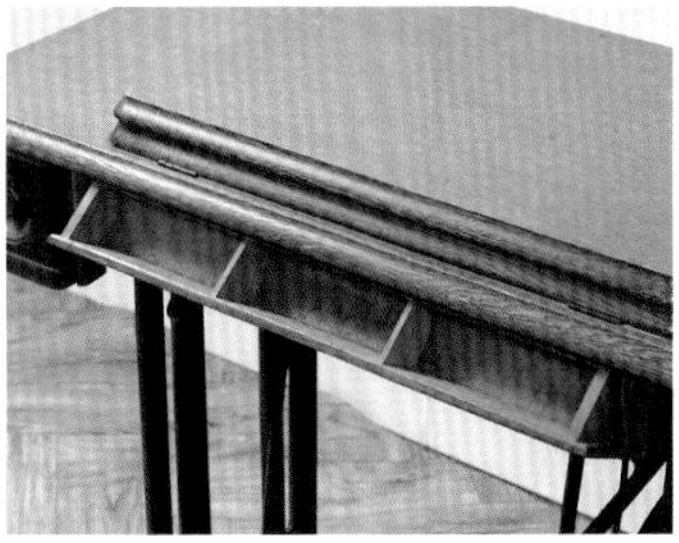

昭和40年頃まで活躍していた足踏みミシンは、古い物だと大正時代のモデルまで現存していて手に入れることができます。リモデルの目的で購入するにしても、鉄脚のサビなどが落とされていて、ある程度リペアされている物を選ぶと、リモデルが楽になります。ただし、状態が良い物は値段が高くなります。今回のリモデルでは、ミシン台と脚を分解して高さが異なる2種類のテーブルを製作します。分解は専門的な工具などは必要なく、ドライバーがあれば可能です。そしてアイアンの脚の方は、レトロな風合いにぴったりな天板の製作を紹介します。

❶ リモデルテーブル1（ローテーブル）

ミシン台をリモデルしてロータイプのテーブルを作ります。座椅子などに座ってタブレットやノートPCの作業するのに最適です。ポイントは丁番で作業台を蓋にして位置を変えた点と、脚の取りつけです。

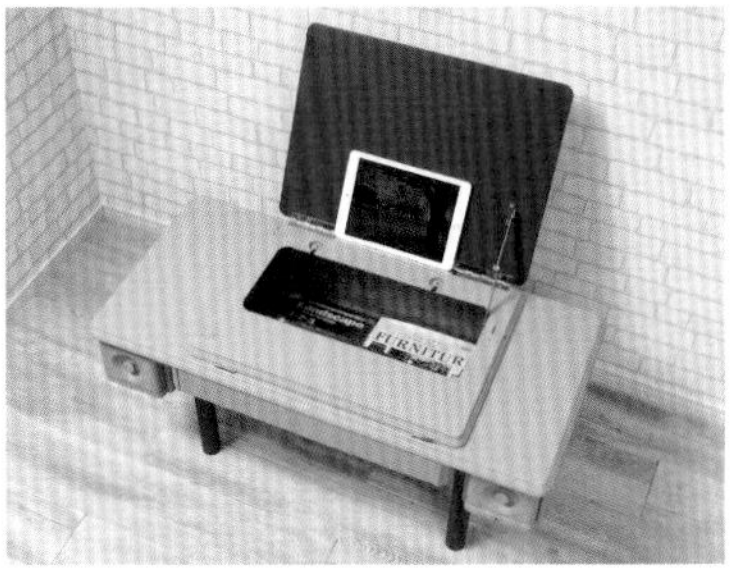

❷ リモデルテーブル2（ハイテーブル）

アイアンの脚の長さを活かし、ハイテーブルにします。ポイントは天板を脚にしっかり固定させるため、厚みのある板を選ぶこと。脚のレトロな風合いに合わせ、モザイクテーブル、カフェ板テーブル、タイルテーブルの3種類の天板を作ります。

ミシン台と脚を分解する

1

取りつけのネジを外すため、本体をひっくり返します。1人での作業は部品の破損やけがをしやすいので、なるべく2人で作業するようにしてください。

2

ドライバーを使ってミシン台と脚を固定しているネジを取り外します。すき間が狭くてドライバーが届かない場合は、ロングドライバーを使います。

3

ミシン台と脚の分解ができました。ミシン台はローテーブルの天板に、脚はハイテーブルのフレームとして使います。

4

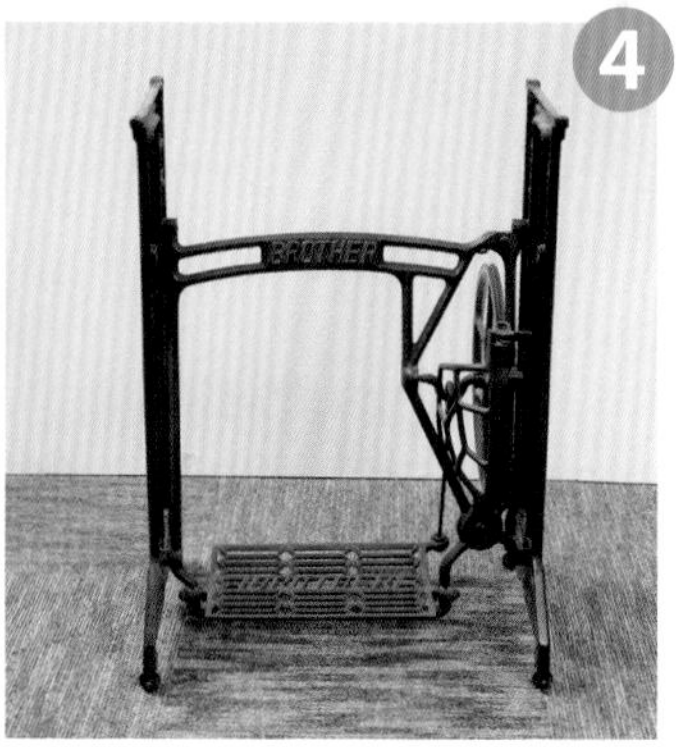

脚のサビや汚れなどを取り除きます。ミシンの駆動ベルトがついている場合はニッパーなどでカットしましょう。

5

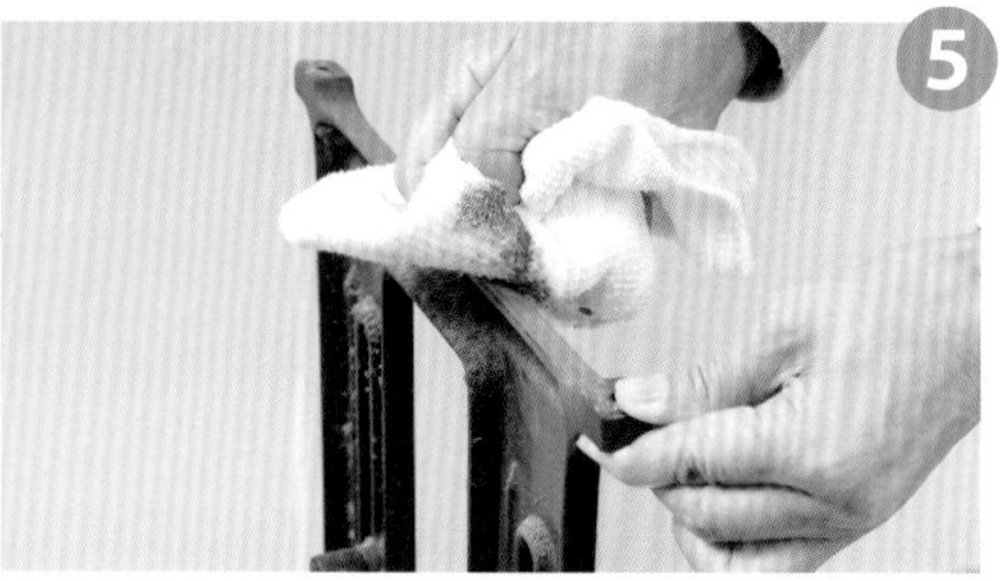

ウエスで拭き取り、ほこりを除去します。とくにミシン台と密着していた面はほこりが溜まっているので、しっかり拭き取りましょう。

オススメ

表面の頑固な汚れを落としたい場合は、油性練り状の金属磨き「ピカール ネリ」がおすすめです。研磨剤の粒度が粗く、頑固な汚れを落として光沢を出します。

6

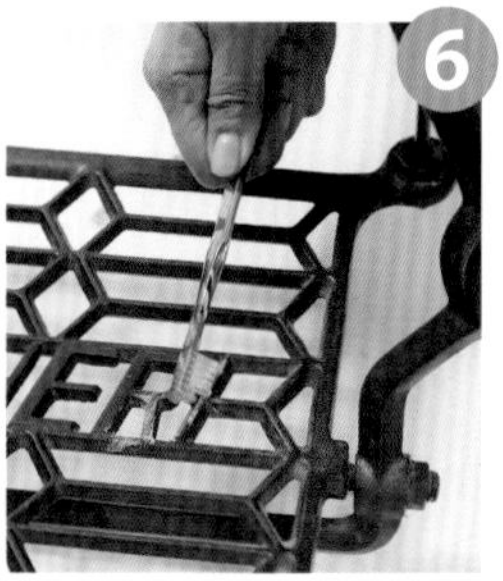

柔らかいウエスに適量をつけ、汚れがとれるまで磨きます。十分に磨けたら乾いたウエスで拭きとると、光沢がよみがえります。網目の細かい部分はブラシ状の物で磨いてください。

ミシン台の塗装をはがして下地を調整する

1

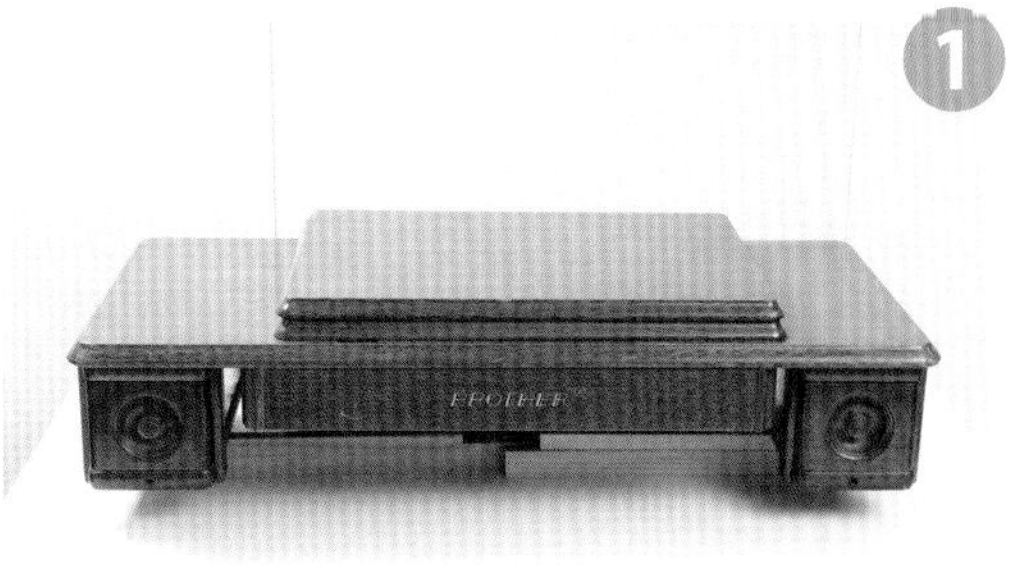

ミシン台の塗装を研磨するため、端材などを敷いて安定させます。

2

サンドペーパーで磨いて表面の塗装をはがし、凹凸を平らにします。肌が弱い人は軍手をして作業してください。

3

ある程度磨いたらサンダーでサンディングします。サンダーの中でもパワフルで研磨力に優れているランダムサンダーを使うと、作業も効率よくできます。

4

全体的に塗装の剥離ができたら、目の細かいサンドペーパーで下地を整えて滑らかにします。

ここがポイント！

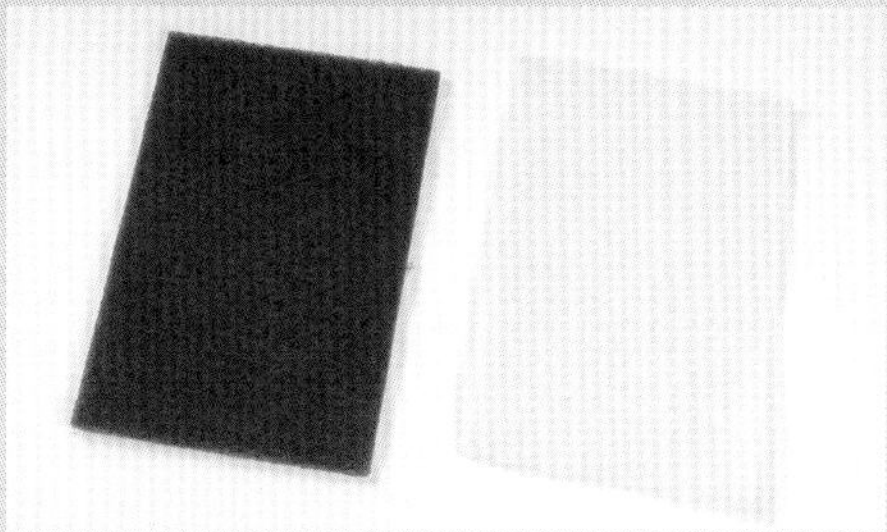

サンドペーパーは数字が小さくなるほど目が粗くなり、よく削れます。一般的に番手の粗い順から使い、粗目（40番〜100番）、中目（120番〜240番：緑色）、細目（280番〜800番：白色）で仕上げていきます。細目は塗料を塗り重ねるときの下地調整に最適です。古材の塗装の剥離作業で使うサンドペーパーは、80番台から始めるのがおすすめです。

5

軽く絞ったウエスで表面を水拭きします。サンディングで出た粉塵を丁寧に拭き取ります。

6

サンディングして下地を整えた引き出しも、同じようにウエスで水拭きしたら下地調整の作業は完了です。

難易度 ★★★★★

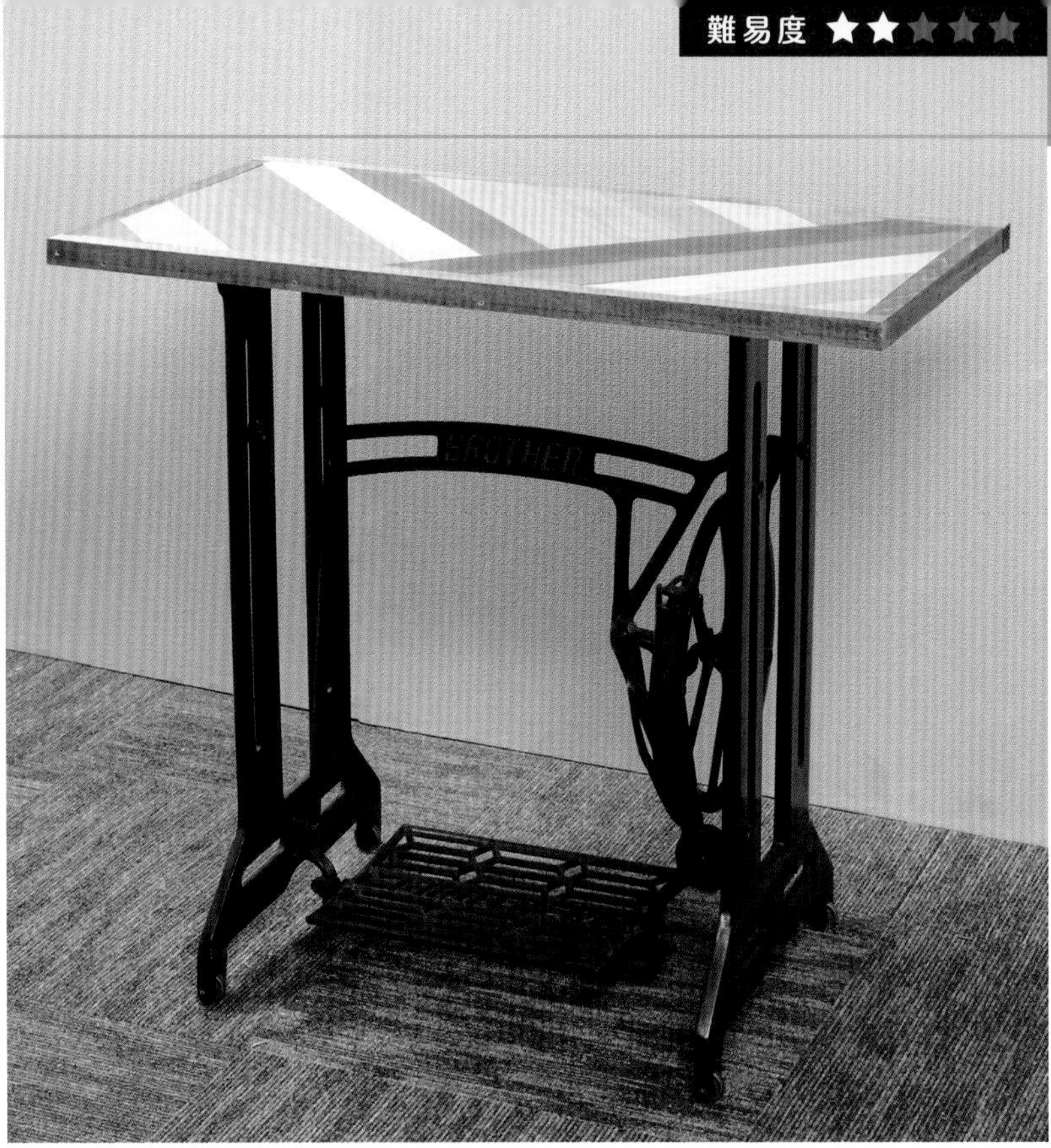

モザイクテーブルの天板を作る

その他の材料

■シナ合板（3mm 厚）
■スギ角材（9mm 厚）
■スギ端材（6mm 厚）
■木ネジ
■極細ネジ
■オイルステイン
■水性ステイン

道　具

■電動ドリルドライバー
■丸ノコ
■サンダー
■木工用接着剤
■ドライバー
■ハケ

モザイク柄のデザインを決める

1
天板のベースとなるシナ合板の上に、端材を斜めに並べてモザイク柄のデザインを決めます。今回は斜めに配列し、45度の角度で線を引きます。

2
反対側も同じように端材を斜めに並べて線を引きます。美しく仕上げるコツは、シナ合板が隠れるほど端材を並べることです。

3
さまざまな長さの端材を組み合わせて線に沿って並べます。端材の組み合わせは自由です。

4
端材を並べて仮置きしたら配列を間違わないようにするため、数字を記入したマスキングテープを端材に貼ります。

モザイク柄に塗装する

1

塗料は、古材風の仕上がりが特徴のオイルステイン「オールドウッドワックス」と、ワックスに色味を加える下地材の水性ステイン「オールドウッドワックス ウォーターベースコート」の2種類を使用します。

2

並べた端材に塗る色を決めます。今回のベースコートは、ミモザイエロー、ウッドランドブラウン、オーク、ホワイト、ネイビーブルー、アンティークグレー、ウォルナットを使います。

3

最初は下地材として「オールドウッドワックス ウォーターベースコート」を塗ります。水性なのでハケでも塗りやすく、塗装が苦手な人にも人気です。

4

ハケの他に、ウエスで擦って塗って木目を浮き立たせるように塗る方法もあります。

5

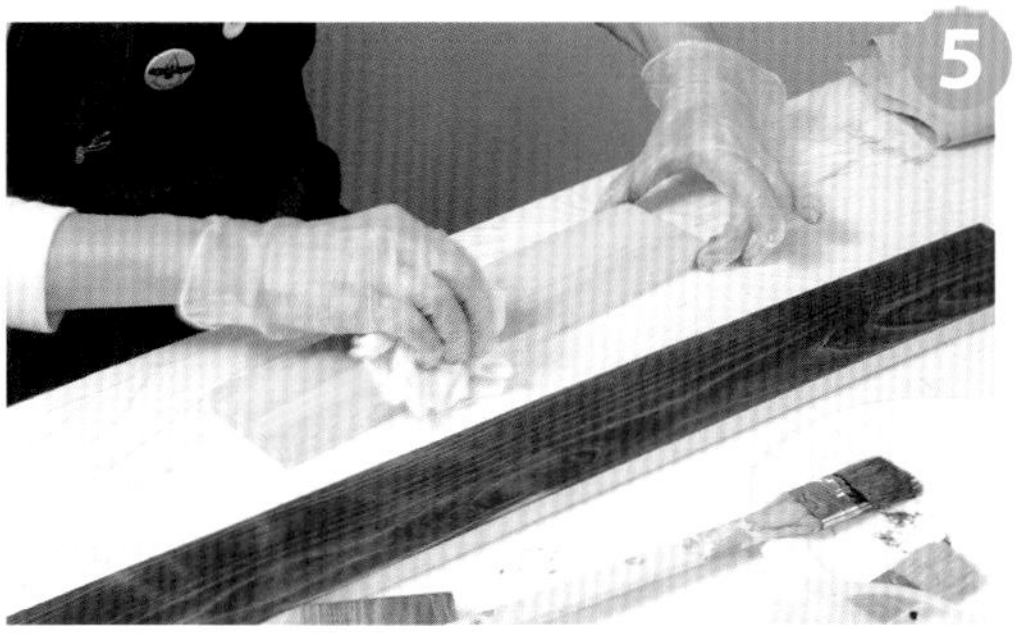

1回目を塗り終えて乾燥させた後、2回目を塗ります。塗るのは表面だけでかまいません。

6

水性ステインの2度塗りができました。

7

「オールドウッドワックス」のスモークグレーをウエスに染み込ませ、「オールドウッドワックス ウォーターベースコート」を塗った上から塗装します。

8

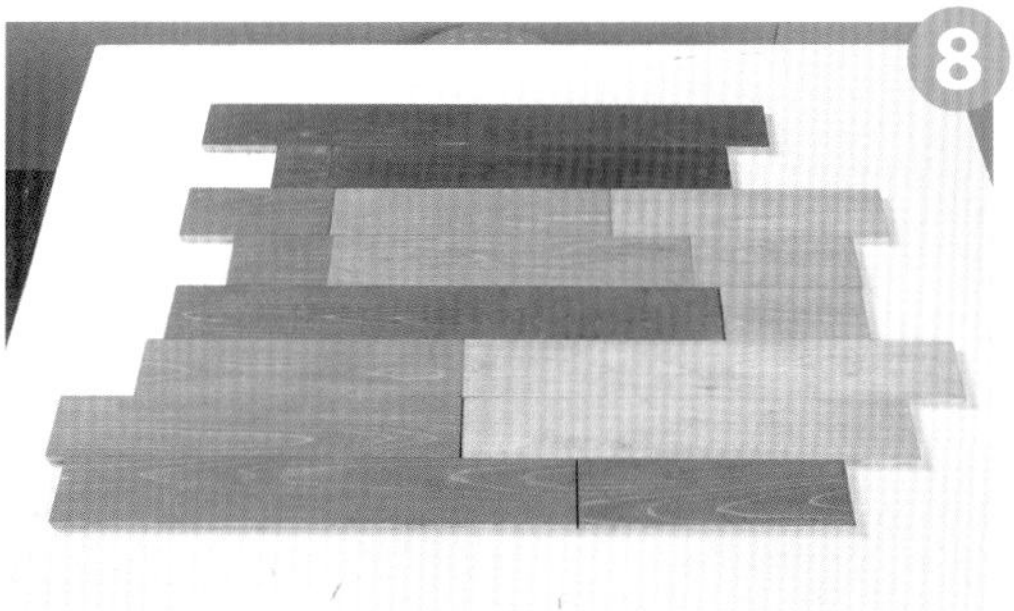

二度塗りをしたらモザイク柄の塗装の完了です。スモークグレーを重ね塗りをすることでレトロな風合いに仕上がります。

モザイク柄を天板の材料に固定する

端材に木工用接着剤を塗布して伸ばします。

端材をシナ合板の線に沿って張ります。2枚目以降はマスキングテープに書いた番号順に張っていくので、色を決めたときにスマホで撮影しておくと便利です。

斜めに組み合わせて張ることができたら、反対側も同じ手順で張ります。上からしっかり押さえて圧着してください。

すべて張ることができたら、本などの重量がある物を重石にして接着剤が硬化するのを待ちます。

余分なモザイク柄を切り落とす

シナ合板からはみ出ているモザイク柄をカットするため、丸ノコのガイドの位置を決めます。シナ合板の端から5mmを切り落とすので端から95mmに線を引きます。ガイドの材料は不要になった端材などを使います。

線に沿ってガイドをセットし、木ネジを2か所に打って固定します。

丸ノコをガイドにあててシナ合板を切り落としていきます。

左右の余分な部分を切り落とした手順で、上下も丸ノコでカットできたら天板のベースはできあがりです。

天板に枠材を取りつけて仕上げる

フレームになる角材を天板にあて、シナ合板の厚みの中心に木ネジを打つための線を引きます。

角材に引いた線を側面に写し、3 か所に下穴キリビットで穴をあけます。

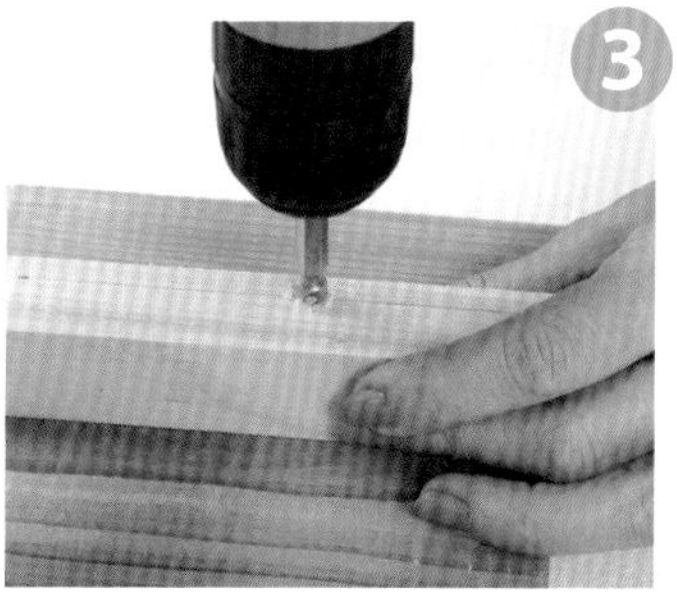
下穴をあけたところに皿モミ加工をします。

角材をオイルステインで塗っていきます。「オールドウッドワックス」のジャコビーンを使用します。

天板の左右の側面に木工用接着剤をたっぷり塗布します。

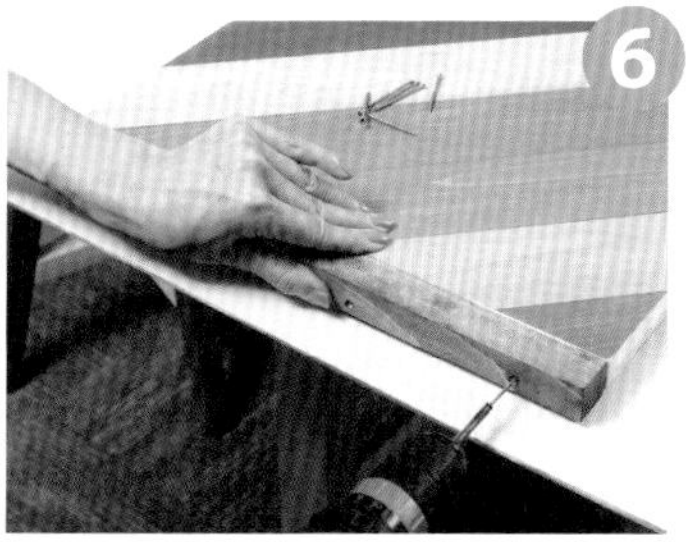
ネジ穴に極細ネジを打ち込んで角材を取りつけます。モザイク柄は接着剤しただけなので、ネジごと取れるのを避けるためシナ合板に打ち込みます。

同じ手順で上下にも、極細ネジを打ち込んで取りつけていきます。上下は 5 か所にネジ穴をあけます。

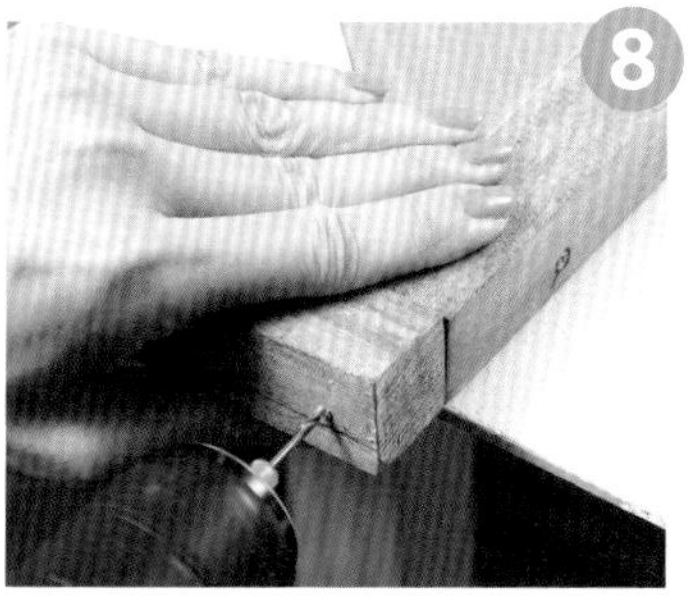
フレーム同士の接合部分は、角材の中心に下穴キリで穴をあけます。

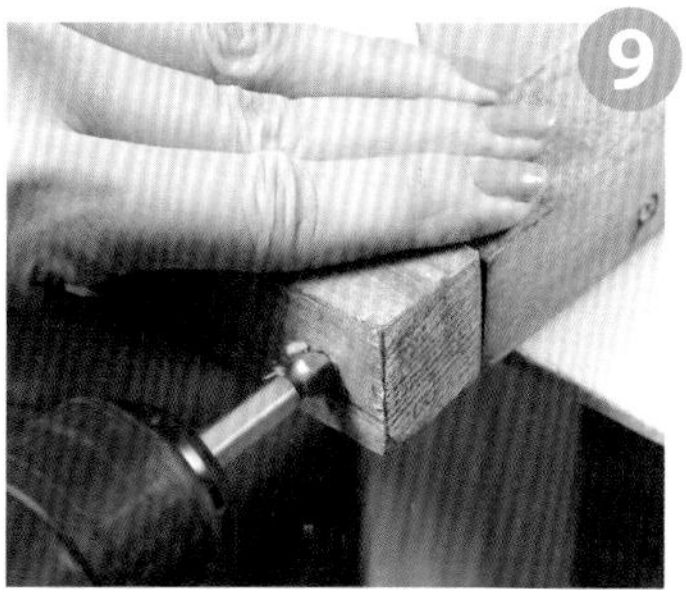
しっかりフレームを押さえて、皿モミ加工をします。

極細ネジを打ち込んで組み合わせた角材を固定し取りつけます。

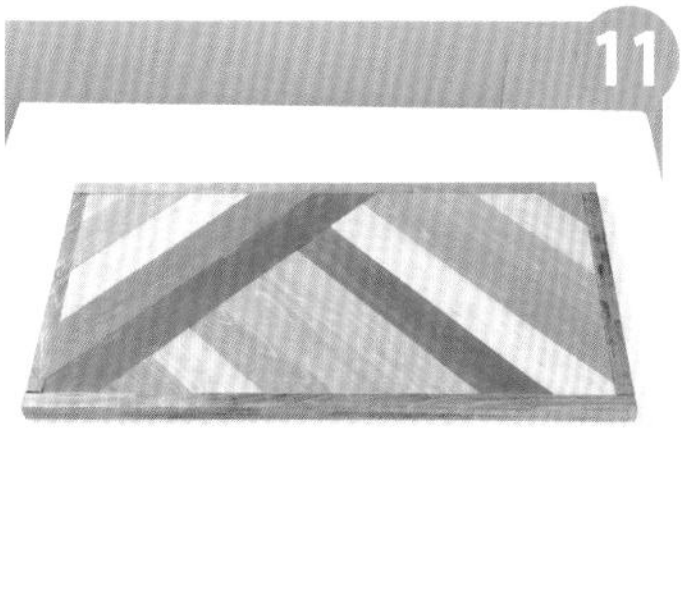
フレーム材の取りつけができたらモザイク柄の天板の完成です。

モザイク柄の天板を足踏みミシンの脚にセットし、ネジを締めて取りつけたらモザイクテーブルのできあがりです。

難易度 ★★☆☆☆

カフェ板テーブルの天板を作る

―側面の枠材を切り出す

その他の材料

- ■スギ材カフェ板（30mm 厚）
- ■ベニヤ板（3mm 厚）
- ■木ネジ
- ■極細ネジ
- ■オイルフィニッシュ

道　具

- ■電動ドリルドライバー
- ■丸ノコ
- ■ノコギリ
- ■サンダー
- ■クランプ
- ■木工用接着剤
- ■ドライバー
- ■ハケ

1

天板の材料は、店舗の床材や壁材などで使用されているスギ材のカフェ板30mm厚を使用します。板を連結させたときにできやすいすき間をなくす加工が施されています。

2

枠材は天板の材料の端材から切り出します。端材の下から30mmのところに印をつけて線を引きます。

3

線に沿って丸ノコでカットします。

4

2本の枠材の切り出しができました。カットした面は、サンダーでサンディングします。

つなげたカフェ板に枠材を取りつける

1

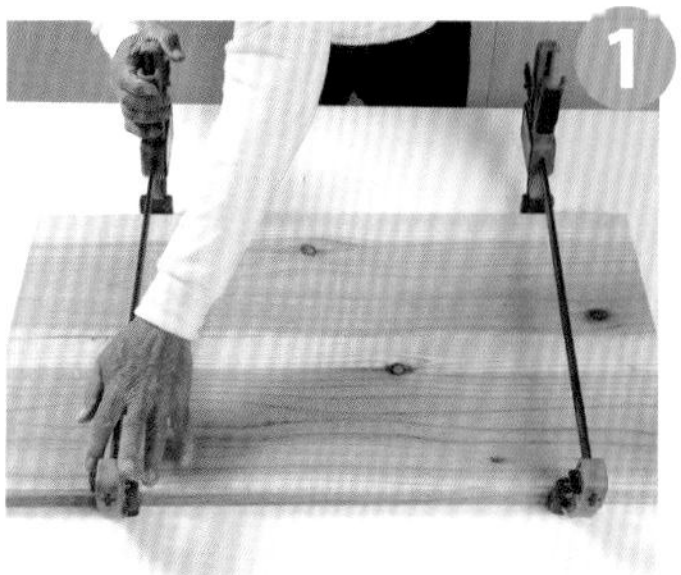

カフェ板のくぼみに木工用接着剤をたっぷり塗って連結します。クランプで固定し、接着剤を硬化させます。

2

足踏みミシンの脚とカフェ板の接地するところに補強材をあてるため、材料のベニヤ板を脚のサイズに合わせてノコギリで切り出します。

3

木工用接着剤を塗布した補強材を連結させたカフェ板に取りつけ、極細ネジで固定します。

ここがポイント!

カフェ板側面の輪郭を枠材に写します。面をそろえることで美しい仕上がりにします。

4

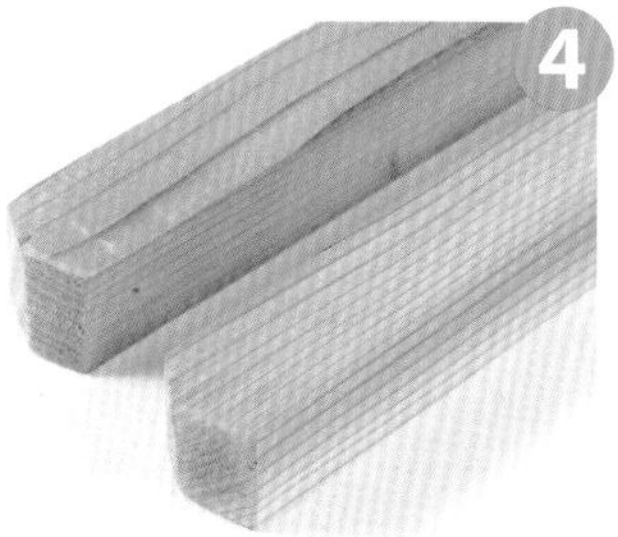

カフェ板のくぼみを写した2本の枠材をノコギリでカットします。

5

木工用接着剤を塗布した枠材をカフェ板に組み合わせます。枠材にあけた下穴に木ネジを打ち込んで取りつけます。

塗装して仕上げる

1

サンダーでサンディングして表面の下地を整えます。

2

ハケでオイルフィニッシュを塗っていきます。使用したオイルフィニッシュは「ワトコオイル」のダークウォルナットです。

3

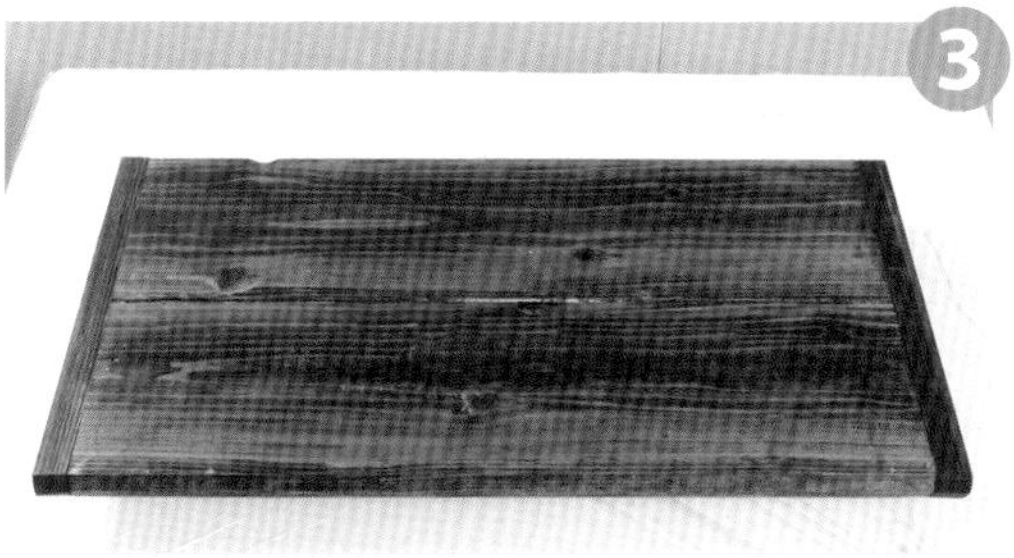

2度塗りをして乾燥させたらカフェ板テーブルの天板の完成です。

4

天板を足踏みミシンの脚にセットし、ドライバーでネジを締めたらカフェ板テーブルのできあがりです。

難易度 ★★★★★

タイルテーブルの天板を作る

その他の材料

- ■シナ合板（12mm 厚）
- ■ヒノキ工作材（6mm 厚）
- ■ヒノキ材（27mm 厚）
- ■目地つきタイル（約 7.2mm 厚）
- ■極細ネジ
- ■オイルフィニッシュ

道　具

- ■電動ドリルドライバー
- ■ノコギリ
- ■サンダー
- ■カンナ
- ■ノギス
- ■ドライバー
- ■木工用接着剤
- ■ハケ

タイルのデザインを決める

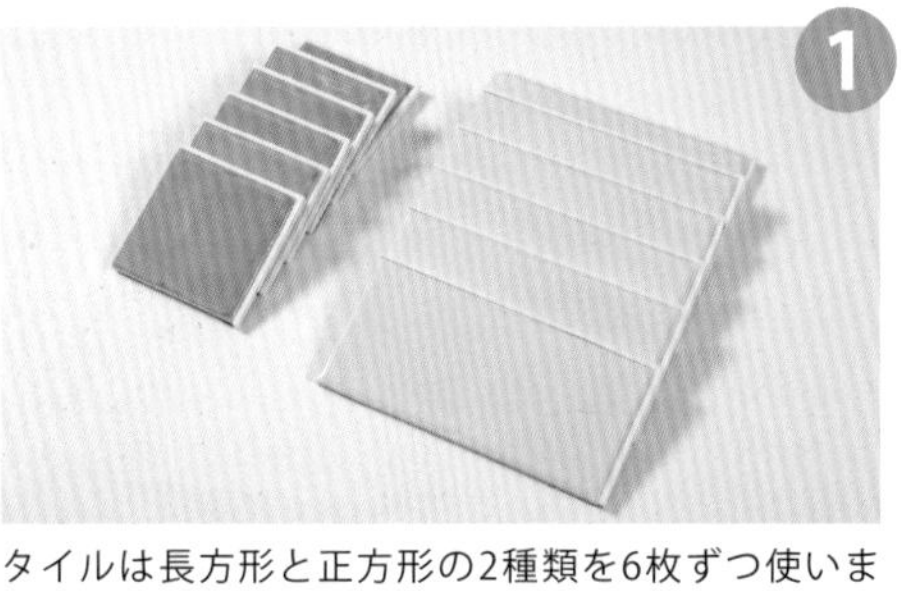

タイルは長方形と正方形の2種類を6枚ずつ使います。今回使用するタイルは目地が付いていて、裏面のシールを貼るだけなので、目地込みが苦手な人も効率よく作業ができます。

長方形と正方形のそれぞれ6枚のタイルを組み合わせ、デザインを決めていきます。

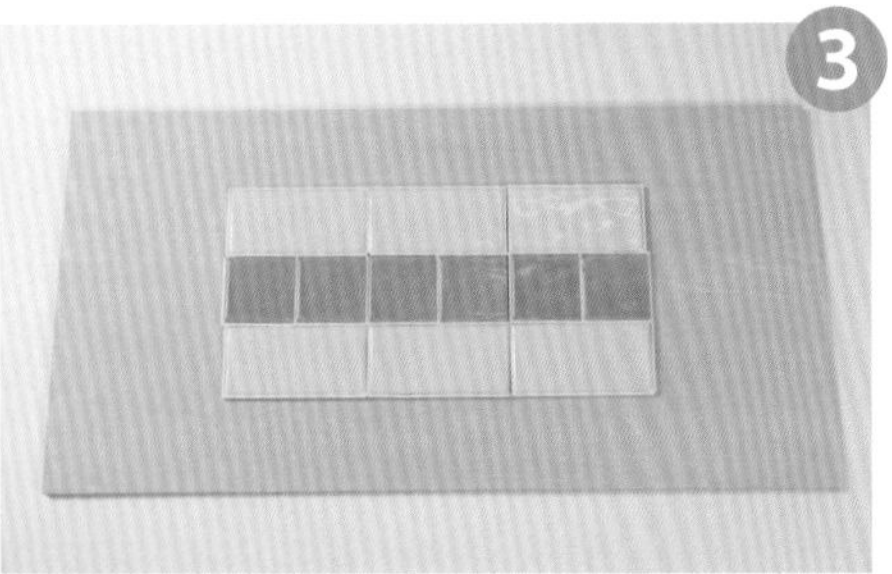

天板のベースとなるシナ合板の上に、組み合わせたタイルを並べてみます。タイルを中央に配置したデザインにします。

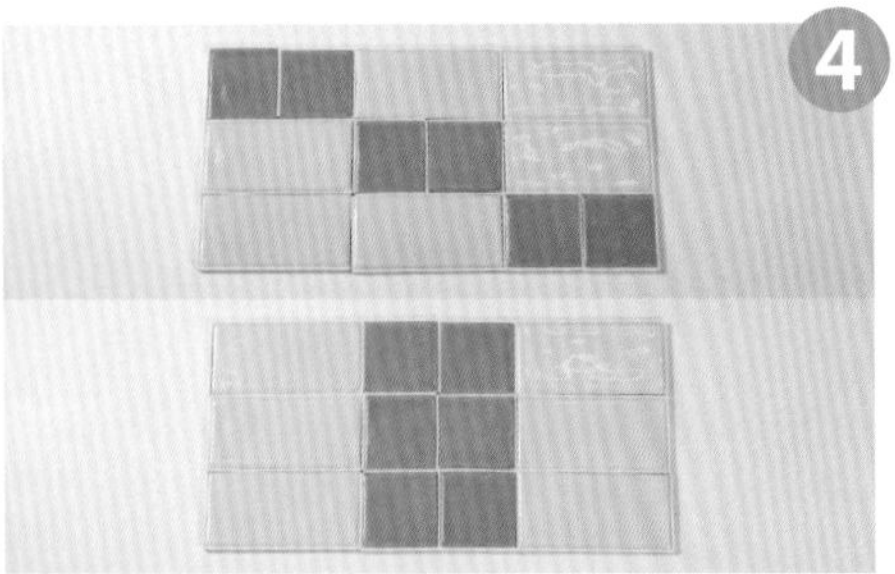

自由に組み合わせができるので、さまざまなパターンのデザインが可能です。

タイル周りに板を張る

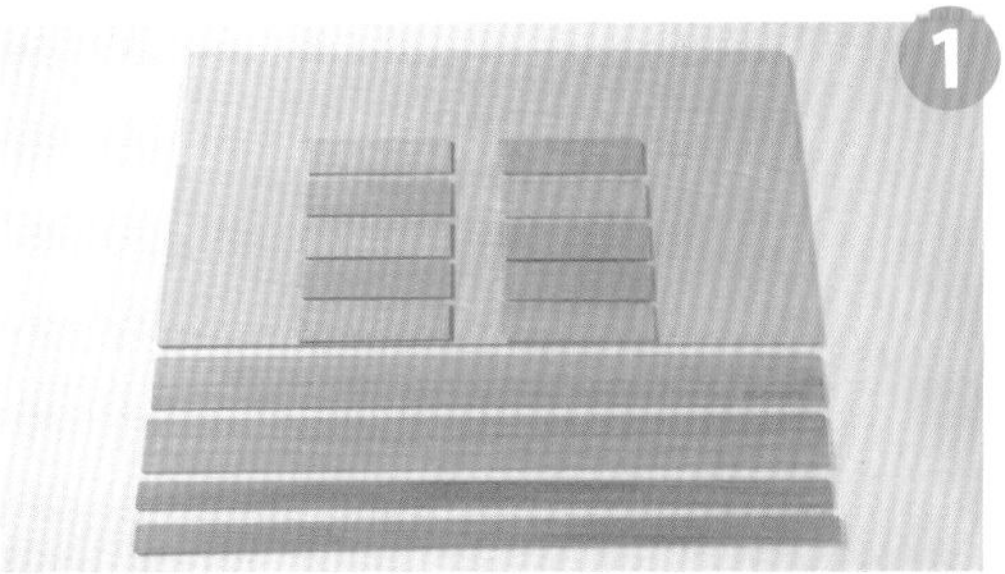

タイル周りに張る板はヒノキ工作材です。タイルの上下は長い板を、左右はスペースに合わせてノコギリでカットして切り出します。

ここがポイント!

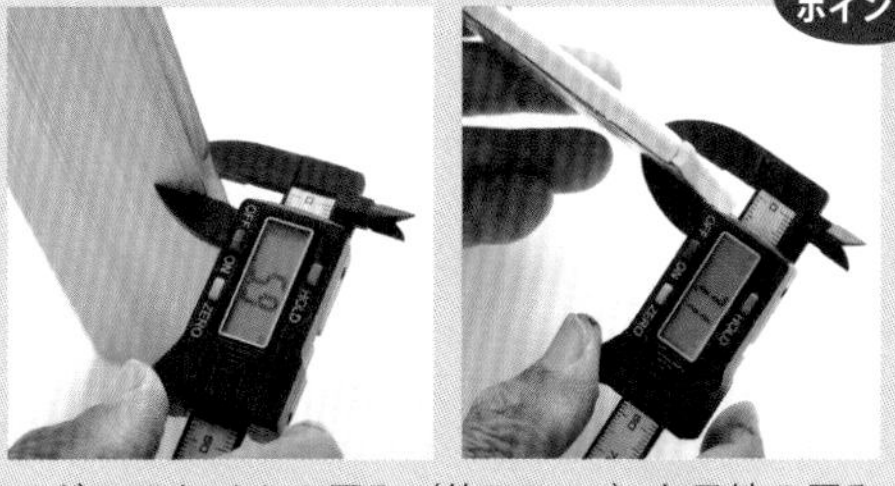

ノギスでタイルの厚み（約7.1mm）と目地の厚み（約5.8mm）を測ります。厚みが薄い目地に合わせて板を選びます。

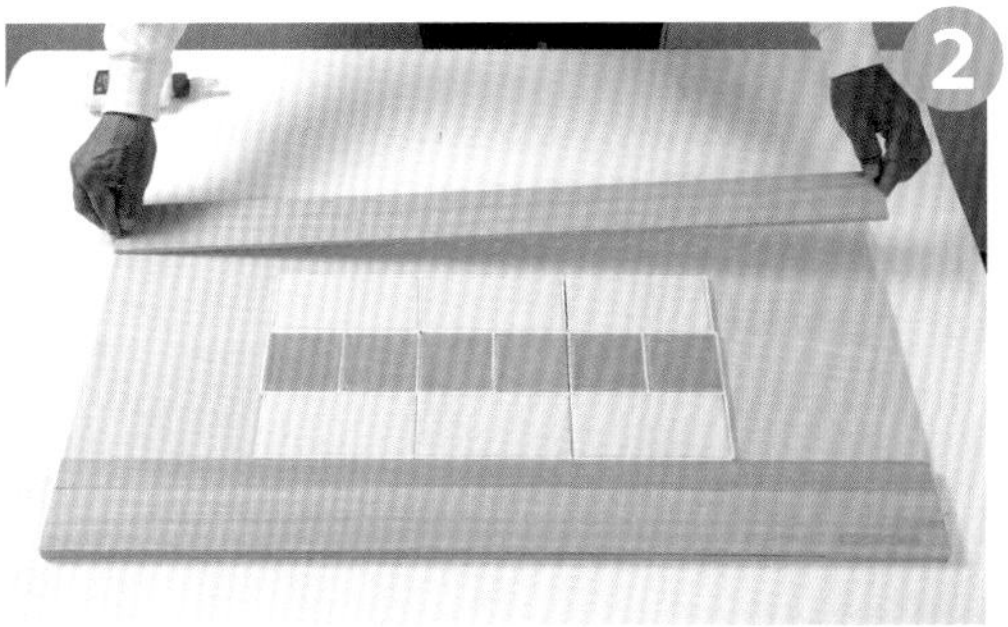

長い板の裏面に木工用接着剤を塗り、シナ合板の端に合わせて幅の広い板を張ります。タイルは仮置きした状態です。

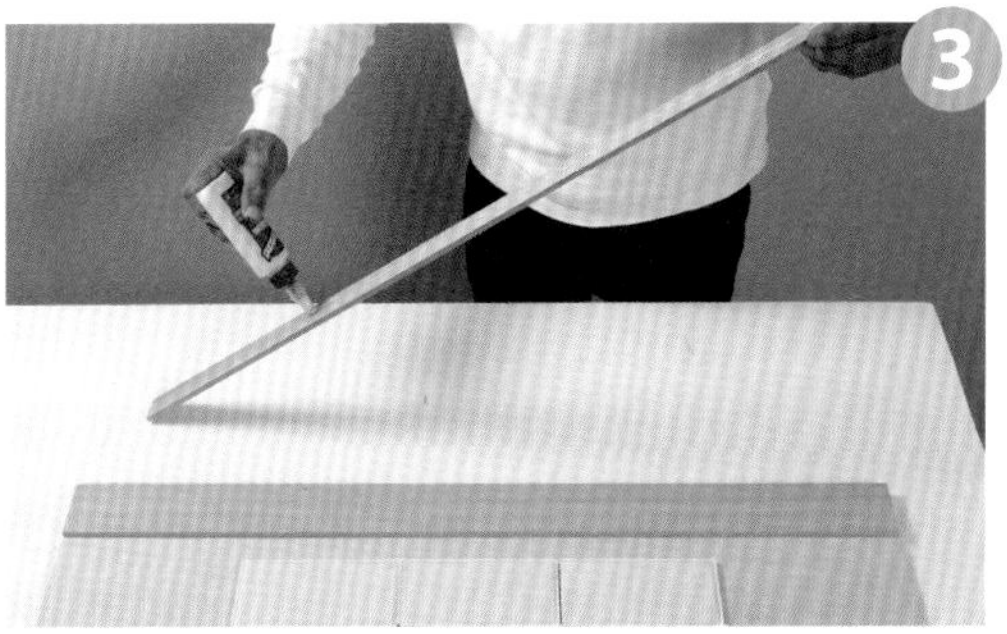

続いて内側に幅の狭い板を張ります。上から強く押すとタイルがずれてしまうので注意して張ります。

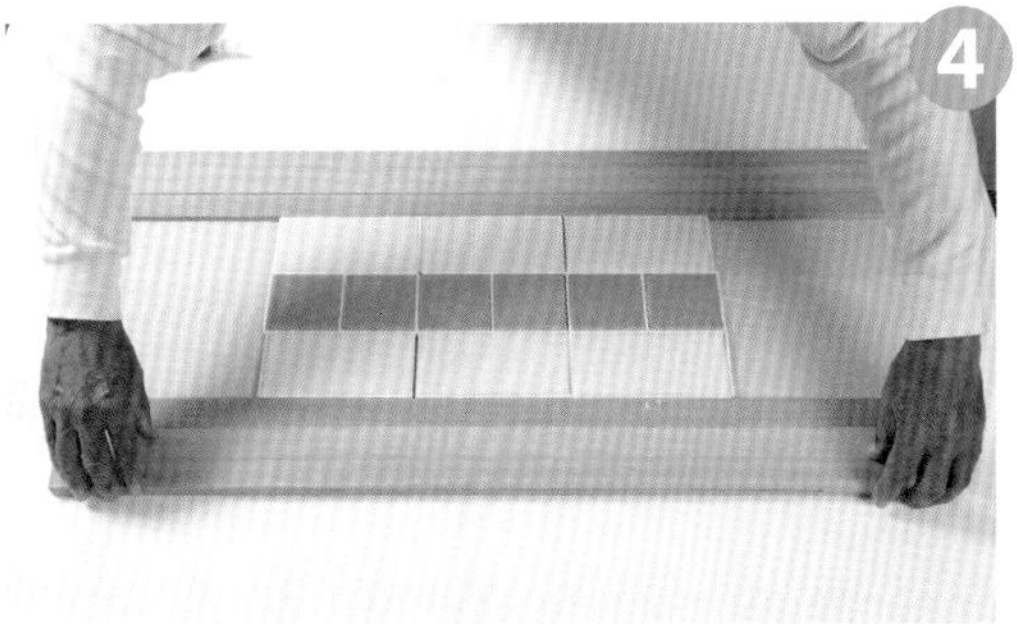

下の板と同じ手順で上の2本の板を張っていきます。

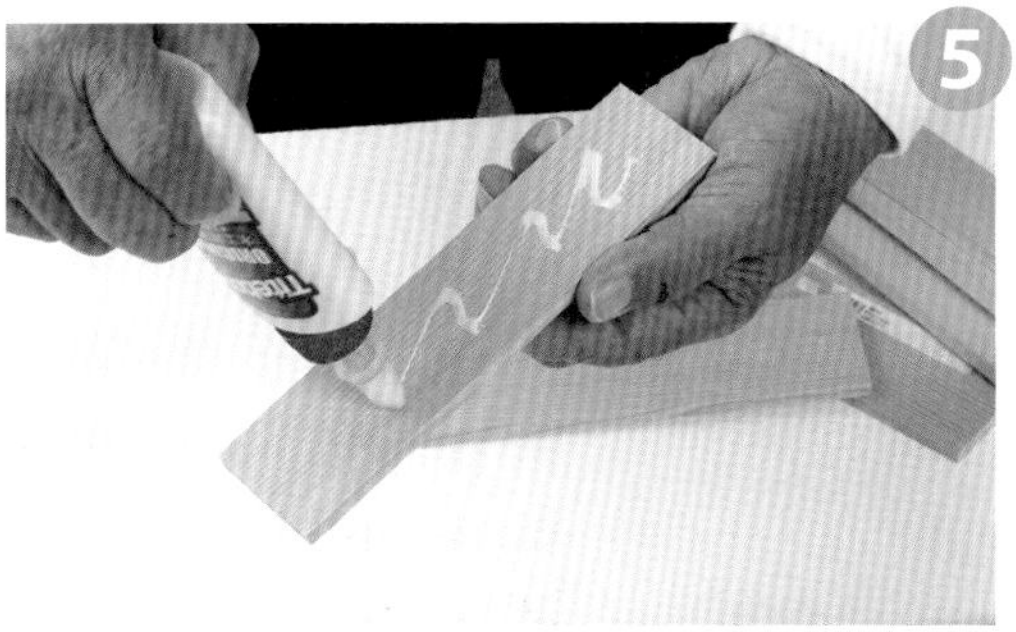

左右に入れる短い板に木工用接着剤を塗ります。

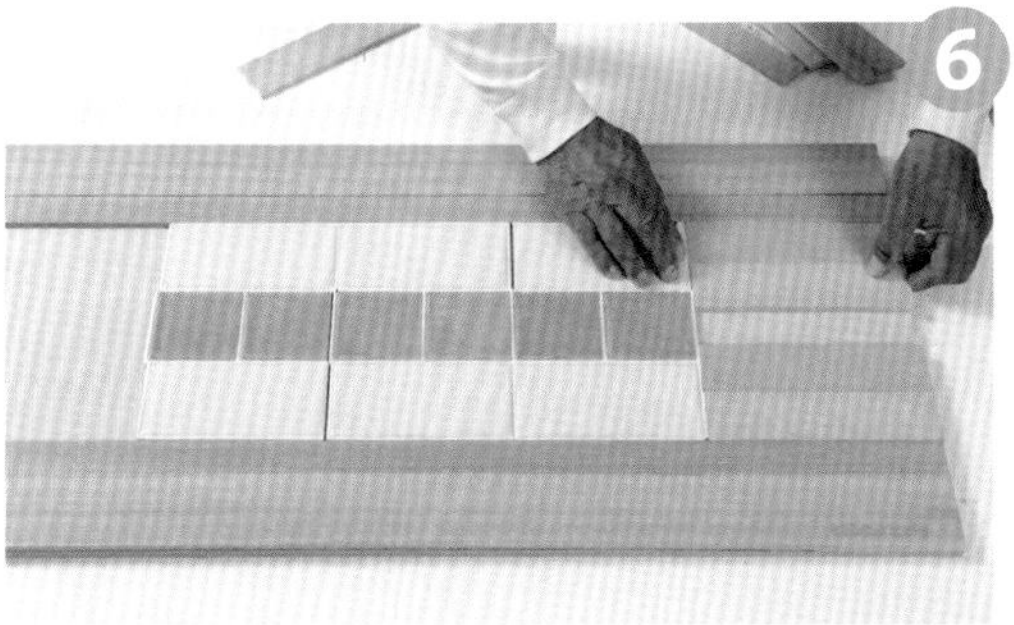

タイルがずれないように板を張っていきます。左側が張れたら同じ手順で右側も張ります。

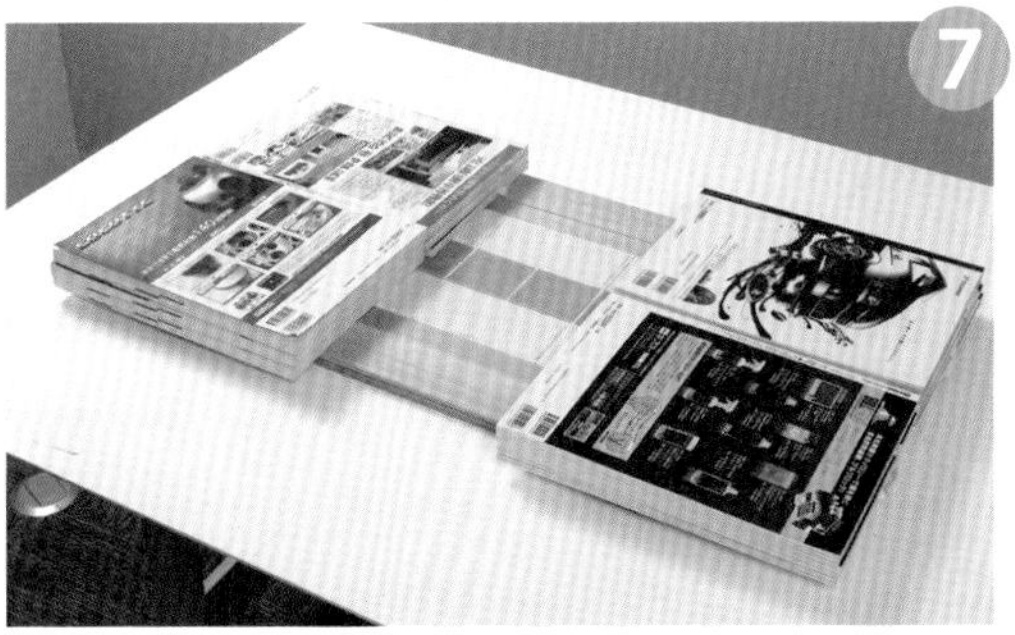

すべての板が張れたら、本などを重石のかわりにして接着剤が硬化するのを待ちます。

板とタイルのすき間をなくす

板を張ったときにタイルとのすき間ができたときは、すき間分のはみ出る板をカットします。

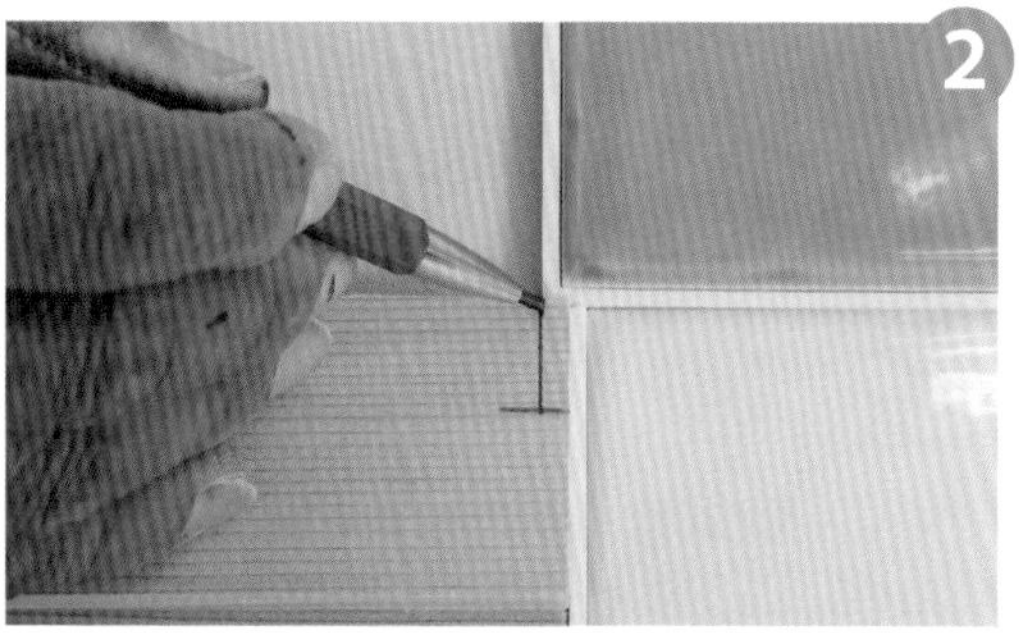

タイルからはみ出た板の部分をなぞって線を引きます。

線に沿ってノコギリでカットします。

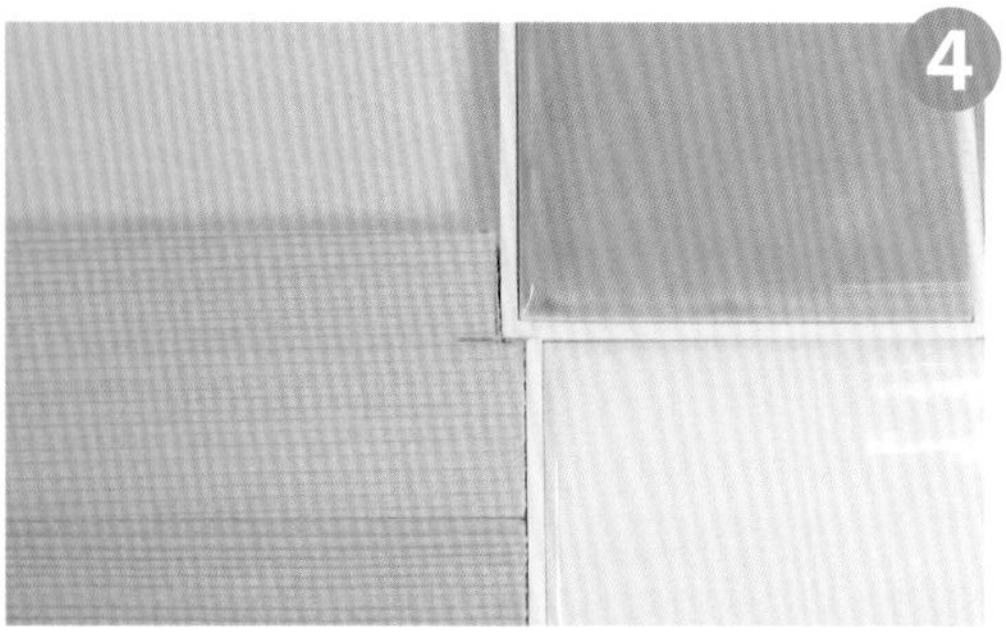

カットした板をずれたタイルに合わせて張ると、タイルと板のすき間がなくなりました。

板と板のすき間をなくす

板が足りずにすき間ができたときは、すき間ができたところに継ぎ足す板を合わせて印をつけます。

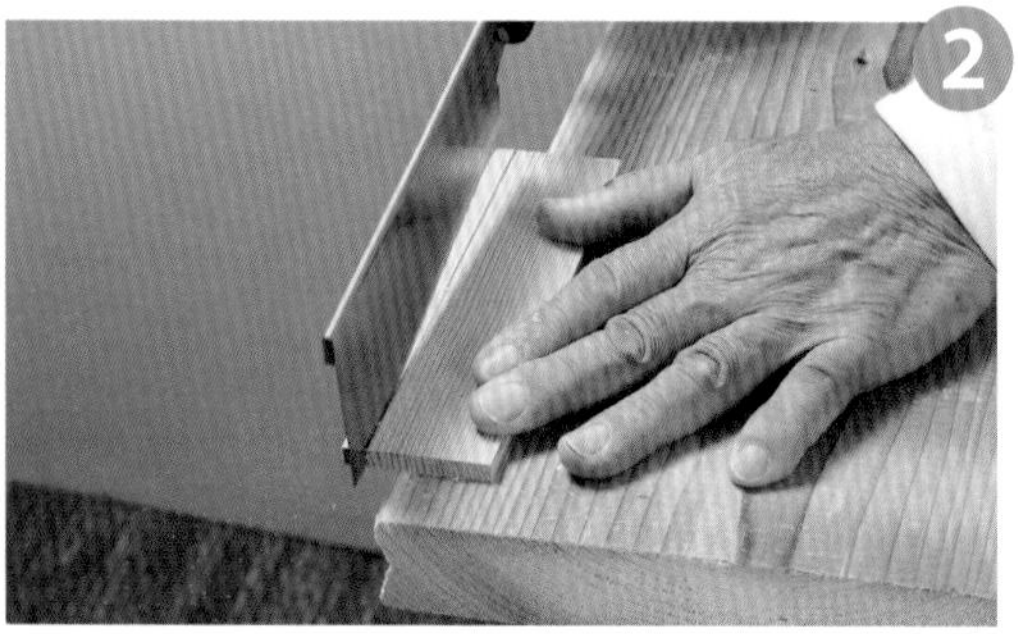

線に沿ってノコギリでカットします。

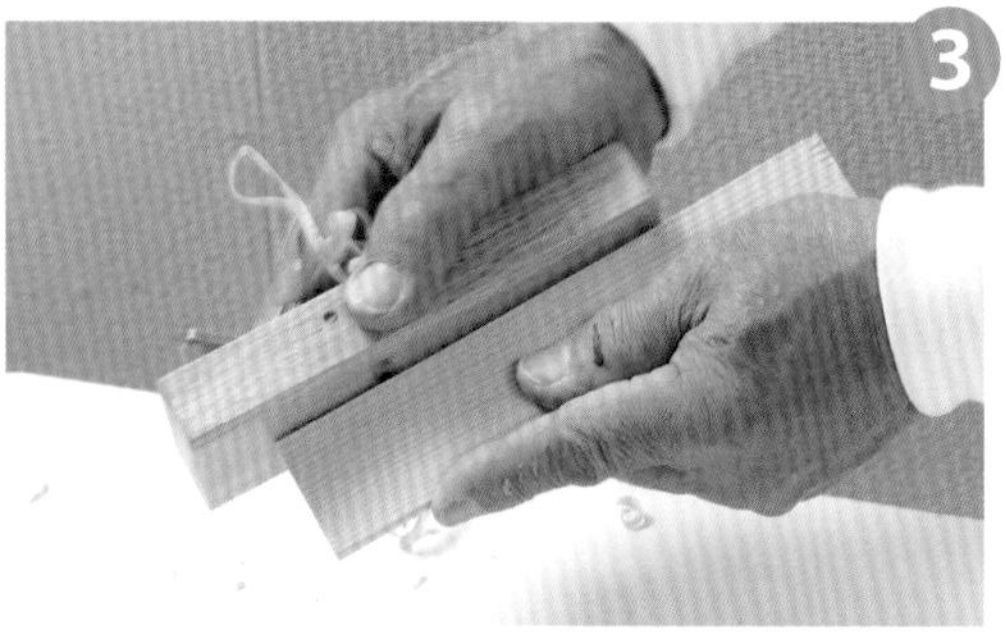

サンダーで研磨してから、カンナで削って調整します。

継ぎ足し板を張って板と板のすき間がなくなりました。

天板に枠材を取りつける

天板を裏面にして張った板のはみ出し部分をノコギリでカットし、がたつきを直します。

カットした面のバリを取るため、サンダーでサンディングします。

枠の材料です。ヒノキ材27mm厚を上下、左右2本ずつ使います。

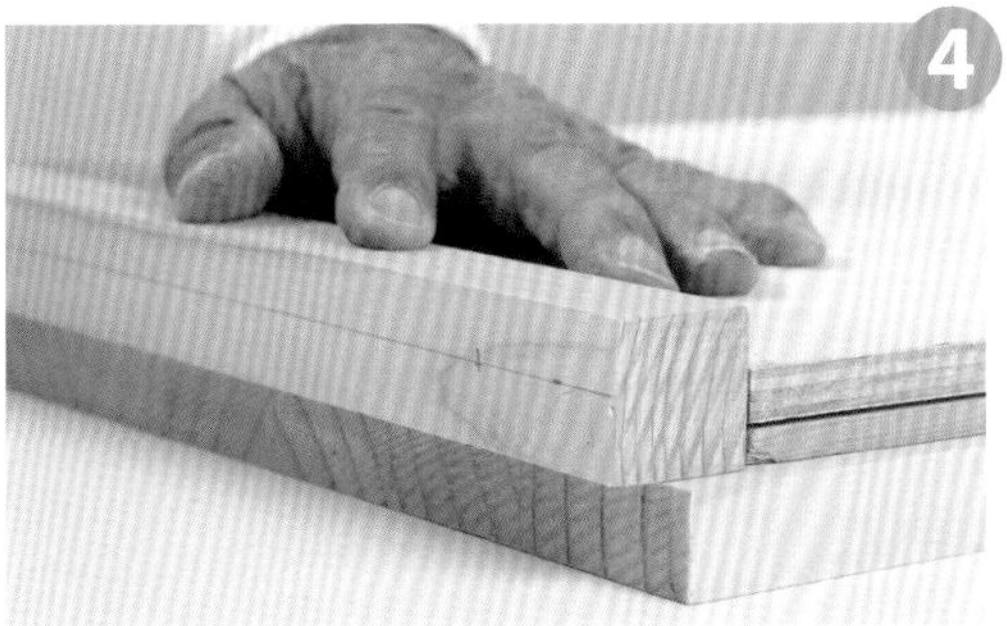

枠材を天板にあて、シナ合板の中心に合わせてネジを打つ位置の印になる線を引きます。

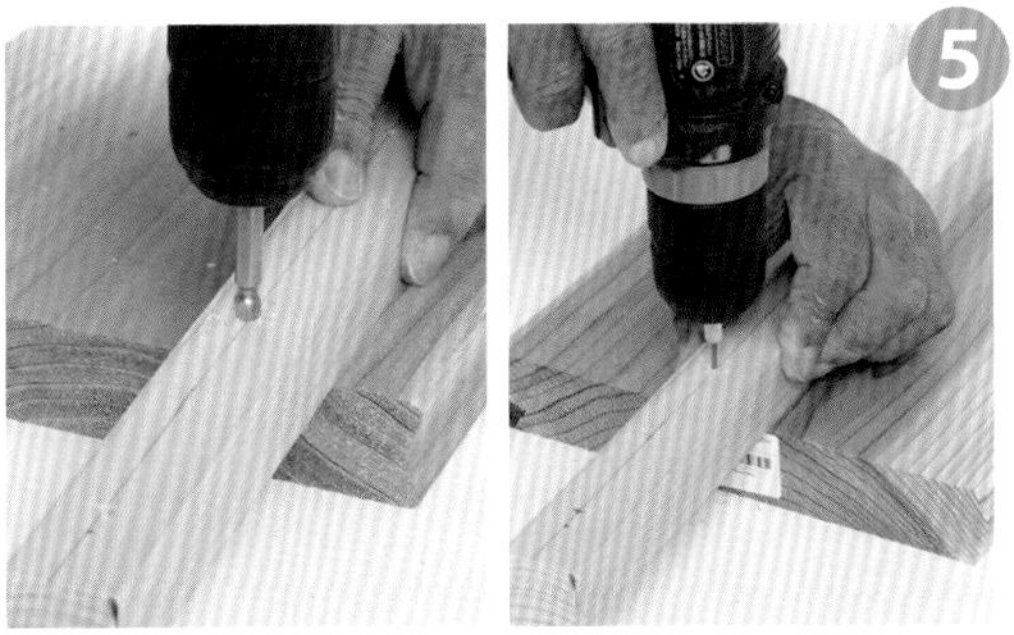

線を引いた4か所に下穴ギリで下穴をあけます。さらにネジ穴を皿取りしておきます。

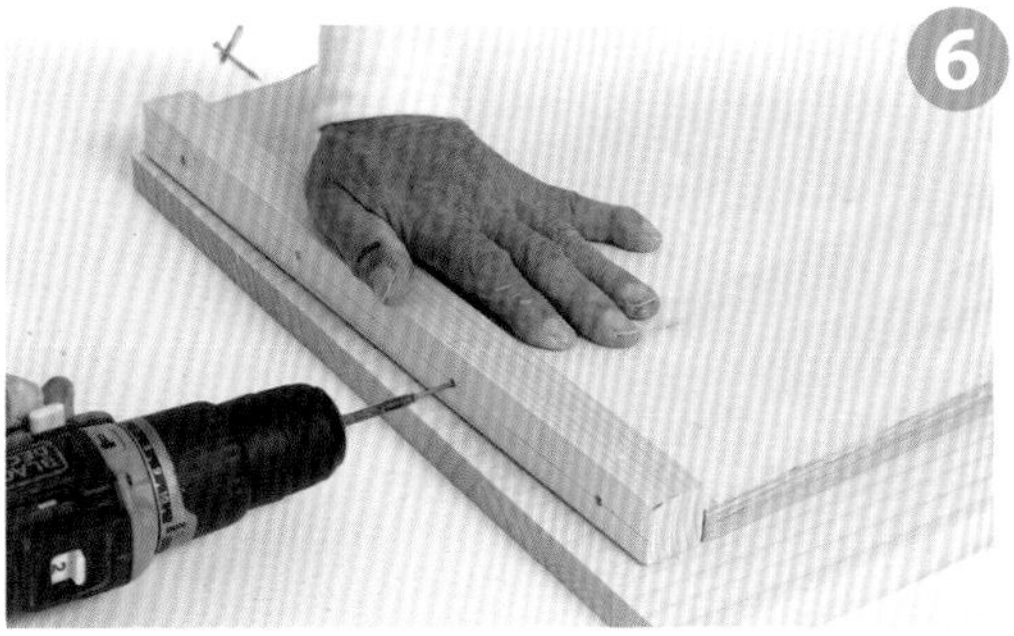

木工用接着剤を塗って枠材を取りつけ、極細ネジ45mmを打ち込んで取りつけます。左右の枠材から取りつけます。

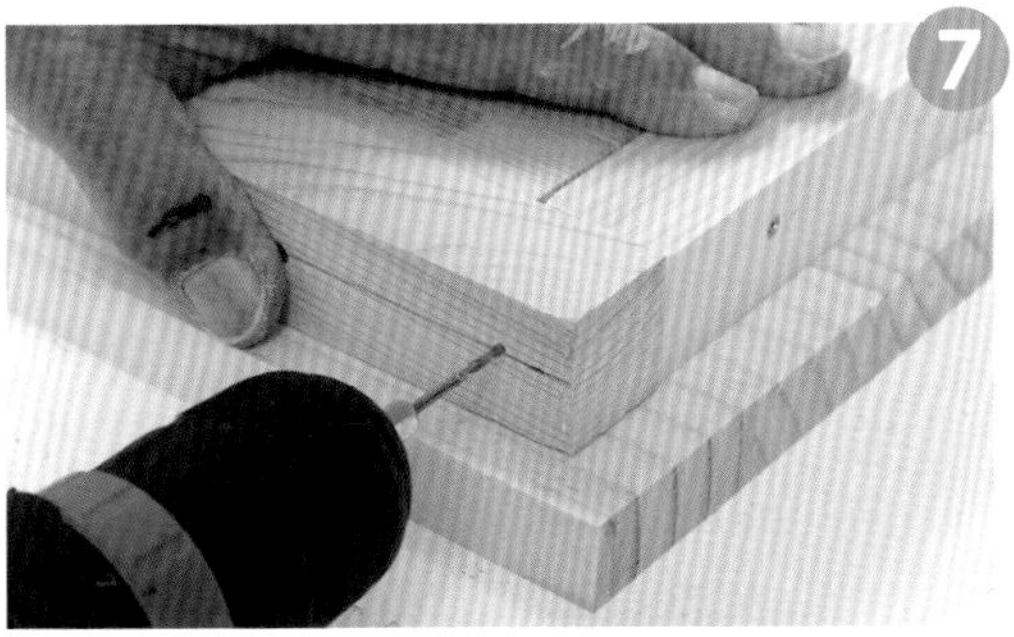

上下の枠材を取りつけた後、天板の強度を高めるため枠材同士を極細ネジで接合します。

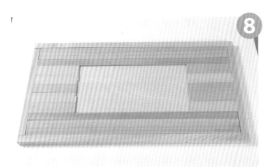

枠材の取りつけが完了し、天板ができました。

タイルを貼る

天板の表面をサンダーで軽くサンディングして、下地を整えます。

タイルの裏面の剥離紙をはがします。

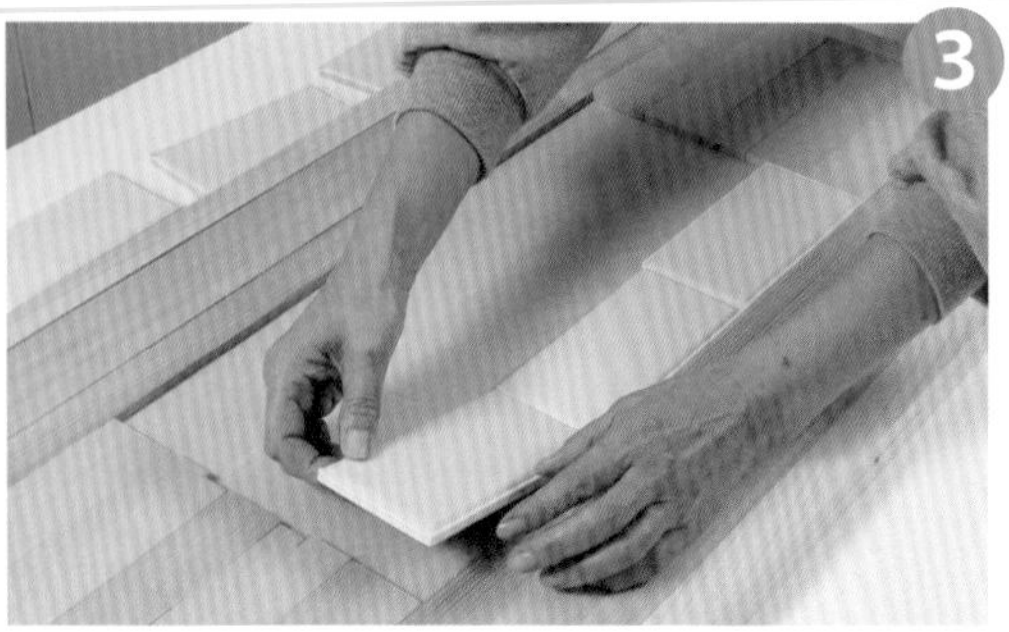

デザインを決めた配列でタイルを貼っていきます。シールタイプのため配列を間違えても貼り直しができます。

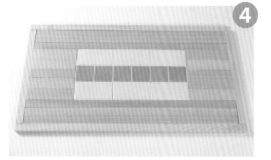

すべてのタイルが貼れました。

塗装して仕上げる

タイルの縁に沿ってマスキングテープを貼ります。

板にはみ出してしまった余分なマスキングテープは、カッターでカットします。

オイルフィニッシュをたっぷり染み込ませたハケで塗装します。「ワトコオイル」のナチュラルを使用しています。

表面に溜まった塗料はウエスで拭き取ります。2度塗りをして半日乾燥させたら、タイルテーブルの天板の完成です。

目《め》地《じ》材を使ったタイル天板の作り方

目地やシールが付いてない焼き物本来のタイルを使う場合は、目地材を作って貼る方法があります。タイルのすき間の間隔を均等にできるアイテムを使えば、手軽にチャレンジできます。

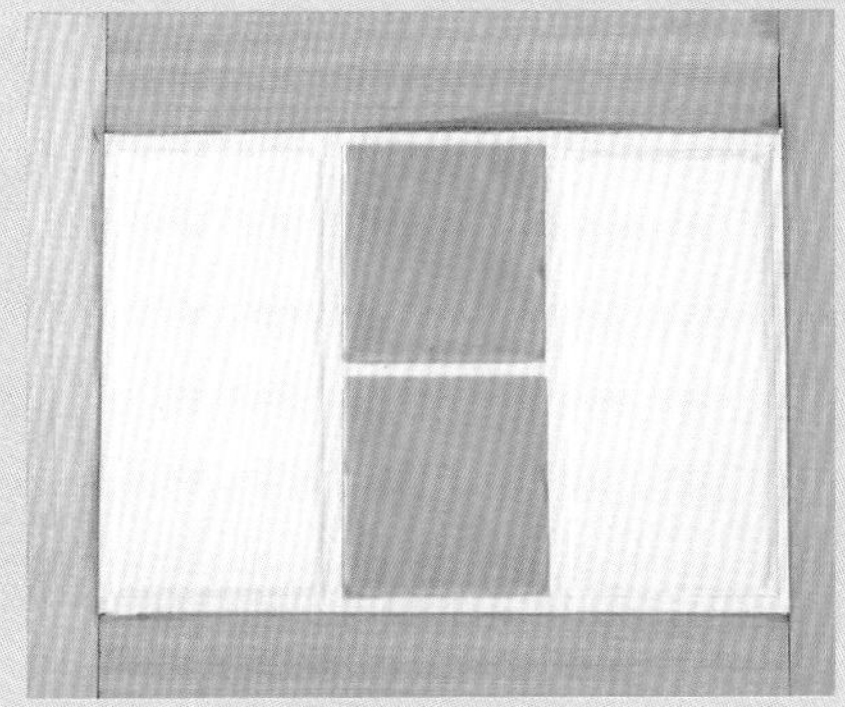

目地がないタイルの場合は、タイル用接着剤が必要になります。

タイル目地材は、水を加えて練り込んで作ります。

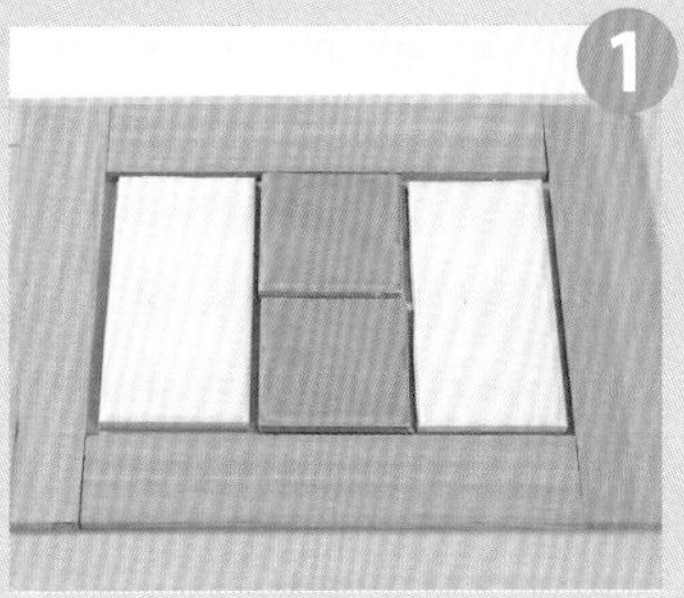

1 タイルのデザインを決めます。目地幅分のすき間を空けてレイアウトをして仮置きします。

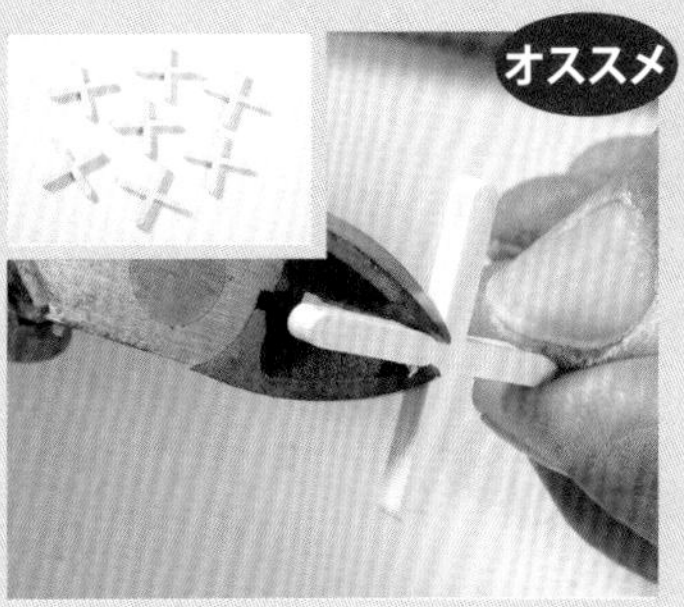

タイルがずれることなく目地幅分を均等に置けるタイルスペーサーがおすすめ。ニッパーでカットして調整できます。

2 タイルスペーサーをT字やL字にしてタイルを固定します。タイルスペーサーがガイドの役割をしてくれます。

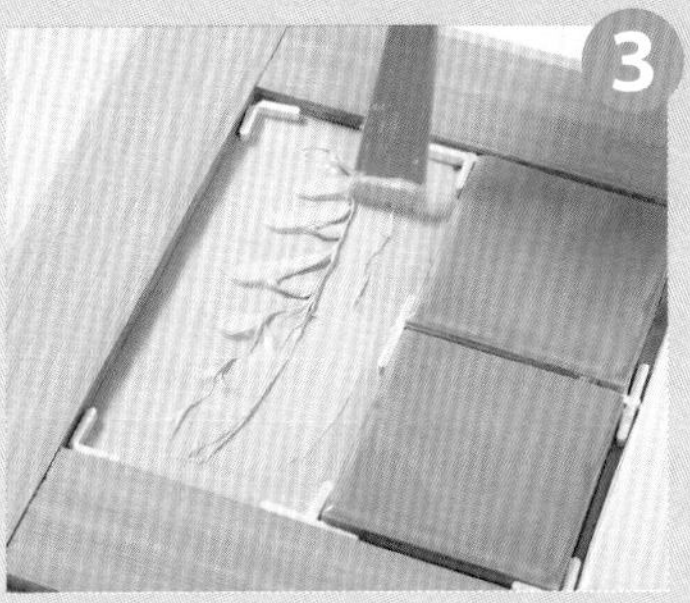

3 一旦タイルをはずして、タイル用接着剤を天板に塗り、ヘラで均等に伸ばします。

4 タイルスペーサーに合わせてタイルを貼り、上から押さえます。

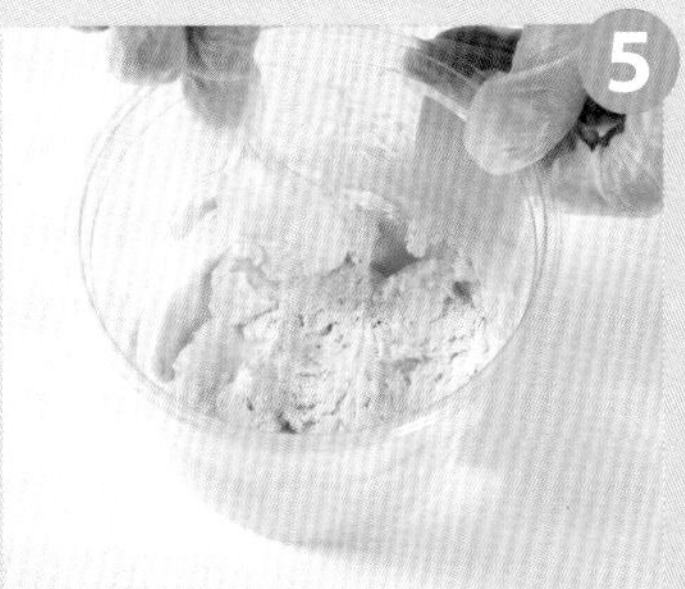

5 タイルを貼り終えたら、目地材の準備をします。水を少しずつ加えて練り込みます。固さの目安は歯磨き粉程度です。

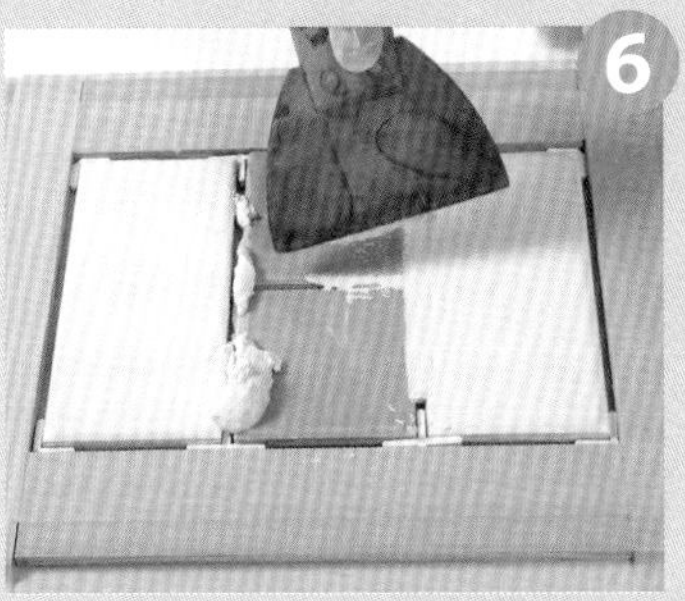

6 練った目地材をタイルの上にのせます。ゴムヘラで伸ばすように全体に広げて塗り、目地を埋めます。

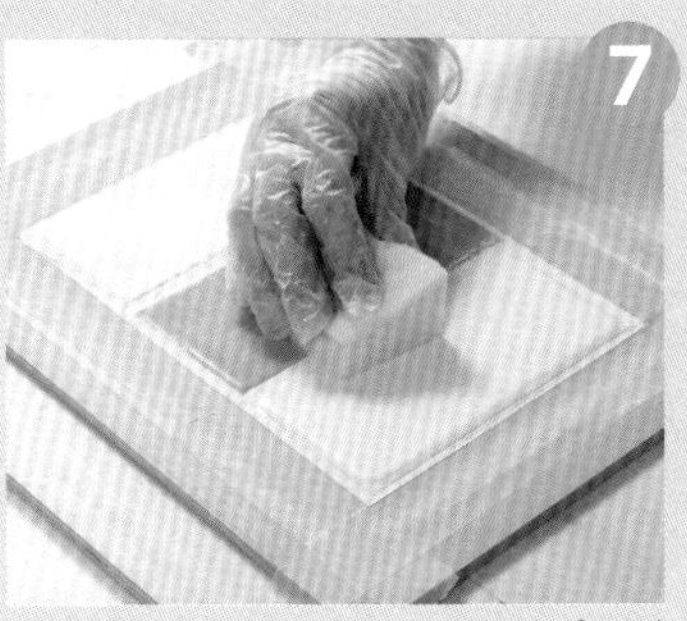

7 目地が固まる前に水を切ったスポンジで、タイルの表面についた目地を拭き取ります。

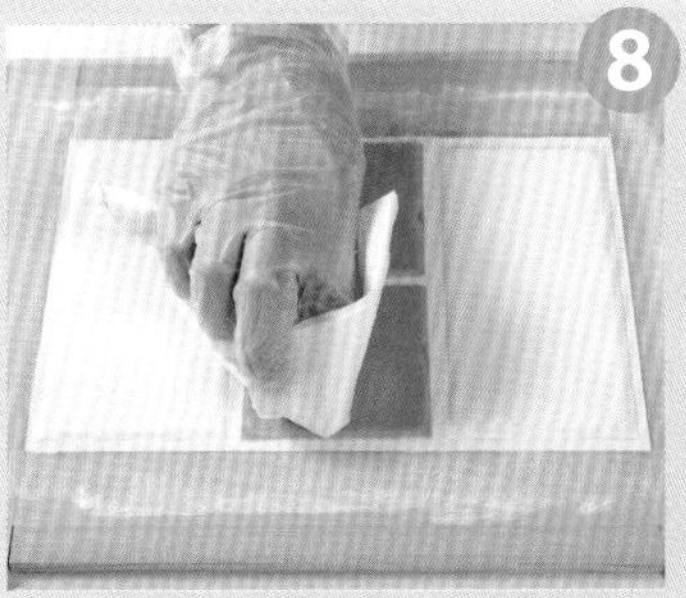

8 目地が固まったら乾いたウエスで全体をきれいに拭き取れば完成です。

ローテーブルを作る

難易度 ★★★☆☆

その他の材料

- ■シナ合板（9mm 厚）
- ■２×２材
- ■ヒノキ材
- ■テーブル脚
  （丸型：ボルト付）
- ■上蓋用ステー（右）
- ■長ナット
- ■ボルト
- ■ワッシャー
- ■ピアノ丁番
- ■Ｌ型金具
- ■細ネジ
- ■極細ネジ
- ■水性塗料

道　具

- ■電動ドリルドライバー
- ■ノコギリ
- ■サンダー
- ■ロングドライバー
- ■ドライバー
- ■レンチ

天板の折り畳み作業台をはずす

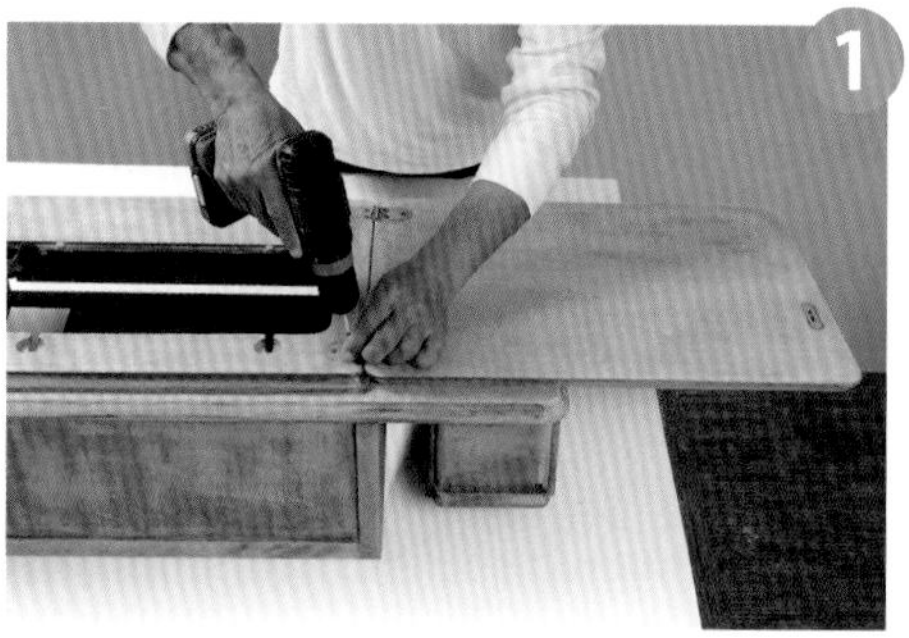

天板の右側に取りつけている2枚のミシン丁番のネジをはずします。

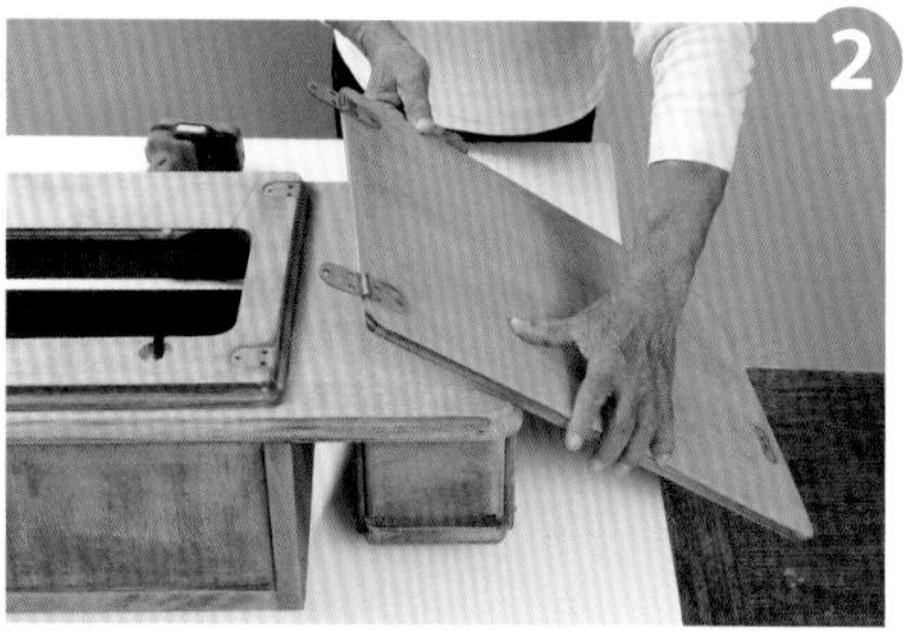

天板から折り畳み作業台を取り除きます。

折り畳み作業台についているミシン丁番のネジをはずします。

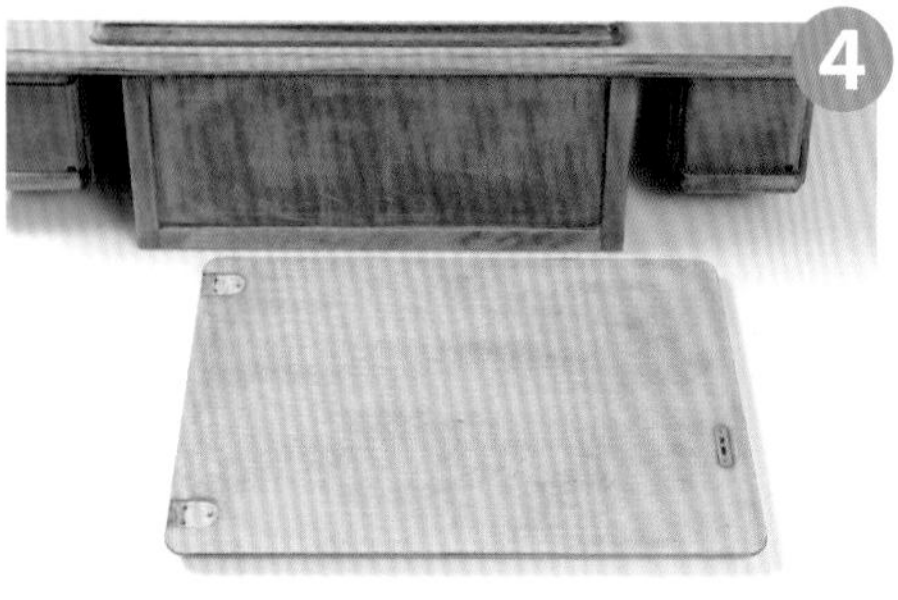

ミシン丁番を取り除いたら折り畳み作業台の取り外し作業は完了です。

折り畳み作業台の取りつけ位置を変えて蓋にする

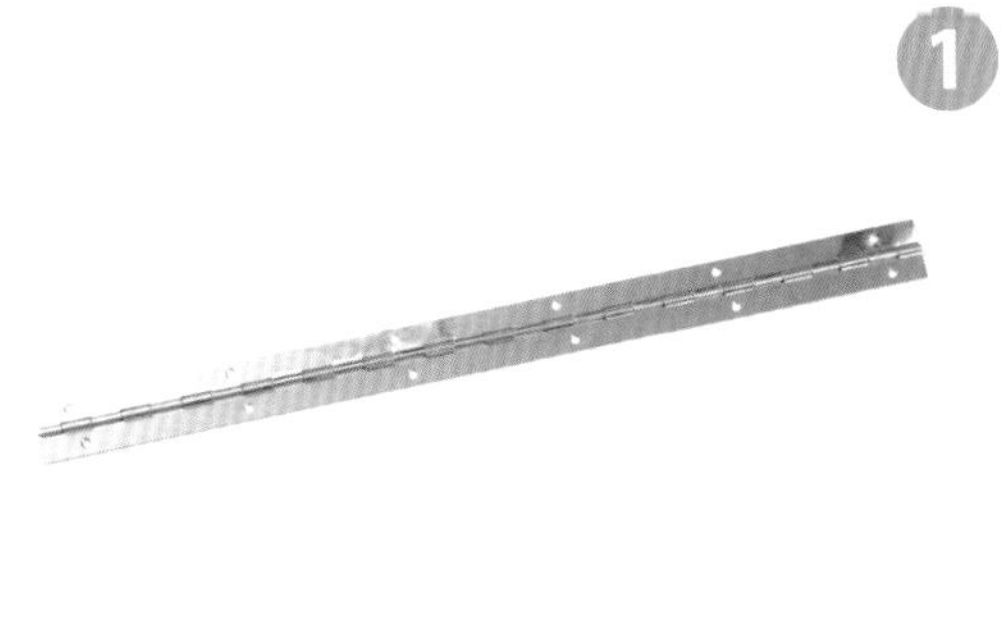

取り外した折り畳み作業台を天板の背面側に取りつけるため、軸方向に長いピアノ丁番を使います。

天板の背面側にピアノ丁番を取りつける位置を決め、マスキングテープでとめます。続いて丁番下穴ビットでピアノ丁番のネジ穴に合わせて、下穴をあけます。

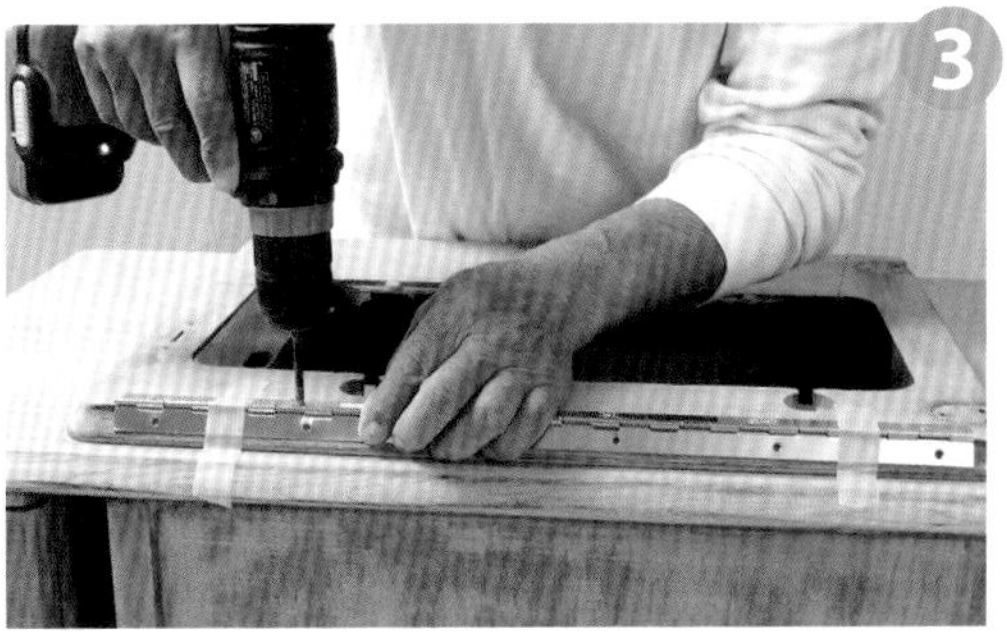

下穴に細ネジを打ってピアノ丁番を固定します。

ピアノ丁番を折り畳んだ面に、両面テープを貼ります。

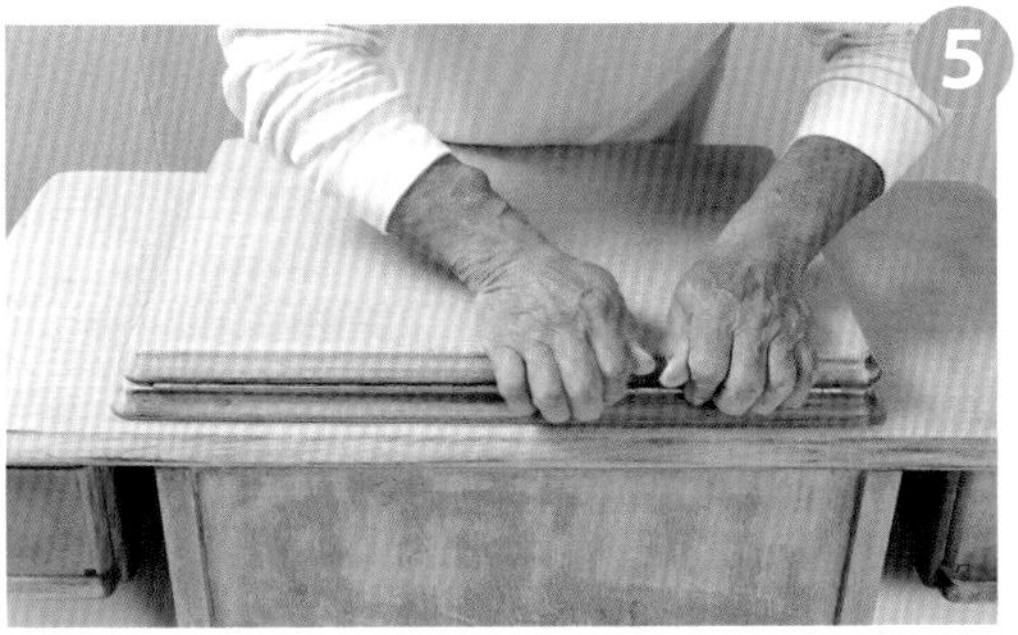

折り畳み作業台をピアノ丁番の上からかぶせて押さえ、両面テープに圧着させるようにします。

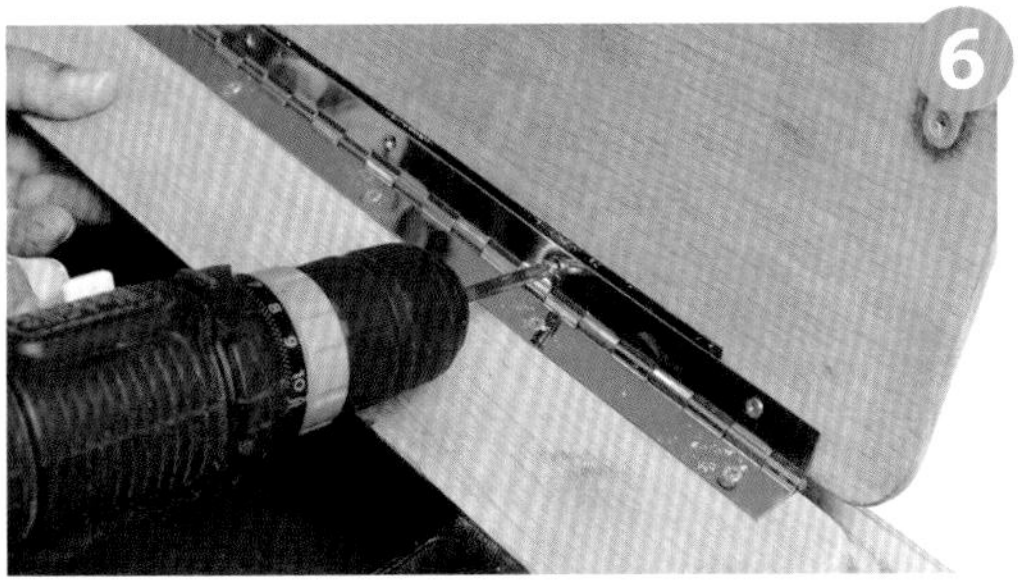

両面テープに付いた折り畳作業台側のピアノ丁番のネジ穴に丁番下穴ビットで下穴をあけ、細ネジを打ち込みます。

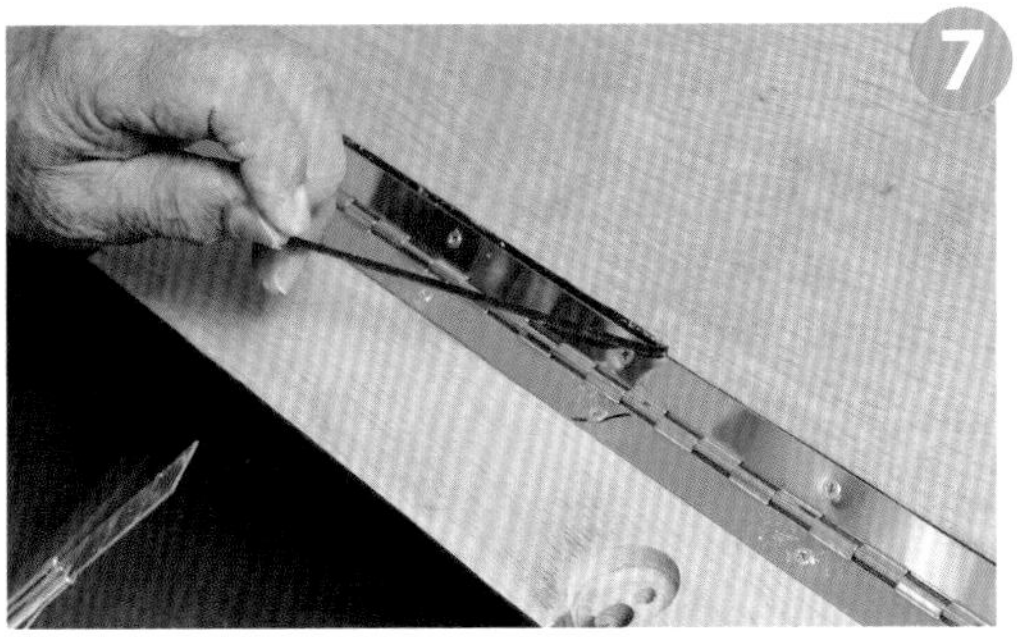

細ネジを打って固定したら、余分な両面テープをカッターでカットします。

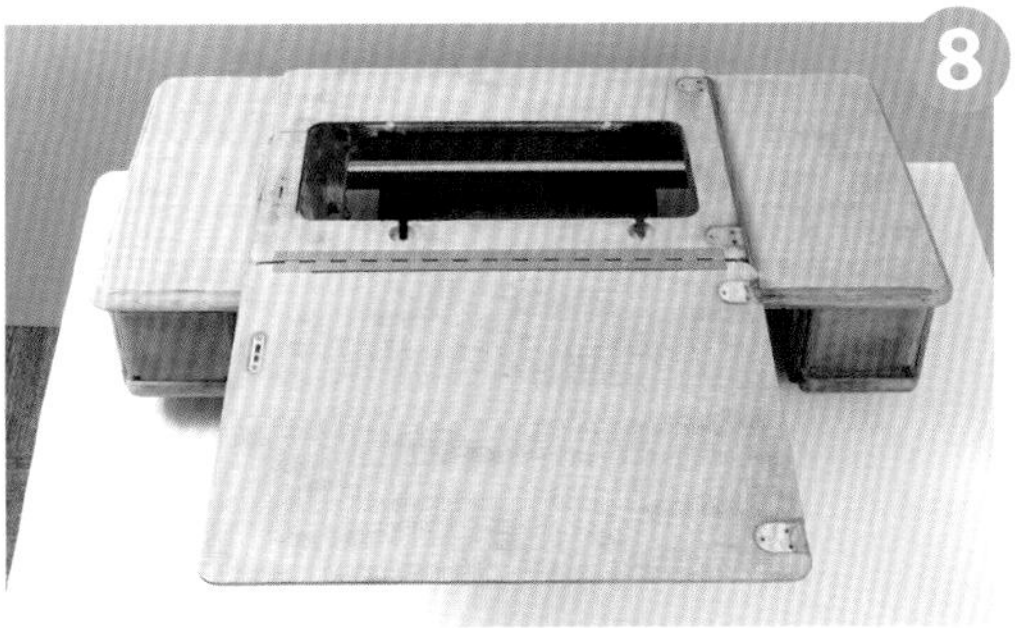

ピアノ丁番の取りつけができました。蓋になり、開いたときにタブレットなどが置ける役割を担います。

底面に補強板を取りつけて箱型にする

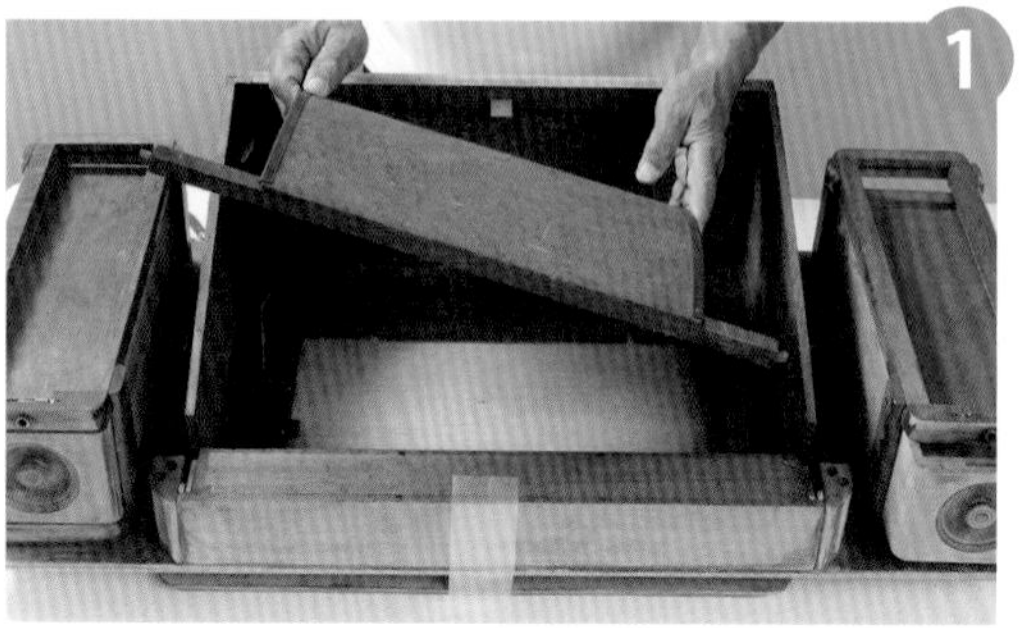

ミシン台を裏側にし、ミシンを収納したときのストッパーの板などを取り除きます。

補強板を取りつけて箱型にするため、側板の内寸を測ります。

補強材はヒノキ材です。箱型にするためにL字金具を4個使います。

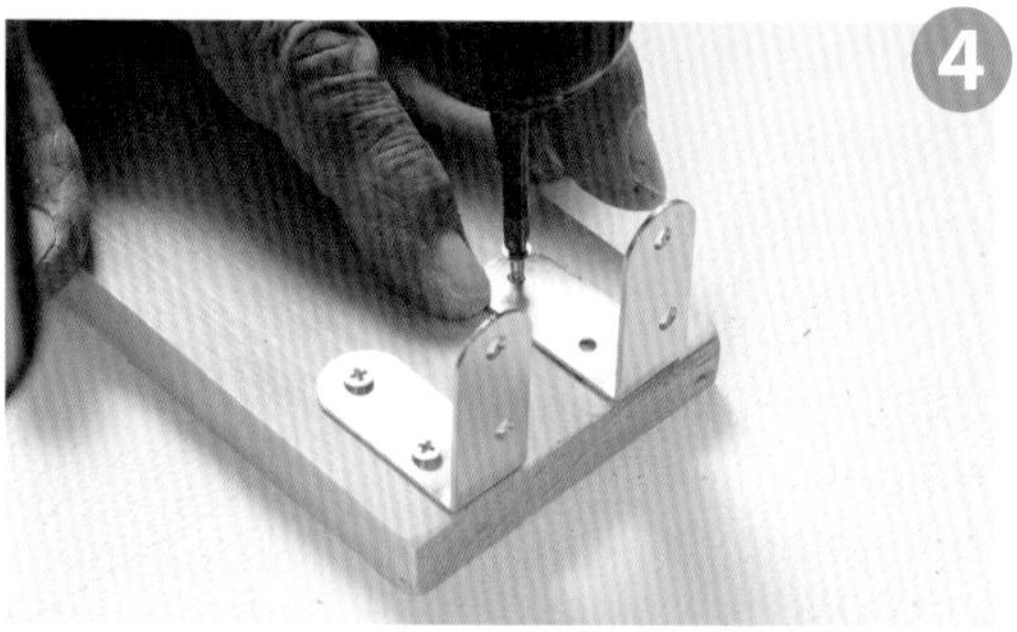

補強材の端に2個のL字金具をそろえて細ネジを打ち込んで取りつけます。

左右それぞれにL字金具の取りつけができました。

補強板をセットし、ミシン台の側板に細ネジを打ち込んで取りつけます。

もう片側にも同じように細ネジを打ち込んで固定します。

補強板の取りつけができて箱型になりました。

底板を取りつける

1

底板はシナ合板9mm厚を使います。箱の枠のサイズに合わせてノコギリでカットして切り出してください。

2

底板に側板の厚み5mmを写して線を引き、ネジを打つところに下穴をあけます。

3

ネジ穴に極細ネジを打ち込んで底板を取りつけていきます。

4

底板の取りつけができました。

上蓋用ステーを取りつける

1

蓋の開いた状態を保持するため、アームの形状が特徴の上蓋用ステーを使います。

2

蓋の内側に上蓋用ステーの取りつける位置と角度を決め、両面テープで貼ります。そこにネジを打って固定します。

3

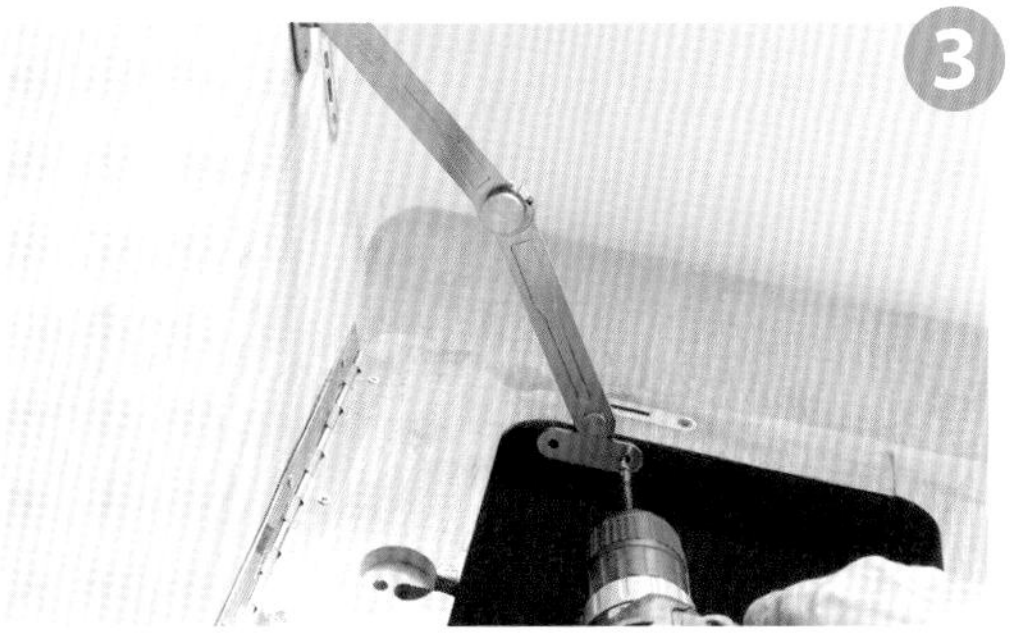

蓋の内側に取りつけた次に、ミシン台の側板に合わせてネジを打って上蓋用ステーを取りつけます。

4

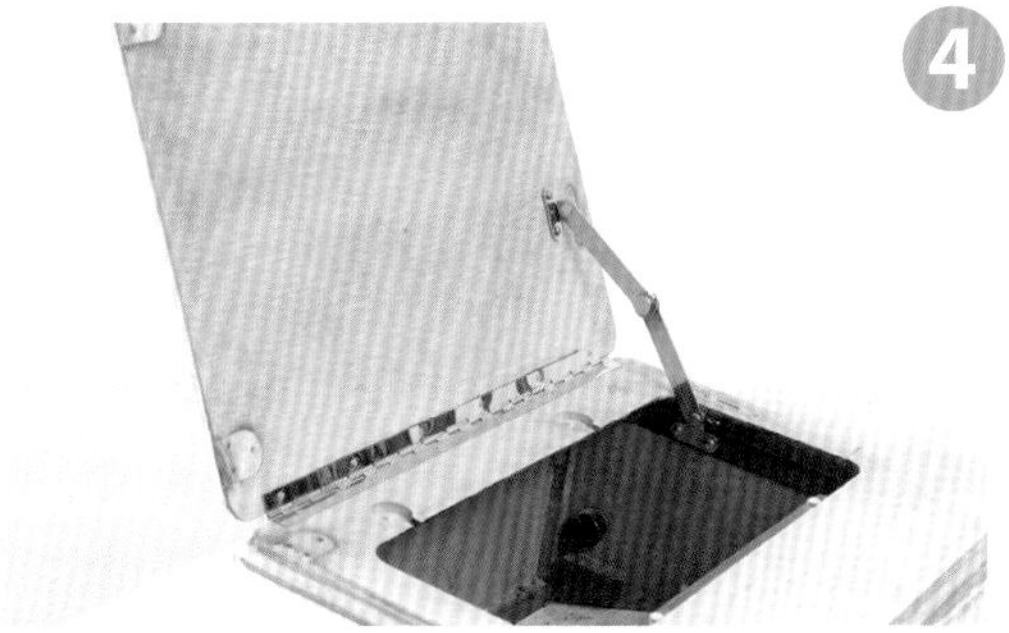

蓋の開閉を確認し、設定した角度の保持に問題がなければ、上蓋用ステーの取りつけ完了です。

テーブル脚の座金付き土台を作る

ボルト付きのテーブル脚を取りつける場合、一般的に座金を使います。今回はミシン台に座金を取りつけるスペースがないため、オリジナルの座金を作ります。

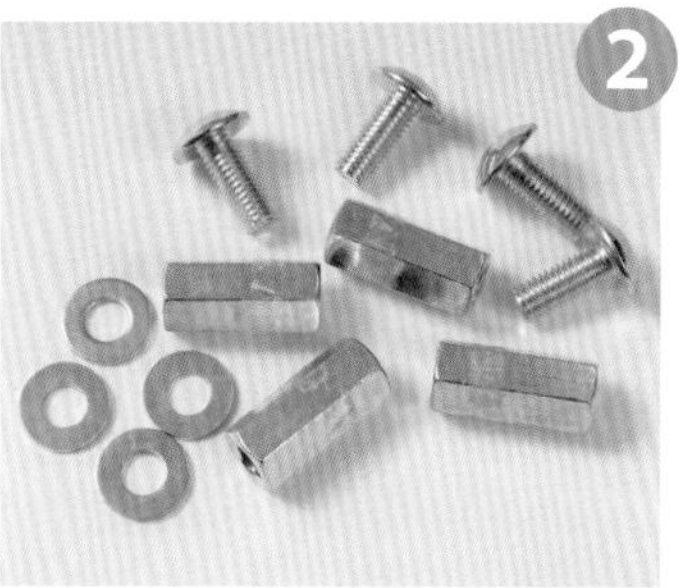

座金のベースとなる長ナット、ボルト、ワッシャーでテーブル脚の４本分を用意します。

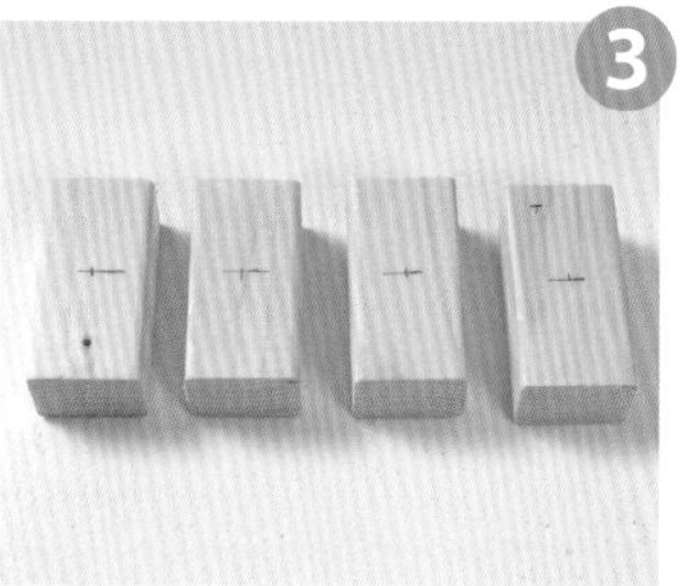

座金の土台は２×２材を、ノコギリでカットしたものを使います。長ナットを取りつける中央に印をつけます。

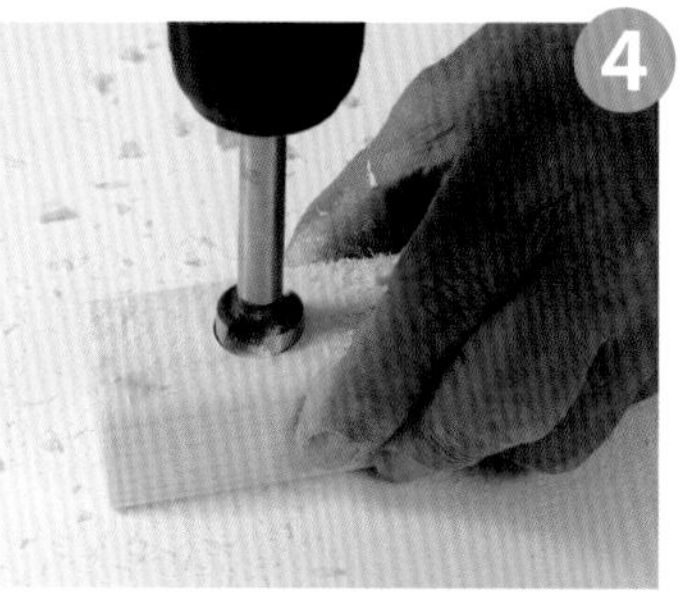

20mm 径のボアビットで、ボルト頭が隠れる約 10mm の深さまで掘ります。

ノギスで測った長ナットの4.55mm径より広い、6mm径のボアビットを使って貫通穴をあけます。

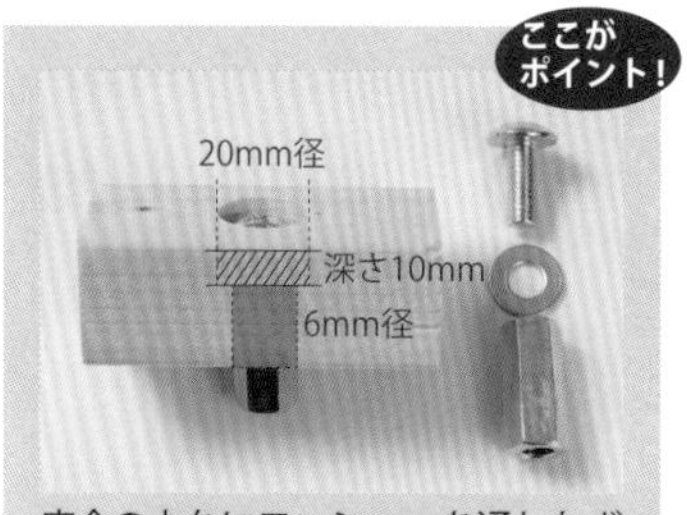
ここが
ポイント！
20mm径
深さ10mm
6mm径

座金の土台にワッシャーを通したボルトを長ナットに入れたイメージです。長ナットは土台から少し出るようにします。

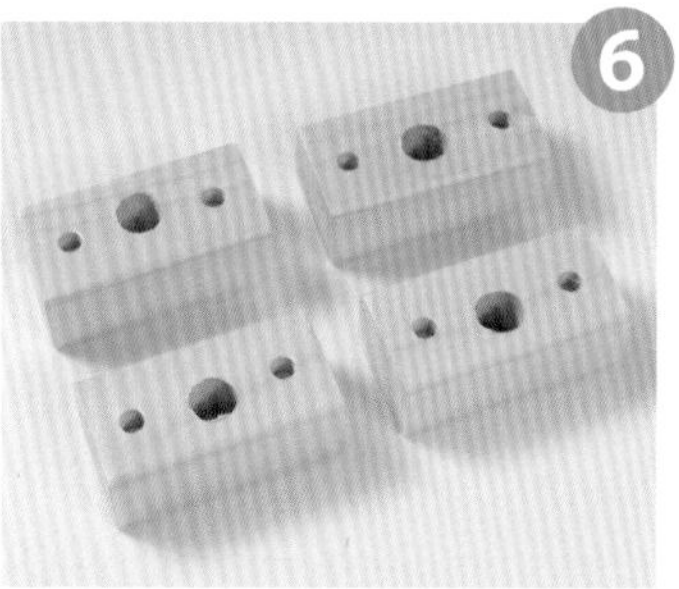

土台の両脇に下穴キリを使って、ミシン台に取りつけるネジ穴をあけます。

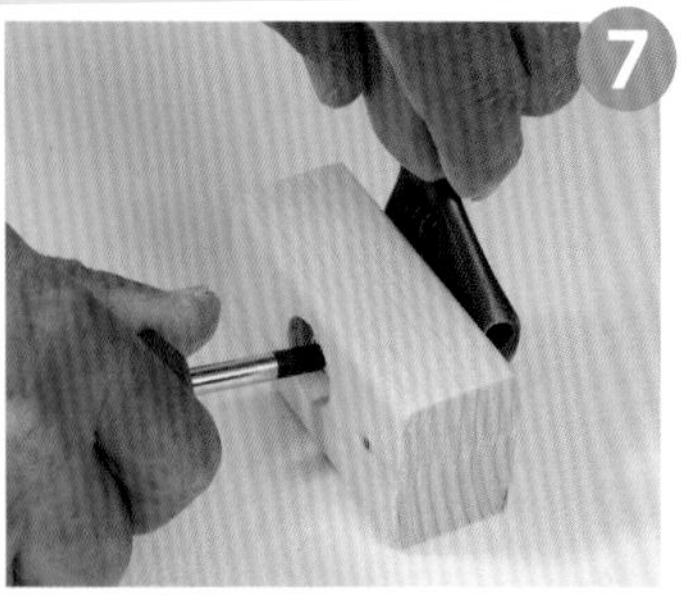

レンチで長ナットを固定し、ドライバーでボルトを締めます。

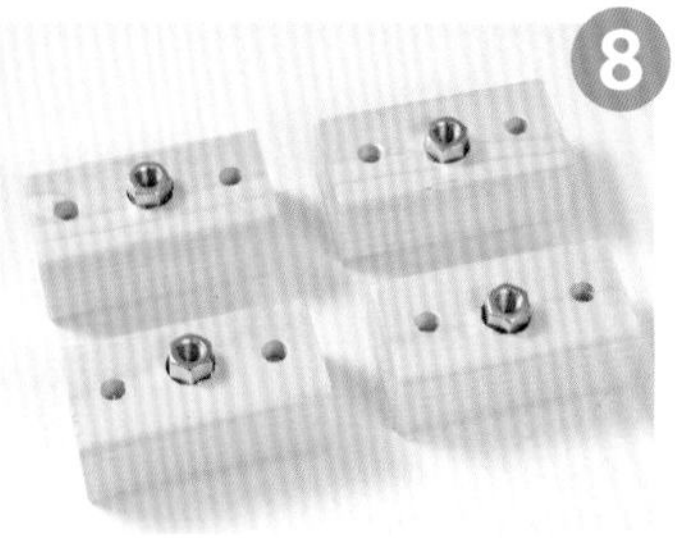

４本のボルトをしっかり締めたら、座金付き土台のできあがりです。脚を安定させるため、出ている４本の長ナットの長さは均等にしてください。

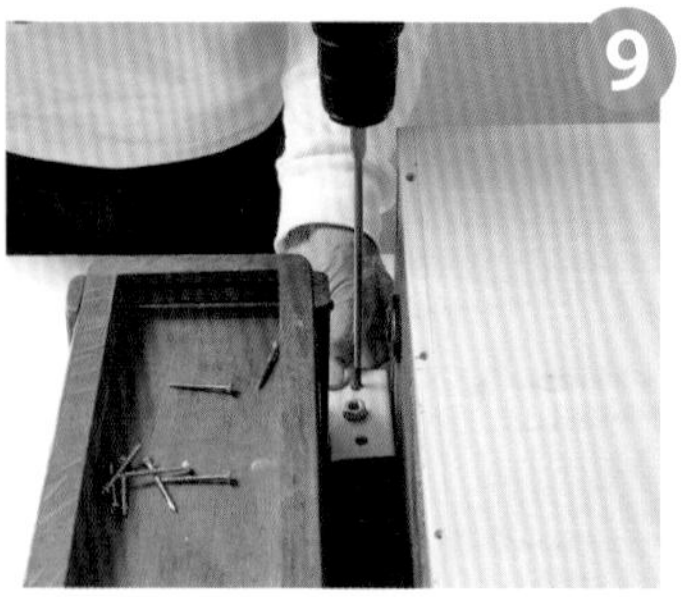

長ナットの面を上にした座金付き土台をミシン台に取りつけます。ロングドライバーで極細ネジを締めていきます。

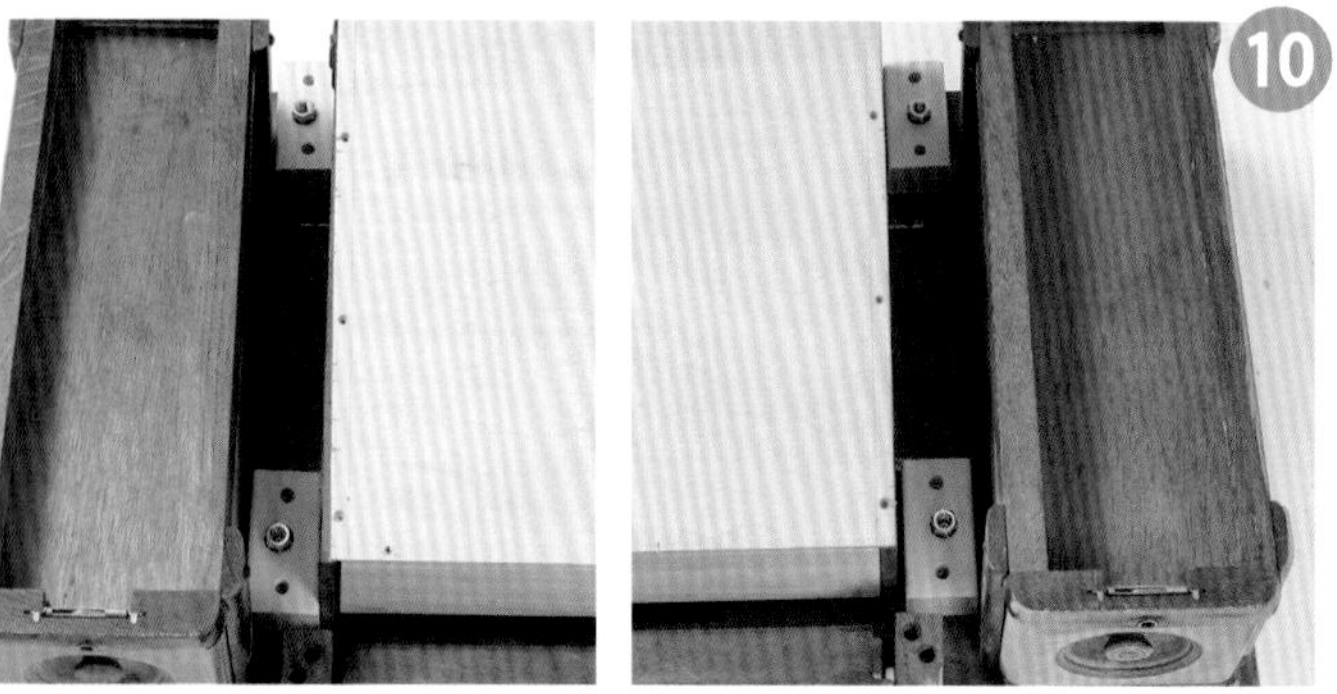

左右2か所に座金付き土台を取りつけることができたら完了です。

テーブル脚を取りつける

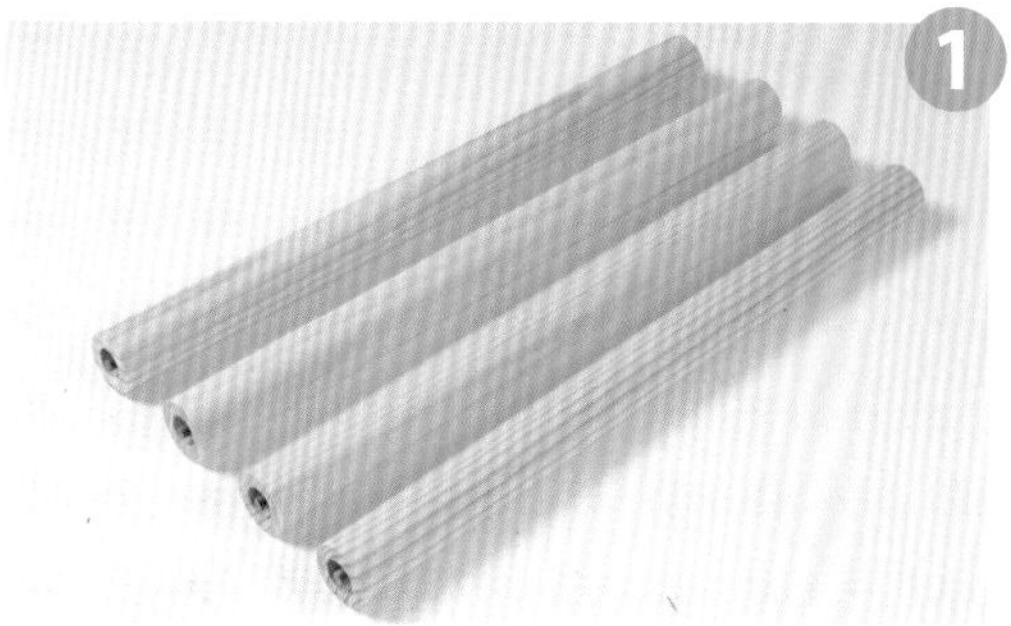

脚は簡単に取りつけることができる、丸型タイプのボルト付きテーブル脚を採用しました。

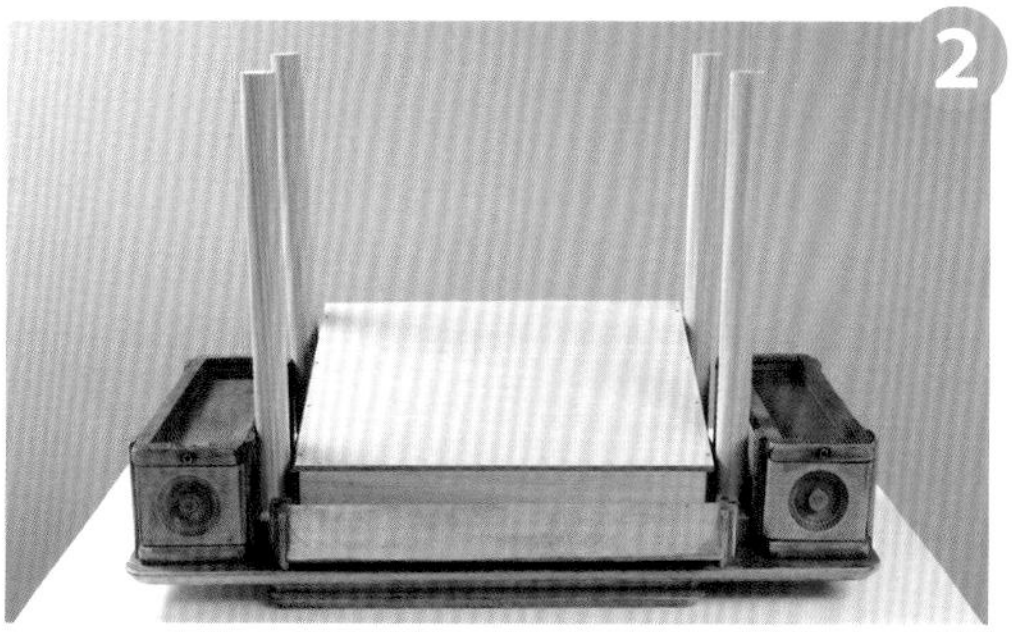

座金付き土台の長ナットに、テーブル脚のボルトをねじ込んで取りつけます。

テーブル脚はノコギリでカットして、高さを自由に変えることが可能です。

カットしたテーブル脚をミシン台に取りつけたところです。高さを500mmにしました。

塗装して仕上げる

水性塗料は「ミリタリーペイントアーミー」の2色。本体にブルイッシュグレイ、蓋の内側と脚にネイビーブルーを塗ります。塗る順番は本体、蓋の内側、脚です。

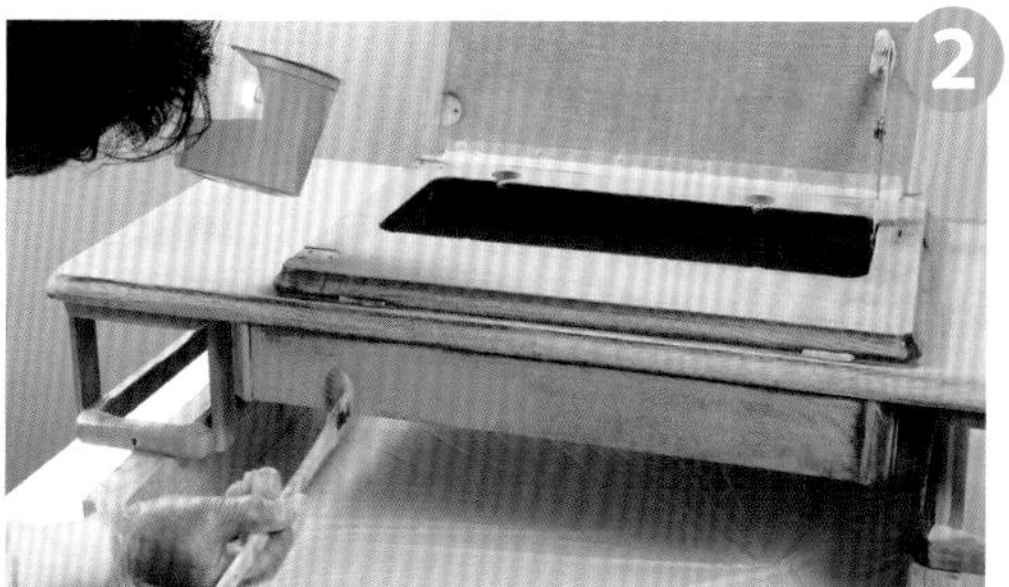

マスカーで養生をし、本体から塗っていきます。引き出しなどの細かい部分から塗ります。

蓋の内側を塗ります。ローラーバケで塗った後にハケで丁番の掘り込みなどの細かい部分を塗ると、効率よく塗れます。

取り外した脚を塗って乾燥させます。本体などを2度塗りして再び乾燥させたらローテーブルの完成です。

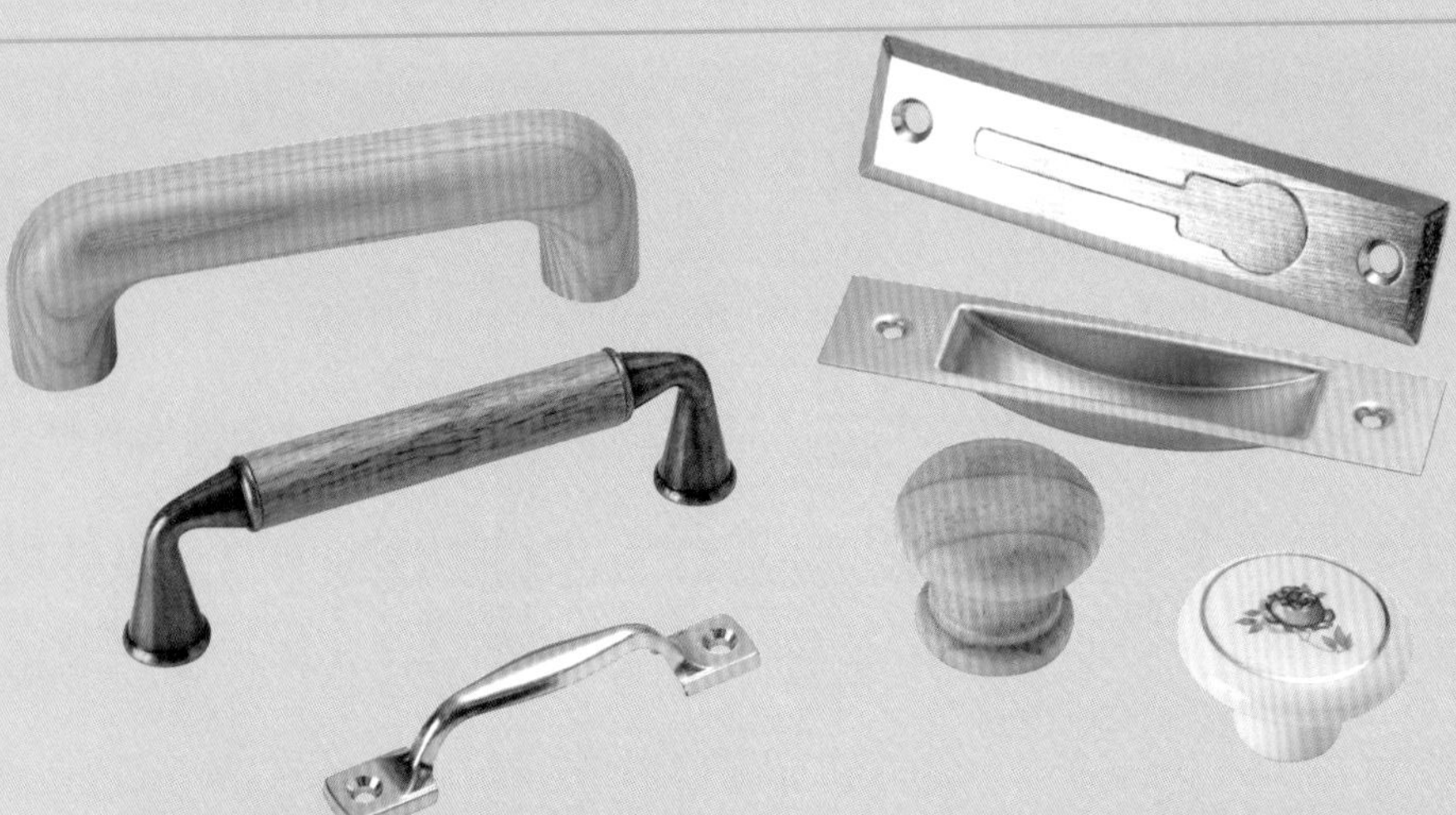

取っ手

強度や使い勝手も選ぶポイント

握る、つまむ、引っ掛けるなどの開閉動作により取っ手の形状はさまざまです。木製、陶製、ステンレス製など材質をはじめ、アンティーク調やモダンなタイプのものなどデザインも多種多様。つい見た目で選びがちですが、使うことを考えてしっかり握って開閉できるか、でっぱりはじゃまにならないかなど、購入時には使い勝手を優先させることも大切です。取っ手を取りつける際は、引き出しや扉などの板厚も確認して、付属のネジで固定できるかを確認してください。取っ手を交換する場合は、取付穴の大きさとネジのピッチも確認して購入するよ

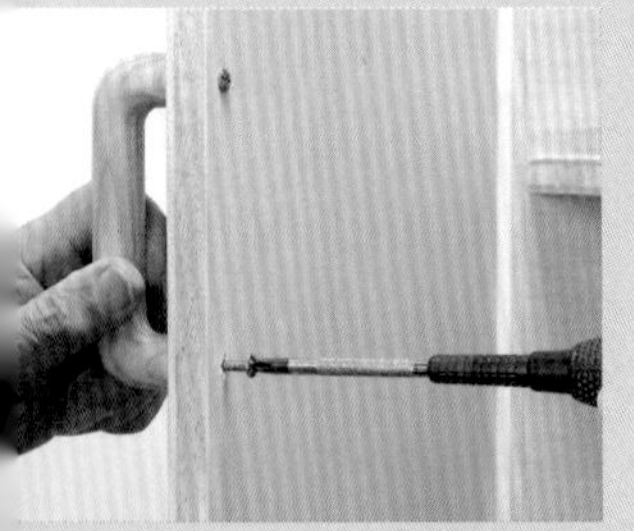

っ手を裏からとめる場合

っ手のネジピッチに合わせてネジ穴あけ、裏側からドライバーでネジをめます。

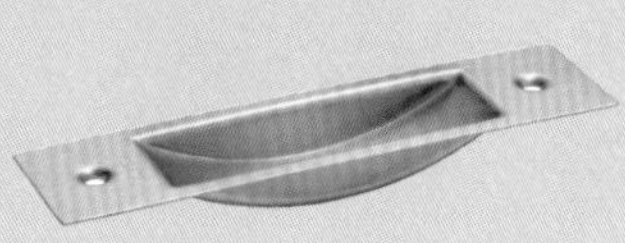

■引き戸用

室内の引き戸に用いられる。取りつけには引き戸に彫り込みが必要です。

■つまみタイプ

引き出しやクローゼットの開閉など、軽い力で開閉するもの向き。木製、陶製、ステンレスなど材質、形状はさまざまです。

っ手を表からとめる場合

定ネジが裏側に飛び出ない長さを確してとめてください。

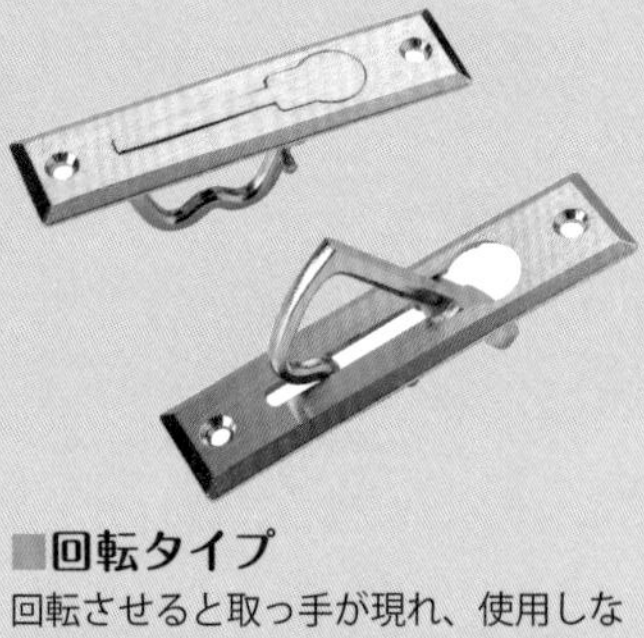

■回転タイプ

回転させると取っ手が現れ、使用しないときは平らになります。床下収納の扉によく使われます。

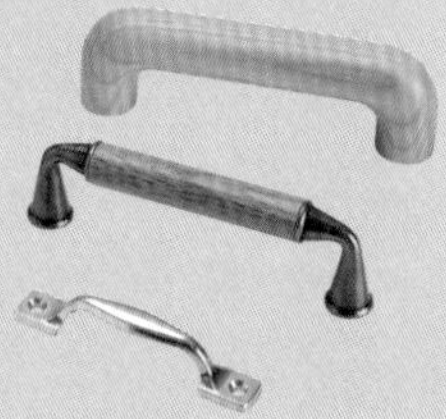

■ハンドルタイプ

扉や引き出しの表からネジを留めるタイプと裏から留めるタイプがあります。裏の場合は仕上がり時にネジが見えなくなるが、ネジのピッチを正確に合わせる必要があります。

04

机・テーブルを
リメイク

難易度 ★★★☆☆

学習机をワークテーブルにリメイク

子供が使っていた学習机で DIY用ワークテーブルを作る

お子さんの成長とともに不要になってしまう家具の代表といえば学習机です。子供サイズの机は他の用途には使いづらいですし、かといって思い出のあるものをそのまま処分するのも気が引けてしまいます。

それなら、机としての機能はそのままに、大人が使えるワークテーブルにリメイクしてはいかがでしょう。机の機能をそのまま活かし、ちょっとした工夫を施すだけでDIY作業に使える便利なワークテーブルに早変わりします。

不要となった学習机ですから、天板などが傷ついても気になりませんし、思う存分作業ができるでしょう。有孔ボードを取りつければドライバーやマスキングテープ、ペンチやクランプなど細々としたツール類なども整理しながら収納が可能です。

今回は意外に収納しにくい電動工具や充電器などを機能的に収納できる棚も作ってみました。

リメイクプラン
Remake PLAN

子供用の学習机をベースに、色を塗り替え、棚や有孔ボードを設置してＤＩＹ作業に便利なワークテーブルに作り替えます。天板の下には大きめの引き出しを作り取りつけています。

ＤＩＹ作業は汚れやすいので暗色の水性塗料とチョークボードペイントで全体を塗り変えて、ワークテーブルらしく落ち着いた色合いに仕上げています。

また、電動工具を吊り下げられる専用のラック、充電器や電源タップなどを収納できる棚も新たに作り設置しました。

電動工具ラックは収納する電動工具のサイズに合わせる必要があるので、愛用の電動工具のグリップ幅に合わせて、適切なサイズに調整してください。

After

全体を水性塗料とチョークボードペイントで塗り替えました。天板にはクリアのトップコートも塗っています。

新たに工具類を整理して収納できる棚や有孔ボード、ラックを作り、機能的なワークテーブルにリメイクしました。

Before

その他の材料

- ■ヒノキ材
- ■１×４材
- ■有孔ボード
- ■水性塗料
- ■集成材
- ■チョークボードペイント
- ■木工パテ
- ■ウレタンニス
- ■マスキングテープ

道　具

- ■電動ドリルドライバー
- ■丸ノコ
- ■サンダー
- ■金づち
- ■ノコギリ
- ■紙やすり
- ■クランプ
- ■ハケ
- ■ローラー

天板のフチをカットする

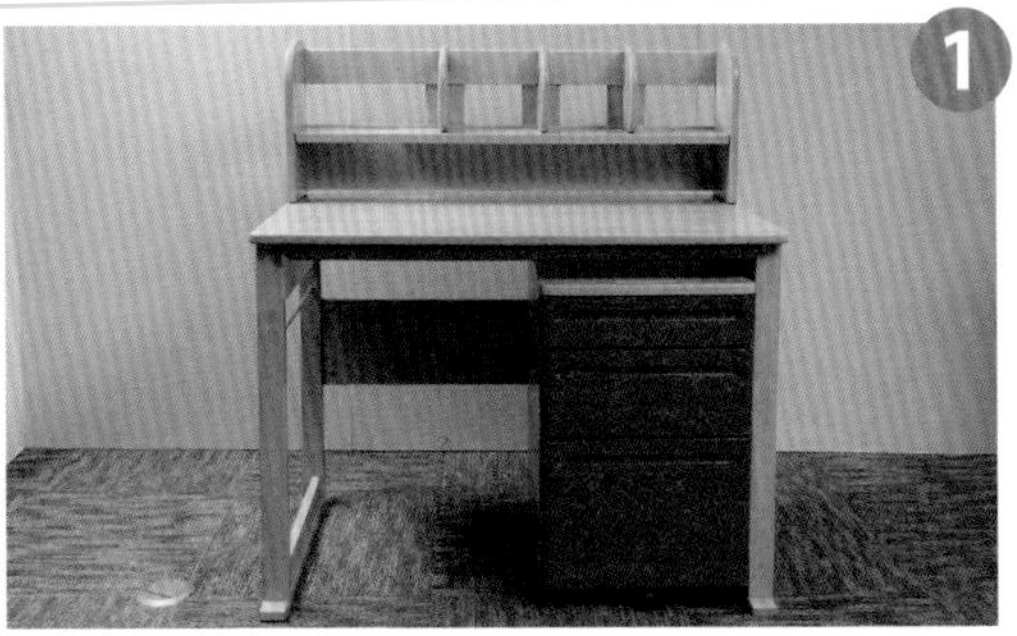

今回使用する一般的な子供用学習机をベースに、ワークテーブルへリメイクしていきます。

教科書を並べておくための本棚は、ワークテーブル用としては使い道がないので取り外して処分しました。

デスクワゴンは取り出し、机部分にリメイクを施していきます。

あとで棚を取りつけやすくするため、天板のフチをカットします。

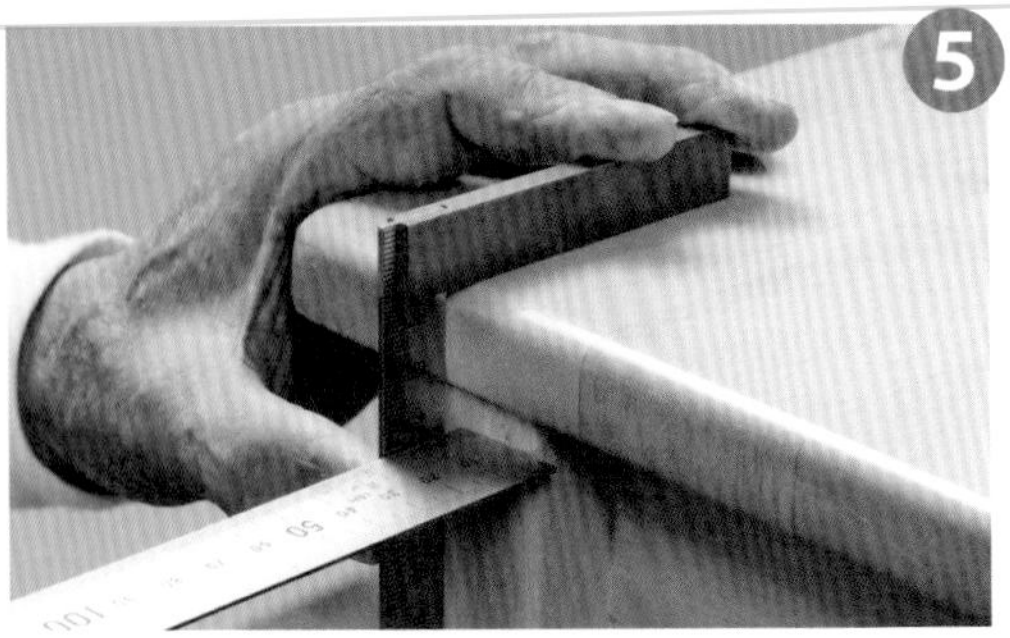

脚部分とツライチとなるように、フチの余分な部分の寸法をスコヤと定規を組み合わせて測ります。

寸法が測れたらペンを使ってカット線を天板に引いていきます。

引いた線の通りに丸ノコを使ってフチをカットしていきます。

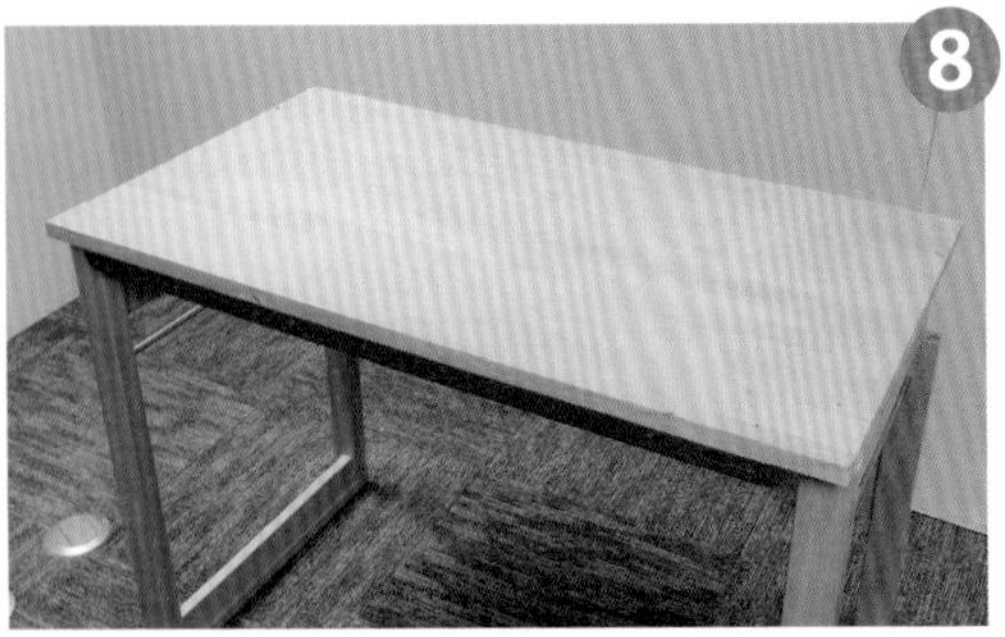

天板のフチを全周カットできました。これで棚が取りつけやすくなります。

表面を研磨して塗装の準備をする

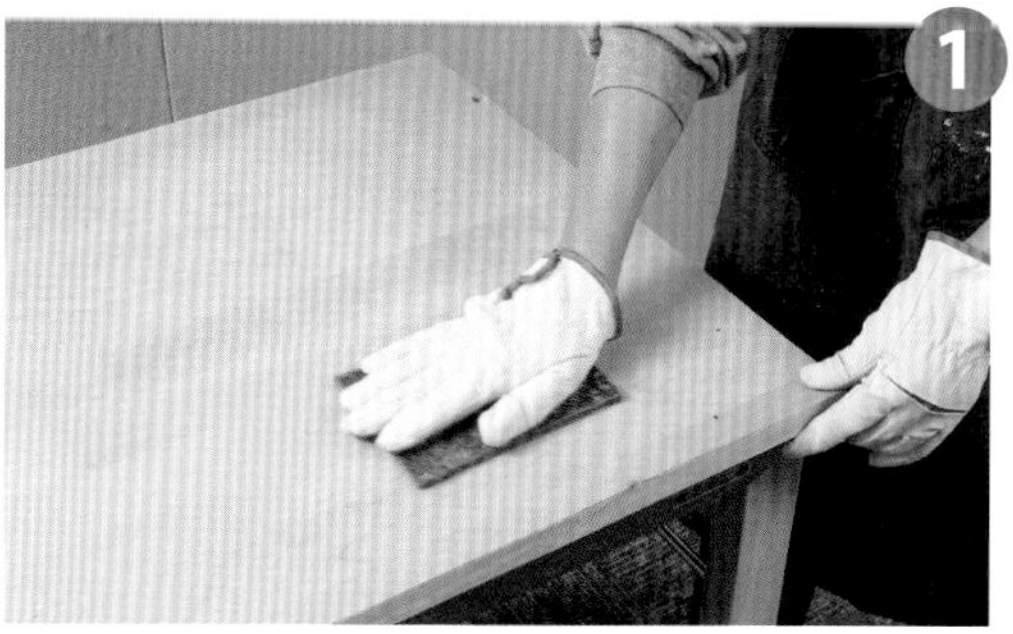

次に塗装の準備として表面を研磨して塗装の足つけ（塗料の密着度を上げるため表面をざらつかせる）をします。

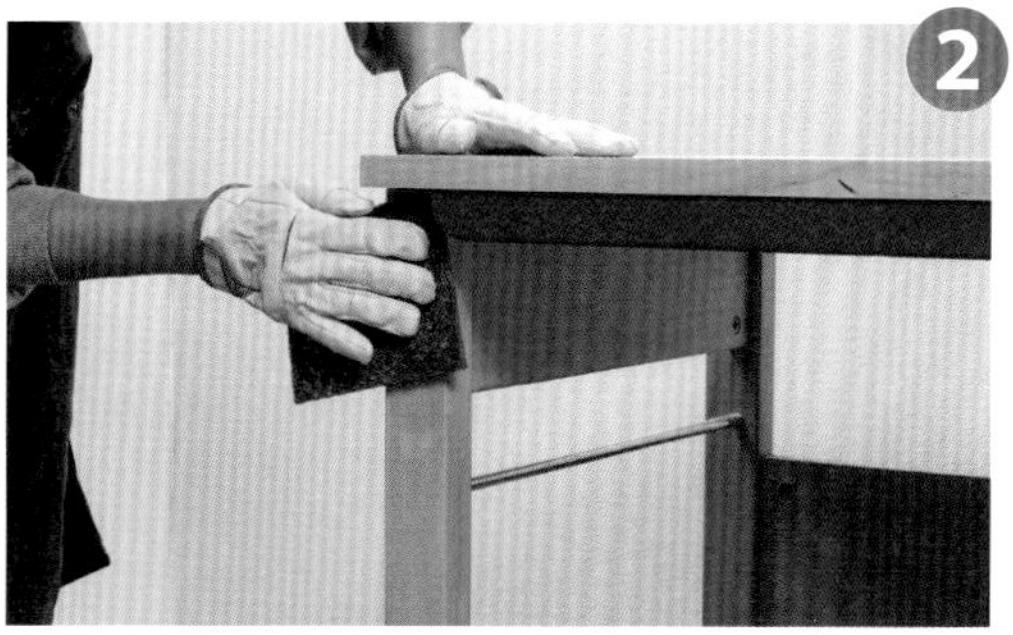

天板、脚など塗装をする部分はすべてサンドペーパーで研磨します。

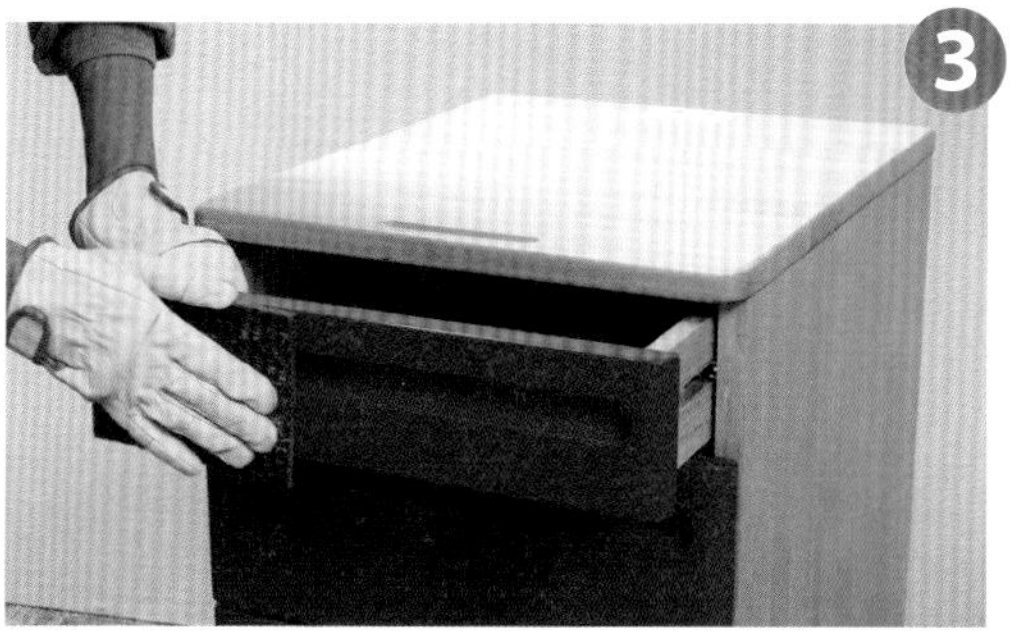

引き出しには赤のペイントが施されていますが、上から塗装するので元の塗料を完全に削り取らなくても問題ありません。

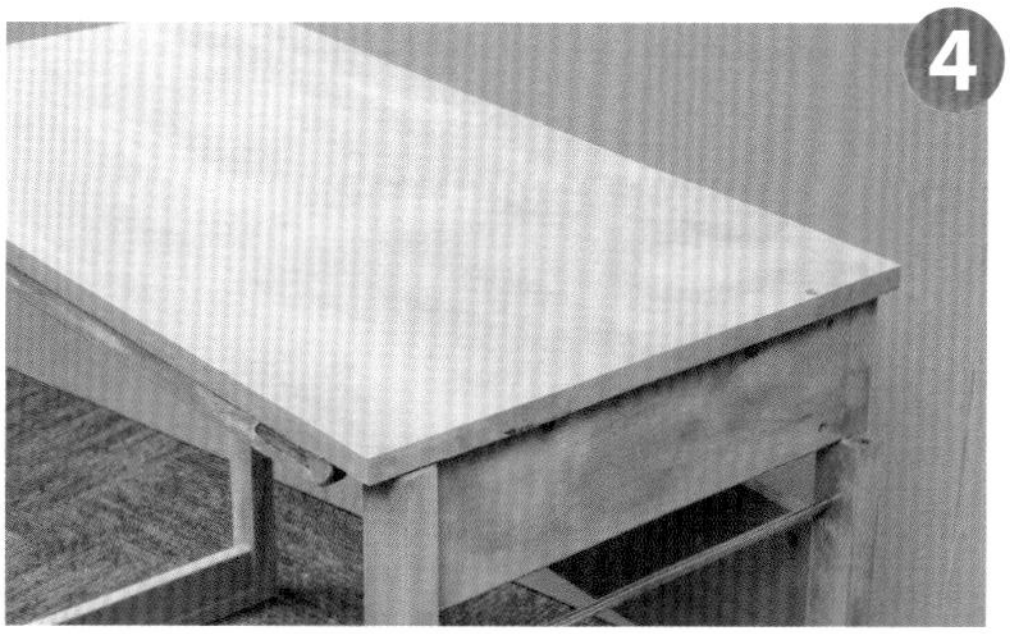

全体を研磨することができました。裏側も塗り替える場合は、脚の裏まですべて研磨します。

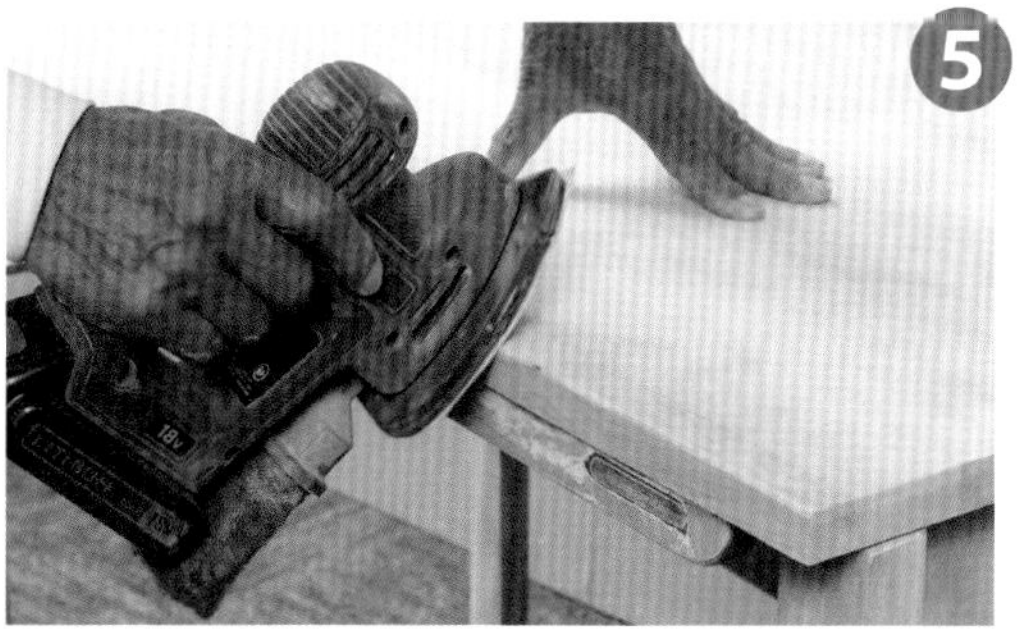

天板の手前側は体に触れるのでカットした切断面の角を、サンダーで滑らかに面取りします。

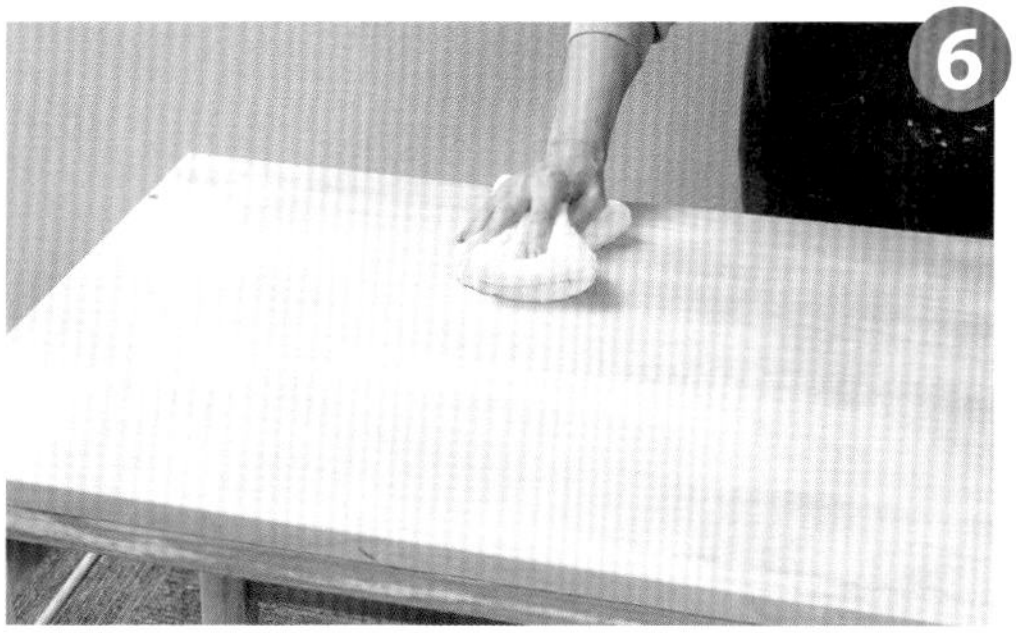

すべて研磨し終えたら、削りカスを固く絞ったウエスなどで拭き取ります。

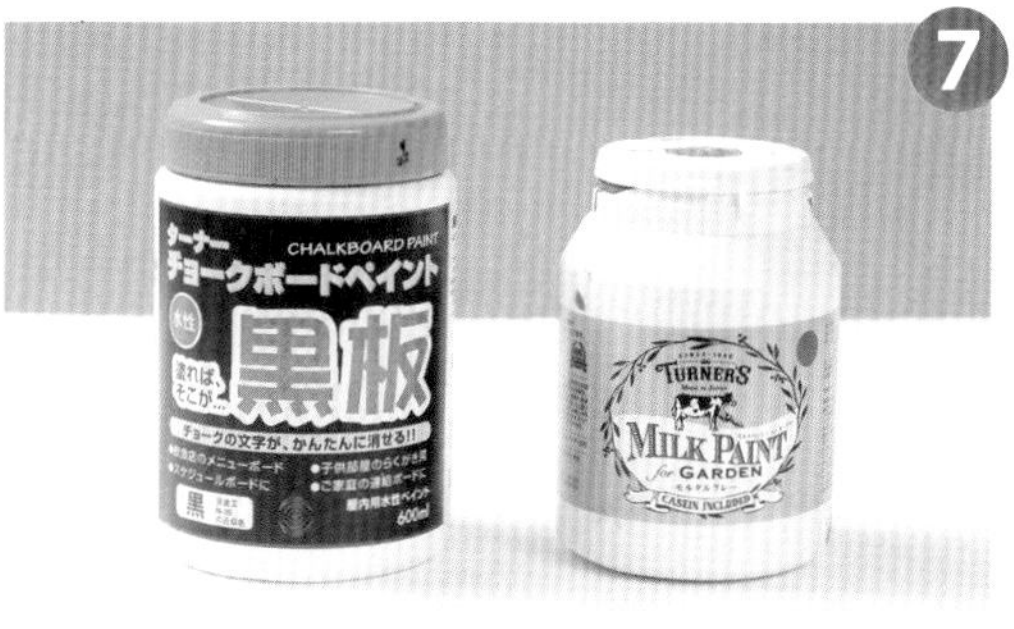

今回は水性塗料とチョークボードペイントを使用しました。好きな色で塗り替えてかまいません。

先に脚部分を塗り替えるので、天板に塗料がはみ出さないように天板のフチ部分にマスキングを施します。

ダボ処理をして2色で塗り替える

取り外した本棚の下に固定用のボルトがあったので、抜き取ってダボを打ち込みます。

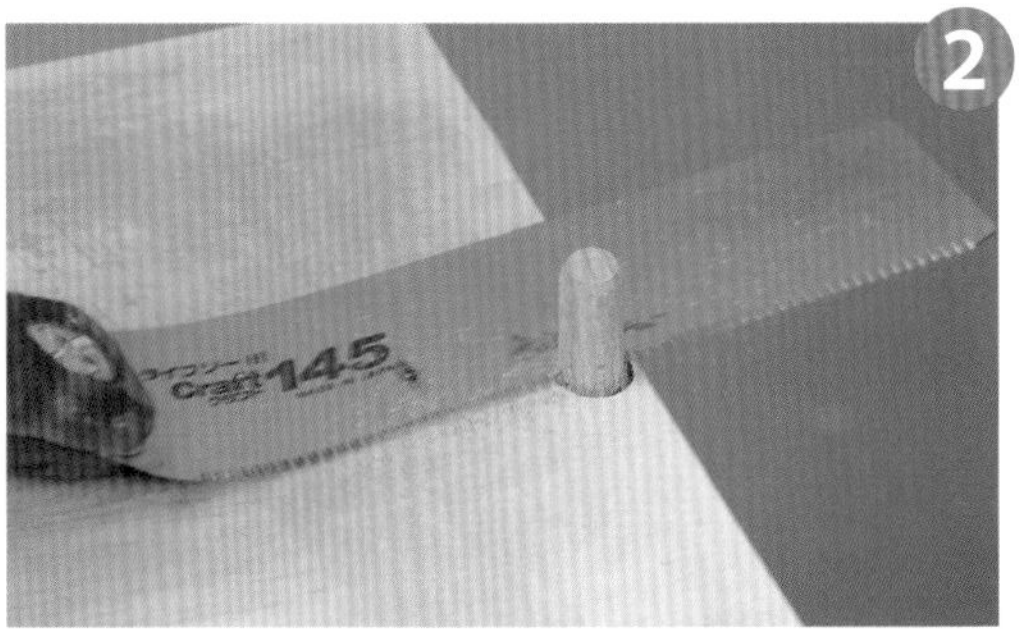

はみ出したダボをダボ切りノコでカットします。

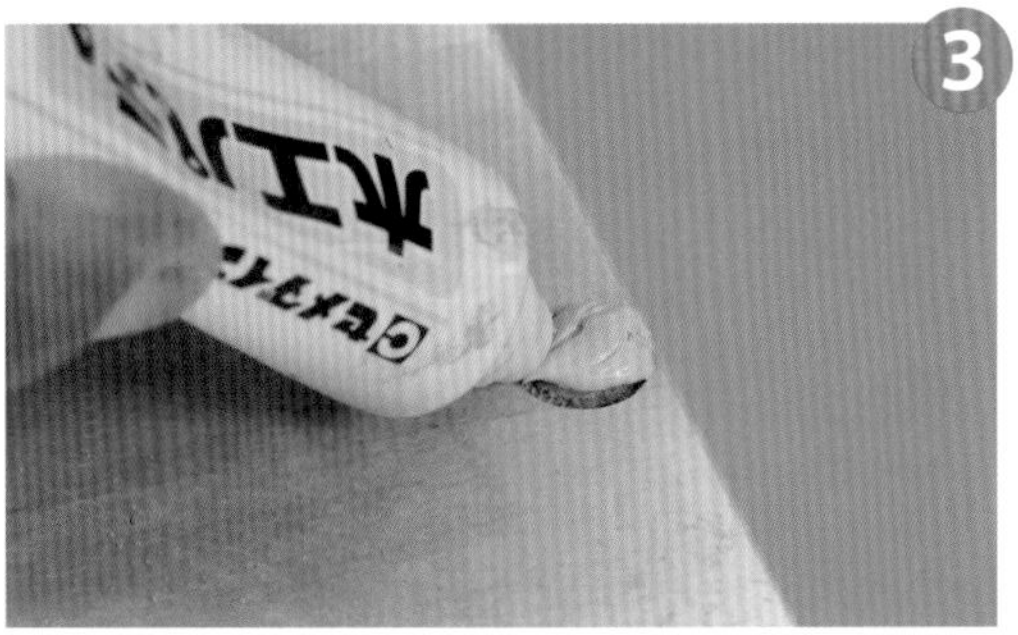

ボルト穴が大きくてダボで埋め切れない場合は、木工パテで埋めて研磨しておきます。

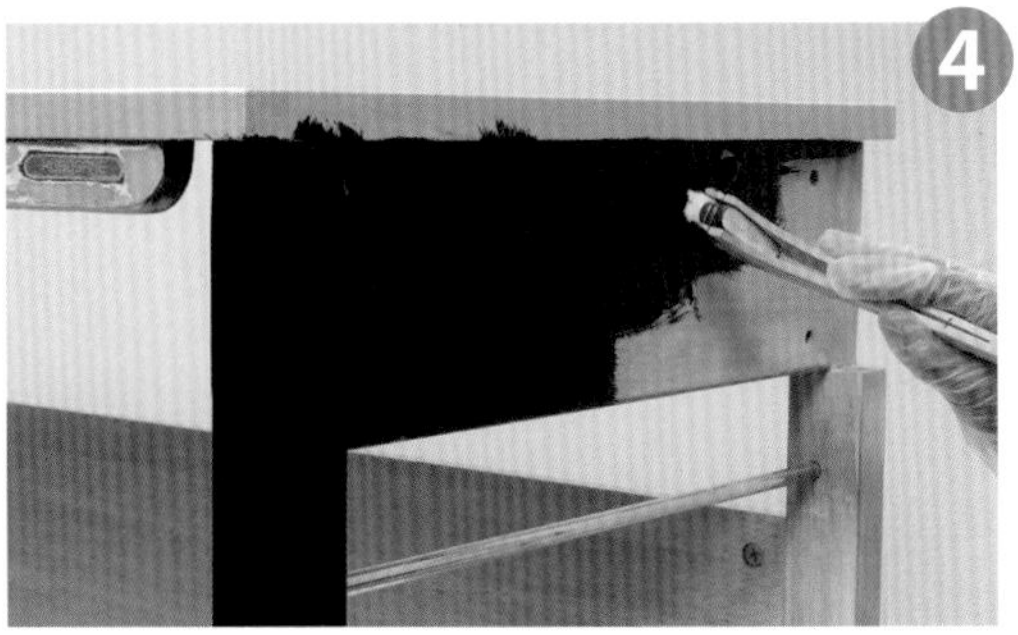

脚をチョークボードペイントで塗っていきます。

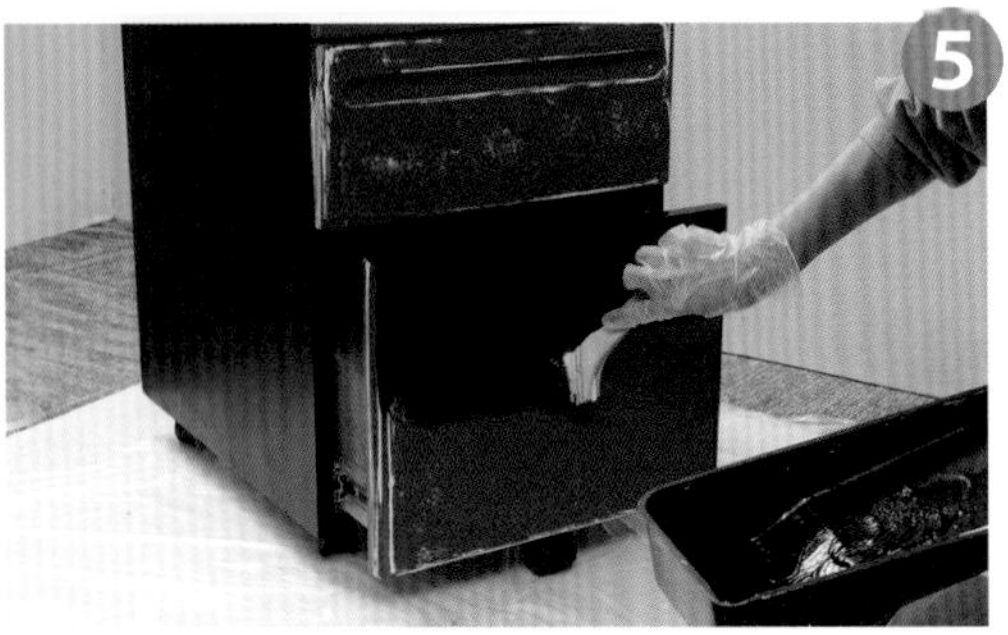

机とセットのデスクワゴンも、同じくチョークボードペイントで塗り替えていきます。

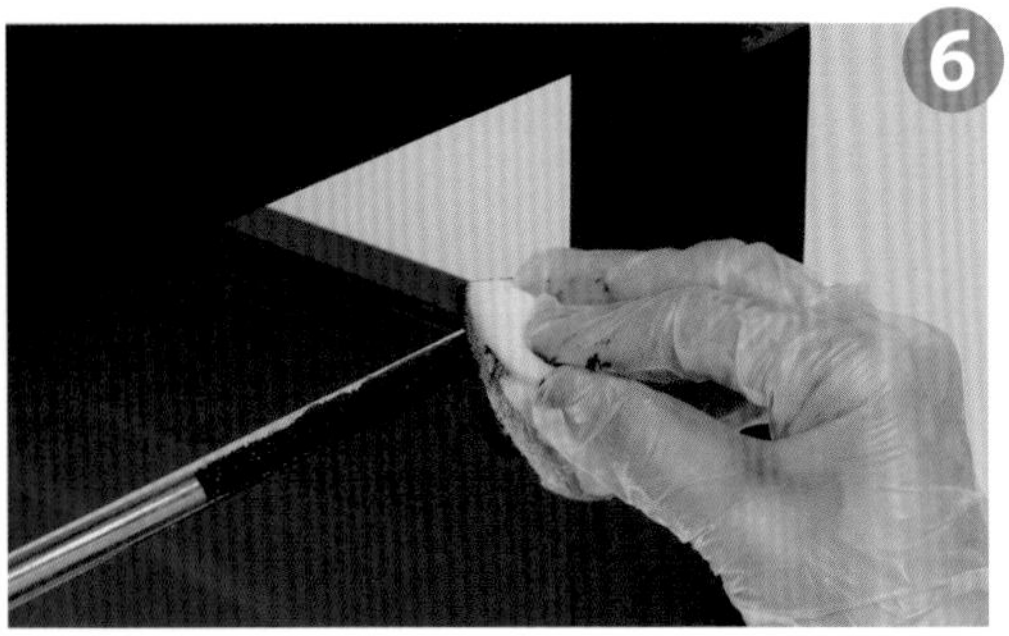

脚についている金属製のバーは、机の色に合わせてアイアンペイントをスポンジで塗って仕上げました。

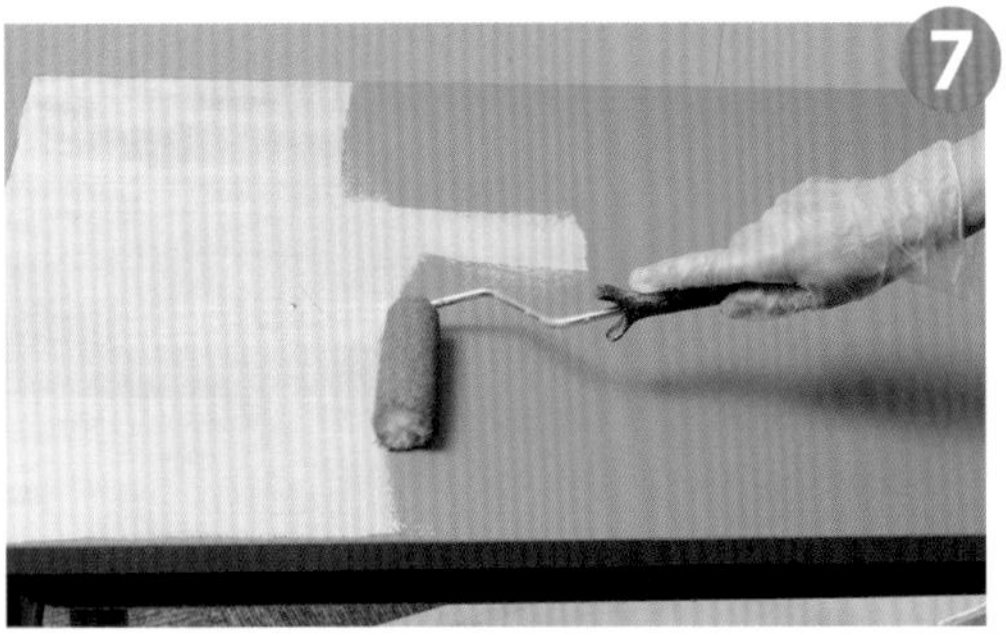

天板は水性塗料のモルタルグレーで全面を塗装します。塗る面積が広いのでローラーを使うといいでしょう。

落ち着いた色合いに塗り替えることができました。もはや学習机の面影はありません。

新たに引き出しを作る

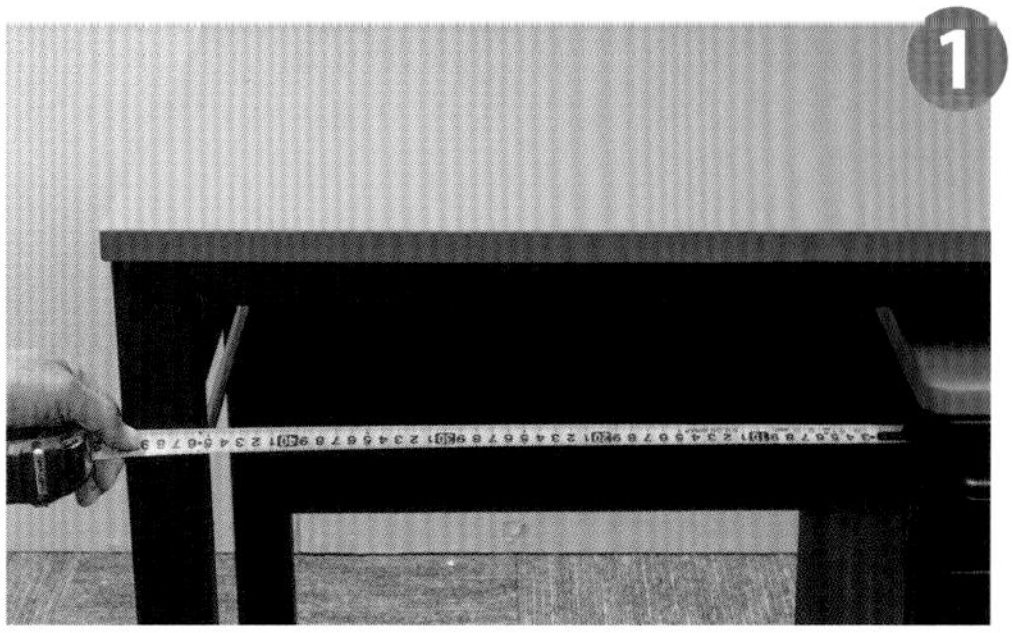

天板下に大きめの引き出しを取りつけます。寸法を測り、幅400㎜×奥行450㎜の引き出しを作ることにします。

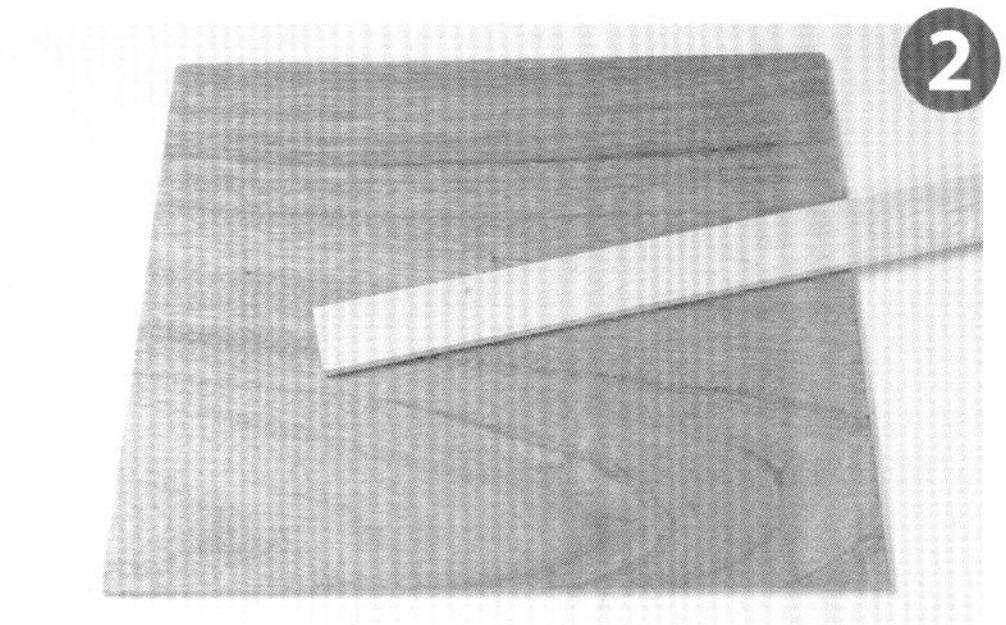

材料はこちらの12㎜厚のヒノキ材と底板用の合板です。

測った寸法通りに木材をノコギリでカットします。

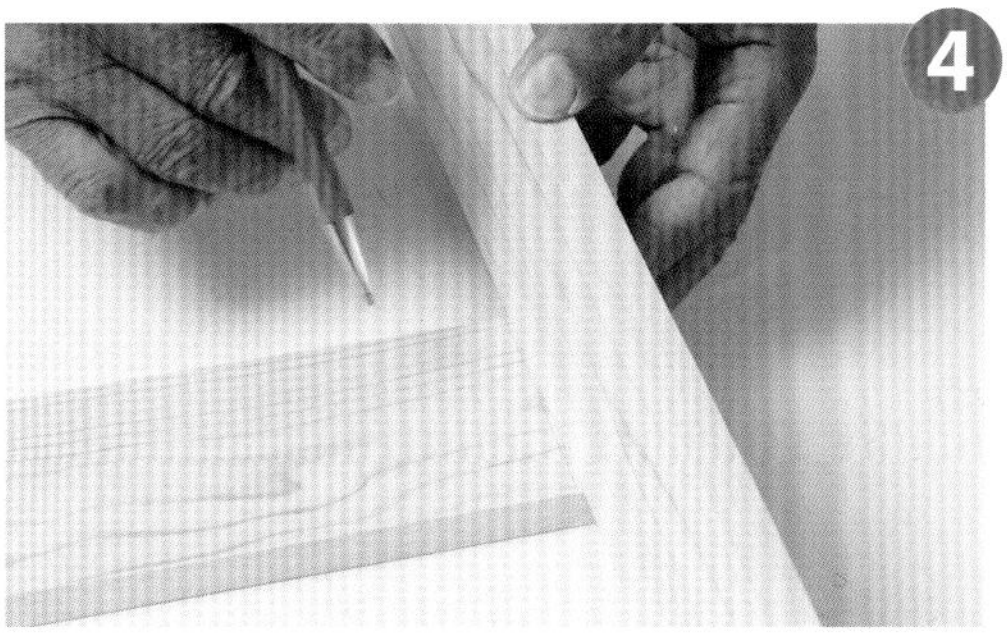

引き出しの側板の端に、前板の板厚を写し取ります。

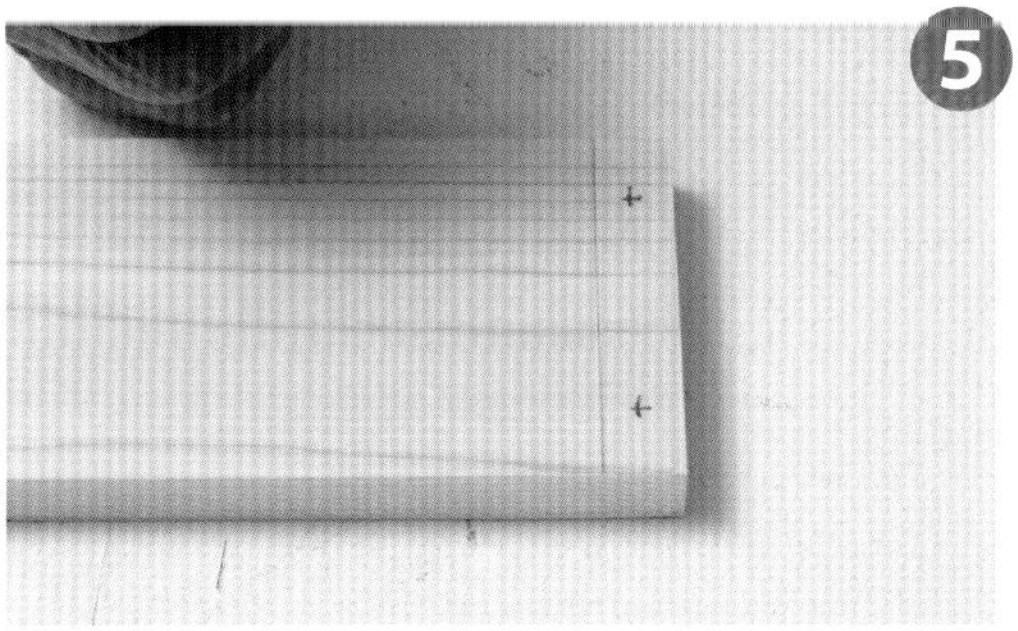

鉛筆で2枚の側板の両端2か所ずつに、ネジを打つ位置の印をつけます。

ネジを打った際に木材が割れないよう、印の位置に下穴をあけます。

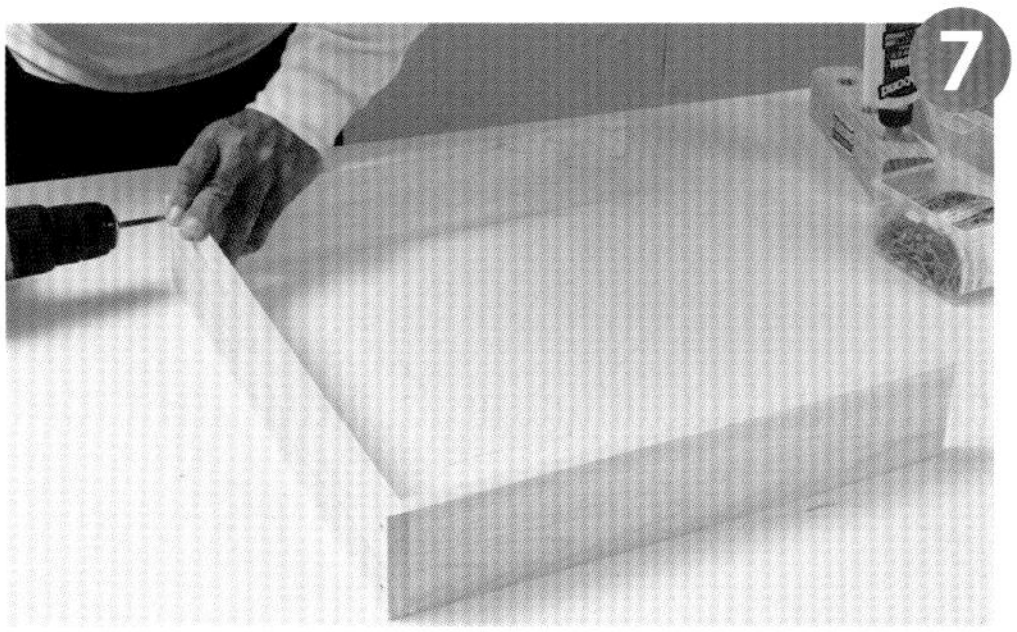

断面に木工用接着剤を塗ってから、側板を組み合わせて木ネジで固定していきます。

引き出しの枠ができました。底板は後ほど取りつけます。

スライドレール用の受け部品を作る

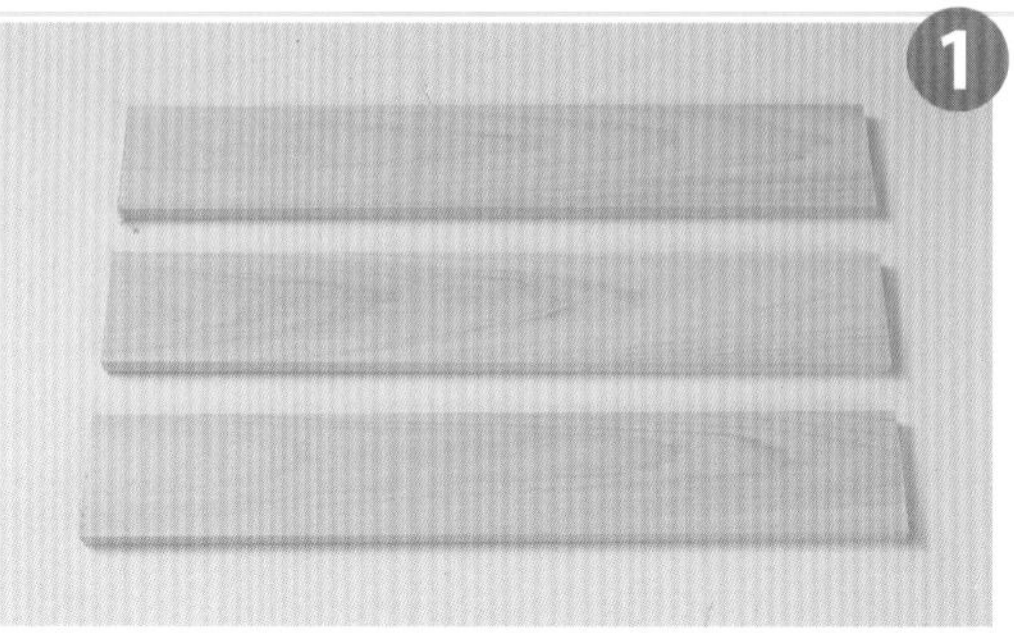

1 引き出し用のスライドレールの受け部品を、ヒノキ材で作ります。

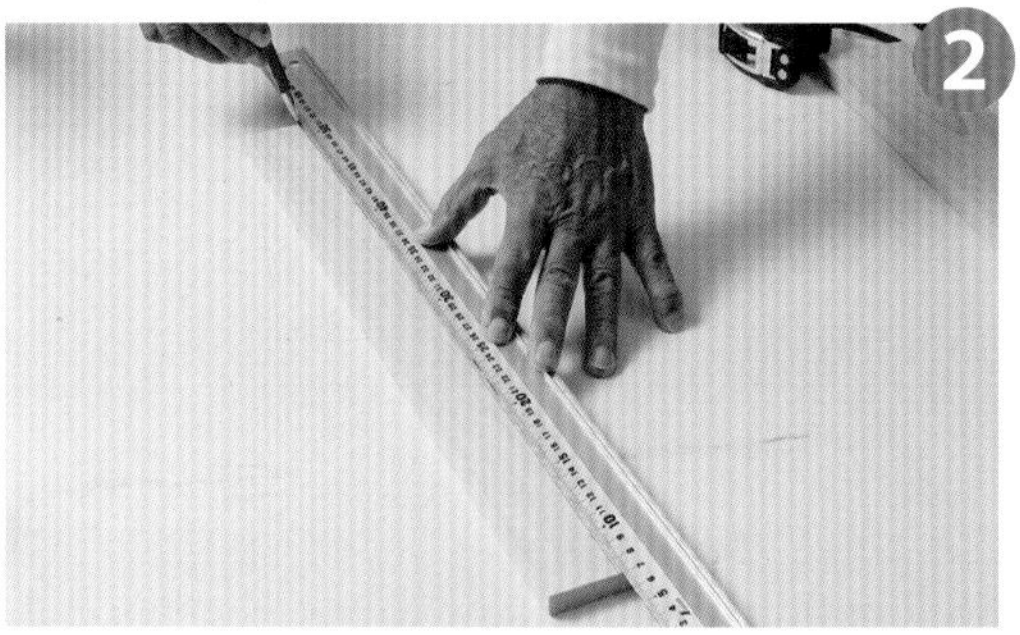

2 天板裏に取りつける部品を作ります。2枚をT字に組み合わせるため、1枚の中央に線を引きます。

3 引いた線の上にネジを打つ位置の印をつけ、下穴をあけます。

4 もう一枚の板材の断面に木工用接着剤を塗り、T字状に組み合わせて木ネジで固定します。

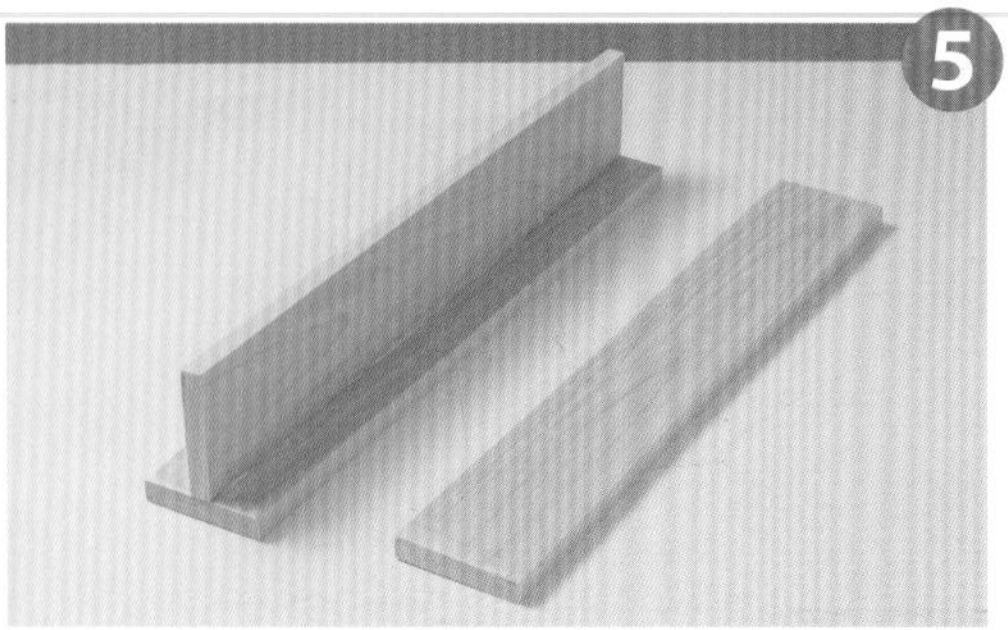

5 スライドレールを固定する部品ができました。

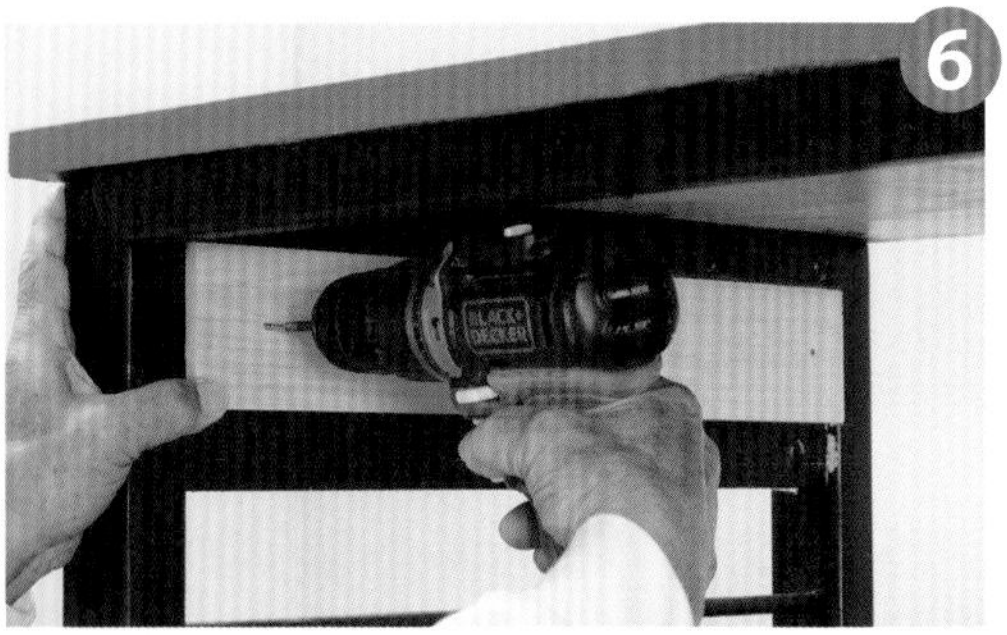

6 1枚は脚の空いたスペースに取りつけます。

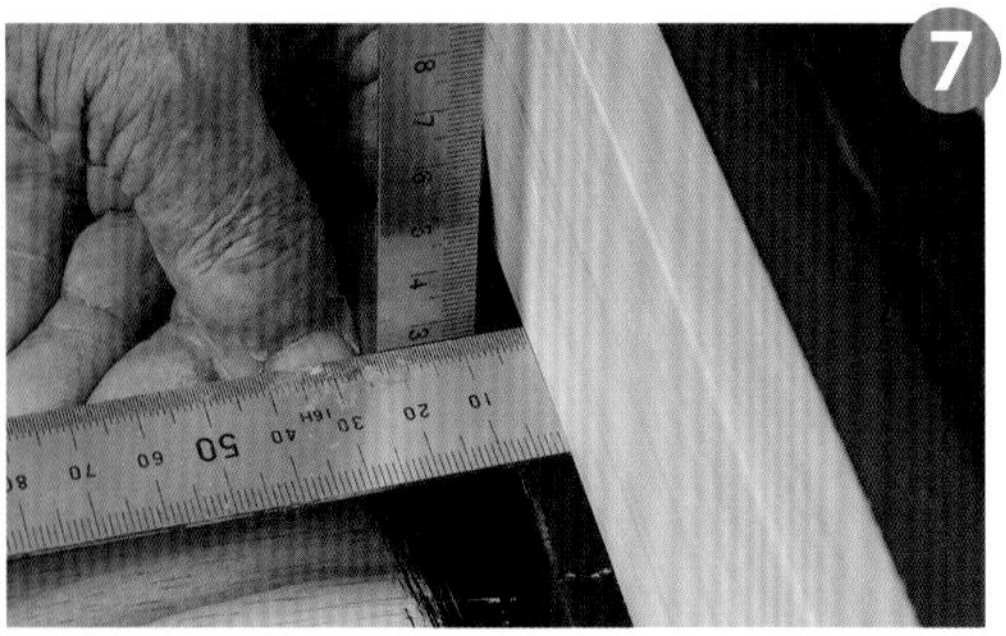

7 天板の枠が7㎜あったので、この寸法を考慮したうえで反対側のスライドレール受け部品の取りつけ位置を決めます。

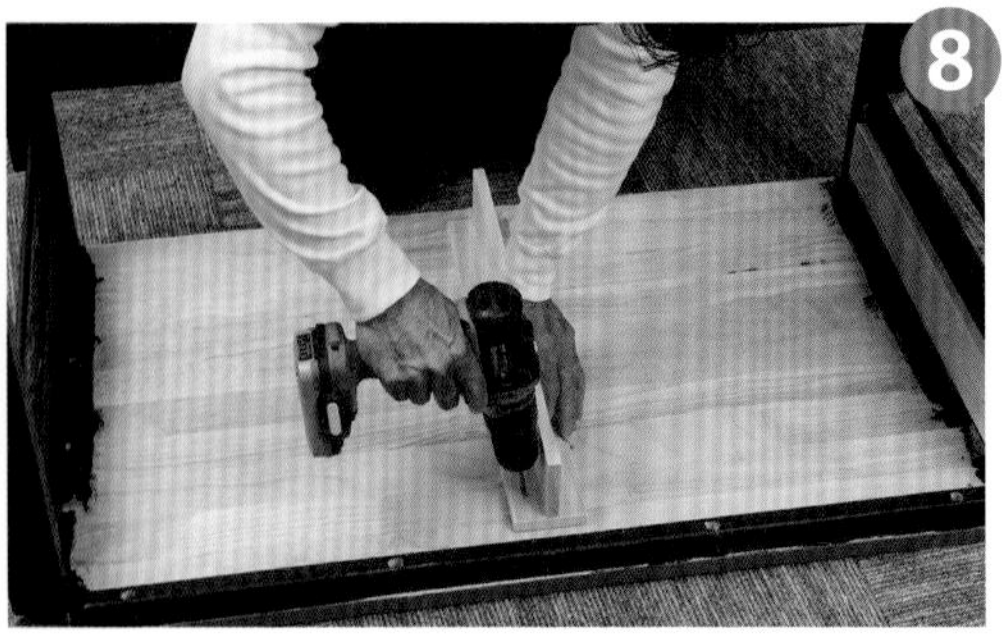

8 引き出しの幅と天板の枠とスライドレールの厚みを計算し、端から423mmの位置にT字型の部品を取りつけます。

スライドレールを固定する

1

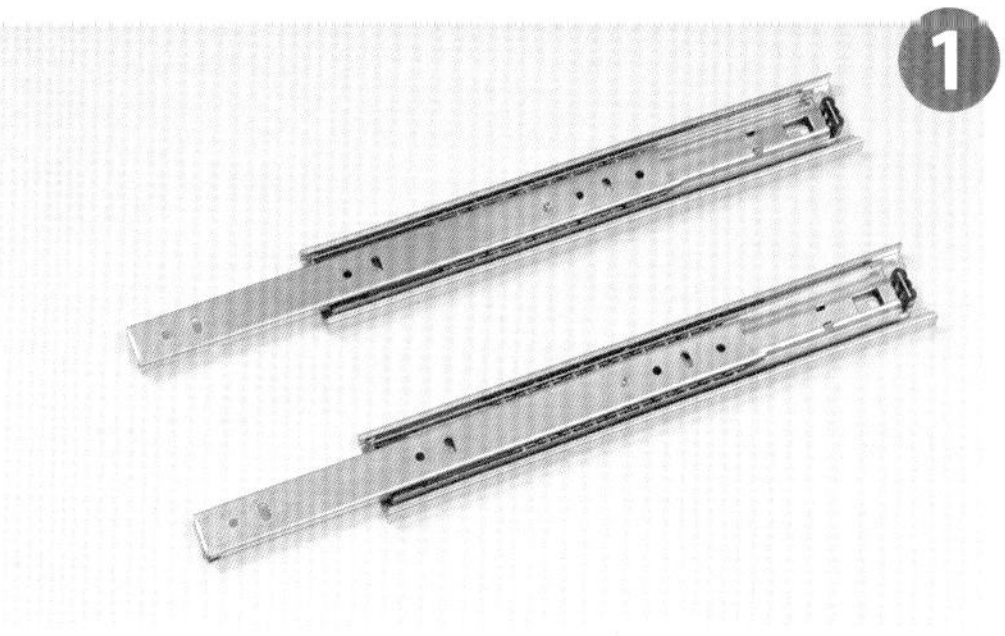

スライドレールを使って引き出しを取りつけます。

2

スライドレールを脚側の取りつけ位置にクランプで仮固定してから、水平を保つようにして木ネジで固定します。

3

天板につけた受けに、脚側と同じ高さとなるように目印の線を引き、木ネジでもう一方のレールも固定します。

4

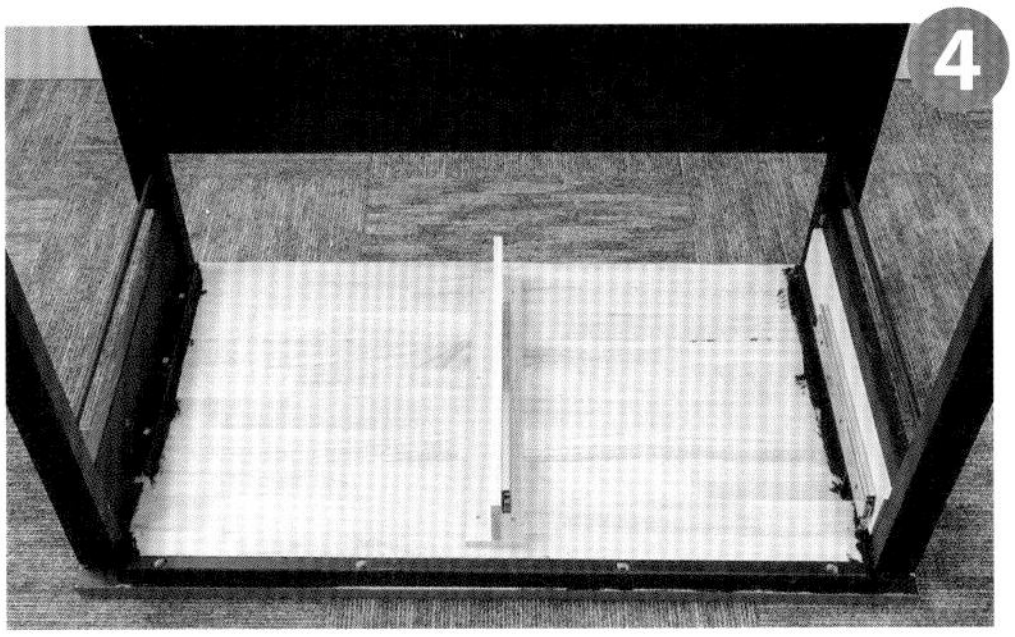

2本のスライドレールをデスク側に取りつけることができました。レールがスムーズに動くことを確認します。

引き出しに底板を取りつける

1

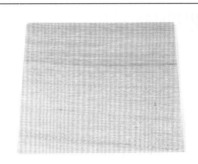

先ほど作った引き出しのフレームに底板を取りつけます。底板は9mm厚の合板を使いました。

2

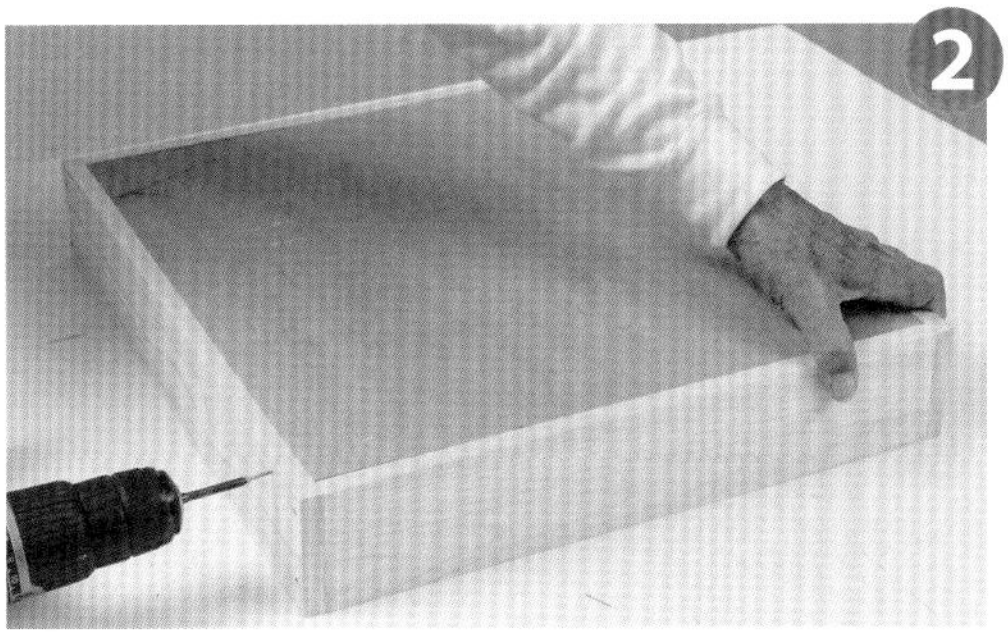

フレームのサイズに合わせて底板をカットしたら、木ネジでフレーム側から固定します。

3

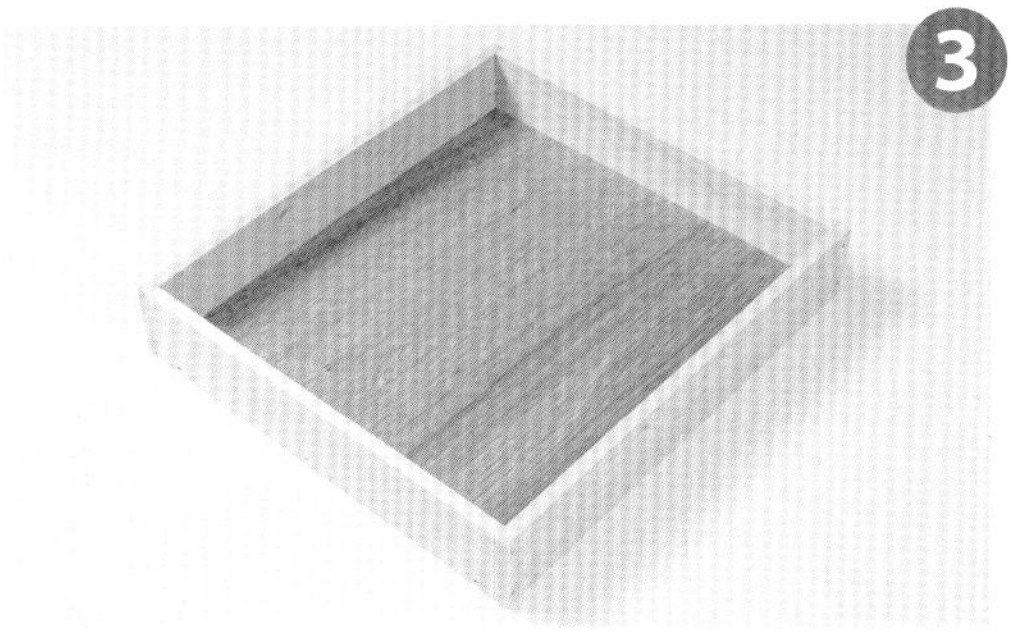

底板を取りつけることができました。

4

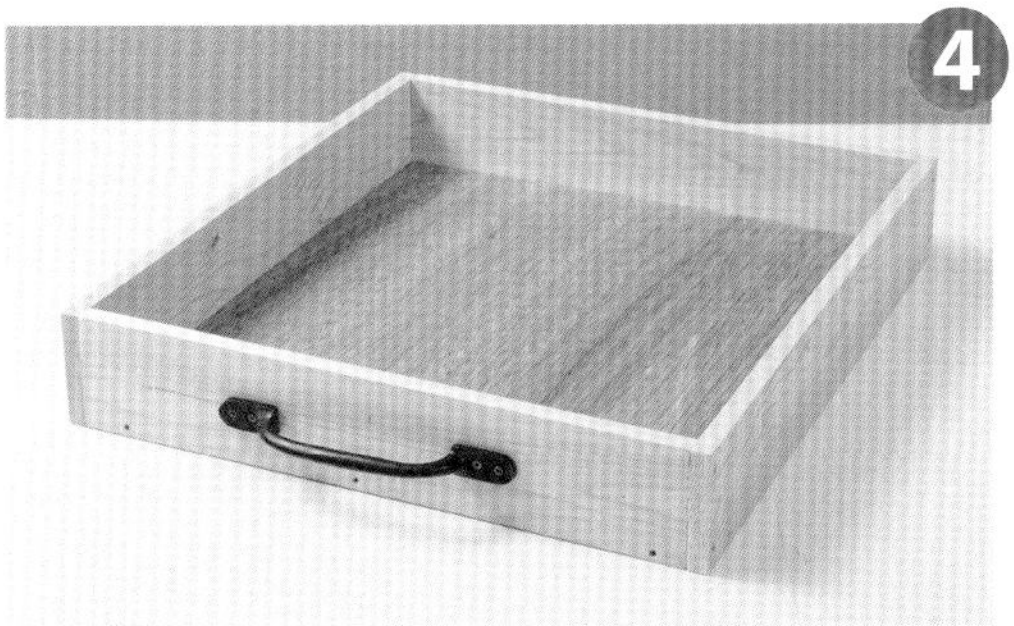

引き出しの前面に、木ネジで好みの取っ手を取りつけます。デスクの色などに合わせお好きなものを選んでください。

引き出しを取りつける

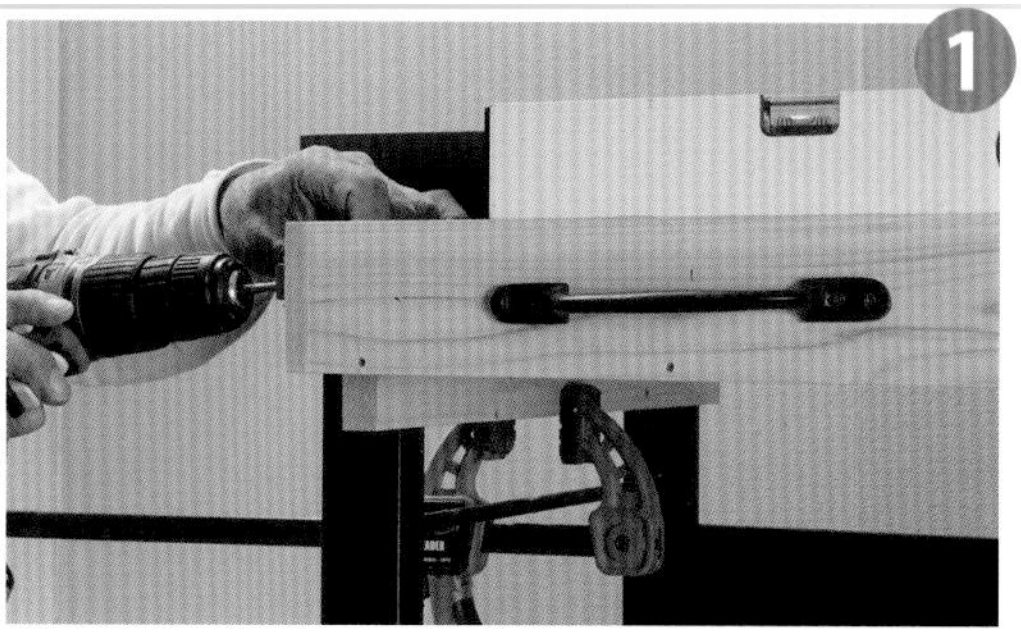

スライドレールに引き出しを取りつけます。スライドレールをスライドさせ、端材とクランプで引き出しを仮固定します。

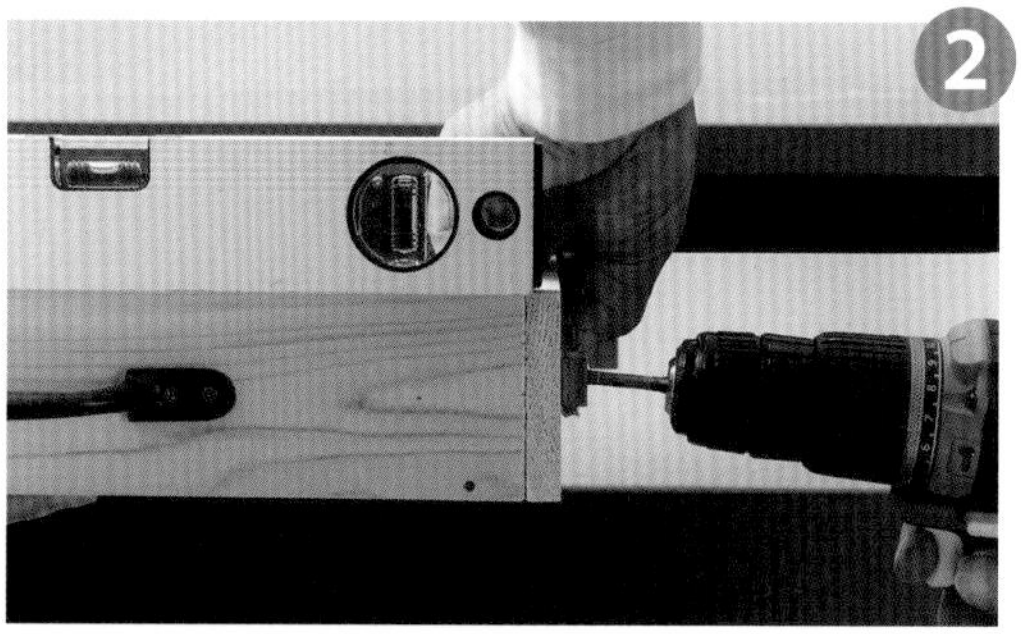

水平器で引き出しの水平を確認しながら、スライドレールに木ネジで引き出しを取りつけます。

左右ともにスライドレールを固定できたら、引っ掛かりなく引き出しが出し入れできるかを確認します。

棚用のフレームを用意し、寸法を測ります。使いやすい高さを決め、1×4材を同じ長さで2本切り出します。

棚のフレームを取りつける

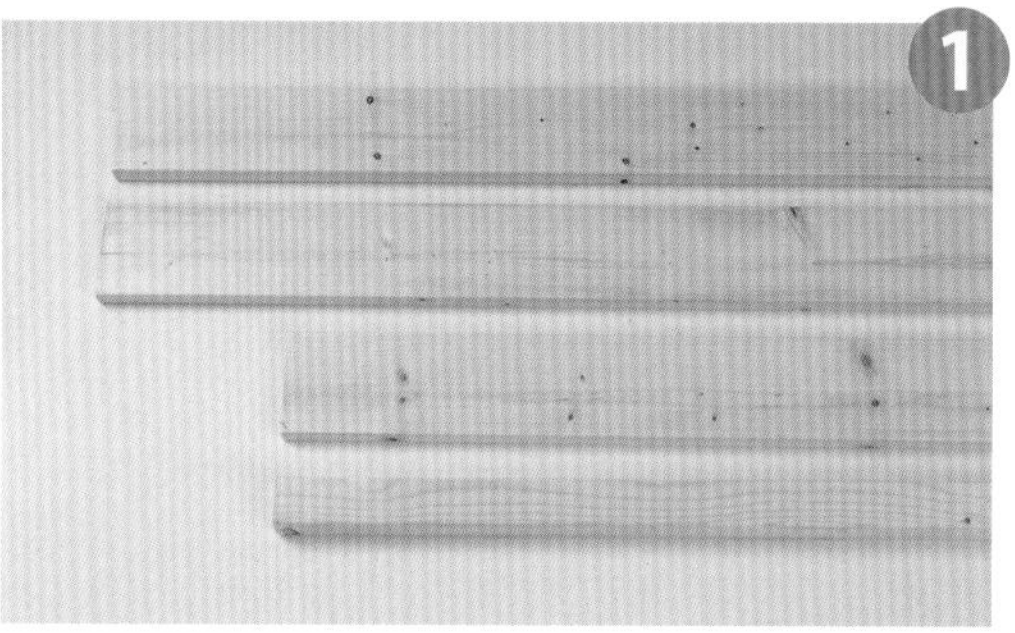

左右のフレームをつなぐための1×4材と、背板を固定するための角材を用意します。

棚の高さは1330㎜としました。つなぎのフレーム材はテーブル幅でカットしています。これらをコの字に組み立てます。

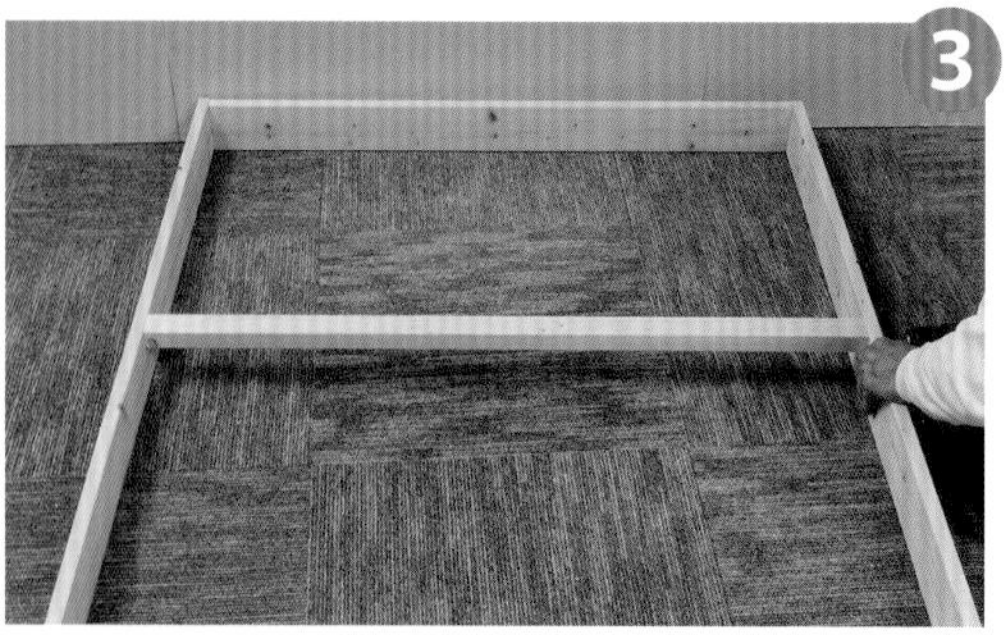

床から天板までの高さが600㎜なので、背板を固定する角材は600㎜の位置に取りつけました。

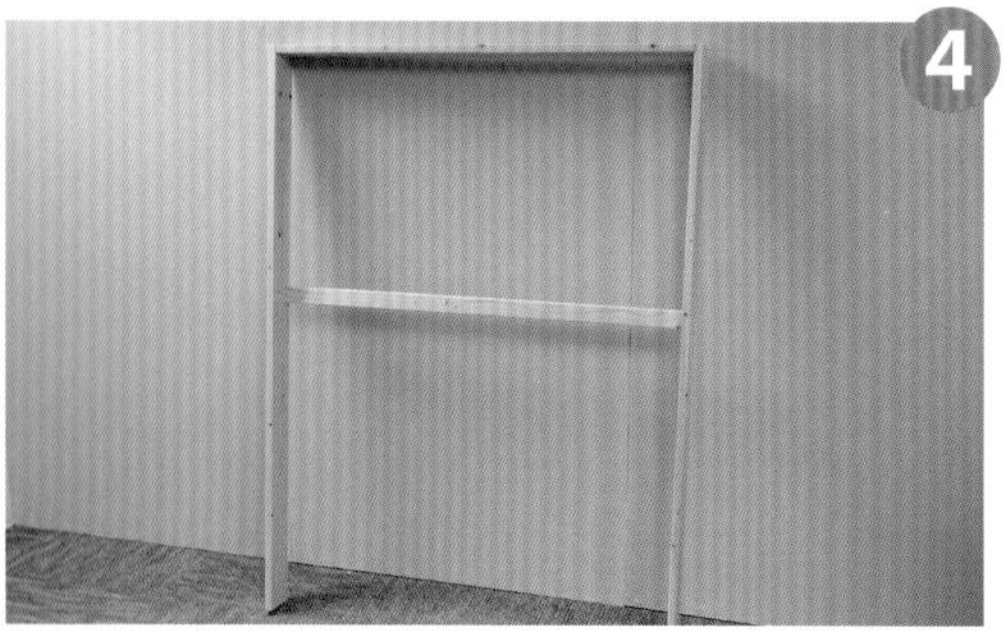

棚用のフレームができました。細かな寸法は実際に使用する学習机のサイズに合わせて調整してください。

テーブルにフレームを取りつける

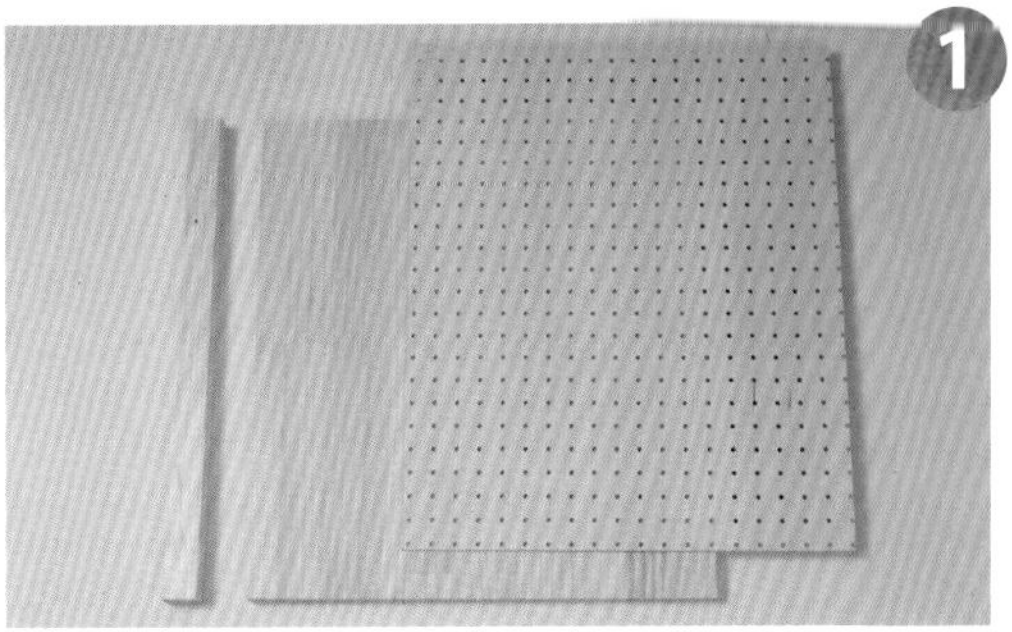

棚の背板には有効ボードと集成材を使います。中央の仕切りとして角材を使います。

フレームの上部に、用意した角材を取りつけます。有孔ボードと集成材の横幅を決め、それに合わせて位置を決めてください。

右に棚、左に有孔ボードを配置します。右のスペースに合わせてカットした集成材を中央の柱側から木ネジで固定します。

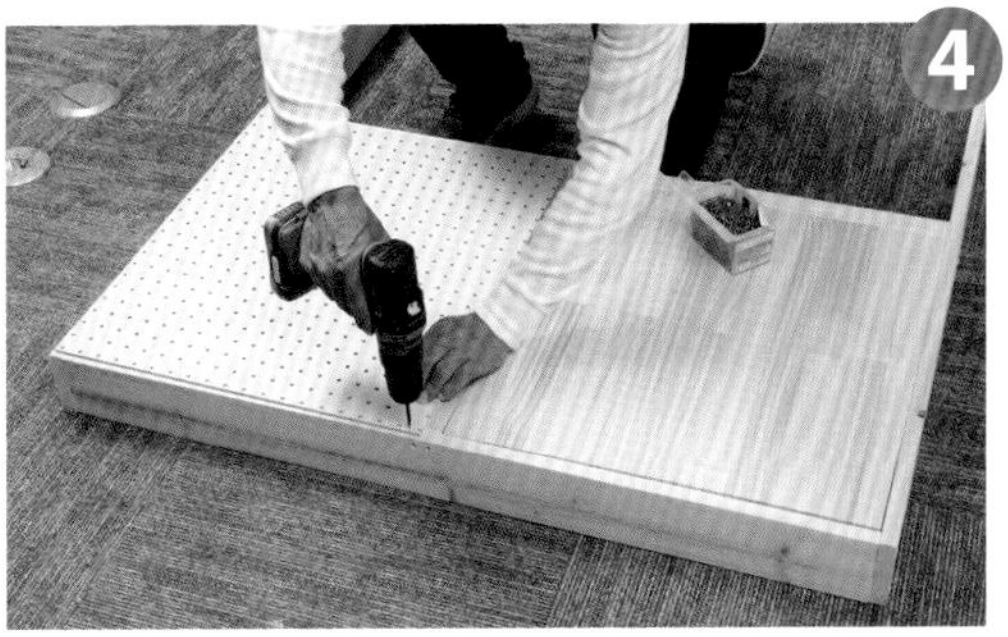

有孔ボードはフレームの背面側からかぶせて取りつけるため、それに合わせたサイズにカットして木ネジで固定します。

フレームに背板を取りつけることができました。左右のバランスはお好みで調整してください。

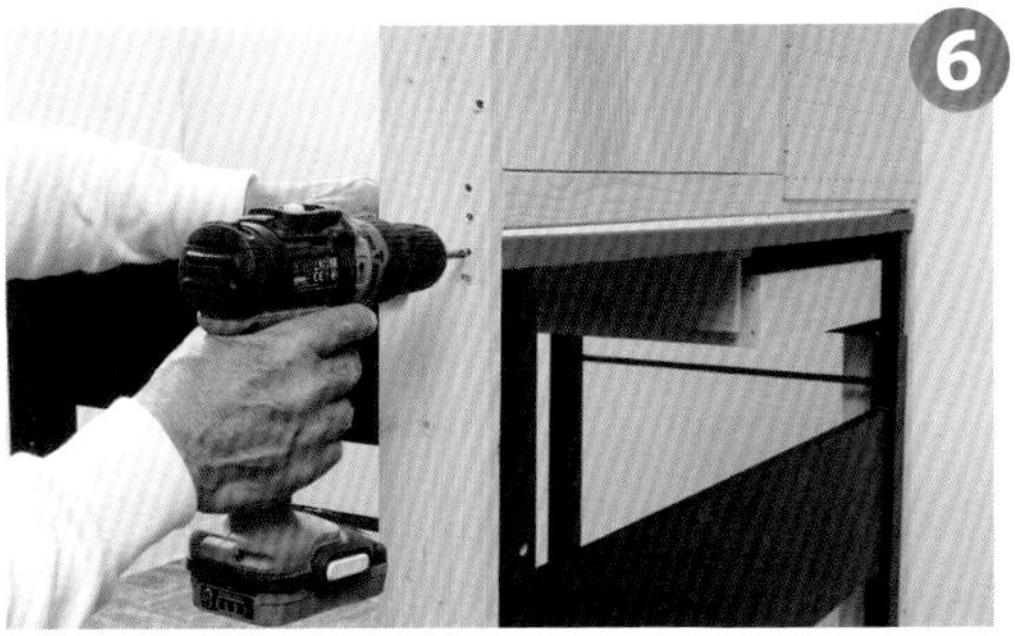

フレームをテーブルの後端に合わせ、棚側から木ネジを数か所打ってしっかり固定します。

デスクと棚を合体できました。次にフレームの右側に電動工具のラックを作っていきます。

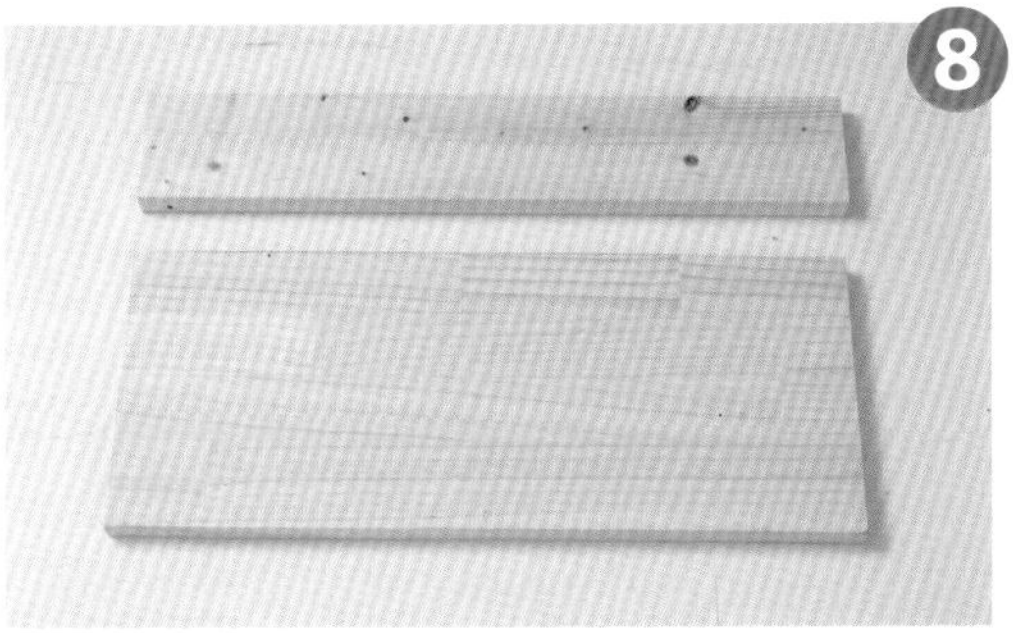

電度工具ラックはこちらの2枚の集成材を使って作ります。

電動工具ラックを作り、取りつける

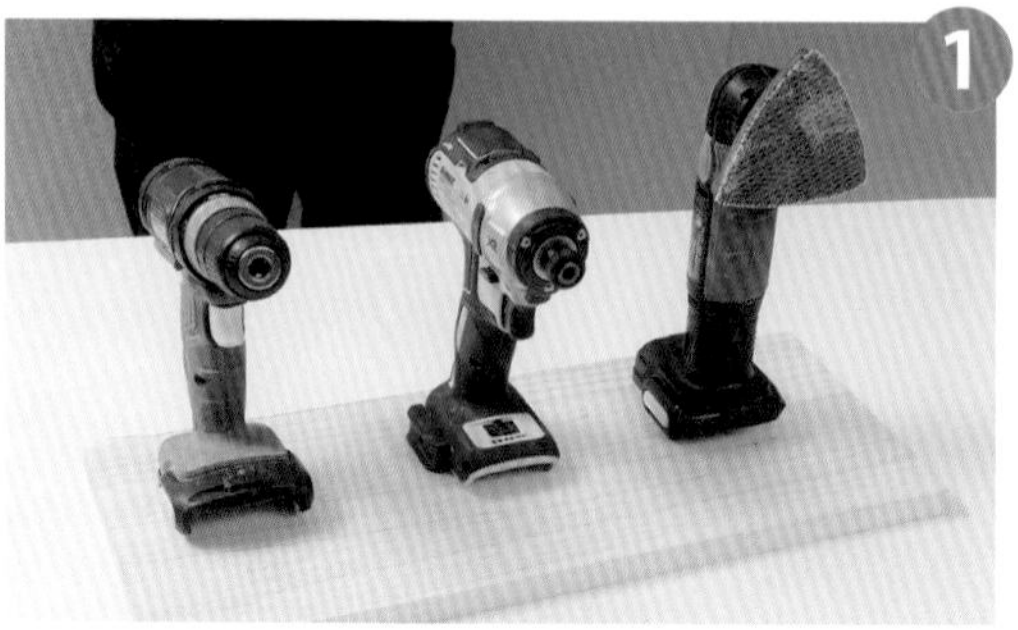

まず電動工具を収納する並びを決め、次にグリップ部分（バッテリー部分ではない握る部分）の太さを測ります。

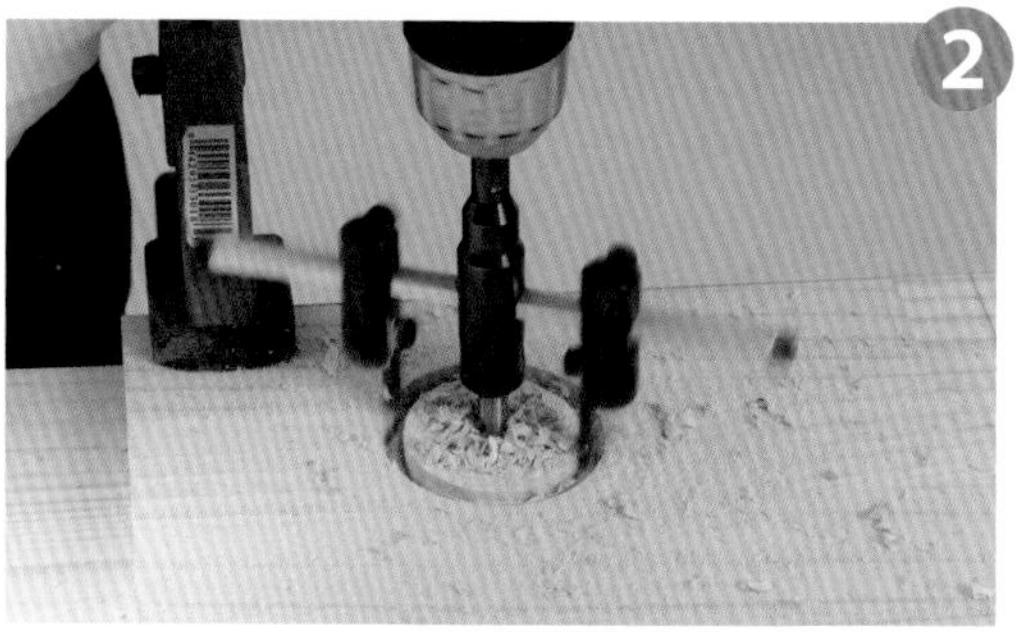

用意したラック用の板に印をつけ、グリップの太さに合わせてサークルカッターで3つの円を切り抜きます。

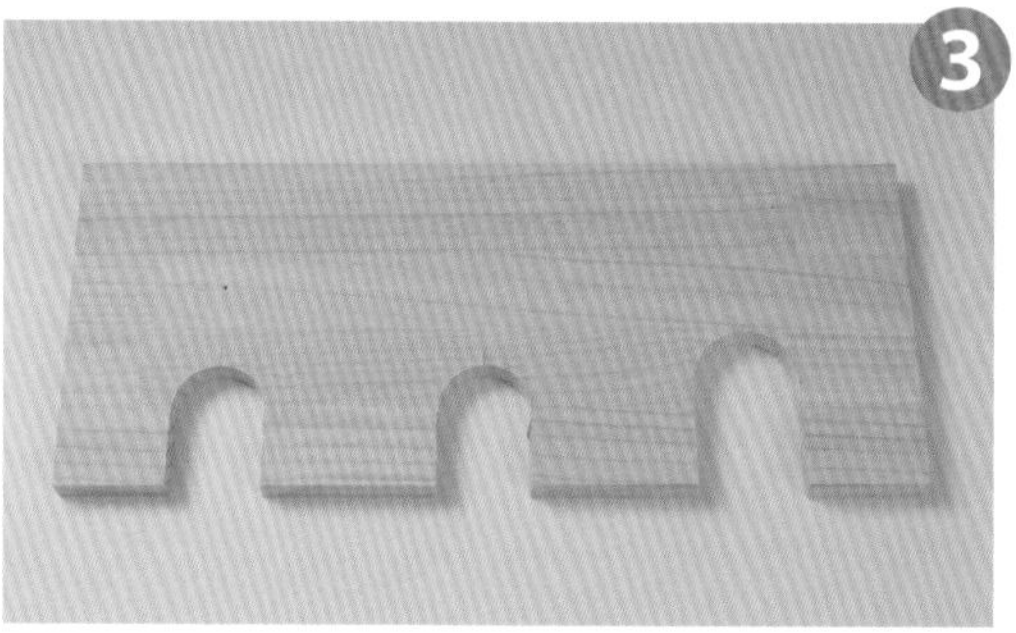

3つの円を切り抜いたらノコギリで左右をカットし、U字状に加工します。ここにグリップを差し入れます。

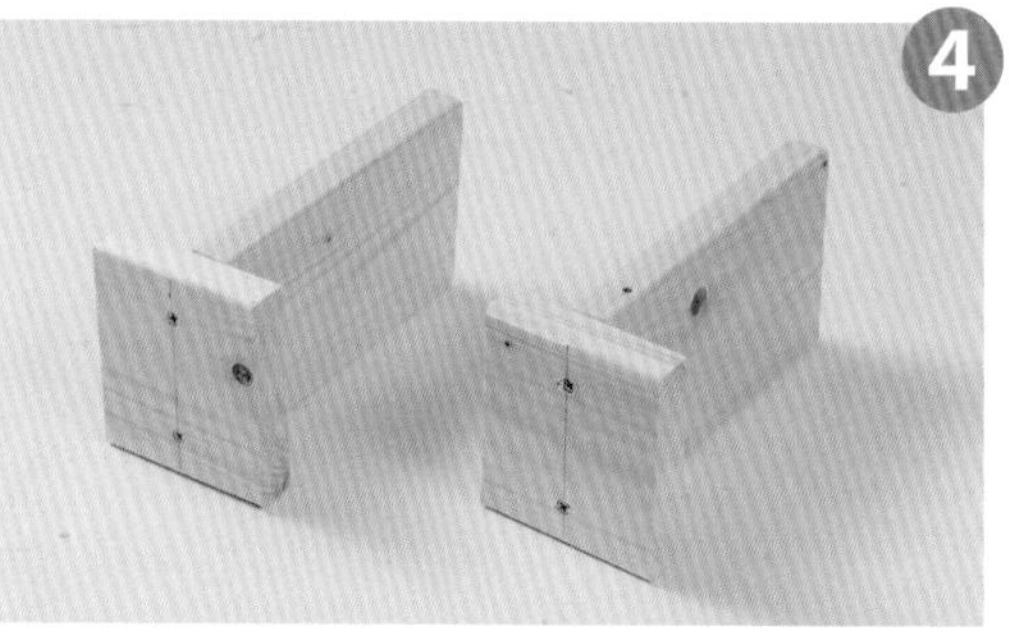

ラックの奥行きに合わせて2枚の板材をT字状に組み合わせ、ラックを背板に取りつけるためのパーツを2つ作ります。

左右の高さをそろえて、背板の前方から作ったパーツをネジで固定します。

取りつけたパーツの上にラックを乗せ、上から木ネジで固定します。

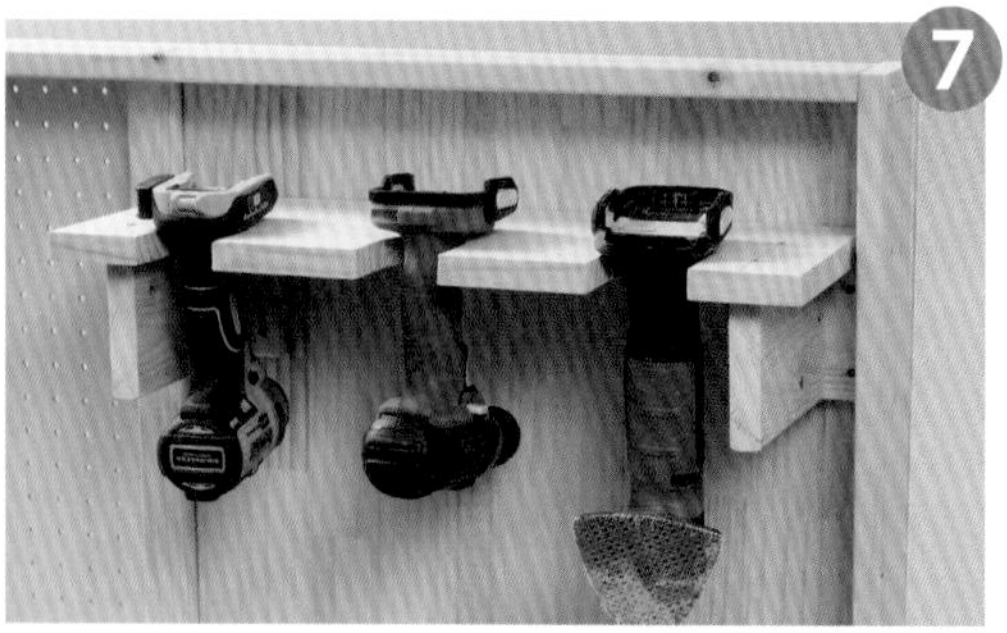

電動工具用ラックができました。収納時は電動工具のグリップ部分を差し込みバッテリー装着部で引っかけます。

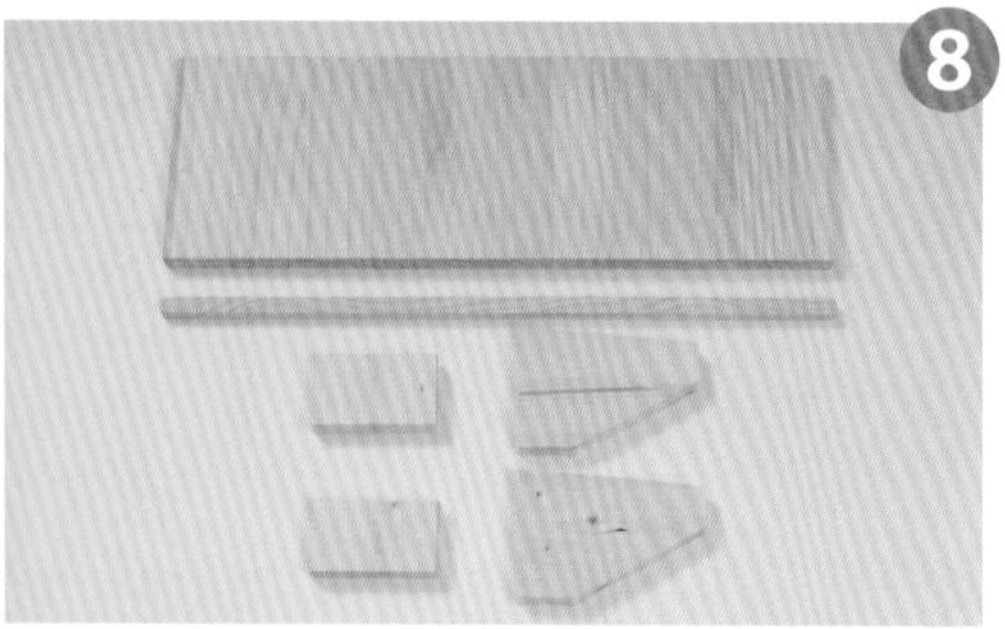

続いて電動工具のバッテリー充電器を収納する棚を作ります。棚板と棚受け、滑り落ち防止のストッパーを使います。

充電器用棚を取りつけ、塗装して仕上げる

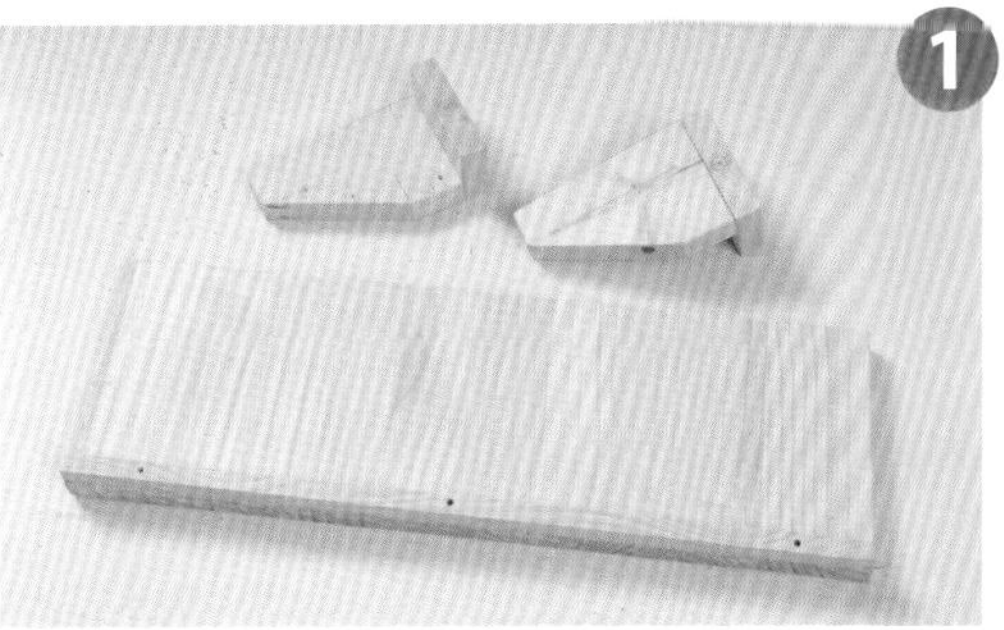

棚受けは2つのパーツをL字状に組み合わせ木ネジでとめ、棚板の前端にはストッパー用の角材をネジどめします。

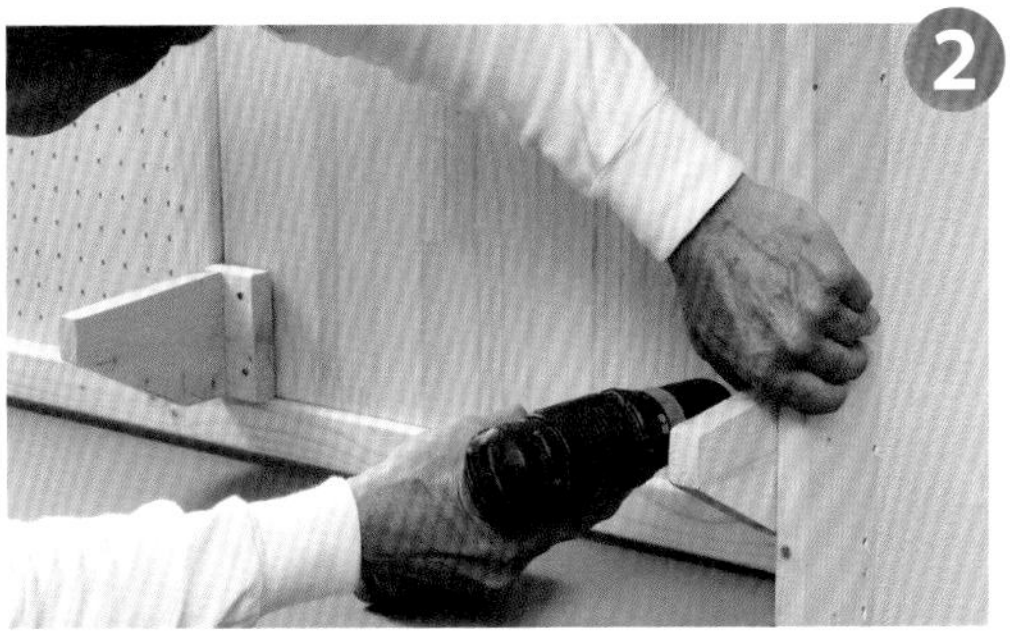

棚受けを先ほどのラックの取りつけと同様に背板に木ネジで固定します。

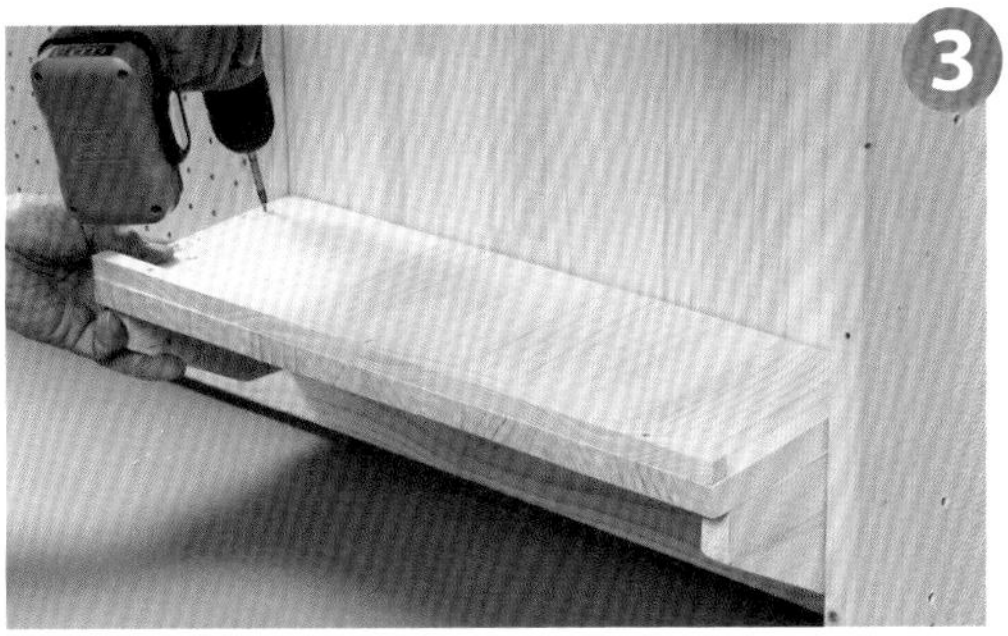

その上から棚板を載せ、木ネジで上から固定します。ストッパーは充電器の滑り落ち防止用です。

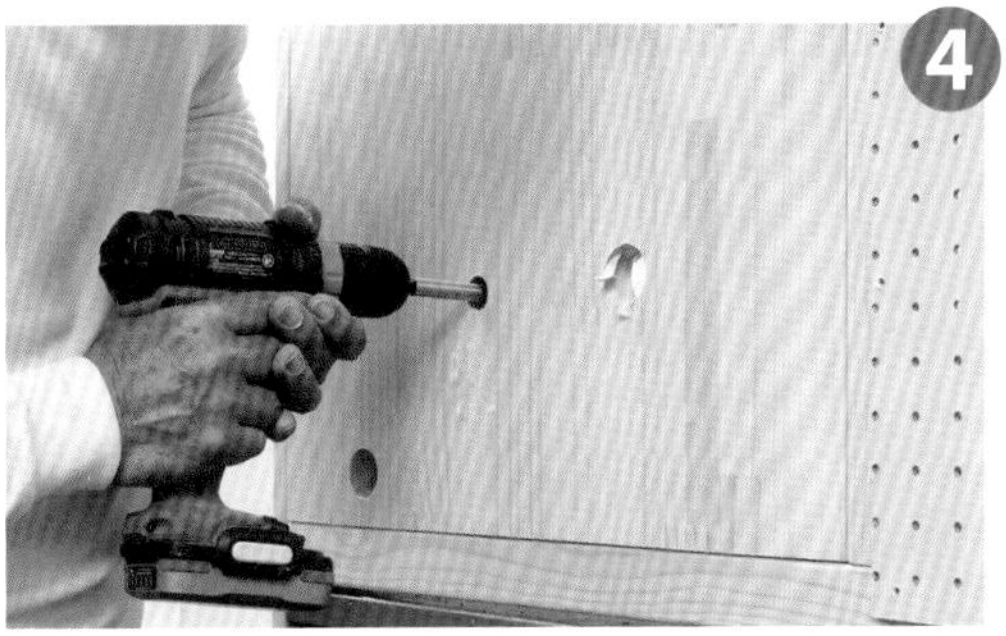

棚の上部に充電器の電源コード、下部にそのコードと電源タップのコードを通すため、背板にホールソーで穴を開けます。

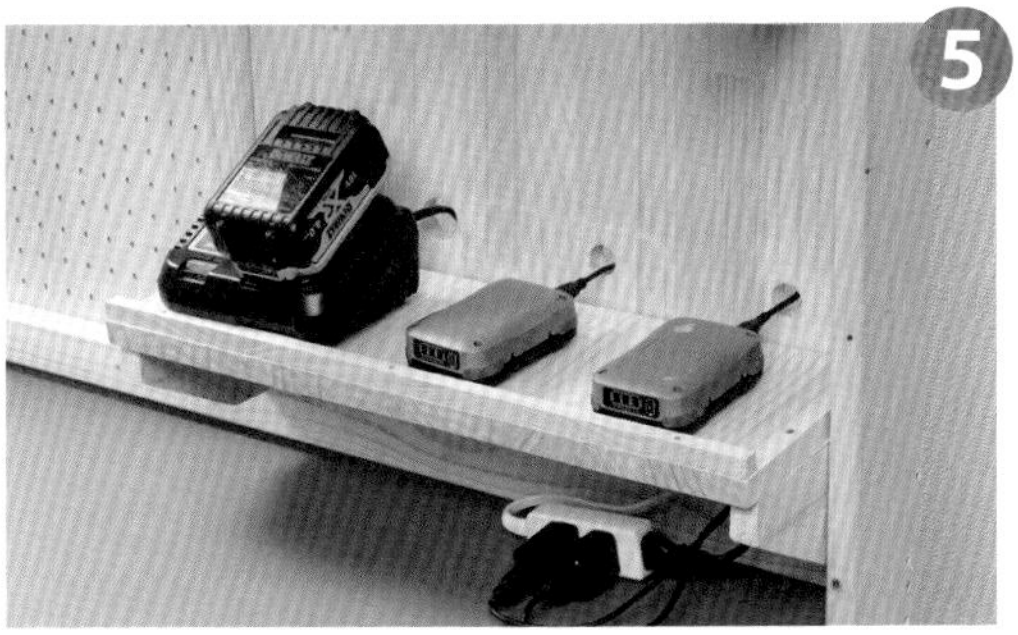

このようにコードを通しました。穴のサイズはご使用の充電器や電源タップのプラグの大きさに合わせてください。

背板とラックを水性塗料で塗装します。天板のグレーや脚のブラックに合わせてアーミーグリーンで塗りました。

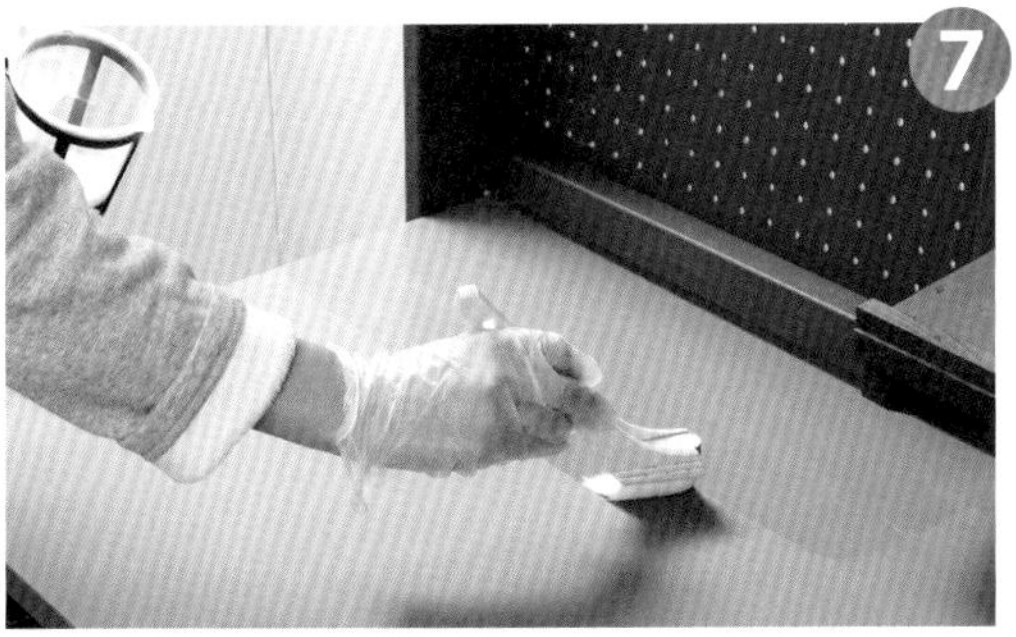

最後に天板にクリアコートを塗って表面を保護します。こうしておくとDIY作業時も汚れが付きにくくなります。

これでワークテーブルが完成です。有孔ボードには好みのフックを使って小物などを整理すると便利です。

難易度 ★★☆☆☆

ダイニングテーブルを伸長式にリメイク

4人掛けテーブルの天板をカットして伸長式にしてリメイクする

食事の際に欠かせない家具といえばダイニングテーブルです。ダイニングの中央に置かれ、家族そろって食事をするときにはなくてはならない家具です。

大きなモデルの方が何かと重宝するダイニングテーブルですが、子供が独立するなどして、4人掛けでは広すぎて持て余してしまうなんてことはないでしょうか。

それなら使いやすくコンパクトにリメイクしてみてはいかがでしょう。ダイニングの印象が大きく変わりますし、スペースを節約できるのでメリットも多いリメイクです。

ここでは、一般的な4人掛けの木製ダイニングテーブルを、コンパクトな2人掛けにカット。なおかつ必要な時には天板を広げて使うことができる伸長式にリメイクしました。

また色も明るいブラウンから、ステインを使って、シックで落ち着いたイメージのマホガニー調に塗り替えてみました。

リメイクプラン
Remake PLAN

After

明るい色合いからシックで落ち着いた色合いにイメージを変えています。

天板をカットして全体的にコンパクト化をしながら、カットした天板を折り畳みができる伸長式にしています。

Before

使い勝手の悪くなった４人掛けのダイニングテーブルの天板を短くカットして２人掛けのコンパクトサイズに作り替えます。
　さらにカットした天板にロックつきのステーを取りつけて、広く使いたいときには天板を簡単に広げられる伸長式の仕組みも組み込みました。
　合わせて、表面を研磨して、ステインでシックな色合いに変え、キズ防止にクリアコートも施しています。

その他の材料

■ロック付きステー
■木工パテ
■木工用接着剤
■ステイン
■水性ウレタンニス
■マスキングテープ

道　具

■電動ドリルドライバー
■丸ノコ
■サンダー
■金づち
■ノコギリ
■紙やすり
■クランプ
■ハケ
■ローラー
■ハンドサンダー
■ゴムヘラ

テーブルの表面を研磨する

1 今回使用したダイニングテーブルです。木製のシンプルなデザインで4人掛けの大きなタイプです。

2 脚はボルトで固定されているだけなので簡単に分解できます。脚は色を塗り替え、そのまま使用します。

3 塗装の下地調整として表面を研磨します。面積が広いのでサンダーなどがあると効率よく作業ができます。

4 サンダーでは作業しにくい、狭いすき間などは研磨パッドを使います。

5 天板表面から研磨していきます。表面のクリアコートをできるだけていねいに削り取っていきましょう。

6 幕板や脚の表面も研磨していきます。天板の裏面などには塗装をしないのでそのままでかまいません。

7 新たに塗装を施す表面部分をすべて研磨し終えました。表面のクリアコートがはがれています。

8 研磨で出た削りカスが表面に残っているので、固く絞ったウエスで拭き取ります。

天板のへこみをパテで埋める

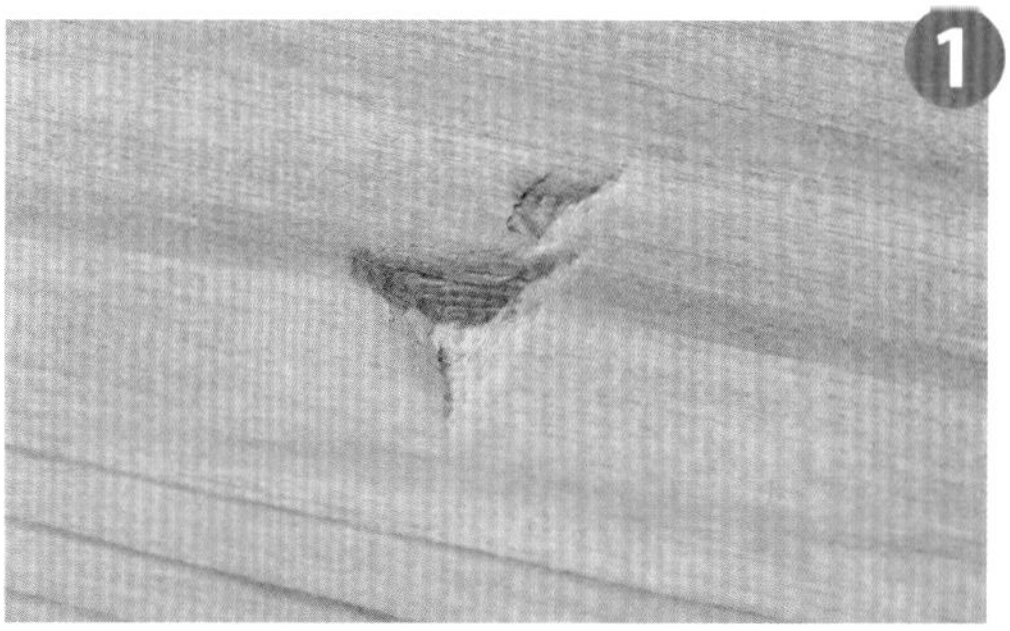

研磨を行った際に天板に目立つへこみを見つけました。このようなへこみは塗装前に補修しておきます。

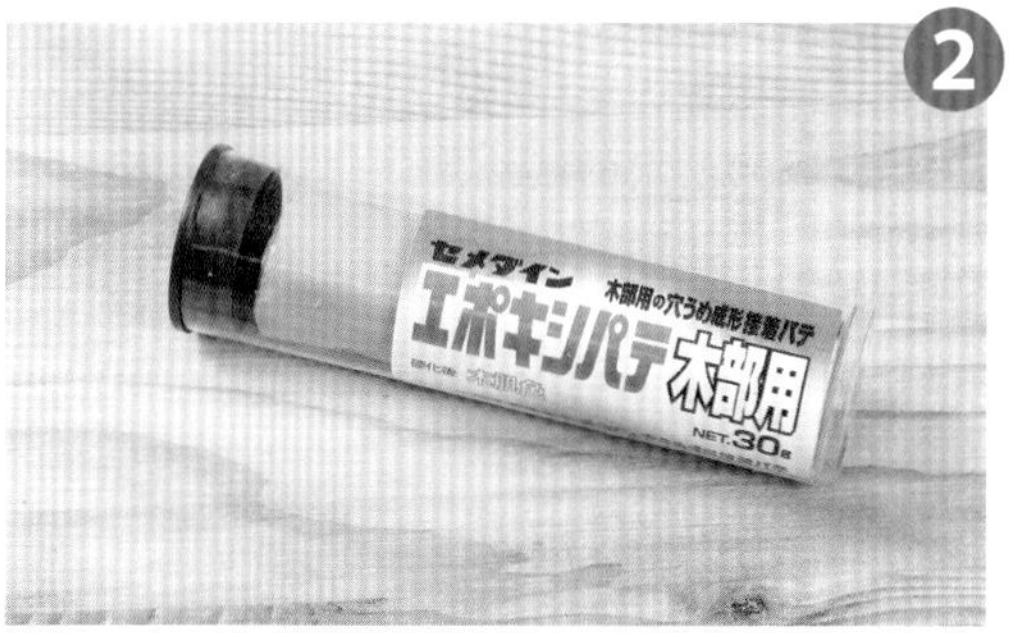

補修には木工パテを使用します。木工パテは固まると、その上から塗装することも可能です。

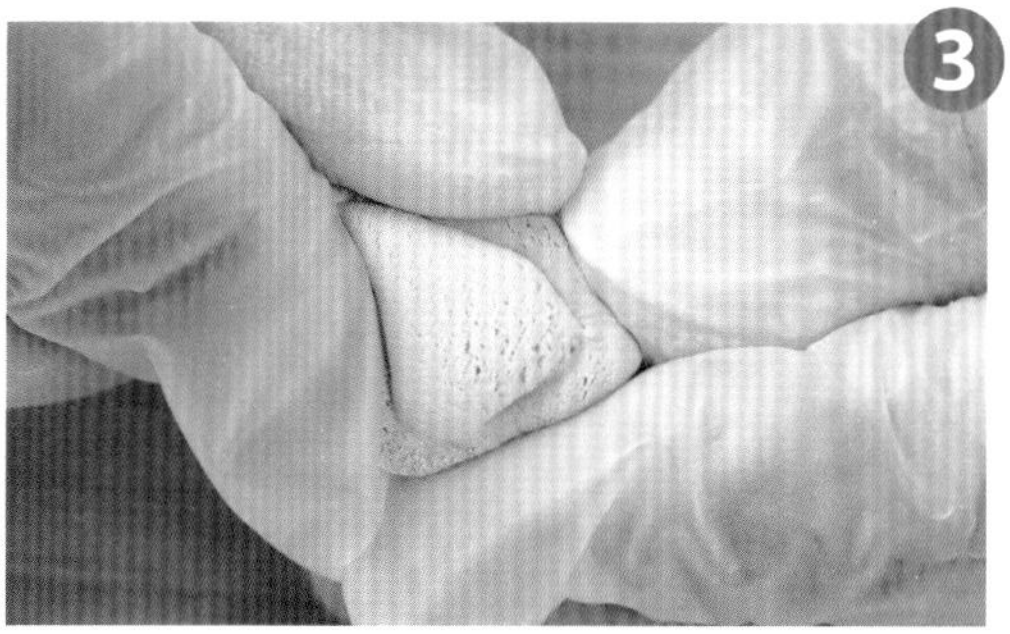

エポキシ樹脂製の木工パテは保護手袋をしてから、2色のパテを均等に練り合わせて使います。

色むらがなくなるまでキレイに混ぜたら、へこみの部分にゴムヘラで押し込むようにしてパテを埋めていきます。

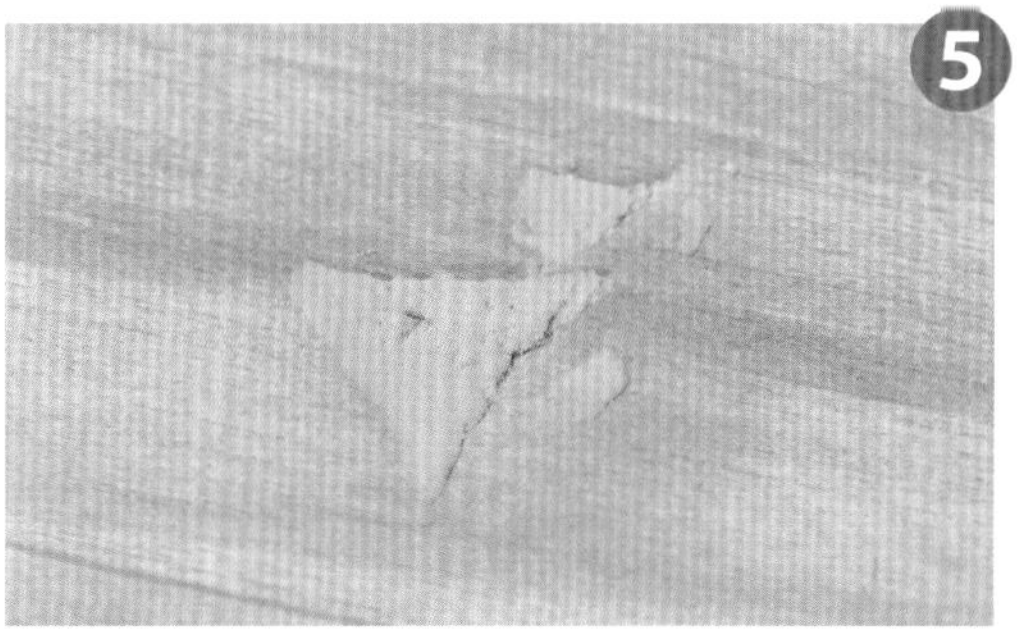

埋めることができたら充填したパテが硬化するまでしばらく置いておきます。10分ほどで硬化します。

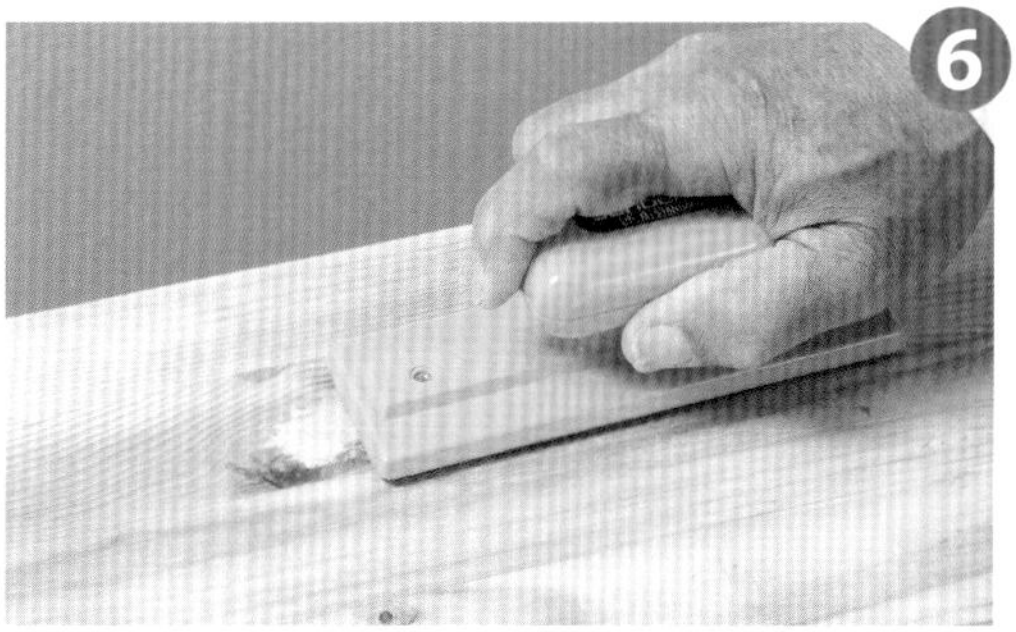

パテが硬化したら、表面をハンドサンダーなどで研磨して平らに仕上げます。

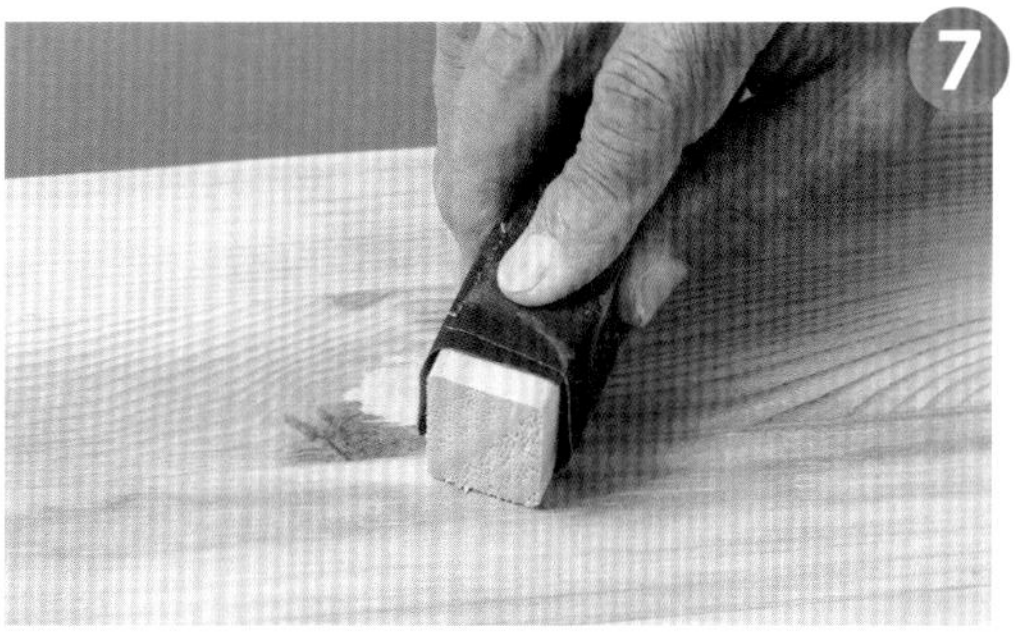

ハンドサンダーがない場合は角材にサンドペーパーなどを巻き付けて使ってもいいでしょう。

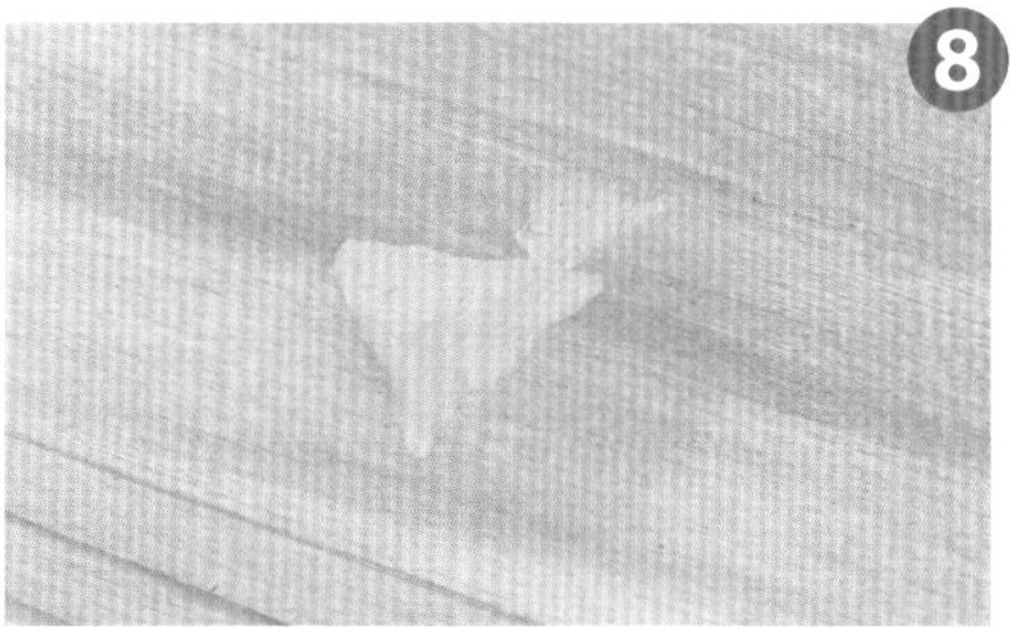

へこみがパテで埋まり、天板表面も滑らかに研磨することができました。

脚をポリウレタン塗料で塗装する

塗装に使用した水性ポリウレタン塗料は、ステインによる着色とウレタンクリアーによる上塗りが一度にできます。

塗装にはハケと塗装用スポンジ、そして塗料カップを使います。

表面にツヤを出すためには2度塗りが必要です。１度目を塗装して乾燥したのちに、サンドペーパーで軽く研磨します。

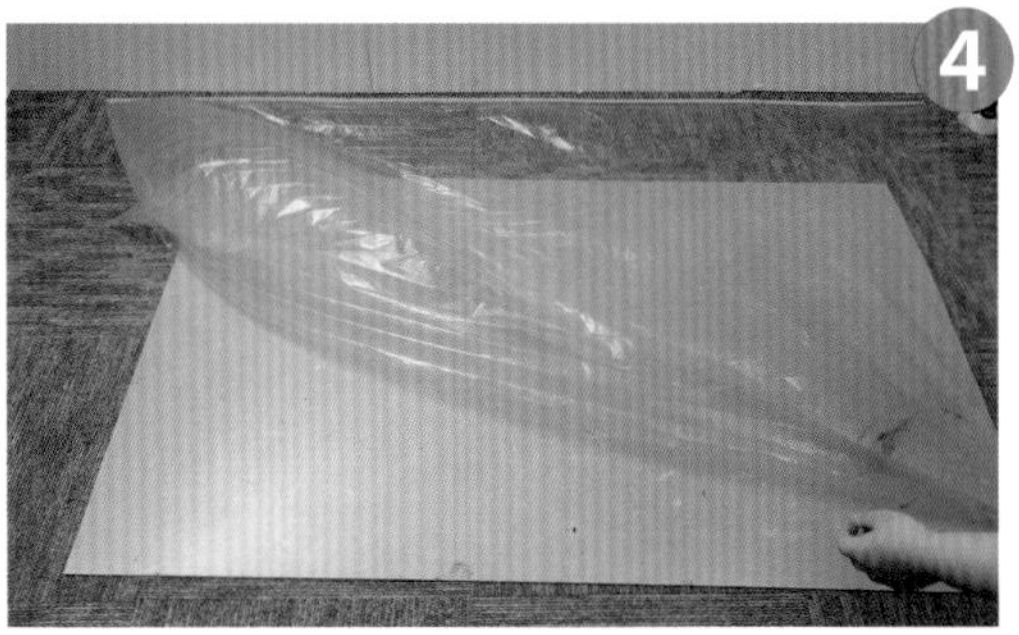

塗料で作業スペースが汚れないようにマスカーで床を養生します。

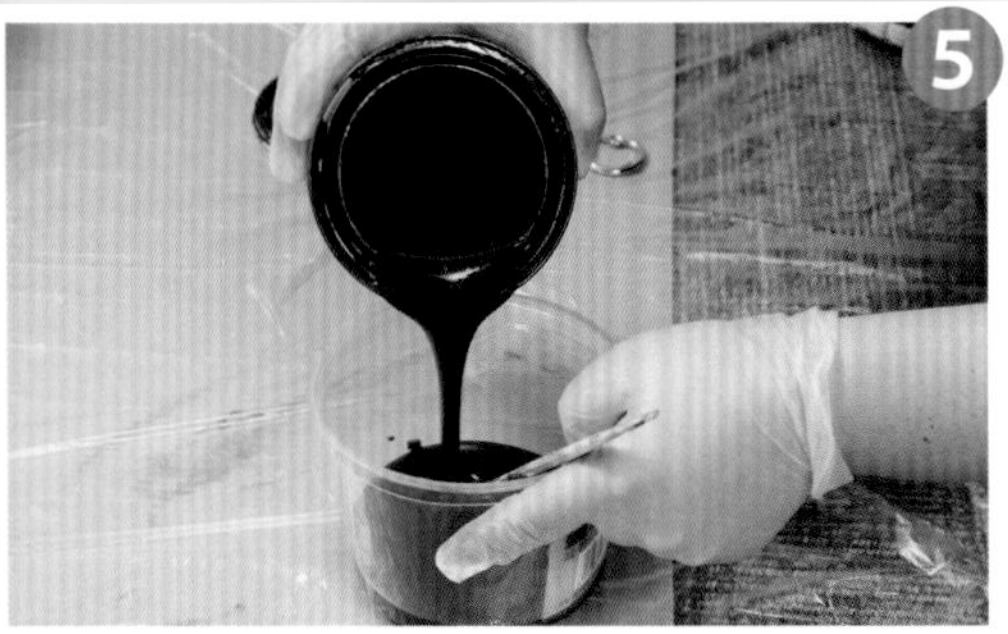

塗料カップに適量の塗料を注ぎます。一度にカップに取ると酸化するので必要な分だけ注ぎましょう。

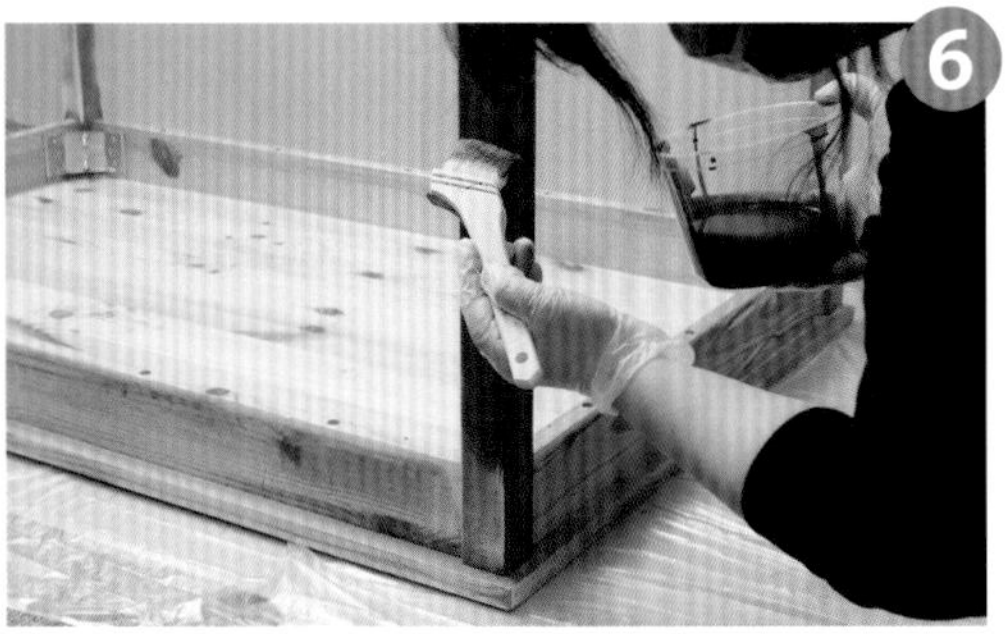

テーブルを裏返しにして、脚から塗っていきます。

幕板や天板周囲の裏側など、目につく部分はすべて塗装していきます。

脚と幕板などに一度目の塗装ができたら乾燥させます。ドライヤーを使うと、乾燥時間を短縮できます。

乾燥&2度塗りをして仕上げる

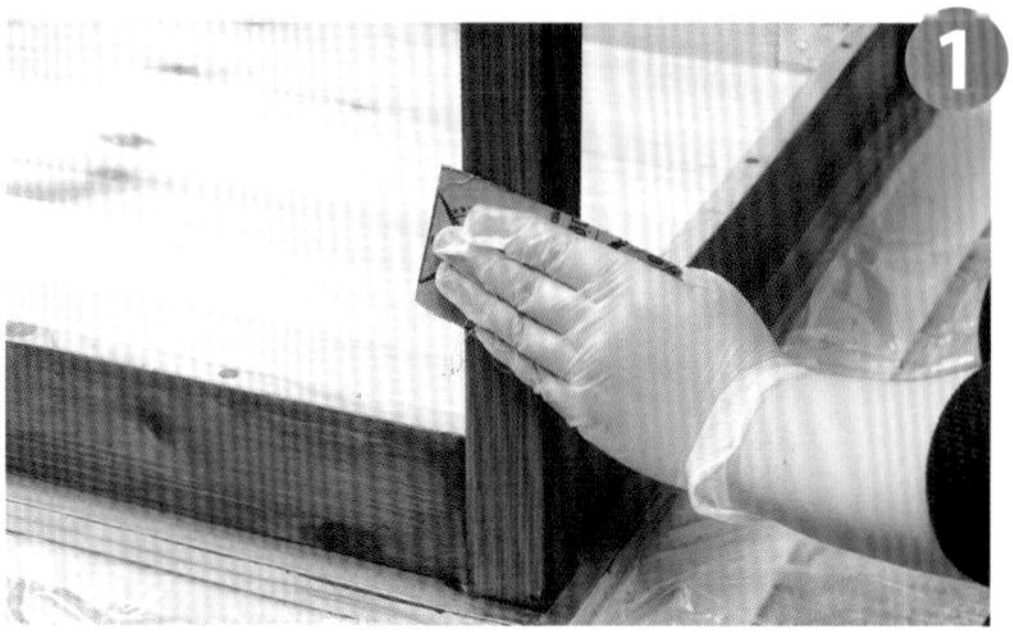

1度目の塗装が乾いたら、サンドペーパーで軽く研磨して表面のザラつきを取ります。

2度塗りをします。塗料が乾燥したらテーブルを表に返します。

天板に塗装をしていきます。広い面積は塗装用スポンジを使うと塗料を無駄にせずキレイに塗れます。

1度目の塗料が乾燥するまでしばらく待ちます。乾燥したら脚のときと同じように表面を軽く研磨します。

研磨によって出た研磨カスをウエスなどで拭き取ります。表面を触ってザラつきがなくなったことを確認します。

2度目の塗装を行います。塗り方は1度目と変わりません。塗り終えたら完全に乾燥するまでしばらく待ちましょう。

木工パテで補修した部分はこのように仕上がりました。補修後はわかりますが、目立たなくなっています。

塗料が完全に乾燥したら塗り替えは完了です。2度塗りしたのでつややかに仕上がっています。

天板をカットする

塗り替えを終えたダイニングテーブルを短くカットして2人掛けサイズにします。

天板部分をカットするために脚を分解します。脚はコーナー用の座金を介して幕板に固定されていました。

分解完了。座金や脚、ボルトなどは流用するので保管しておいてください。

天板のサイズを測ります。2人掛けなので幅650㎜となるように天板をカットします。

鉛筆でカット線を引き、マスキングテープを貼ります。そして、丸ノコ用にガイド定規をクランプで固定します。

丸ノコを使って天板をまっすぐカットします。

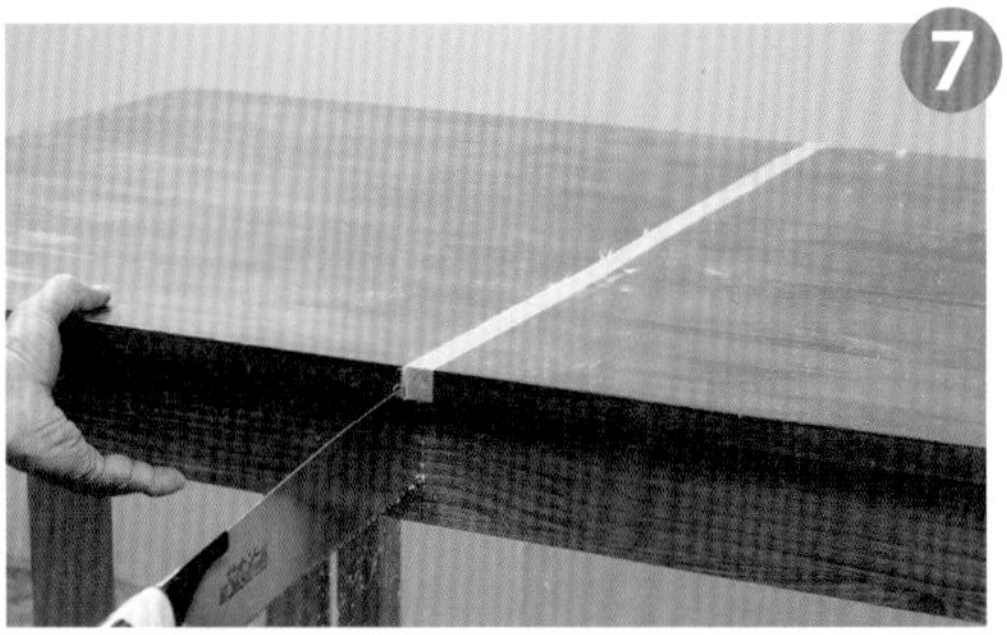

丸ノコで切り残した幕板部分、ノコギリを使ってカットします。

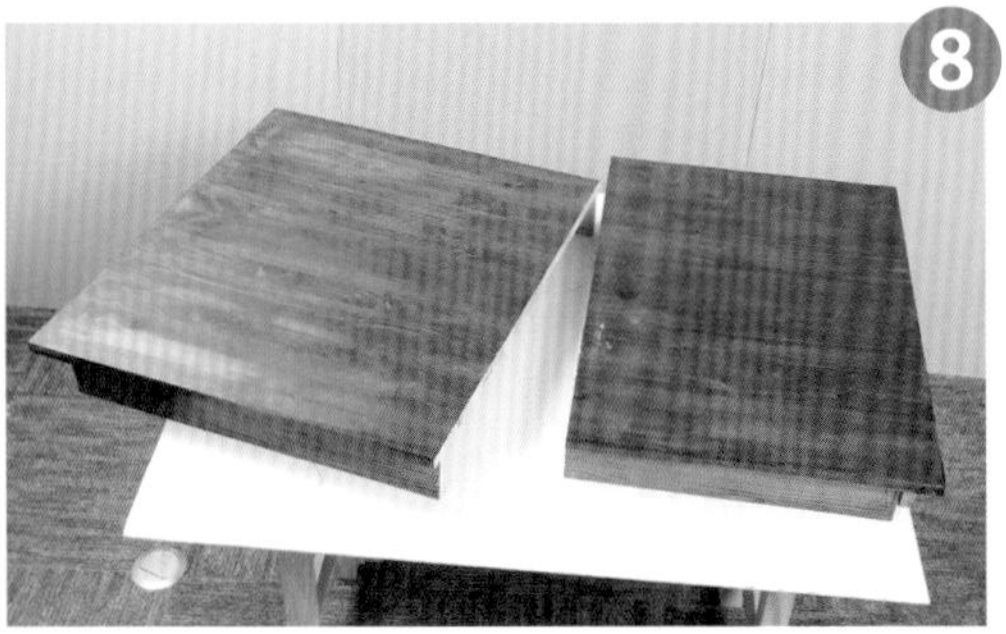

天板が幕板ごとカットできました。切断面に軽くサンダーをかけ、バリを取っておきます。

幕板を加工する

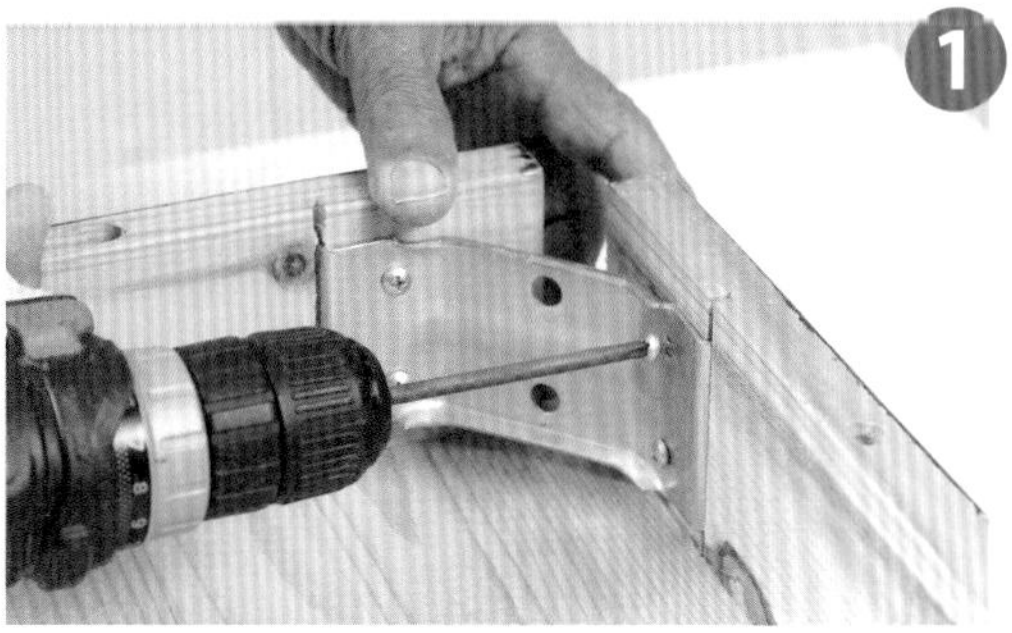

幕板をとめている木ネジを抜き取り、幕板と脚をつないでいた座金板を取り外します。

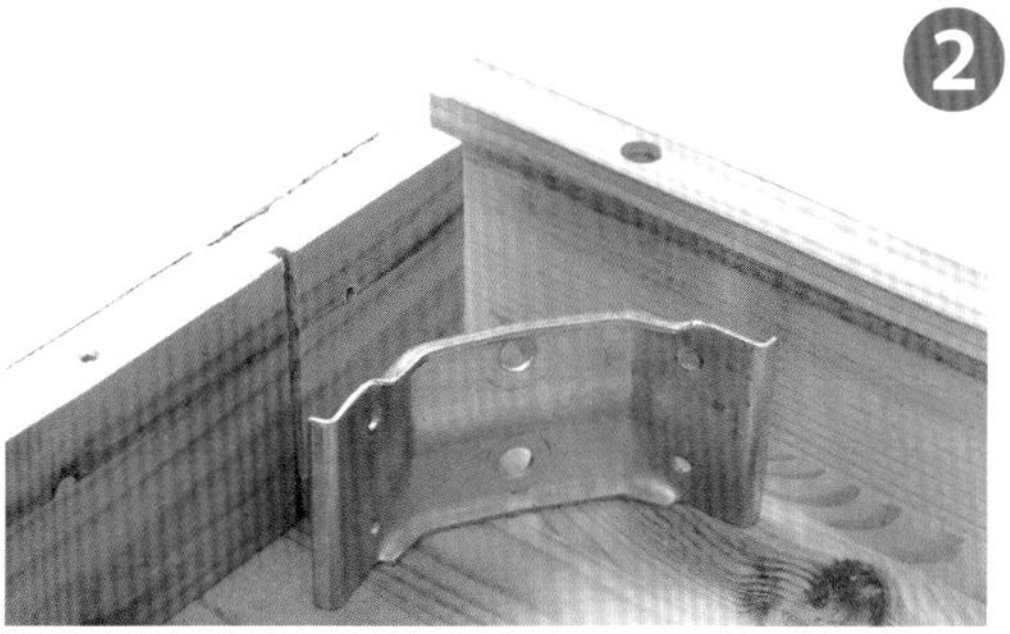

カットした側の幕板は、後ほど使う側の天板に移設します。

脚を取りつけるスペースを確保するため、脚の太さで幕板に線を引きます。

先ほど引いた線に沿ってノコギリで切断します。

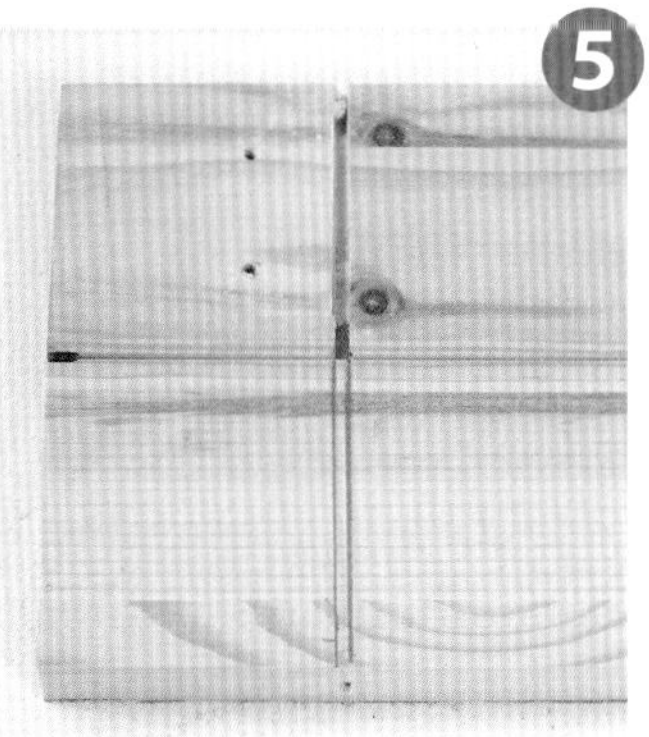

カットした幕板に座金を差し込む溝を刻みます。他の板から溝の位置を写し取ります。

丸ノコで溝を掘っていきます。刃を溝の深さに合わせて調整し、何度か往復させて十分な幅の溝を作ります。

溝ができました。幅も深さも十分で強度も確保できています。

金具をあててみます。問題なく金具を引っかけることができます。

脚を取りつける

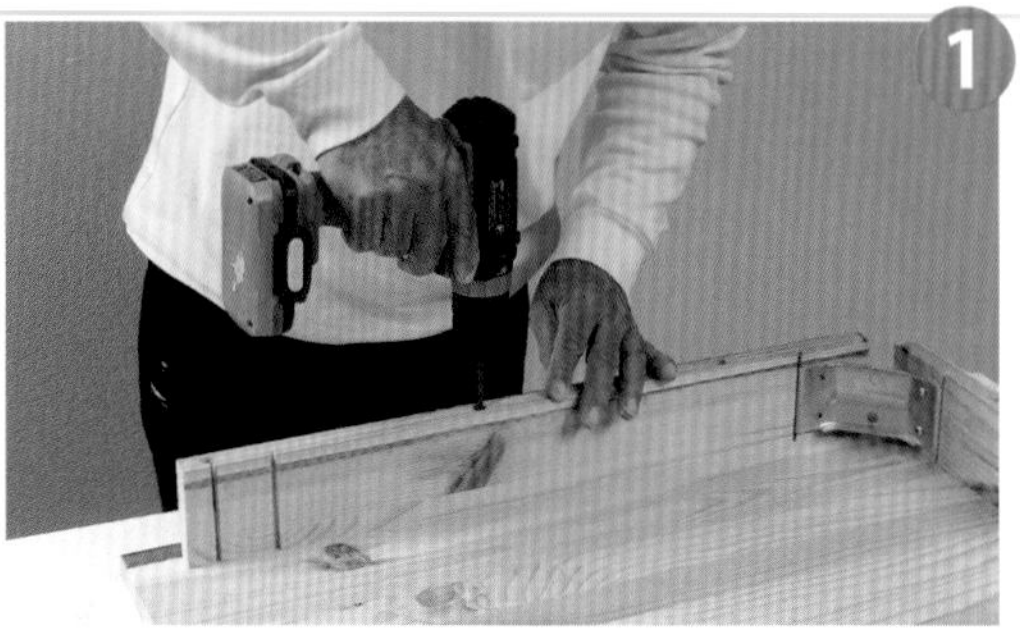

加工した幕板を天板に戻します。取り外した幕板にある穴と、木ネジを使って固定します。

最後に切り落とした側の幕板を取りつけます。画像の奥側が移設した幕板です。

脚を仮置きし、溝に座金を差し込みながら位置がずれないよう、木ネジで固定していきます。

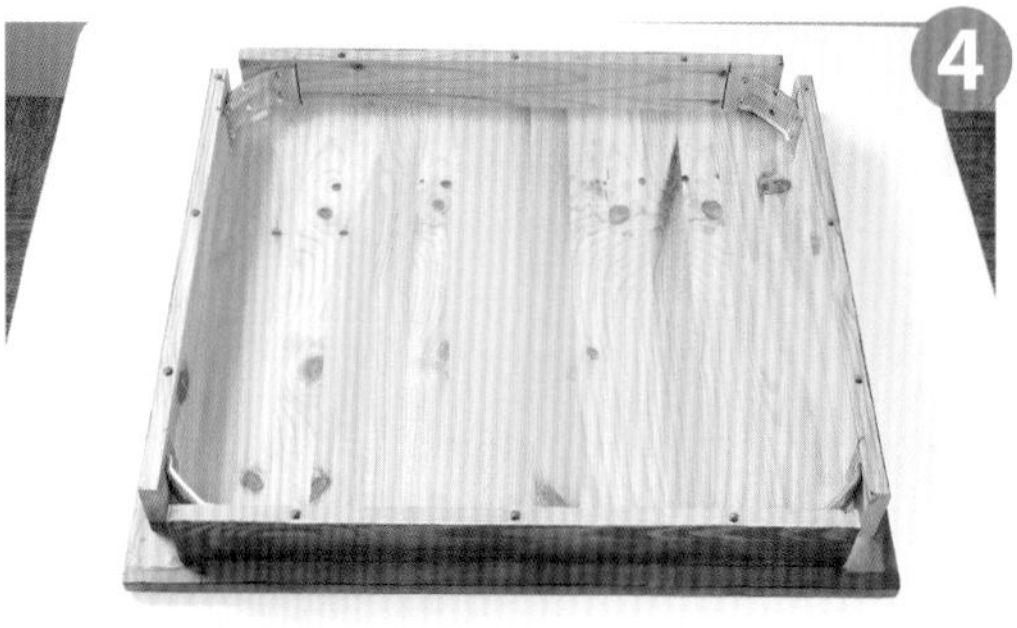

座金を取りつけることができました。座金が幕板の補強となっているので、強度も十分確保されています。

取りつけた座金を使って、はずしていた脚をすべて取りつけます。

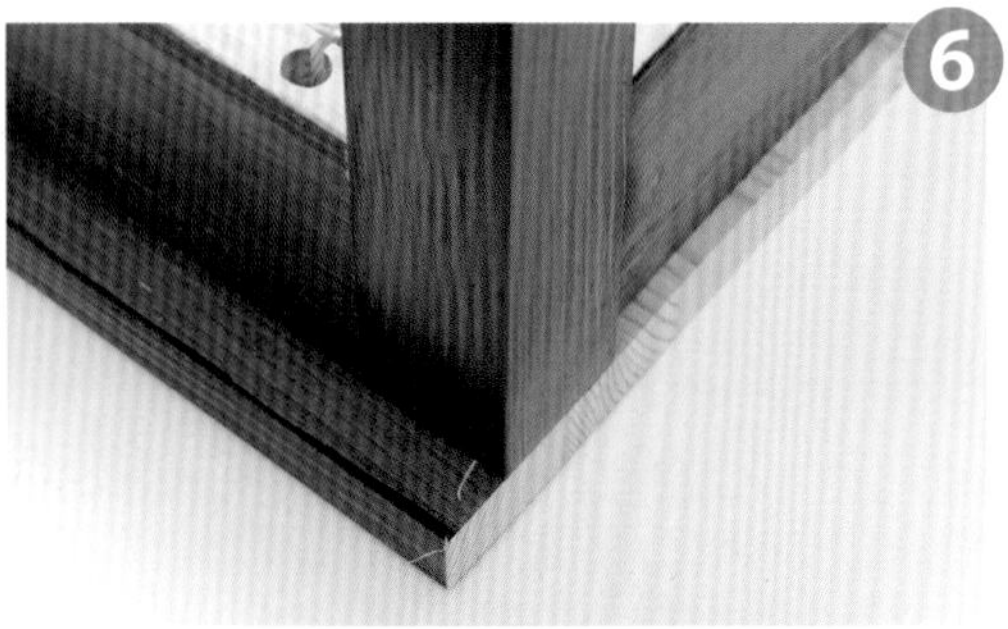

カットした天板にある側の脚は、このように天板の切断面とツライチとなりました。

4人掛けのダイニングテーブルが2人掛けのコンパクトなダイニングテーブルにリメイクできました。

伸長天板にステーを取りつける

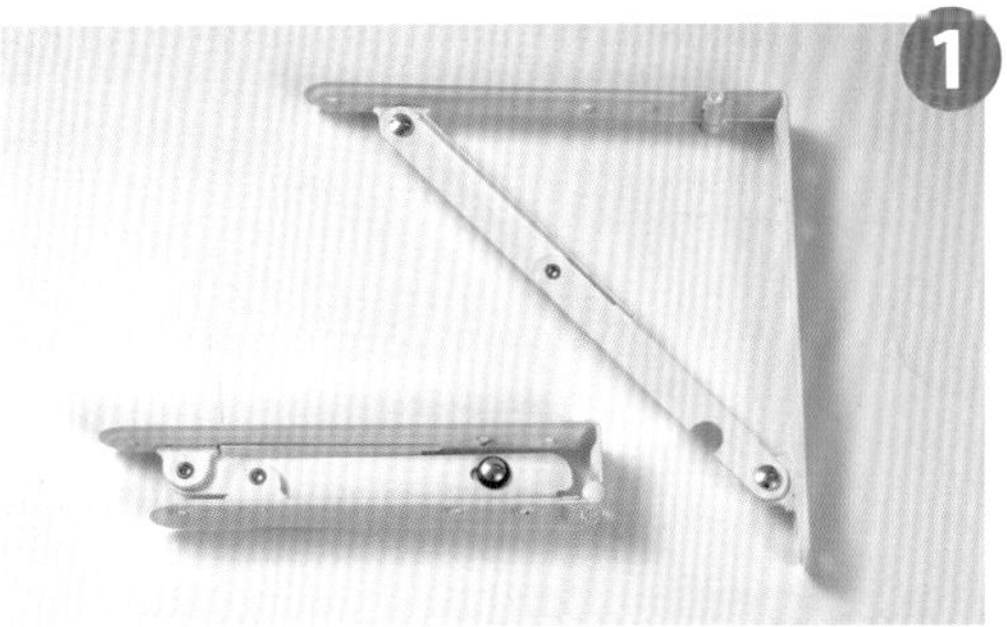

カットした天板にロック付きのステーを取りつけて、伸長式の天板を作ります。

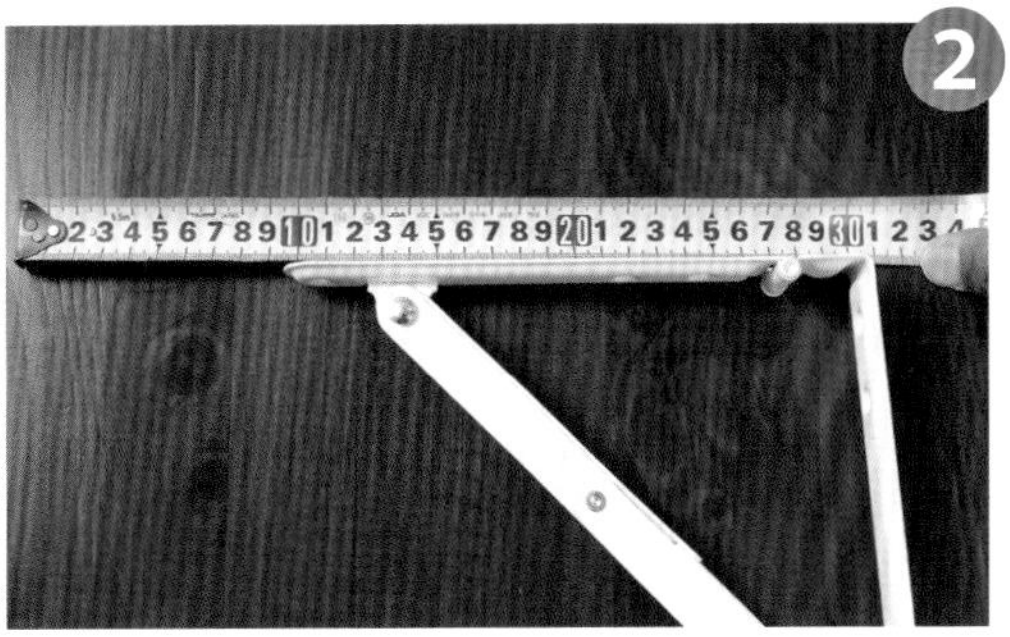

ステーの長さを測ります。このステーに合わせて取りつける天板の長さを決めます。

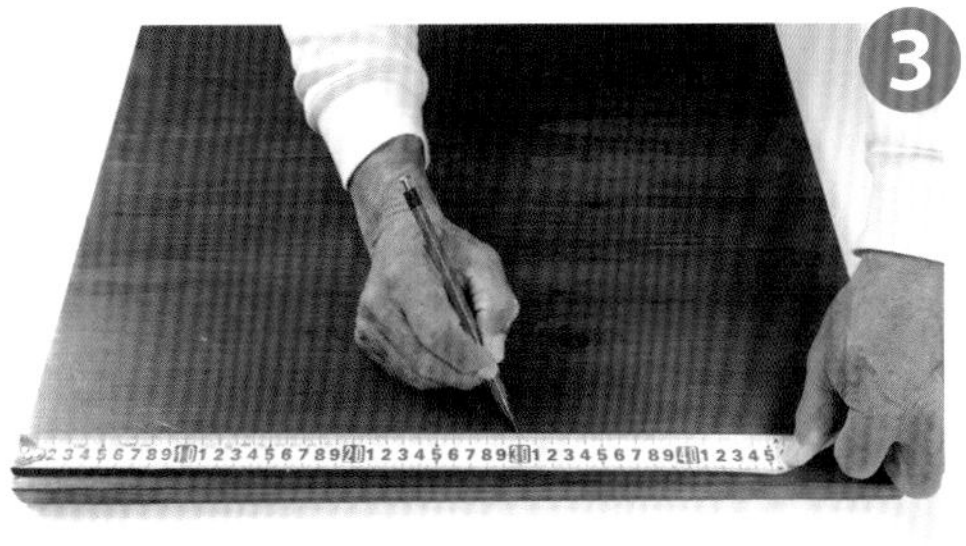

ステーの取りつけ部の長さを測ると200㎜でした。強度を考えると1.5倍ほどの長さまでなら支えられます。

伸長用の天板はステーで支えられる長さである300㎜に、丸ノコでカットします。

300mmの長さに天板がカットできました。これをステーでテーブルに取りつけます。

テーブルを逆さにして置き、伸長用天板を取りつけ部分に仮置きします。

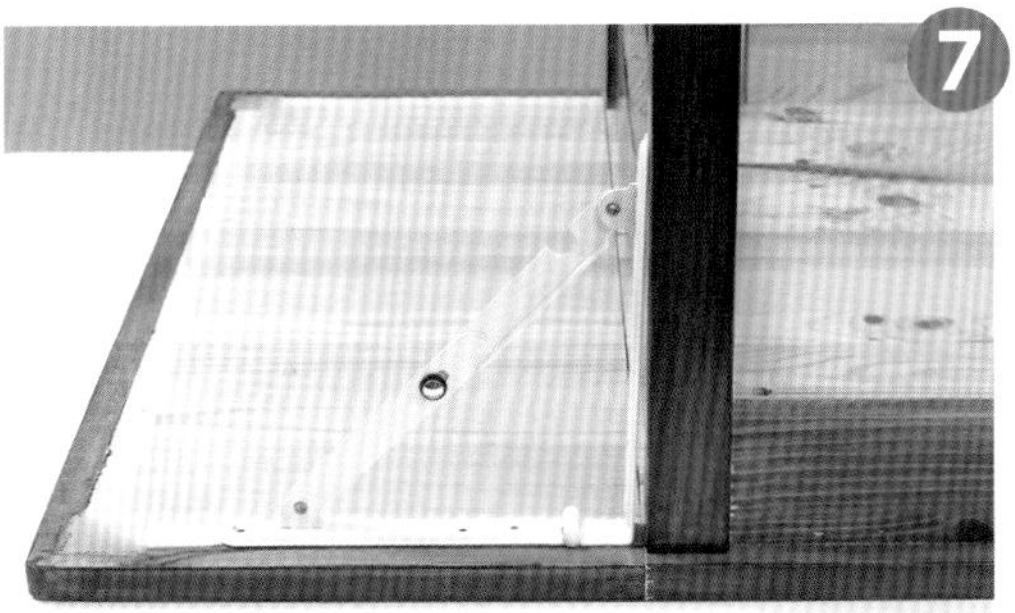

ステーを仮置きしたところ。ヒンジのある側が天板側になります。脚との接続部分にすき間があります。

ステーがずれないように手で押さえながら脚側からネジで固定します。

伸長天板を取りつける

伸長天板の両端にステーを取りつけることができました。

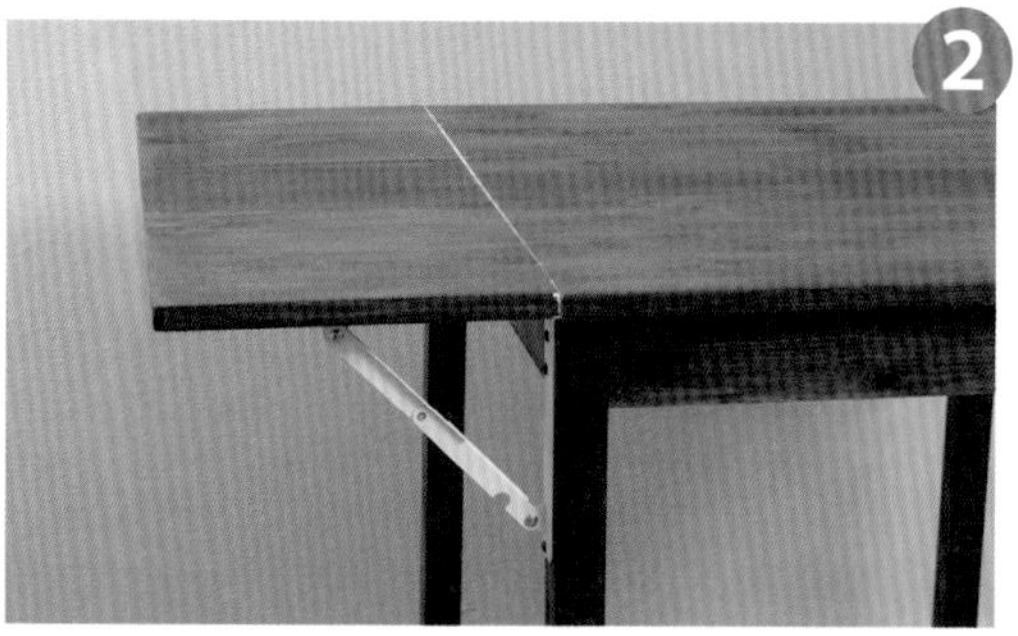

伸長天板は伸ばすとこのような状態になります。ステーにロック機能があるのでしっかり固定されています。

テーブルを立てて、伸長天板が問題なく畳めるか確認します。

天板を畳んだ際、天板と伸長天板の間にはに35mmほどのすき間ができます。

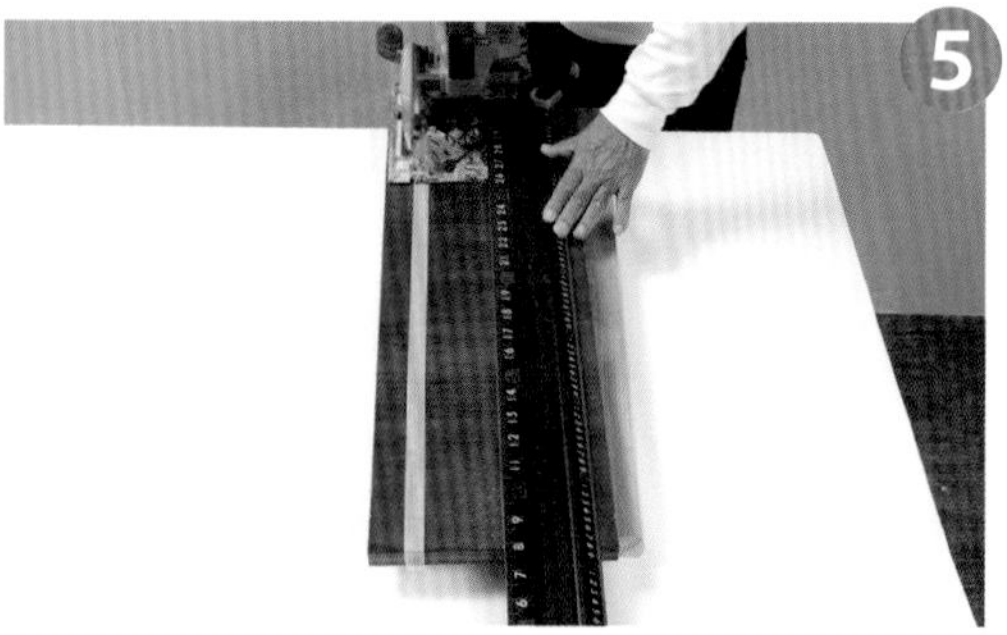

すき間を埋めるためカットして残った天板を使って、天板用スペーサーを作ります。まず天板を30㎜の幅でカットします。

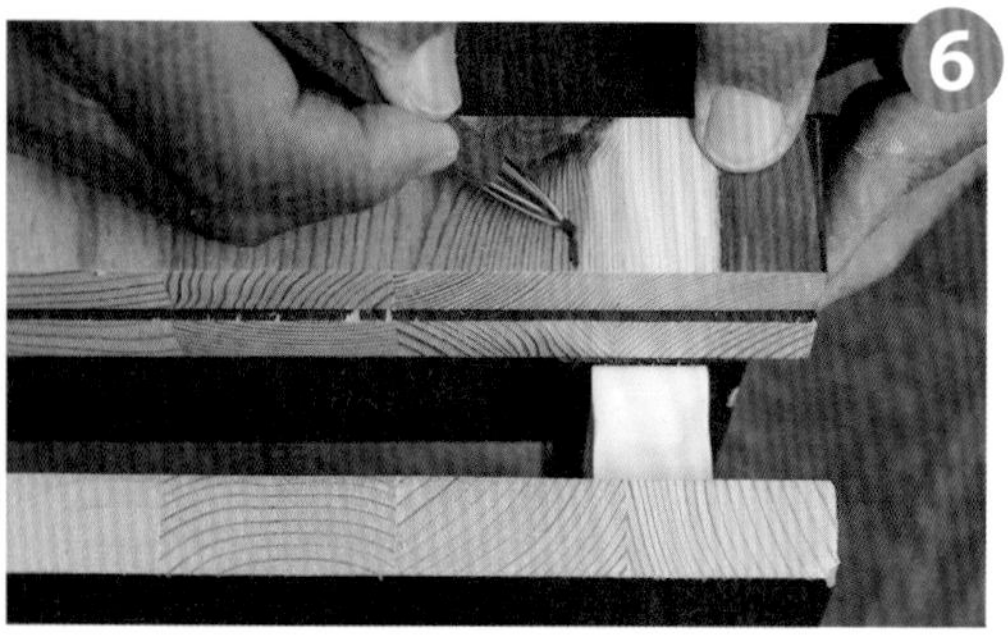

2本のステーの間の距離を測り、裏に貼り付ける補強板の長さの印をつけます。

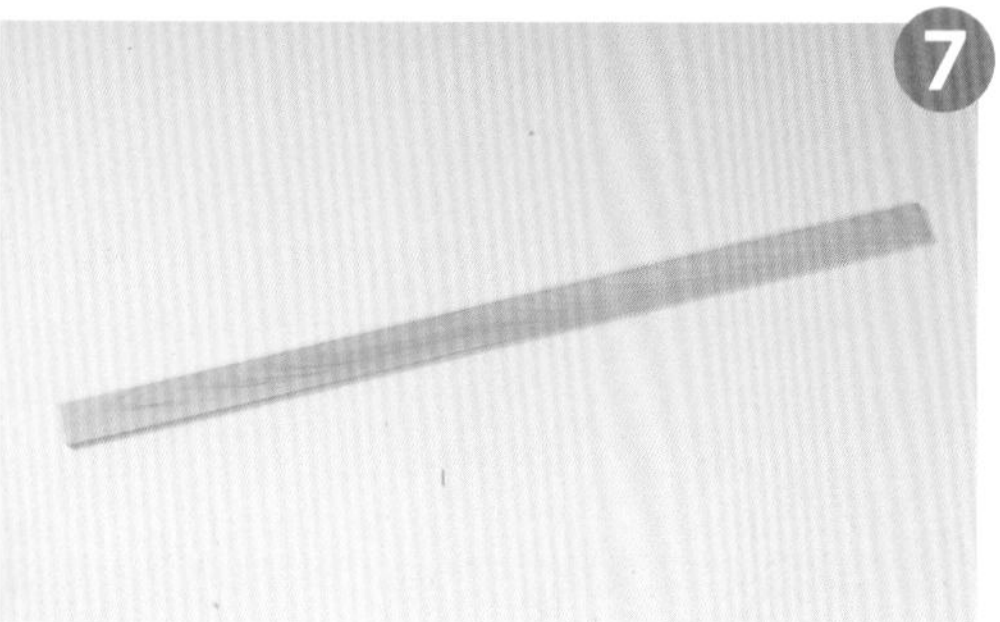

カットした天板だけでは強度が不足するので、裏に補強用の合板を張り付けます。

スペーサーですき間を埋めて完成

合板に木工用接着剤を塗ります。完全に密着するよう全面に塗り伸ばしてください。

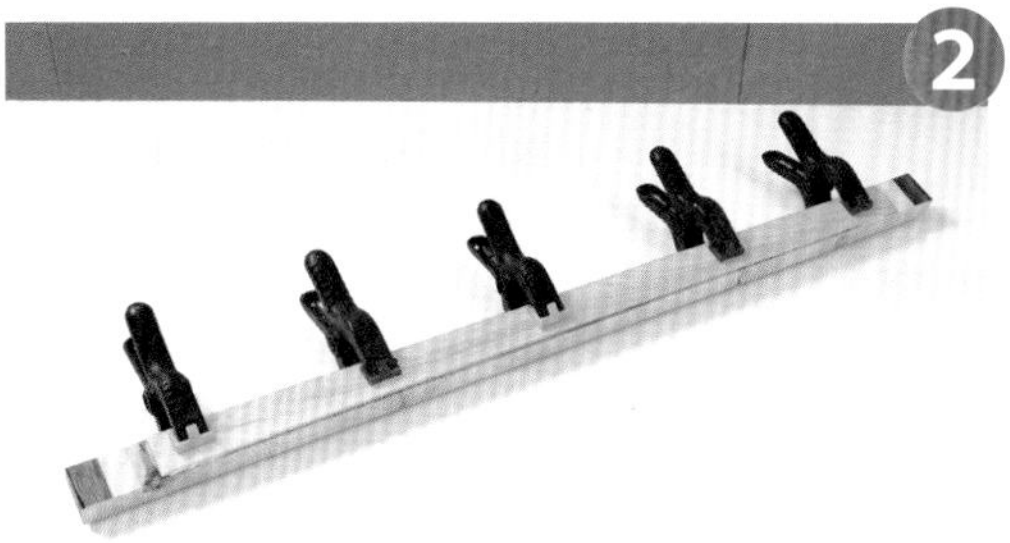

天板スペーサーの裏に合板を貼り付け、ずれないようバネクランプで仮固定して接着剤が乾くまでしばらく待ちます。

接着剤が乾いたら切断面のバリなどをサンダーで研磨して取り除きます。

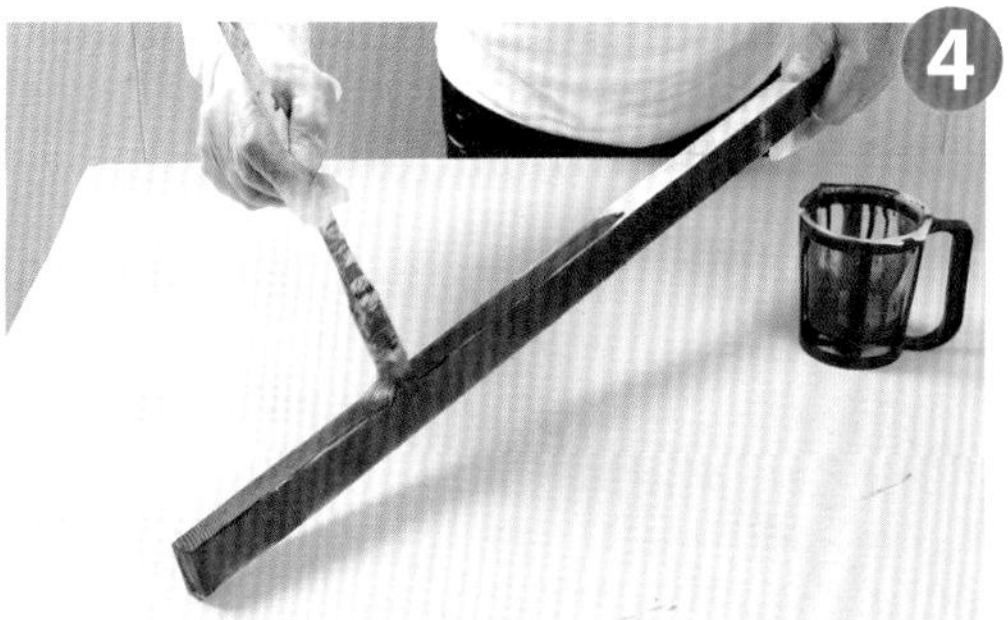

天板のすき間に取りつけたときに違和感がないよう、同じ塗料で塗装します。

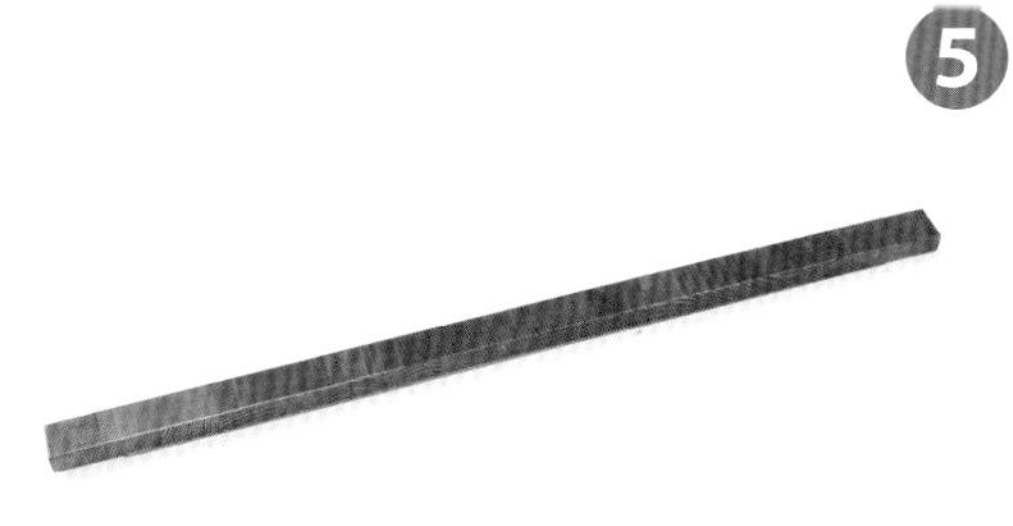

塗料が乾き天板スペーサーができました。

テーブル側の切断面も同じように塗装し乾かします。

天板スペーサーを取りつけてみました。このようにすき間が埋まり見た目も美しく仕上がりました。

これで伸長式天板の2人掛けダイニングテーブルの完成です。

ハケ

塗るものに応じて使い分ける

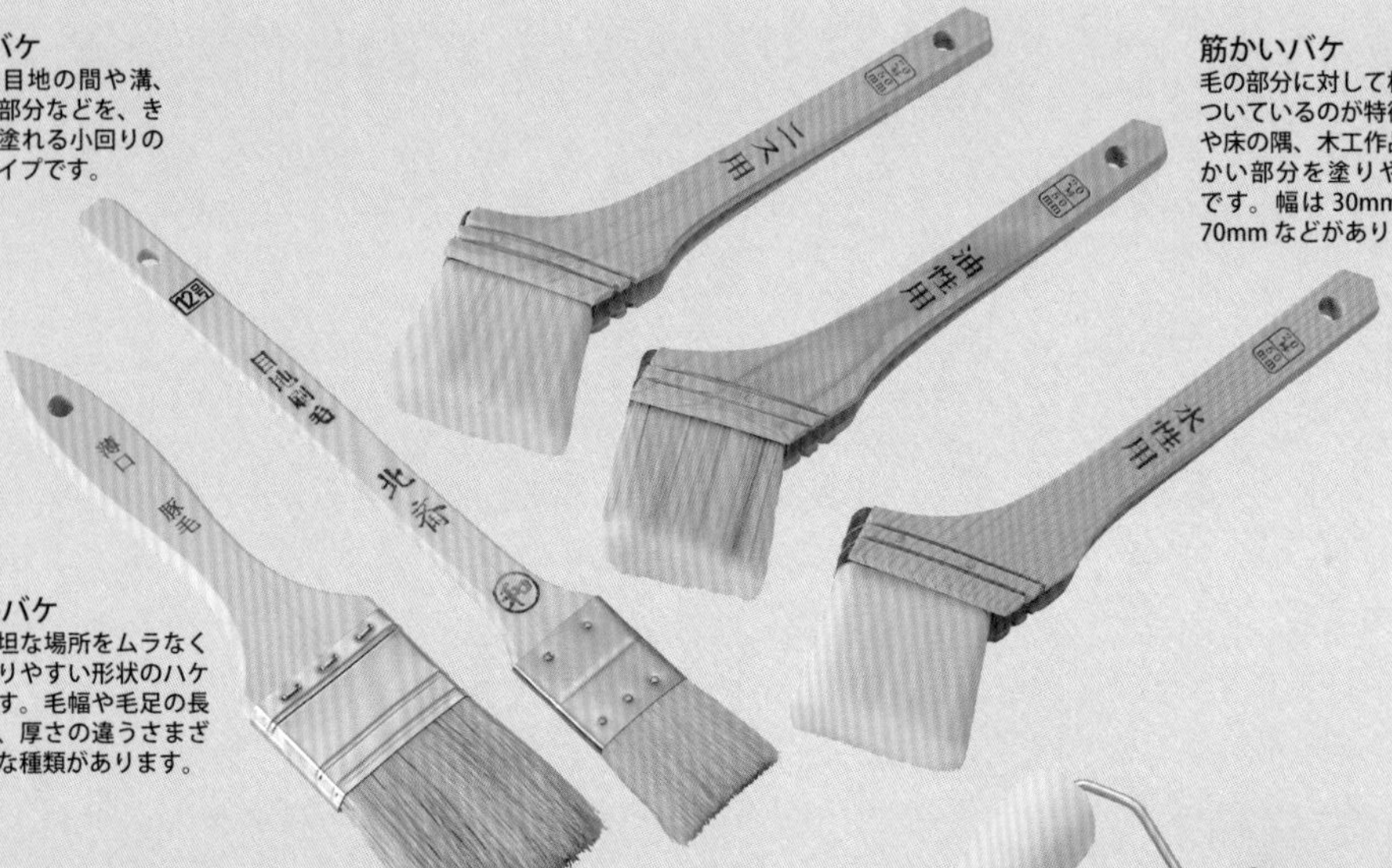

目地バケ
せまい目地の間や溝、細かな部分などを、きれいに塗れる小回りのきくタイプです。

筋かいバケ
毛の部分に対して柄が斜めについているのが特徴です。壁や床の隅、木工作品など、細かい部分を塗りやすいハケです。幅は30mm、50mm、70mmなどがあります。

平バケ
平坦な場所をムラなく塗りやすい形状のハケです。毛幅や毛足の長さ、厚さの違うさまざまな種類があります。

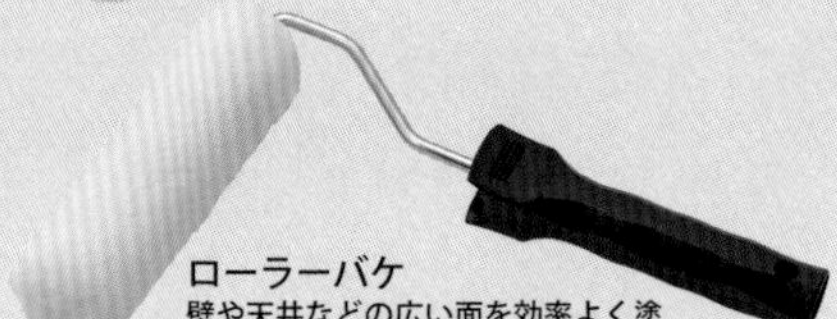

ローラーバケ
壁や天井などの広い面を効率よく塗れ、ハケ目も残りません。壁紙やブロックなどの凹凸面も、塗り残しなくきれいに仕上がります。

すきま用ハケ
金属の板にパイルがついていて、ウッドデッキやフェンス、すのこなどのすき間を塗るときに便利です。金属の部分を曲げても使えます。

コテバケ
平らな面を効率よく塗るのに適しています。スピードではローラーバケに劣りますが、塗り上がりはコテバケのほうが滑らかです。パッド部分を交換できるタイプもあります。

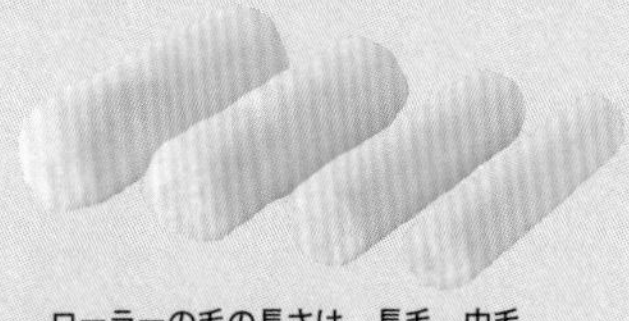

ローラーの毛の長さは、長毛、中毛、短毛などがあり、一般的な作業は万能タイプの中毛、仕上げは短毛などと使い分けます。

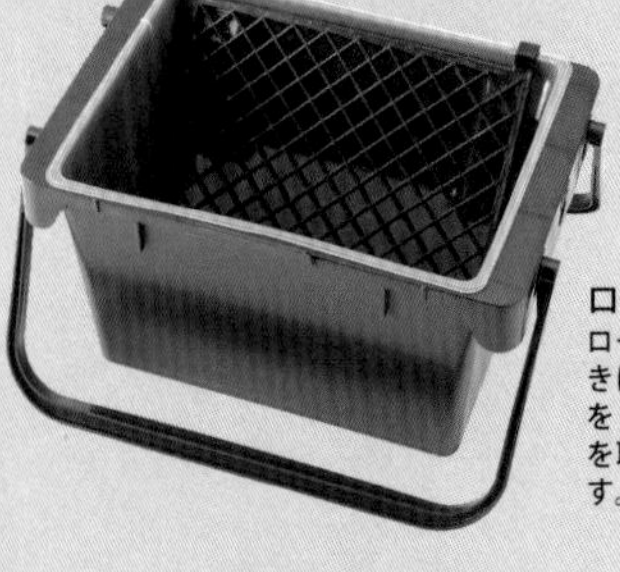

ローラーバケット
ローラーバケで広い面を塗るときに適した塗料容器です。ハケをしごく網や交換できる内容器を取りつけられるものもあります。

ローラートレー
ローラーバケットに比べてコンパクト。塗料が少ないときに、手軽に使えます。

塗装をきれいに仕上げるには、塗る場所に適したハケを使い分けることが大切です。

小さいものを塗るには、筋かいバケが向いています。細かいところでも楽にハケを動かせるので、広い面を塗るときでも、ローラーバケで塗りにくい隅を作業する場合などに使います。水性用、油性用、ニス用と毛質の異なる3種類があり、塗料に合わせて選びます。

広い面積を効率よく塗れるのはローラーバケです。ローラーは塗料もちがよいうえ、凹凸面でも一気に作業できるため、壁やブロック塀などの塗装がスピーディに行えます。ローラーは幅、太さ、毛の長さの違いで種類があるので、塗料の種類や塗装面の広さ、凹凸などに応じて使い分けましょう。

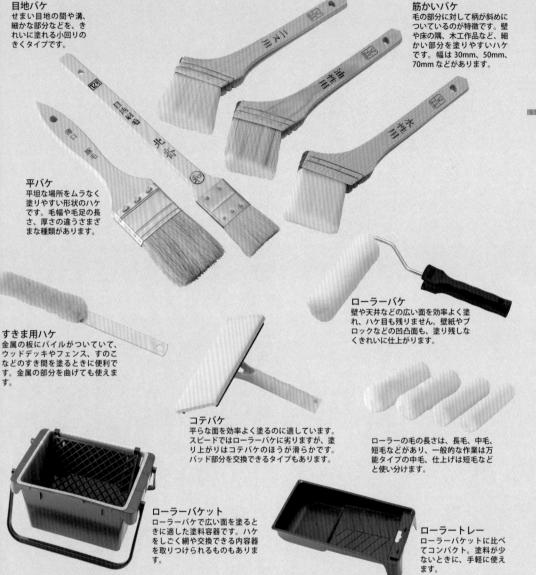

05

イスをリメイク

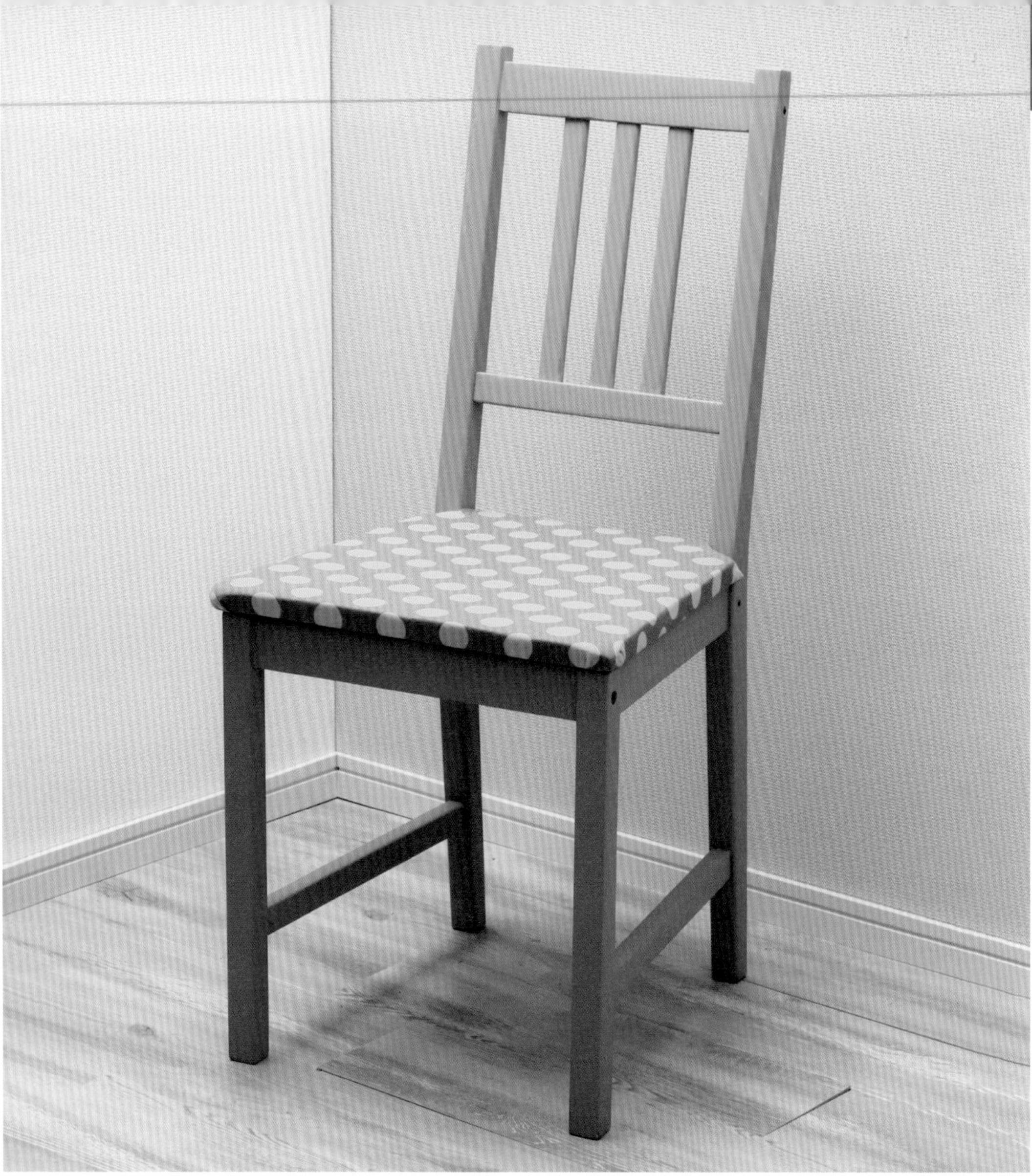

木製チェアをリメイク

色やクッションを変えるだけで地味なチェアのイメージが一新

各ご家庭に一つや二つはある定番デザインのチェアですが、長年使っていて脚部分の塗装がはがれてきたり、クッションの生地や革が破れてしまっていないでしょうか。

見た目が悪くなってもまだまだ使えるものを捨てるのはもったいない。とはいえ、ボロボロになったチェアをお部屋に置いておきたくはありませんよね。

そんなときは、傷んでしまったチェアをDIYでリメイクすることをおすすめします。傷んだ部分を補修してペイントをするだけでもイメージは大きく変わります。

また、上手くリメイクできれば、リメイク前よりもっと愛着がわくはずです。好きな色にペイントしたり、座面にお気に入りの生地を使ったクッションを取りつけるなど、簡単な作業でも各段にオシャレなチェアに変わります。このような簡単にできる、チェアのリメイク術をご紹介します。

リメイクプラン
Remake PLAN

今回リメイクしたのはシンプルなデザインの木製チェアです。座面にはクッションがなく、色はモノトーンというベーシックなチェアです。このチェアをベースにして、色や座面の仕上げを変えながら3パターンのリメイクを行ってみました。どれも大掛かりな作業ではないのでぜひ家庭にあるチェアで試してみてください。

Before

After

リメイクチェア1

元々の塗装をはがして、水性塗料で塗りなおしました。これだけでも印象は大きく変わります。

リメイクチェア2

座面にクッションがなかったので、伸びにくい生地とチップウレタンを使ってクッションを取り付けました。

リメイクチェア3

座面部分の板を取り外してキャンバス地のアクリルカラーテープを使い、チェック状に編み込んで座面にしてみました。

難易度 ★★★★★

チェアを塗り替える

その他の材料

- ■水性塗料
- ■マスキングテープ

道　具

- ■サンダー
- ■サンドペーパー
- ■ハケ
- ■ローラーバケ
- ■ペインターズピラミッド

座板を取り外し脚を研磨する

1

座板はネジと金具でフレームに固定されているため、簡単に取り外すことができます。

2

座板が取り外せました。

3

上から塗る塗料の密着力を向上させるため、80番のサンドペーパーで研磨をして表面に凹凸をつける作業、足つけを行います。

4

ある程度表面のウレタン塗料を削り取り凹凸ができたら、削りカスを拭き取ります。

座面にサンドペーパーをかけ足つけをする

座面は面積が大きいので、均等に磨けるようこのように当て木にサンドペーパーを巻き付けて使用します。

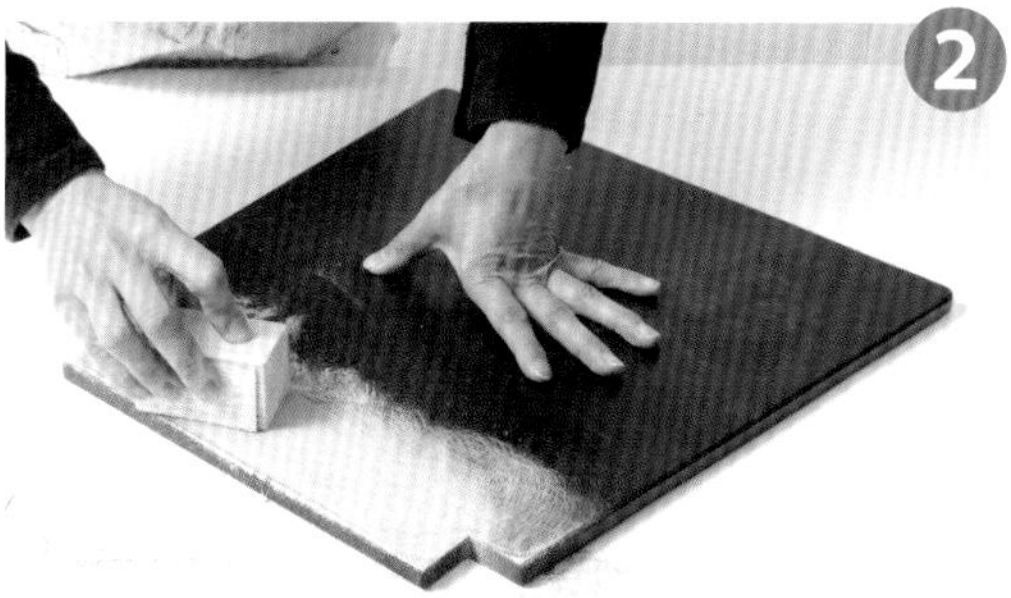

完全に塗装を削り取る必要はありません。下地を滑らかに仕上げるため、80番で研磨後に再度240番で磨き均します。

電動工具があるのであればサンダーを使用してもかまいません。作業時間の短縮になります。

広い面積を一気に研磨する場合はランダムサンダーがおすすめです。削りすぎないように注意してください。

研磨できたら、乾拭きをして削りカスを取り除きます。

さらに固く絞ったウエスで表面を拭き、削りカスをきれいに拭き取ります。

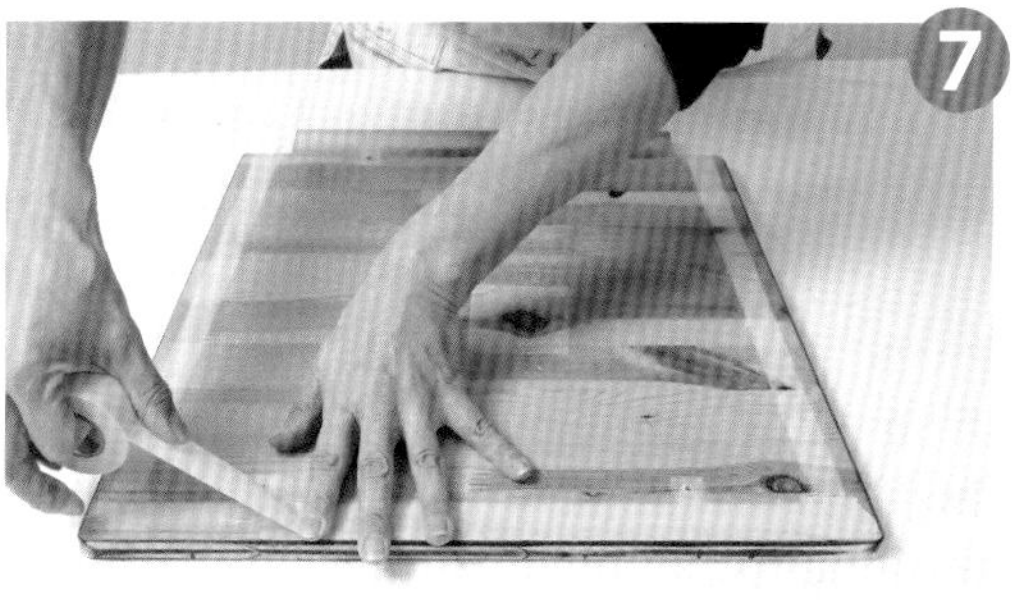

塗装を行う前に、ネジ穴に塗料が入らないようにマスキングをします。

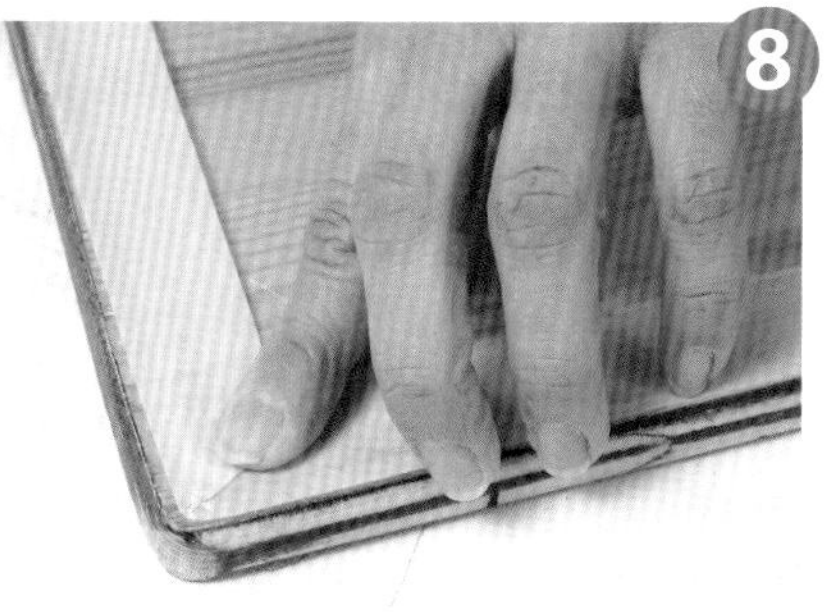

角部分はマスキングテープをきれいに折り込んでしっかりマスキングしましょう。

水性塗料でペイントする

1

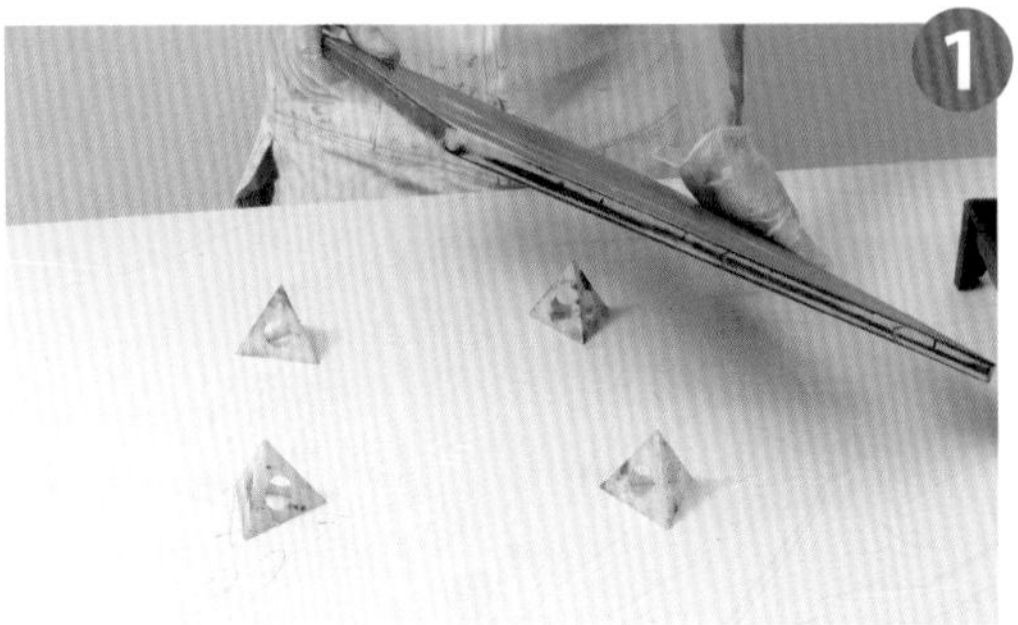

塗装の準備をします。ペインターズピラミッドを使って座板を塗りやすいよう少し浮かせています。

2

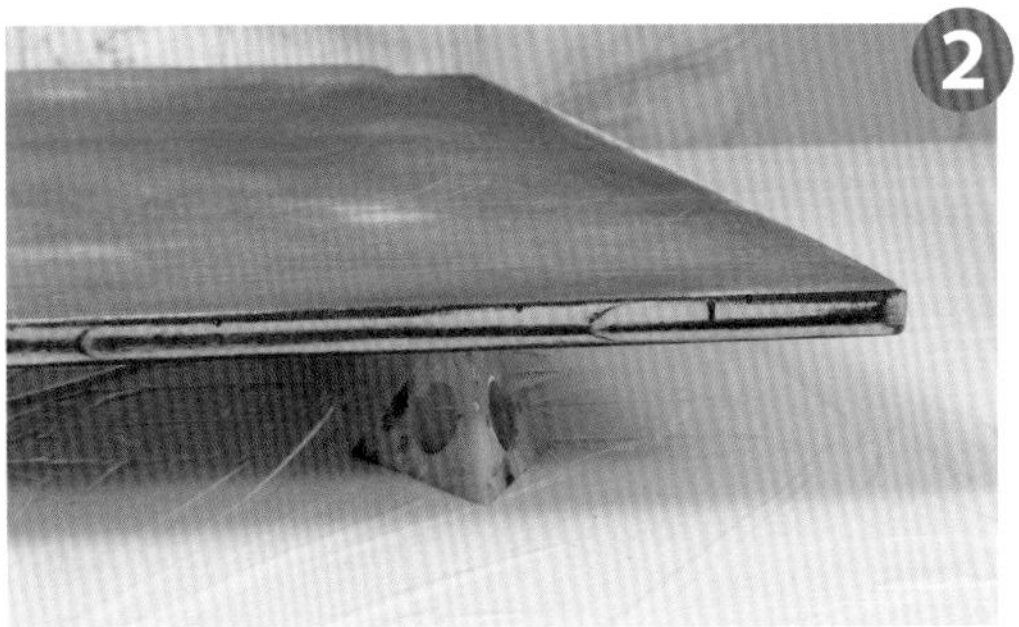

ペインターズピラミッドを使うことで、小口部分もしっかり塗ることできます。

3

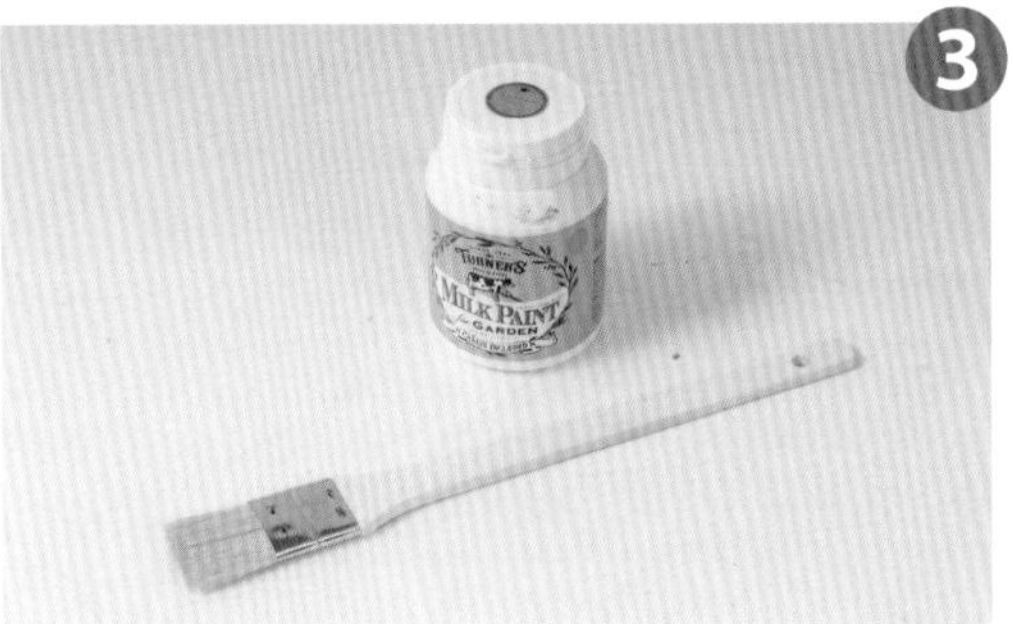

今回の水性塗料はクラウディブルーを使用しました。色は好みのものでかまいません。

4

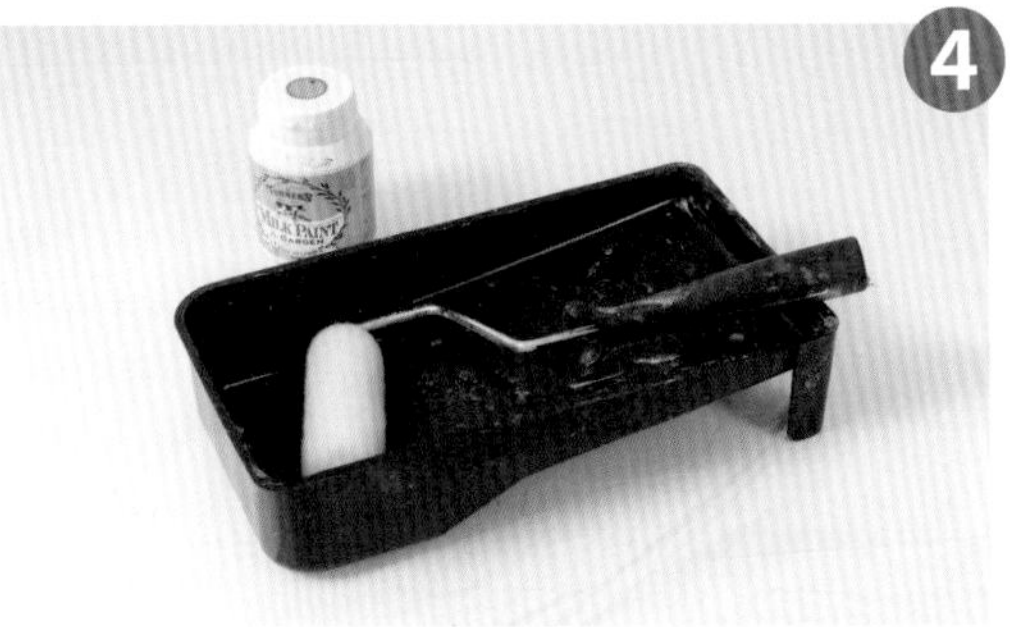

座面など広くて平らな部分の塗装にはローラーバケを使っています。

5

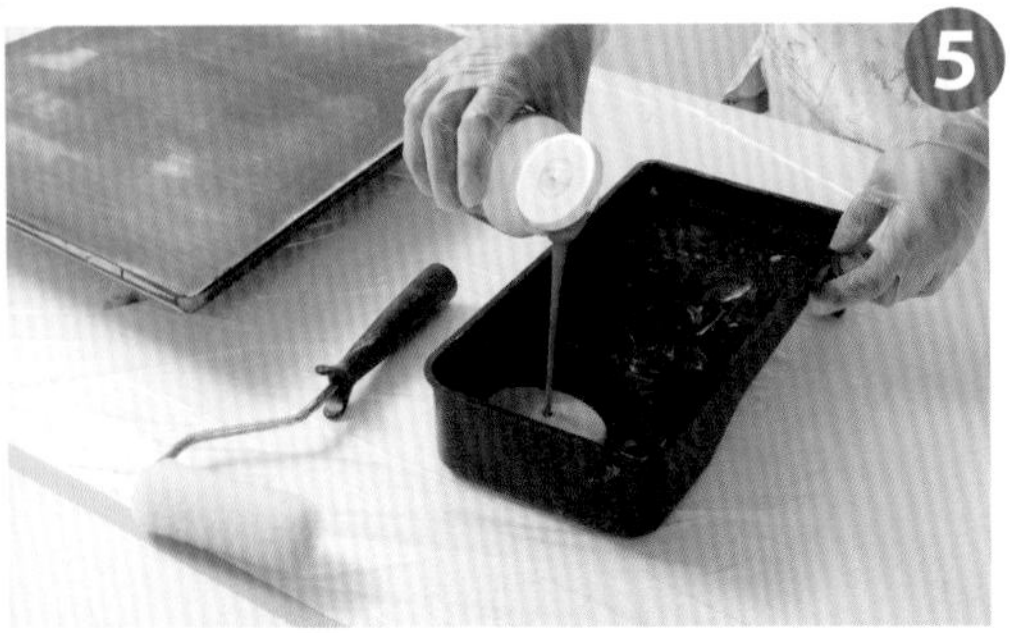

塗料をよく攪拌してからローラーバケットに必要な量だけ注ぎます。

6

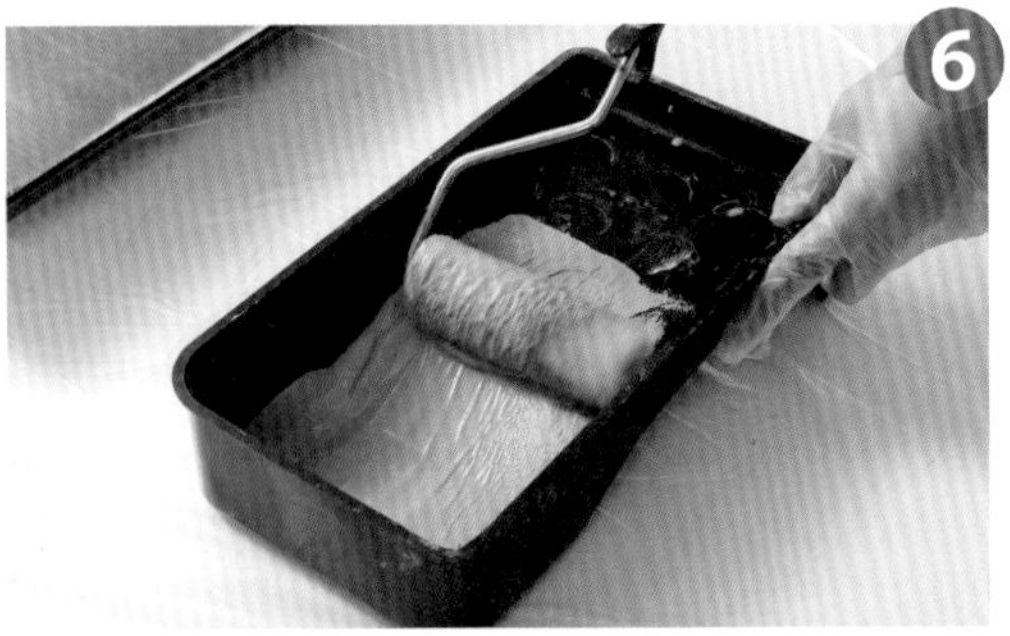

ローラーバケにたっぷりと塗料を取り、塗っていきます。

7

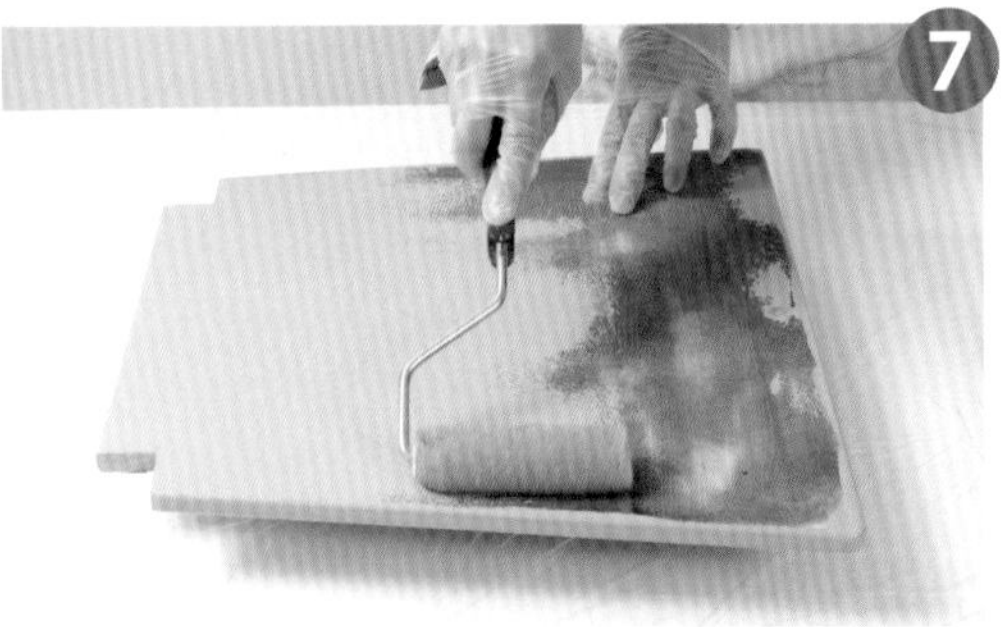

ムラにならないように塗っていきます。2度塗りするので厚く塗りすぎないようにしましょう。

8

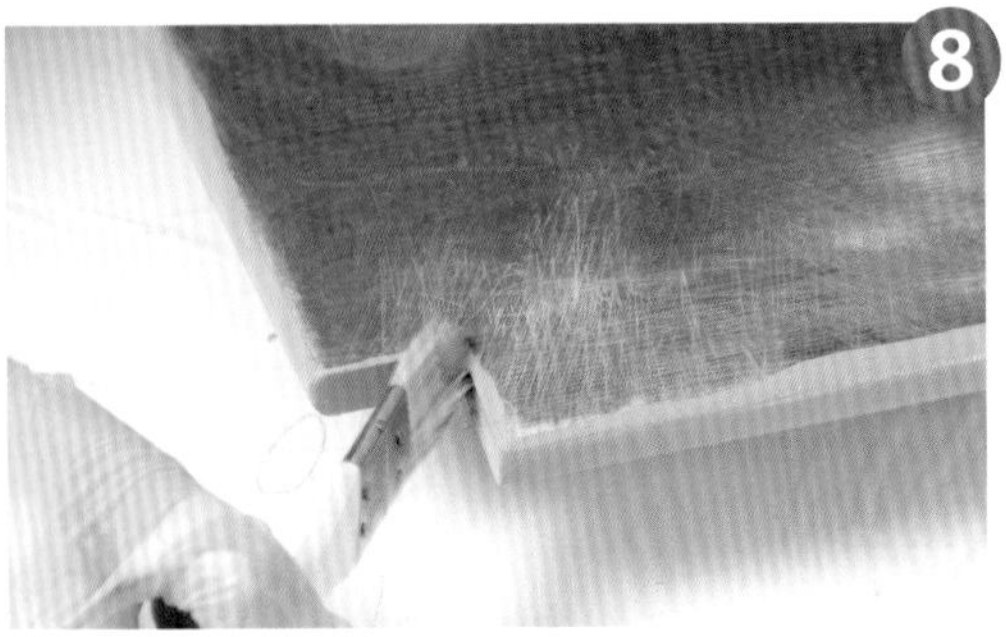

小口や切り欠きの狭い場所はハケのほうがきれいに塗ることができます。ローラーバケと使い分けてください。

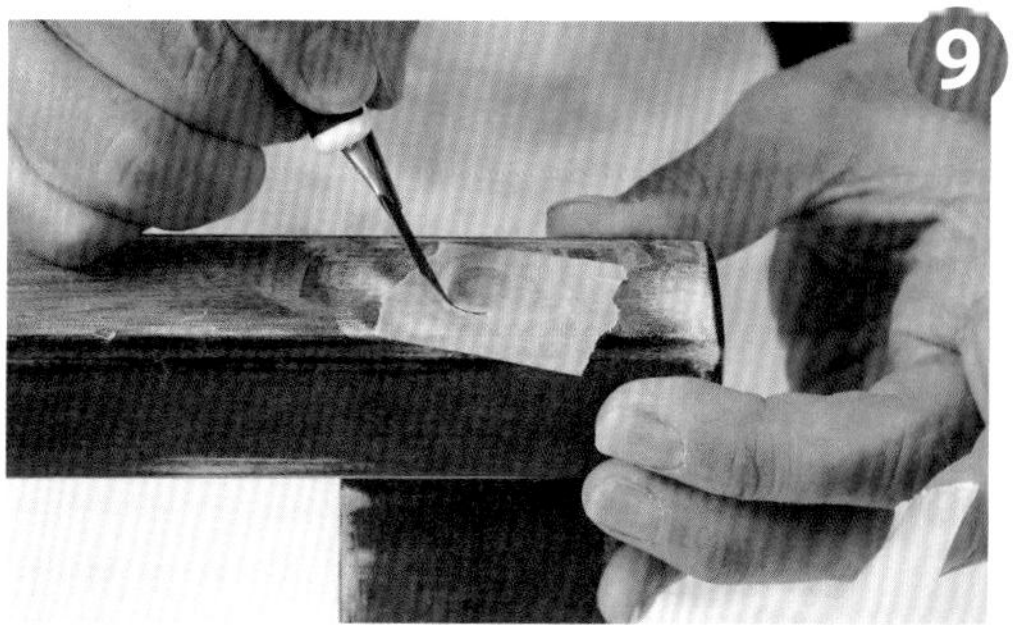

ネジなど塗装をしたくない部分はマスキングテープでマスキングをしておきます。

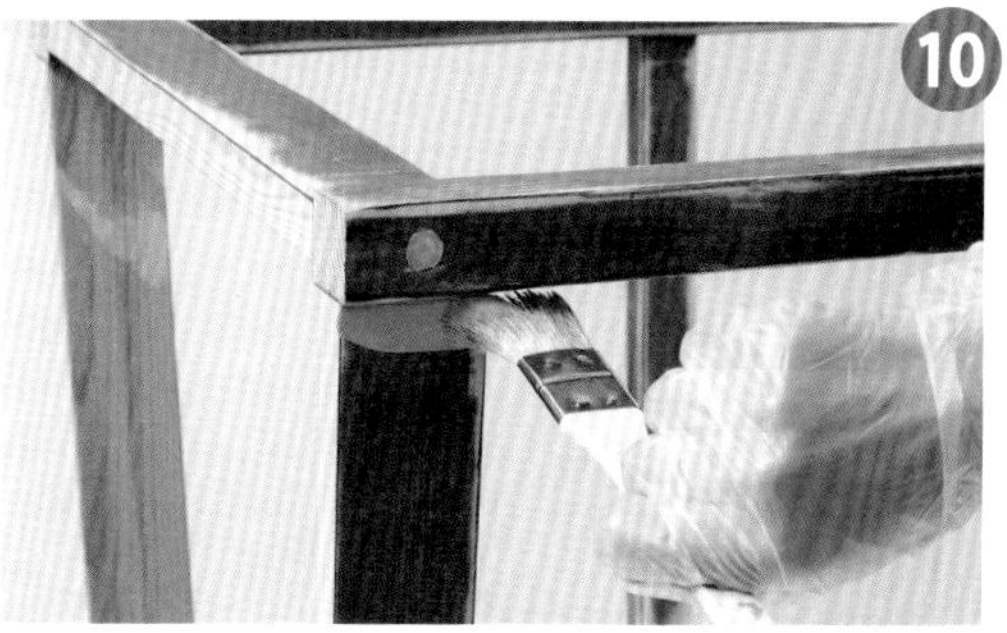

すき間などローラーバケの届かない部分は、小さめのハケを使いましょう。

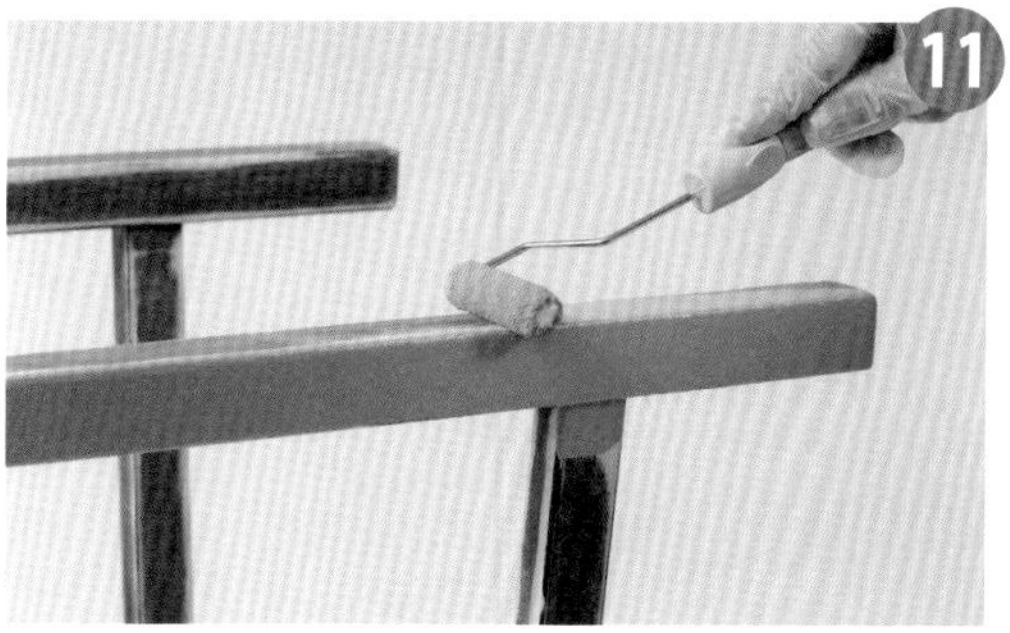

脚も同じ色で塗っていきますが、脚の接地部分や座板の裏は見えないので塗装しなくても大丈夫です。

水性塗料を重ね塗りする場合は下塗りを2時間ほど乾燥させ、塗装面を240番程度のサンドペーパーで軽く研磨します。

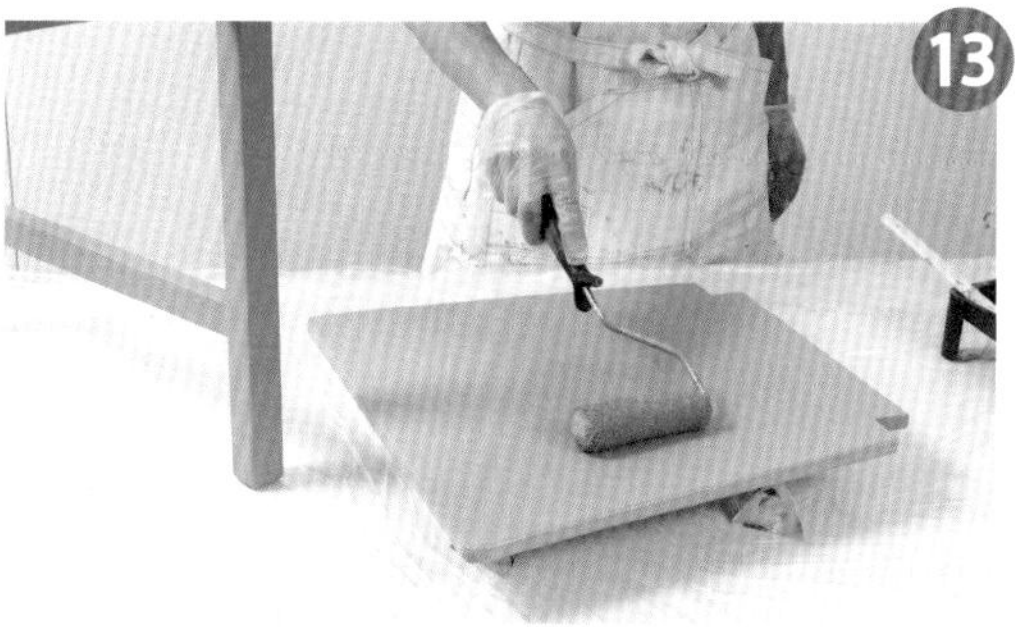

下地塗装表面のザラつきをとったら再度ペイントします。脚部分も同様に作業します。

塗料が乾燥したらマスキングテープを取ります。

塗った塗装に傷がつかないように注意しながら元通りに組み立てます。

組み立てができたら完成です。地味だったチェアを明るい色で塗り替えるだけでガラリと印象が変わりました。

難易度 ★★★★★

チェアにクッションを取りつける

その他の材料

- ■クッションカバー用生地
- ■ウレタンチップスポンジ
- ■両面テープ

道　具

- ■タッカー
- ■アイロン
- ■ハサミ

ウレタンチップスポンジをカットする

1

ペイントしたチェアに合うカラフルなクッションを取り付けていきます。クッション用生地はこちらを使いました。

2

座り心地を考え、クッションはウレタンチップスポンジを使用します。座面よりも大きなものを用意しました。

3

ウレタンチップスポンジの上に座板を載せ、座面の形を写し取ります。

4

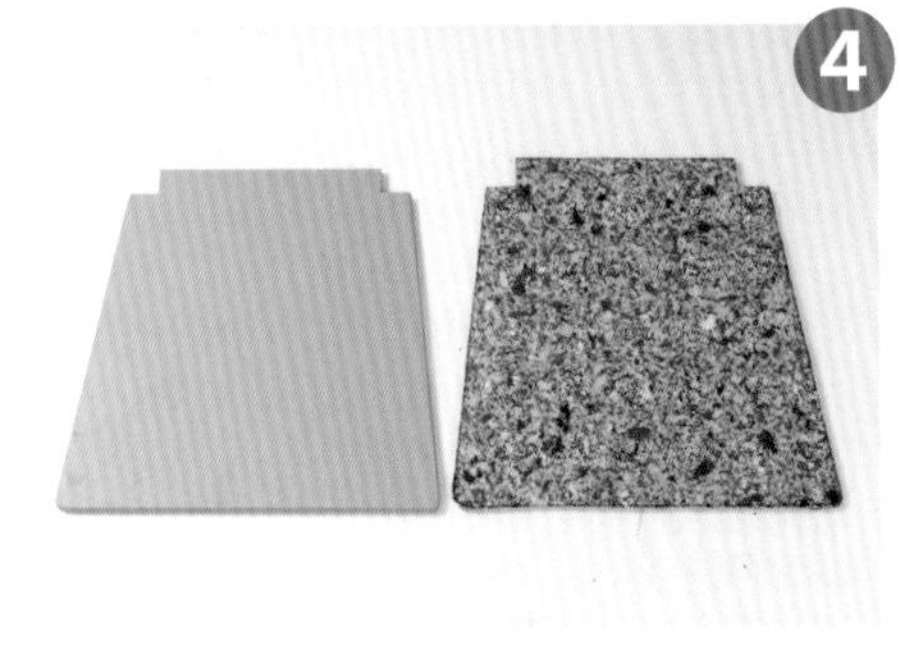

写し取った線よりも5mmほど大きくハサミでカットします。

ウレタンチップスポンジ固定する

座板の表面にウレタンチップスポンジを固定するため、両面テープを貼ります。

両面テープは、座った際にクッションがずれないよう2か所ほどに貼りましょう。

両面テープの剥離紙をはがしてから、座板をウレタンチップスポンジの上に載せます。

上から座板をしっかり押さえつけて、密着させましょう。

大まかにカットしたクッション用生地を用意し、裏返して置きます。

裏返した生地の上からウレタンチップスポンジを張った座板を載せます。

座板の大きさに合わせて生地をカットするため、線を引きます。5cmほどの余裕をとって線を引きます。

ハサミでクッション用生地をカットします。

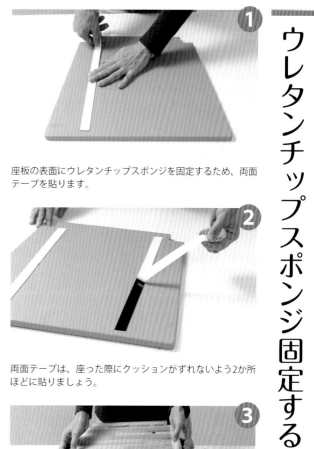

額縁仕立てのクッション用生地をタッカーで止める

1

クッション用生地は、まんなかに置いた座板の内側に巻き込んでとめるため50mm程度の余裕を確保して額縁仕立てに仕上げます。

2

生地のフチ部分にアイロンをあて10mmほど折り込みます。仕上がりが美しく、タッカーでとめた生地も裂けにくくなります。

3

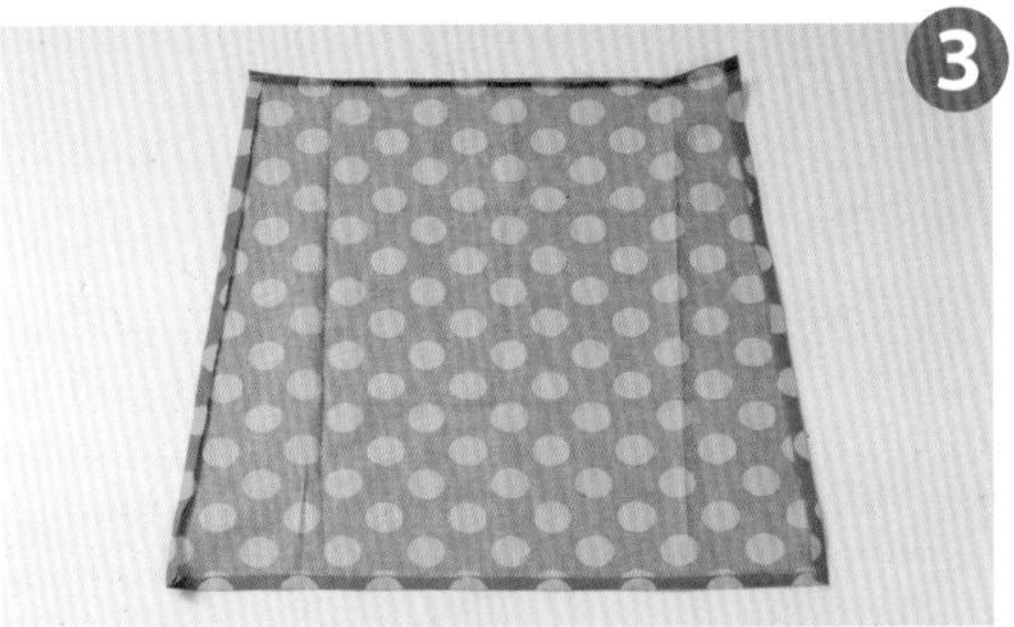

生地の四隅を折り込んだ額縁仕立てができました。

4

再び生地のまんなかに座板を置いて、タッカーで生地をとめていきます。

ここがポイント!

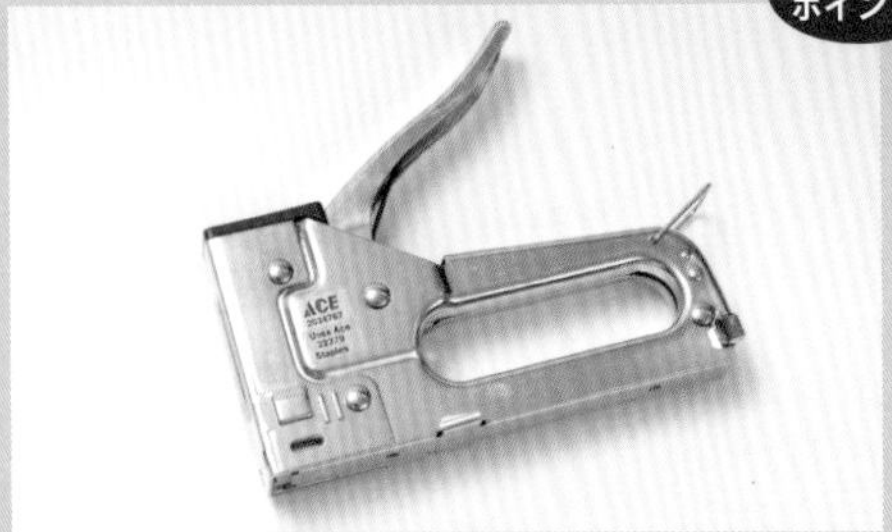

タッカーはガンタッカーを使用しました。ハンドルを握るだけで手早く連続打ちが可能です。

5

前後左右の辺のまんなかにタッカーを打ちクッション用生地をとめます。

6

生地は少し引っ張りながらとめていきます。強く引っ張りすぎると、クッションをゆがむので注意してください。

7

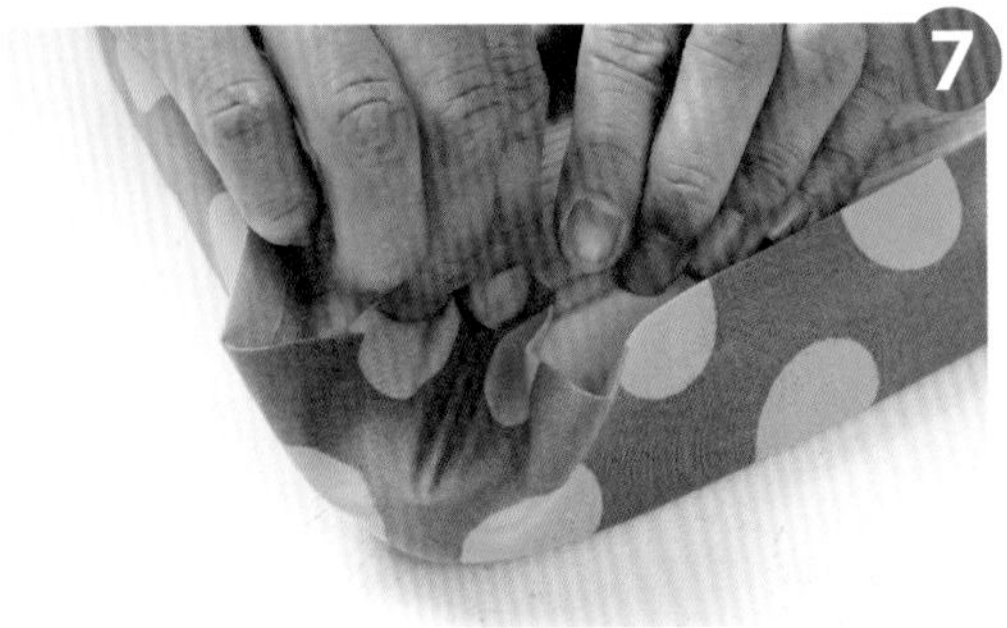

角部分をとめる際は、最初に頂点部分を引っ張ります。

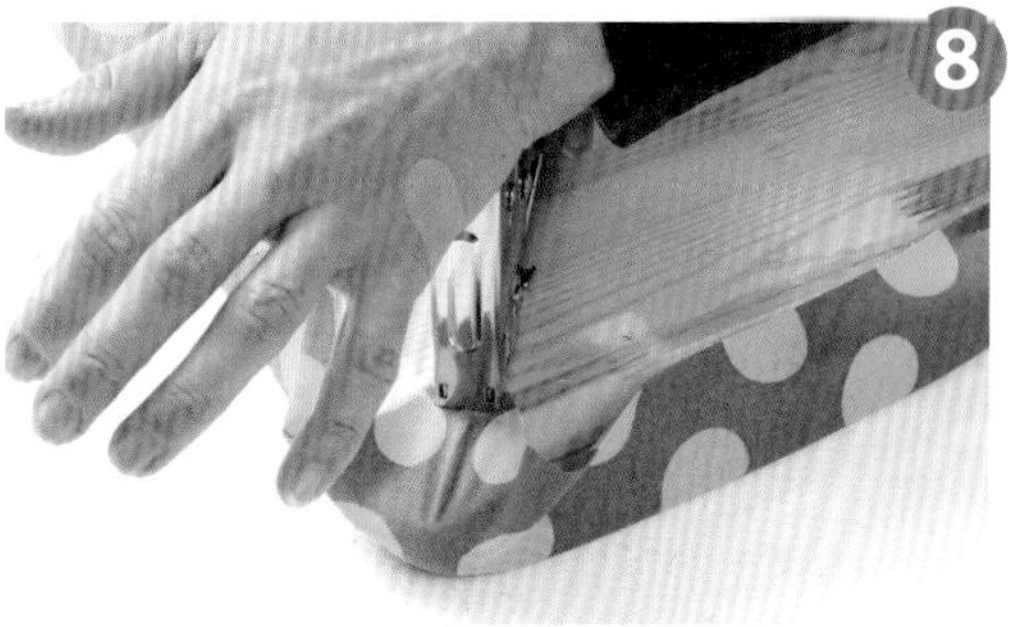

軽く引っ張ったクッション用生地の角を先にタッカーでとめます。

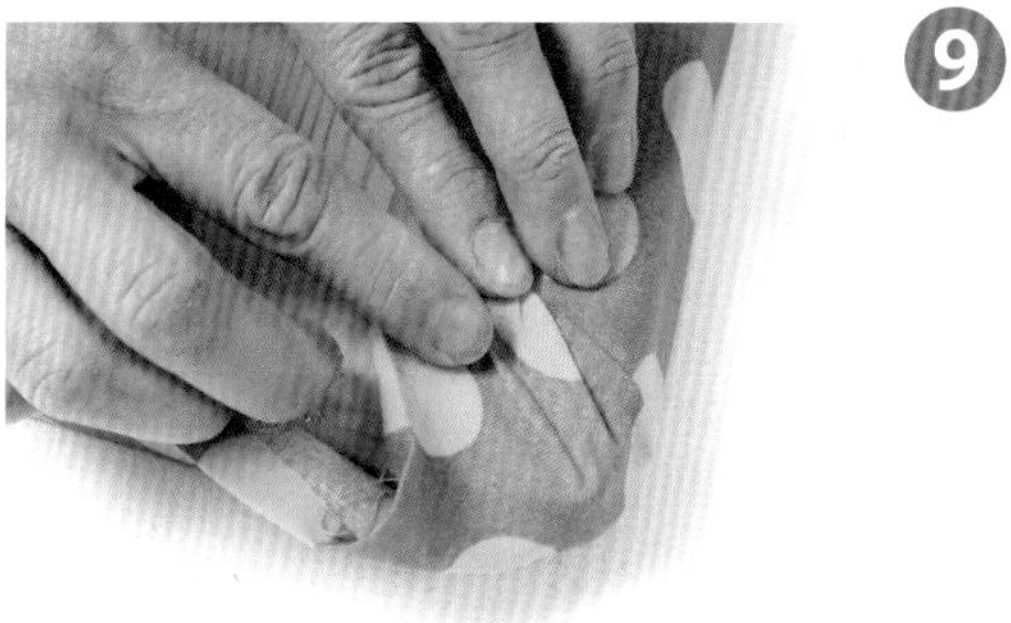

余った生地を折り込みます。片側を折り込んでタッカーでとめ、もう片方も折り込みタッカーでとめます。

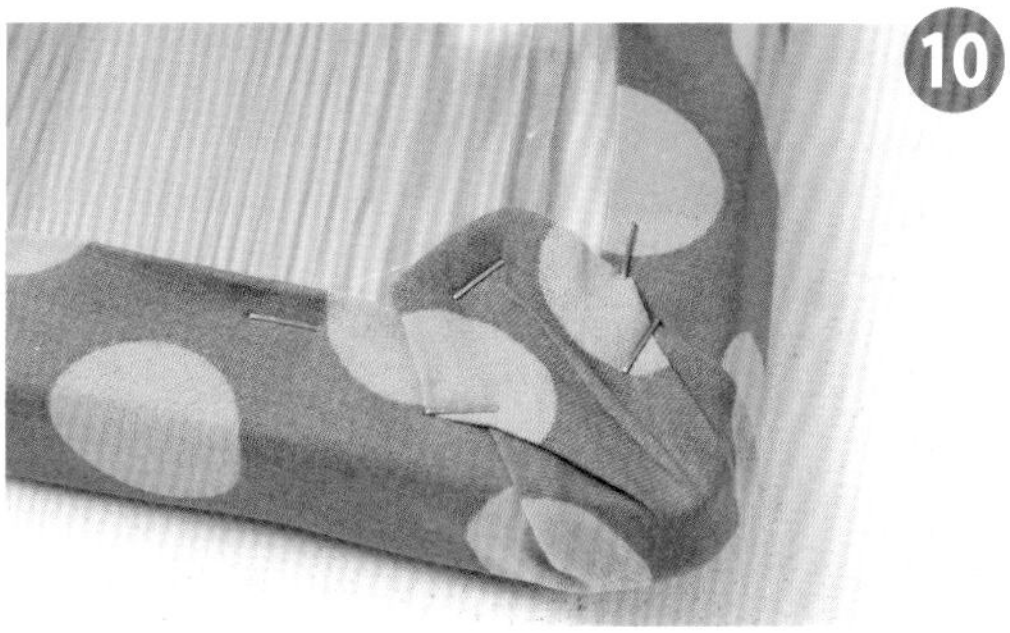

きれいにとめることがでました。角部分には負荷がかかるのでタッカーを多めに打ち、しっかり固定してください。

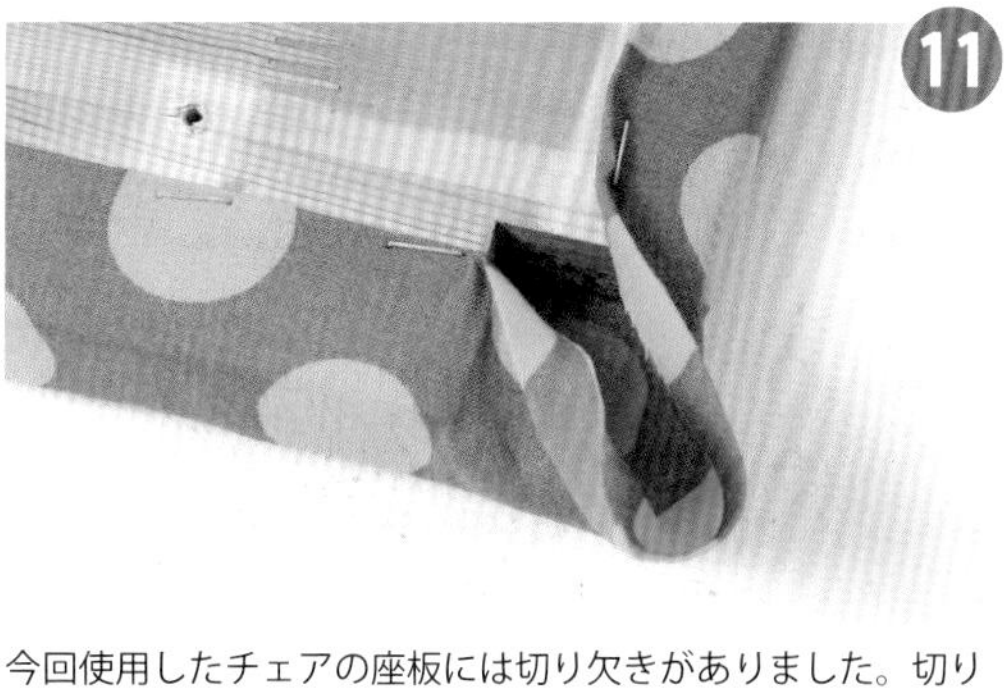

今回使用したチェアの座板には切り欠きがありました。切り欠き部分もきれいにカバーで覆い、タッカーでとめます。

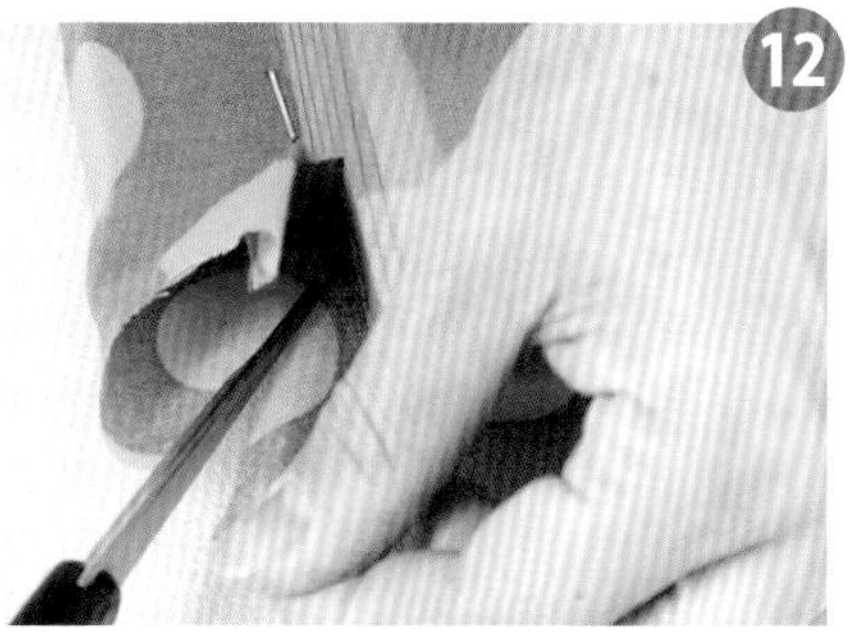

生地が余ってしまいおさまりが悪いので切り欠き部分に合うように生地の角部分真ん中に切り込みを入れます。

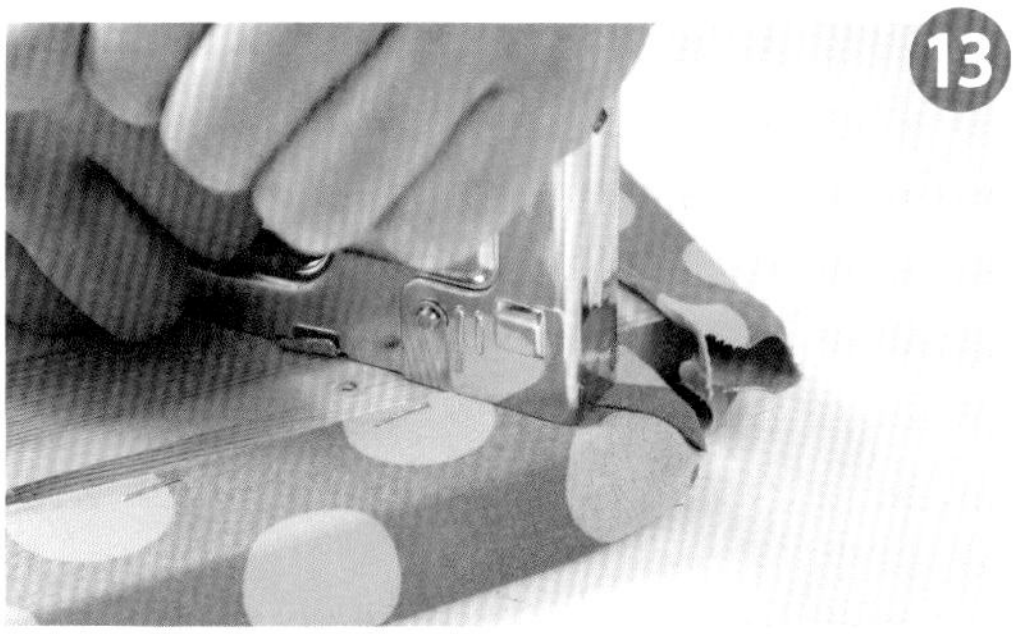

切り込みを入れたら、小口を覆うように両側に折り込みながらタッカーでとめていきます。

クッションカバーで座板を覆うことができました。ウレタンチップスポンジがあるので感触もソフトです。

座板を本体に取りつけたら完成です。カラフルなドット柄が、塗り替えたチェアの色にマッチしています。

難易度 ★★★★★

アクリルカラーテープでチェック柄の座面を作る

その他の材料

- ■アクリルカラーテープ
- ■ウレタンチップスポンジ
- ■大頭クギ
- ■ビニールテープ

道 具

- ■ラジオペンチ
- ■金づち
- ■ホチキス
- ■ハサミ

ウレタンチップスポンジをカットする

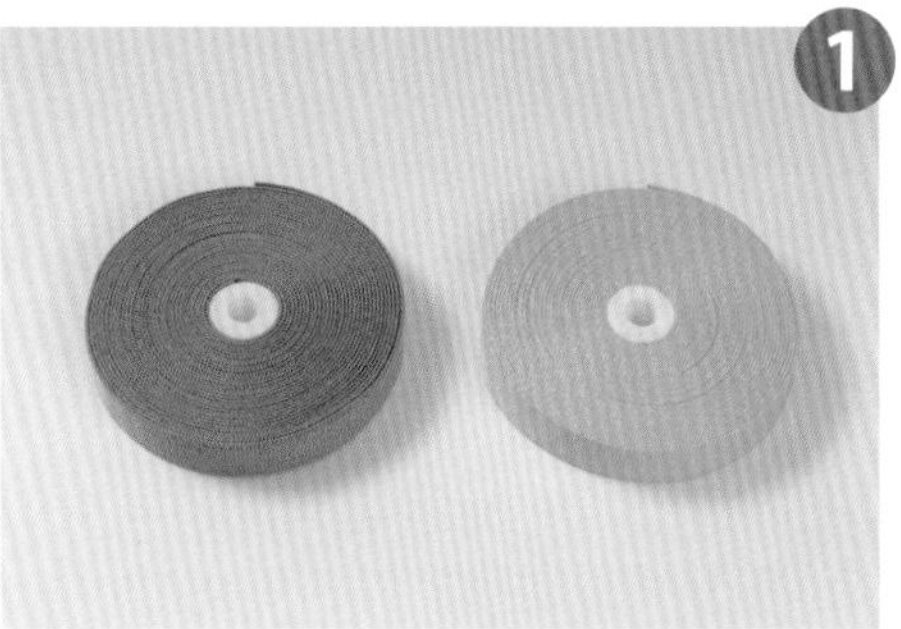

1

発色のよい30mm幅のアクリル製のかばん用カラーテープを市松模様に編んで、チェアの座面にしてみましょう。

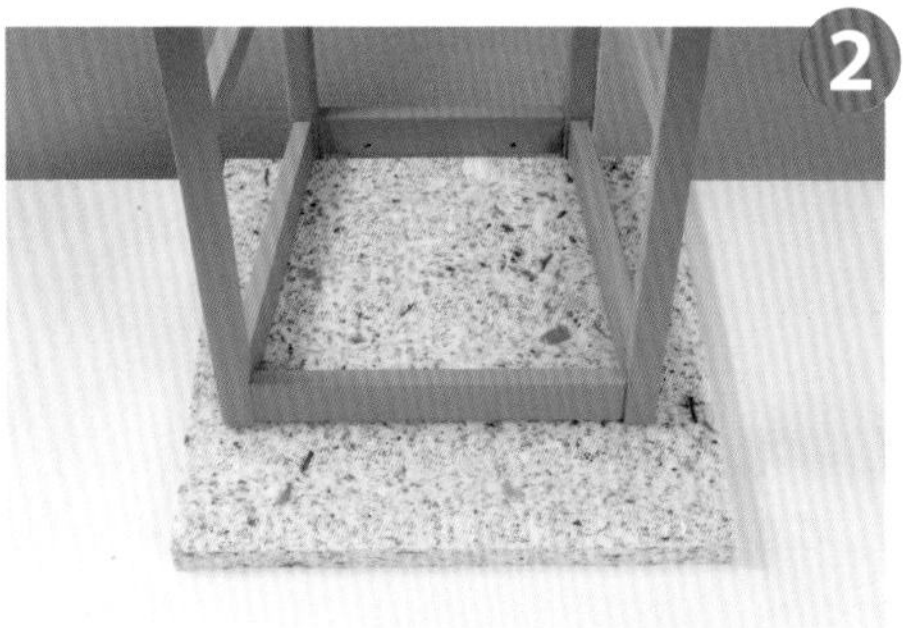

2

30㎜厚のウレタンチップスポンジを2枚用意し、ウレタンチップスポンジに座面枠の形を写し取ります。

3

ペンで線を引き、ハサミで写し取った線よりも5mmほど大きくカットします。

4

2枚のカットができました。

1色目のテープを巻き付ける

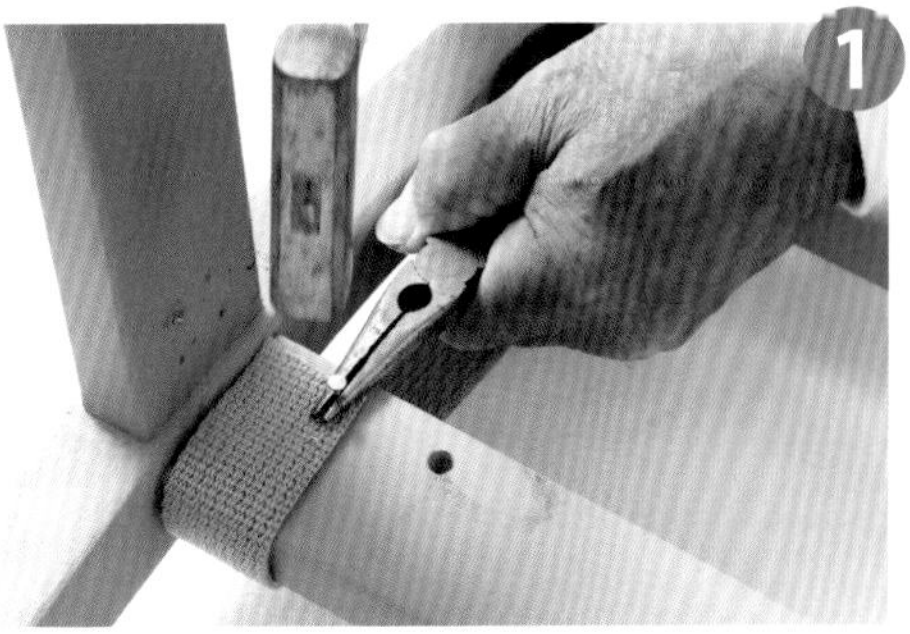

1色目のアクリルカラーテープを座面枠の裏面に巻き付け、始点を大頭クギで固定します。

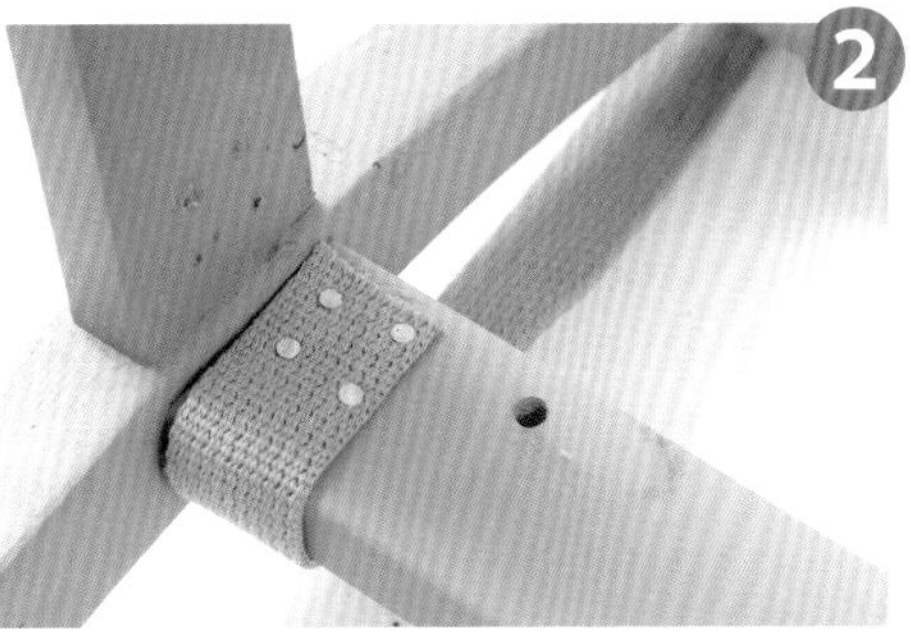

テープが取れないように4か所に大頭クギを打ちました。

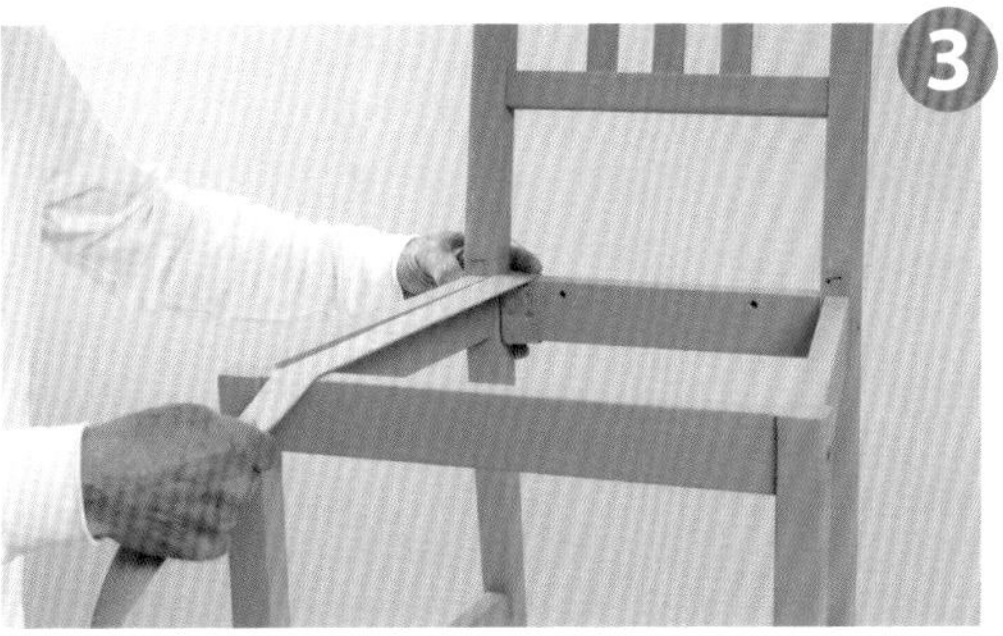

座面枠の前面までテープを回して座板のかわりになるように巻いていきます。

テープがねじれて裏返らないように注意をしながらくるくると巻き付けていきましょう。

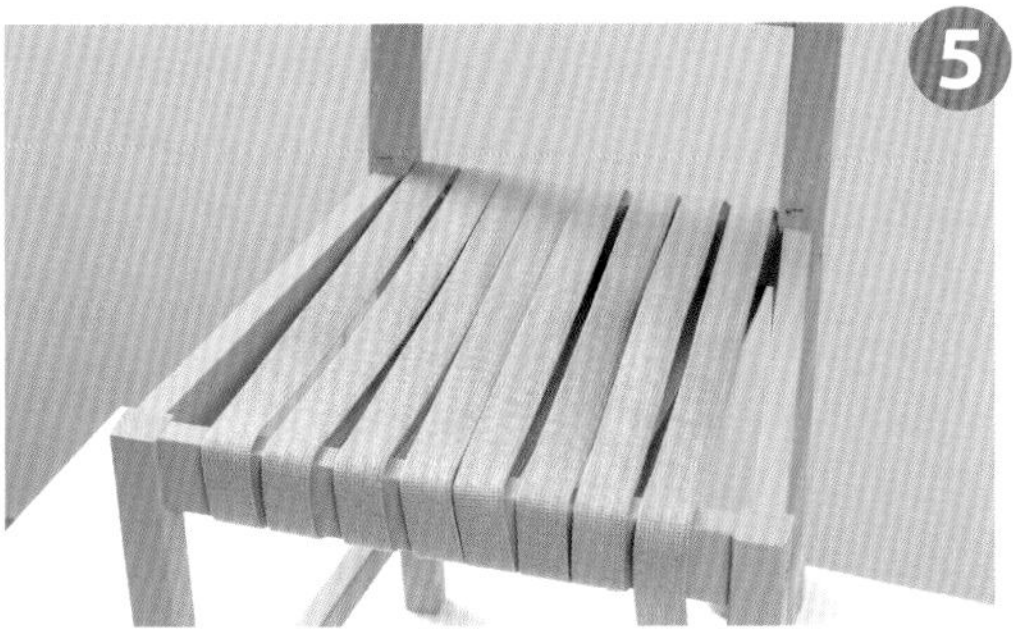

1色目の巻きつけができました。この段階ではまだしっかり締めつける必要はありません。

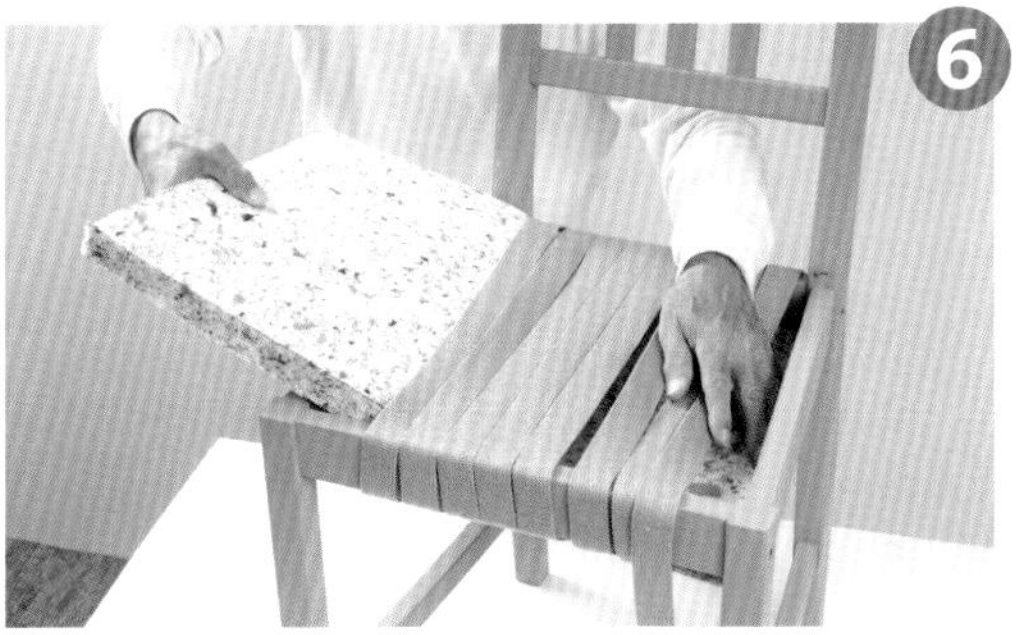

ループ状になったアクリルカラーテープの内側スペースに、ウレタンチップスポンジをはさむように入れます。

2枚目のウレタンチップスポンジも中に入れたら、ウレタンチップスポンジが座面の中心にくるように微調整します。

アクリルカラーテープを締めつけるためクランプで端を固定します。

すき間ができた端部分にカットしたテープをとめる

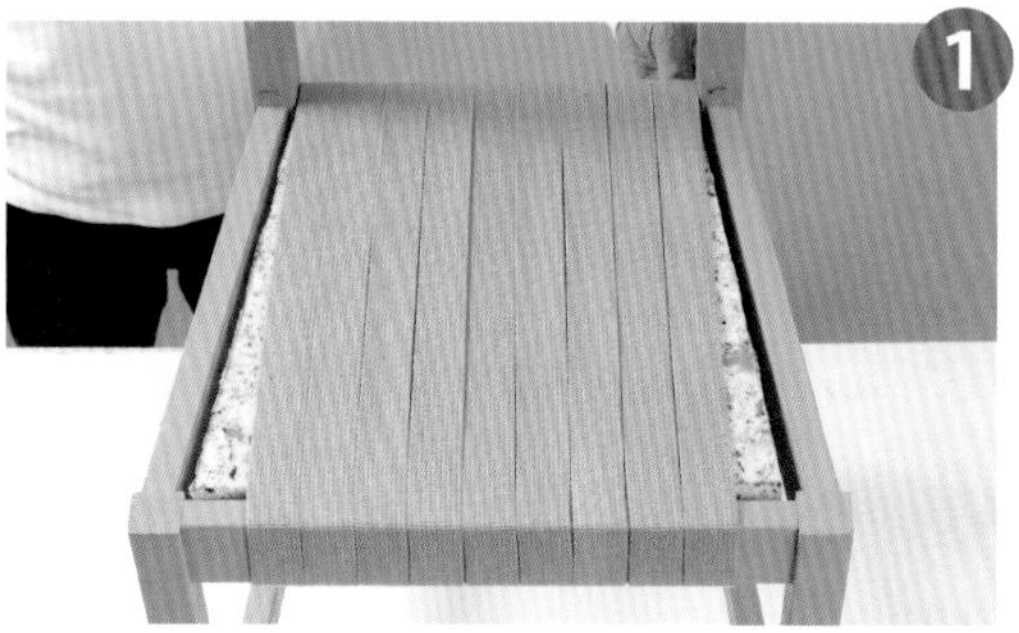

アクリルカラーテープをきつく巻き付けました。座面が台形なので端部分にすき間ができています。

チェアを裏返したら、テープのない端部分をカバーするため、カットしたテープを2本の大頭クギでとめます。

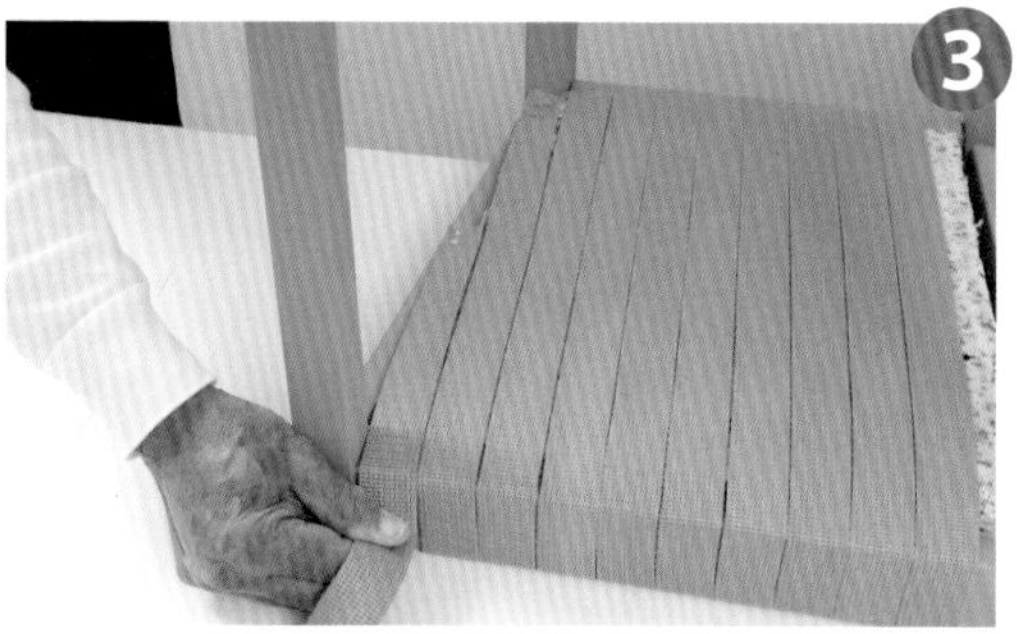

しっかり引っ張りながらチェアを表に戻しましょう。

表面も引っ張りながらすき間ができないようテープを張ります。

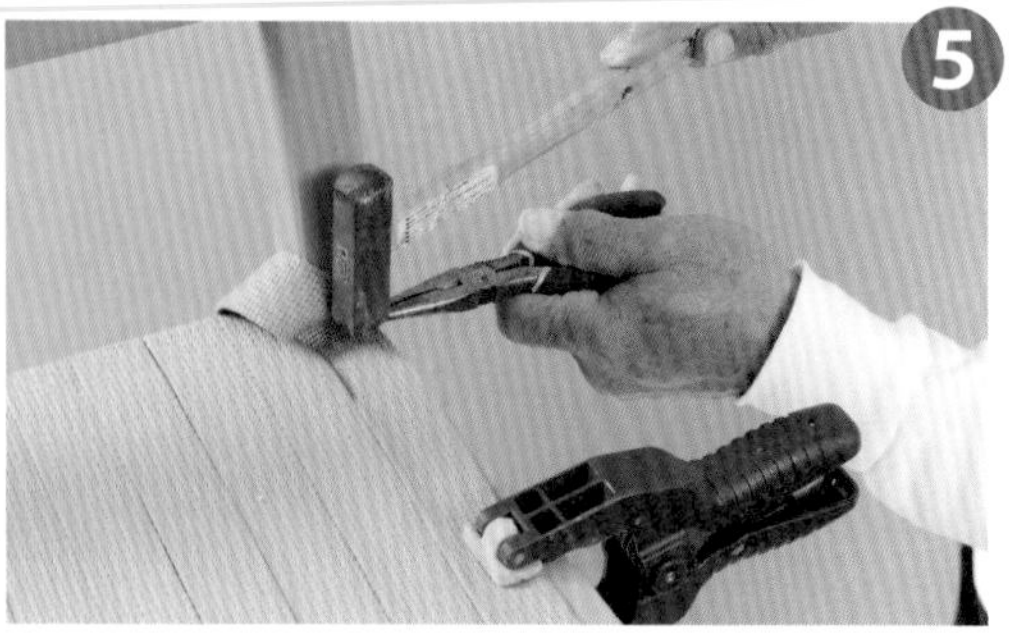

張ったテープをクランプで仮どめしておき、枠の後端に大頭クギで打ちとめます。

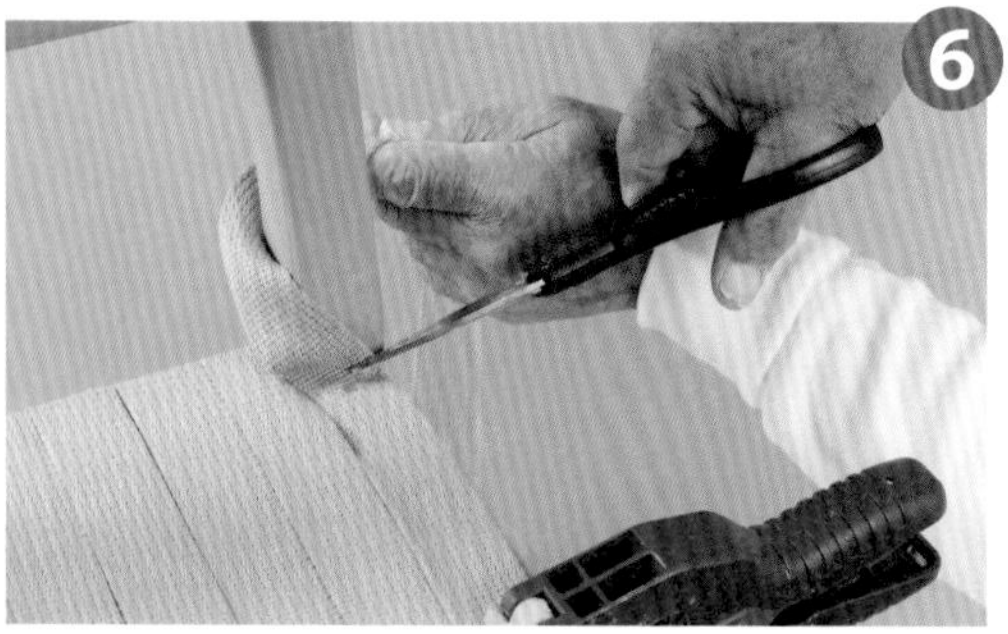

余った端部分をハサミでカットします。

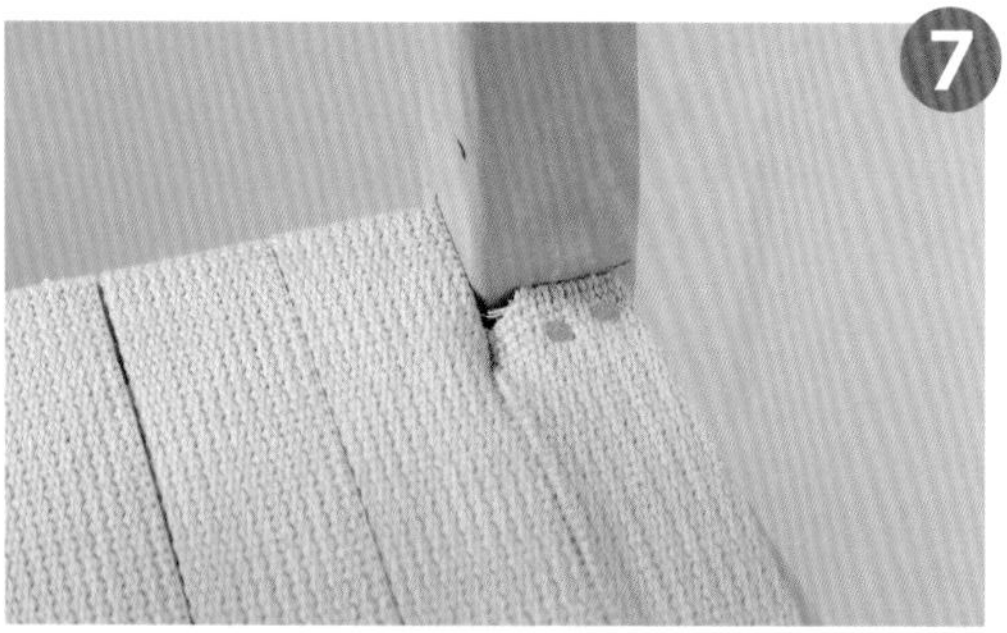

クランプを外してテープがずれていないか、しっかり張れているかなどを確認してください。

もう片側のすき間にも同じように作業を繰り返します。裏側から大頭クギで端を固定したらチェアを表に返します。

2色目のテープの端をホチキスで袋状にとめる

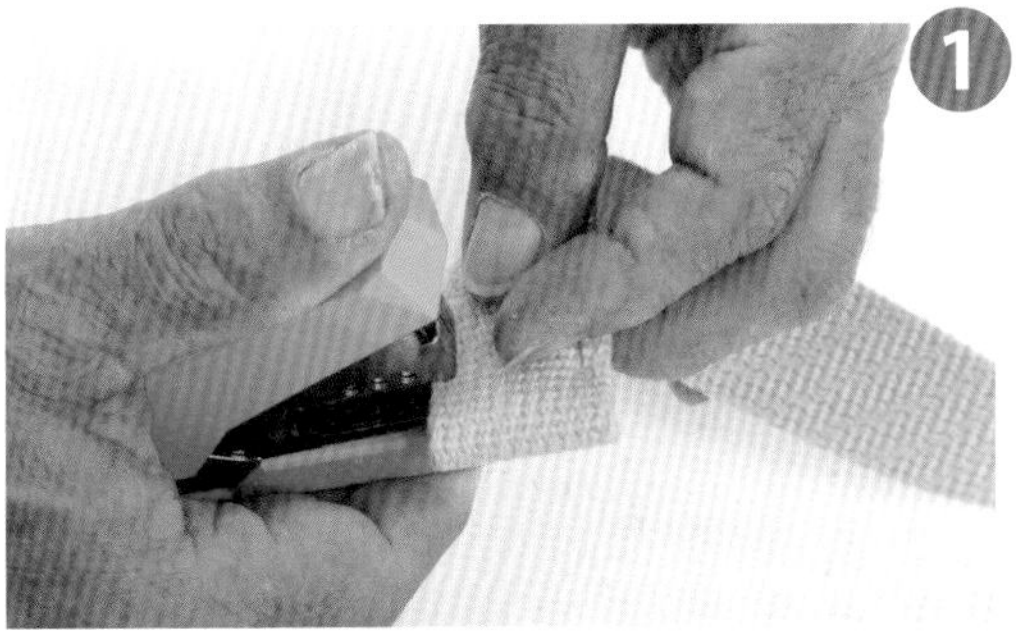

テープの端を30mm程度折り返したら、両端をホッチキスでとめます。

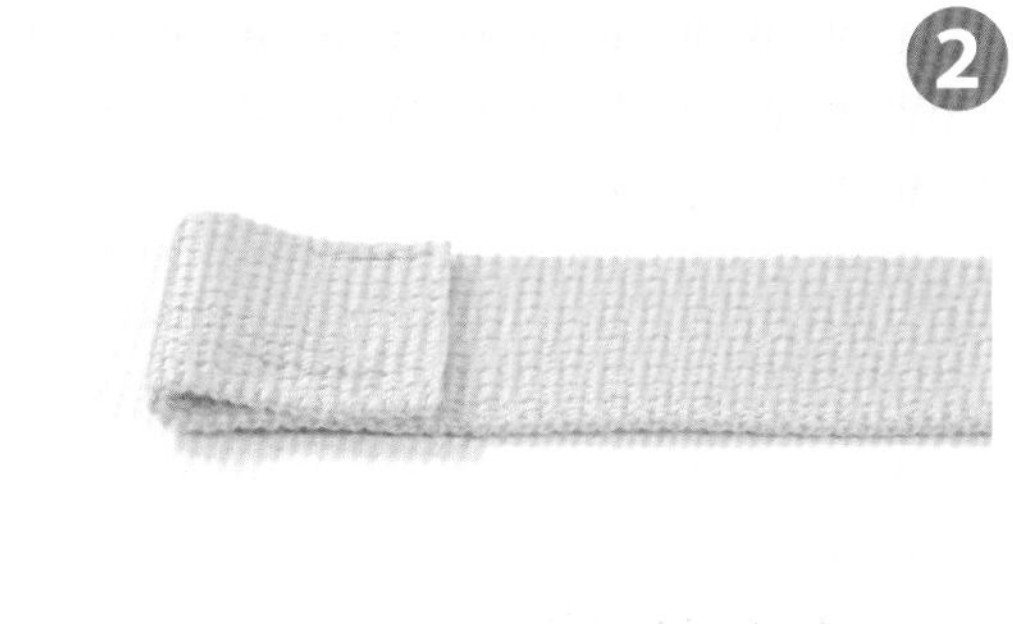

端を袋状にしておくと、ドライバーなどを差し込むことができ、テープのすき間に通しやすくなります。

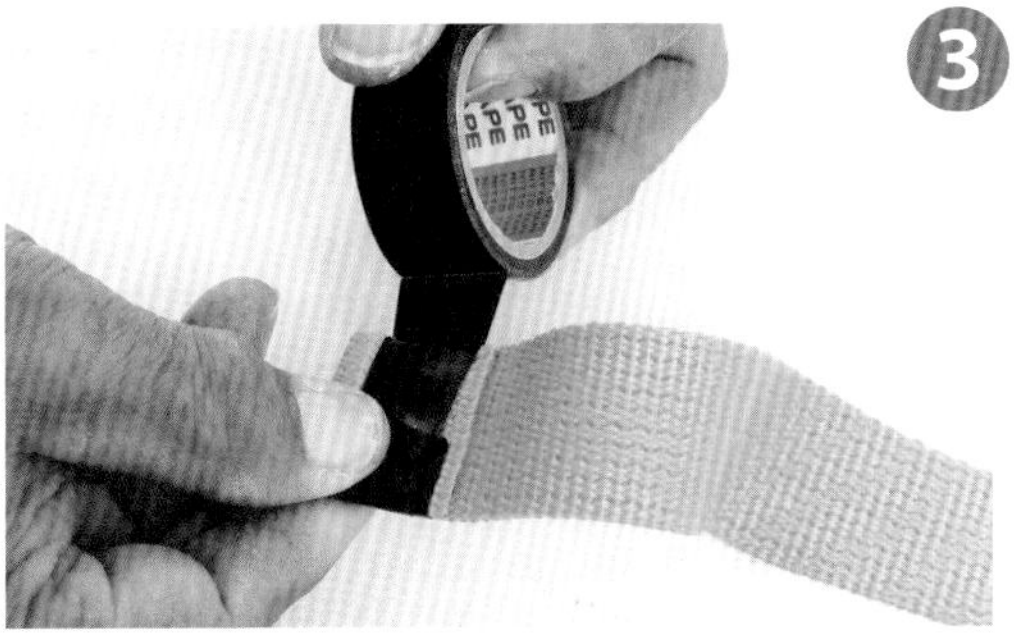

袋状にした先端に膨らみができてしまったので、ビニールテープを巻いて厚みを抑えすき間に通しやすくしました。

ドライバーの先端を袋部分に差し込み、1色目のテープのすき間に通しながら裏、表、裏と順に織り込んでいきます。

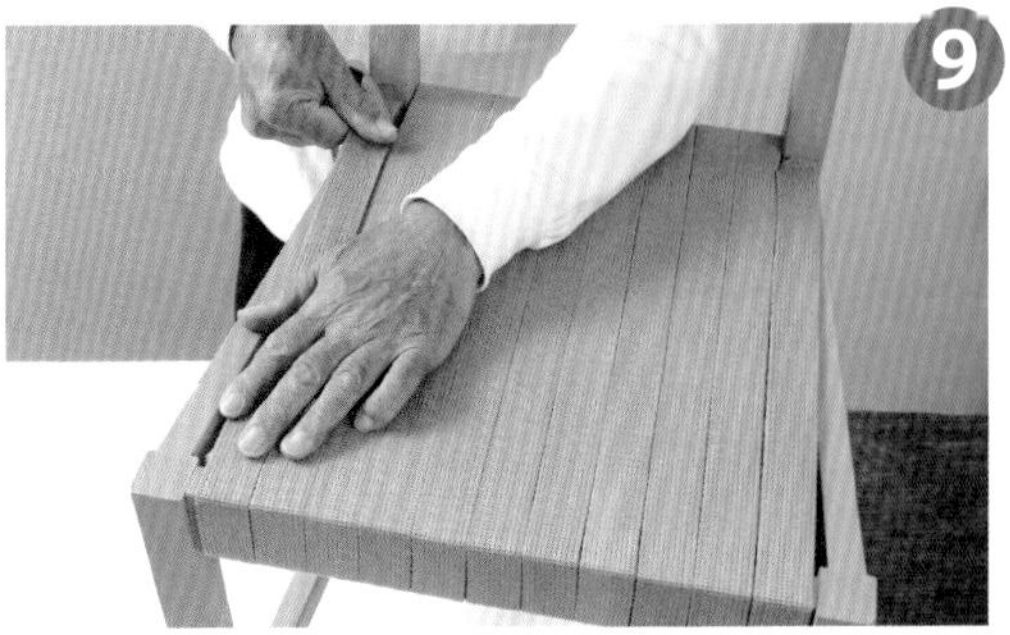

先ほどと同じようにテープを枠の後端まで引っ張ります。

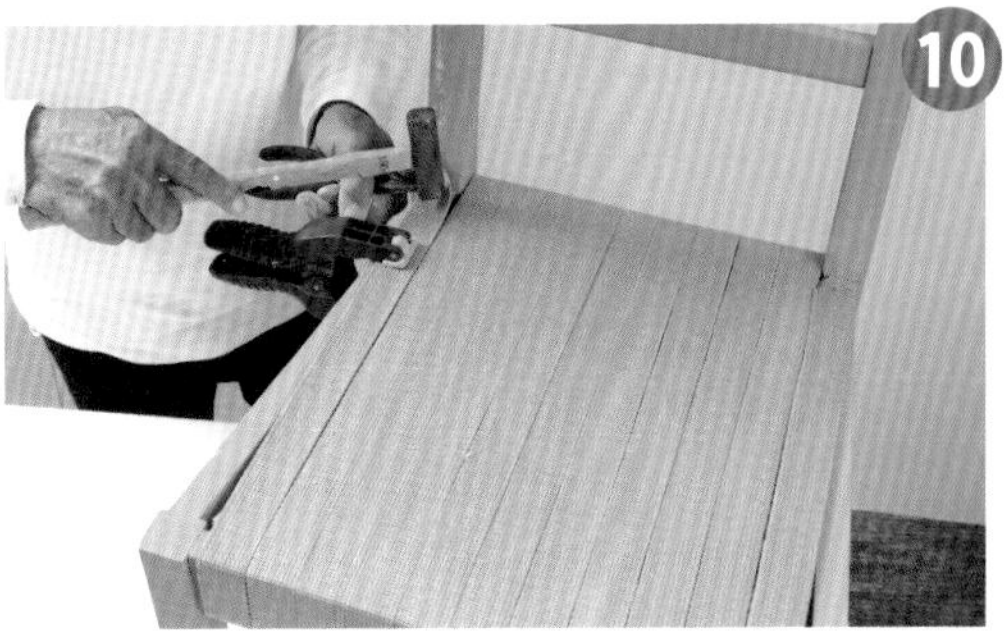

大頭クギでしっかり固定したら、余ったテープの端をハサミでカットします。

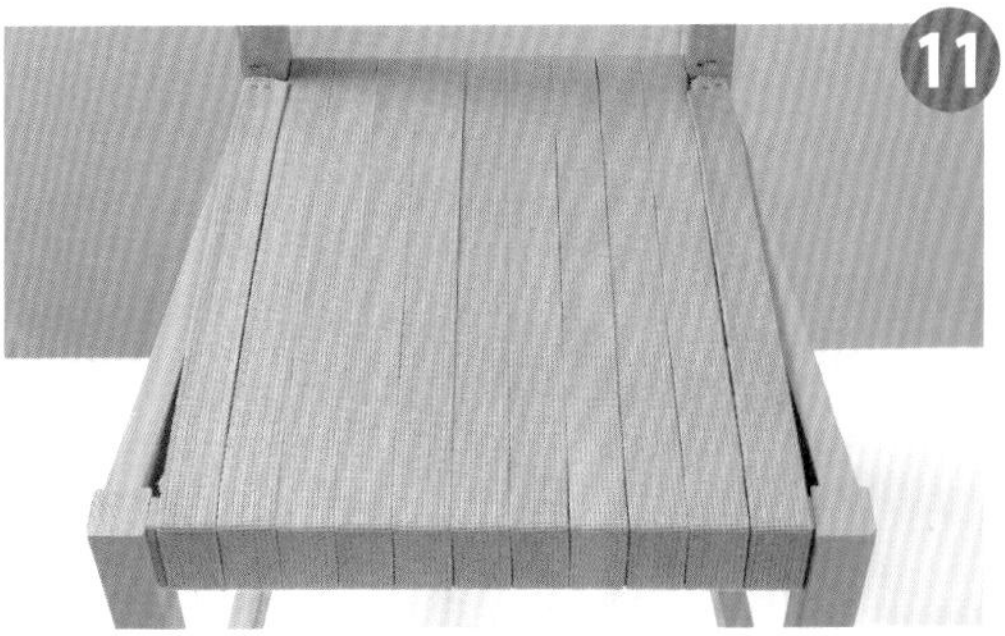

これで1色目のアクリルカラーテープを座面の端までしっかり巻き付けることができました。

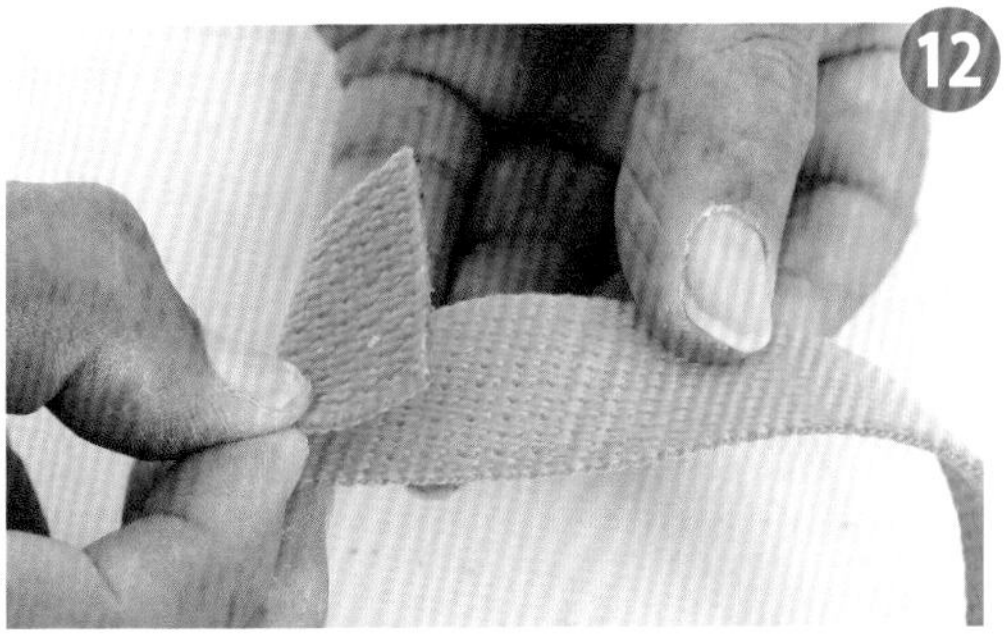

次に2色目のアクリルカラーテープを張っていきます。2色目のテープはイエローを使用しました。

チェック柄になるようにテープを織り込んでいく

テープの先端を座面の端まで通します。いったんテープの残り部分をすべて引っ張って通しましょう。

テープの後端を少し残した状態で、チェアを裏にします。チェアのフレーム裏側に後端を大頭クギでとめます。

裏にした状態で、テープの先端を座面の表面で行った作業と同じように交互に1色目のテープに織り込んでいきます。

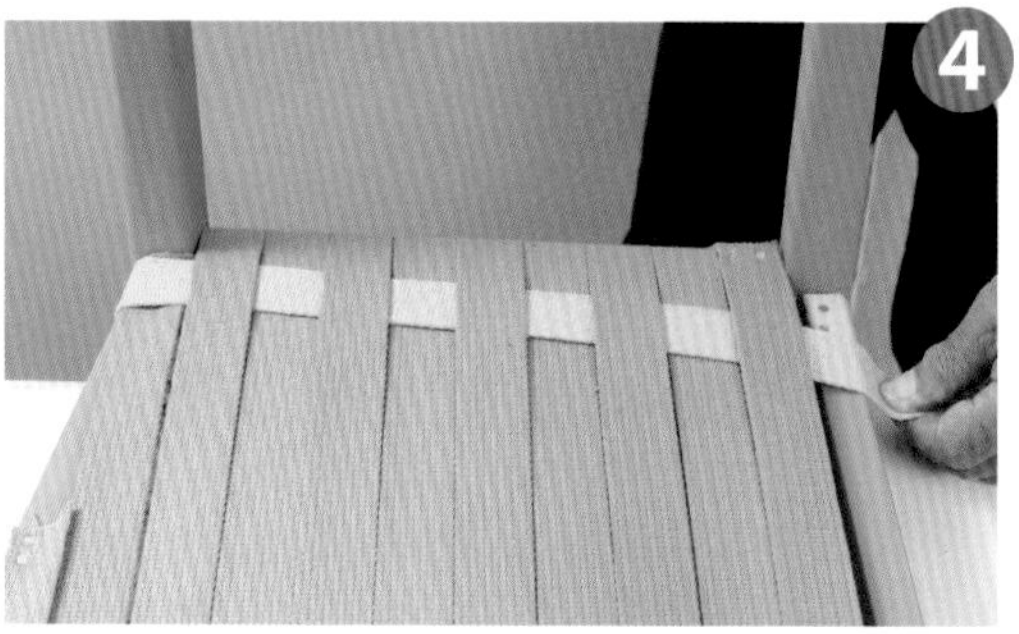

テープを端まで通すことができたら、再度チェアを表にします。そして表面でも同じようにテープを通していきます。

チェアの表と裏、交互にテープを織り込みこの作業を繰り返します。途中でテープがねじれないよう注意してください。

座面全体が埋まるまで繰り返します。

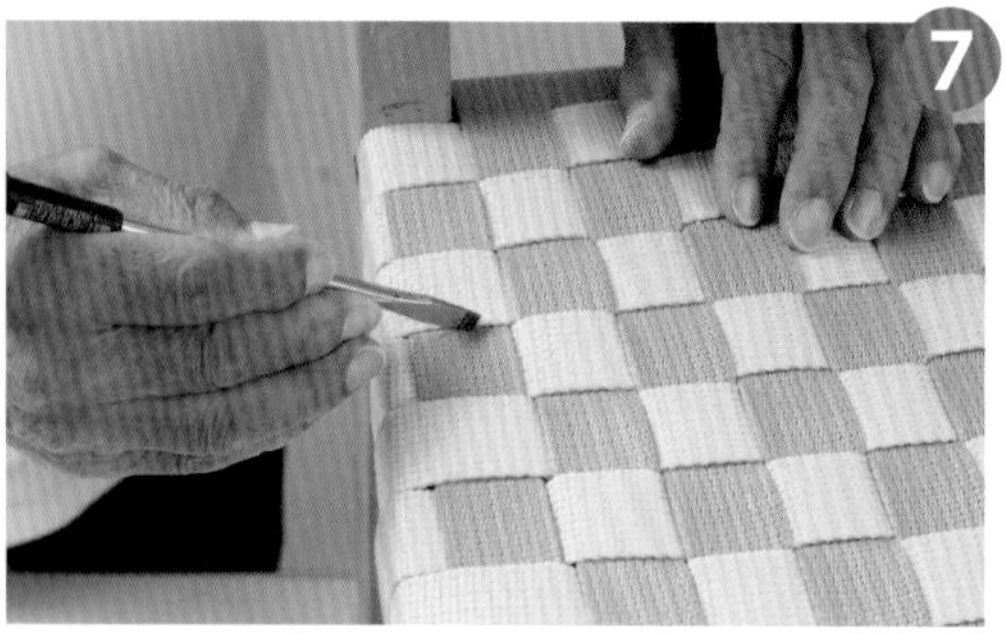

すべてテープを織り込むことができたら、きれいなチェック柄になるようにドライバーですき間の微調整をします。

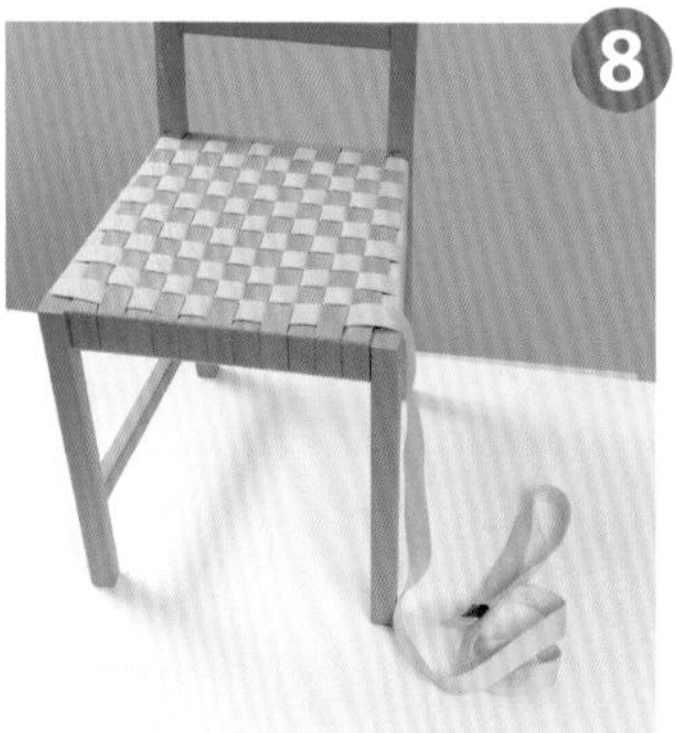

座面の織り込みができました。テープの端が余っていますがまだカットはしません。

2色目のテープを引っ張ってたるみを調整する

織り込んだテープを引っ張ってみると、たるみがあることがわかります。このままでは座ったときにたるんでしまいます。

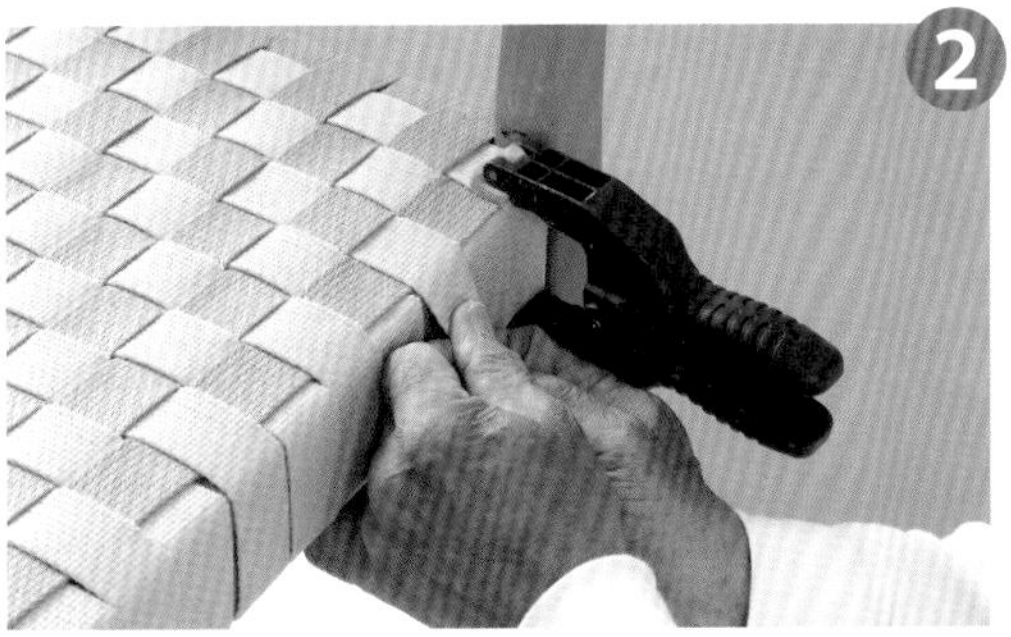

しっかりした座面にするため、テープの張りを調整します。端から順に引っ張ってクランプで仮押さえをします。

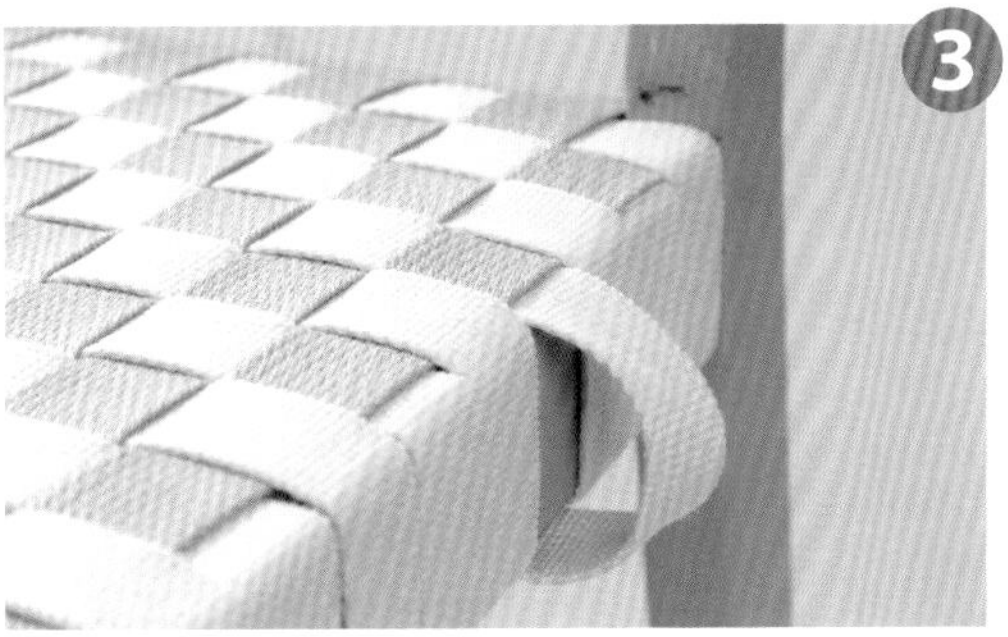

この作業を、テープの後端を固定している座面の奥側から順に行っていきましょう。

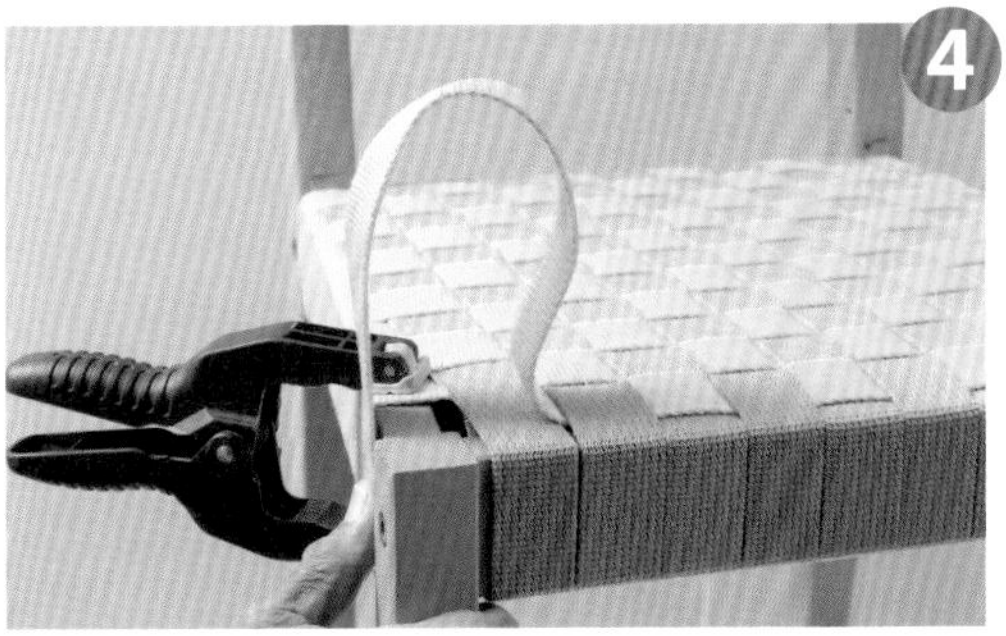

テープの先端部分まで順に引っ張って調整していき、たるんでいたテープを引き出すことができました。

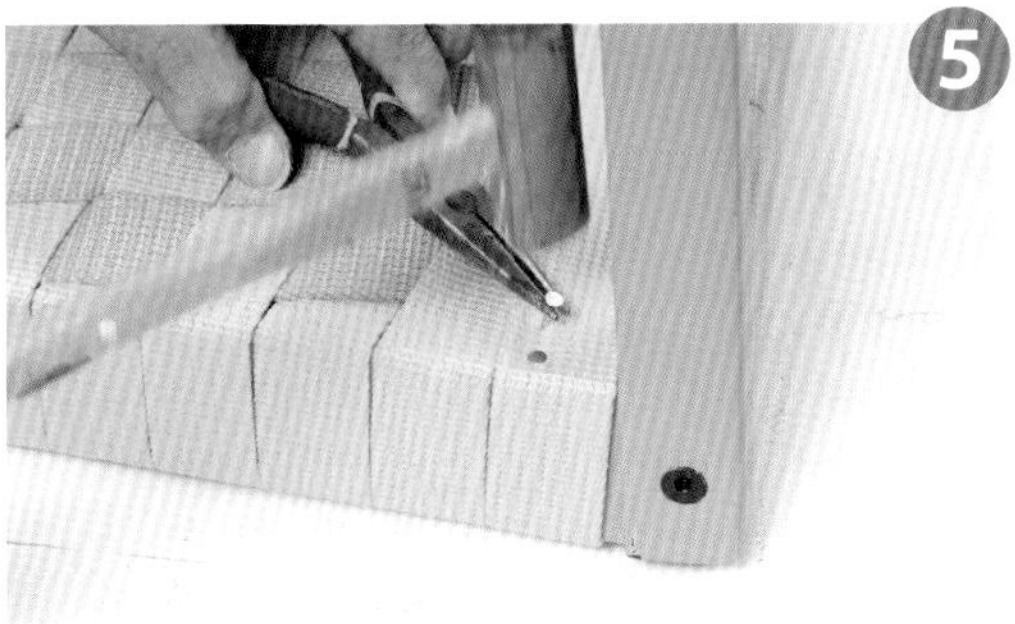

チェアを裏返しにして、テープの先端を少し余らせた状態でフレームの裏側に大頭クギで固定します。

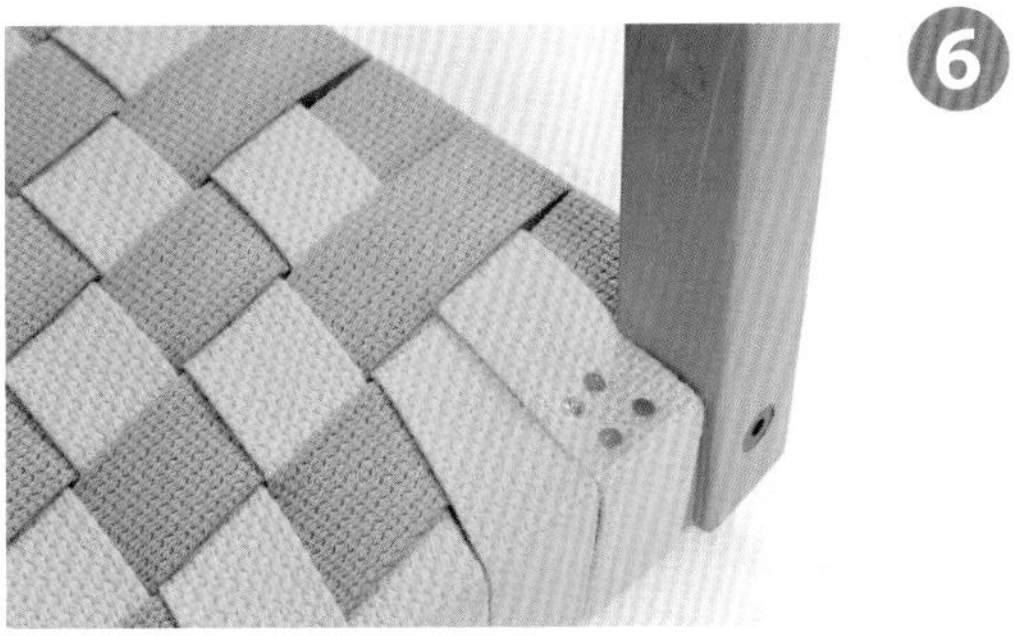

余ったテープの先端はこのように織り込んでしまいましょう。

たるみの調整ができたらアクリルカラーテープを使ったチェック柄の座面が完成です。

座面を変えたことで、また印象が大きく変わりました。アクリルカラーテープの座面は座り心地も抜群です。

難易度 ★★★★☆

2脚のチェアをベンチにリメイク

ダイニングチェアのフレームを利用してガーデンベンチを作る

キッチンのリフォームや模様替えを検討したとき、配置に困るのが、それまで使っていたダイニングチェアです。

とくにダイニングテーブルとセットでそろえたものであれば、テーブルを新しいものに変えてしまうと、イメージが合わなくなってしまいます。やはりテーブルに似合うチェアをどうしてもそろえたくなるものです。

そんな場合、余ってしまうのがそれまで愛用してきたダイニングチェアです。別の場所で使うにも、どこかに片づけておくにしても、そろいのものだと2脚や4脚と数も多くスペースを取ってじゃまになりがちです。

だからといって、まだ使えるものをゴミとして処分するのはもったいし、環境にもやさしくありません。

それなら、DIYでリメイクしてチェアをオシャレなベンチに作り変えてみてはどうでしょう。部屋のなかに置けて家族が一緒に座れる憩いのスペースとしても使え、チェアと違って座面が広く、座る際の自由度が高いことも魅力です。

また、庭やテラスなど屋外に置いてガーデンベンチとして使うのもおすすめ。庭を眺めながら座るだけでなくプランター台として使えます。さらに、DIYのちょっとした作業スペースにも利用できてとても便利です。

ベンチなどの大型家具は、いざ買うとなると金額も張りますが、チェアからのリメイクなら、ベースがあるのでさほど費用もかかりません。

それに、強度や安定性が必要で作るのがたいへんな脚部分は、そのままチェアの脚が流用できるので作業の難易度もグッと下がります。

今回は一般的なダイニングチェア2脚を使って背もたれつきのベンチにリメイクしてみましたが、他のダイニングチェアでも作り方の基本は同じなので参考にしてみてください。

リメイクプラン
Remake PLAN

シンプルな木製のダイニングチェア2脚を分解して、ガーデンチェアにリメイクをします。

使用するのはチェアのフレームです。フレームをそのままベンチの脚として使用し、座面と背もたれは1×2材を使用して新たに作り直します。

また脚部分は水性塗料でペイントして落ち着いたネイビーブルーに塗り替えました。

After

大人2人がゆったり並んで座ることのできる座面サイズに設定しました。

座面と背もたれがちょうどよい角度になるように、補強板を使って調整しています。

後ろから見ると2脚のチェアがベースとなっていることがよくわかります。

Before

その他の材料

- ■1×2材
- ■水性塗料
- ■ウレタンニス
- ■マスキングテープ

道　具

- ■電動ドリルドライバー
- ■サンダー
- ■グラインダー
- ■ダボノコギリ
- ■金づち
- ■ノコギリ
- ■紙やすり
- ■角度定規
- ■クランプ
- ■ハケ
- ■ローラー
- ■トルクスドライバー
- ■スペーサー（8mm）

チェアを分解して下地を整える

今回使用したのがこちらの2脚のダイニングチェアです。各部品はネジで固定されているため、簡単に分解できます。

ダイニングチェアを分解して不要なパーツを取りはずします。

座面はプラスネジのボルトと、トルクスネジ(ヘックスローブネジ)で固定されていました。

背もたれもトルクスネジドライバーを使って取り外します。

座面と背もたれがはずれ本体フレームの状態になりました。今回はこの本体フレームだけを使います。

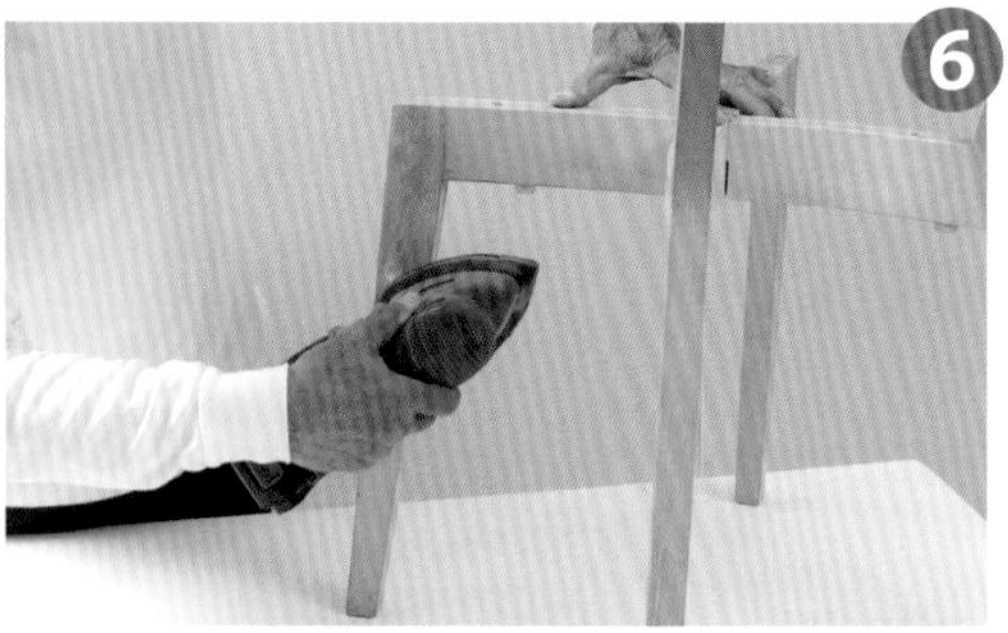

脚部分は水性塗料で塗りなおすため、サンダーで磨いて塗装の足つけ(下地処理)を行います。

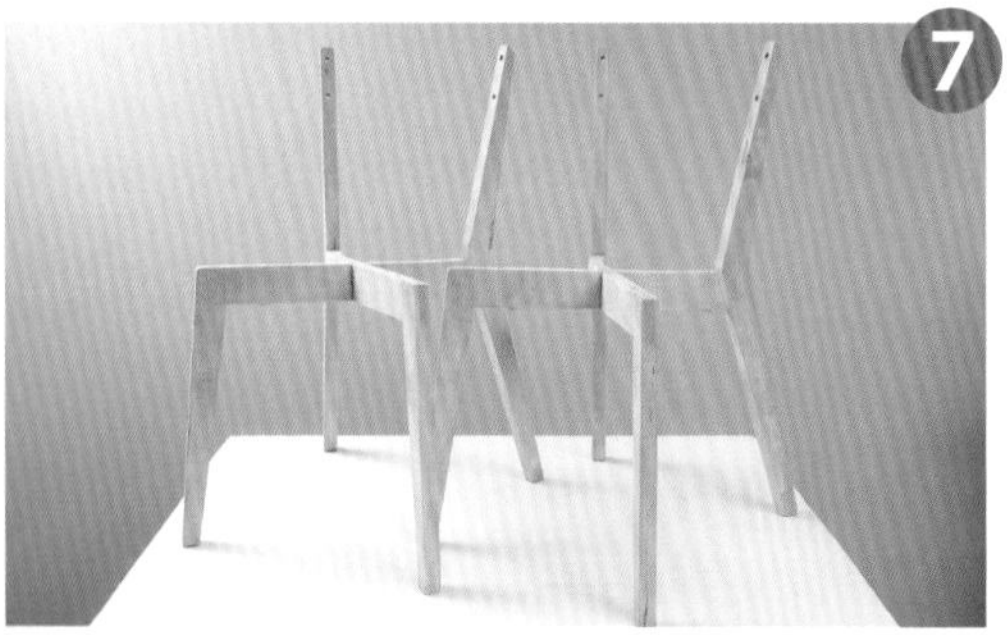

研磨ができました。表面の塗装を完全に落とす必要はありません。サンダーがない場合はサンドペーパーでもかまいません。

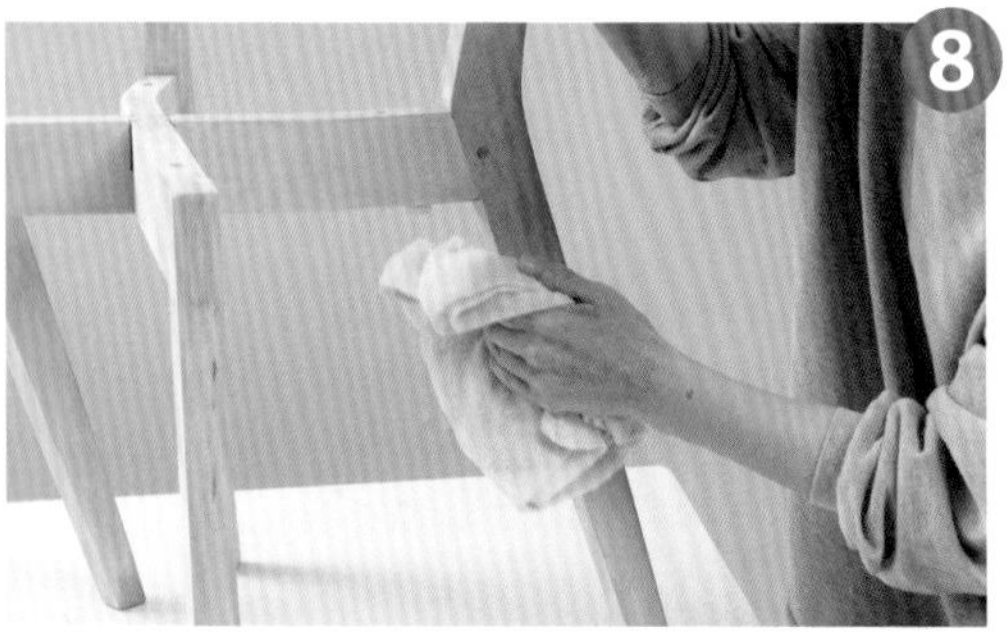

研磨した表面に削りカスが残っているので、ウエスなどでよく拭き取っておきましょう。

脚を塗装し、座面用の補強材を作る

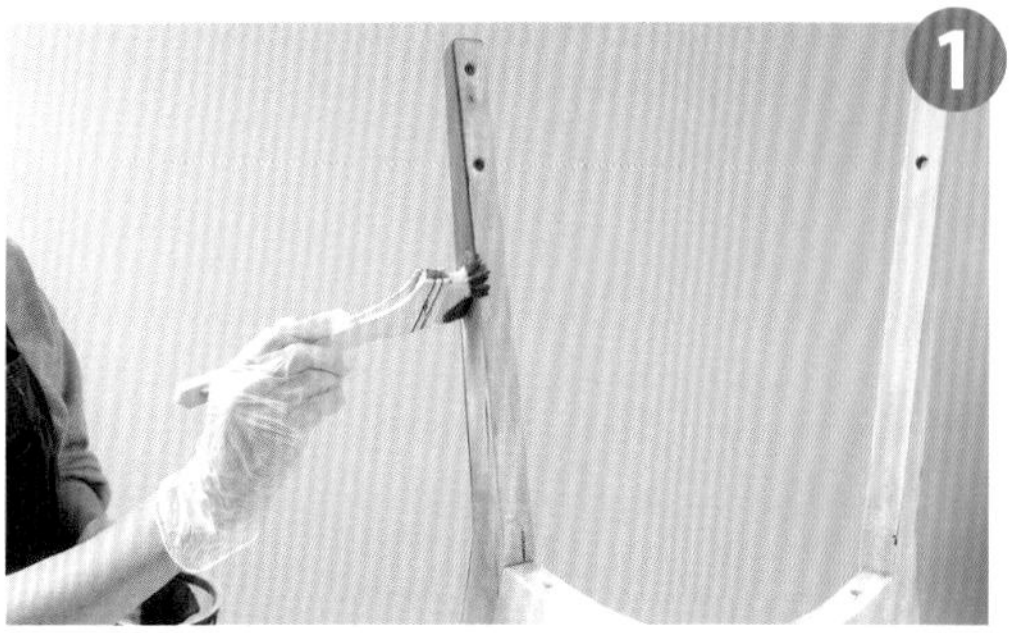

ハケを使って水性塗料のネイビーブルーを塗っていきます。

座面のすき間から脚部が見えるので、上面もしっかり塗りましょう。

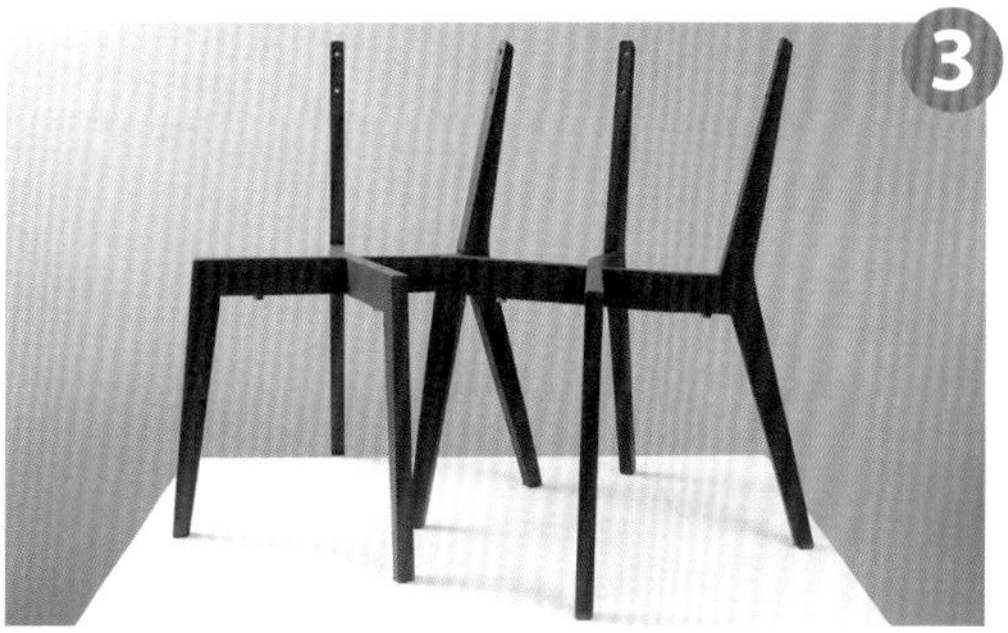

脚のペイントができました。このままでは、脚がぐらついてしまうので、左右に補強板を取りつけていきます。

前後のフレームをつなぐ補強板は1×2材で作ります。斜めになったフレームの角度を1×2材に写し取ります。

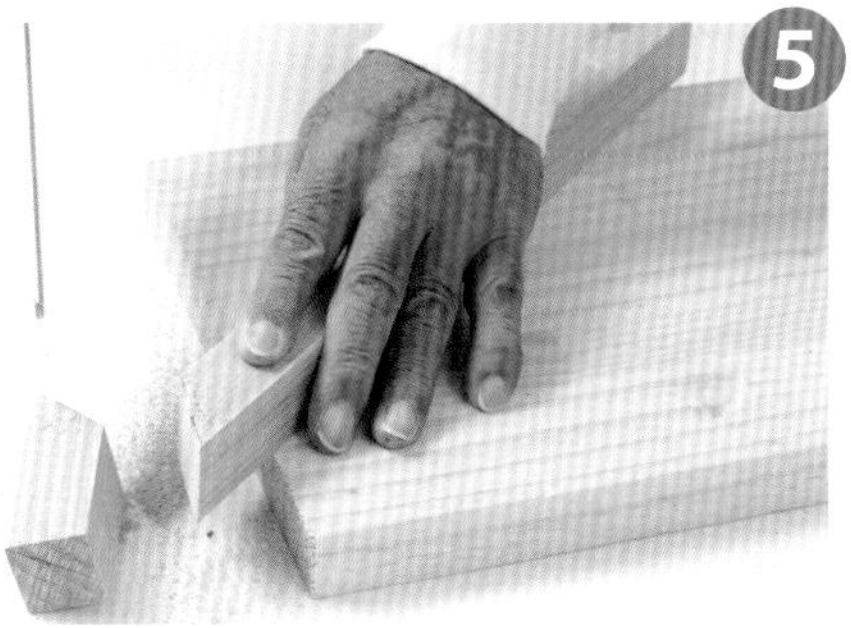

補強材の先端部分を、写し取った角度に沿ってノコギリでカットします。

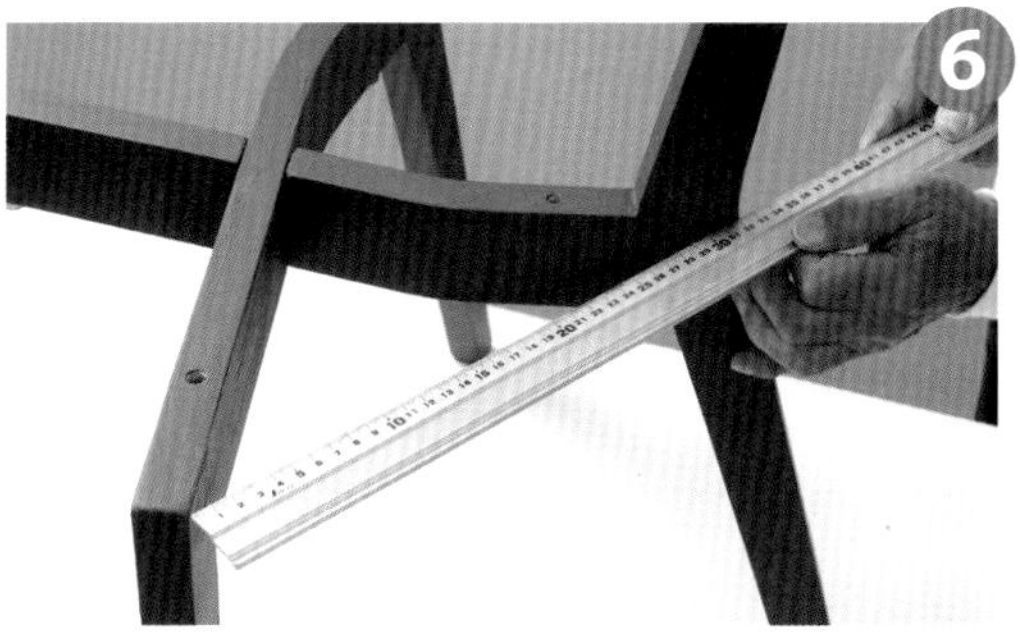

補強材の必要な長さを計測します。

補強材に先ほど測った長さの印をつけたら、次に角度定規を使って❹で測った角度をそのまま反転して写し取ります。

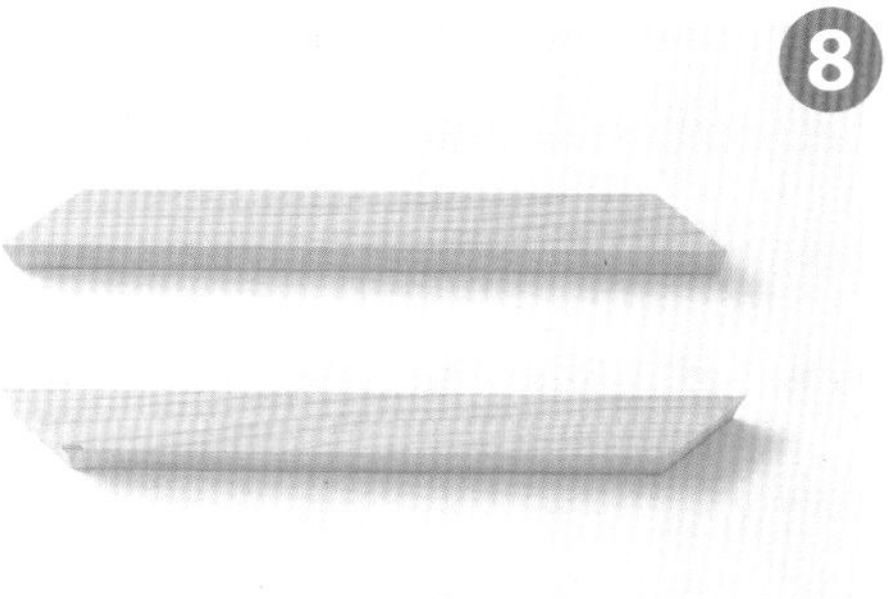

ノコギリでカットします。2脚分として2本の補強材を用意してください。

座面用の補強材を取りつける

補強材を脚にあててネジを打つ位置を決めて印をつけます。

印をつけたらネジで固定しますが、板割れを防ぐために下穴をあけます。

ネジの頭が飛び出さないように皿取りビットで、すり鉢状の皿取り加工を行います。

ネジは脚のフレームに対して垂直になるように打ち込みます。

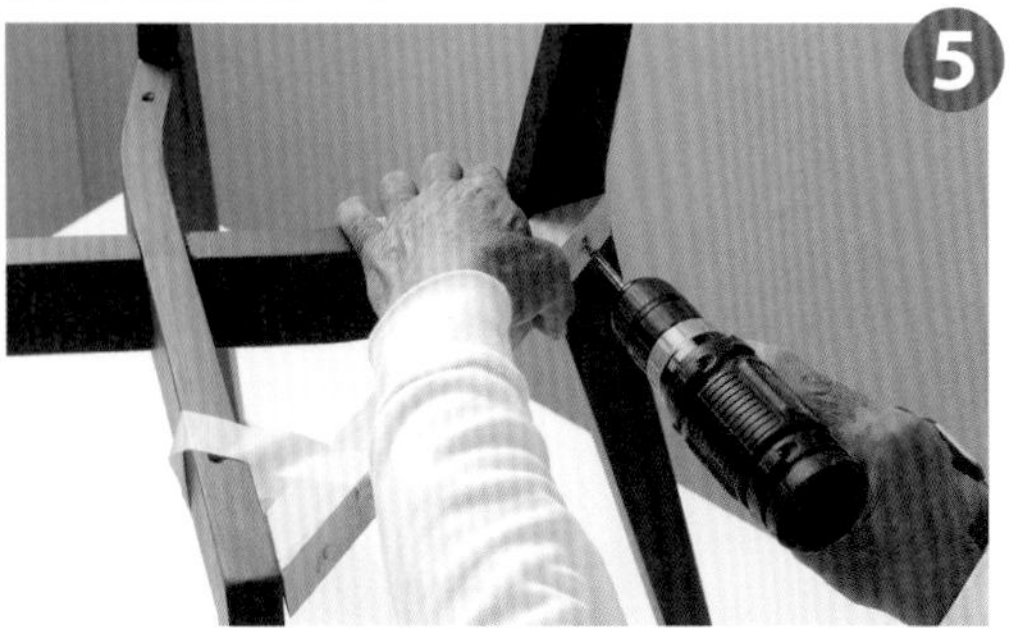

反対側も同様に下穴を開けてからネジを打って固定します。

これで補強材を取りつけることができました。ここでは塗装していませんがフレーム同様に塗装してもいいでしょう。

もう一つの脚にも同じように補強材を取り付けました。

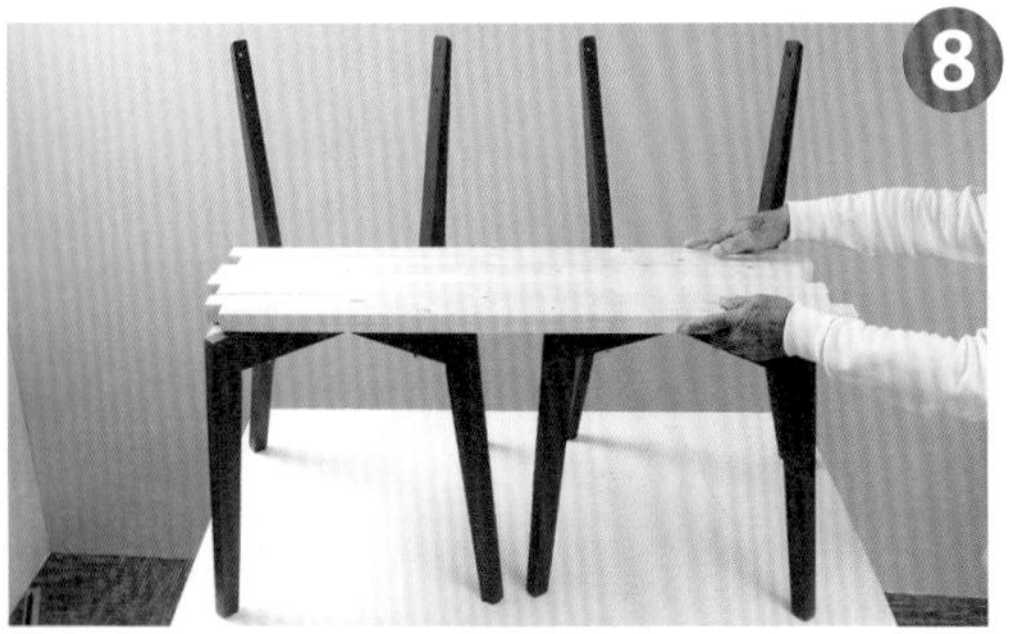

座板を仮置きしてみます。補強材を取り付けたことでしっかりとネジを打ち込む場所ができました。

座板を作って前後をフレームに取りつける

1

座板は7本の1×2材を使用します。フレームの前後サイズを測り、必要な枚数用意します。

2

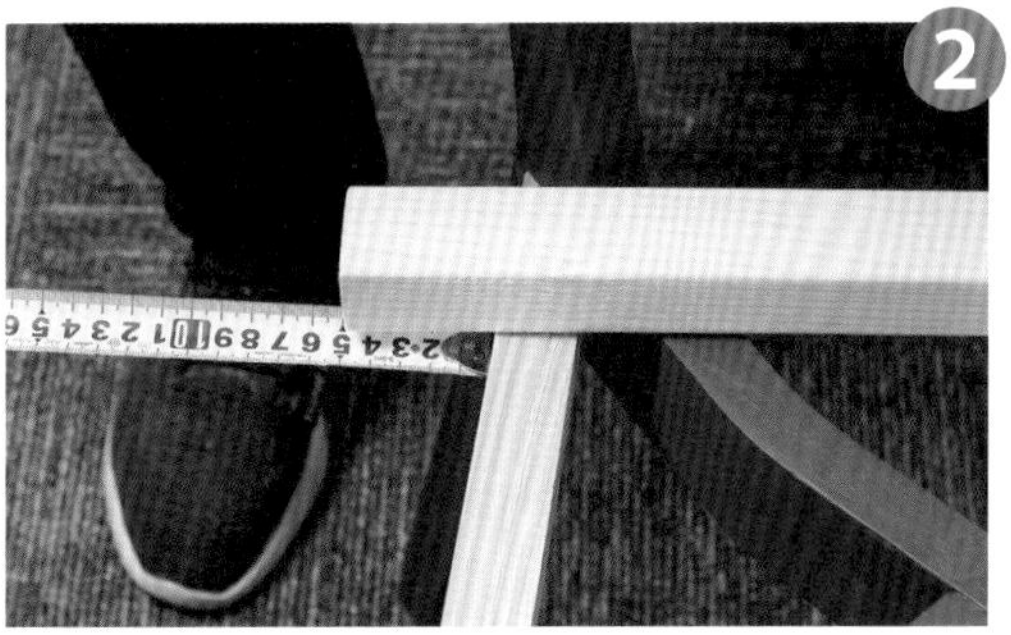

脚に座面用の1×2材を1本置いて、寸法を測り左右の補強材から均等にはみ出すように位置を決めます。

3

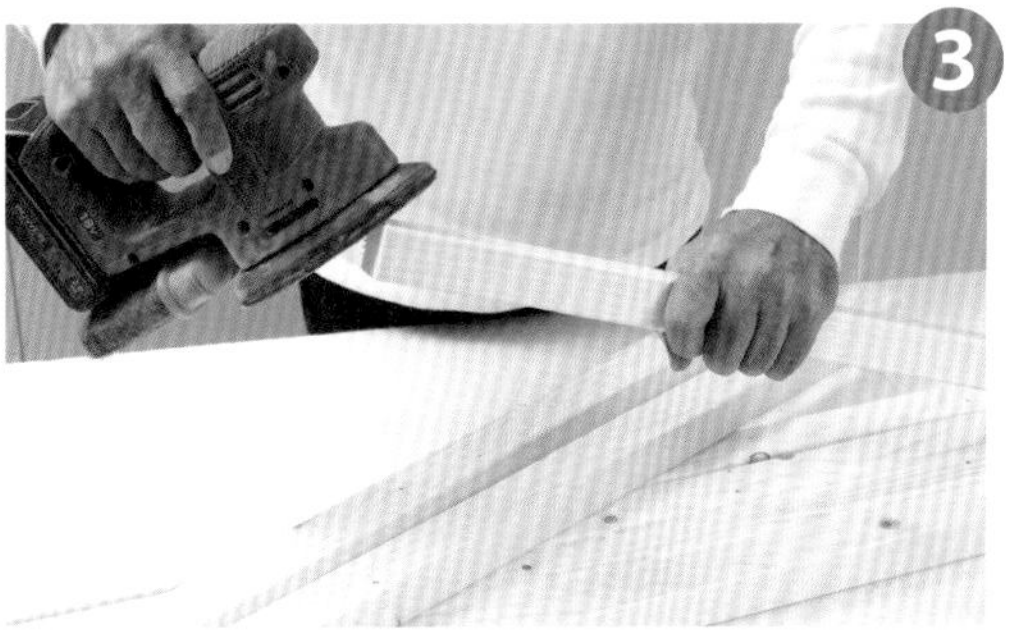

サンダーで切断面のバリを取り、座板の角も丸く面取りしましょう。

4

座板は、先に前と奥の位置を固定してから、他の座板を取り付けていきます。

5

座面にネジの頭が飛び出さないよう8㎜のダボ穴をあけ、そこからネジを打ちます。

6

ダボ穴から下穴をあけてから、ネジを打って底板を固定します。

7

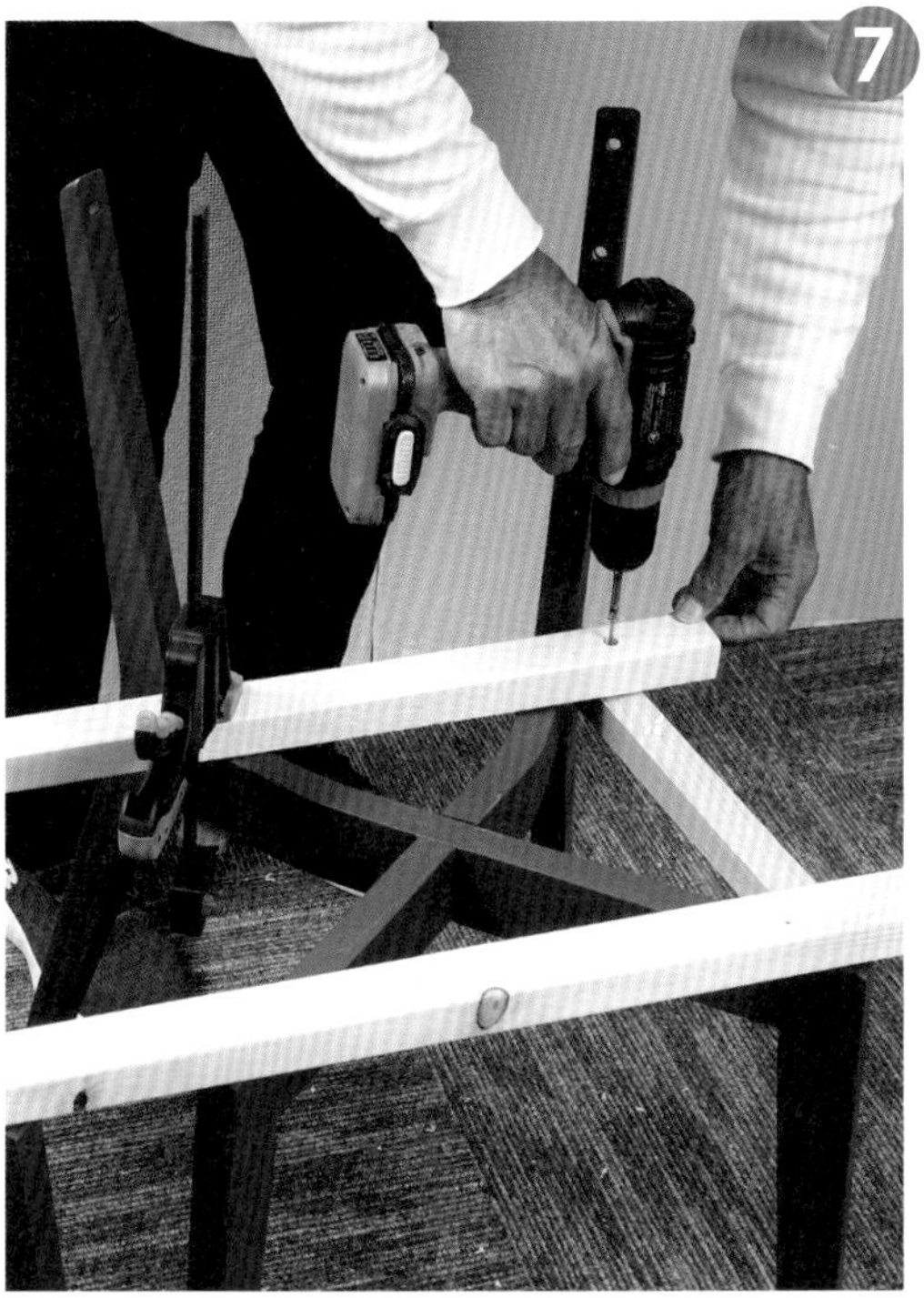

座板を固定する際は、ずれないように座板をフレームにクランプで固定しておきましょう。

座板を並べてダボ穴をあける

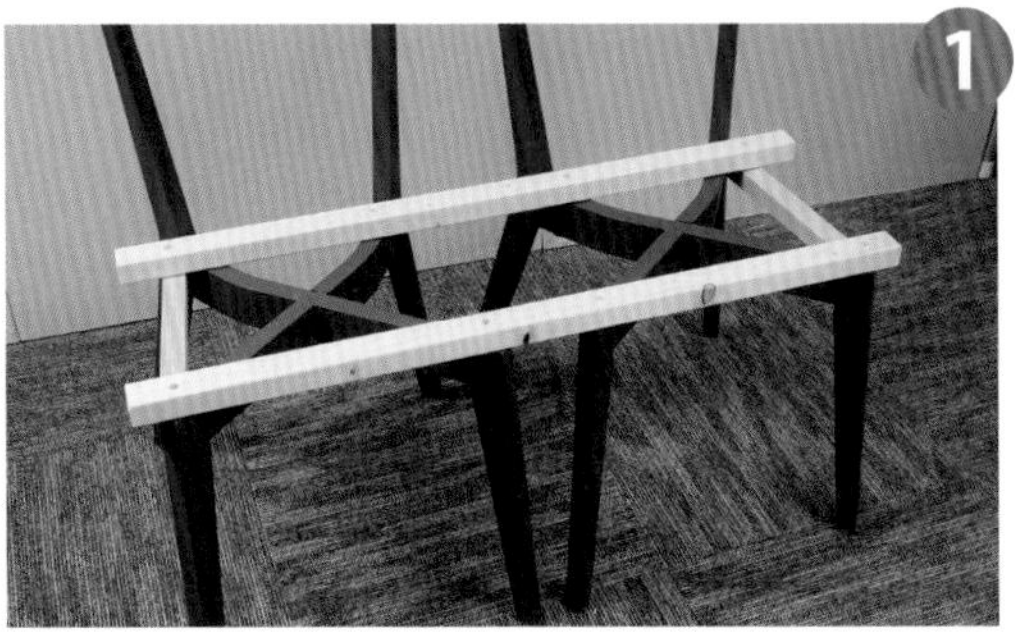

座板の2本を脚の前後に取り付けました。この間に残りの座板を取り付けていきます。

座板を均等に並べるため座板を片側にすべて寄せ、空いたすき間の寸法を測ります。この場合は約30mmでした。

すき間は計6か所必要なので30mm÷6か所＝約5mm。こちらが座板どうしのすき間の寸法になります。

座板をすべて仮置きして、端をそろえたら脚と補強板の位置を確認しながら、ネジを打つ位置に印をつけます。

斜めにもネジを打つので同じように下のフレーム位置を確認しながらネジを打つ位置の印をつけます。

座面にネジを打つ線を引くことができました。座板の反対側にも同じようにネジを打つ印となる線を引いておきます。

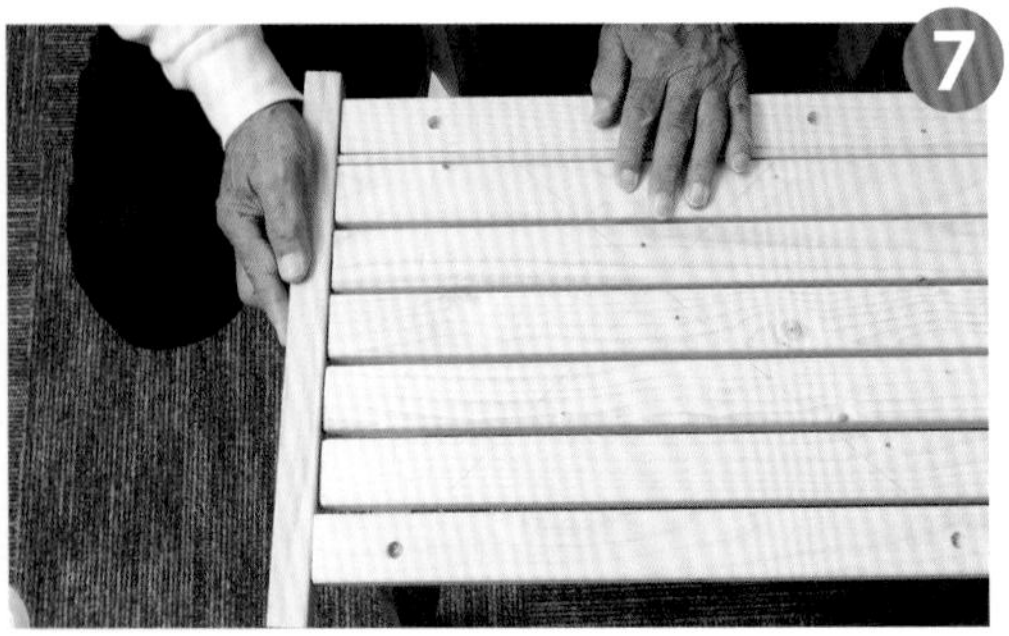

座板の端を、先に固定した前後の座板を基準にしながら、端材など使って再度しっかりそろえます。

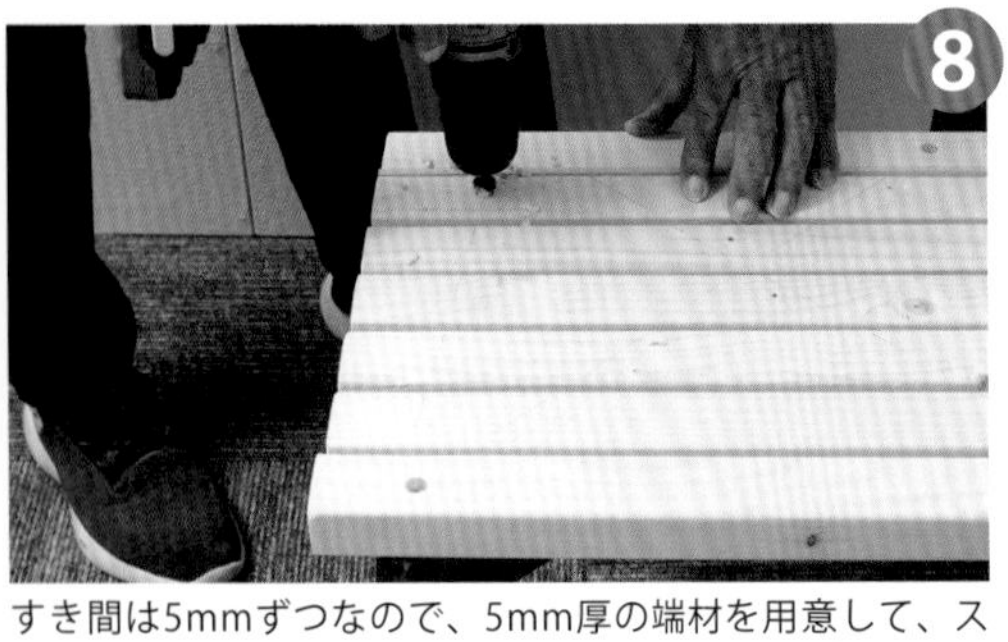

すき間は5mmずつなので、5mm厚の端材を用意して、スペーサーとして使用しました。印をつけた場所にダボ穴をあけていきます。

座板を固定してダボ穴をダボで埋める

1

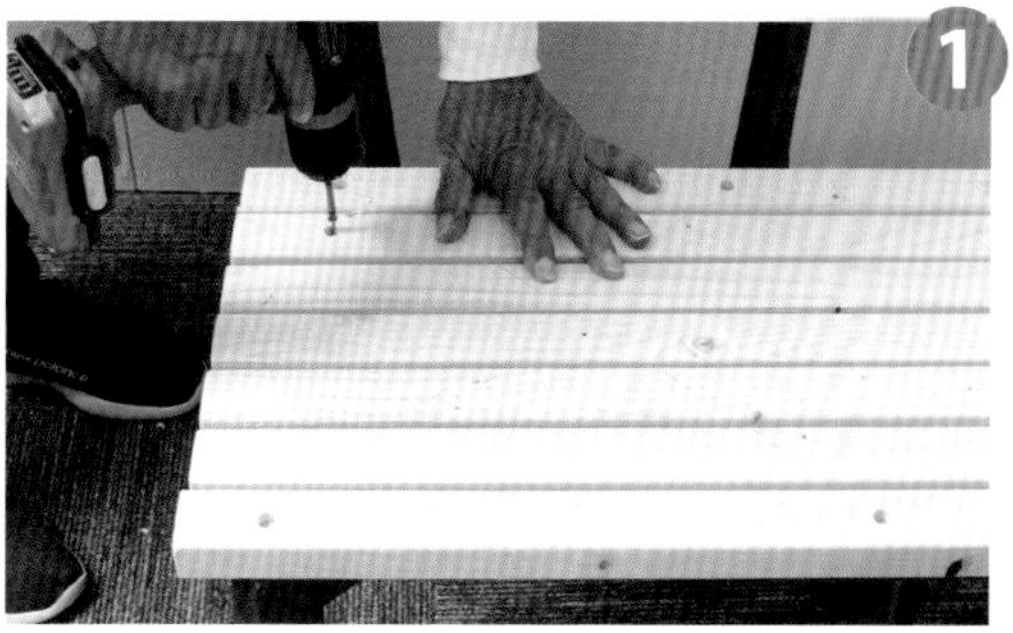

ダボ穴からネジを打ち込み1枚ずつ座板を固定していきます。

2

ダボ穴の位置がずれていないか確認しながらすべての座板を固定していきます。

3

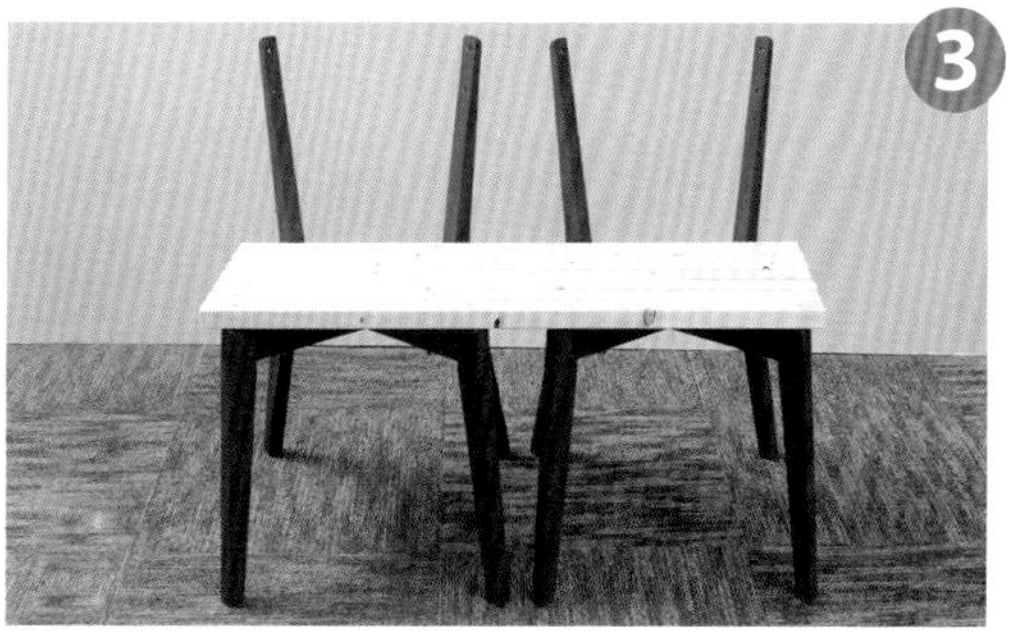

すべての座板を脚に固定することができました。座面にはまだダボ穴があいた状態です。

4

座面を平らにするため、あいているすべてのダボ穴にダボを埋めていきます。用意した8mmのダボに木工用接着剤を塗ります。

5

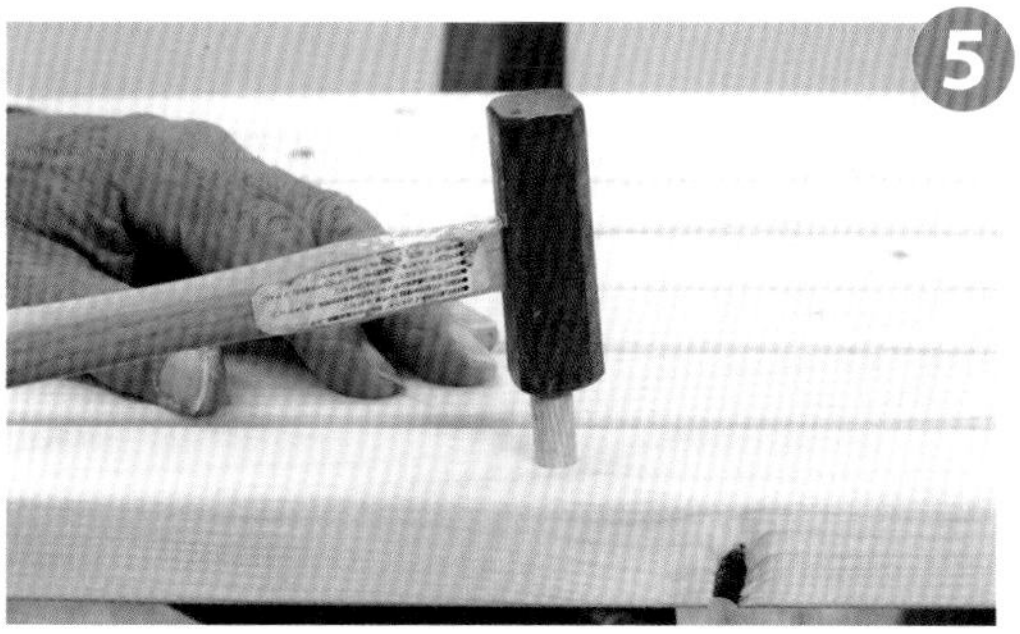

ダボを金づちで打ち込みます。打撃音が変わったら奥まで届いた合図です。

6

飛び出たダボはダボ切りノコギリでカットします。

7

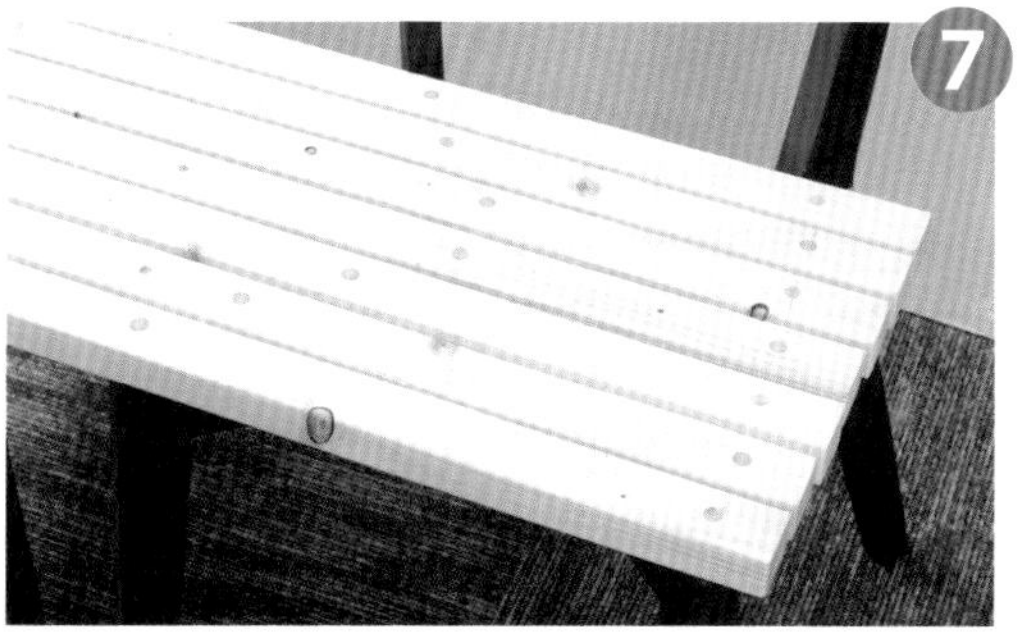

すべてのダボ穴を埋めることができましたが、この状態ではダボがわずかに出っ張っています。

8

さらに滑らかな表面にするため、飛び出たダボの頭をサンダ　で研磨して平らに仕上げていきます。

背もたれ固定用の補強材を作る

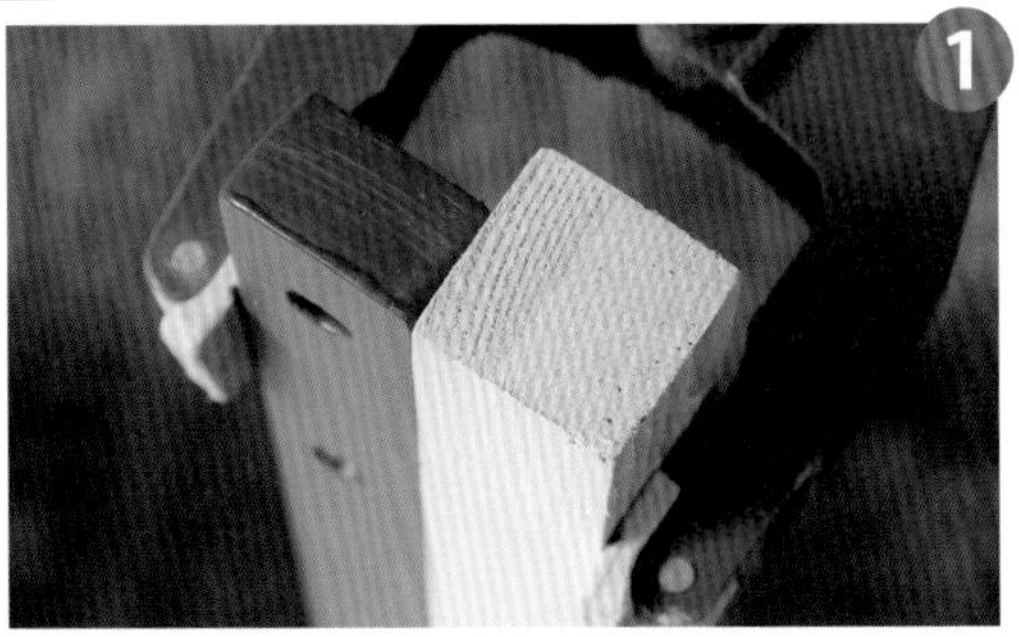

背もたれ部分のフレームが斜めになっているので補強材を取り付けカットし、背もたれが取り付けられるように加工します。

用意した角材を背もたれのフレームの長さにカットし、クランプを使って仮固定しました。

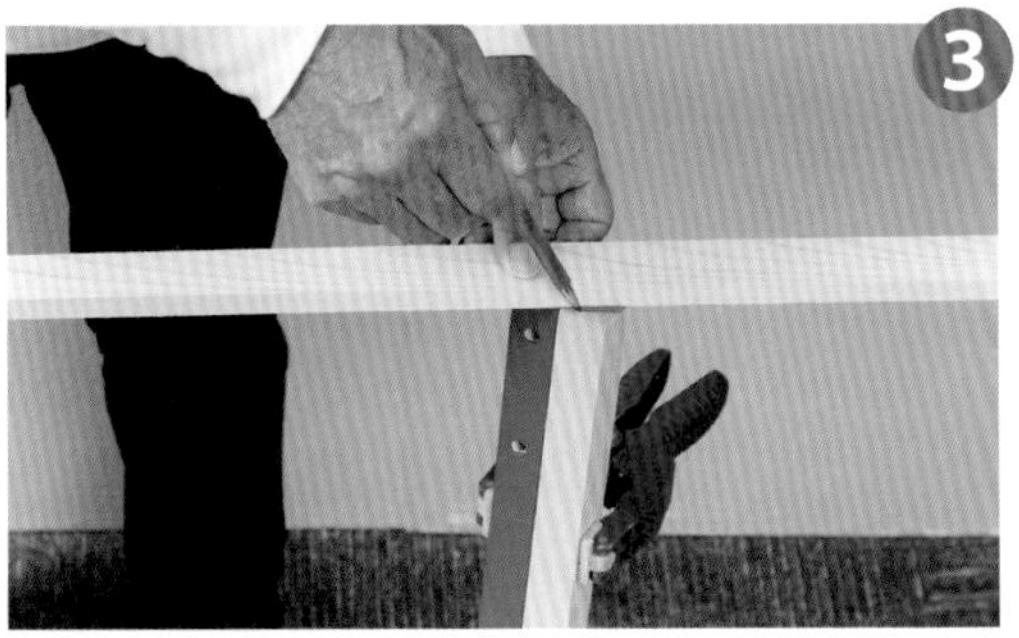

背もたれと接する部分が平面となるように、すべての補強材切断面の線を引いていきます。

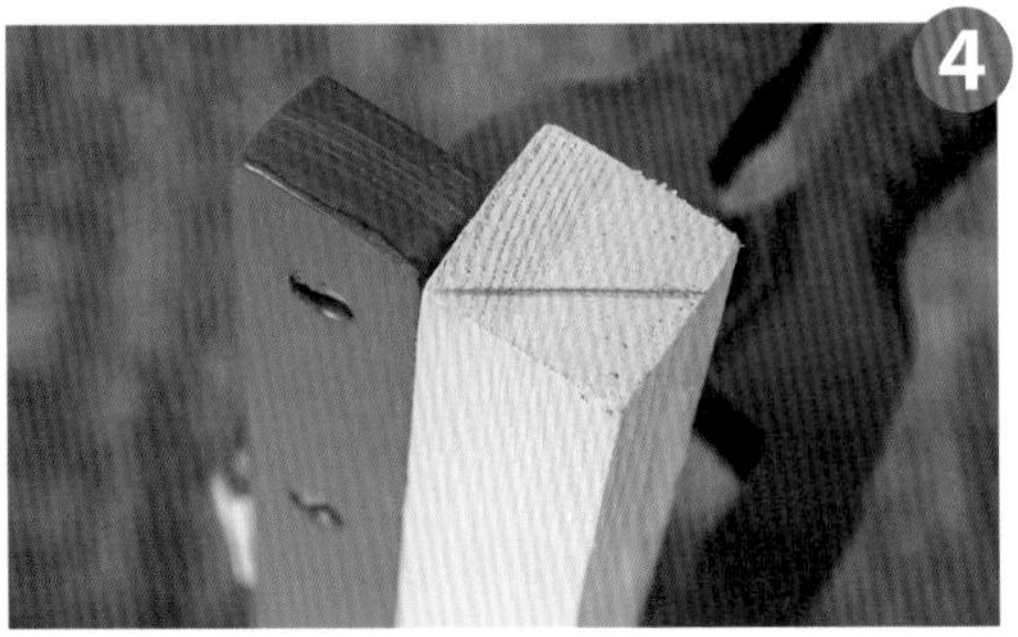

このようにすべての補強材にカットする線を引いておきます。

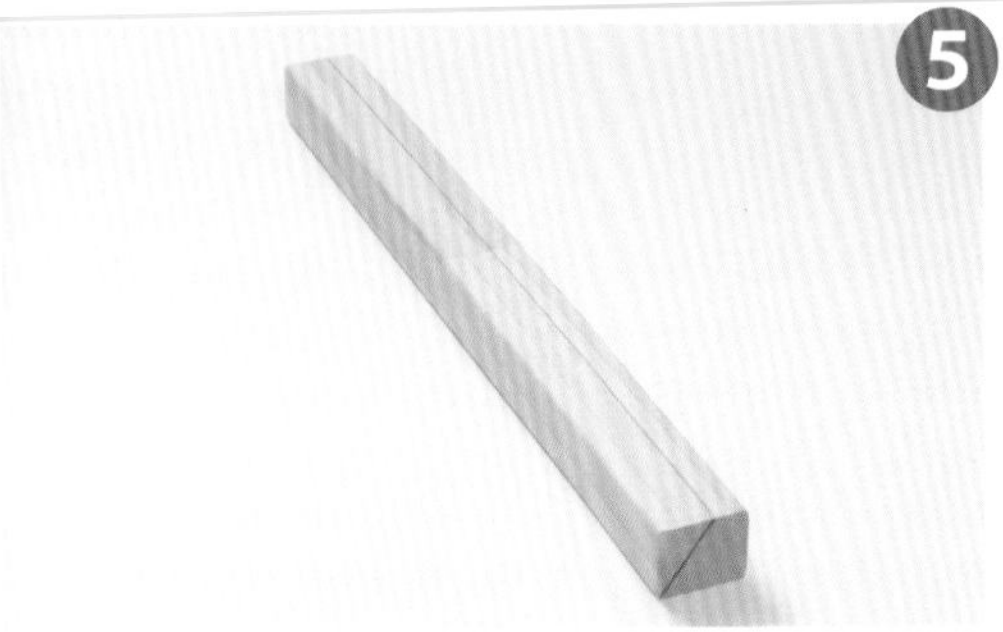

仮どめした補強材を取り外したところ。この状態だとカット作業がやりにくいので治具を作ります。

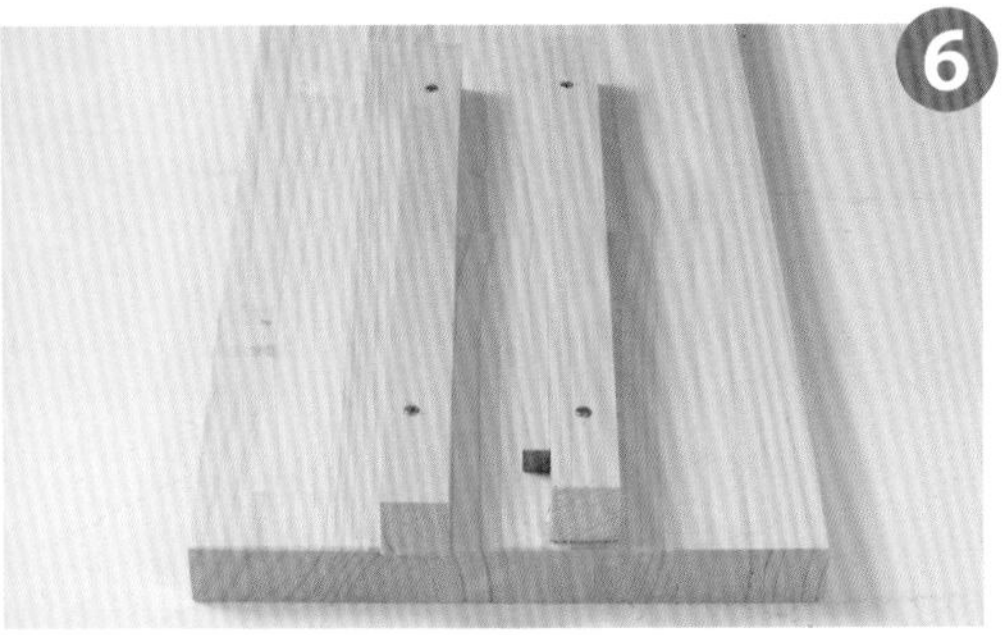

補強材を斜めにした状態で保てるように、端材の板に2本の角材を固定しました。寸法は現物合わせにしましょう。

治具にこのように補強材を差し込み、手でおさえながら先に引いた線に沿ってノコギリで斜めにカットしていきます。

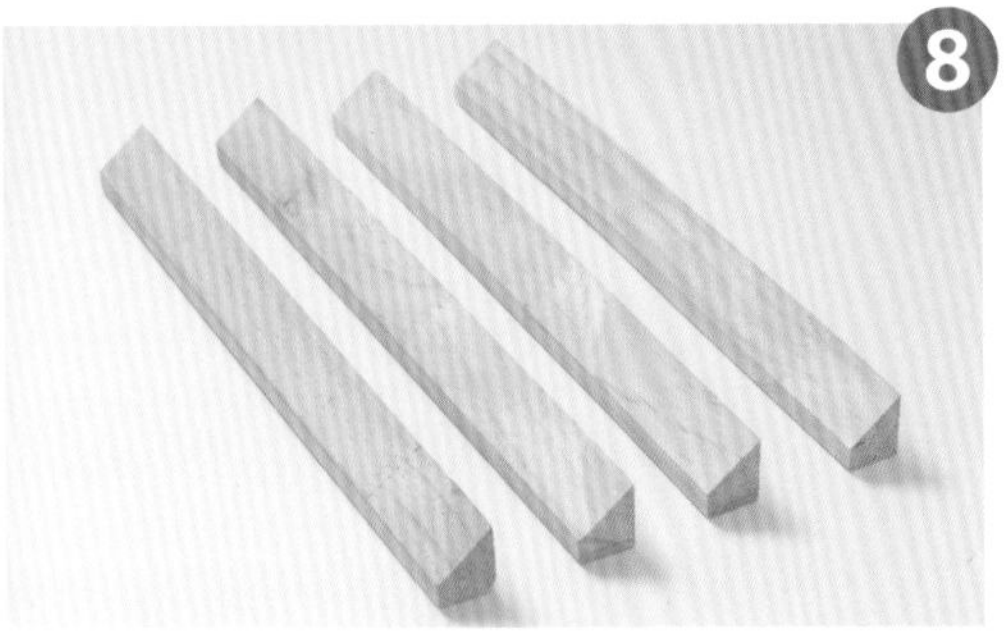

すべての補強材をカットすることができました。切断面をサンダーで研磨してバリなどを取り除いておきます。

背もたれ固定用の補強材を取りつける

クランプを使ってカットした背もたれ固定用の補強材を再度仮固定します。

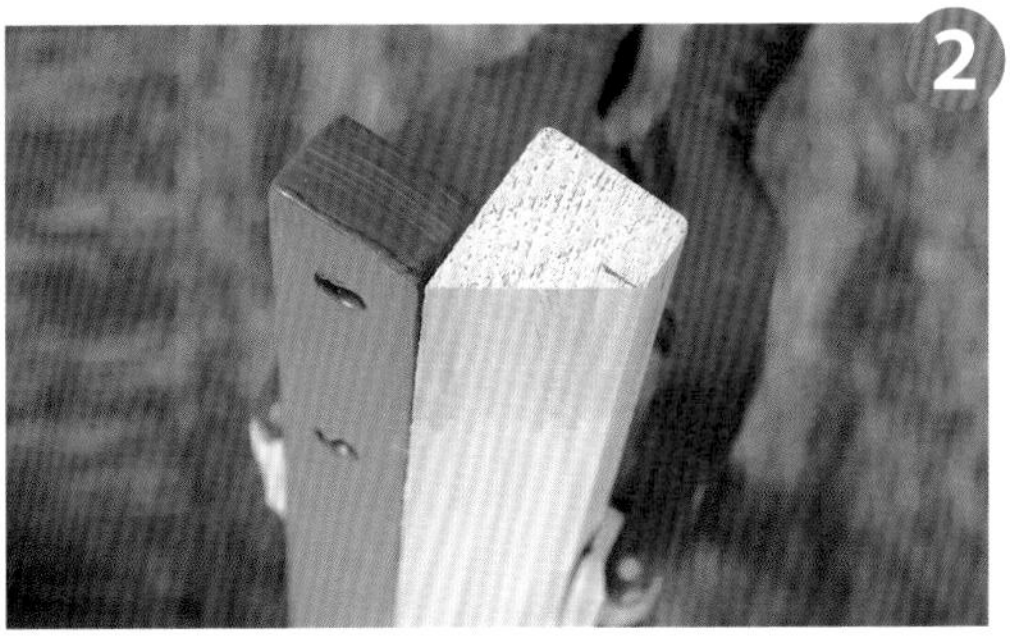

切断面は、背もたれを取り付けられるような平面になっています。

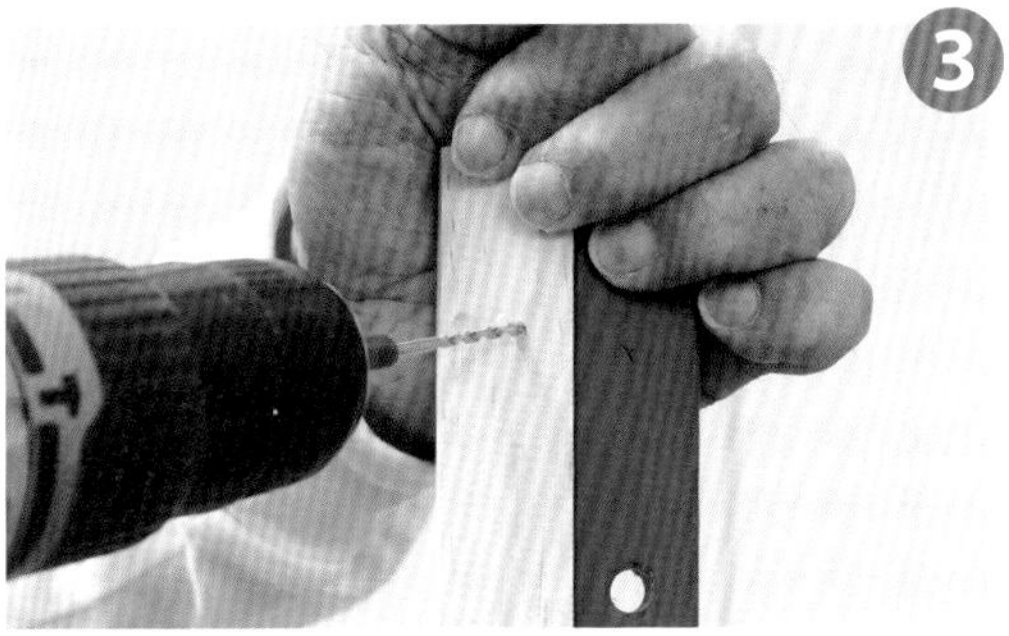

補強材をすべて固定していきます。まずは補強材が割れないようネジの下穴をあけます。

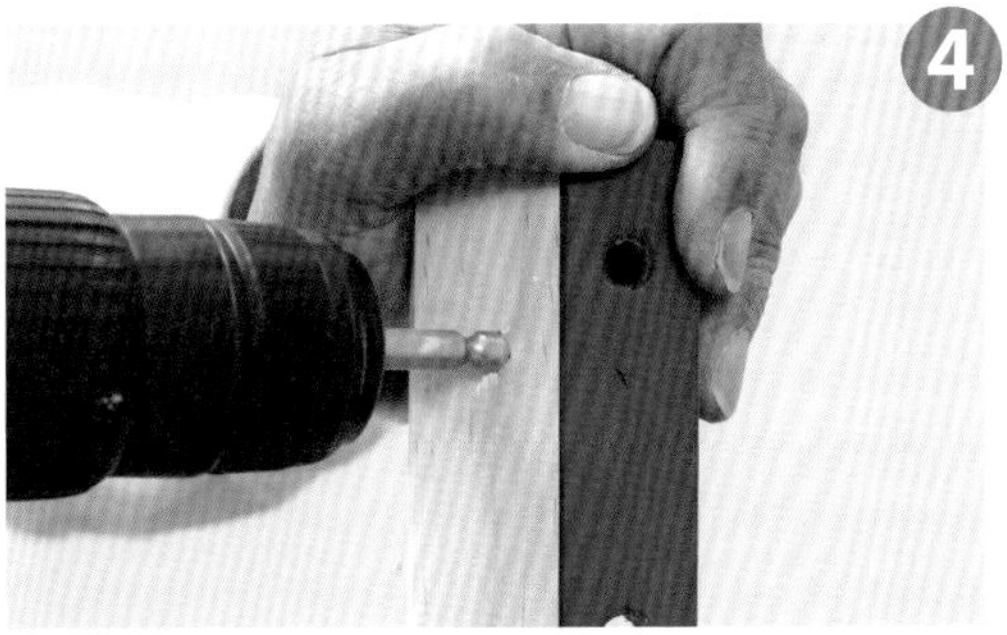

ネジの頭が飛び出さないように下穴に、皿取りビットを使って皿取り加工を施します。

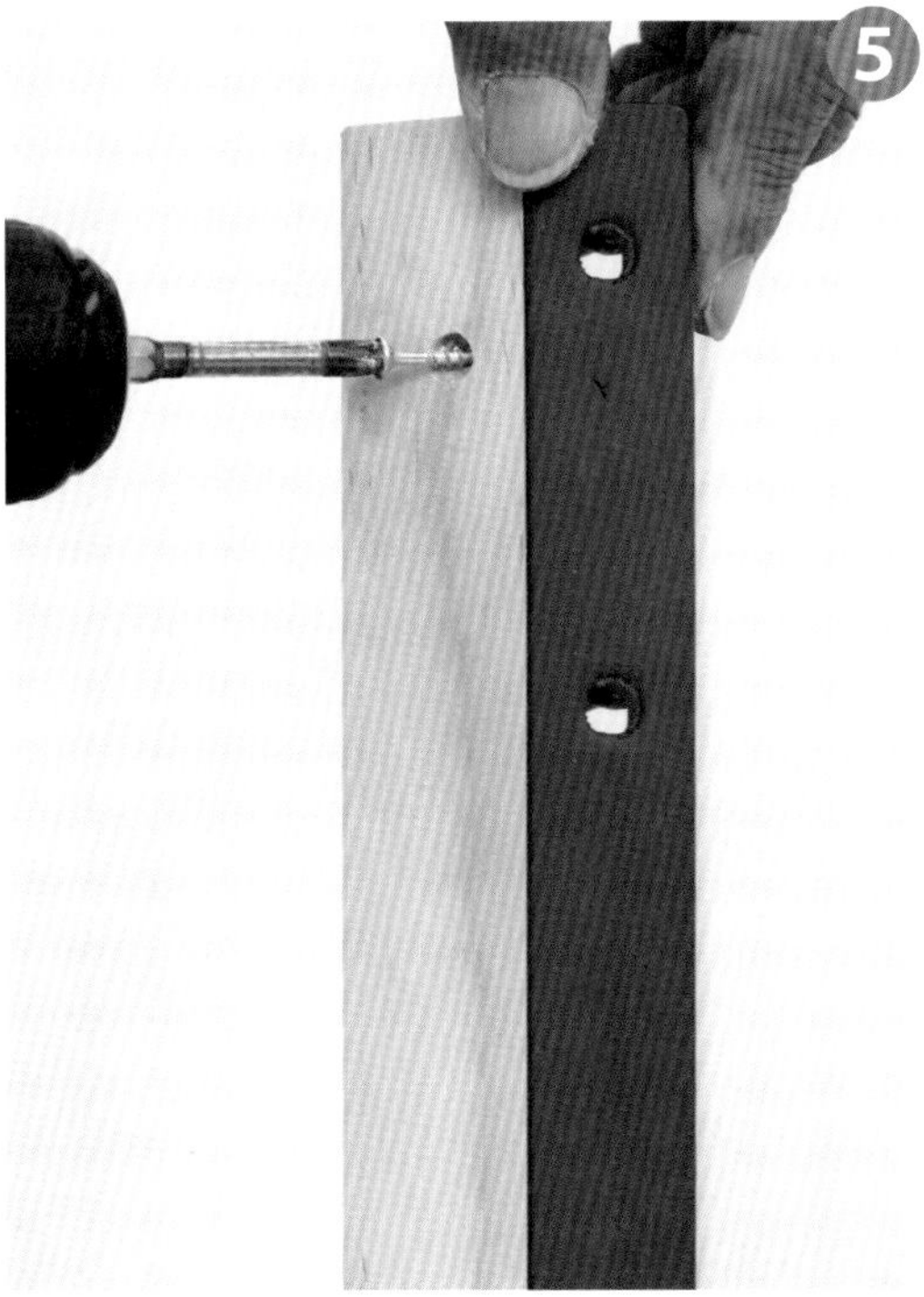

背もたれ用のフレームに対して垂直にネジを打ち込んでいきます。

同じような手順で残りすべての補強材を取り付けます。

背もたれ用の板を取り付けていきます。ここでは座板と同じ1×2材を使用しました。

背もたれを取りつける

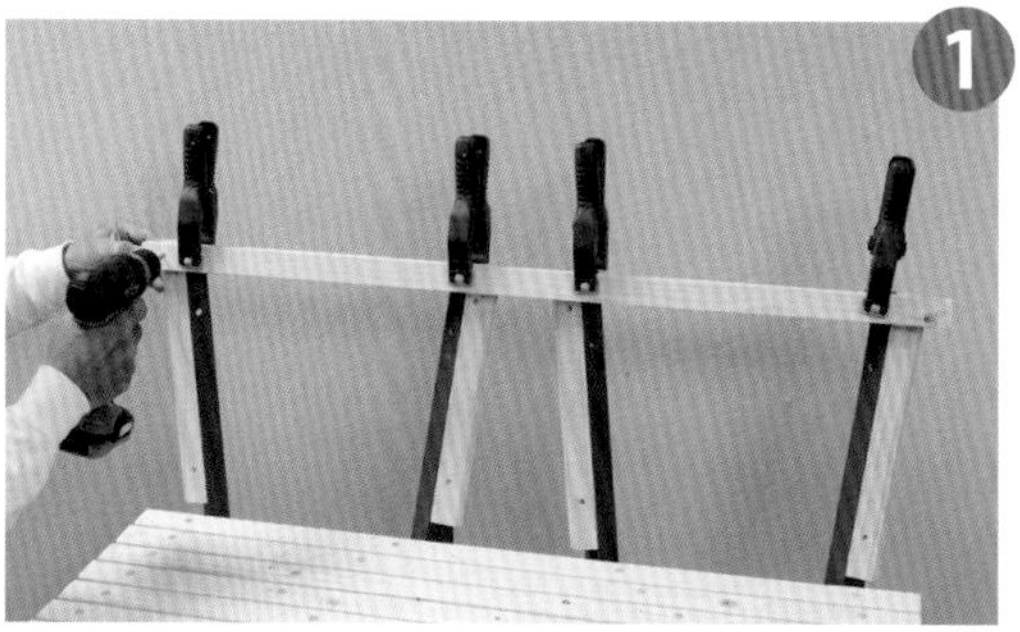

背もたれ用の1×2材を取り付けていきます。クランプで仮どめしてから、木ネジを打って固定していきます。

1×2材が均等に並ぶように寸法を測り8mmずつすき間があくように調整して、下端の位置を決めます。

端材などを使って、背もたれ用の板の水平を保ちながら、下から順に取り付けていきます。

一番下の背もたれ板が固定できたら、8mm厚の木材をスペーサーにし、すき間を合わせながら残りも固定していきます。

ネジを打つ際は、補強材を固定するのに打ったネジにあたらないように気を付けましょう。

すべての背もたれ板を取り付けます。スペーサーを使ったのですき間も均等です。

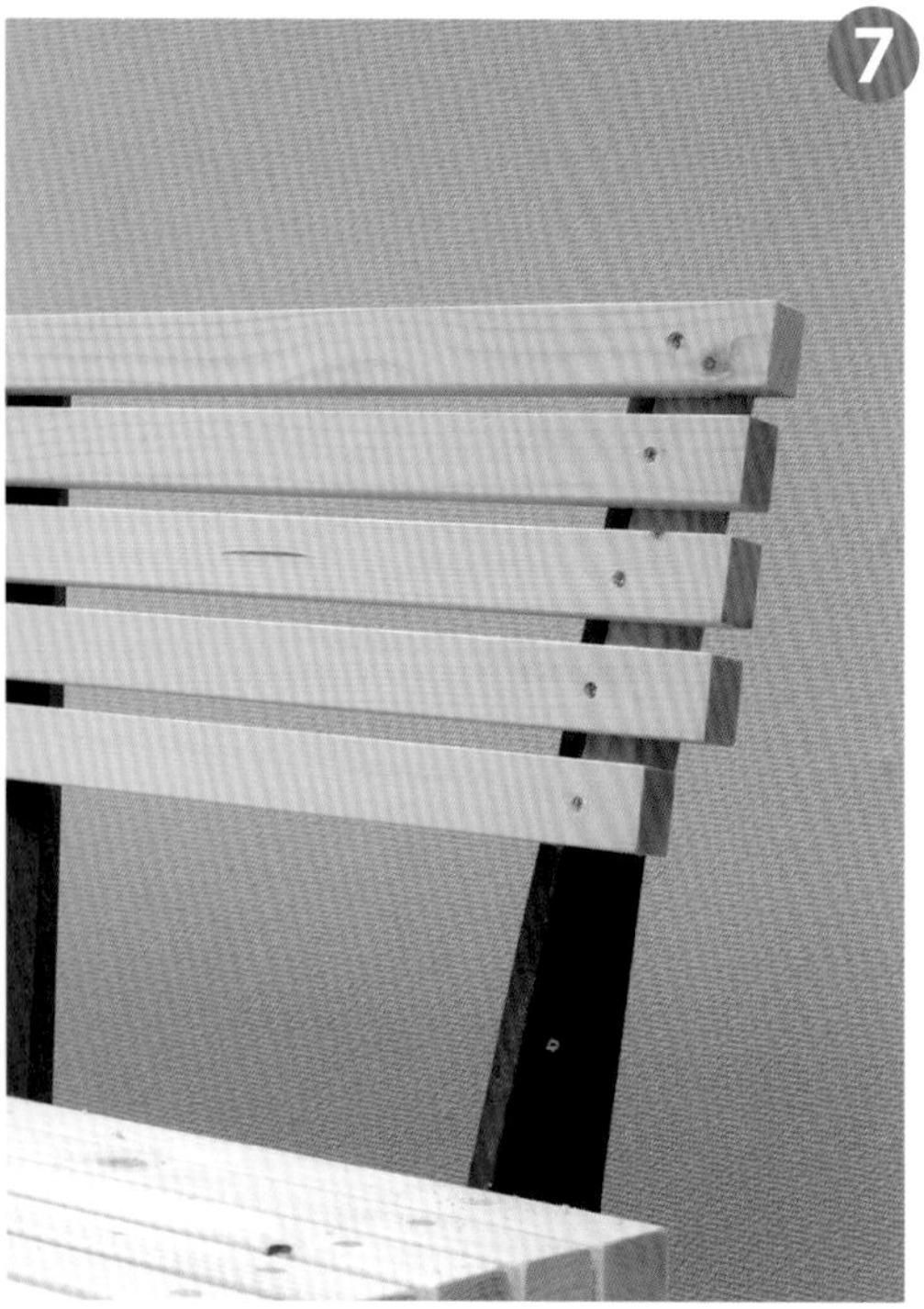

背もたれ板がすべて取りつけられました。

背もたれをカットして仕上げる

1

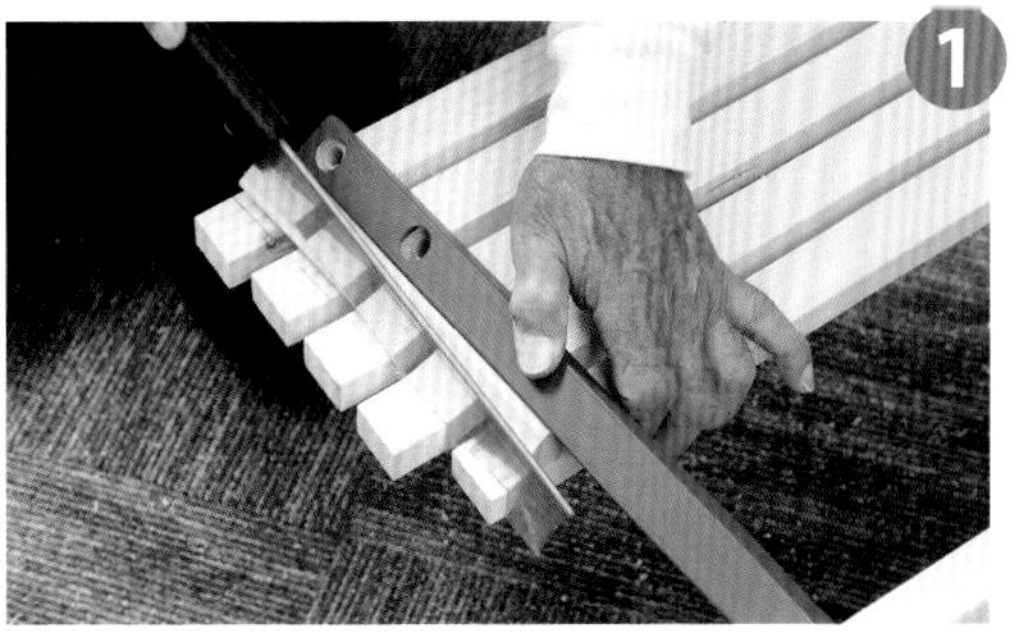

ベンチを床に置き背もたれの裏面から、フレームに沿って線を引き、端をノコギリでカットします。

2

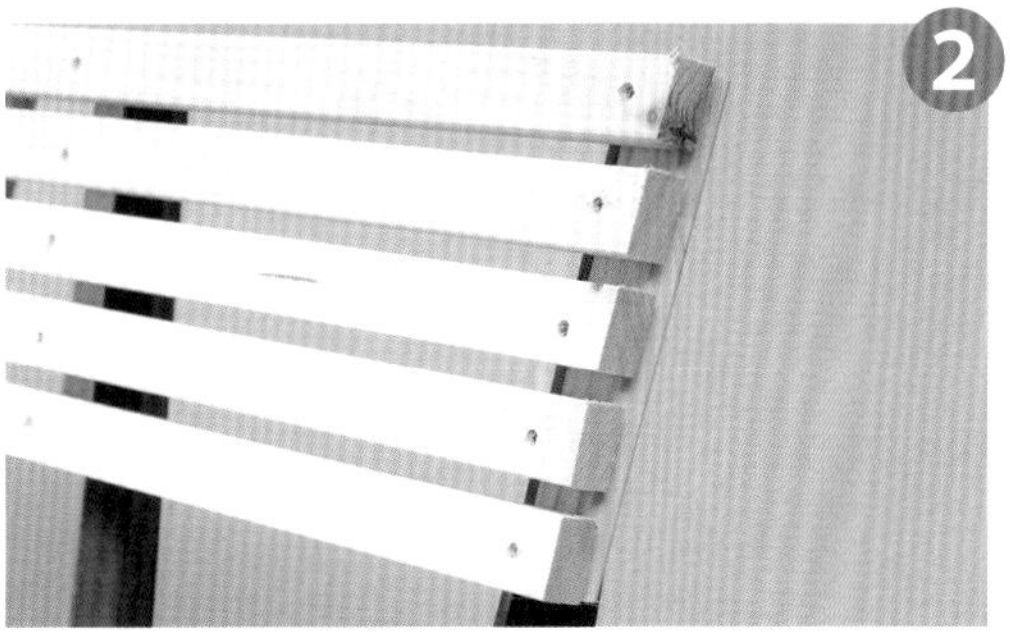

背もたれの端がフレームと同じようにきれいにそろいました。切断面はサンダーで研磨してバリを取ります。

3

背中あたりをやわらげるために、木工用研磨ディスクで少し背もたれをくぼませせるように削ります。

4

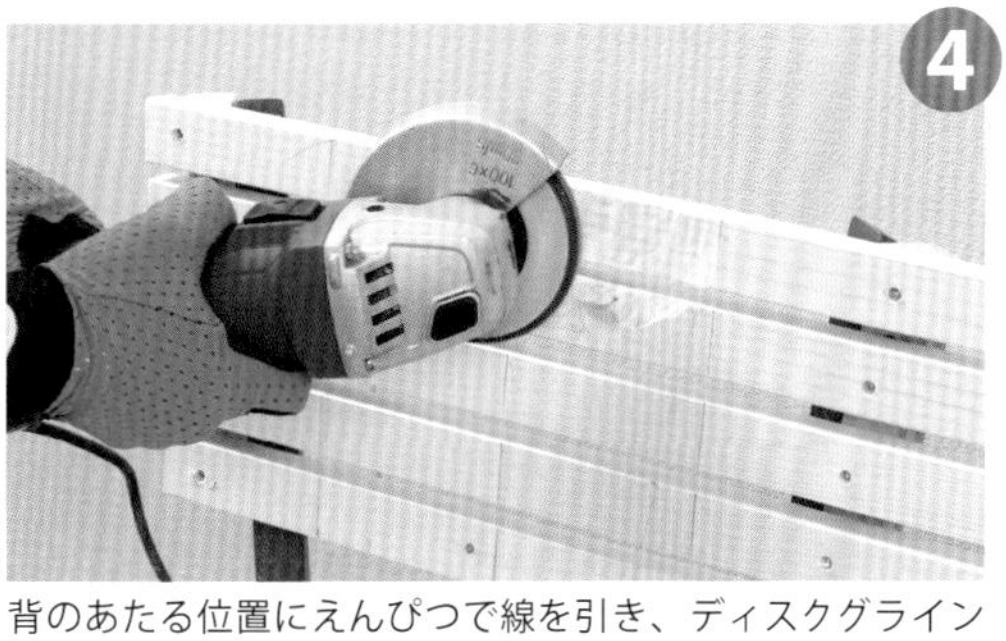

背のあたる位置にえんぴつで線を引き、ディスクグラインダーにディスクを取り付け、背もたれを削ります。仕上げには紙やすりを使い滑らかに研磨します。

5

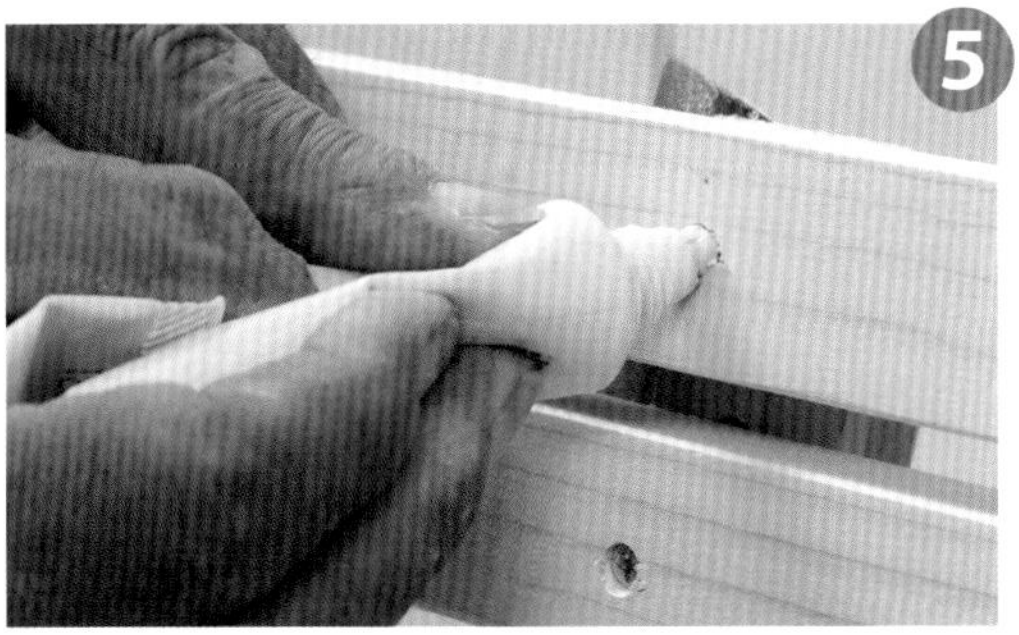

背もたれを固定したネジの頭をすべて木工用パテで埋めていきます。

6

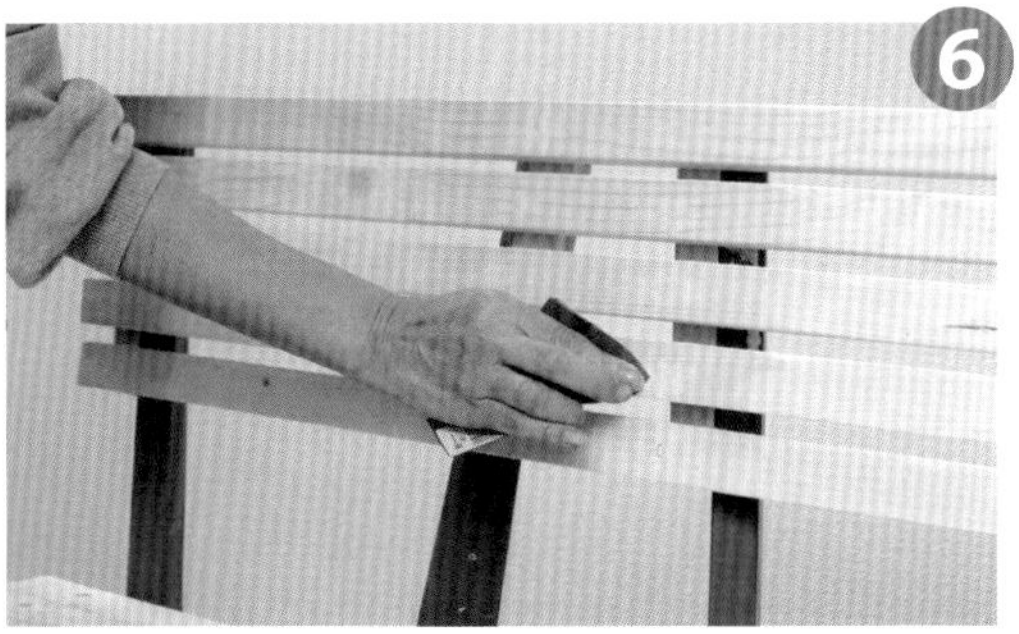

パテが乾き硬化したらサンドペーパーで研磨して表面を平らに仕上げます。

7

最後に傷や汚れから守るために、座面と背もたれに透明のウレタンニスを塗って表面をコーティングします。

8

乾燥したら完成です。2脚のダイニングチェアが見事にコンパクトなベンチに生まれ変わりました。

クランプ

材料をしっかりはさみ、固定する補助具

加工時に材料を手で押さえていると、作業でかかる力に負けて材料が動いたり、暴れたりすることがあります。そうしたことがないよう、材料やジグを作業台に固定し、工作の精度を高めたり、安全性を高めたりするために、補助具として使われるのがクランプです。

両手を使うジグソー、丸ノコ、トリマーなどの作業には、クランプでの固定は必須です。小さい材料を保持したり、丁番《ちょうばん》などを仮どめしたりなど、さまざまな利用方法があります。また、接着剤が硬化するまで、材料同士を圧着して固定しておく作業にも、クランプは適しています。

形状や締め付け力によって、用途の向き不向きがあるので、作業に適した種類のクランプを用意しましょう。購入時には、作業台の厚みなどを考慮して、はさめるものの最大幅を確認してください。

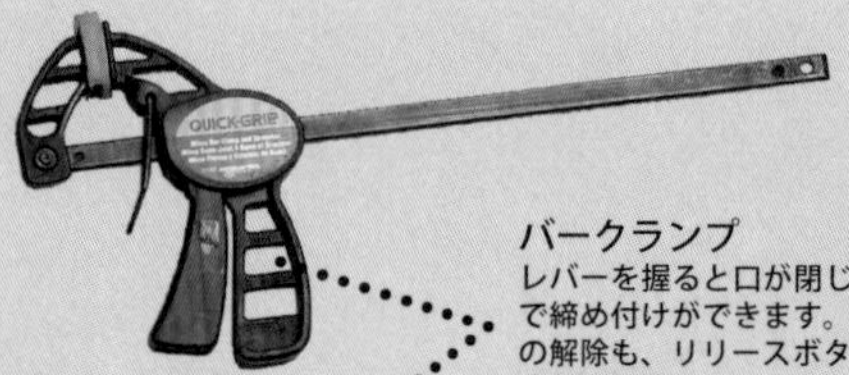

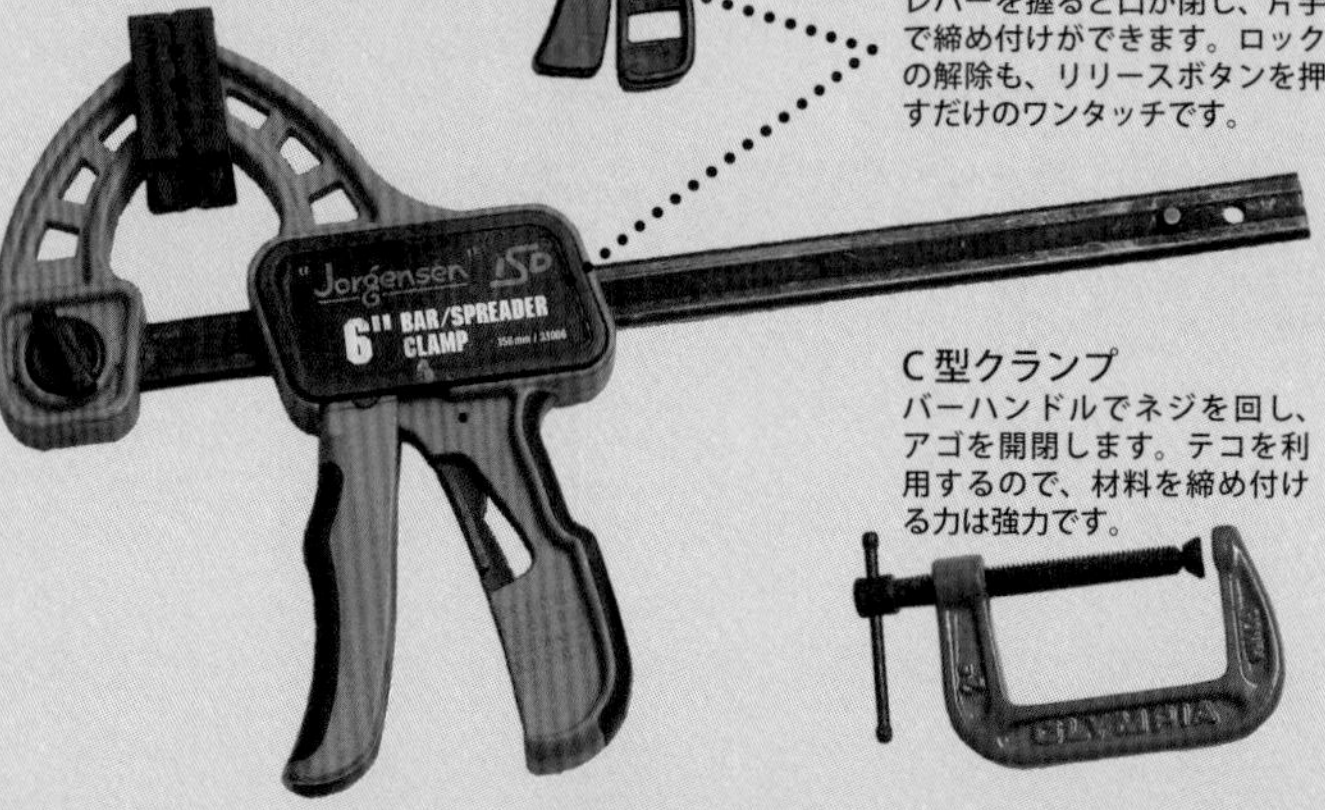

バークランプ
レバーを握ると口が閉じ、片手で締め付けができます。ロックの解除も、リリースボタンを押すだけのワンタッチです。

C型クランプ
バーハンドルでネジを回し、アゴを開閉します。テコを利用するので、材料を締め付ける力は強力です。

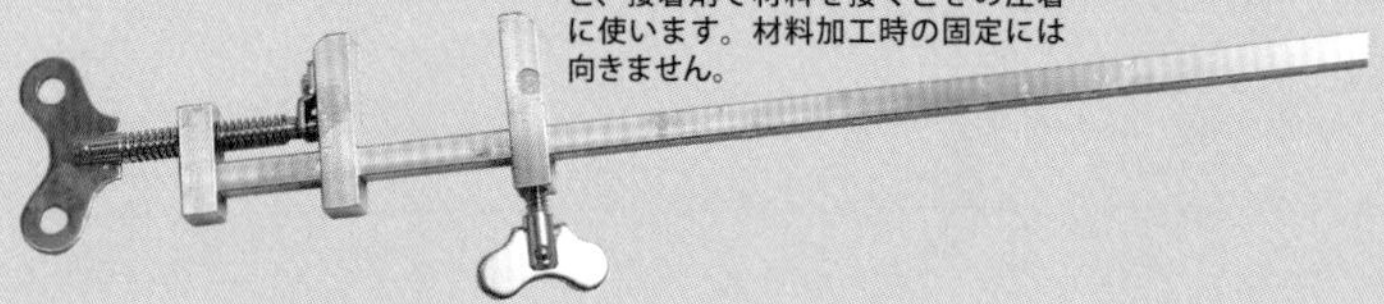

ハタガネ
箱型の組み立てや板のはぎ合わせなど、接着剤で材料を接ぐときの圧着に使います。材料加工時の固定には向きません。

バネクランプ
洗濯バサミと同じように使え、薄い板状の材料を仮どめするときなどに便利です。はさむ力はあまり強くありません。

使い方の基本

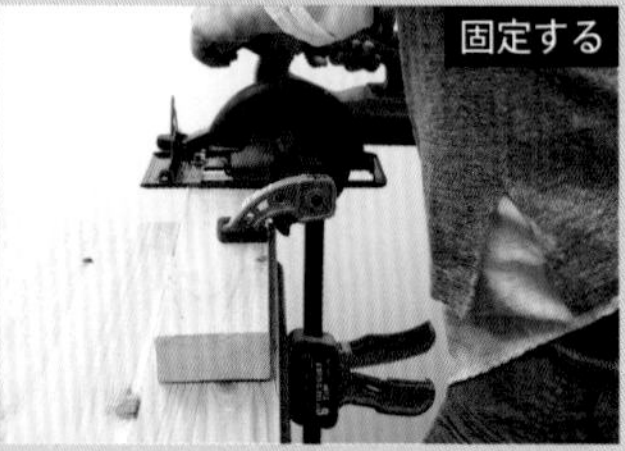

切断や切削、穴あけなどの加工をするときに、クランプを使い、材料を作業台にしっかり固定します。締め付ける力が十分に伝わるように、クランプのアゴ全体が材料にかかる位置で取り付けましょう。

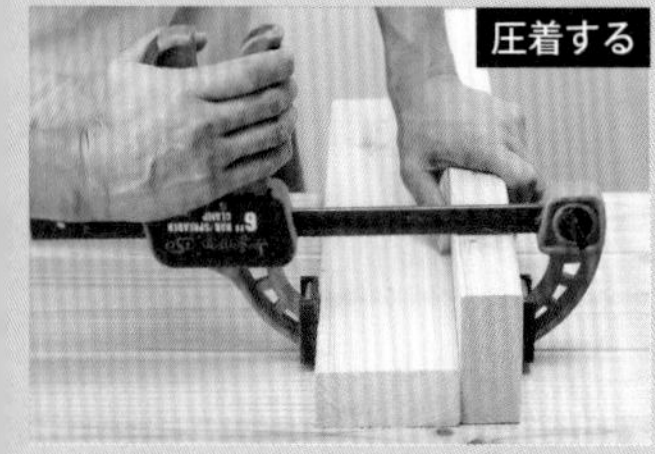

接着剤を使って材料同士を張り合わせる場合、十分な接着効果を発揮するために、接着剤が硬化するまで押し付けておく必要があります。その際、クランプを利用するのが簡単で確実です。

大きいものをはさむ

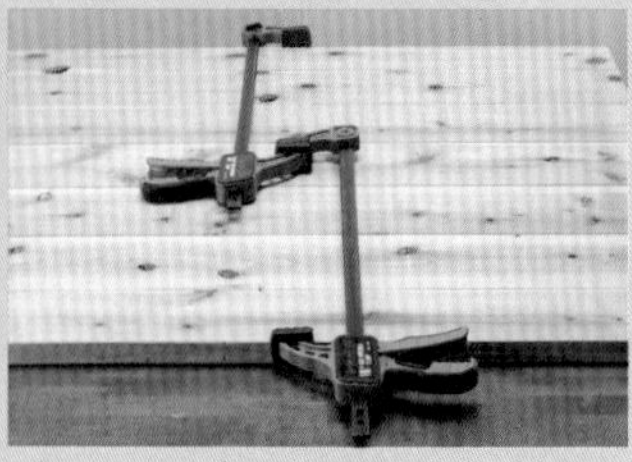

バークランプ一本では届かない大きさのものを、はさんで締め付けたいときには、2本を組み合わせ、長さを延ばして使うことができます。

押し広げる

バークランプのレバーがついていないほうのアゴは、取り外すことができます。アゴをバーの反対側に取りつけると、押し広げたり、突っ張ったりする用途で使うことができます。

06

工具の基礎知識

電動ドリルドライバー

ネジ締め、穴あけに活躍

クラッチ
材質にあわせて締め付け力の上限を変えることができ、ネジの締めすぎを防ぎます。穴あけ作業時は、ドリルマークにあわせます。
変速スイッチ
回転速度を高速と低速の２段階で切り替えます。
キーレスチャック
ビットの取りつけ、取り外しをする際、ここを手で回してチャックを開閉します。
ビット
ネジ締め、穴あけなどの作業に対応した先端工具。
正転・逆転スイッチ
回転方向を切り替えたり、回転をロックしたりすることができます。
チャック
ツメ状のパーツがビットをつかんで固定します。
スイッチ
回転のオン／オフを切り替えます。引き加減で回転速度を調整できるものが一般的です。
バッテリー
コードレスタイプは、充電式バッテリーを電源としています。
BLACK+DECKER
18v
LITHIUM

電動ドリルドライバーは、先端のビットを交換することで、ネジを締めるドライバーと、穴をあけるドリルの二役をこなす電動工具です。

市販の家具を組み立てたり、壁に棚を取りつけたり、ドアの丁番を取り替えたりと、ドライバーを使う作業は意外と多いものです。木工ともなれば、ネジを使う組み付けのほか、単純な穴あけや、ネジ締め前の下穴あけなどでの使用頻度も高く、ラクに手早く作業するために欠かせない工具といえます。これから木工に挑戦するのであれば、まず最初に手に入れることをおすすめします。

最近は、作業時のストレスが少ないコードレスタイプが一般的です。作業能力によって大きさや重さが変わるので、実際に持ってみて選ぶとよいでしょう。コードレスを使う場合は、作業途中で電池切れの心配がないように、予備の充電式バッテリーを用意しておくと安心です。

■ビットの取りつけ方

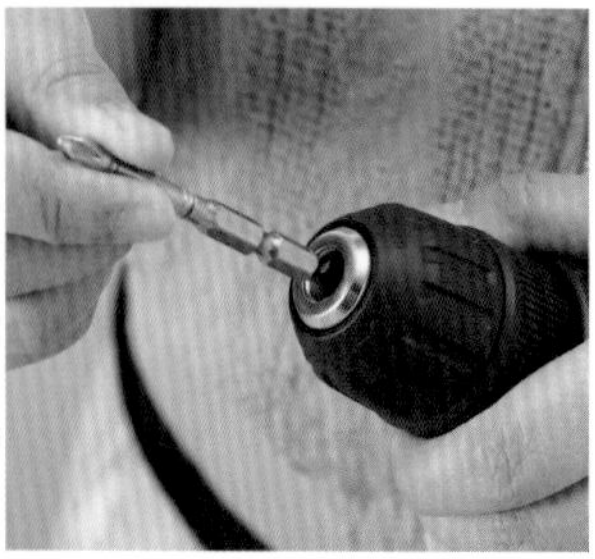

キーレスチャックを左に回してチャックを開け、使用するビットを奥まで差し込みます。

キーレスチャックを右に回して止まるところまで締め、ビットが抜けないことを確認して強く締めます。

■スピード調整

最初に変速スイッチで、回転の最高速度を選びます。慣れないうちは低速側に設定するとよいでしょう。

BLACK+DECKER

作業内容による低速と高速の使いわけなど、回転速度の微調整は、指先の力加減で行います。

■バッテリー能力の見方

コードレス電動工具では、バッテリーの電圧＝V（ボルト）が高ければ高いほど、大きい力を出すことができます。バッテリーは大きくなって重くなるので、作業内容や取り回しのしやすさを考えて選びましょう。

ネジ締め作業の基本
まっすぐに、力いっぱい押す

プラスのドライバービットには、1番（小）、2番（標準）、3番（大）と3種類のサイズがあります。ネジ頭を傷めないように、必ずネジのサイズに適した番手のビットで作業してください。

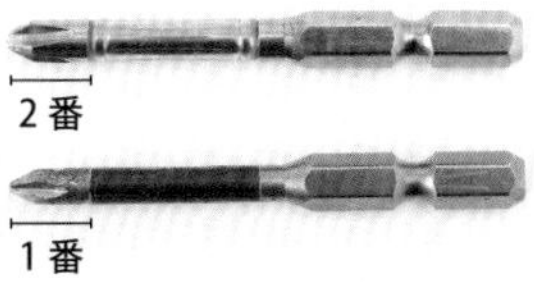

ネジの頭に近い部分を指で軽くつまんで材料にまっすぐ立て、ネジが自立するところまで低速で回します。

まっすぐに、力いっぱい押しながら、ネジを最後まで締め込みます。押す力が弱いと、ビットがずれてネジ頭を傷めます。

ネジの締め付け力は、クラッチの数字が大きいほど強くなります。小さい数字から試しましょう。

■ネジ頭の深さ

左は締めすぎ、右は締め込み不足です。ネジ頭が材料の表面にそろうように（中央）締め込むと、仕上がりがきれいです。

■ビットとネジをまっすぐに

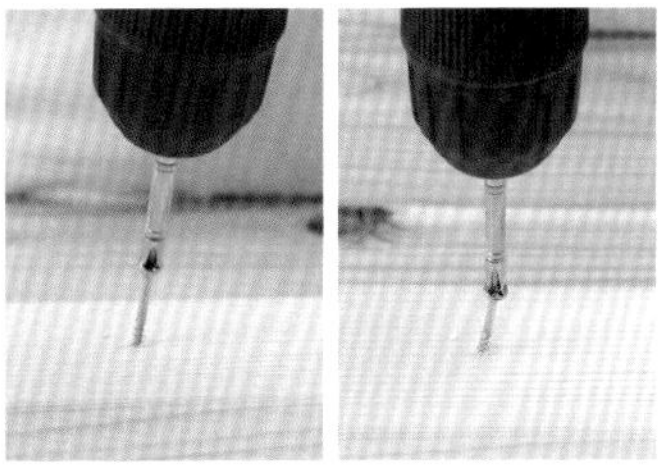

ネジが斜めになった場合は、ビットがネジと一直線になるように角度をあわせ、しっかり押しながら締め込みます。

穴あけ用ビットの種類
木工用は穴のあけ方でも各種あり

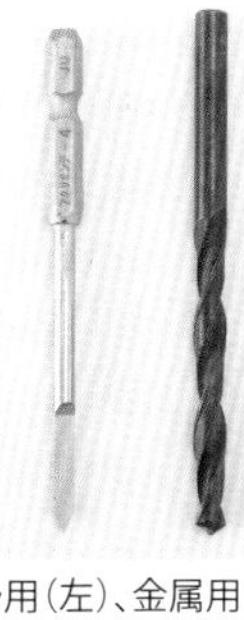

アクリル用（左）、金属用（右）など、穴をあける材料にあわせて、ビットを使いわけて作業します。

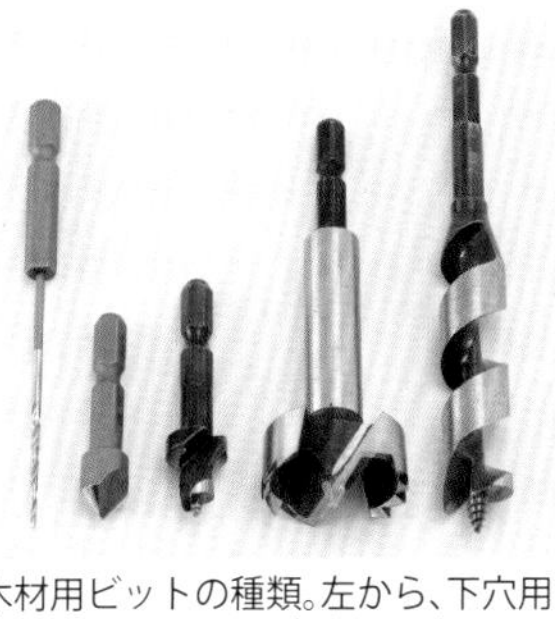

主な木材用ビットの種類。左から、下穴用ビット、座ぼり用ビット、ダボ穴用ビット、ボアビット、穴あけビット。

■大きい穴あけに便利
円筒状をしたノコギリのようなビット、ホールソーを使うと、簡単に大きい貫通穴をあけることができます。複数のサイズの刃を交換して使うことができる、セットのものを持ってくると便利です。

貫通穴をあける
捨て板をあてる

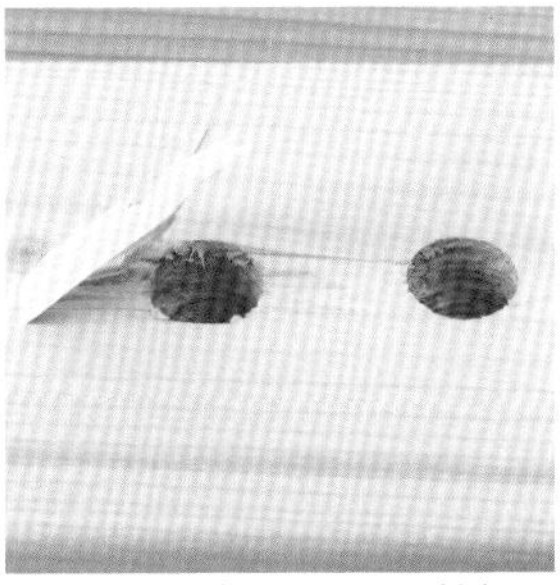

捨て板あり（右）となし（左）の比較。捨て板を置かずにビットを貫通させると、必ずバリがでます。

ドリルビットが垂直であることを確認してスイッチを引き、掘り進み具合にあわせて押し込んでいきます。貫通穴をあけるときは、木材の下に捨て板を置き、一緒にクランプで固定しておきましょう。

端にネジを打つ

下穴をあけて木割れを防ぐ

木材の端に近いところでネジを締め込むと、木割れが生じやすくなります。端から1㎝程度あけられないときは、先にドリルやキリで下穴をあけてからネジを打ちましょう。

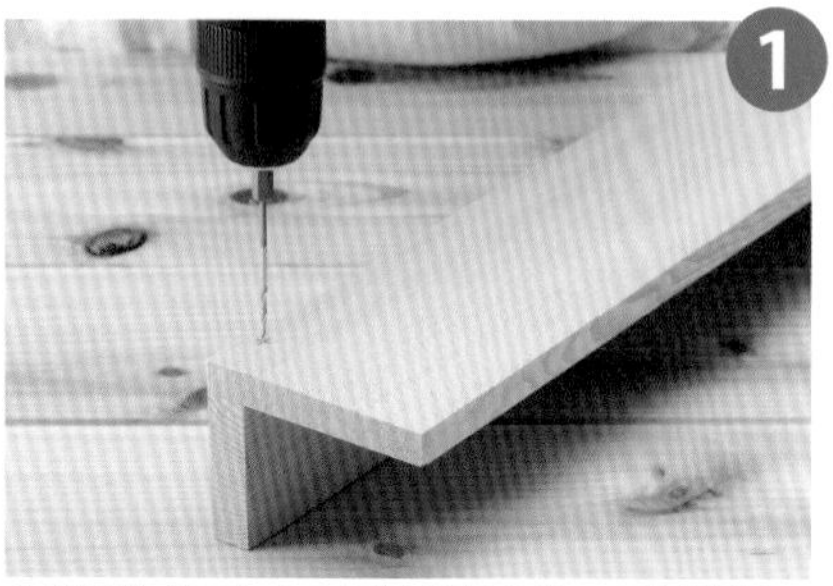

木材の接合面に木工用接着剤を塗って仮どめし、下穴用ビットを使って下の木材まで通る穴をあけます。

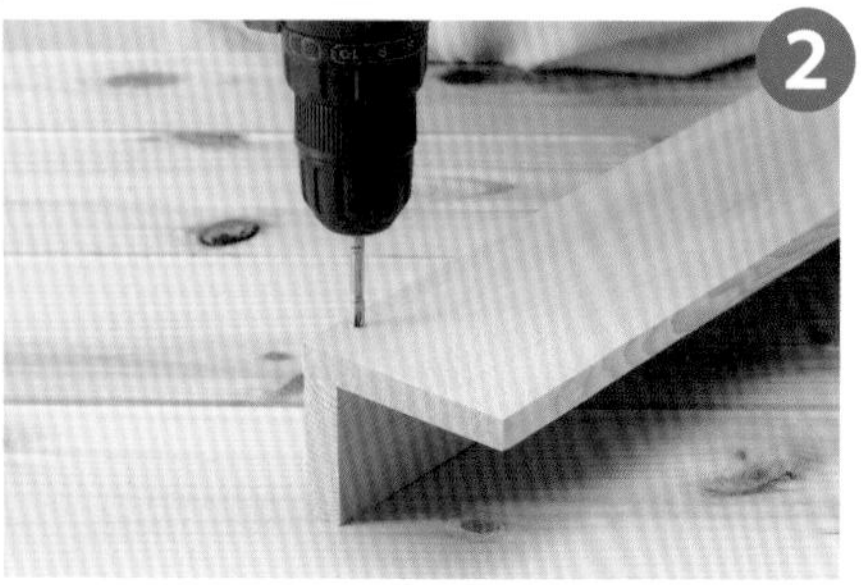

ドライバービットにつけ替え、クラッチをドライバー設定にして、ネジを締め込みます。

丸棒を組み付ける

浅い止まり穴をあける

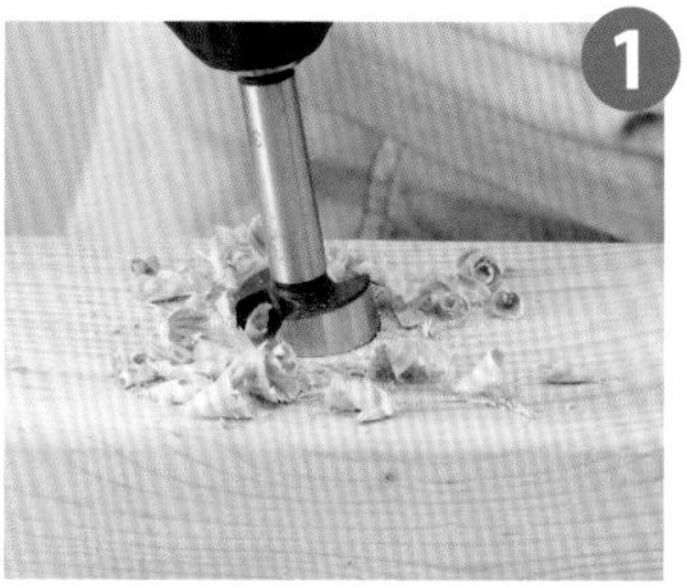

丸棒の太さと同じサイズのボアビットを使います。軸を回しながら押すと、切りくずをかき出しながら掘り進みます。

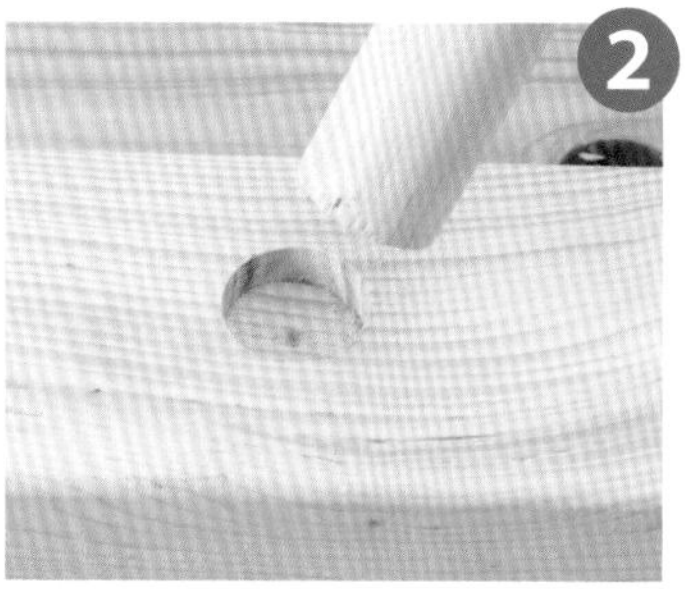

ボアビットを使うと、丸棒を組むために適した、底面の平らな止まり穴をあけることができます。

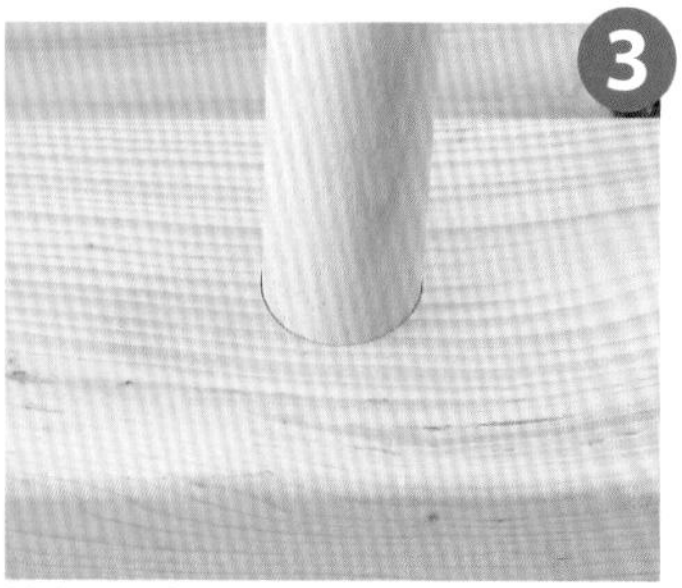

接合面に木工用接着剤を塗って、穴に丸棒を差し込みます。

ダボ(丸棒)埋めの方法

ネジ頭を埋め木で隠してきれいに仕上げる

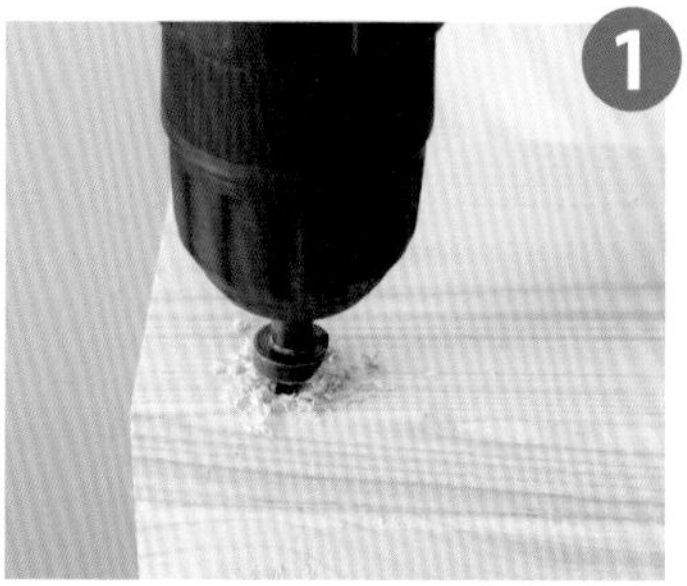

ダボ（または丸棒）の径と同じサイズのダボ穴用ビットを使い、ネジを打つ位置に先端をあわせてダボ穴をあけます。

先端をドライバービットにつけ替え、ダボ穴の中心にネジを締め込みます。クラッチは、ドライバー設定にしておきます。

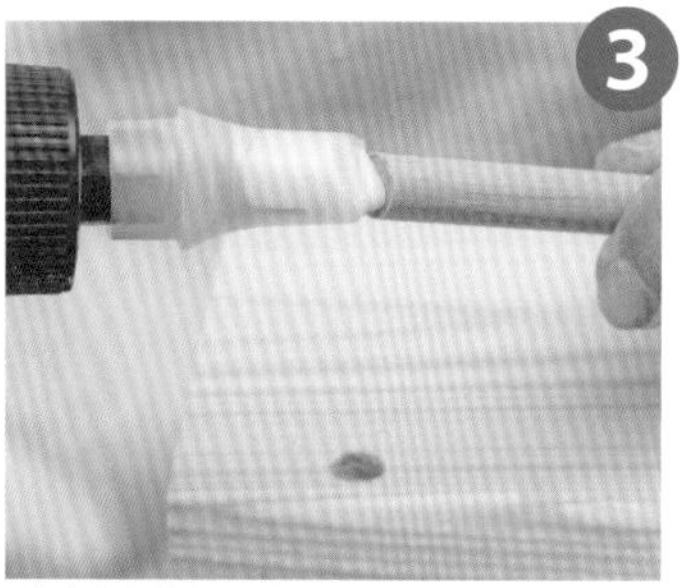

ダボ（丸棒）の先に木工用接着剤を塗ります。丸棒は打ち込みやすい長さに切り、先端を金づちで叩いておきます。

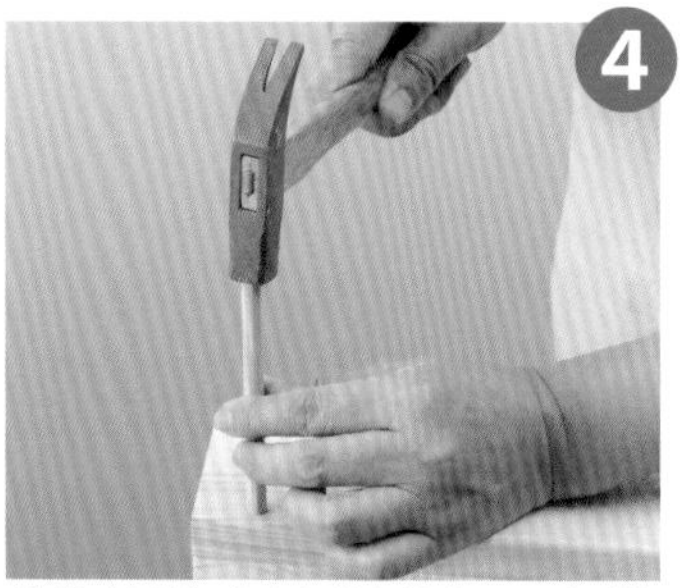

ダボ（丸棒）を穴に差し込んで、金づちで打ち込みます。はみ出した接着剤は、濡らしたウエスで拭き取ります。

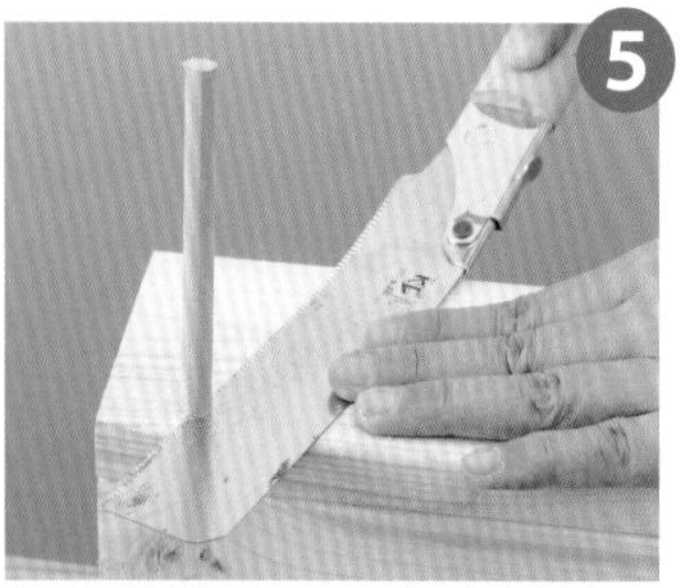

木材にダボ切り用ノコギリを密着させ、余分なダボをカットします。刃を軽くあてるのが、スムーズに切るコツです。

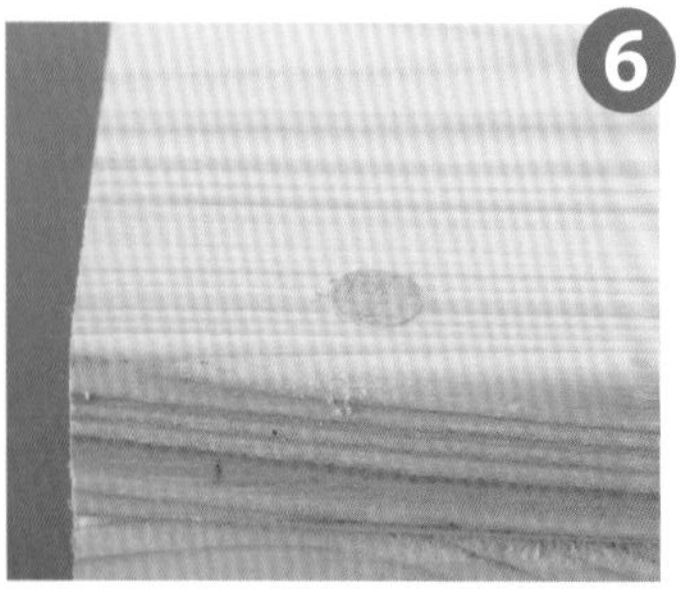

ダボを切ったままでは、わずかに段差が残ります。サンドペーパーで磨いて、表面を平らにします。

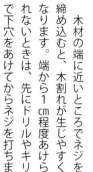

インパクトドライバー

厚い木材をパワフルにネジどめ

スリーブ
先端を引き出すだけで、簡単にビットを着脱できる保持機構です。
BLACK+DECKER
正転・逆転スイッチ
回転方向を切り替えます。まん中にするとスイッチがロックされます。
スイッチ
引くと回転し、放すと止まります。引き加減で回転速度を調整できます。
バッテリー
簡単に着脱、交換ができる充電式電池を採用しているものが一般的です。
LITHIUM
18V

インパクトドライバーは、回転と同時に打撃力を加えることで、強い力で効率よくネジ締めなどの作業を行える電動工具です。見た目も用途も、電動ドリルドライバーに似ていますが、得意な作業は違います。

ビットの回転速度と締めつけ力を細かく調整できる電動ドリルドライバーは、柔らかい木材から硬い木材まで、材質にあわせてネジをきれいに締め込むことができます。強い締め付け力をいちばんの特徴とするインパクトドライバーは、厚い木材に長いネジを連続して打ち込むようなパワフルな作業に向いています。微調整が必要な繊細なネジ締めや穴あけでは、電動ドリルドライバーに比べて精度が落ちます。また、作業時に大きな打撃音を発するので、場所や時間を考えて使用する必要があります。それぞれの特徴を理解して使いわけることが、ていねいで効率のよい作業につながります。

薄い木材や柔らかい木材を使う場合、市販の家具を組み立てる作業などは、より扱いやすい電動ドリルドライバーを。2×4材を使ったウッドデッキづくりや内装作業、大型家具づくりなどを行う際には、インパクトドライバーを用意するとよいでしょう。

■使用できるビットの形状

インパクトドライバーは、ビットを保持する機構が一般的な電動ドリルドライバーとは異なっており、取りつけできるのは軸が六角形のビットに限られます。丸軸タイプは使えないので、ドリルビットなどを購入する際は、必ず六角軸タイプであることを確認してください。

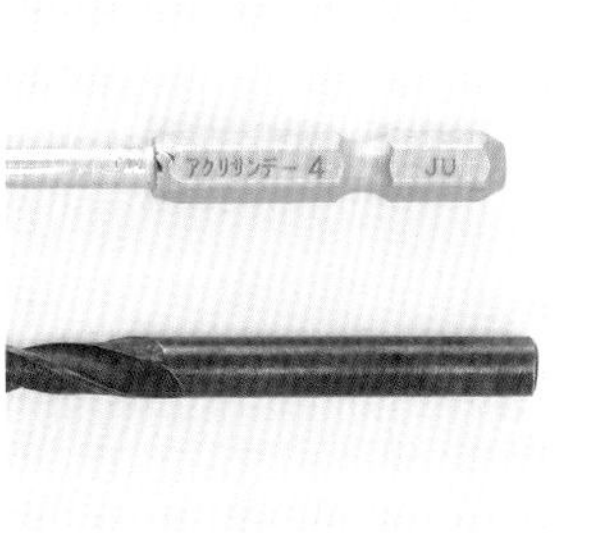

インパクトドライバーにつけられるのは、上の六角軸タイプのみ。電動ドリルドライバーには、どちらも取りつけできます。

■ビットの取りつけ方

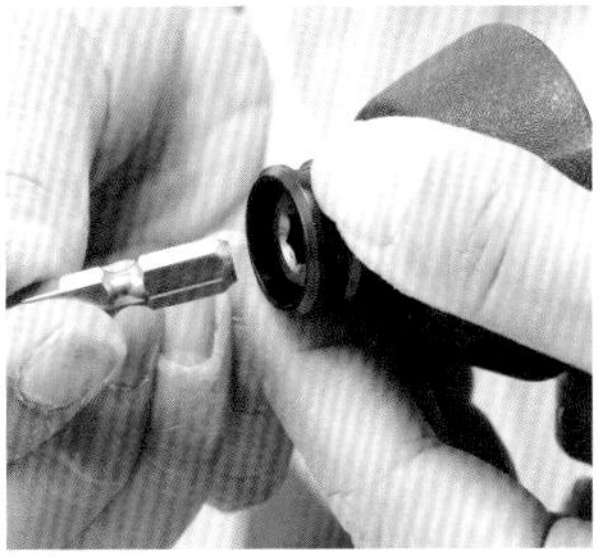

スリーブを前に引き出してビットを差し込み、スリーブを戻すとロックがかかり取りつけ完了です。

■使い方のコツ

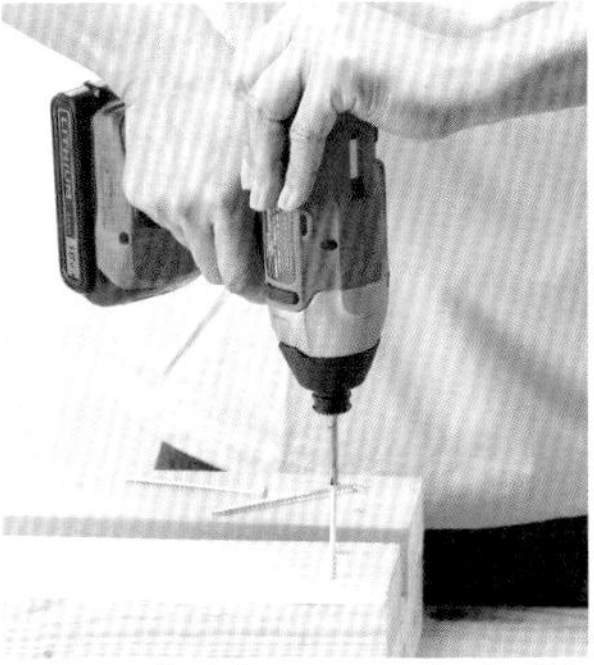

締めつけ力が強いため、ビットがネジの溝からはずれやすくなります。電動ドリルドライバーよりも、さらに強く押すように意識しましょう。

サンダー

バリ取りや下地調整などの研磨を効率アップ

スイッチ
オンとオフを切り替えます。
BLACK+DECKER
MOUSE
集塵ボックス
研磨面で出る木粉を吸い集め、飛散を少なくします。袋を取りつける機種もあります。
パッド
サンドペーパーを取りつける部分。研磨する面に密着しやすい、クッション性のある素材でできています。

サンダーは、サンドペーパーを取りつけたパッドを高速で振動させることで、ムラなく効率的に材料を磨くことができる研磨用の工具です。木工では、木材を切断してできるバリを取ったり、角を丸く落としたり、塗装のために下地を整えたりと、研磨作業をともなう場面が多くあります。サンダーを活用すると、作品が棚やテーブルのような大型になるほど、製作時間の短縮につながります。

　サンダーには、パッド部分の形状や動き方の違いにより、マウスサンダー、オービタルサンダー、ランダムサンダーなどの種類があります。最初は、小型で扱いやすく、平面から狭い部分まで作業しやすいマウスサンダーか、天板や棚板などの広い面を均一に磨けるオービタルサンダーを選ぶとよいでしょう。

　ランダムサンダーは、より研磨力が高いのが特徴です。仕上げ磨きをスピードアップできるほか、木材の粗削りや傷消しなども可能です。

　サンダーを使う研磨作業中は、材料からたくさんの微粉末が出ます。研磨面から直接、粉を吸い取る集じん機能のついている機種は、飛散を抑えることができ、おすすめです。

■サンドペーパーについて

パッドが高速で振動し、底面に取りつけたサンドペーパーが木材を研磨します。塗装はがし、荒削り、仕上げ磨きなど、作業に適した番手のペーパーを使ってください。研磨力が落ちたペーパーは早めに交換するほうが、効率よく作業できます。

■サンドペーパーの取りつけ方

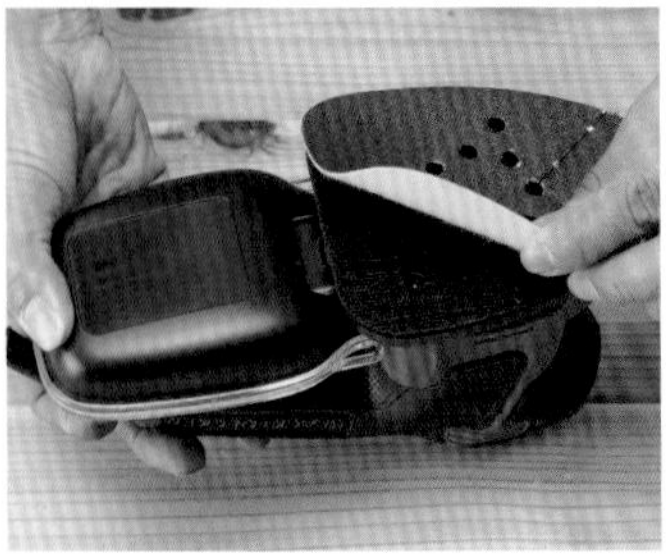

マウスサンダーは、専用のサンドペーパーを使うものが一般的です。サンドペーパーは、パッドの底面に面ファスナーで取りつけできるようになっていて、簡単に着脱できます。

■サンドペーパーの種類

サンドペーパーは、粗目、中目、細目など、目の細かさが違う種類が用意されています。裏面に書かれた数字が小さいほど目が荒く、大きいほど目が細かくなっています。

マウスサンダーの特徴

細部の研磨に最適

本体がコンパクトなため、木工作業の過程でよくあるバリ取りや面取りなどの細かい作業、塗装前の下地調整などに手軽に使えます。鋭角な先端は、入隅（内側の角）などをていねいに研磨することに向いています。小さい家具などを作る木工には、万能のマウスサンダーがおすすめです。

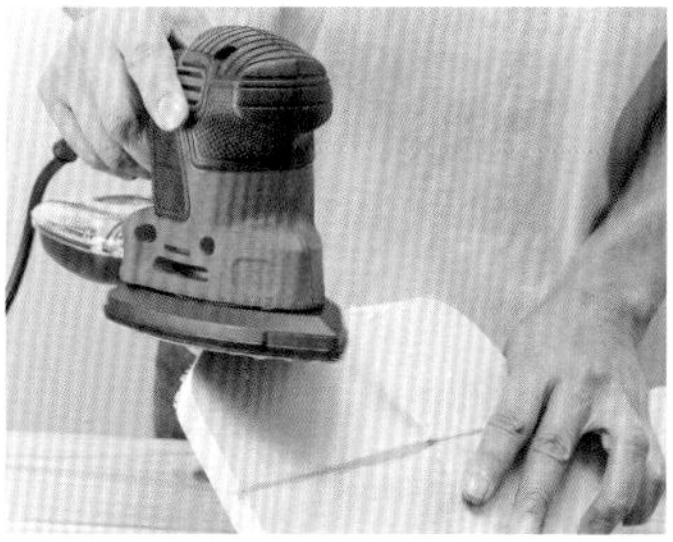

片手でも簡単に扱えるので、木材を手で持って、カット面を整えるような作業にはとても便利です。

先端を使えば、箱や棚などの入隅を、磨き残しなくきれいに研磨することができます。

オービタルサンダーの特徴

広い面を効率よく作業

研磨面が四角く広いオービタルサンダーは、天板や棚板のような広く平らな面を、均一に研磨できます。クランプレバーを備えていて、入手しやすい一般的なサンドペーパーを使うことができます。

スイッチを入れてから作業面にあて、ぶれない程度に押さえながら、ゆっくり大きく動かすと、ムラなく磨くことができます。

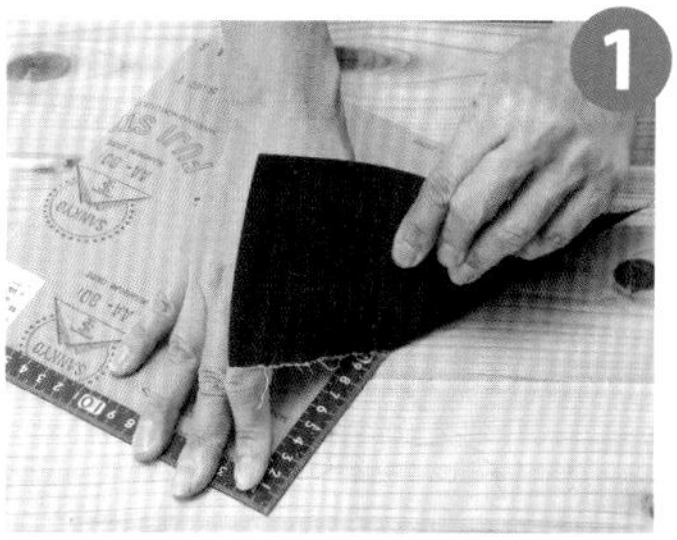

パッドの幅にあわせてサンドペーパーに折り目をつけ、さしがねなどの定規をあてて手でちぎるように切ります。

レバーのロックをはずしてクランプを解放し、ペーパーの端をはさんで固定します。反対側も同様に固定します。

付属のパンチングツールにサンドペーパーを押しあてて、集塵ができるように穴をあけます。

ランダムサンダーの特徴

振動＋回転で強力に研磨

パッドが回転しながら振動することで、強力な研磨力を発揮します。円運動を伴うので、ムラなく磨くためには慣れが必要です。塗装はがしや磨き仕上げで、広い面積を研磨することが多いようなら、このパワフルさは魅力です。

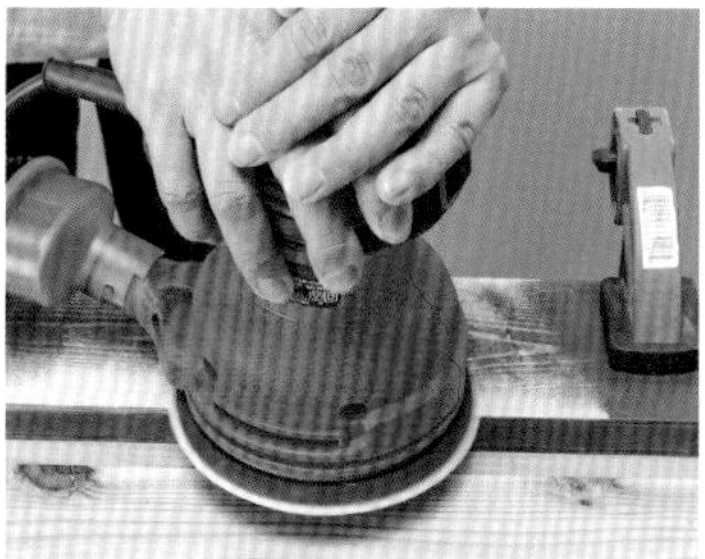

研磨力が高いので、一か所に留まらないように一定のリズムで動かし続けるのが、ムラなく磨くコツです。

丸ノコ

スパッとすばやく、真っすぐに切断！

丸ノコは、回転するノコ刃で材料を切断する、直線専門の電動工具です。直線切りは、ノコギリやジグソーよりも格段に速く、しかも正確。高速回転する刃で安定して切り進むので、切り口もなめらかです。切断する材料が多い家具やウッドデッキの製作では、作業効率アップのために使いたい工具です。

丸ノコには取りつけできるノコ刃の直径によって、いくつかのサイズがあります。代表的なものは145㎜、165㎜、190㎜の3種類あり、それぞれ切断できる板の厚みが異なります。大きいほど厚い材料を切断できますが、そのぶん本体が重くなります。厚い材料をよく切る目的がなければ、取り回しやすい小さなサイズをおすすめします。

90度と45度での「最大切り込み深さ」が参考になります。2×4材の木口を45度にカットする必要があれば165㎜を、それ以外の場合は145㎜を選ぶとよいでしょう。

コードタイプが主流だった丸ノコにも、最近は充電式のコードレスタイプが増えてきました。コードタイプに比べてパワーは弱いのですが、取り回しやすいので、初心者にも扱いやすいといえます。

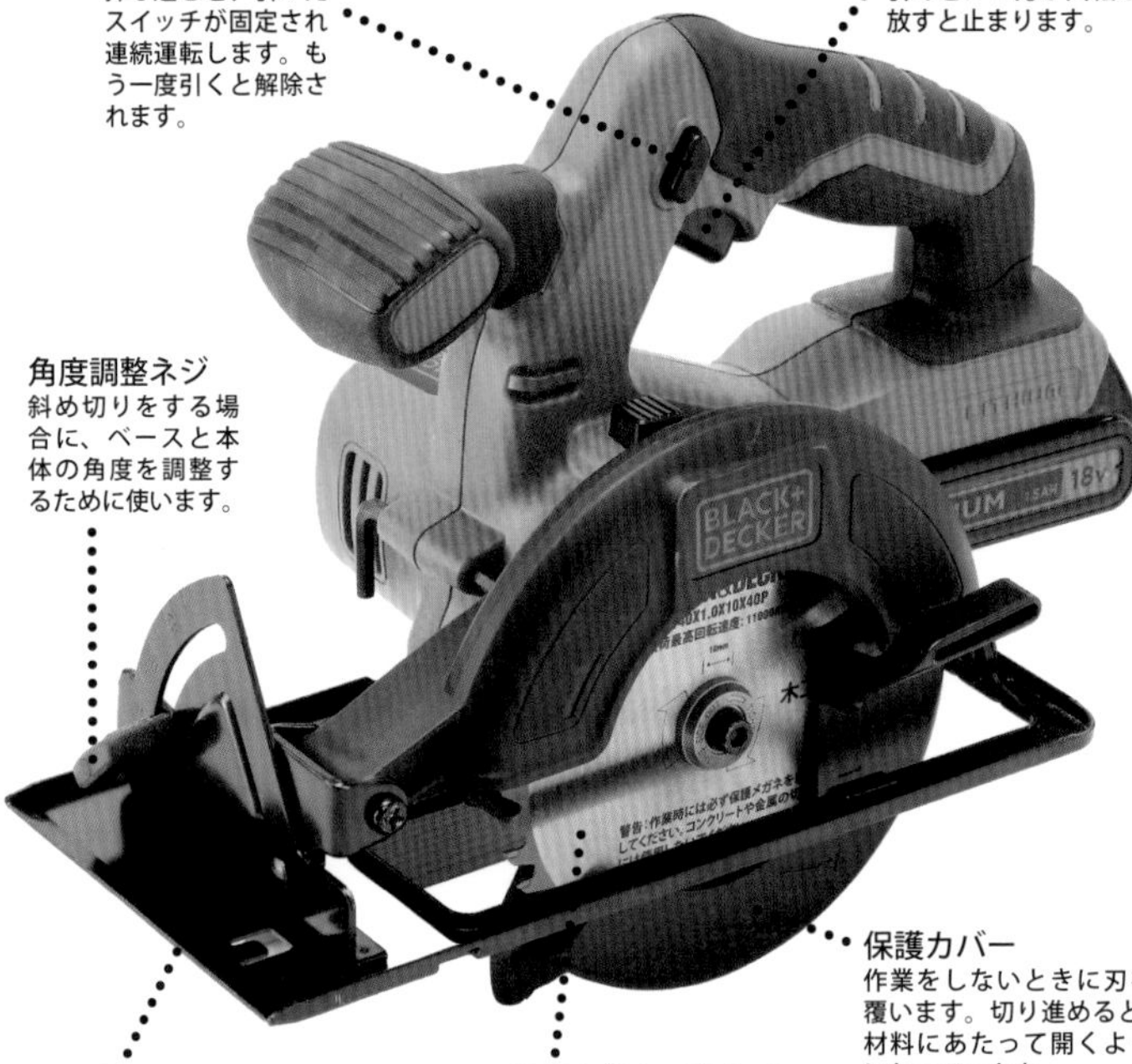
ロックボタン
押し込むと、引いたスイッチが固定され連続運転します。もう一度引くと解除されます。
スイッチ
引くとノコ刃が回転し、放すと止まります。
角度調整ネジ
斜め切りをする場合に、ベースと本体の角度を調整するために使います。
保護カバー
作業をしないときに刃を覆います。切り進めると、材料にあたって開くようになっています。
ベース
材料に押しあてて本体を安定させるための金属板です。
ノコ刃（チップソー）
ノコギリ刃がついた円盤状の切断工具。木工用、金属用、樹脂用などがあります。

■切り込み深さの調整

切断する材料の厚みにあわせて、切り込み深さ（刃の出具合）を調整します。刃が出すぎていると、負荷が増えるなど危険なことがあるので、材料より少し出る程度の量にしておきます。作業は、必ず電源プラグを抜いて（バッテリーをはずして）行ってください。

ベースの位置を固定しているネジをゆるめ、ベースを動かせるようにします。

切断する材料にベースをあて、刃が材料から少し出る程度に調整し、ネジで固定します。

■材料を固定する

安全のため、クランプを使って材料を作業台に固定しておきます。切り落とす側の下には台を置かず、フリーにしておきます。

木材をまっすぐ切る

安全かつ正確に、直線を切るための基本

直角定規を使うと、正確かつ簡単に直角を切ることができます。ベースをしっかり押しつけましょう。

切断するときは、2mm 程度のノコ刃の厚みを考慮して、線を残す位置で切り進めます。

作業をするときは、切る方向を正面に見られる位置に立ち、腕を動かしやすいよう体は半身にかまえます。切りはじめの位置をあわせ、刃を材料から少し離した状態でスイッチを入れ、回転が安定してから切りはじめます。切り終わったら、スイッチを放し、刃の回転が止まってから持ち上げましょう。

■大きな板を切る。

大きなパネル材などを切断する場合は、板をクランプで固定した直線治具を使います。丸ノコの刃からベース端までを測り、切断する線から同じ寸法を測った位置に板を固定して治具とします。

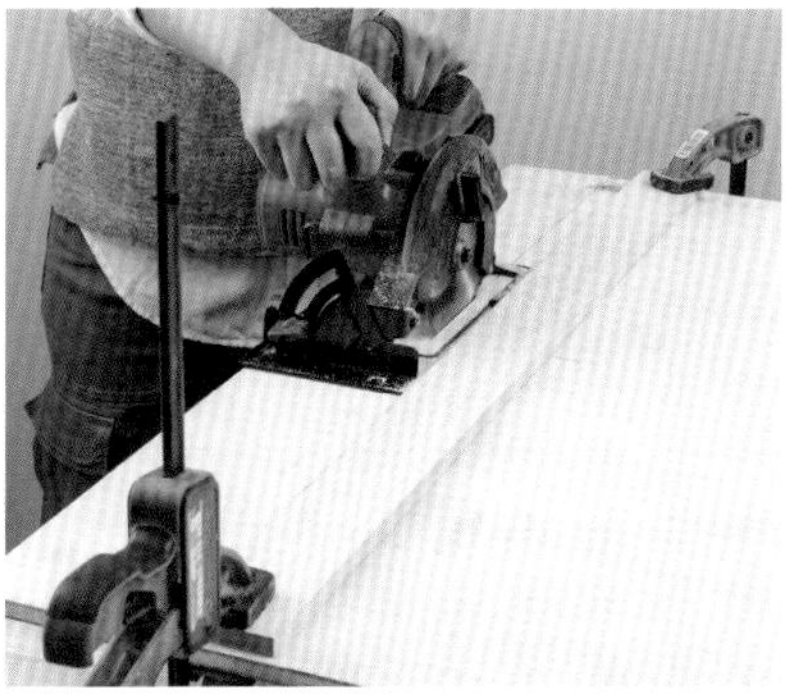

角度をつけて切る

刃の傾斜角度を調整

たいていの丸ノコは、最大45度まで刃を傾斜させて切断することができます。額縁などの枠もの、棚などの箱ものを、45度で突き合わせて作りたいときに活躍します。

材料を 45 度に切断して突きあわせると、枠をきれいに直角に組む留め継ぎができます。

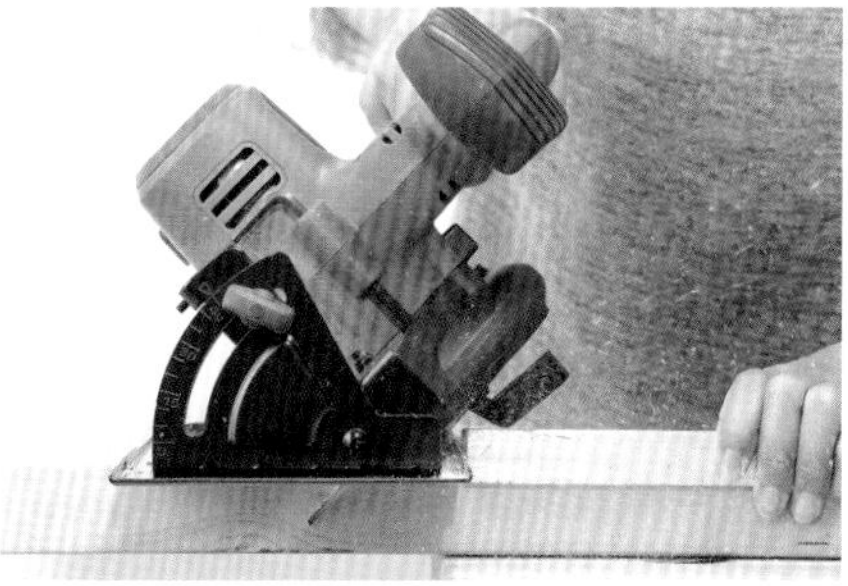

角度調整ネジを緩め、45 度など切りたい傾斜角度にベースを調整した状態で切断します。

卓上丸ノコ

安全に精度の高い切断が可能

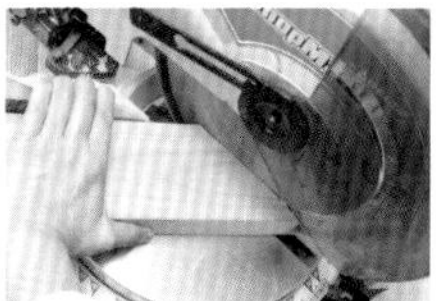

ターンテーブルが回転し、切断角度を自由に設定できます。

丸ノコ本体の傾斜を調整しての切断もできます。

作業テーブルに置いた材料を、アームに固定した丸ノコで切断するため、速く、安全に、高い精度で切断できるのが卓上丸ノコです。切断できる材料の幅は刃のサイズによって限られますが、同じ長さでの連続切断が簡単にできるなど、切断作業の効率化は丸ノコ以上です。

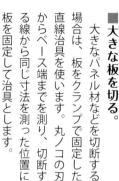

ジグソー

曲線を切る作業に最適

スイッチ
指で引くとブレードが動き、離すと止まります。この引き具合でスピードを調整できるものが一般的です。
ロックボタン
スイッチを引いた状態でこのボタンを押すと、指を離してもブレードが動き続けます。
VARIABLE SPEED
BLACK+DECKER
ベース
ぶれずに安定した作業ができるように、材料に押しあてる部分。
ブレード
取り替え式ののこぎり状の刃。カットする素材や作業内容によって、使いわけます。
オービタルスイッチ
ブレードの動きを変化させて切断速度を高めます。強さは3～4段階に切替可能です。

ジグソーは、ブレードという刃を上下に動かして素材をカットする電動工具です。直線を切ることもできますが、どちらかといえば、フリーハンドで曲線を切る作業に向いています。材料の角を丸く切り落としたり、緩やかな波型を切ったり、大きな円を切り出したりする場面で便利に使えます。押さえ方や押し方のコツをつかめば、初心者でも比較的安全に、多彩な切断加工ができるようになります。

取り替え式のブレードには、さまざまな種類が用意されています。素材に適したものを選ぶことで、木材のほかに金属やプラスチック、新建材などをカットすることができます。最近は、ホームセンターなどで各種の素材を手に入れやすくなり、木工やリフォームに取り入れるアイデアもたくさん紹介されています。ジグソーの扱いに慣れてきたら、ブレードを使いわけて、工作の幅を広げてみるのもおもしろいでしょう。

■オービタル機構

通常の上下運動に、しゃくりあげる前後運動を加えます。主に直線の切断速度を高めるために使い、曲線をカットするような繊細な作業には向きません。スイッチの切り替えでしゃくりを大きくするほど速度は高まりますが、反面、切断面が荒くなるデメリットがあります。

ブレードが楕円軌道を描くことで材料に対して下から斜めに当たり、一往復での作業量が増えます。

■スピード調整

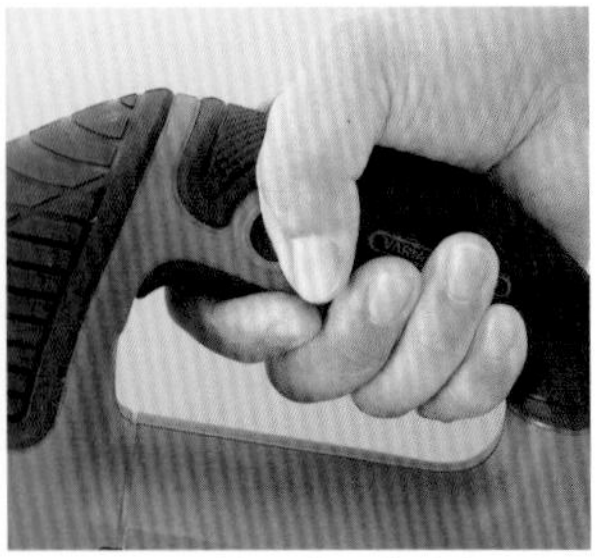

スイッチの引き具合で変速するタイプが多くあります。技量や作業の難易度にあわせて調整してください。

■ブレードの取りつけ方

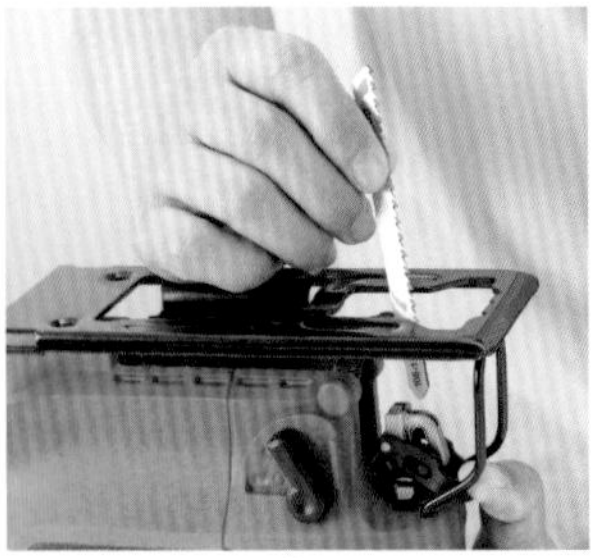

ワンタッチタイプは、取りつけ部分のレバーを引いて、ブレードを着脱します。ほかに六角穴ボルトで固定するタイプもあります。着脱は、必ずプラグをコンセントから抜いて行ってください。

■ロックボタンの使用に注意

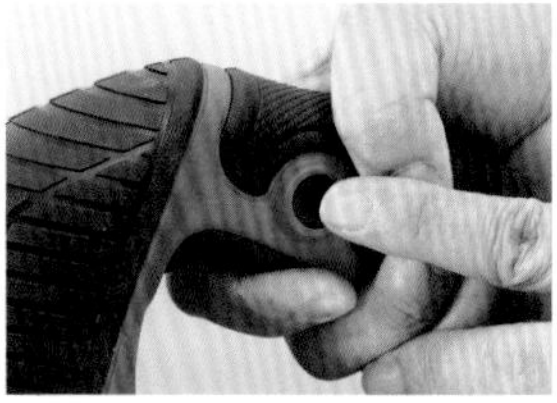

連続運転用のロックボタンは、使い慣れていないと急に止めたいときに操作ができず危険です。基本的にはスイッチのみで操作しましょう。

ブレードの種類

さまざまな材料に対応

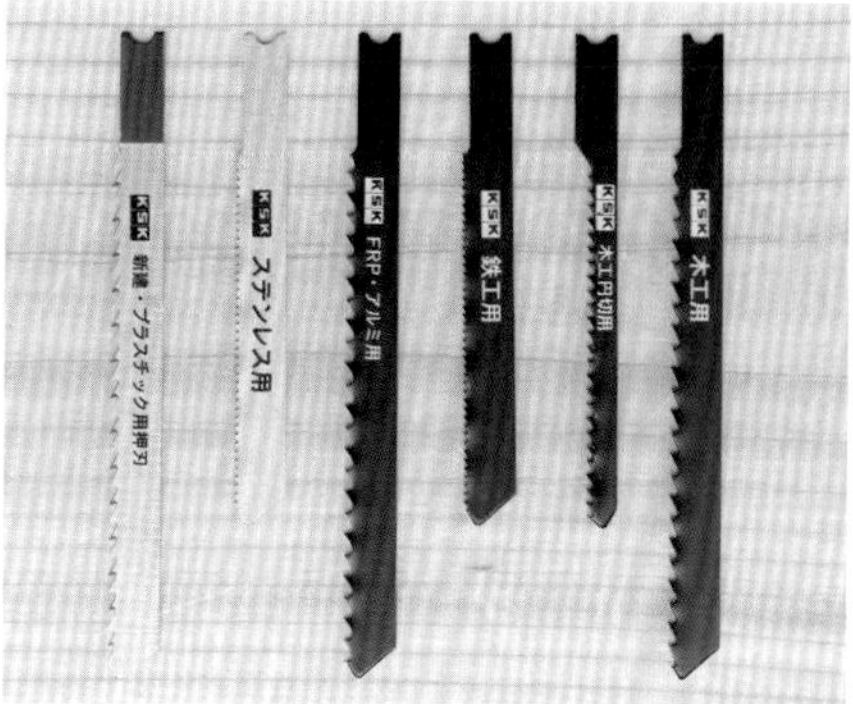

木材、金属、プラスチックなど、それぞれの素材に対応したブレードがあります。木材用は荒切り用、仕上げ切り用、曲線切り用など、作業内容によっても選ぶことができます。

差し込み部にはT型（右）とストレート型（左）があります。機種に合わせて選んでください。

適したブレードを装着することで、専用カッターを使っても作業をするのがたいへんな、アクリル板の曲線カットをすることもできます。

木材を切るための基本

板の固定、曲線のカットなど、ジグソーを安全に使う方法を確認します。

1 ブレードは板より下に出るので、カットする部分が作業台にかからないように固定します。板が作業台から出すぎると、作業中にバタつくので注意してください。切り進んでいったジグソーがあたらないことを確認して、2か所をクランプで固定しましょう。

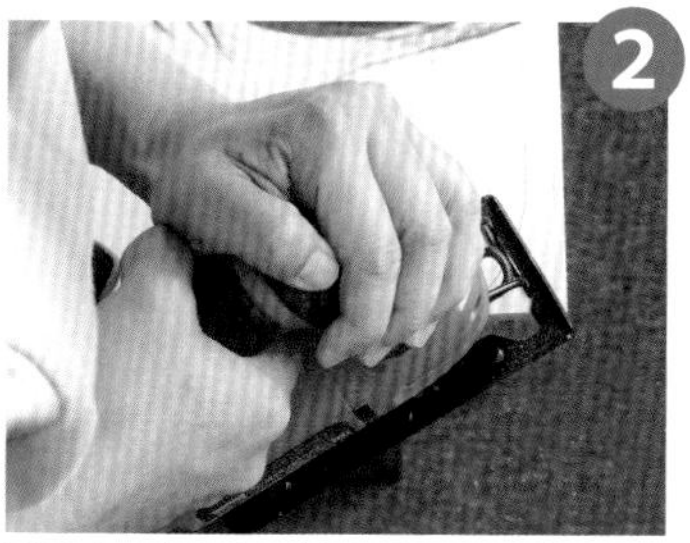

2 頭はカットしたい線とブレードが見えるように真上から見下ろす位置に。体重をのせ、ベースを木材に押しつけながら前進させます。

3 スイッチを入れてブレードの動きが安定してから、木材にあてて切り始めます。あてた状態でスイッチを入れると、木材が暴れて危険です。

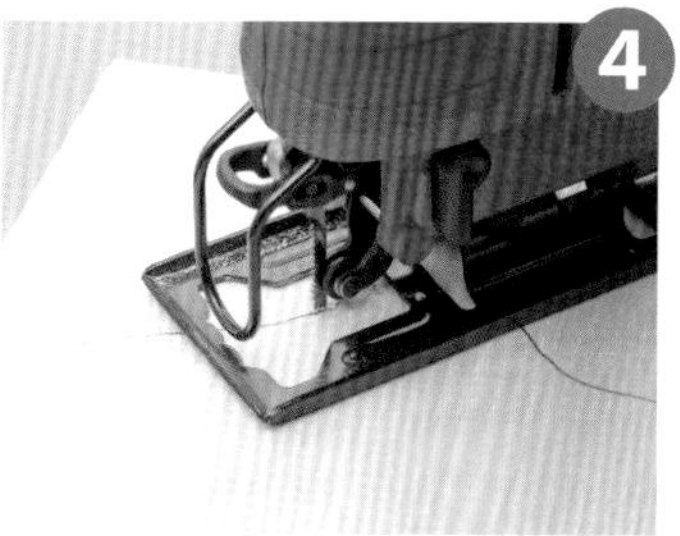

4 曲線部分では、カーブに合わせて前進する速度を調整します。体を移動したり、木材を固定し直したりして、切りやすい状態を保ちましょう。

5 切り終えてスイッチを切っても、ブレードは惰性で動いているので注意してください。止まったことを確認して、木材からジグソーを離します。

作業のコツ

■速度の切り替え

変速ダイヤルがついているモデルでは、最高速度を調節できます。切り口が熱くなりやすい金属やプラスチックでは、低速に設定しましょう。

■途中から切り始める場合

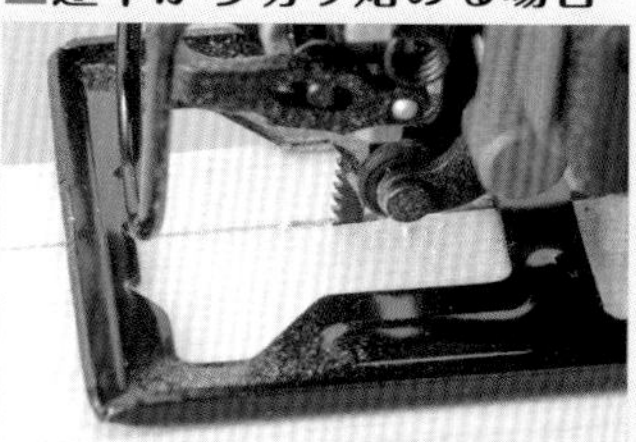

途中でいったんブレードの動きを止めた場合は、少しブレードを後退させてから再びスイッチを入れ、速度が安定してから前進させます。

■無理に前に押さない

強く前に押しても速くは切れず、ブレードが木材に負けて切断面が斜めになってしまいます。切り進む速度に合わせて前進させましょう。

直線を正確に切る

定規やガイドを利用して、直線をまっすぐに切る

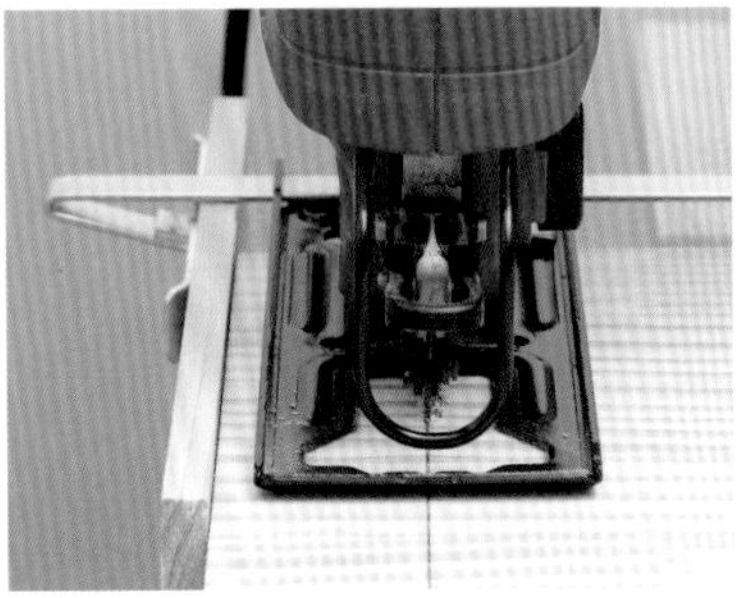

材料をカットする線にブレードを合わせた状態で、ガイドが木材の端にあたる位置で固定します。ブレードと線を確認しながら、ガイドが木材から離れないように注意して切り進めます。

■平行ガイドを使う

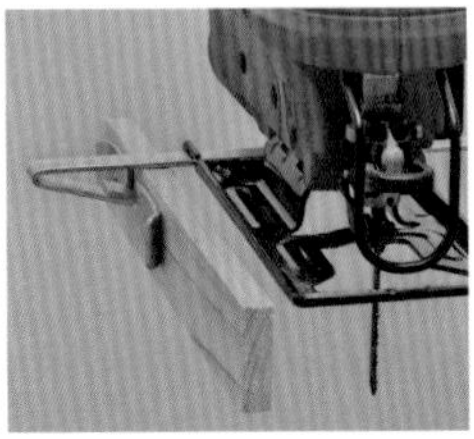

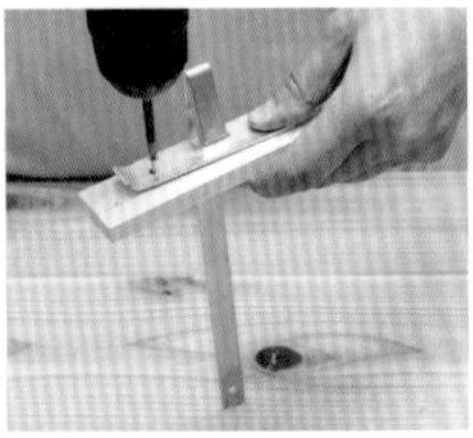

ほとんどのモデルは、平行ガイドを取りつけることができます。平行ガイドは適当な幅の木材をベースより長めにカットして、ガイドにネジで固定して使います。

■直線治具を使う

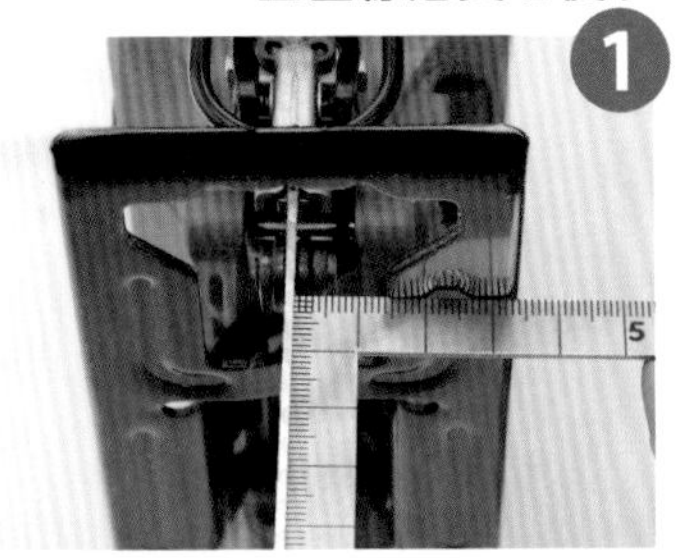

さしがねなどを使って、ブレードとベースの端までの距離を正確に測ります。写真のモデルは 34mm あります。

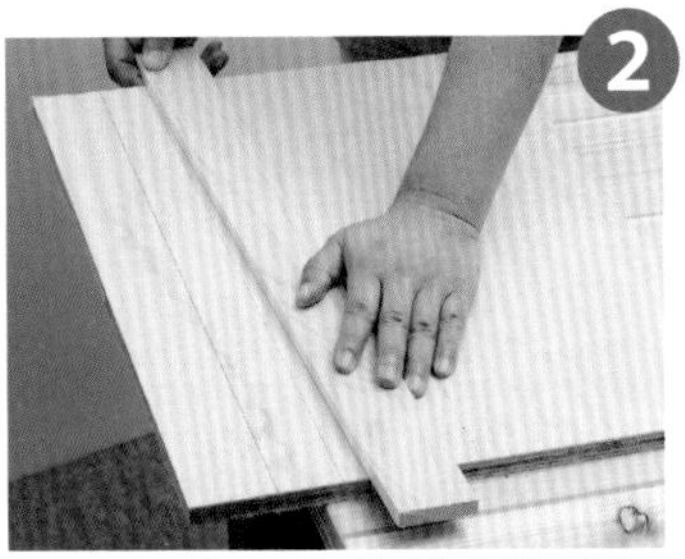

カットする位置に線（右側）を引いたら、さらに先ほど測った寸法のぶん（ここでは 34mm）を離してもう 1 本の線（左側）を引きます。

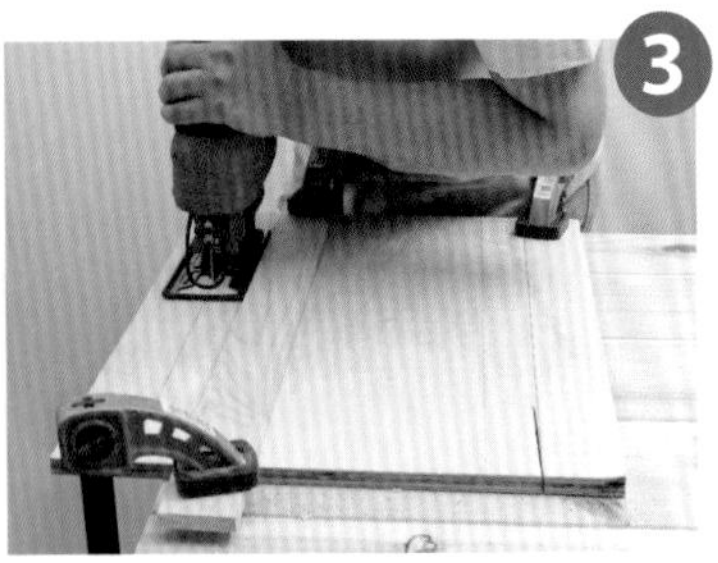

カットするものより長い木材を線に合わせてクランプで固定し、直線を切る治具とします。治具にベースを押しあてながら、離れないように注意して切り進めます。

斜めに切る

板の厚みに対して斜めにカット

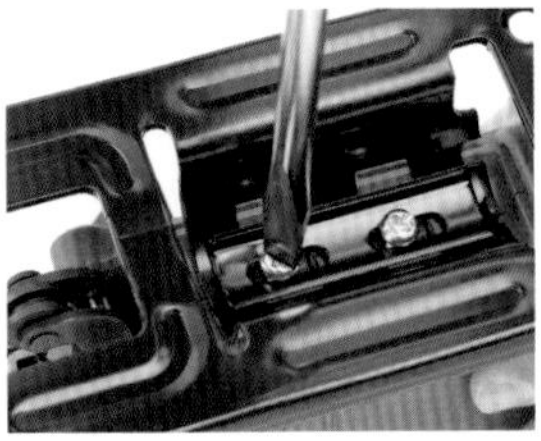

ベースのネジを緩めると、多くのモデルで最大 45 度までの範囲で角度を変えることができます。角度を決めたら、ネジを締めて固定します。

直線を切るときと同じように切り進めます。上から押さえる力をかけにくいので、もう一方の手でしっかりとサポートしてください。

四角く切り抜く

縁を残したまま切り抜く

ドリルを使って、対角の 2 か所にブレードが入る大きさの穴をあけます。あけた穴にブレードを入れ、直線に沿って隣の角まで切り進めます。

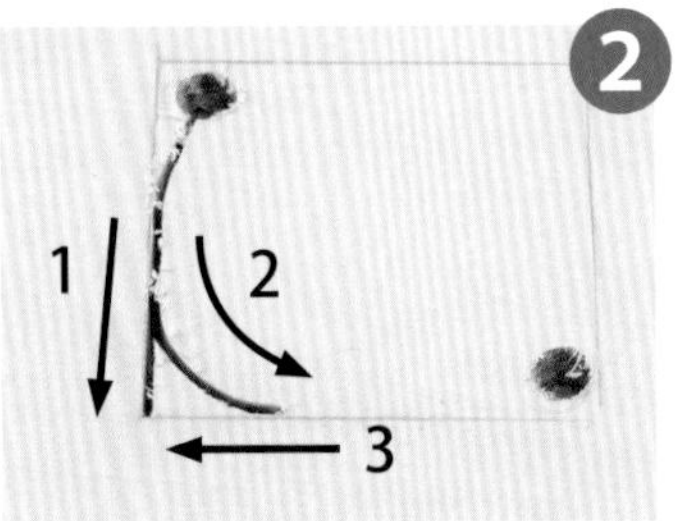

ジグソーは直角に方向を変えることはできません。角を切るときは、一度戻ってから曲線で切り進み、反対側から直線に沿って切り落とします。

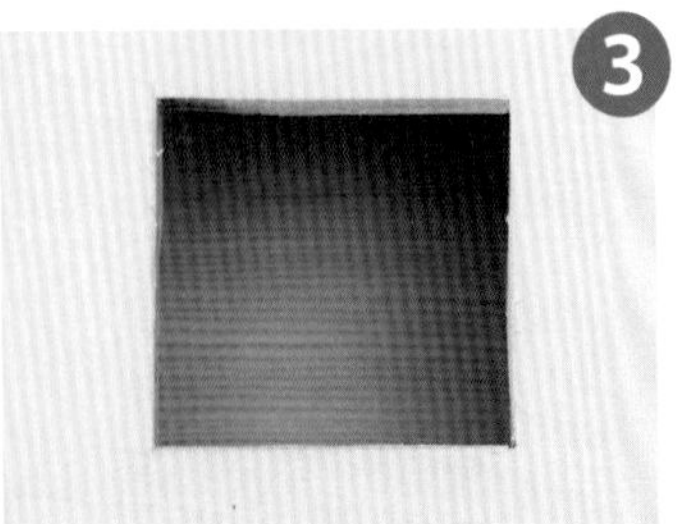

四辺すべてを切り終えて、いわゆる「窓抜き」が完了。この方法を身につけておくと、さまざまな形の切り抜きに応用できます。

ペンチ・プライヤー

つかむ、曲げる、回す、切る さまざまな作業に

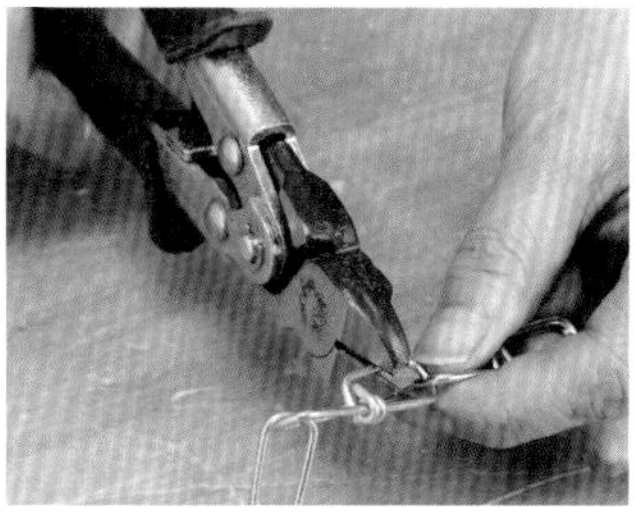

倍力ニッパーはテコの原理を利用して、通常より弱い力で金属などを切ることができます。力の弱い女性や高齢の方にもおすすめです。

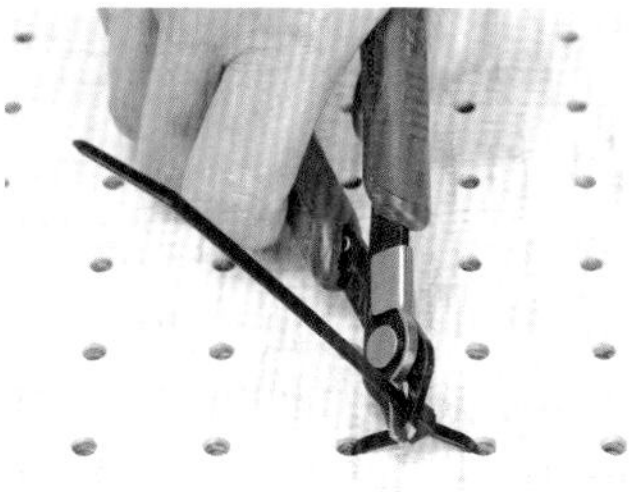

結束バンド用ニッパーは、カットした結束バンドの切れ端をそのままキャッチするので、後で拾い集める手間がかかりません。

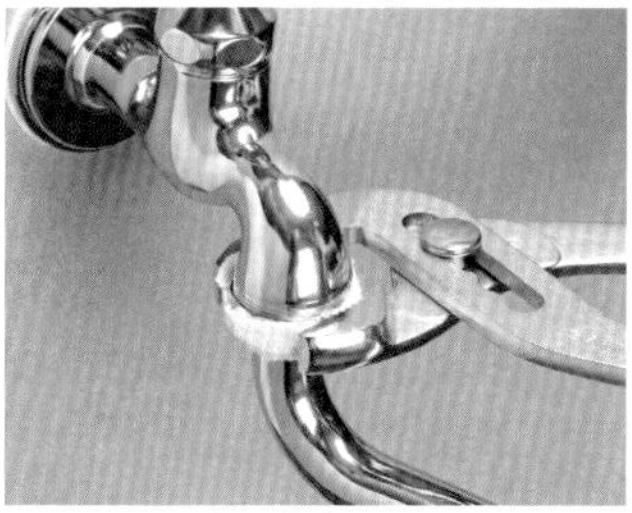

ウォーターポンププライヤーは口が大きく開き、水回りの金具をしっかりつかむことができます。パッキン交換など、水栓補修の必需品です。

製作や補修の過程で何かと便利に使えるのが、ペンチやプライヤーなどの材料をつかむ工具です。

　ペンチは細い材料や薄い材料などもがっちりとつかみ、奥についている刃ではカットができます。家庭では、針金を曲げたり、切ったりするほか、電気配線の交換などに活用できます。細かい作業には、先が細いラジオペンチがおすすめです。

　ペンチよりも大きく開口し、さらに支点を動かして開き具合を変えられるのが、プライヤーの特徴です。丸くえぐられた部分は、パイプをつかんだり、ボルトやナットを回したりと、専用の工具がないときの代用ができます。水回りの大型ナットを回すために使うウォーターポンププライヤー、つかんだ状態でロックできるバイスプライヤーなどは、必要に応じてそろえていきましょう。

さしがね

長さや角度を測り、線を引く

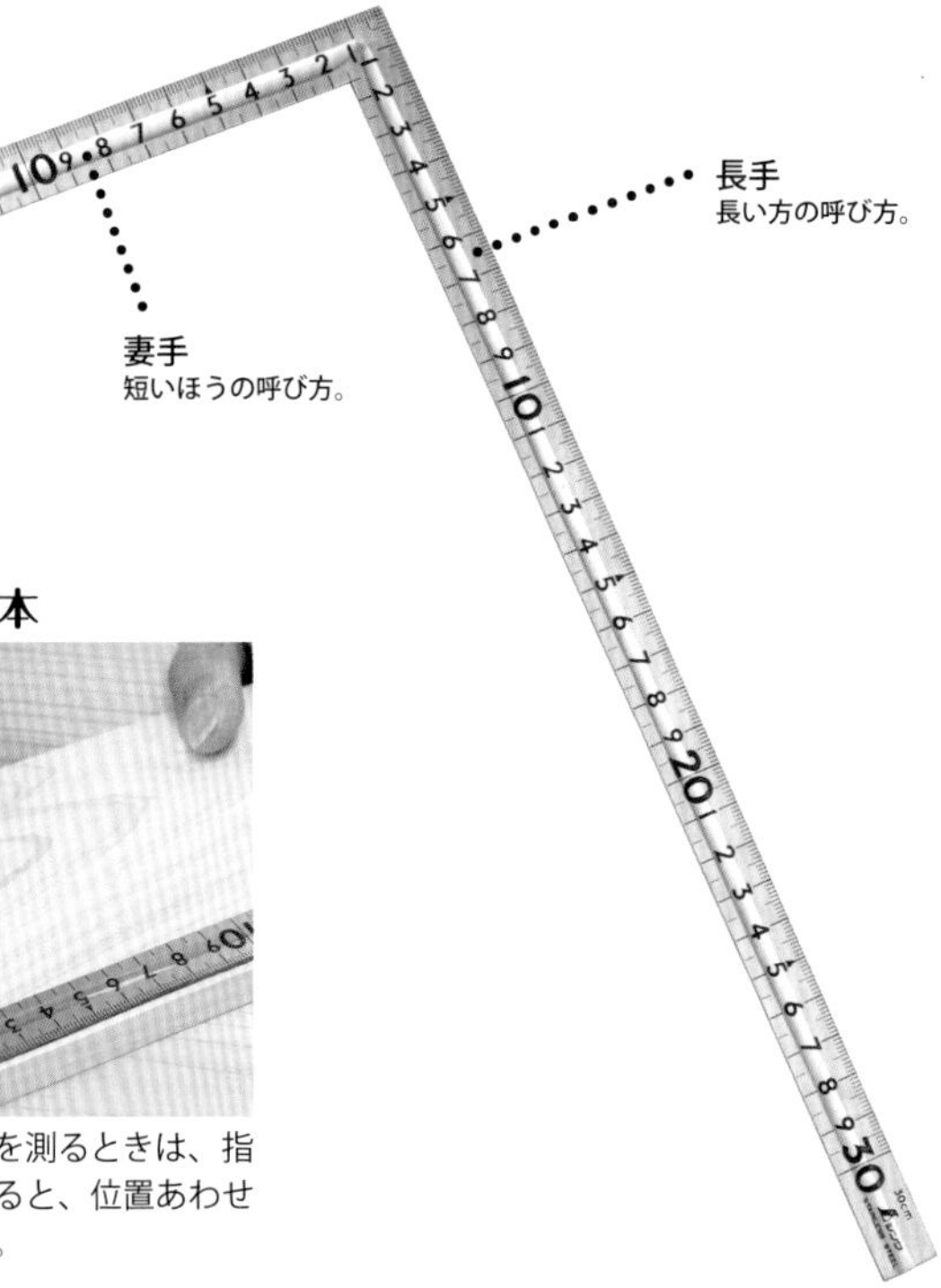

さしがねは、直角に曲がっている金属製の定規です。長さを測ったり、材料に寸法どりをしたりするほか、垂直の線、45度の線、等分の線など、木工で使ういろいろな種類の線を簡単に引くことができます。また、直角や平面の確認に使うこともでき、実に多用途。木工をはじめる際に、用意しておきたい基本工具のひとつです。

漢字では曲尺のほか、差金、指金、指矩なども表記し、「かねじゃく」の読み方もあります。長いほうを「長手《ながて》」短いほうを「妻手《つまて》」と呼びます。幅は15㎜で統一され、長手の長さが５００㎜、３００㎜、１５０㎜のものが一般的です。ＤＩＹの木工で使うのであれば、最初の一本は３００㎜のものをおすすめします。その後、用途によっての使いやすさに応じて、長いものや短いものを加えていくとよいでしょう。

ほとんどのさしがねには、両面に目盛りがついています。表裏ともにメートル表記の目盛りがついているもののほか、片方に尺目盛り、丸目、角目という特殊な目盛りがついているものがあります。一般的な木工では、両面ともメートル表記のものが使いやすいでしょう。

■垂直線の引き方

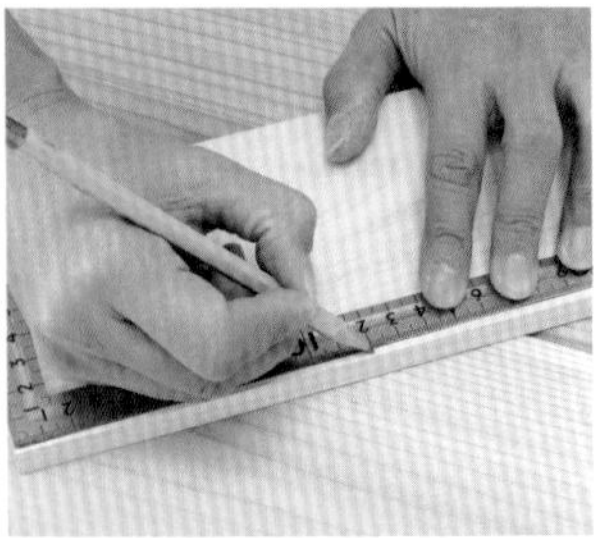

さしがねをしっかり押さえ、線を引きたい目盛りのところに印をつけます。

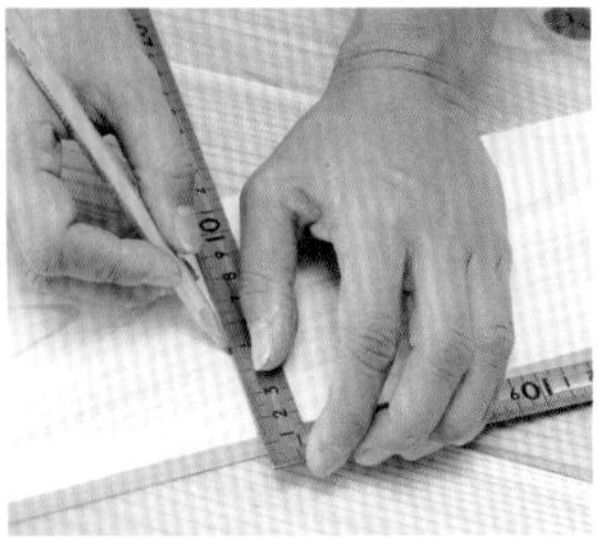

さしがねの一方を材料の側面にかけてあて、印の位置で線を引きます。

■平行線の引き方

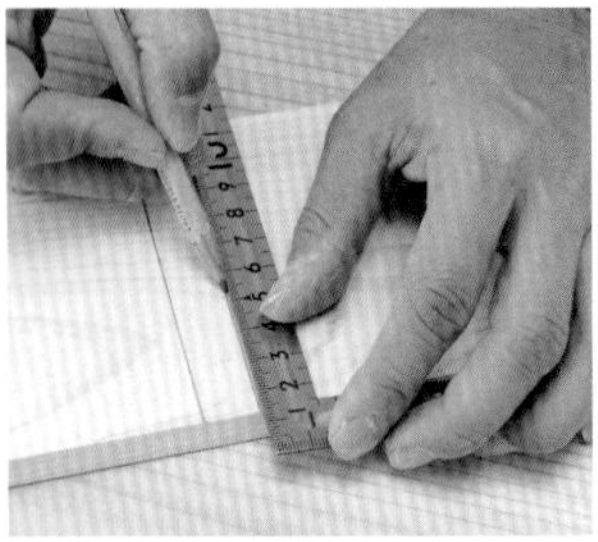

上の作業と同じ要領で、位置をずらしてさしがねを押さえれば、連続して平行線を引くことができます。

■２面に線を引く

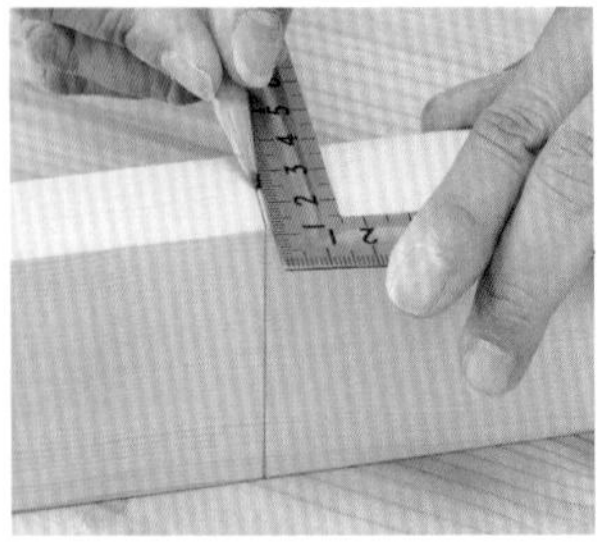

ノコギリで材料を切り落とすときは、２面に線があると切りやすくなります。先に引いた線にさしがねをあわせれば、もう１本の垂直線を簡単に引くことができます。

■測り方の基本

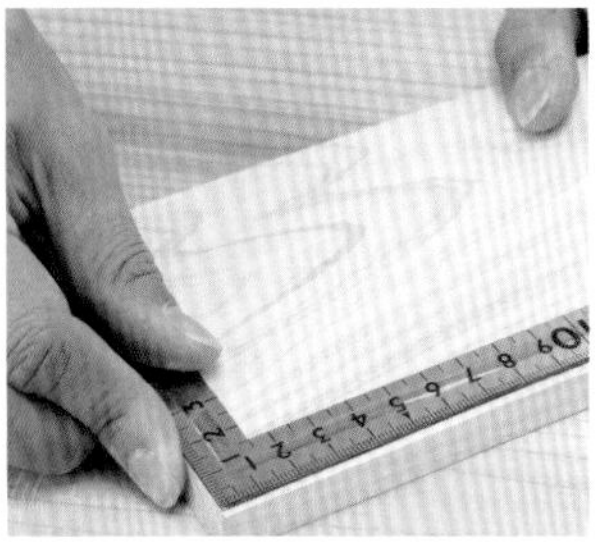

材料の端から長さを測るときは、指の腹で角をそろえると、位置あわせが簡単で確実です。

さしがねの活用方法

知っていると便利な測り方いろいろ。

■直角を確認する

切り落とした材料の角にさしがねをあてると、直角が出ているかを確認できます。

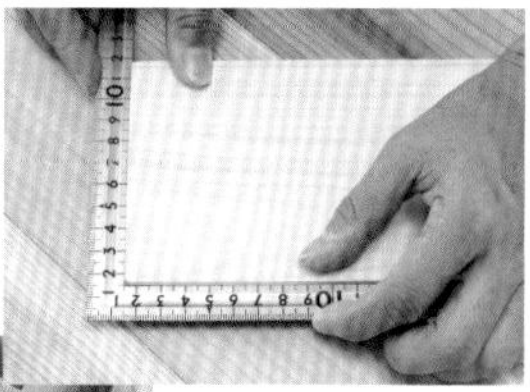

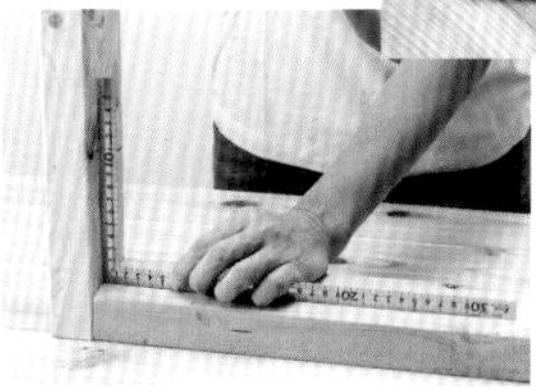

直角を確認するところによって、外側と内側を使いわけましょう。

■45度の線を引く

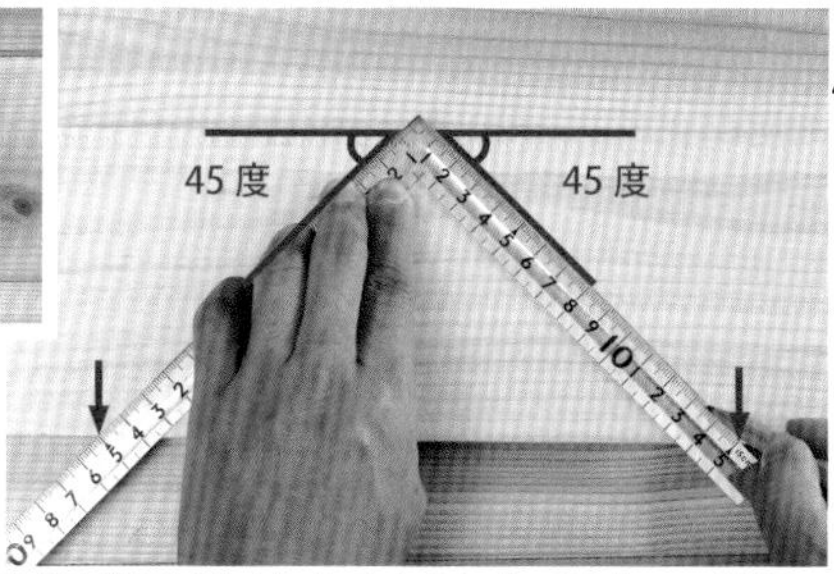

妻手と長手の目盛りが同じ数字になるようにあてると、二等辺三角形ができ、45度の線を引けます。額縁や枠の角を45度で留め継ぐときに利用できます。

■等分の線を引く

材料を等間隔にわけたいときに、さしがねは便利に使えます。材料の寸法がわけたい数で割り切れないときでも、目盛り上で等分することで、簡単にわけることができます。

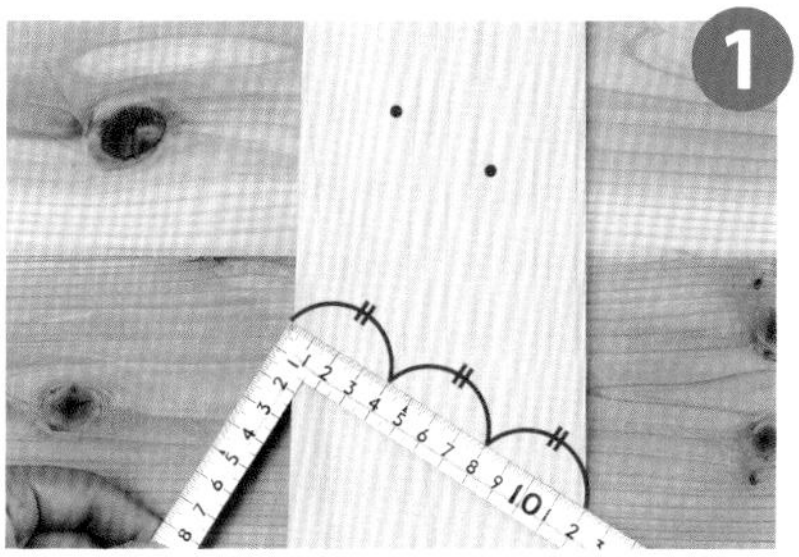

10cm幅を3等分するため、3で割り切れる12cmの目盛りを端にあわせ、4cmと8cmに印をつけます。

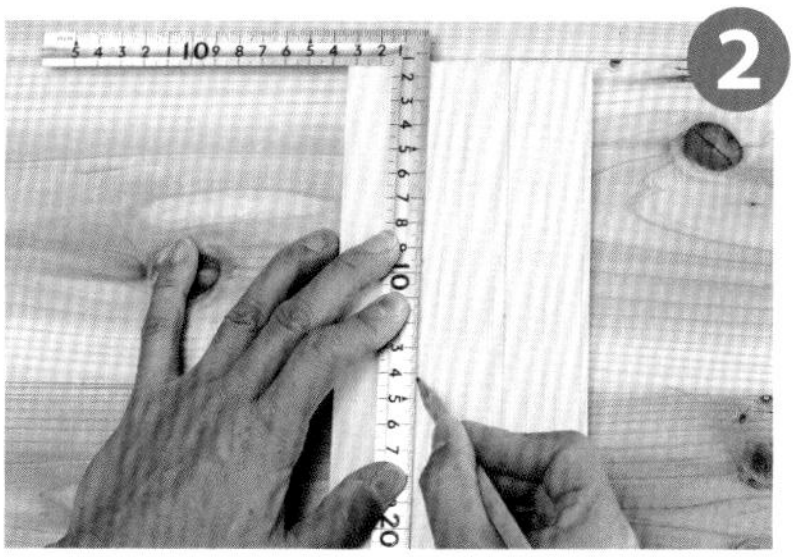

場所をずらして同じように3等分する印をつけ、2か所の印を結ぶ線を引きます。

木工に便利な定規

■コンビネーション定規

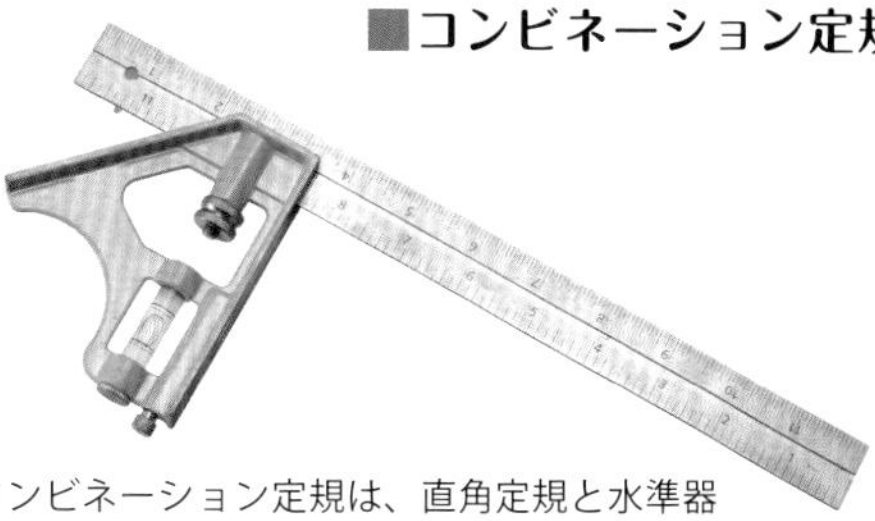

コンビネーション定規は、直角定規と水準器がひとつになった工具。スライド式の本体は、直尺に対して45度と90度の角度を持ち、直尺上の任意の位置で固定して角度定規として使うことができます。水準器を使って、水平出しと垂直出しも可能です。

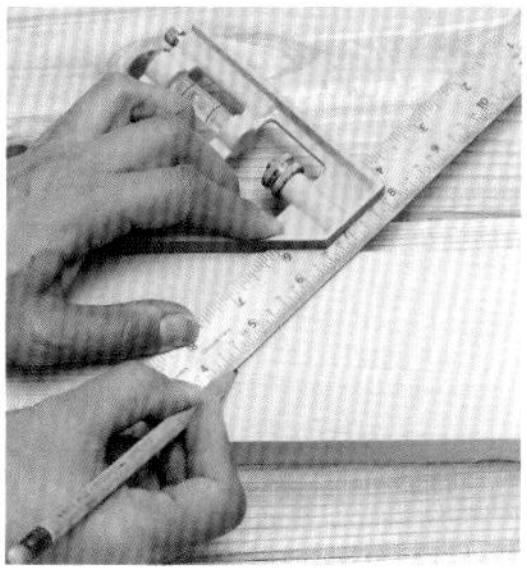

材料にあてる面を変えることで、45度と90度の線を引けます。

水準器を見ながら、水平と垂直を同時に決める作業ができます。

■スピード定規

アメリカのDIYシーンで広く使われている定番ツール。12インチサイズのものは、12インチ幅のツーバイ材(286mm)に45度と90度の線を引けます。ほかにも、直角の確認、角度定規、ジグソーや丸ノコのソーガイドとしても利用できます。

角の内側と外側で、直角の確認が簡単にできます。

簡単に45度と90度の線を引け、この状態でソーガイドにもなります。

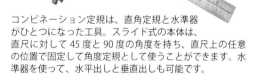

スコヤ

90度、45度の確認と線引きに使用

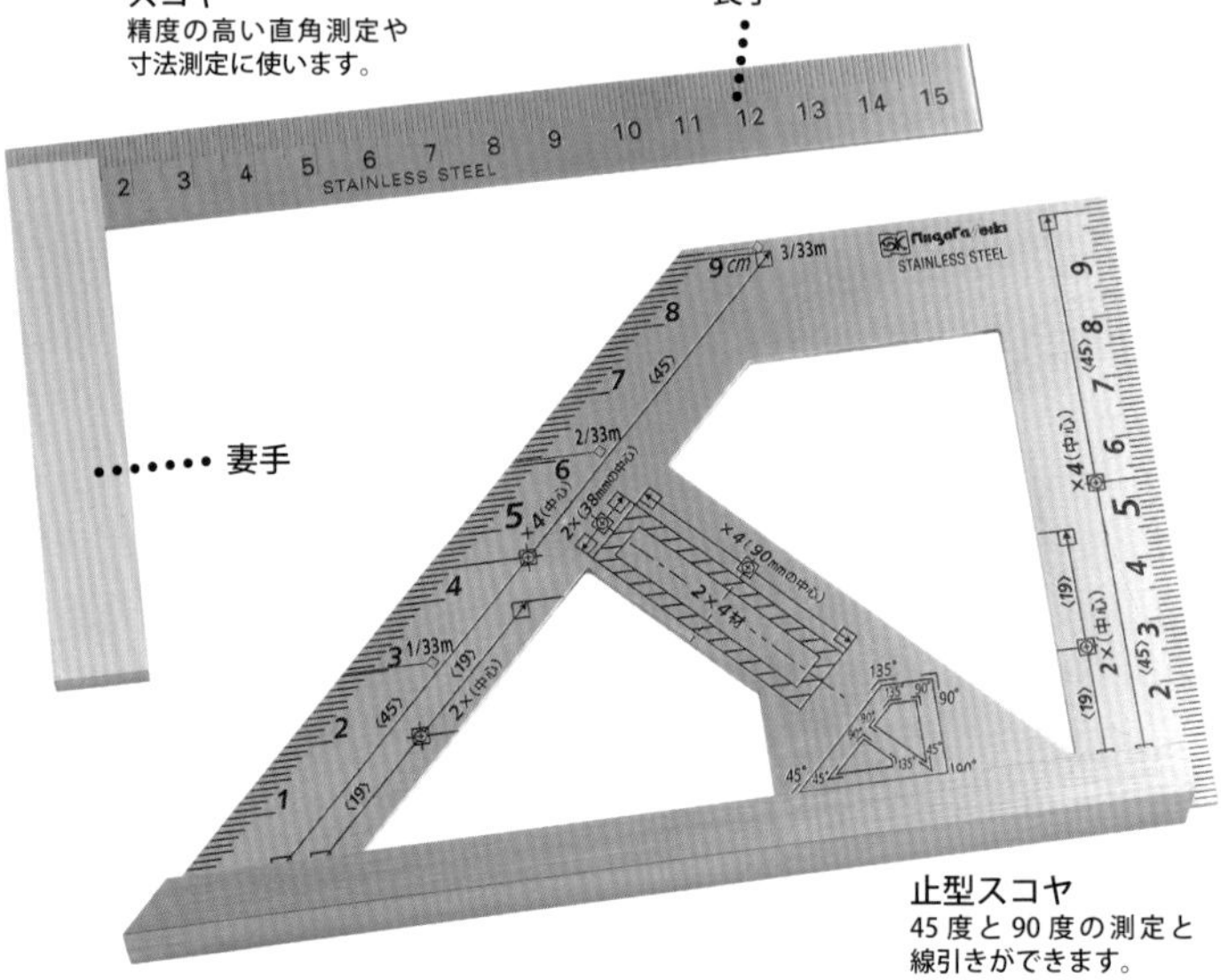
スコヤ
精度の高い直角測定や寸法測定に使います。
長手
妻手
止型スコヤ
45度と90度の測定と線引きができます。

物差しが長さを測る定規であるのに対し、スコヤは主に角度を確認するために使う角度定規のひとつです。日本でのスコヤという呼び方は、英語の「スクエア(四角形、直角)」に由来するといわれています。

一般的なスコヤのほとんどは、妻手《つまて》がアルミか真ちゅう、長手《ながて》がステンレスで作られていて、正確な直角に固定されています。サビたり歪んだりしにくく、長く精度を保ちます。

厚みのある妻手を材料にあてて直角の線を引くほか、材料や工具の直角、接合部分の組みつけ精度(直角)の確認、平面度の確認、目盛りが振ってあるものは寸法の測定に使えます。

同じような作業はさしがねでもできますが、歪みや曲がりが出にくいぶん、スコヤのほうが信頼度は高いといえます。妻手に厚みがあるため、押しあてたり、自立させたりしたときの安定性が高く、使い勝手がよいのも特徴です。

90度と45度の角度を持ったスコヤは、止型《とめがた》スコヤと呼びます。材料にあてるだけで、直角のほか、木工で「留め」と呼ぶ45度の線を一発で引くことができる定規です。木材を45度にカットする加工はよくあるので、木工作業が多い場合は持っていると重宝します。

■直角の確認

木工でていねいに作品づくりをする場合、寸法と同時に角度の精度が求められます。完成した作品に歪みが出ないようにするには、使用する工具や作業工程での直角の精度を、スコヤを使ってチェックする必要があります。

スコヤは直角の精度が高いので、切断工具の刃がベースに対して正しく装着されているかを、正確かつ簡単に確認できます。

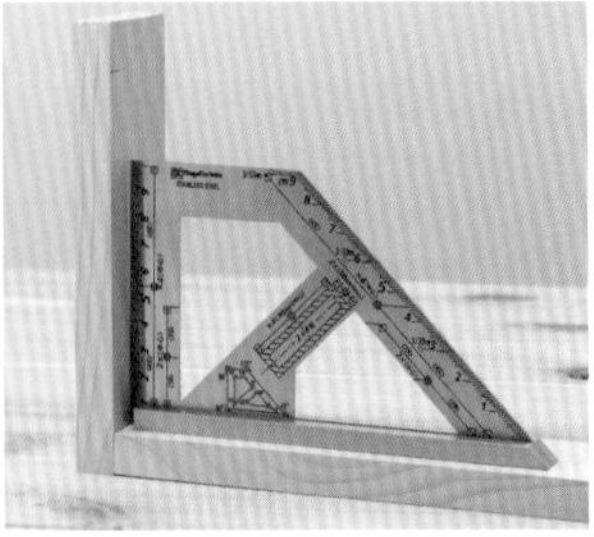

止型スコヤでも、一般的なスコヤと同様に、組み付け部などの直角を確認できます。台座をあてると安定するので、さしがねよりも便利です。

■45度、90度の線を引く

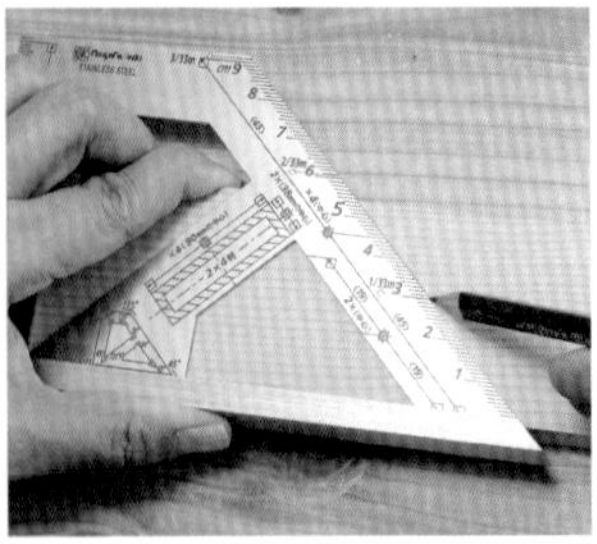

止型スコヤは台座の出っぱりを材料にあてて押さえると、45度と90度の線を簡単に引けます。材料の大きさによって、さしがねと使いわけると作業効率がアップします。

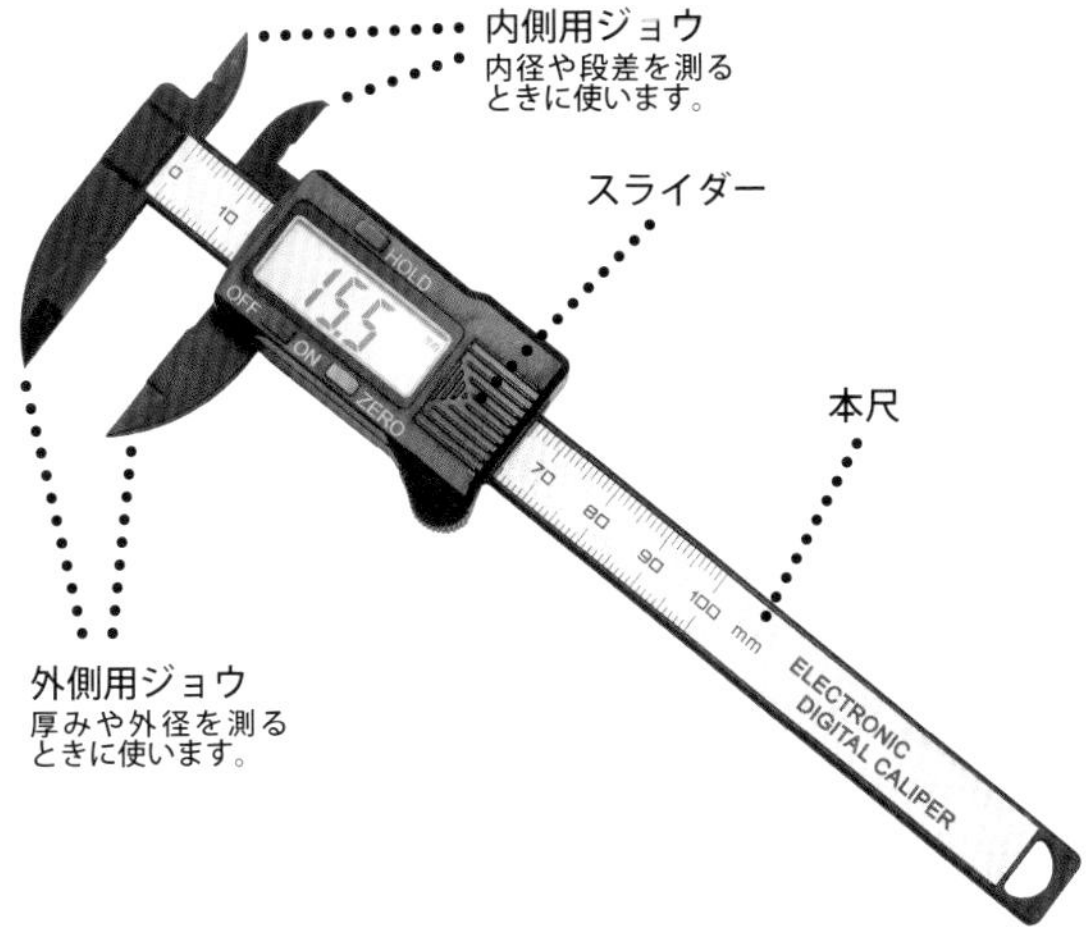
内側用ジョウ
内径や段差を測るときに使います。
スライダー
本尺
外側用ジョウ
厚みや外径を測るときに使います。
HOLD
OFF
ON
ZERO
ELECTRONIC DIGITAL CALIPER

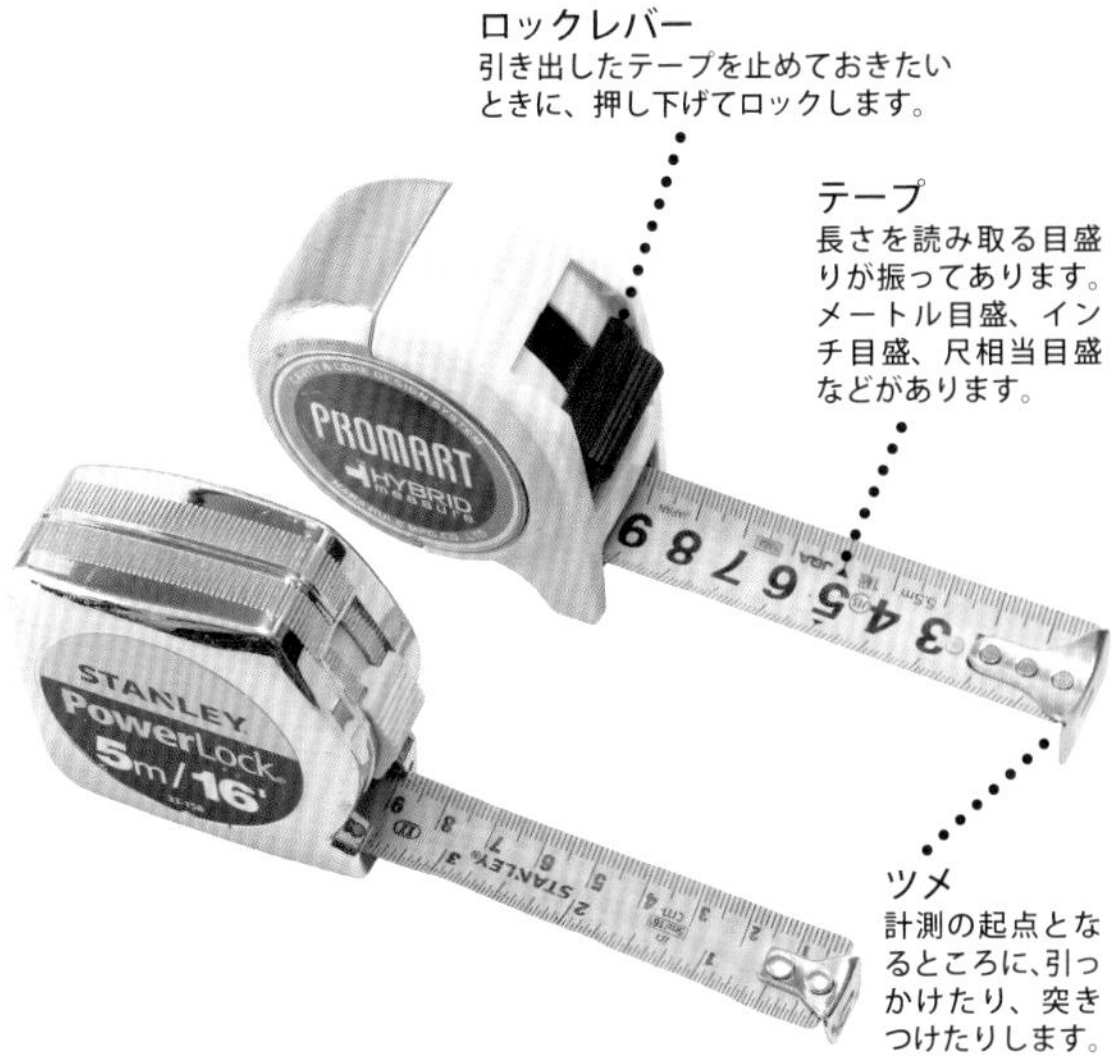
ロックレバー
引き出したテープを止めておきたいときに、押し下げてロックします。
テープ
長さを読み取る目盛りが振ってあります。メートル目盛、インチ目盛、尺相当目盛などがあります。
ツメ
計測の起点となるところに、引っかけたり、突きつけたりします。
PROMART
HYBRID
STANLEY
PowerLock
5m/16'

ノギス

円筒の内・外径を正確に測る

ノギスは、パイプのような円筒状のものの寸法を、１㎜以下まで正確に測れる測定器具です。測定対象によって外側用と内側用の測定面を使いわけ、ものの厚み、外径、内径、段差などを測れ、デプスバーがついているものでは深さも測れます。

　最小読み取り値は、種類によって0.1㎜から0.01㎜まで選べます。デジタルノギスには、測定値を保持するホールド機能、比較測定に便利なゼロセット機能などがあります。

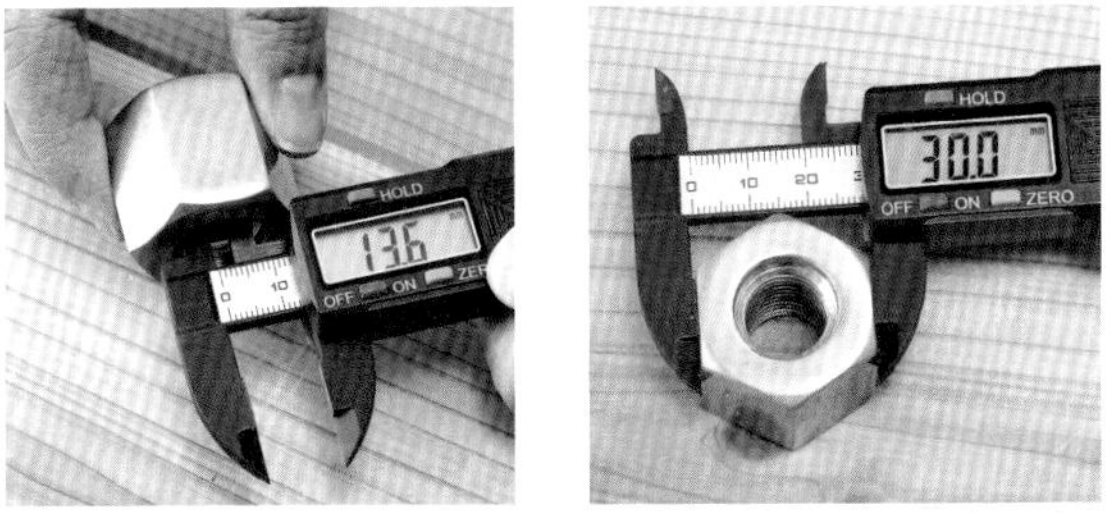

測るところが内側か外側かで、２つのジョウを使いわけます。ジョウの先端や奥では正確に測れない場合があるので、まん中あたりを測りたいところにあてるようにします。

メジャー

長短、曲線、さまざまな長さを計測

ケースに金属製の計測用テープを収納し、さまざまな長さを測るときに便利。木工作業はもちろん、室内各部の寸法を測るときにも欠かせない、ＤＩＹの必需品です。

　室内用途では、テープの長さが3.5ｍ、幅が20㎜程度のものが使いやすいでしょう。長いところを測りやすいように、１ｍ以上引き出しても折れ曲がらないもの、手を離してもテープが戻らないロック機構つきのものがおすすめです。

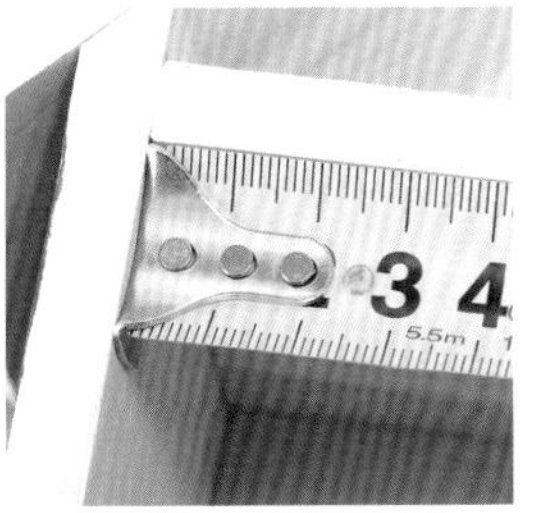

箱の内側を測るときや壁を基点にして測るときは、ツメを対象に突きつけます。ツメは引っ込んで誤差を補正します。

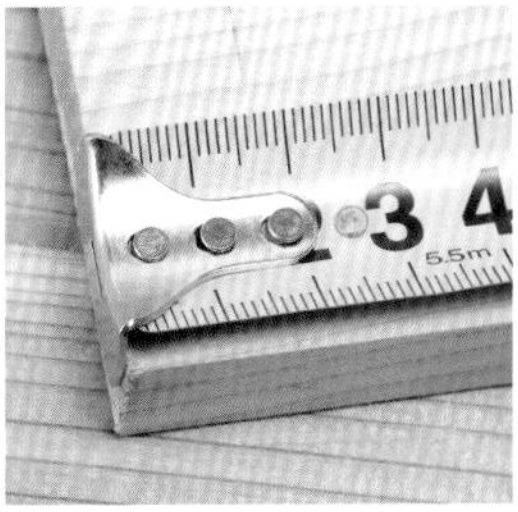

板などを測るときは、端にツメを引っかけます。ツメは伸びて、厚みで誤差が生じないようにゼロ点を補正します。

ノコギリ ― 手で切る基本の道具

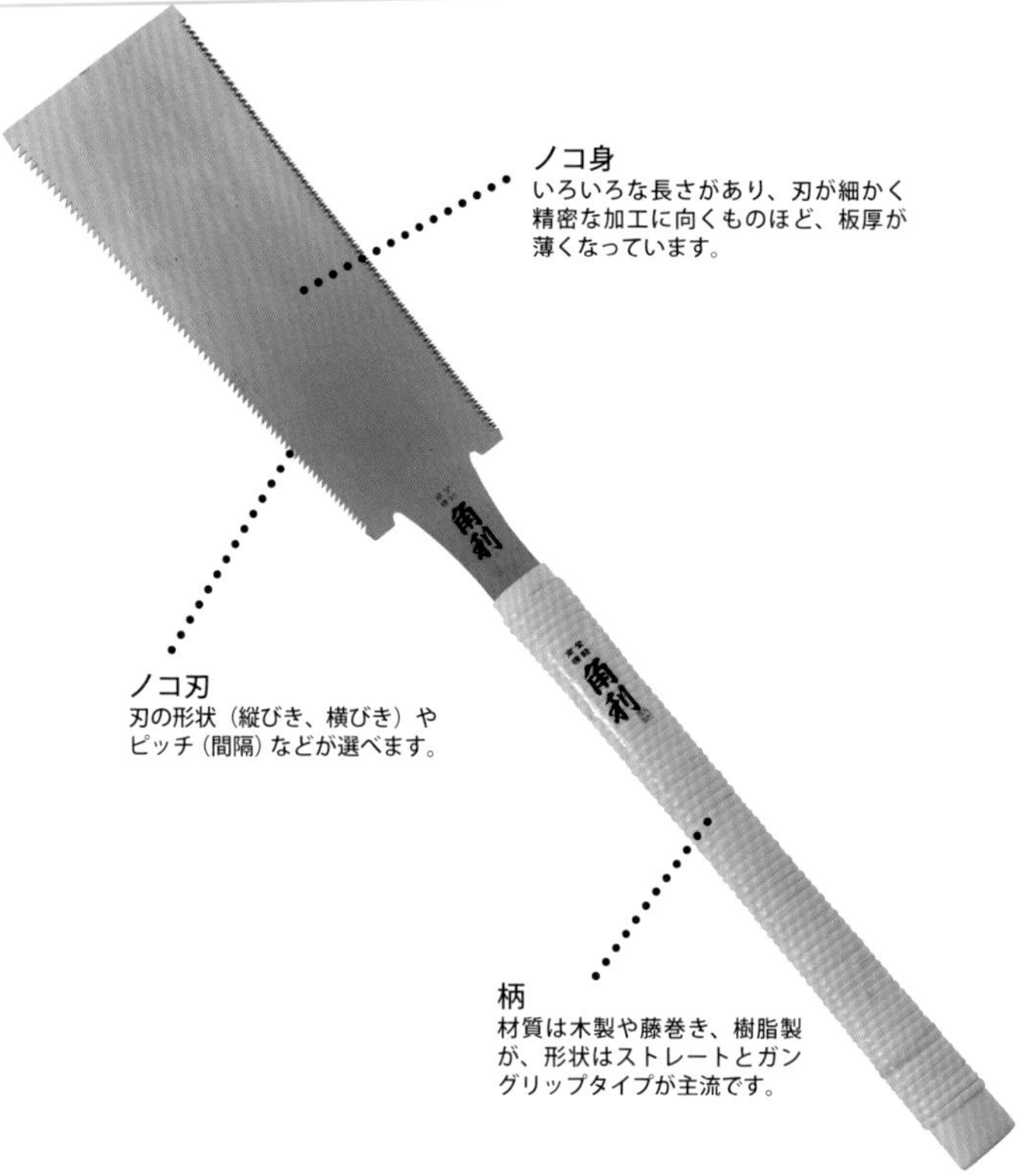

ノコ身
いろいろな長さがあり、刃が細かく精密な加工に向くものほど、板厚が薄くなっています。
ノコ刃
刃の形状（縦びき、横びき）やピッチ（間隔）などが選べます。
柄
材質は木製や藤巻き、樹脂製が、形状はストレートとガングリップタイプが主流です。

木工をするときに、1本は持っていたいのがノコギリです。電動工具を使う方やホームセンターの加工サービスを利用する人でも、材料の端をちょっと切り落としたい場合、静かに作業したいときなどに便利です。

ノコギリには、縦びき用と横びき用の刃がついた両刃タイプと、一方だけの片刃タイプがあります。木工では横びきで使うことがほとんどなので、片刃タイプなら横引き用か万能の刃がついたものを選びましょう。

最近は、切れ味が悪くなったら刃を交換できる替え刃タイプが主流です。同じメーカーのものなら、違う種類の刃を取りつけることもでき、家庭用としておすすめです。

最初の1本は、刃の長さが25cm程度の横びきができるものを用意しておき、精密な加工やダボ埋めなど、作業の必要に応じて買い足すとよいでしょう。

■ノコ刃の種類

木工用の両刃ノコギリには、木目に対して垂直に切る横びき用の刃と、木目に対して平行に切る縦びき用の刃がついています。片刃タイプには一方、またはどちらも切れる万能刃がついているものがあります。

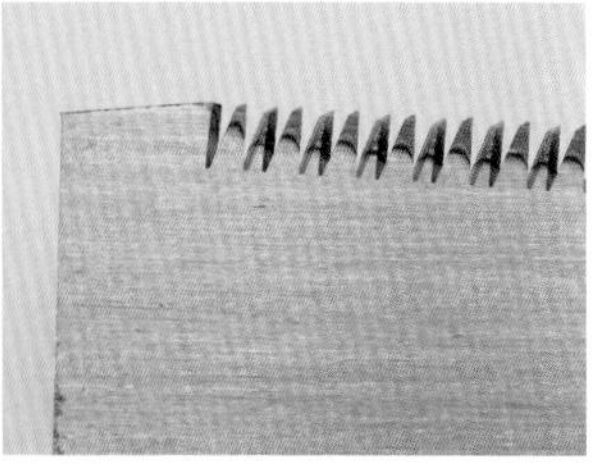

横びき用の刃は、一つひとつが縦びき用より細かく鋭角です。斜め切りにも、横びき用の刃を使います。

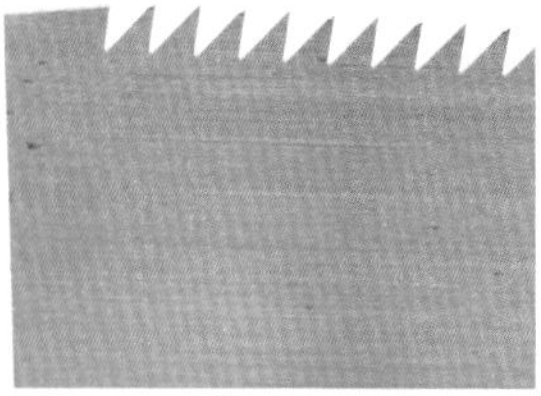

縦びき用の刃は横びき用に比べて大きく、先から柄に向かってだんだん小さくなっているのが特徴です。

■切り方の基本

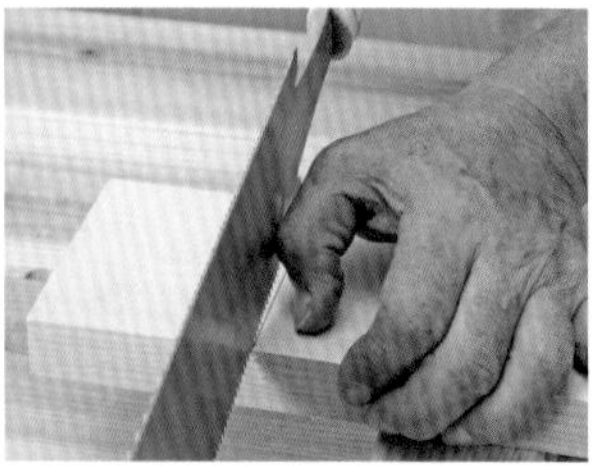

指をガイドにして切りはじめる位置に刃をあて、ノコギリを押してノコ道（刃を入れるための溝）をつけてから、前後に動かしながら切ります。

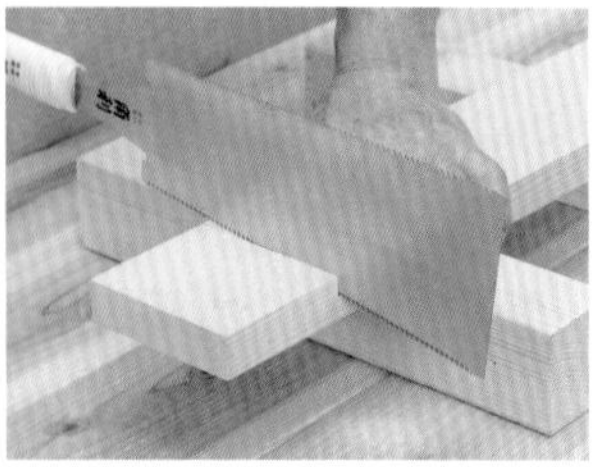

ノコギリは30度くらいの角度に寝かせるほうが、まっすぐに切れます。柄を軽く持ち、引くときにだけ力を入れるとスムーズに切れます。

■ノコギリガイドを使う

まっすぐきれいに切りたい場合は、のこぎりガイドを使うと、正確に垂直や45度などの角度切りができます。写真の箱型のほかにも、さまざまなタイプがあります。

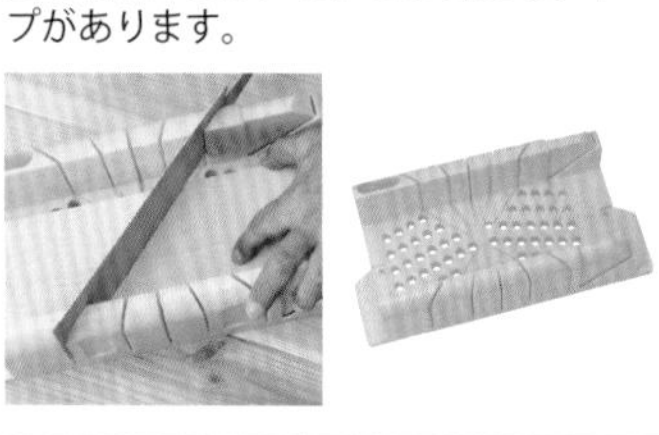

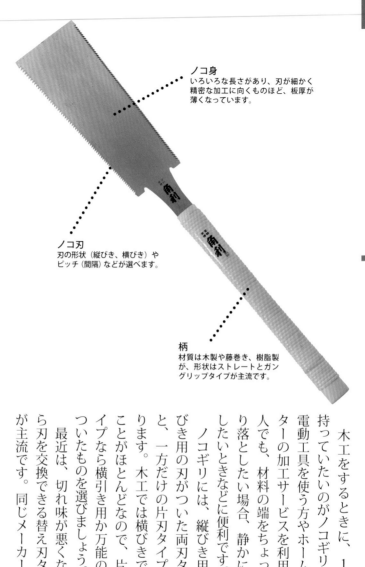

あると便利な木工用ノコギリ

作業で使いわけると、効率や精度がアップ

ノコギリは、刃のピッチ（間隔）やノコ身の板厚、アサリ（刃先の左右の開き）の大きさの違いによって、適する作業が異なります。

すべての作業を1本でまかなうよりも、用途によって使いわけるほうが、効率も仕上がりもよくなります。

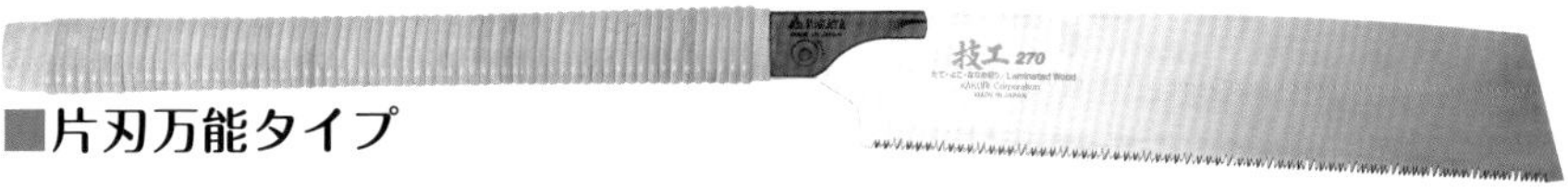

■片刃万能タイプ

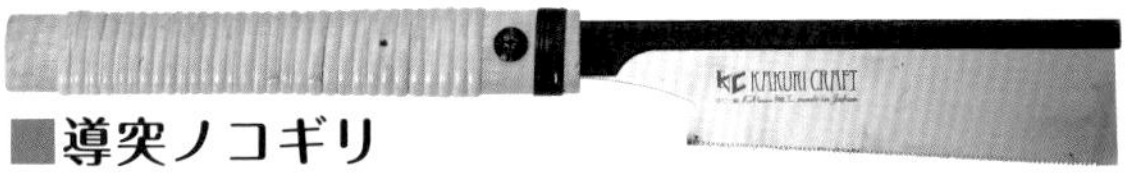

■導突ノコギリ

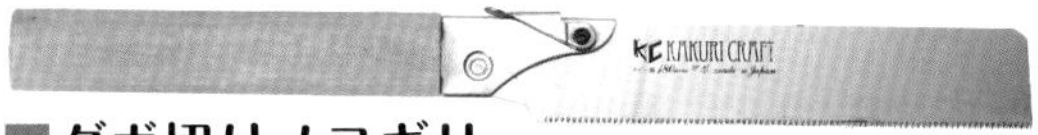

■ダボ切りノコギリ

ダボ切りノコギリの刃にはアサリがないため、刃を材料に押しつけて動かしても、表面に傷がつきません。

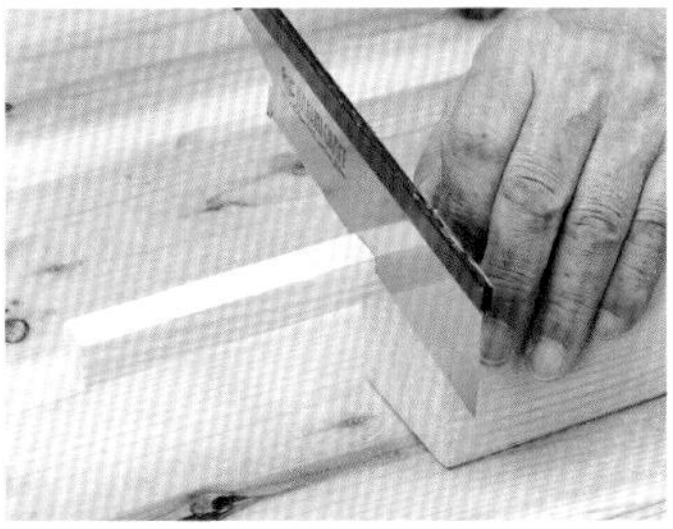

薄いノコ身に補強をつけた導突ノコギリは、歯も細かく、薄い板材、細い棒材などをなめらかにカットするのに適します。

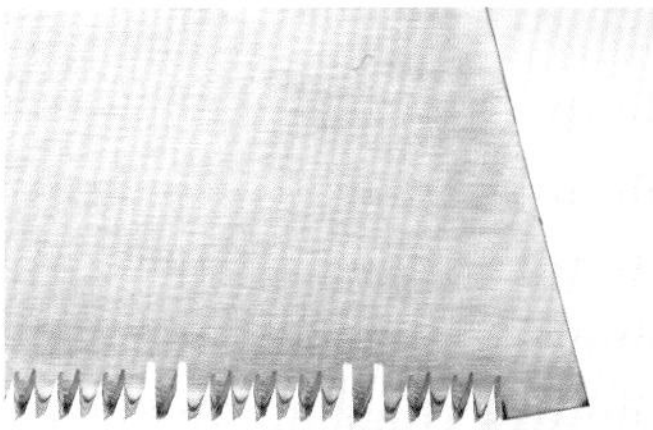

万能タイプには、縦、横、斜め兼用の特殊な刃がつき、１本で縦びき、横びき、合板のカットなどに対応します。

いろいろな素材を切るノコギリ

金属、プラスチック、ガラスボトルを手ノコで

■ガラスボトル用ノコギリ

専用の固定器具がついたボトルカッターを用意しなくても、ボトルをカットできるシンプルな切断工具です。タオルなどの上で作業すると安定します。

■塩ビ用ノコギリ

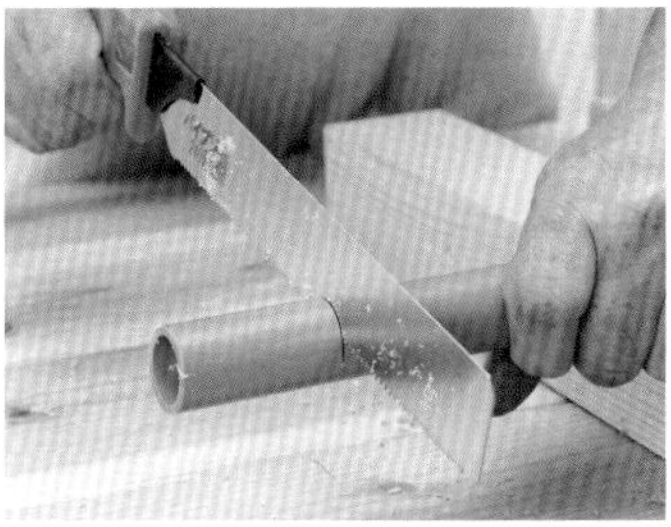

塩ビパイプやプラスチック類を切るのに適しています。水道配管や雨どいの加工など、水まわりの補修やリフォームを行うとき、プラスチックごみを解体するときなどに使えます。

■金切りノコギリ

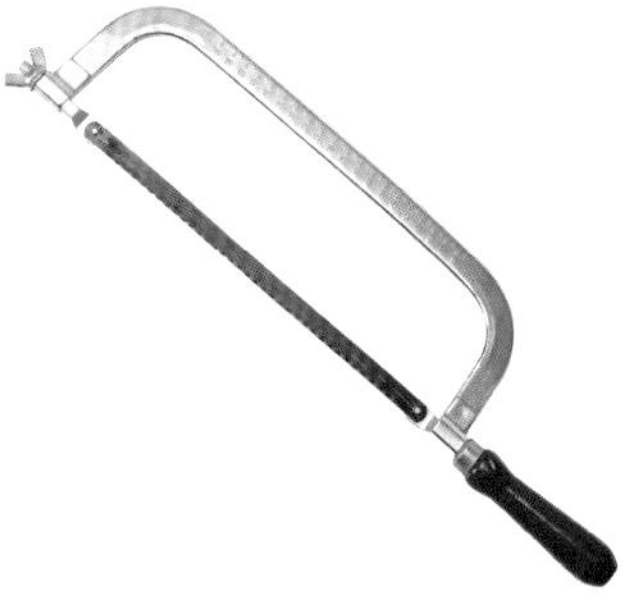

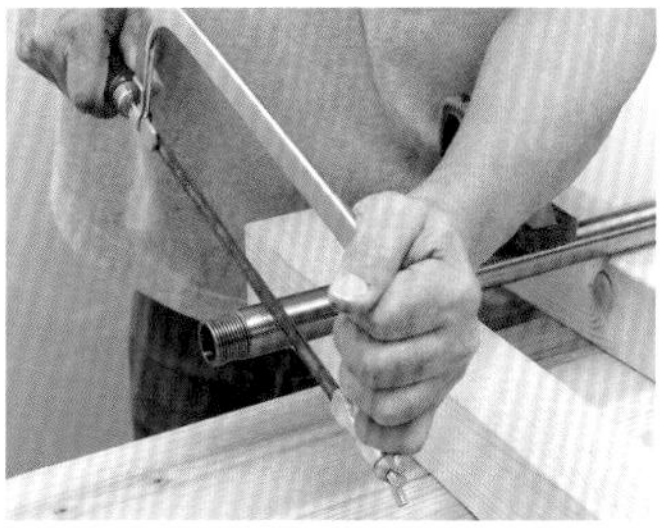

金属板や鉄パイプなどのほか、プラスチックも切ることができ、工作に限らず、粗大ごみの解体にも役立ちます。ステンレスやアルミを切るときには、専用のノコ刃を使います。

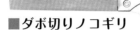

カンナ

木材の面取りや細かな調整作業に

カンナは木材の表面を削って、平らでなめらかに仕上げるための工具です。最近は表面をきれいに削った木材が手に入るようになったので、木工での主な用途は、木端、木口を整えたり、角の面取りをする作業になるでしょう。同じような作業はサンダーでもできますが、カンナのほうがよりきめ細かくきれいです。また、使い慣れると、寸法を微調整したり、組み付けた部材の段差をなくしたりと、細かい調整作業が簡単に行えます。

難しいといわれている刃研ぎの必要がない、替刃式タイプもあります。

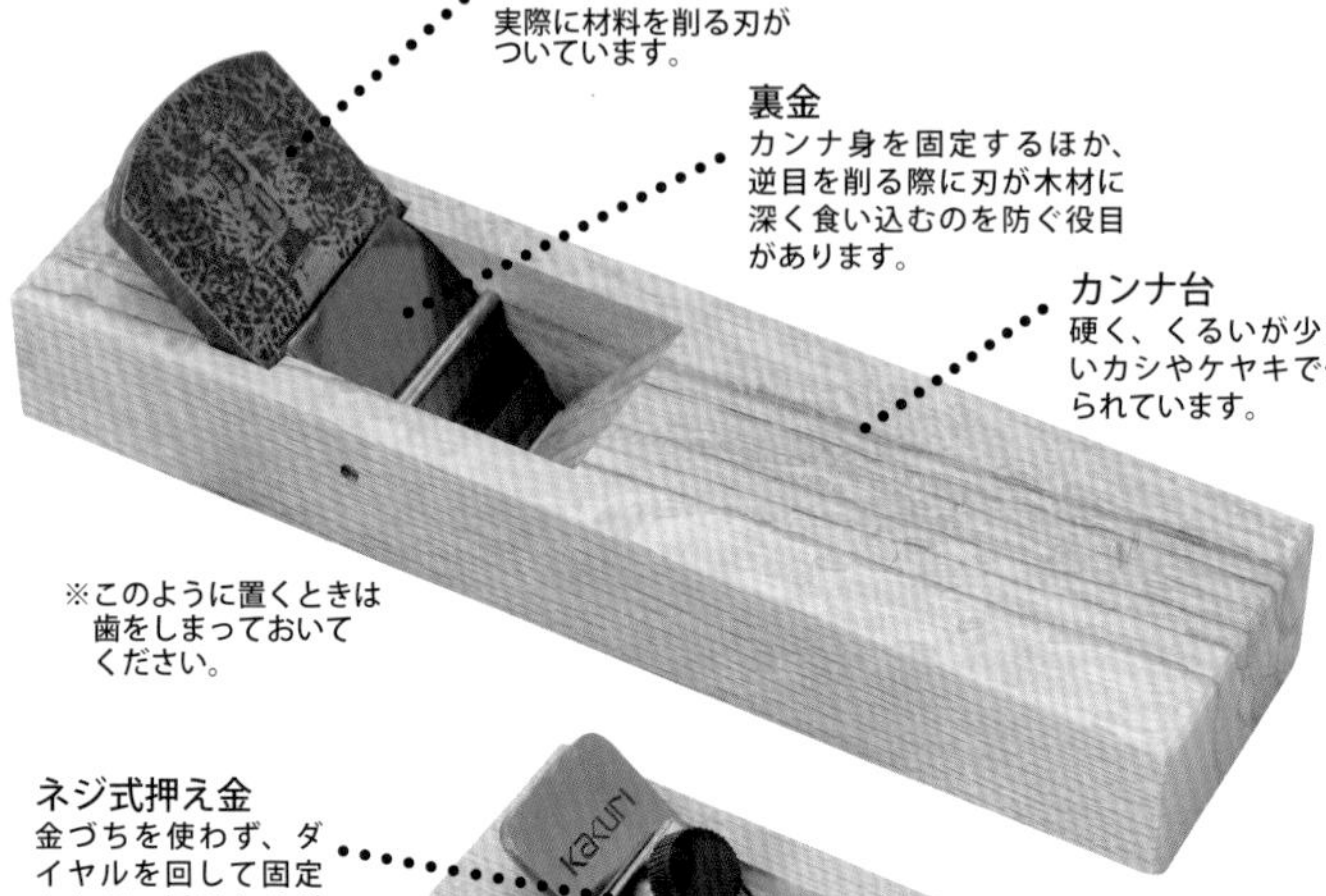
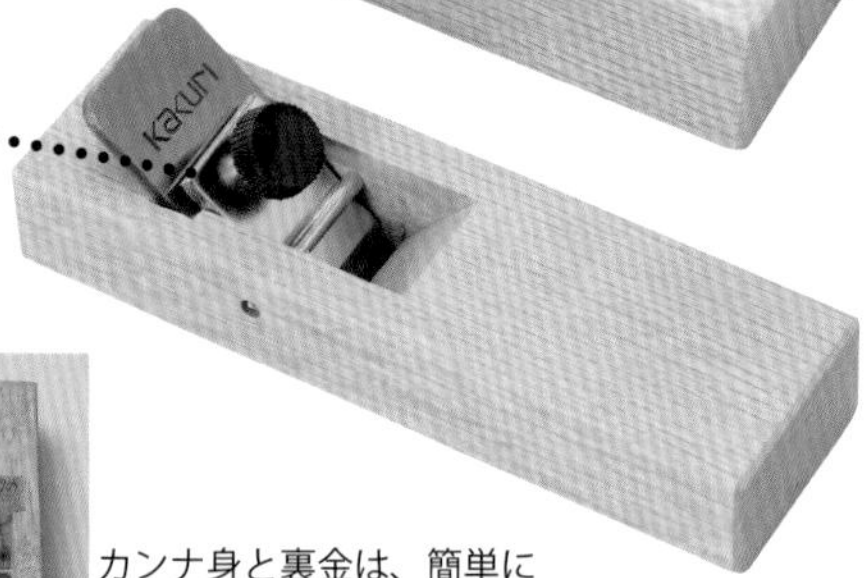
カンナ身
実際に材料を削る刃がついています。
裏金
カンナ身を固定するほか、逆目を削る際に刃が木材に深く食い込むのを防ぐ役目があります。
カンナ台
硬く、くるいが少ないカシやケヤキで作られています。
※このように置くときは歯をしまっておいてください。
ネジ式押え金
金づちを使わず、ダイヤルを回して固定したり、緩めたりができるタイプです。
kakuri

カンナ身と裏金は、簡単に取り外すことができ、切れ味が落ちたら、カンナ身の刃を研いで使います。

西洋カンナは、押して削るので力をかけやすいのが特徴です。和カンナに比べて台が狂いにくいこと、刃研ぎが簡単にできることなどから、こちらを好んで使う人もいます。

■二枚刃カンナの調整方法

刃を出すときは、カンナ身の頭を金づちで叩き、台の下側から髪の毛1本分くらい出るように調整します。斜めに出た場合は、カンナ身を横から叩いて修正します。

刃が出すぎた場合は、台先端の角を左右交互に叩いて刃を戻します。木口のまん中を叩くと、台が割れることがあるので、注意してください。

■基本的な使い方

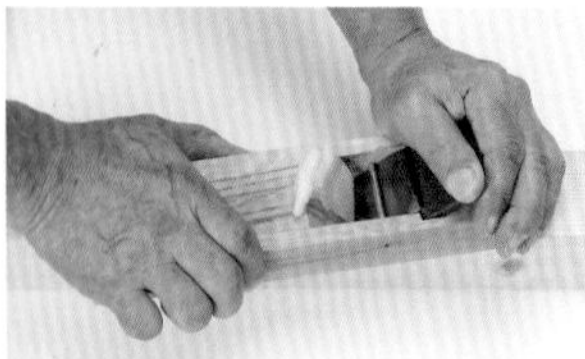

利き手でしっかり台を握り、反対側の手を台の頭にかけてかまえます。刃が浮かないように引き、最後まで平行に抜ききります。小さい材料を削るときは、ストッパーがついた削り台などを使いましょう。

■細工に最適な豆カンナ

手で握れるくらい小さい豆カンナは、木材や皮革の細工、仕上げに、取り回しよく手軽に使えます。

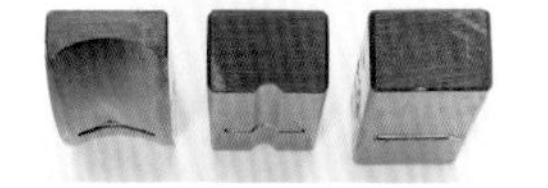

いくつかの形状があり、細い材料の平面や曲面を加工できます。

角が立った木材の面取りも、簡単にきれいにできます。

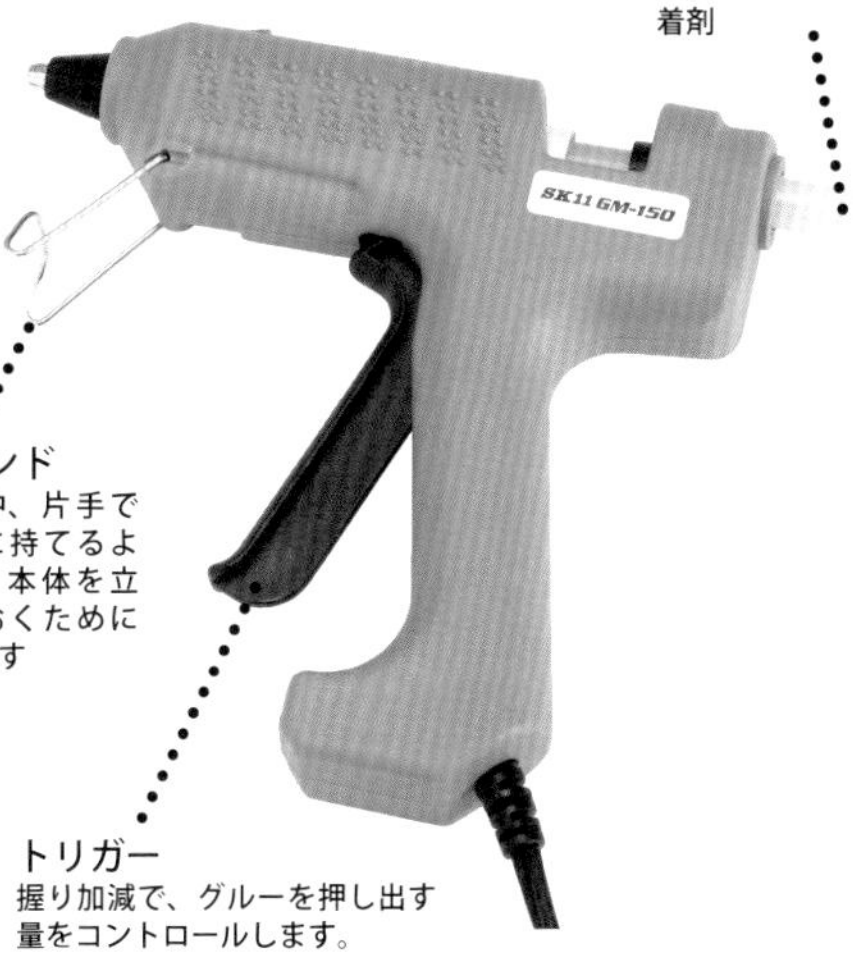
グルースティック
熱で溶けて接着効果を発揮する樹脂原料の接着剤
SK11 GM-150
スタンド
作業中、片手ですぐに持てるように、本体を立てておくために使います
トリガー
握り加減で、グルーを押し出す量をコントロールします。

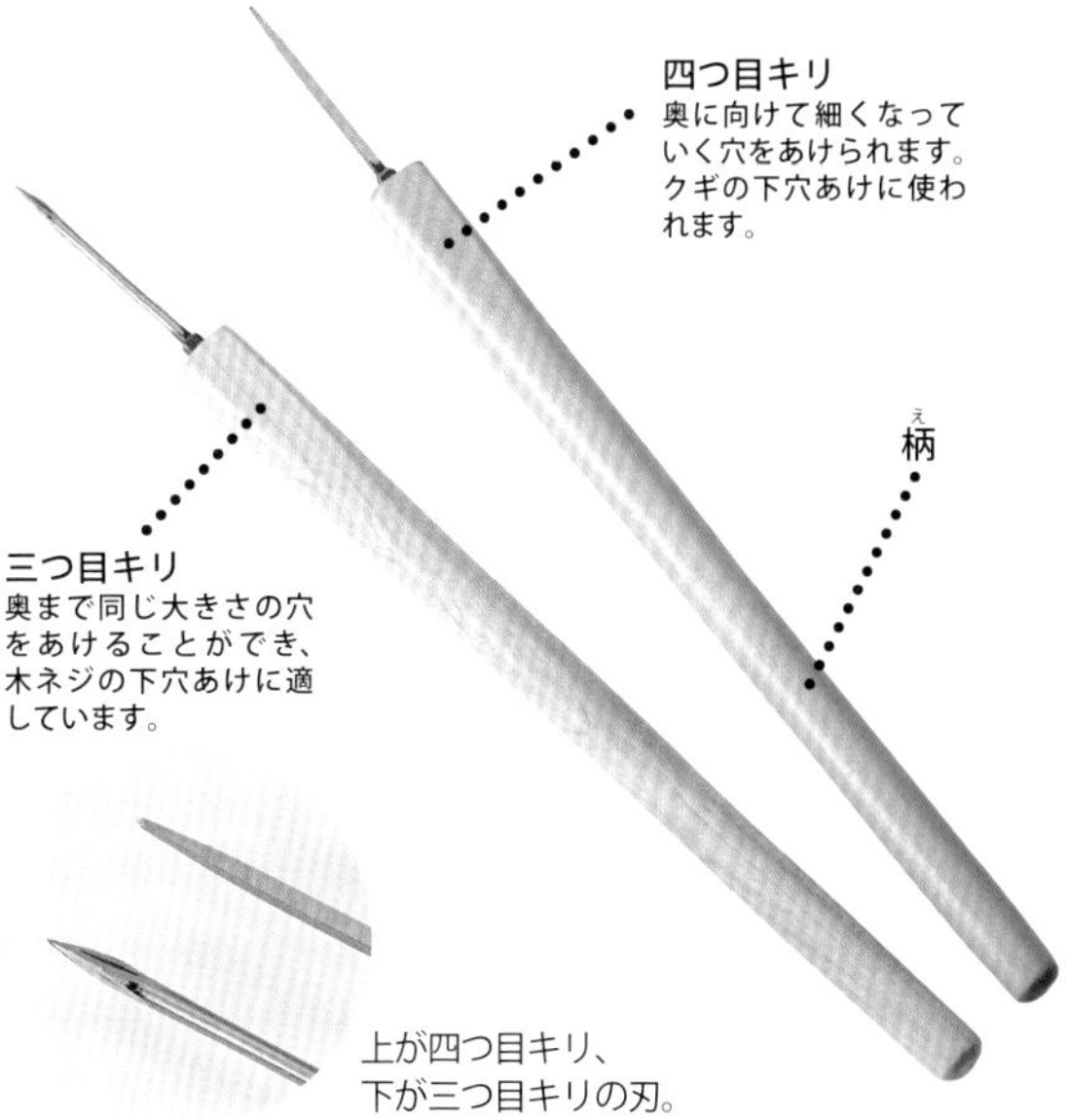
四つ目キリ
奥に向けて細くなっていく穴をあけられます。クギの下穴あけに使われます。
柄《え》
三つ目キリ
奥まで同じ大きさの穴をあけることができ、木ネジの下穴あけに適しています。
上が四つ目キリ、
下が三つ目キリの刃。

グルーガン

種類の異なる素材を短時間で接着

グルーガンはグルーという合成樹脂を熱で溶かして押し出すピストル状の工具。その樹脂が冷めて固まり、材料同士を接着します。一般的な接着剤と違い、グルーはわずか数十秒で接着できるので、接着の硬化を待たずにどんどん作業を進められます。

　また、紙、布、木、皮、陶器、ガラスなどのさまざまな種類、枝や木の実、石などの凹凸した素材が簡単に接着できるのも特徴です。一般的なクラフトであれば、手軽に多用途に使えます。

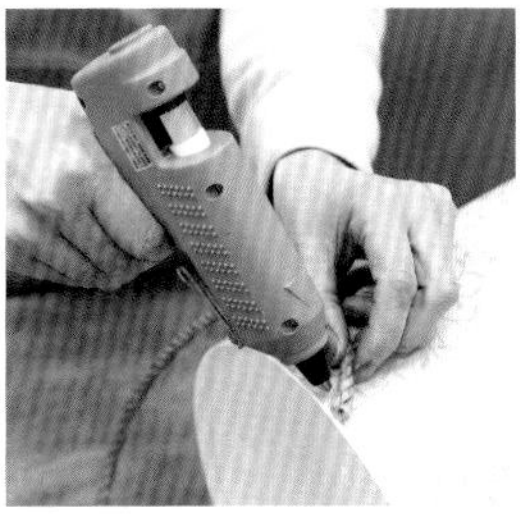
適量のグルーをトリガーで押し出し、熱いうちに接着。固まるまでの数十秒ほど、動かないように手などで固定しておきます。

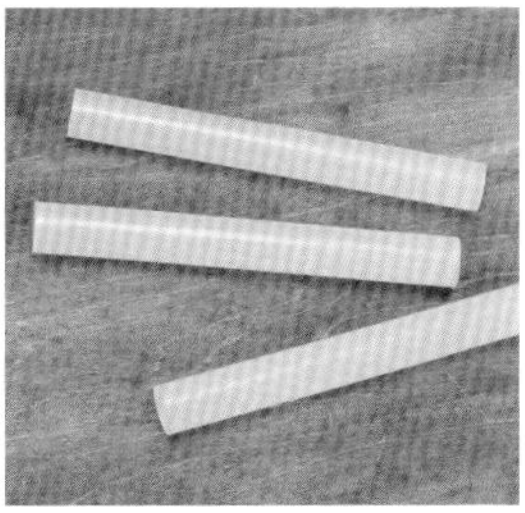
グルースティックには、高温タイプと低温タイプ、太さの種類があるので、機種に適したものを使用しましょう。

キリ

ちょっとした穴あけに便利

キリは材料に小さい穴をあけるための手工具です。柄の長いものは「もみギリ」と呼ばれ、両手のひらで柄をもむように回して使います。三つ目キリ、四つ目ギリ、ネズミ歯キリ、つぼキリなどの種類があります。

　キリは、大きい穴あけや連続した穴あけでは電動工具に及びませんが、数が少ない下穴あけなどに手軽に使えて便利です。三つ目キリや四つ目キリを、工具箱にそろえておいてもいいでしょう。

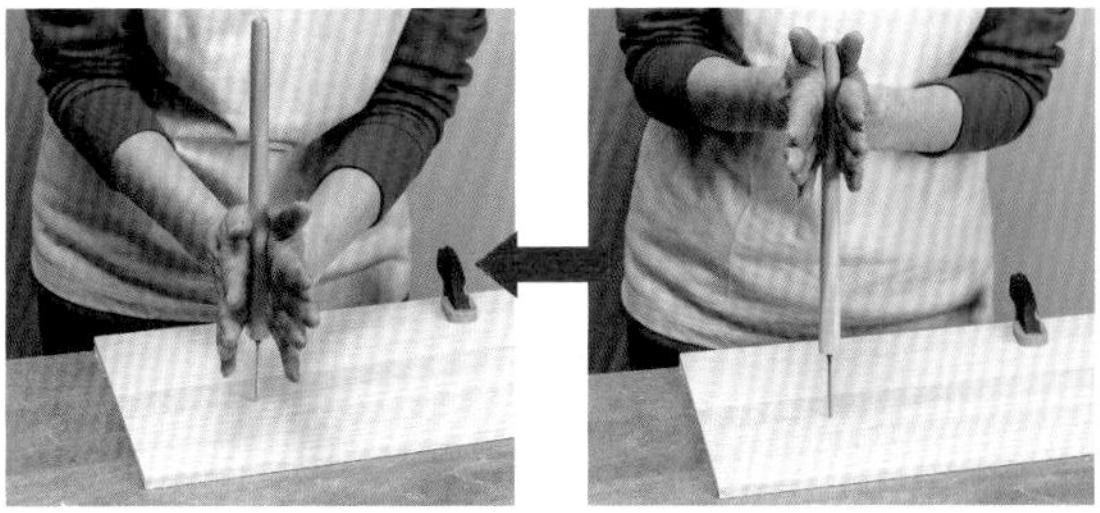
キリをまっ直ぐに立て、柄尻のほうを両手で挟み、下へ押し気味に、もむように手を前後に動かして柄を回転させます。回転中に柄がゆれると、穴が広がってしまうので注意しましょう。最初は前後に細かく動かし、安定したら大きく動かすのがコツです。

ノミ

木材を彫り、削る、組み手加工に

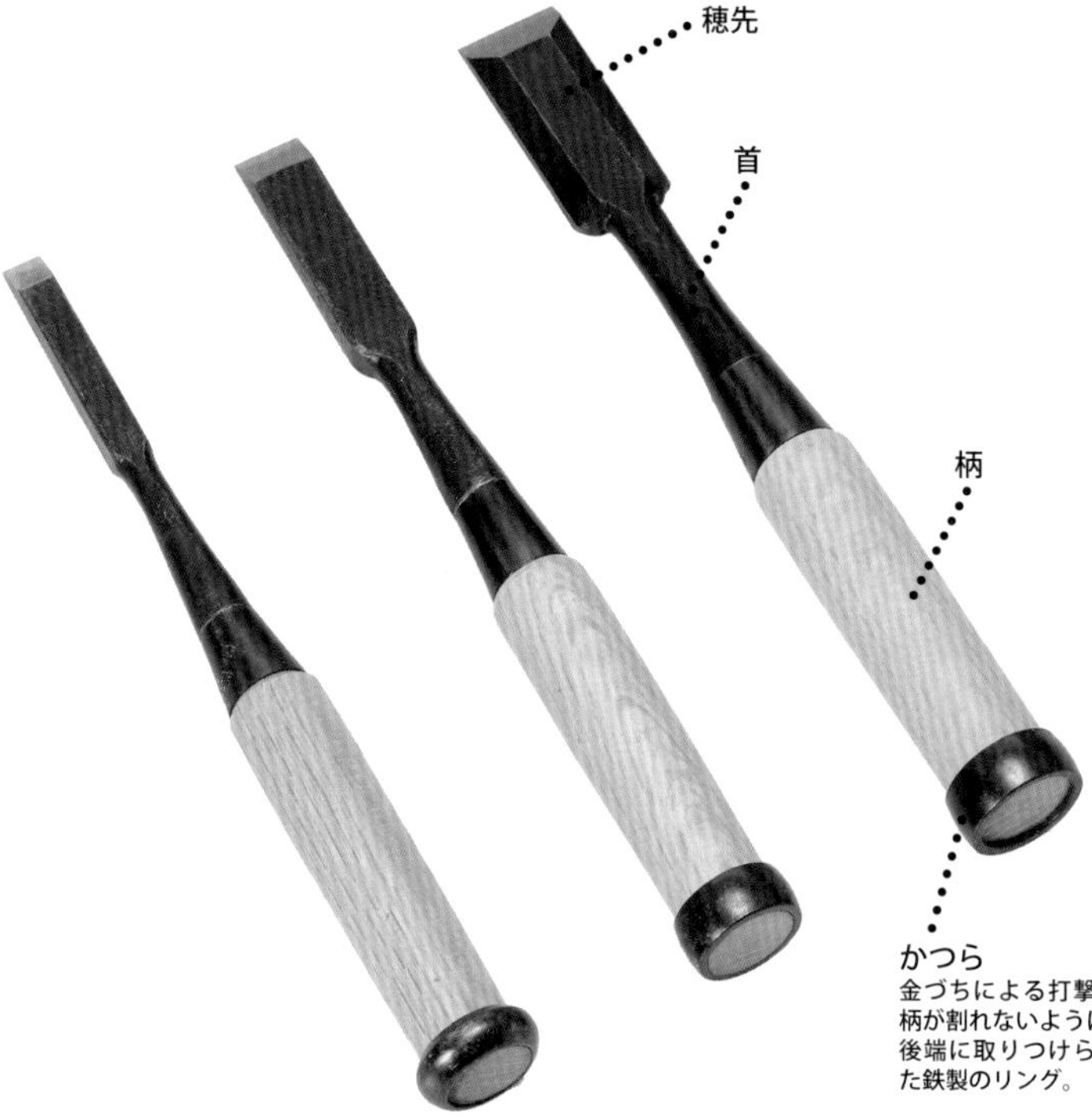

金づちによる打撃で柄が割れないように、後端に取りつけられた鉄製のリング。

木材を彫ったり、削ったりする道具であるノミは、木材同士を接合するための組み手加工、ドア丁番を取りつけるときの彫り込み加工などに欠かせません。組み手加工は、最近では電動工具を使うことが多くなりましたが、取り残しを削って仕上げたり、微調整をするためにはノミが必要です。このような精度を求められる加工がほとんどですが、ノミを使いこなせるようになると、より本格的な木工へと楽しみが広がります。

ノミには、金づちで叩いて使うタイプや手で押して使うタイプなど、加工の目的にあわせてさまざまな種類があります。組み手などを製作に取り入れるのであれば、はじめは刃幅9㎜、15㎜、24㎜あたりが入った「追い入れノミ」（写真）の基本セットからそろえることをおすすめします。この3本で不足するようになったら、刃幅や刃の形状が異なるものを買い足していくといいでしょう。

ノミは切れ味が重要な工具のため、手入れと保管にも気を使いましょう。作業後は木くずやヤニをウエスで拭き取り、油を薄く塗ってサビ止めをしておきます。道具箱へ入れるときは、付属のキャップや厚く折った新聞紙などで、刃先を保護することも忘れないようにしましょう。

■かつらの調整

買ったばかりの新品の叩きノミは、かつらが柄を締め付けるように固定されていません。そのまま金づちで叩いて使うと、柄を守る役割を果たしません。使い始める前に、必ず以下のようにかつらの調整をしてください。

ノミの柄を回しながら、少しずつ叩いてかつらを緩め、取り外します。

柄の後端を回しながら金づちで叩いて、木を圧縮します。

金づちで均等にかつらを叩き、柄の後端が少し出るようにはめ直します。

かつらから出た部分の縁を叩いてつぶし、調整は完了です。

穴を彫るときの基本

木目、刃の裏表を意識する

ノミの刃は、四角い穴や切り欠きを加工しやすいように片刃になっています。線に沿って切り込むときには刃裏を線に向けて垂直に入れ、内側を削り出すときには刃裏を上にして使います（左図参照）。また、木目に沿った方向に刃を入れるときには軽く、木目を断ち切る方向に刃を入れるときは強く打ち込むことを意識しましょう。

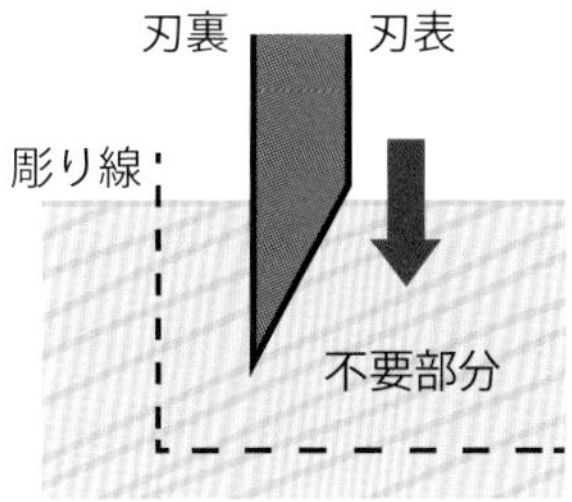

穴の外周に切り込みを入れる場合は、刃裏を線に向けて入れると、きれいに垂直に打ち込めます。

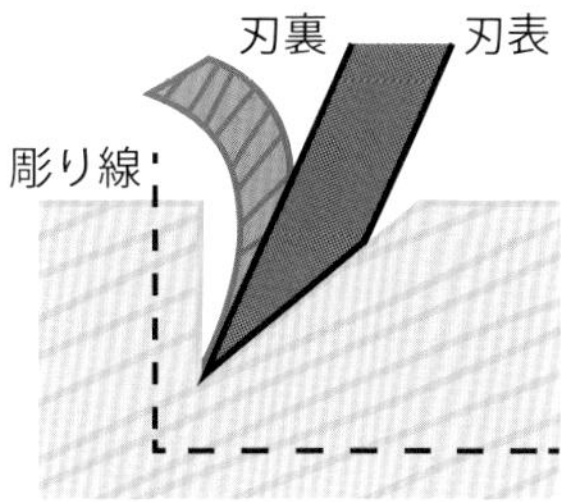

穴の内側を取るときは、刃裏を上に向けて斜めに打ち込むと、スムーズに削ぐことができます。

ホゾ穴の彫り方

ノミ一本で穴を彫る

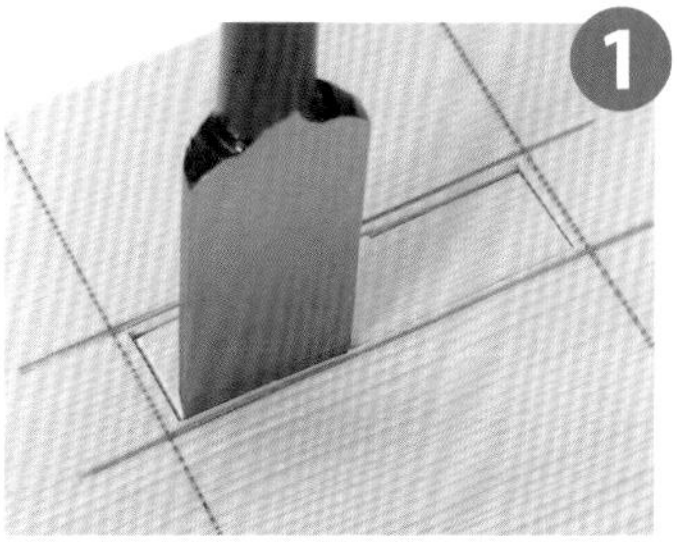

彫る位置に線を引いたら、2mm 程度内側に、穴を彫る基本の要領で、ノミを立てて軽く刃を打ち込みます。

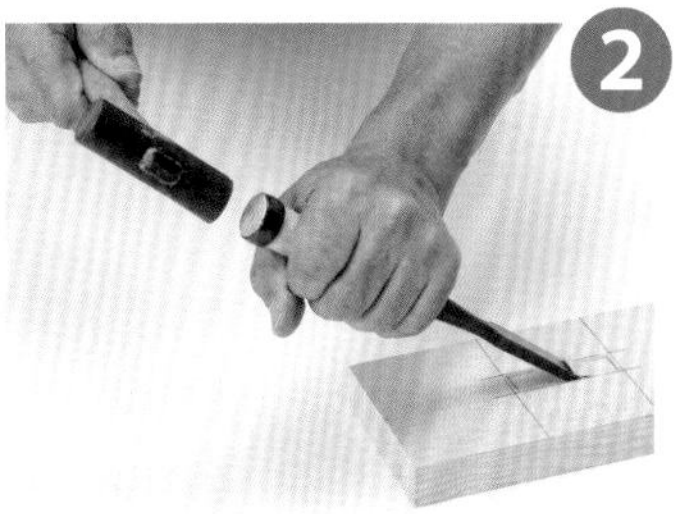

内側から外周の切り込みに向けて刃を入れ、不要部分を少しずつ削ぎ取っていきます。反対側も同じように彫ります。

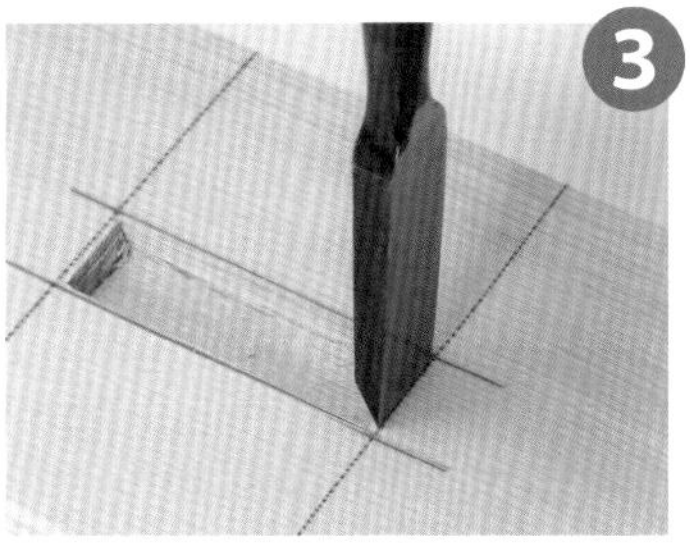

少し彫ったら、また両端に垂直に刃を入れて彫り取る作業を繰り返し、寸法通りになるまで深くしていきます。

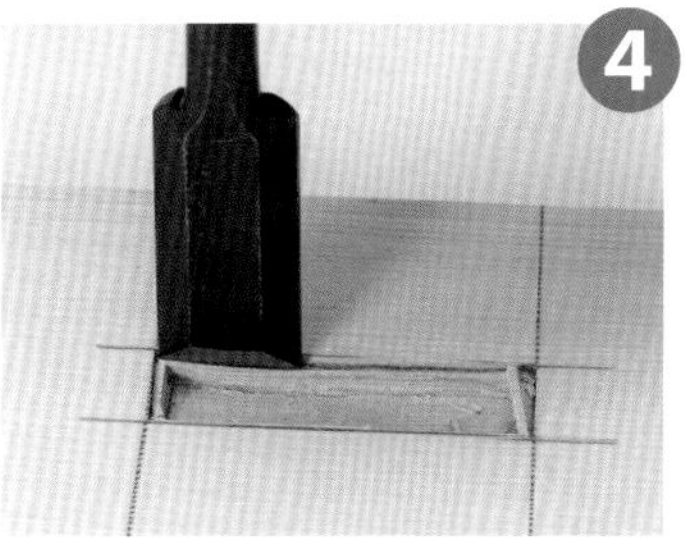

寸法の深さに達したら、線に沿って周囲をていねいに削り取ります。穴の加工中は、常に線を意識して作業しましょう。

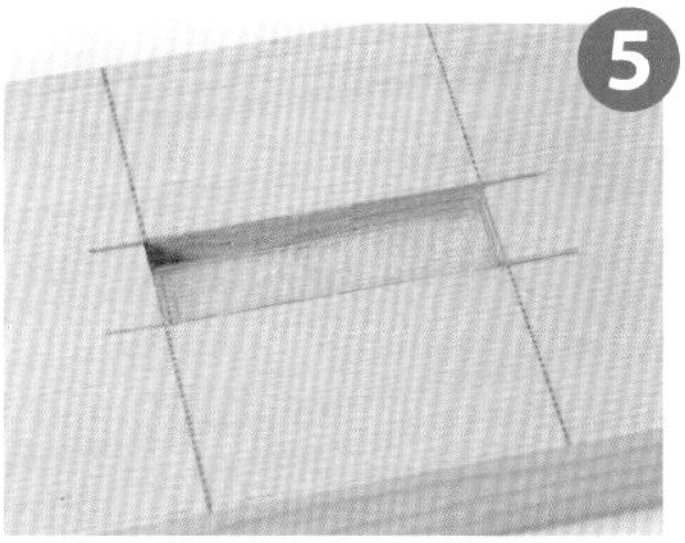

最後に、できるだけ平らになるように底をきれいにさらって、ホゾ穴を彫る加工は完了です。

■ホゾ組み

角材をT字に継なぐホゾ組みは、もっともポピュラーな組み手のひとつで、イスやテーブルの脚によく使われます。実際には、ホゾ穴と同じ寸法でホゾを加工し、木づちで叩き入れて組み付けます。止まり穴の「平ホゾ」と穴が貫通した「貫通ホゾ」があります。

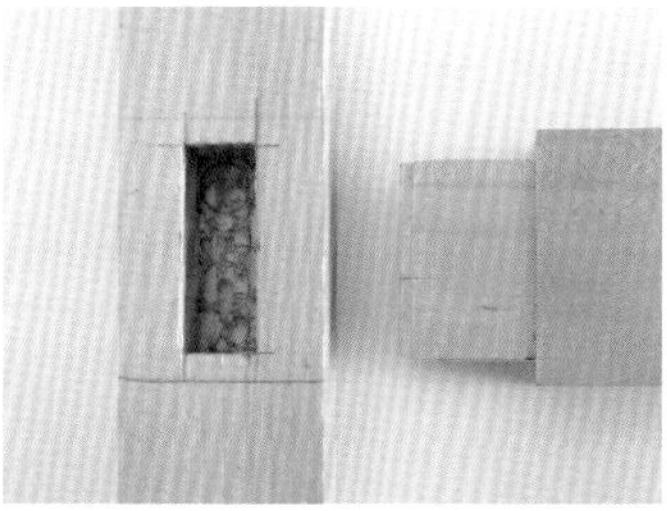

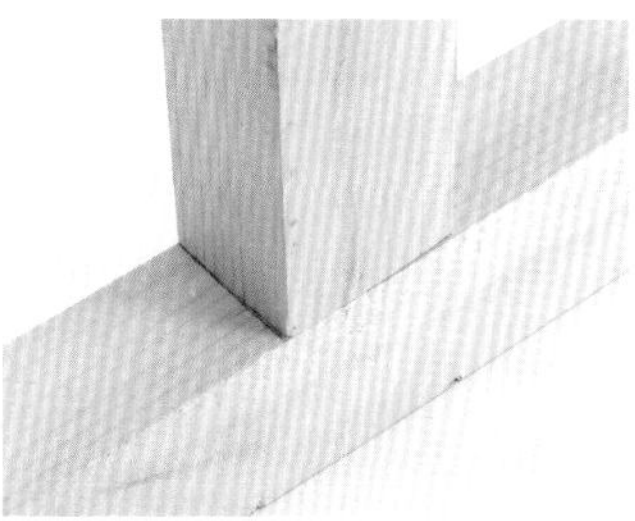

簡単な組み手の例

角材や板材を組み合わせる際によく使われるのが、両方の材料をお互いに厚みの半分ずつを欠き取って組み合わせる相欠き継ぎです。イスやテーブル、棚、建具など、さまざまな家具の組み立てに使われます。

■十字相欠き継ぎ

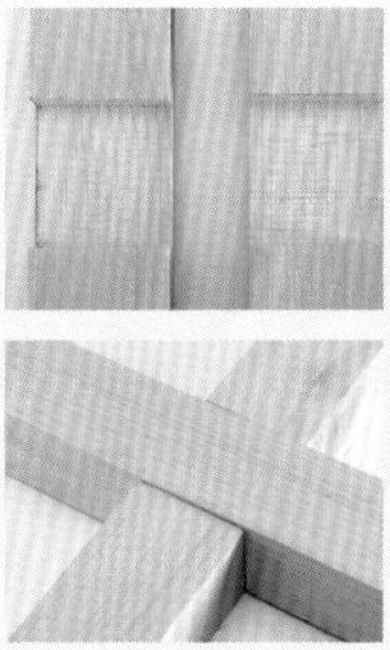

■カネ相欠き継ぎ

金づち

クギ打ち、ノミ打ち、組み付けに活躍

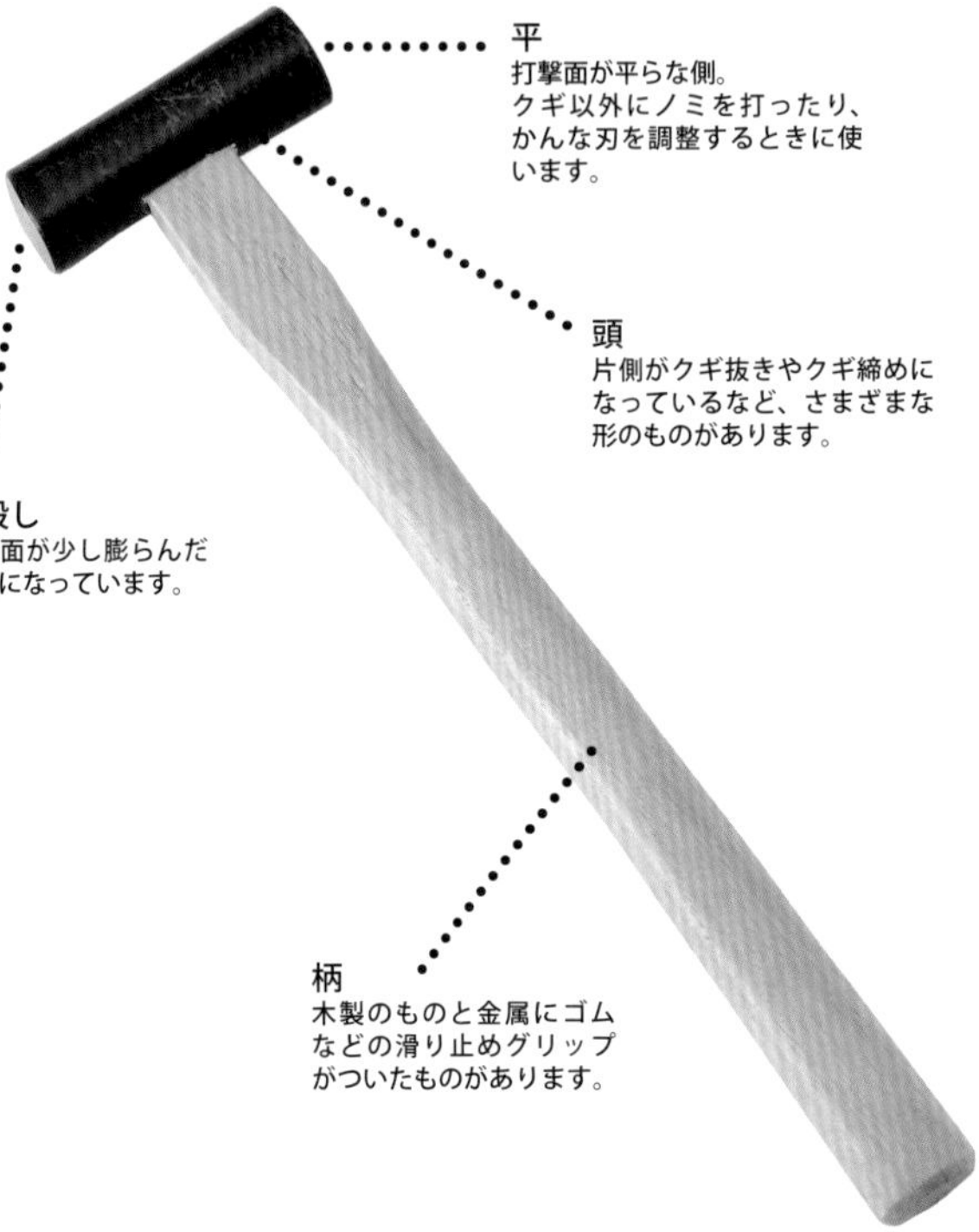
平
打撃面が平らな側。
クギ以外にノミを打ったり、
かんな刃を調整するときに使
います。
頭
片側がクギ抜きやクギ締めに
なっているなど、さまざまな
形のものがあります。
木殺し
打撃面が少し膨らんだ
曲面になっています。
柄
木製のものと金属にゴム
などの滑り止めグリップ
がついたものがあります。

両口玄能

金づちは、クギを打つほかにも、木材の継ぎ手をはめ合わせたり、組み付ける部材を押し込んだりするときに、叩く道具として使います。木材のつなぎには木ネジを使うことが多くなりましたが、隠しクギや真ちゅうクギを使って美しく仕上げたい作品などもあり、まだまだ手放せない工具です。

　金づちは「玄能《げんのう》」とも呼ばれます。頭の両側が打撃面になっているもの、片側がクギ抜きになっているもの、細くとがっていたり薄くとがっているものなど、さまざまな形があります。なかでも代表的なものは、両側が打撃面の「両口玄能」です。ノミ打ちにも適しているので、木工用に1本そろえておくのにおすすめです。

　金づちのサイズは、頭の重さで表わされます。重いものほどクギを打ち込む力は増しますが、あまり重いと振りにくくなります。はじめのサイズは中くらいの400g弱のサイズが、いろいろ使えてよいでしょう。

　木づち、ゴムハンマー、プラスチックハンマーは、直接材料を叩いても表面にあとが残らないので、家具づくりが多い方は組み立てのときに重宝します。ときどき使う程度なら、あて木をして金づちで叩くことで代用できます。

■打ち方の基本

片方の手でクギをまっすぐに持ち、クギが自立するまでは、金づちを小さく振って軽くトントン打ちます。クギがしっかり立ったら、押さえていた手を離して強く打ちます。

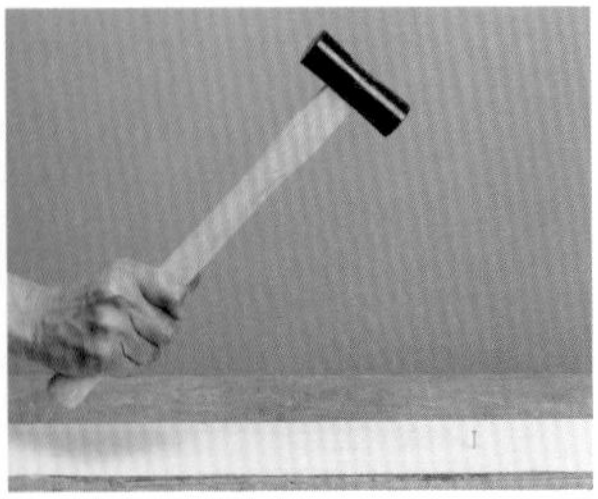

大きく振るときは、ヒジから先だけを動かし、最後に手首を利かせます。

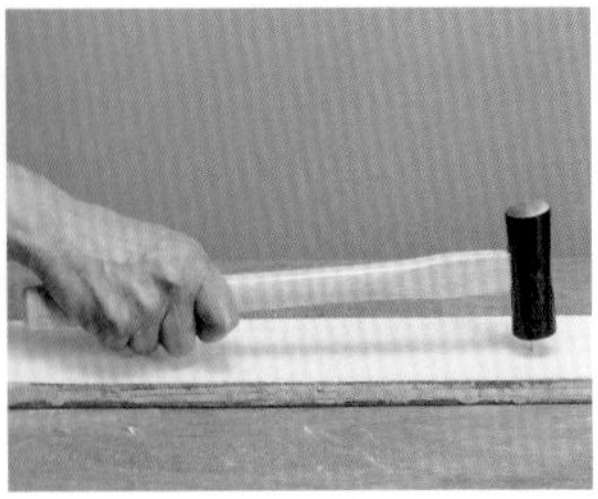

頭の重さをいかして振り下ろし、あたる瞬間に力を入れます。

■最後の打ち込み方

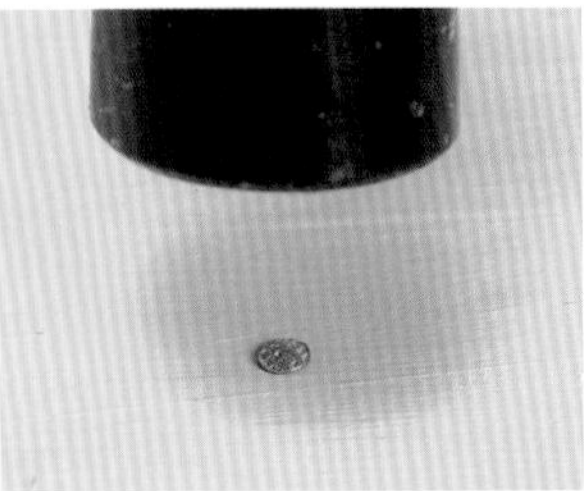

クギの打ちはじめから首が入るくらいまでは、「平」で打ちます。

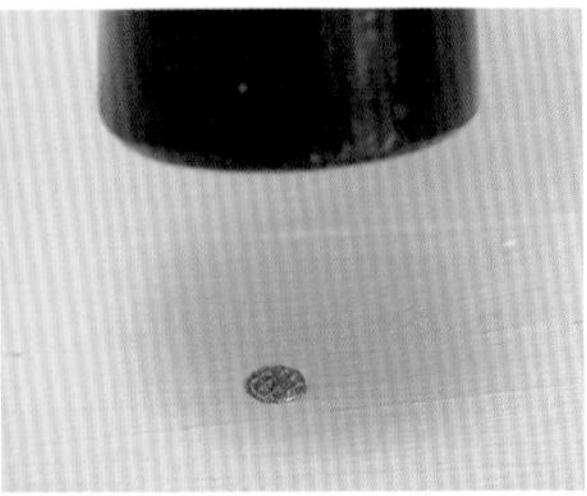

最後は、クギの頭が木材の面にそろうように、「木殺し」で打ち込みます。打撃面がふくらんでいるので、まわりに跡が残りません。

知っていると便利なクギの打ち方

通常の打ち方ができないときの対処法

■金づちを振れないとき

箱の隅や床材のサネ（差し込み部分）のように金づちをうまく振り下ろせないところでは、補助具として「クギ締め」を使います。クギ締めをあてれば、頭を木材の表面より深く打ち込むこともできます。

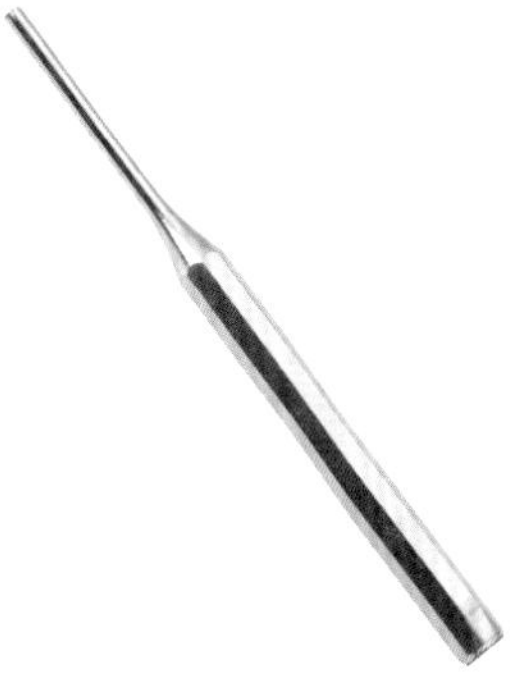

床材のサネには段差があり、金づちを最後まで振り下ろせないので、クギ締めを頭にあてて打ち込みます。

クギの頭が出ていると、はめ合わせのじゃまになり、すき間の原因になります。頭を深く沈めておきます。

■強度を高めたいとき

クギは木材に対して垂直に打つよりも、斜めに打つほうが接合の強度が増します。逆ハの字のように打つと、クギはより抜けにくくなるので、荷重がかかる部分にクギを使う場合に試してみましょう。端に打つときは、突き抜けないように角度に注意してください。

部材の接合にクギを使う場合は、斜めに打つようにしましょう。

打ち込んであるクギを抜く

打ち損じたとき、リフォームのバラしのときに必要

クギを打つところを間違えた。途中で曲がった。あるいは、リフォームするために棚や部材を取りはずさなければならない。このように木工や補修の過程では、クギを抜く必要に迫られることがあります。クギ抜きを使った抜き方を覚えておきましょう。

クギの頭が出ていないときは、釘抜きの先をクギの手前にあて、金づちでたたいて木材に少しめり込ませます。

ツメの奥までクギをかけ、テコを利用してクギの頭を持ちあげます。表面を傷めたくない場合は、下にあて木をします。

柄の長い側に持ちかえてクギをかけ直し、そのまま倒して引き抜きます。クギが長い場合は、途中で厚めのあて木をします。

■頭がゆるんだら

金づちの柄は、使っているうちに頭に差し込んだ部分がやせて、ゆるんできます。頭が飛ばないように手入れをしましょう。

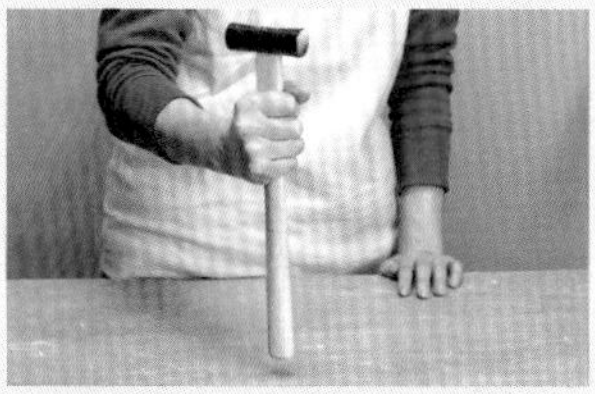

ゆるみがあまり大きくない場合は、柄の尻部分を台に打ちつけて、頭の自重で柄にはめ合わせます。

ゆるみが大きい場合は、ひと回り大きなくさびに打ち直すか、新しい柄に交換してください。

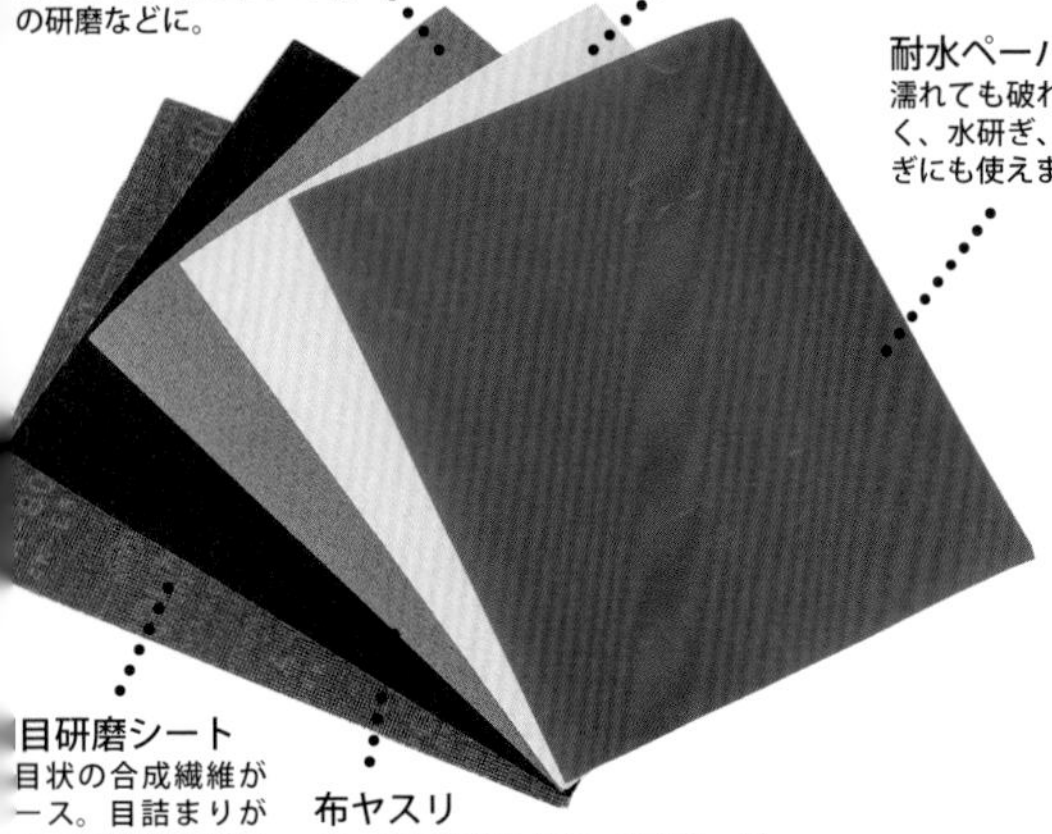
紙ヤスリ
もっとも安価で耐久性は弱めです。柔らかい木材の研磨などに。
空研ぎペーパー
紙ヤスリよりも目詰まりしにくく、耐久性に優れています。
耐水ペーパー
濡れても破れにくく、水研ぎ、油研ぎにも使えます。
目研磨シート
目状の合成繊維がース。目詰まりがく、両面使用がでて長寿命です。水ぎ、油研ぎも。
布ヤスリ
ベースに布地を使い、研磨力、耐久性ともに優れています。サンダーでの使用にも向いています。

パッケージやサンドペーパーの裏面には、研磨剤の粗さを表す番手が、80、120、240などの数字で記されています。

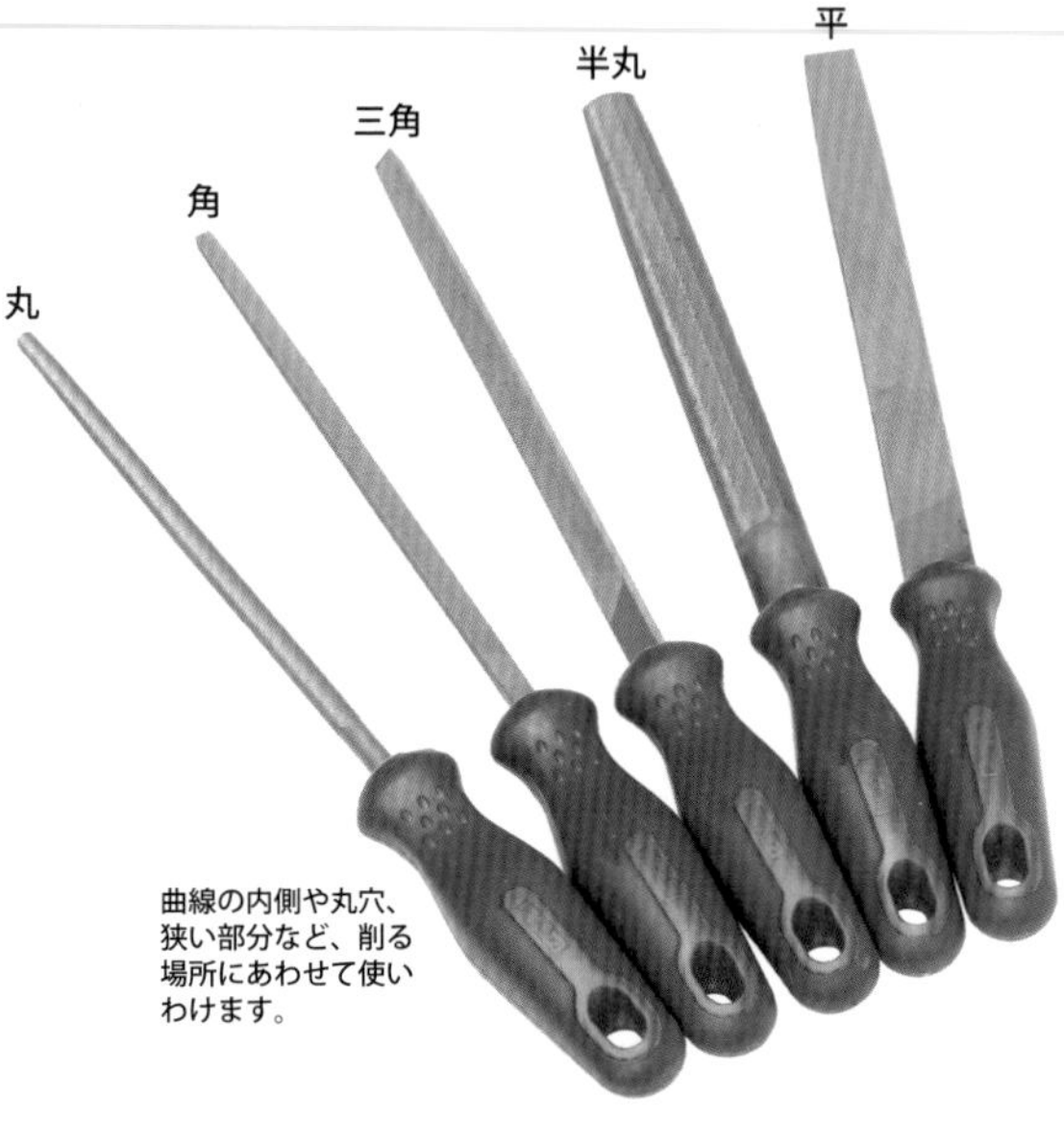
平
半丸
三角
角
丸
曲線の内側や丸穴、狭い部分など、削る場所にあわせて使いわけます。

サンドペーパー

表面の仕上げ研磨に使いやすい

サンドペーパーは紙や布に研磨粒子を塗布したもので、主に材料の表面を整えるために使います。柔らかいので、平面だけでなく、曲面や角などさまざまな場所の研磨が可能。もっとも手軽で使いやすいツールです。

研磨粒子の細かさは「番手」という数字で表され、数字が大きくなるほど目が細かくなります。木工であれば、バリや毛羽立ちなどの荒れを80番のペーパーでならし、２４０番などを使ってきめ細かく仕上げます。

ヤスリ

成形などの思い切った削りに

ヤスリは一般的に、材料の角を丸くしたり、一部分を削り落とすなどの成形作業、寸法調整やバリ取りなどに使います。

木工用と金工用では削り目が異なるので、用途がはっきりしている場合は材料にあったものを使うほうが作業性があがります。さまざまな用途に使いたい場合は、万能タイプのヤスリを工具箱に入れておくと便利です。

まず平らな板状のものをそろえ、削る場所によって角や丸のモデルを追加するといいでしょう。

平面を研磨するときは、握りやすい大きさの端材やサンディングブロックにサンドペーパーを巻くと、作業しやすくなります。

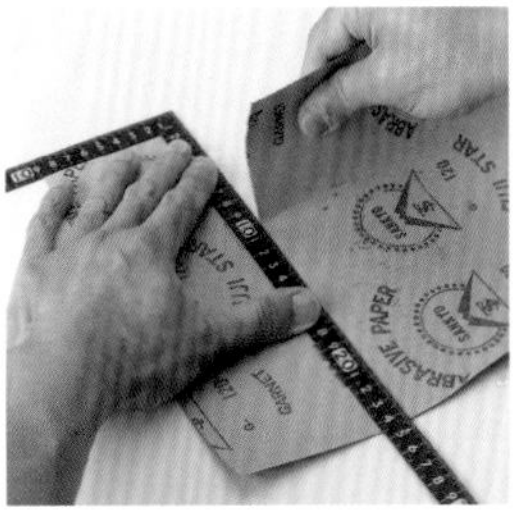

サンドペーパーをハサミやカッターで切ると刃を傷めます。折り目をつけてから、裏面に金属定規をあてて破りましょう。

耐久性が高く、目詰まりしにくい、金属面の研磨ツールは、木材の荒削りや成形、バリ取りなどに活躍します。

陶器やガラスのように、一般的なヤスリが使えない硬い材料を削れるダイヤモンドヤスリ。ノコ刃の目立てもできます。

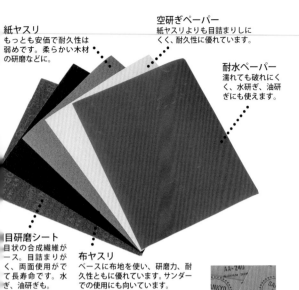

07

扉・引き出しの取りつけ方

丁番《ちょうばん》取りつけの基本

開き扉の取りつけに欠かせない金具、丁番《ちょうばん》を扱う前に知っておきたいこと

丁番取りつけのポイント

位置決めと固定の注意点

丁番は通常、1枚の扉に対して2つ取りつけます。丁番の位置にこれといった決まりはありません。ただ、2つの丁番が離れているほうが扉を支える強度は高くなりますから、ほかの金具の位置や見栄えを考えながらできるだけ間隔をあけた位置に決めるとよいでしょう。

固定時には、ネジどめする際の金具のずれに注意しましょう。丁番の取りつけ穴はネジがぴったり収まるように作られているので、ネジを穴の中心に打つ必要があります。少しでも位置が違うと、締めつけたときに金具がずれて固定されてしまいます。扉をきれいに取りつけるために、仮どめや下穴あけをして丁番を正確に固定しましょう。

■仮どめ

片手で丁番を押さえながら、もう一方の手で下穴あけやネジどめをするのは至難の業。扉が下がったり、傾いたりして、取りつけ作業を正確に行えません。扱いに慣れないうちは、位置を決めて金具を仮どめしてから丁寧に作業するようにしましょう。

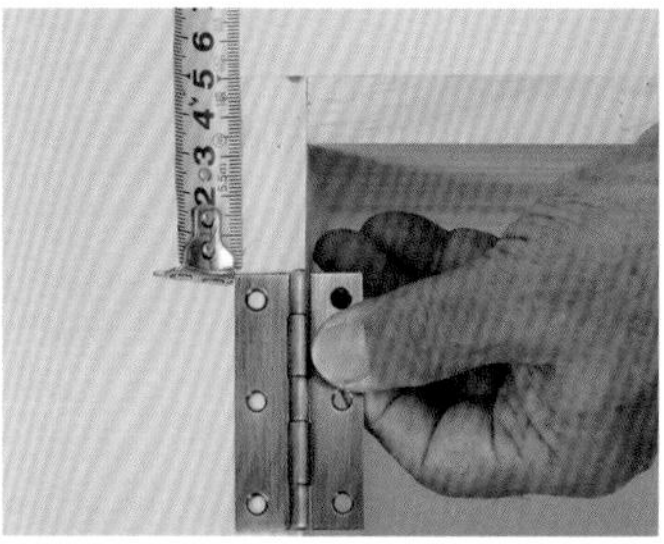

家具と丁番のバランスを見て取りつけ位置を決めます。上下が同じ位置になるように寸法を測ります。

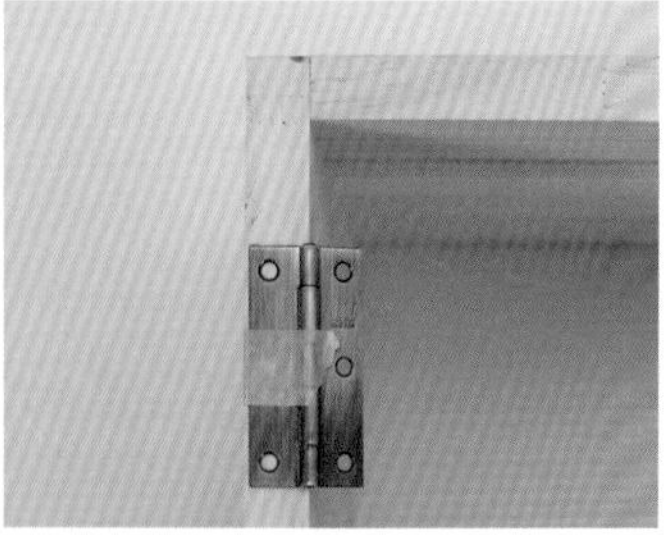

上下左右の位置を合わせ、軸がまっすぐになっていることを確認して、マスキングテープで仮どめします。

■下穴あけ

ネジどめの位置ずれを防ぐには、キリやドリルで下穴をあけておくと確実です。早く正確に作業できる専用のドリルが販売されているので、こうしたツールを利用するのもおすすめです。丁番に付属するネジは短いので、下穴は位置をマーキングする程度に浅くしておきます。

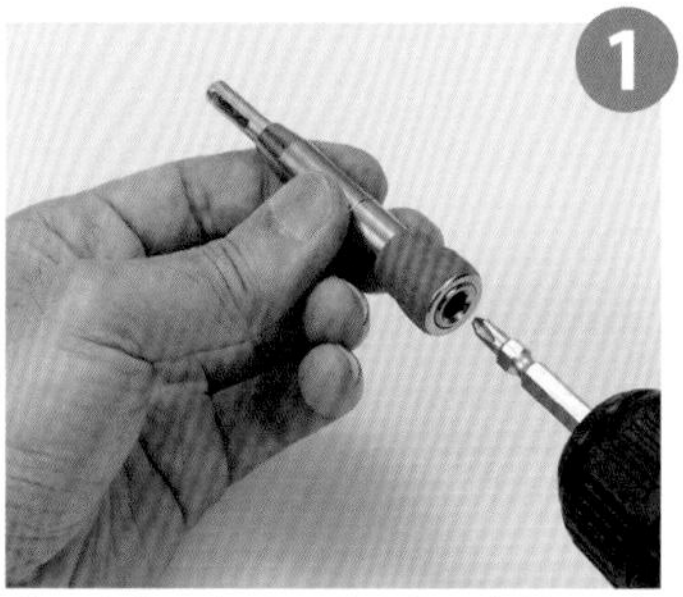

ドライバービットの上から下穴ドリルを取りつけます。（軸の形状によって取りつけられないビットもあります）

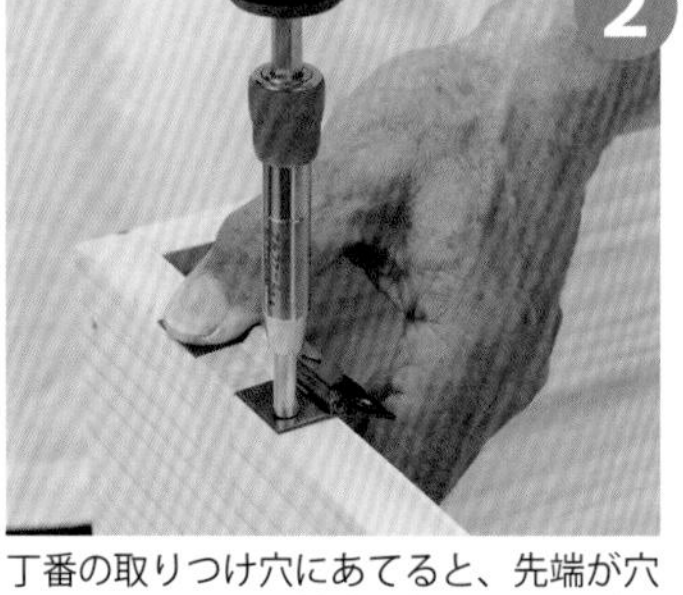

丁番の取りつけ穴にあてると、先端が穴にフィット。その状態で押しつけながらドリルを回して穴をあけます。

先端を穴に押しつけると、中心からドリル刃が飛び出す構造です。（写真は説明用）

簡単かつ正確に下穴をあけることができます。下穴が深すぎるとネジが利かないので、印をつける程度で十分です。

丁番下穴ドリル

取りつけ穴の中心に正確に下穴をあけられる専用のドリルビットです。写真の製品はドライバービットにつけるタイプで、ビット交換の手間がかかりません。

角《かど》丁《ちょう》番《ばん》の取りつけ方

もっとも入手しやすいのが角丁番。黒、白、ブロンズなどのカラーを選べます。

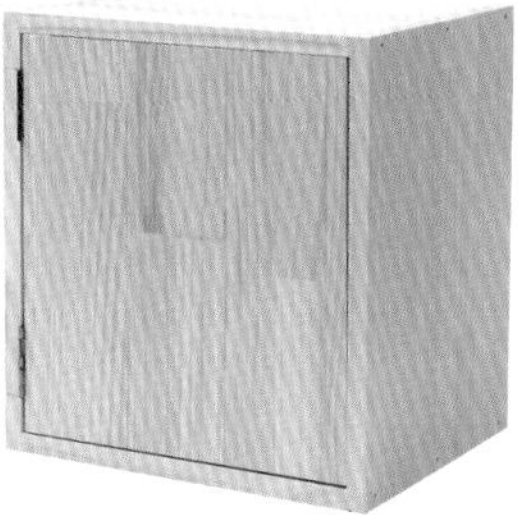

ネジどめするだけで簡単に扉を取りつけられますが、閉めたときのすき間は少し大きめです。

種類が豊富なスタンダード丁番。小さい扉から大きい扉まで対応。

取りつける位置を決めたら、本体の側板に印をつけます。

金具の向きを確認して線の高さに合わせ、側板の角にあてた状態でマスキングテープで仮どめします。

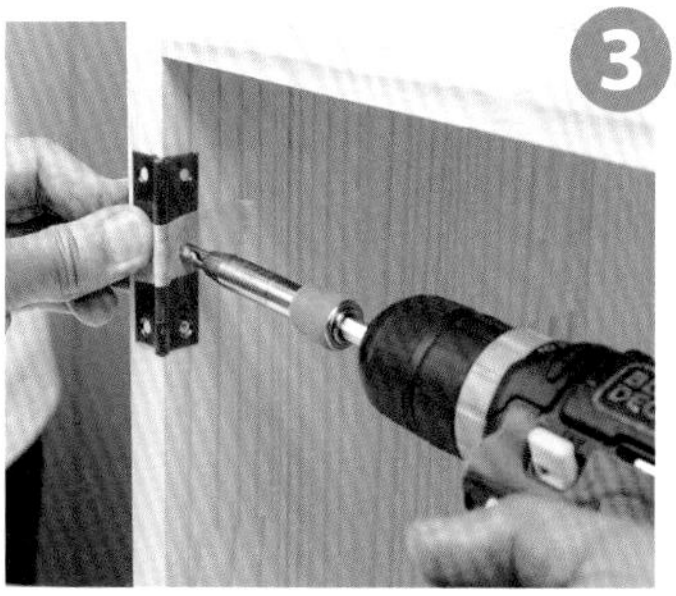

ドリルやキリを使って取りつけ穴の中心に下穴をあけます。深すぎるとネジが利かないので印をつける程度にします。

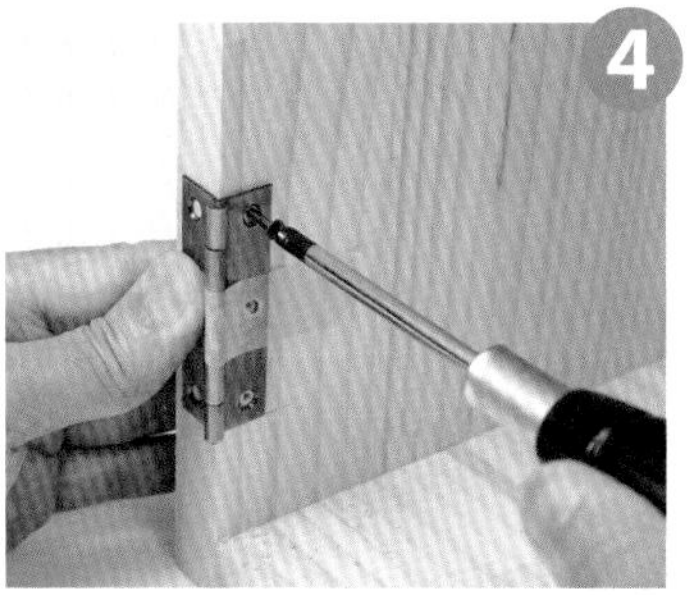

ドライバーで付属のネジを締めつけて丁番を固定します。予備がないので、ネジを傷めないように注意しましょう。

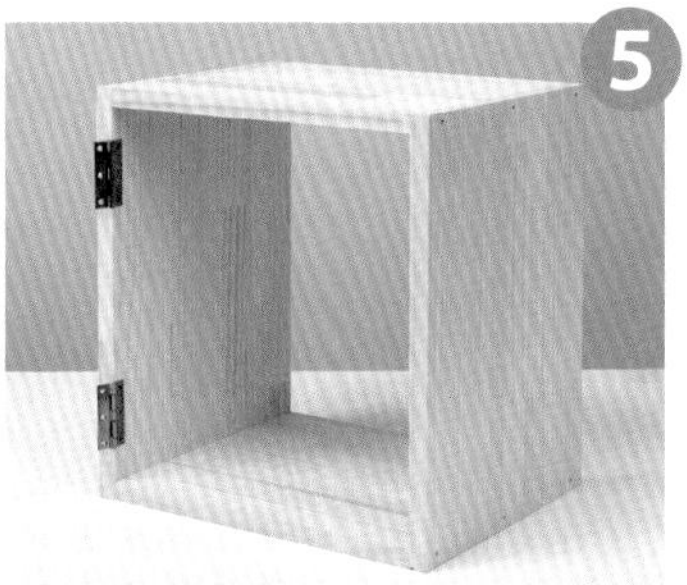

上下のあきが同じになるように、位置をそろえて２枚の丁番を固定します。

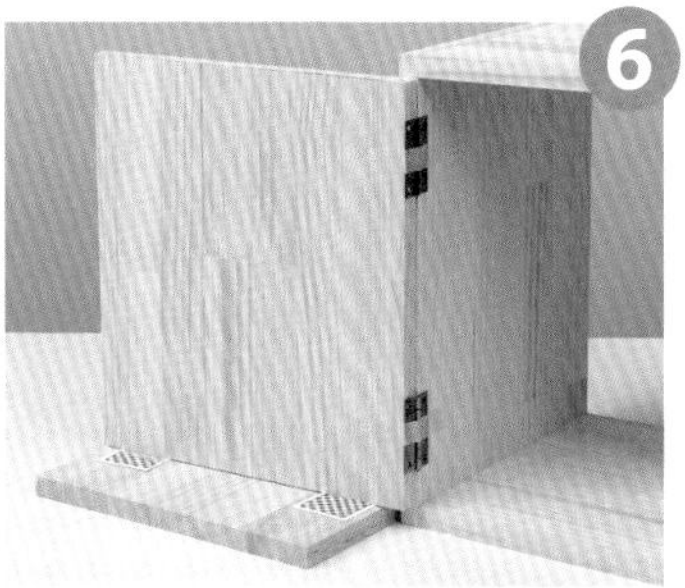

底板と同じ厚みの板を敷いて高さをそろえ、スペーサーを入れて扉を 1mm ほど浮かせた状態で丁番に仮どめします。

扉が動かないようにしっかり支えながら下穴をあけます。プレートと板同士のすき間がずれないように注意ましょう。

ドライバーでネジを締めて、扉を丁番に固定します。

取りつけが完了しました。最後に扉が傾いていないか、スムーズに開閉するかを確認しましょう。

掘《ほ》り込《こ》み加工での取りつけ方

丁番《ちょうばん》の厚みを消すひと手間で ぴったりサイズの扉をつける

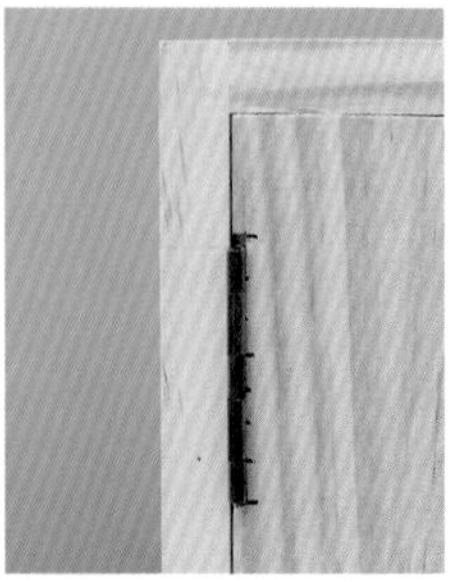

手間が少ない扉側だけを掘り込む加工にしても、見た目の差はほとんどありません。

ノミでの掘り込みはハードルが高いのですが、扉がぴったり収まり気持ちのよい仕上がり。

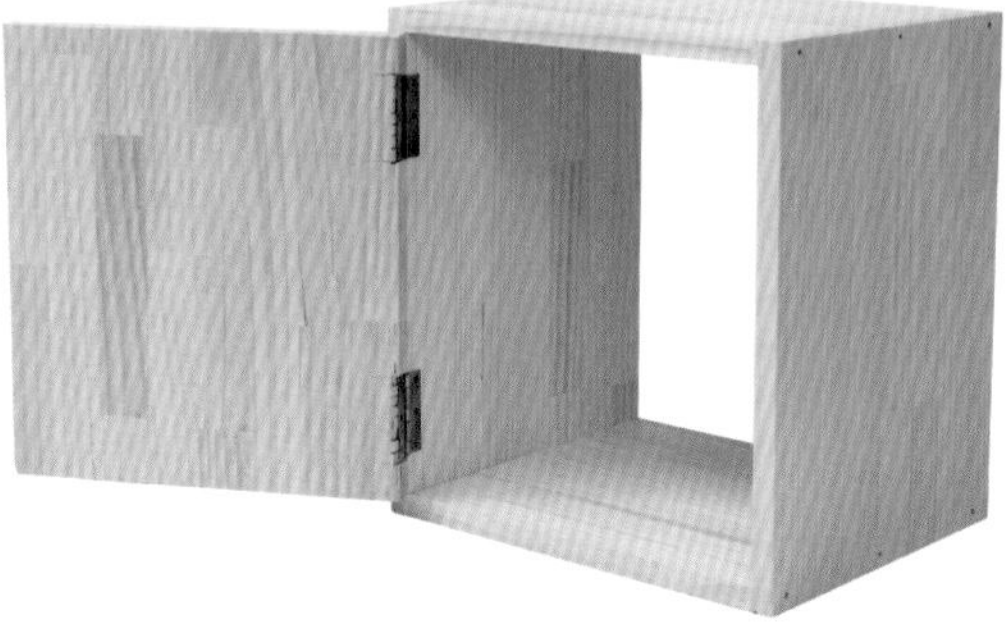

1

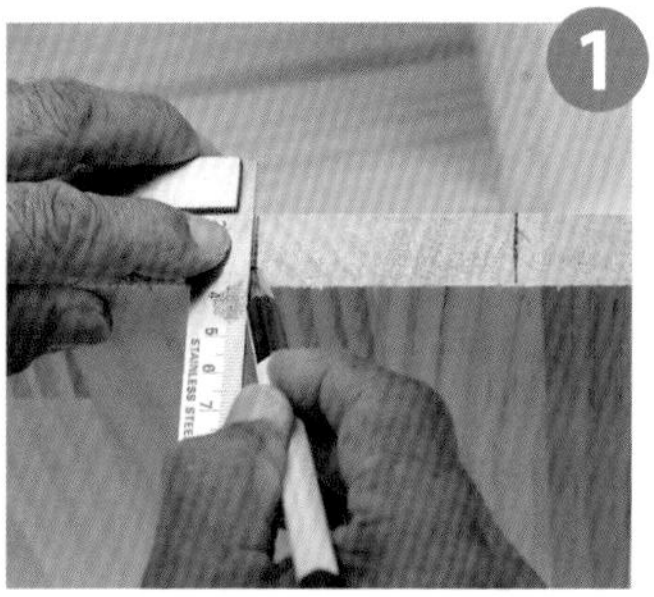

取りつけ位置を決めたら、扉の木口に丁番が収まる寸法で線を引きます。

2

今回は本体側板を加工しないで扉側だけ掘り込むので、プレートを折り畳んだ厚みを測ります。

3

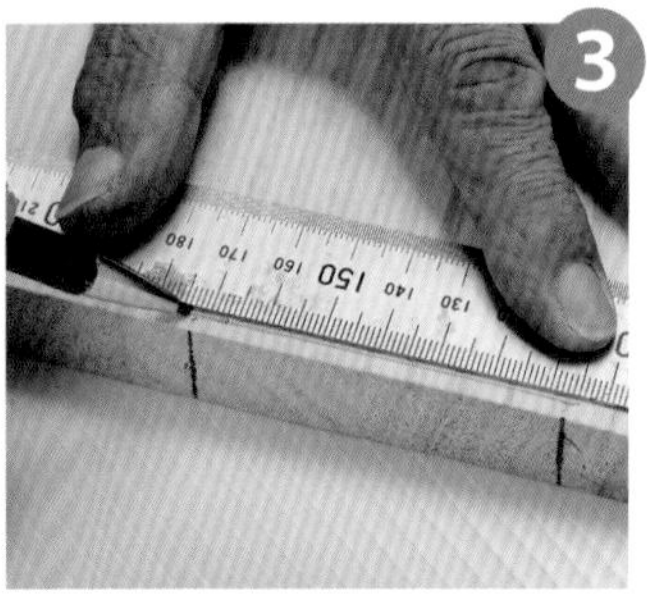

測った寸法をもとに掘り込む深さがわかる線を引きます。線は扉の両面に引いておきましょう。

4

木口に引いた２本の線の外側に、深さの線のところまでノコギリで切り込みを入れます。

5

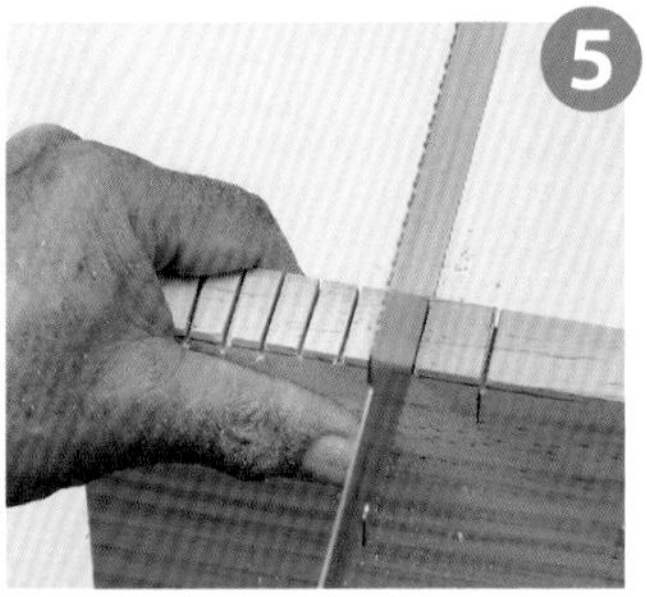

ノミで断ち落としやすいように、掘り込む部分に細かく切り込みを入れます。この切り込みは線の手前で止めます。

6

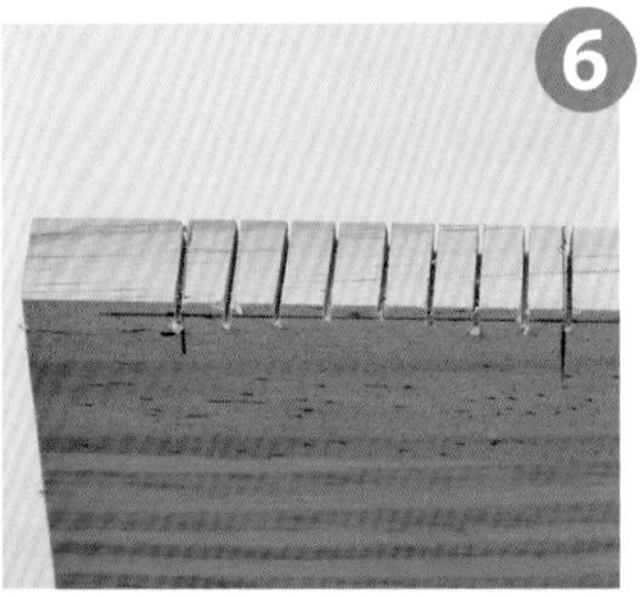

切り過ぎないように扉の両側から確認し、ノコギリをできるだけ水平に動かすようにしましょう。

7

断ち落とすときはノミの刃の平らな方（刃裏）を残す側に向けて、刃先を線に合わせてあてます。

8

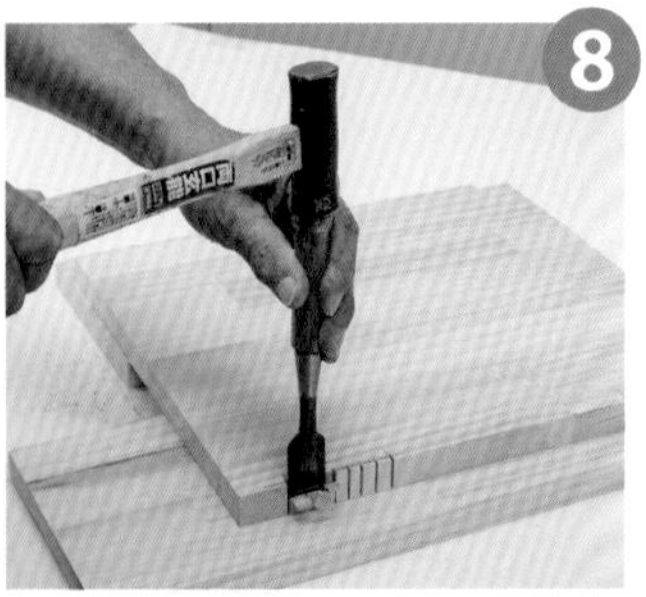

刃をまっすぐに立てた状態で金づちで柄尻を叩き、切り込みを入れた部分を一気に断ち落とします。

9

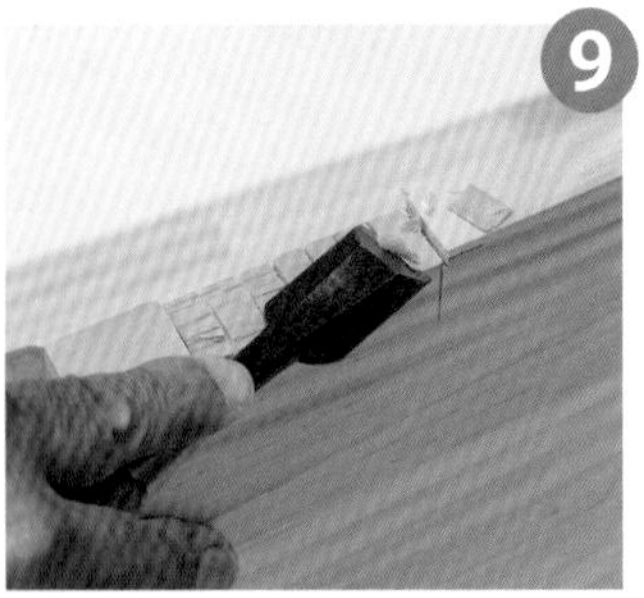

落とし切れなかった切り込み部分をノミで削り、深さをそろえながら平らに整えます。

飾《かざ》り丁番《ちょうばん》の取りつけ方

取りつけやすい外づけタイプ 扉にデザイン性も追加

魅せるタイプの丁番。アンティーク調など、収納のテイストに合わせて選べます。

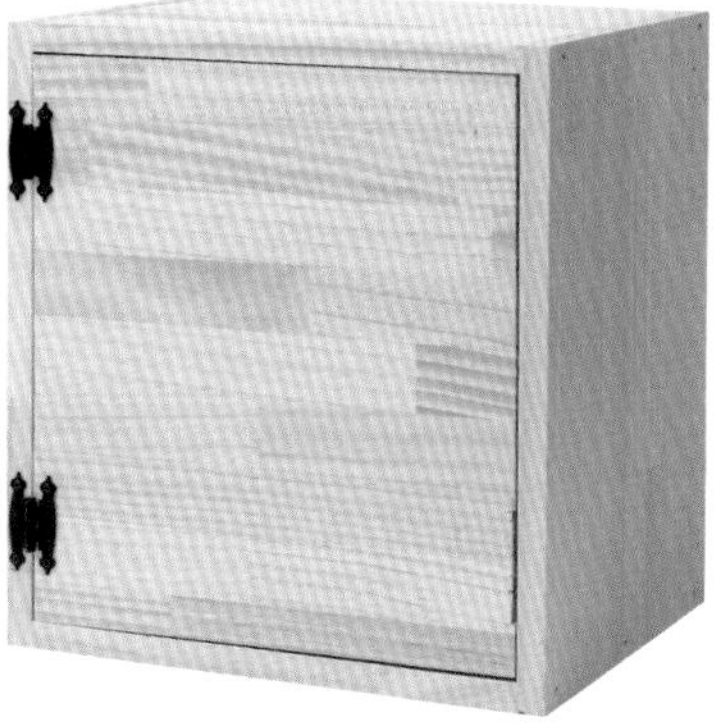

丁番の掘り込み加工には、柄尻を金づちで叩ける追い入れノミを使います。

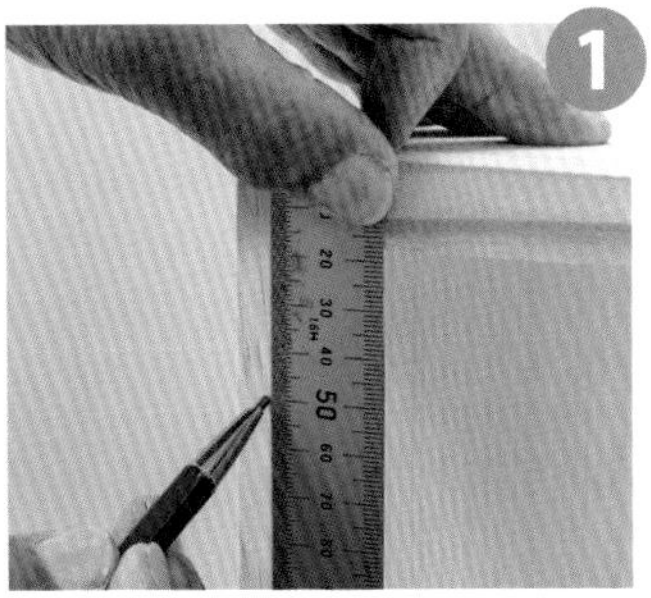

取りつけ位置に印をつけます。金具に存在感があるので、見た目の印象も重視して位置を決めましょう。

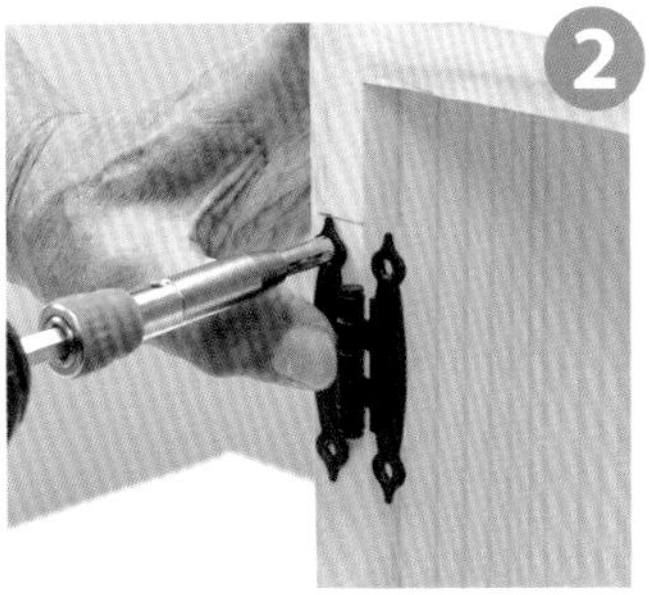

軸の位置と垂直を合わせて下穴をあけます。慣れないうちは仮どめして作業するのがおすすめです。

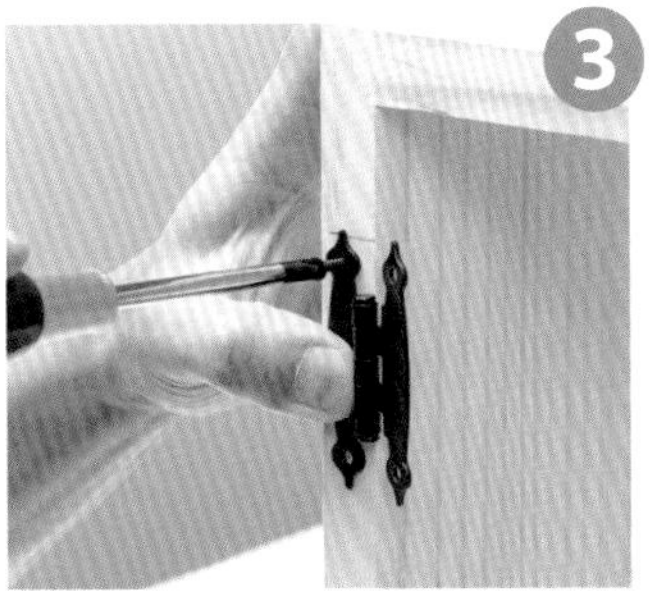

付属のネジをドライバーで締めつけます。予備はついていないので、傷めないように丁寧に作業しましょう。

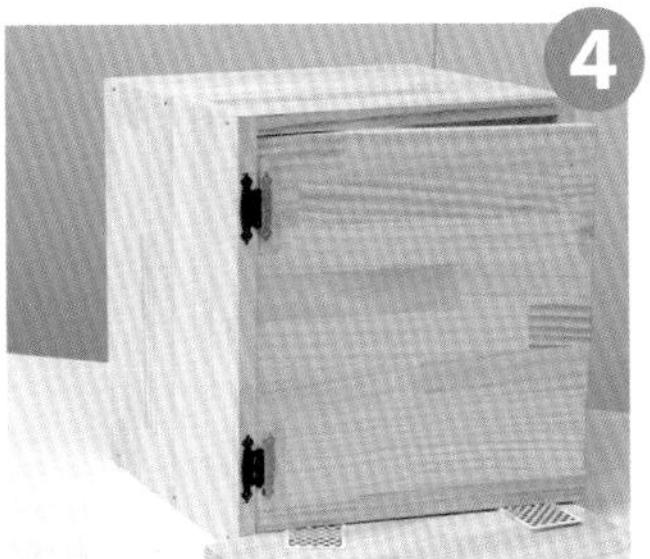

底板と同じ厚さの板の上にスペーサーを入れ、扉を1mm程度持ち上げた状態で丁番を仮どめします。

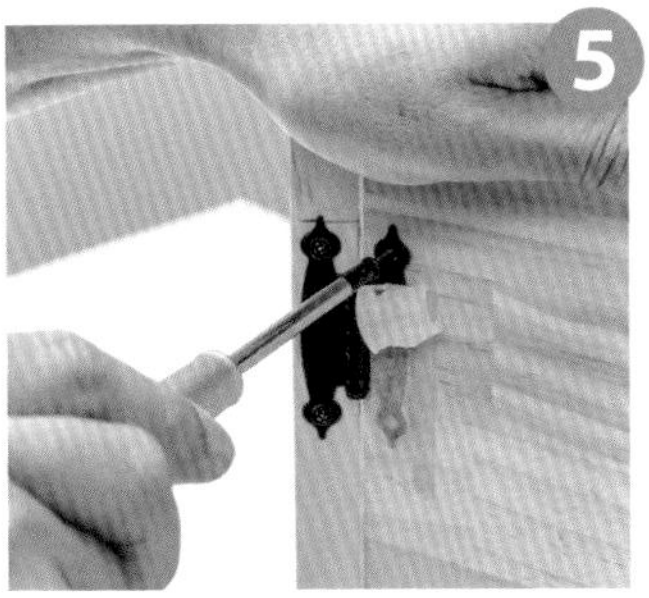

上部の金具の1か所だけ下穴をあけてネジどめします。側板と扉の間に少しすき間ができるようにしてください。

下部の金具の1か所をネジどめして、扉の傾きと開閉を確認。問題がなければ残りのネジをとめて固定してください。

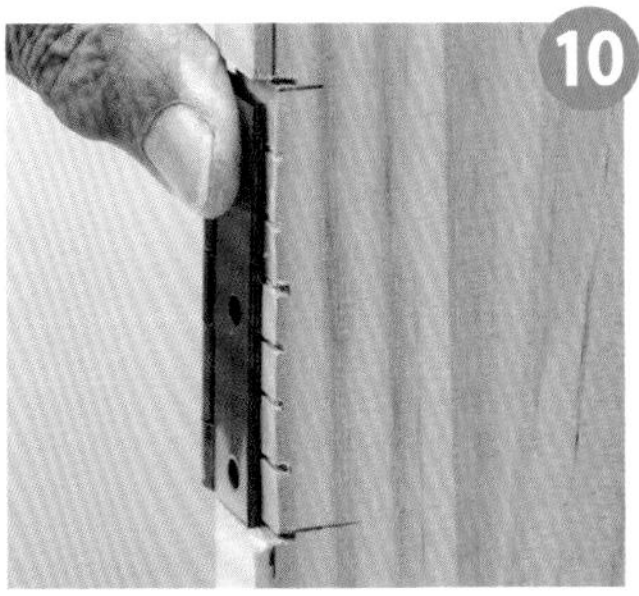

丁番をあてて深さが足りているか、平らになっているかを確認します。削り足りない部分はさらに調整します。

P197と同じ要領で、側板と扉をネジどめして固定します。

取りつけ完了。掘り込む深さは数ミリ程度なので、ノコギリの切り込み過ぎに注意してきれいに加工してください。

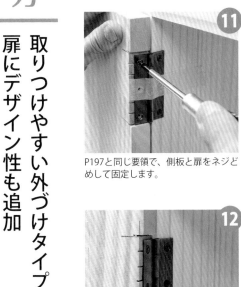

スライド丁番《ちょうばん》の取りつけ方

スライド開閉と調整が可能
内側取りつけで表面すっきり

扉の取りつけ方に合わせて、かぶせ量の異なる3タイプから選んで使用します。

扉の開きは90°まで。閉めると扉が収納本体を隠して前面がすっきり見えます。

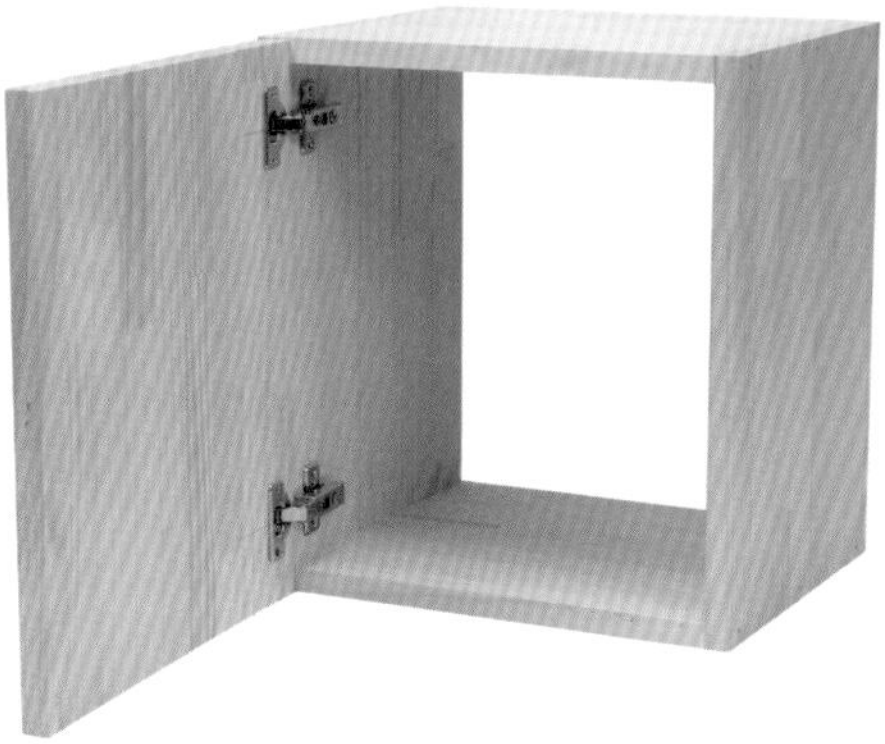

1

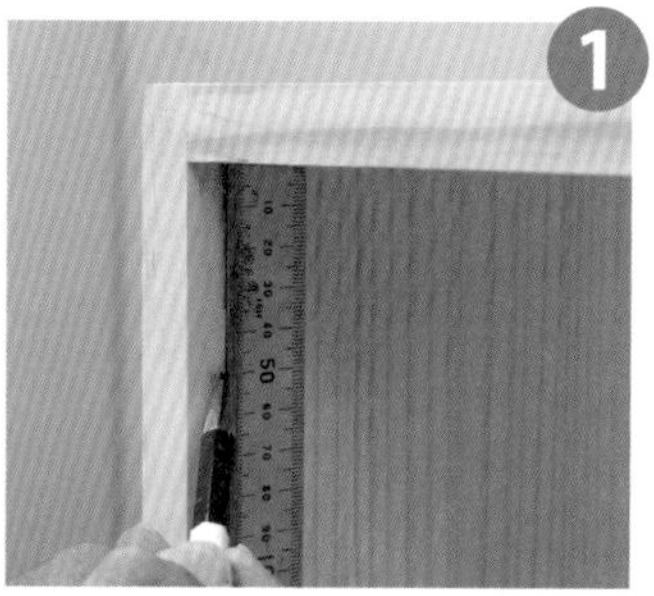
丁番の取りつけ位置を決めて印をつけます。ステーなど他の金具を併用する場合は、干渉しないように注意します。

2

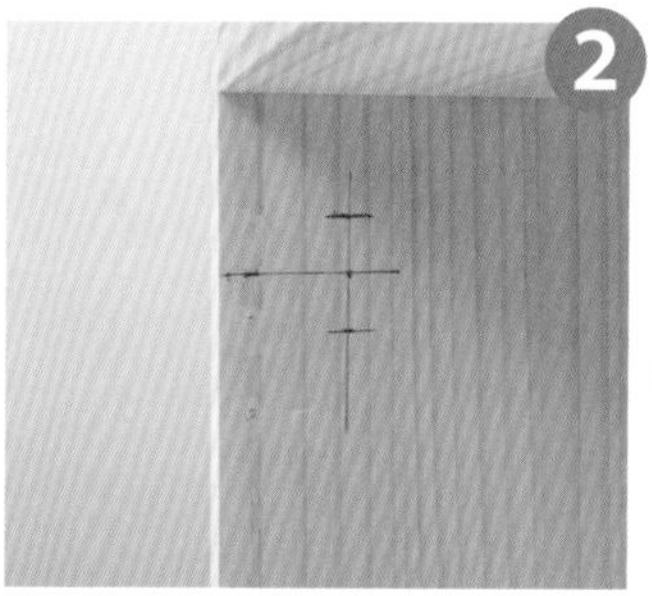
側板の内側に垂直に線を伸ばし、座金の取りつけネジの位置に印をつけます。寸法は付属の説明書に従ってください。

3

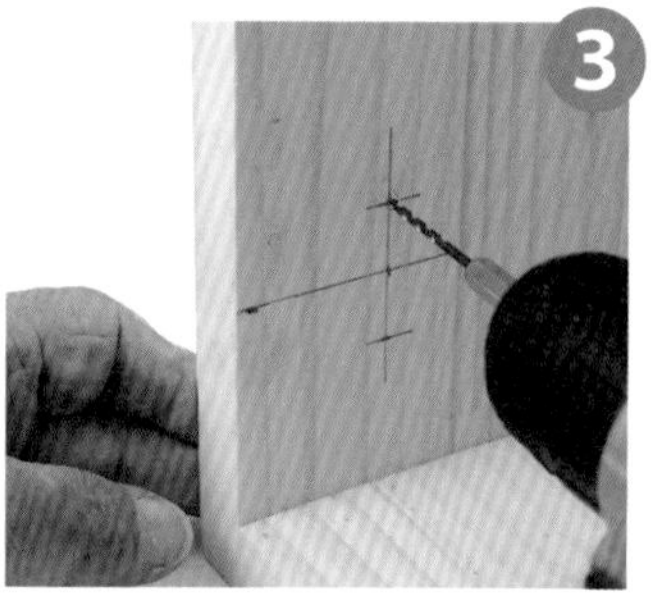
ネジ位置の中心に、キリで下穴をあけます。

4

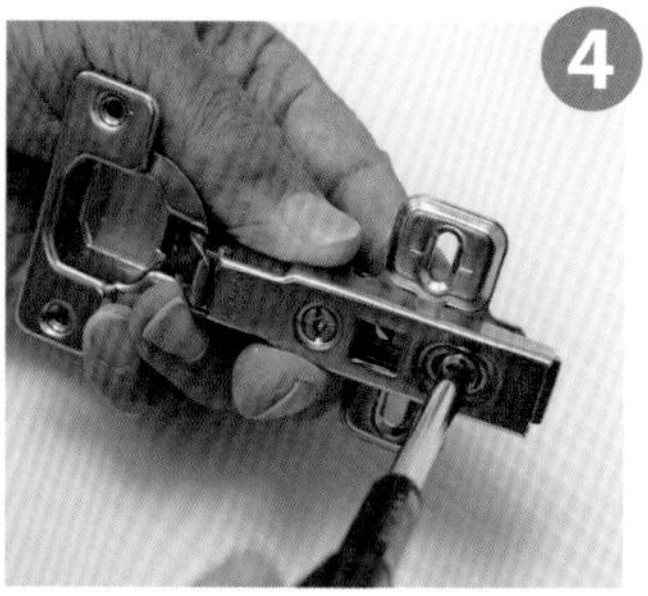
スライド丁番の固定ネジを緩めて、本体と座金を分離します。

5

ネジを締めて座金を固定します。この時点では、楕円形のネジ穴のまん中あたりで位置を決めておきます。

6

2つの座金を取りつけて、収納本体側の作業は完了です。

7

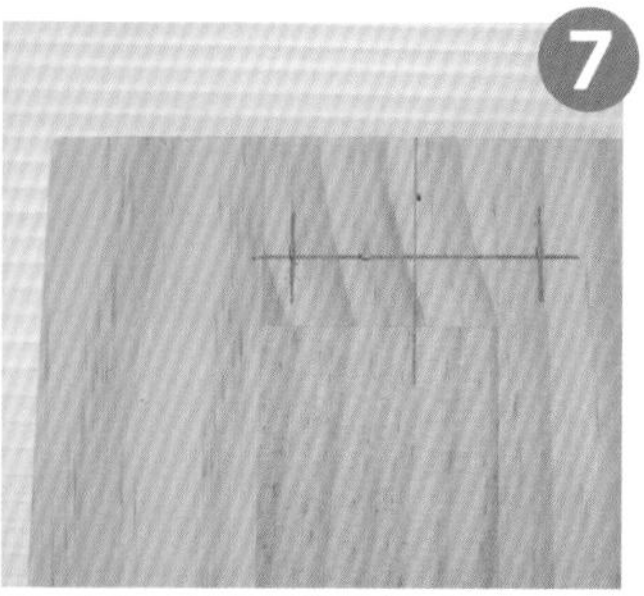
ここから扉側の作業。本体側と高さを合わせて線を引き、本体のカップをはめ込む穴の中心とネジ位置に印をつけます。

8

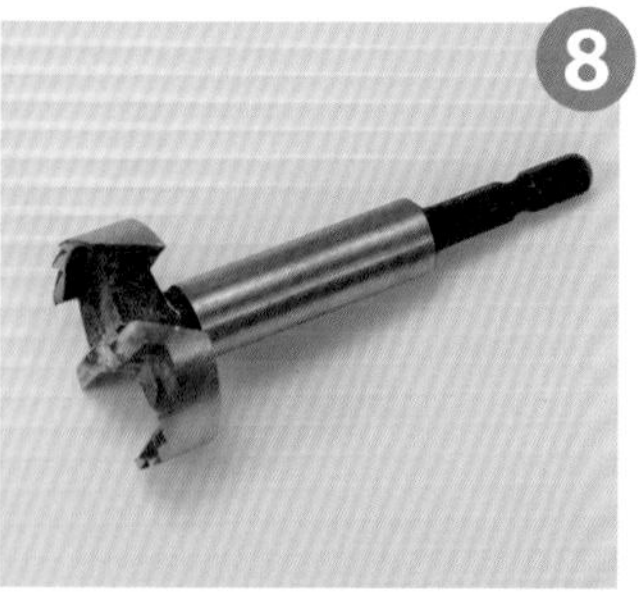
カップ用の穴の掘り込みには、止め穴をあけられる径35mmのボアビットを使用します。

9

ボアビットをドリルドライバーに装着し、先端のドリル刃を穴の中心点に合わせます。

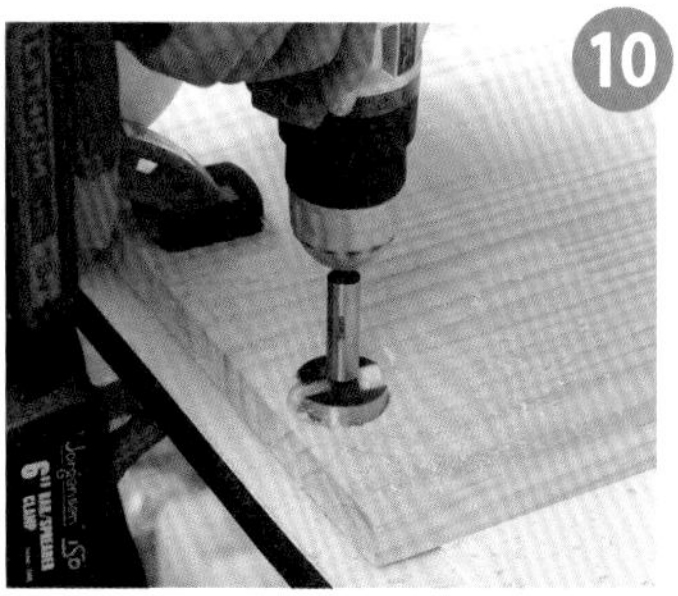

ボアビットで指定された深さの穴を掘ります。目詰まりしやすいので、削りクズを排出しながら作業しましょう。

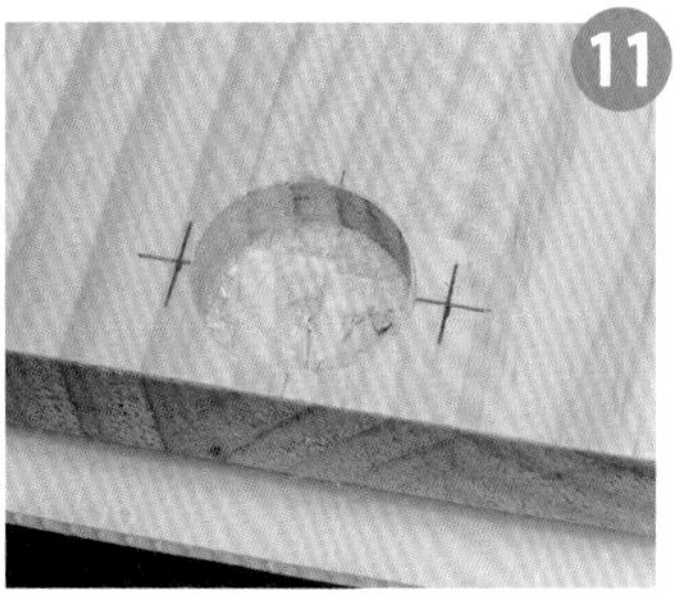

穴が掘れたらカップを入れて深さを確認します。カップは縁で止まるので、多少深くなっても問題ありません。

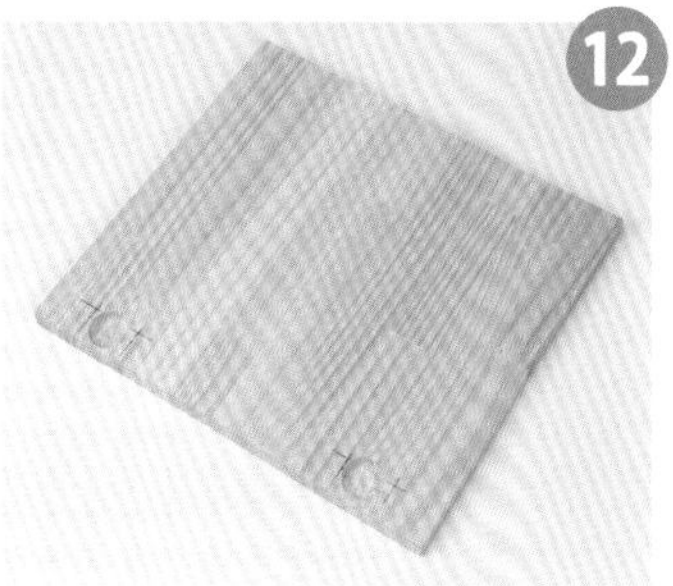

扉の2か所に本体カップをはめ込む穴の加工が完了しました。

❼で印をつけた本体取りつけネジの位置に下穴をあけます。

付属のネジを締めつけて扉にスライド丁番の本体を固定します。

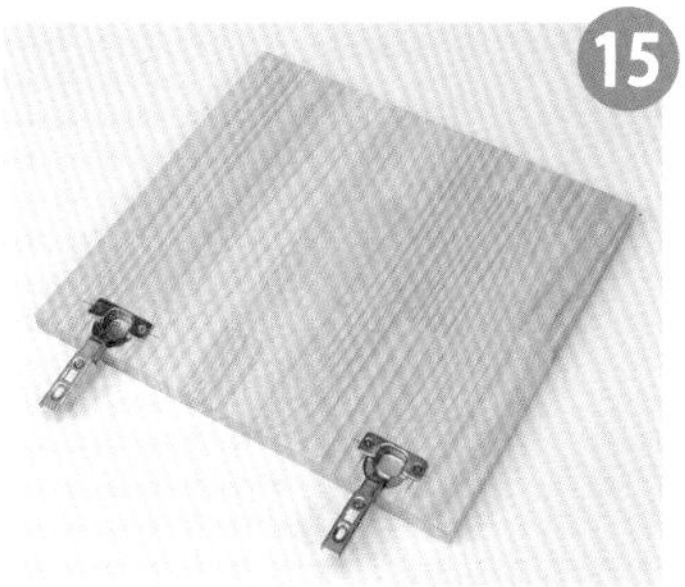

扉側の作業が完了しました。完成後の調整幅は小さいので、できるだけ正確に作業しましょう。

丁番本体と座金の位置を合わせて、扉を側板に取りつけます。

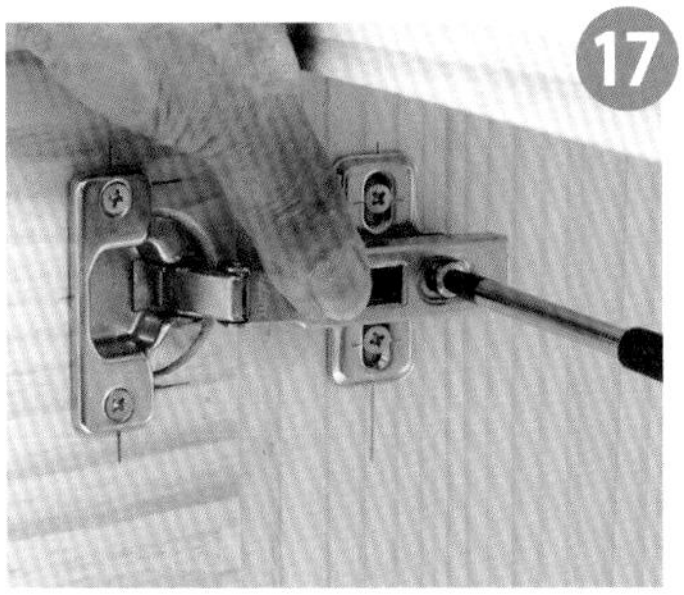

金具同士の穴の位置を合わせて固定ネジを締めます。後ほど調整するので、ここでは仮どめにしておきます。

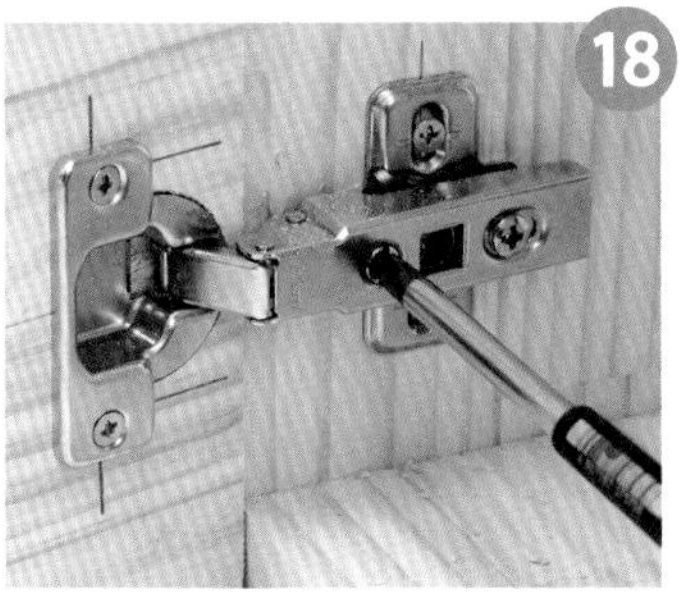

扉を閉めて、前後、上下、かぶせ量を確認し、ずれている場合は調整ネジを回して位置をきっちり合わせてください。

スライド丁番の調整方法

角丁番やフラッシュ丁番は、位置決めや取りつけを正確に行わないと、扉の位置がずれたり、軸が傾いてスムーズに開閉できなくなったりします。それらに比べると、取りつけ後に扉の位置を前後、左右、上下に調整できるスライド丁番はDIYで扱いやすい丁番といえます。扉の位置がずれている場合は、3方向の調整を行ってぴったり収まるようにしましょう。

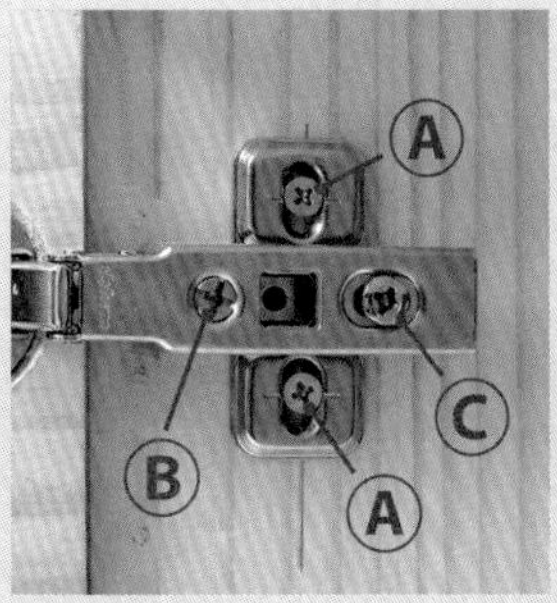

Ⓐ上下調整
座金の取りつけネジの穴は上下に長い楕円形になっています。このネジを緩めて座金の位置を修正します。

Ⓑ左右調整
かぶせ量調整ネジを回して行います。数ミリ程度の調整が可能です。

Ⓒ前後調整
本体固定ネジの穴は前後に長い楕円形になっています。このネジを緩めて本体の位置を修正します。

取《と》っ手《て》の取りつけ方

収納の表情に関わる取っ手を一発できれいに取りつけよう

裏ネジタイプの取りつけ方

ハンドルタイプは直線基調のデザインなので、位置決めで扉との平行をきっちり出して作業しましょう。２つ穴タイプは穴あけ作業がシビアです。位置が少しずれてもカバーできるように、穴を大きめにしておくことをおすすめします。

表側にネジが見えないため仕上がりはスマート。面つけタイプに比べて素材やデザインのバリエーションが豊富です。

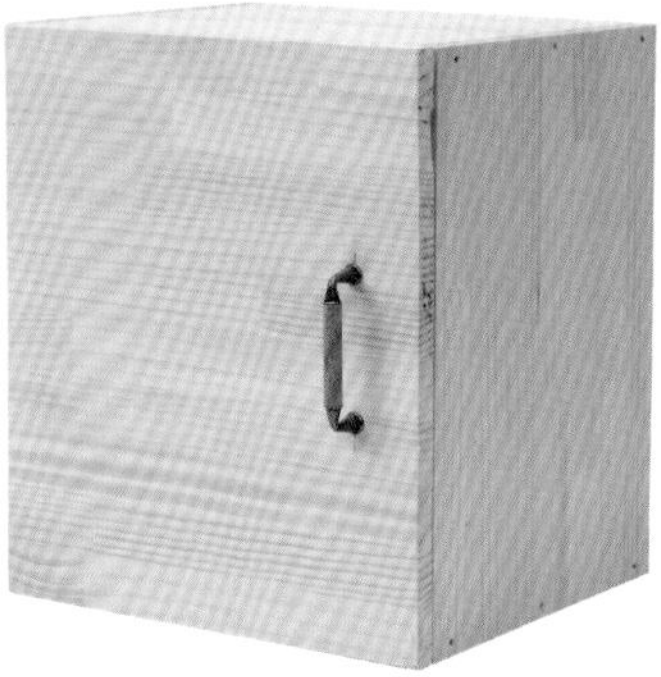

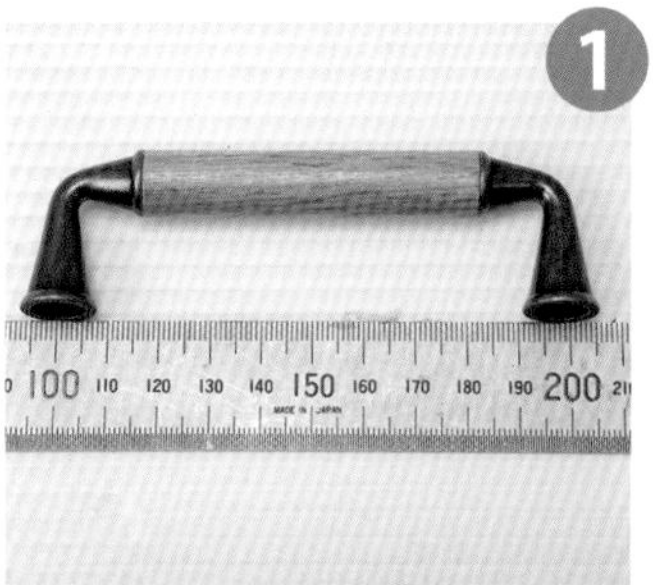

2つのネジ穴の中心の間隔、ネジピッチを測ります。

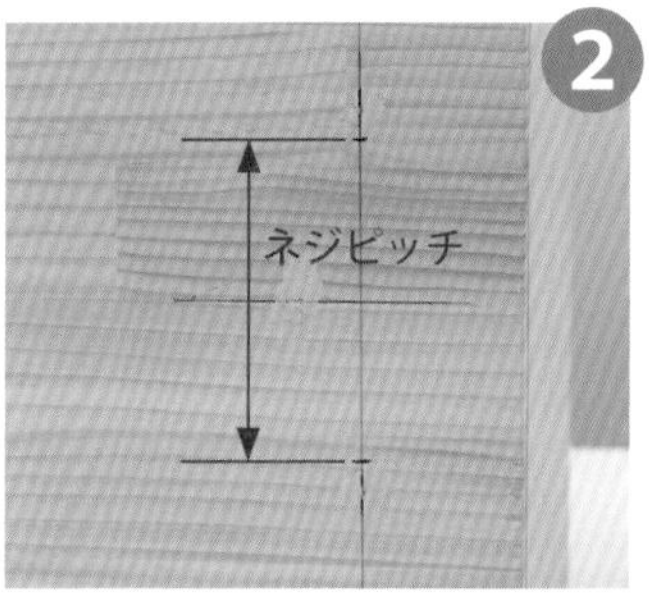

取りつけ位置を決めたら扉の端と平行に線を引き、中心点を基準にネジピッチの寸法で印をつけます。

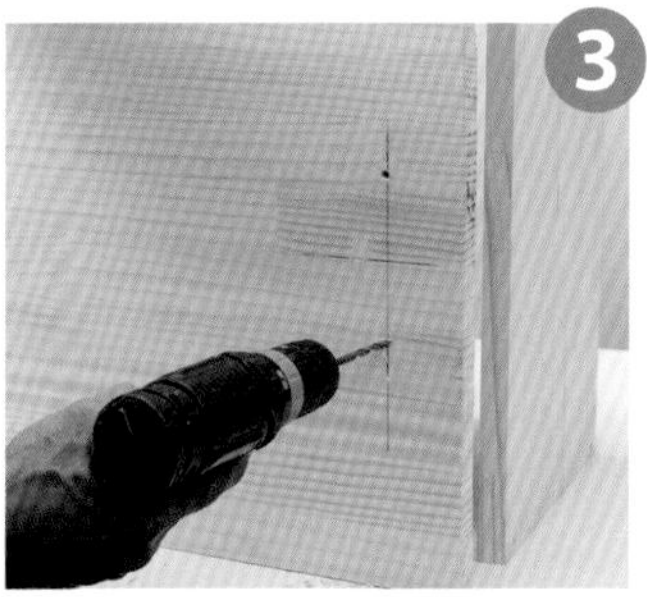

❷でつけた印のところに、ネジよりひと回り大きい穴をあけます。

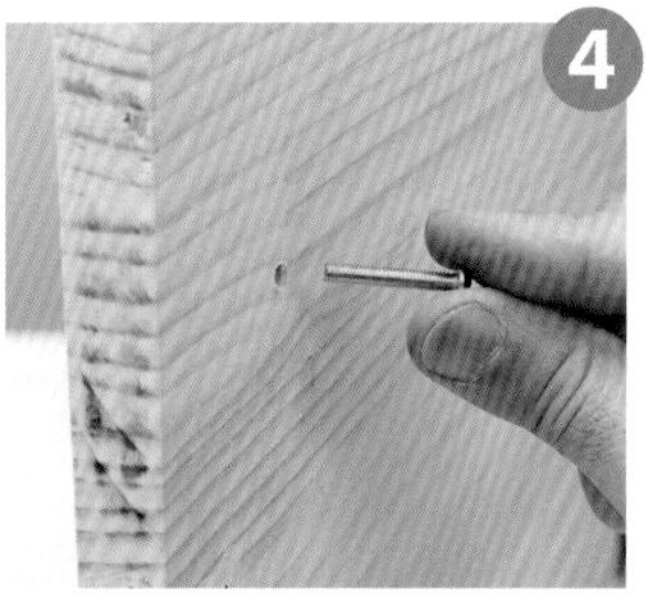

扉の裏側から穴にネジを差し込みます。

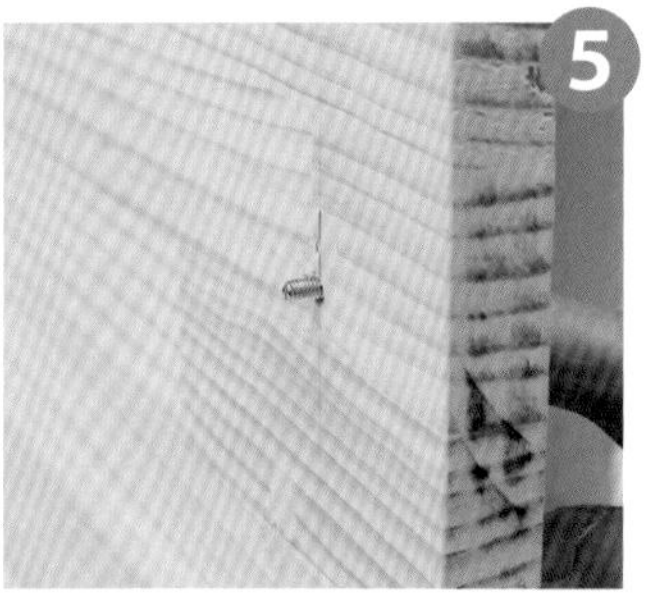

ネジを奥まで差し込んだ様子。長すぎず、短すぎず突き出していれば、取っ手をしっかり固定できます。

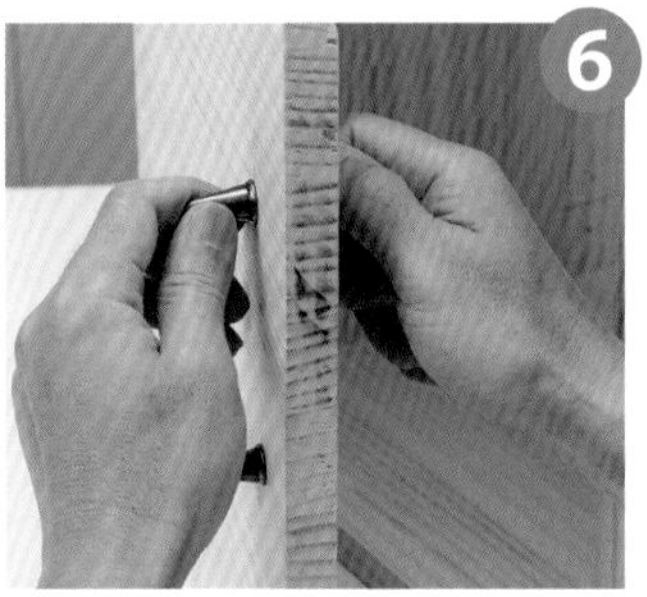

取っ手の穴をネジに合わせ、回せるところまで手でネジを締めます。もう１本のネジも同じように締めましょう。

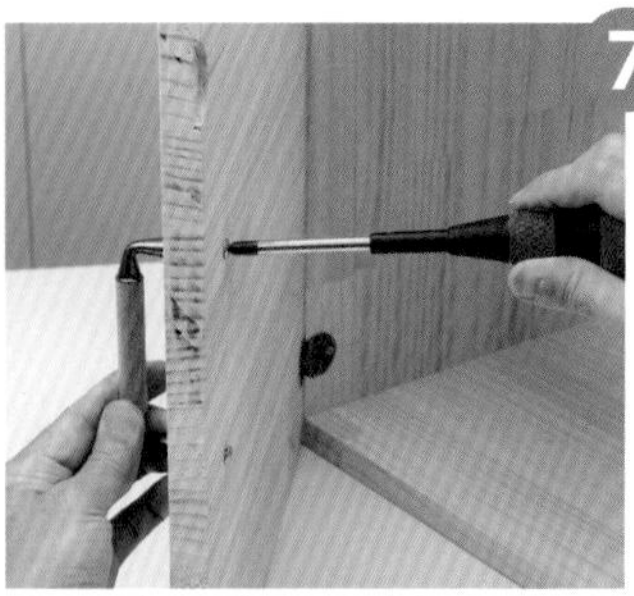

ドライバーを使って固くなるところまでネジを締めつけて、取っ手を固定します。

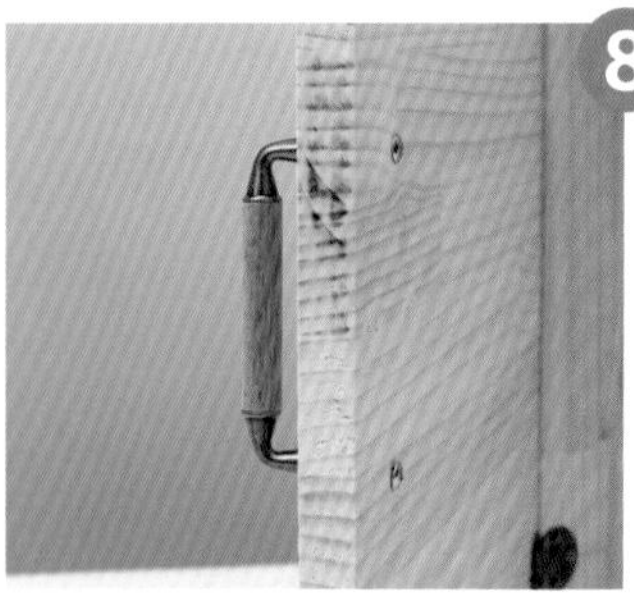

取りつけが完了。ネジが１～2mm長い程度であれば、裏側にワッシャーを入れて調整できます。

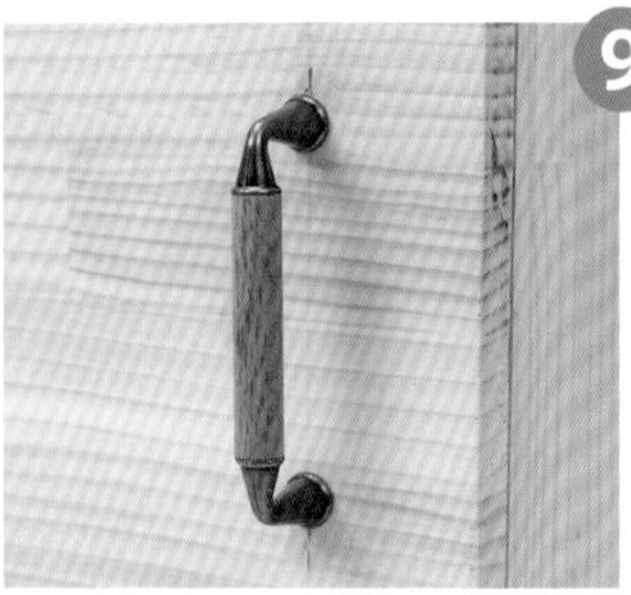

使用していて取っ手がガタつくようになったら、裏側からネジを締めなおしてください。

ラッチの取りつけ方

位置合わせの方法がわかれば取りつけはぴったり決まる

扉を閉めた状態で保持するために、開き扉で丁番と併用します。押すと開くプッシュラッチや、地震発生時に安全性の高いセーフティラッチなど種類ごとに特徴があるので、収納の設置場所や用途に合わせて選ぶと利便性がアップします。

取っ手つきの扉に使われることが多いマグネットラッチ。他の種類でも基本的な取りつけ方法は同じです。

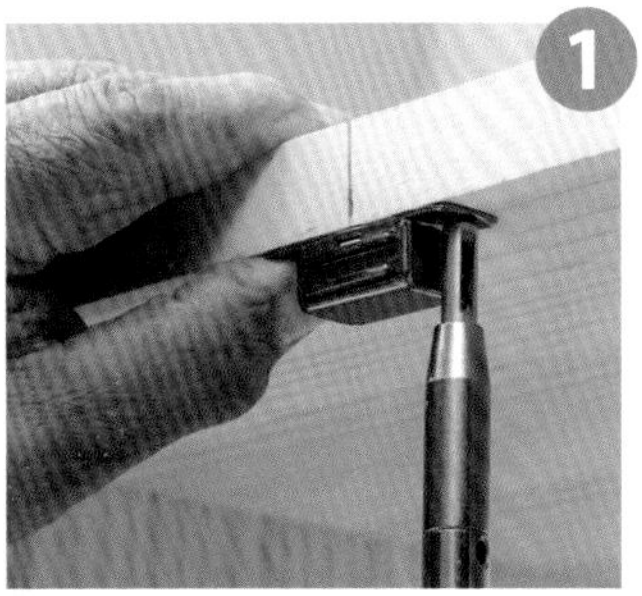

ラッチ本体と側板の面を合わせ、片方の穴のまん中に下穴をあけます。（インセットは扉の厚み分だけ内側にします）

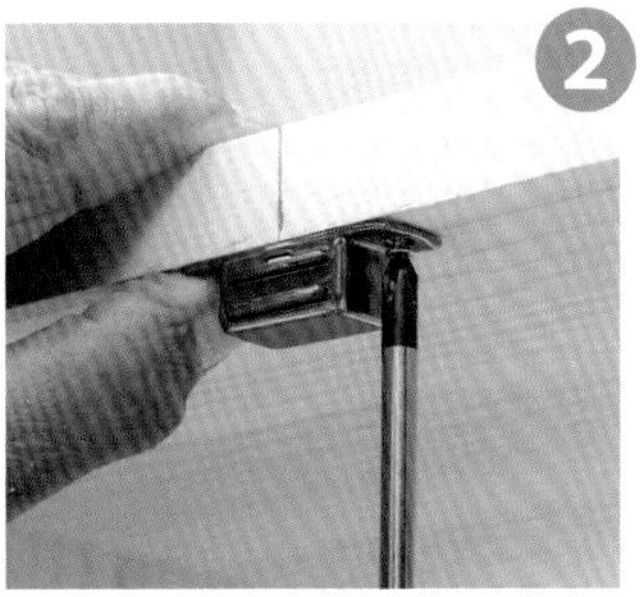

ドライバーでネジを締めつけて仮どめできたら、ずれていないことを確認してもう一方もネジどめします。

本体のマグネットに付属の金属プレートを取りつけます。（インセット扉の場合は扉のすき間分だけずらします）

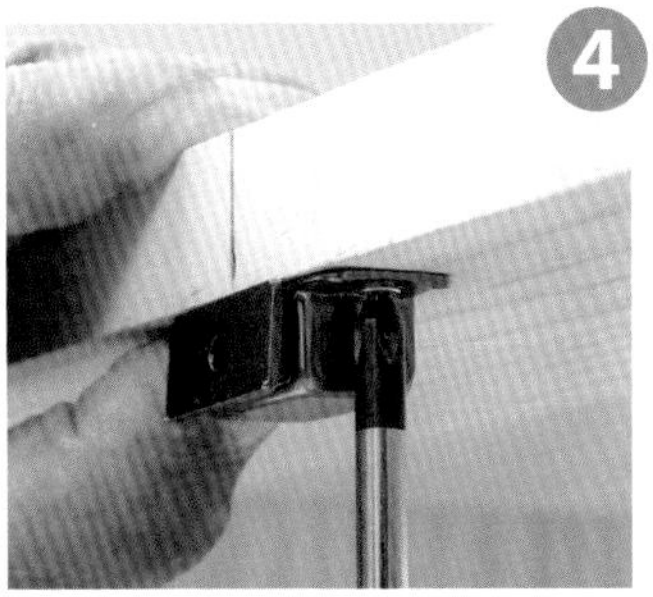

固定ネジを緩めて、プレートと側板の面がそろうように本体の位置を調整してネジを締めなおします。

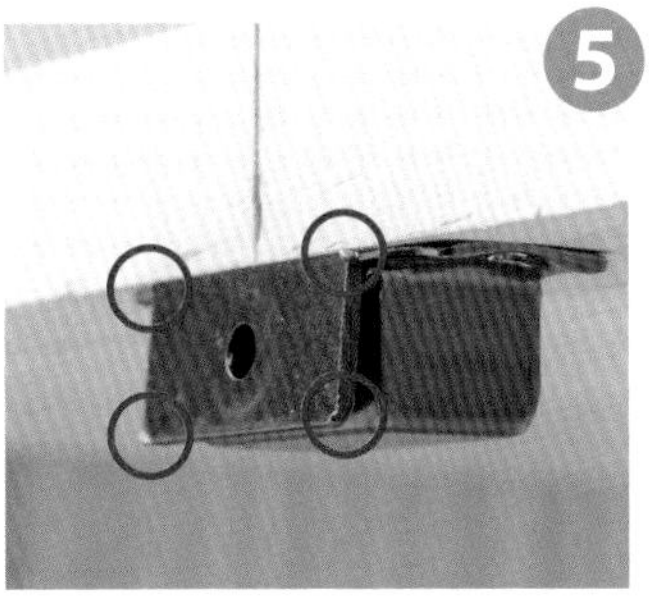

プレートの爪が前を向いていることと、ずれがなくまっすぐになっていることを確認します。

爪の出っ張りが小さい場合は、先端にペンで色をつけておくと、視認性が高くなります。

扉を閉めて外側から強く押しつけ、扉の裏側にプレートの爪をスタンプします。

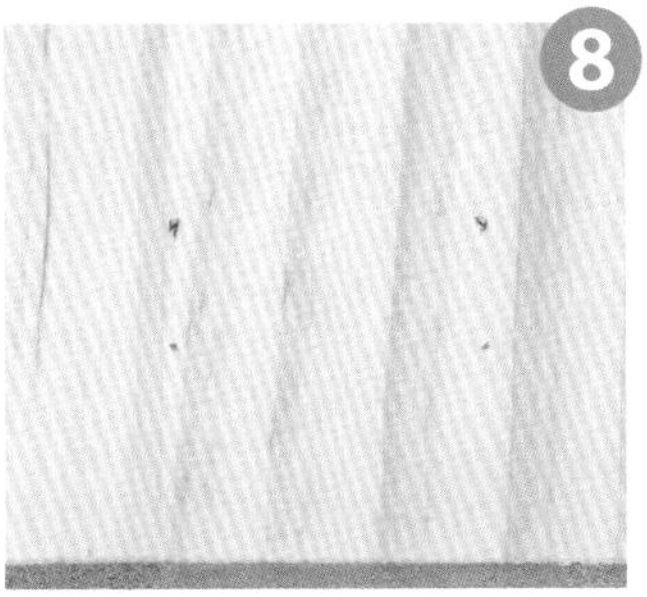

扉の裏側を見ると、4か所にマーキングできています。これでプレートの取りつけ位置確認ができました。

マーキングに合わせてプレートをあて、ネジで固定します。扉の閉まりが悪い場合は、ラッチの位置を調整しましょう。

ローラータイプの取りつけ方

シンプル&リーズナブルで引き出しの脱着も簡単

インナーとアウター、2本のレールを組み合わせて使用し、それぞれについたローラーによって引き出しをスムーズに開閉するスライドレール。本体側と引き出し側を別々に取りつけるタイプのため作業は難しくないのですが、その分正確な位置合わせが求められます。前後から作業できるように本体の背面はあけておき、スライドレールの取りつけ後に背板を取りつけましょう。

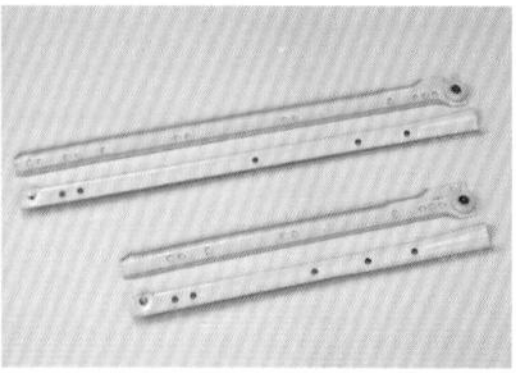

使用したスライドレールは、箱の下角に取りつける底づけタイプ。50mm刻みで用意されたサイズのなかから取りつけスペースに合うものを選びます。耐荷重があまり高くないので、小さく浅い引き出し向きです。

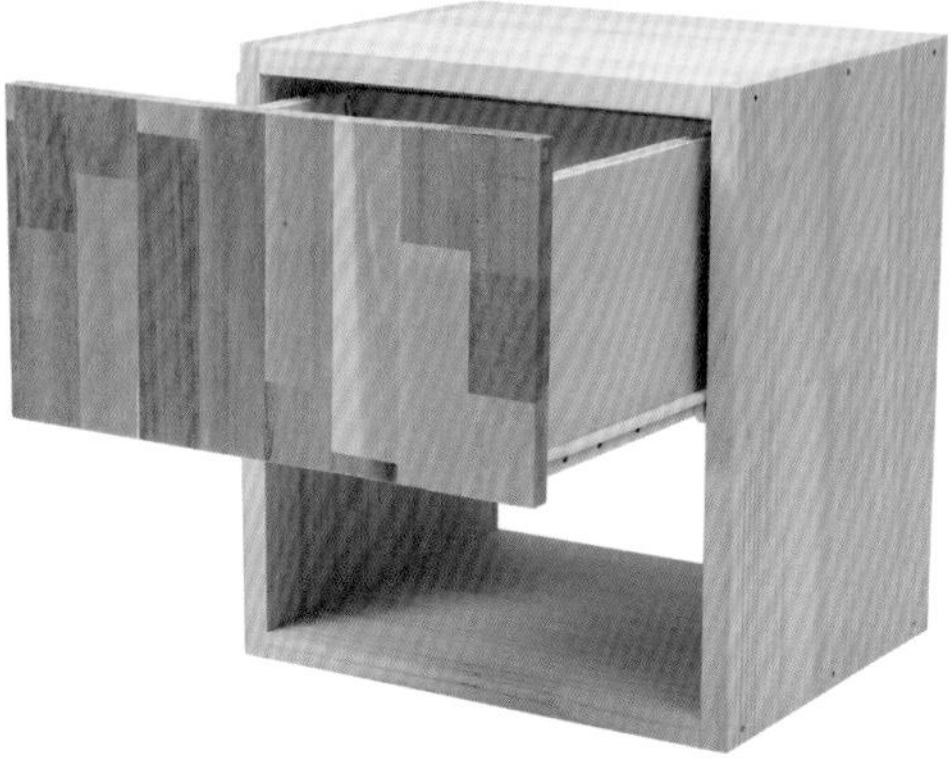

ローラータイプは構造上、引き出しの奥に引き残しがあります。箱の奥行がレールより長いとその分引き残しが増えるので、設計時には注意しましょう。

ローラーの高さ分を持ち上げて引き出しを脱着します。そのため引き出しの上部に20mmほどの余裕が必要で、スペースに対して箱を低く作る必要があります。

引き出しサイズの決め方

■側面図

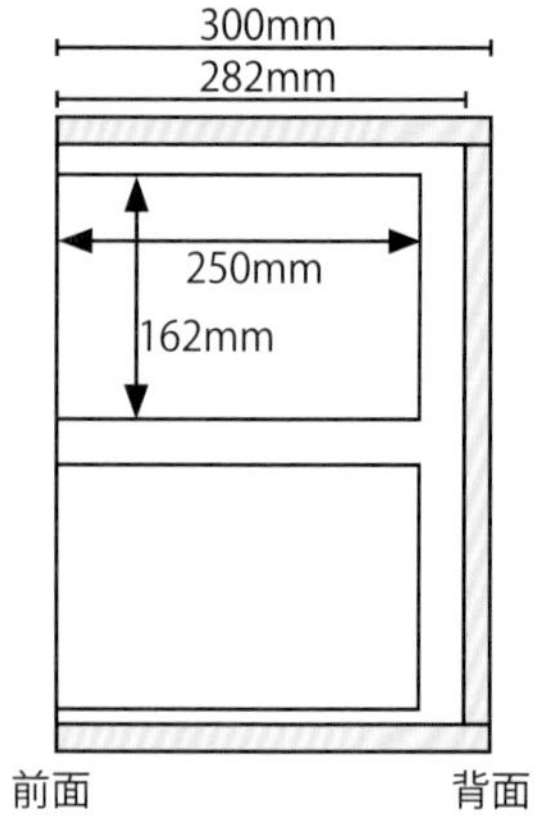

300mm
282mm
250mm
162mm
前面
背面

■正面図

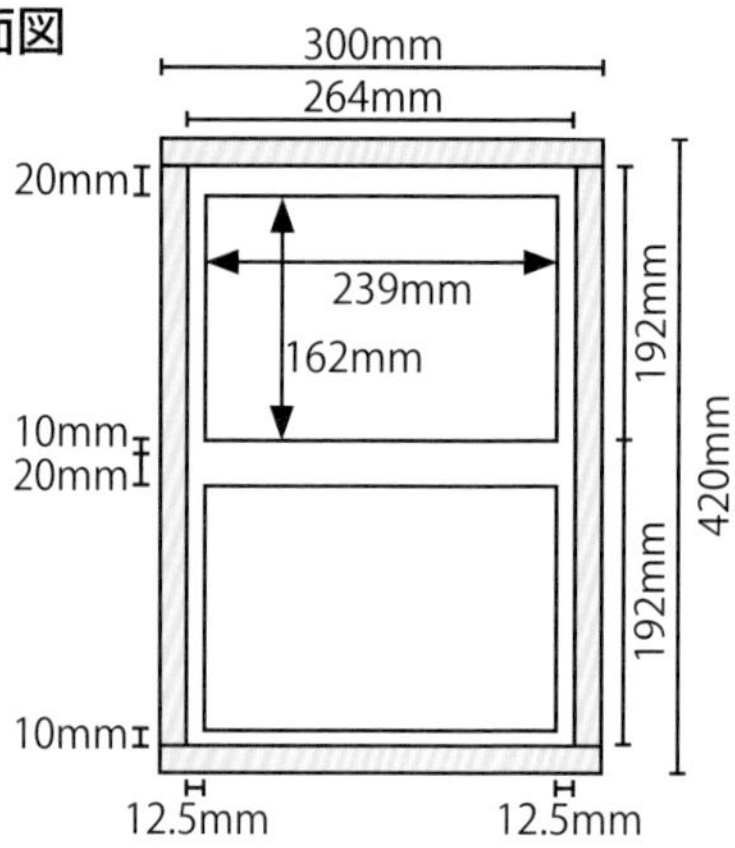

300mm
264mm
20mm
239mm
162mm
10mm
20mm
10mm
192mm
192mm
420mm
12.5mm
12.5mm

■キャビネット本体のサイズが決まっている場合

<製作例>キャビネット外寸：横幅 300 ×高さ 420 ×奥行 300mm（板厚はすべて 18mm）　引き出し：2段
スライドレール：ローラータイプ（厚み 12.5mm）を使用

❶キャビネットの内寸を計算
横幅：300-(18×2)=264mm
高さ：420-(18×2)=384mm
奥行：300-18=282mm

❷引き出しの横幅を決める
内寸横幅からレール2本の厚みを引きます。
【264-25=239mm】

❸引き出しの高さを決める
ローラータイプを使用する場合は、引き出しの上部に脱着するための余裕、下部にレールが出る分のすき間が必要です。上部を20mm、下部を10mmとして計算します。
1段分の高さ(内寸の半分)
：384÷2=192mm
【192-(20＋10)=162mm】

❹引き出しの奥行を決める
内寸奥行282mmで使える
レールのサイズは250mm
【最小250～最大279mm(余裕の3mmを見て)】
250mmにすると引き残しは最小。
長くするほど引き残しが増えます。使いやすさ、収納量のどちらを優先するかで決めます。
【引き出しの外寸
＝幅239×高さ162×奥行250mm】

★ベアリングタイプを使用する場合
脱着可能なタイプでもまっすぐに引き抜けるので、引き出しの上下に余裕分の5mmずつとっておきます。

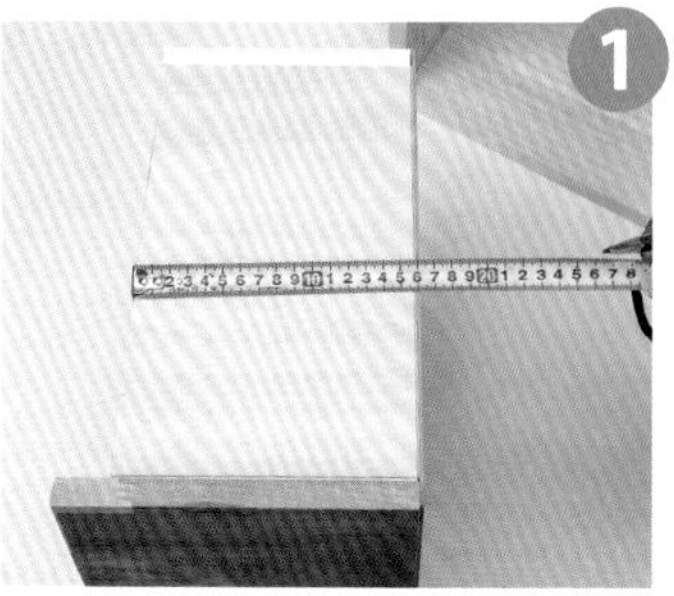

収納本体への取りつけ位置を決める準備として、引き出しの箱の外寸高さを確認します。

箱の高さより上部20mm、下部10mmがあくように、レールの取りつけ位置を決めて線を引きます。

ヒント

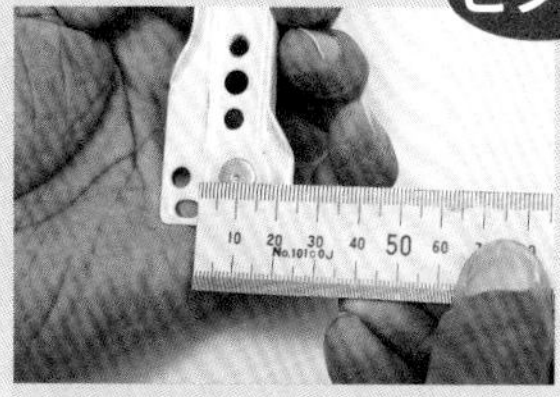

箱の上部と天板のすき間については説明書に記載されています。わからない場合はローラーの直径に2〜3mmの余裕を加えた寸法を目安にしましょう。

❷の線に本体側アウターレールの下端を合わせて仮どめします。可能なら本体を寝かせて作業するとよいでしょう。

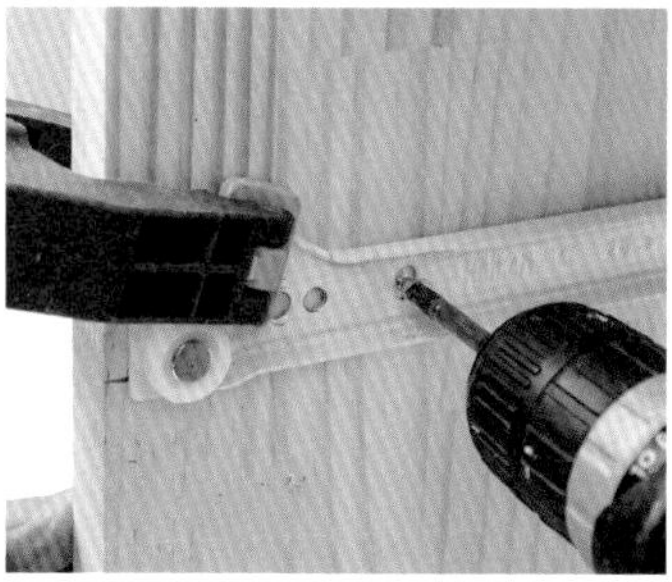

アウターレールの前後にある縦長の穴に、下穴をあけてネジで固定します。この穴は後ほどアウターレールの高さ調整が必要になった場合に備えた仮どめ用です。この時点では動かない程度に締めつけておきます。

側板に 2 本のアウターレールを取りつけたところ。左右が同じ高さになるように、正確に測って位置決めしましょう。

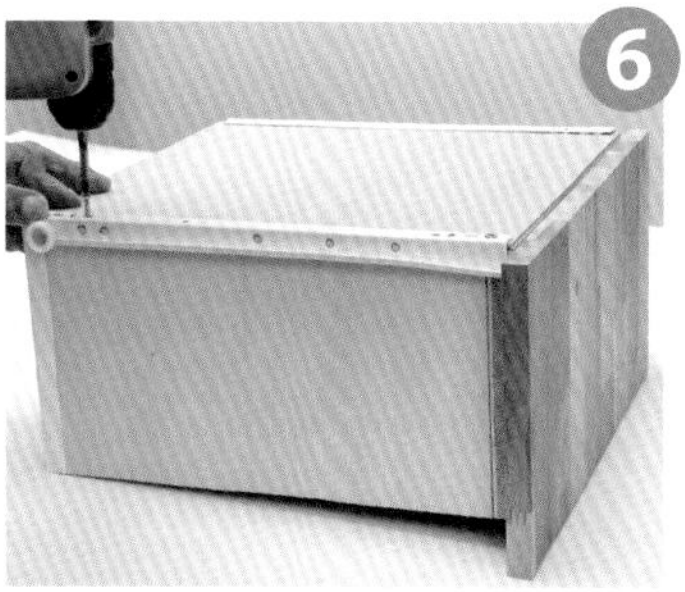

引き出しの底の角に、底側にネジを打ってインナーレールを固定します。レールは箱の前端に合わせます。

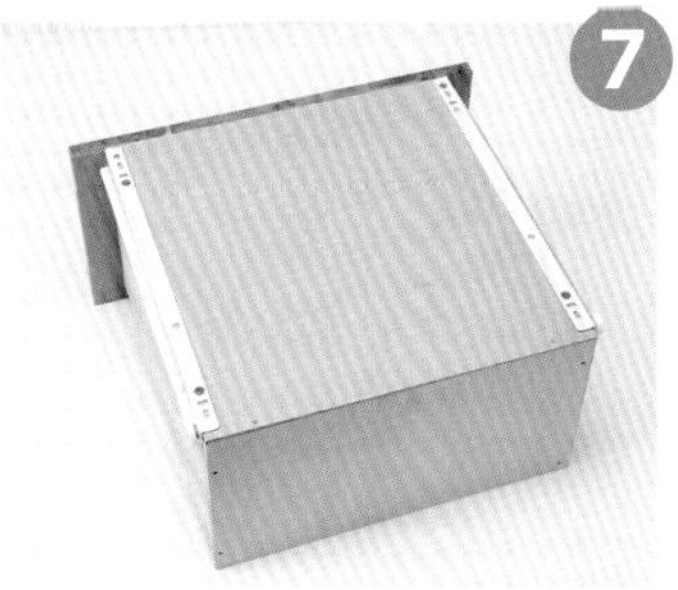

2本のインナーレールの取りつけが完了したところ。着脱式のレールなので、作業が楽に行なえます。

引き出しを斜めに持ち、アウターレールのローラーにインナーレールのローラーを載せるようにして差し込みます。

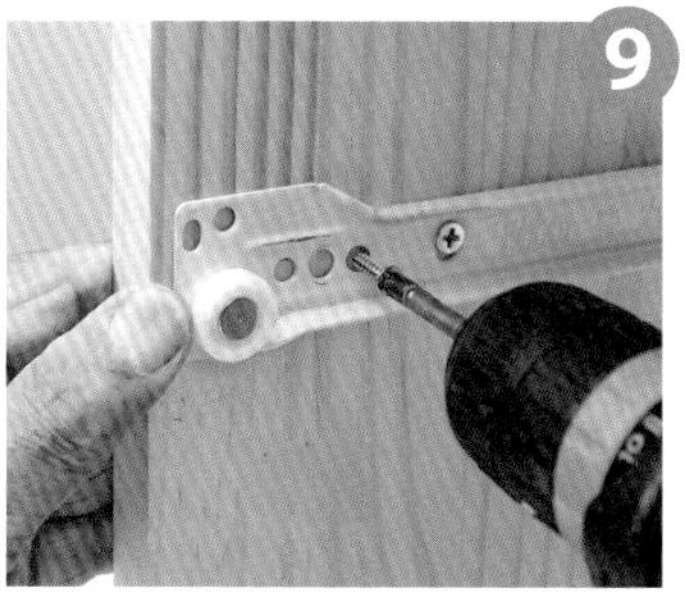

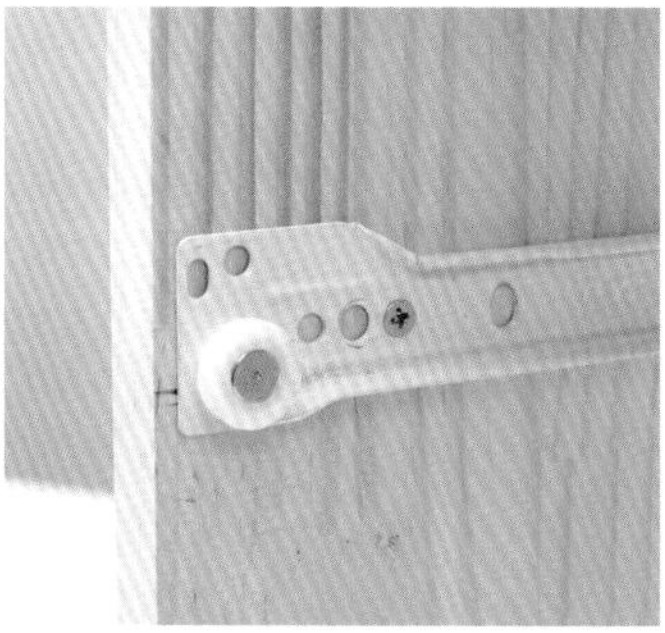

引き出しがまっすぐスムーズに開閉することを確認できたら、丸い穴にネジを打って本固定し、仮どめ用のネジを抜きます。左右の高さがずれていたら、仮どめ用のネジを緩めて微調整し、高さをそろえてから本固定してください。

ベアリングタイプの取りつけ方

耐荷重性が高く、動きがスムーズ 大型の引き出しにはとくにおすすめ

規則的に配置されたベアリングでレールをスライドさせるタイプです。耐荷重は約30kgあり、資料用キャビネットの引き出しなども軽く開閉するように作ることができます。取りつけは引き出しの側面。インナーとアウターのレールを組み合わせた状態で取りつけができるため、位置合わせがシンプルです。ここではジグを使用する簡単な取りつけ方を紹介します。

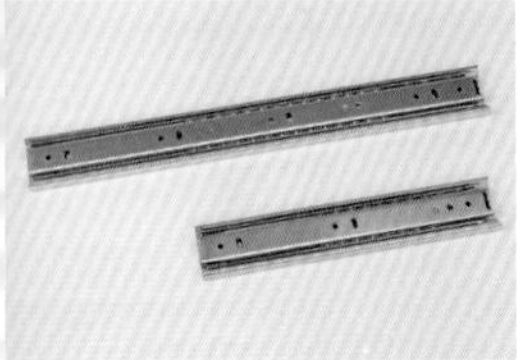

■ベアリングタイプの選び方

【長さ】50mm ごとに用意された標準規定サイズのなかから、引き出しの奥行きに合わせて選びます。

【スライド量】インナーレールとアウターレールを組み合わせた2段引きタイプは、レール全長の 1/4 程度の引き残しがあります。中間レールが入る3段引きタイプは、レールの全長と同じ長さを引き出すことができ、引き残しはありません。

【オプション機能】スイッチを押すことで脱着できる「引き抜き」機能、ゆっくり閉まる「ソフトクローズ」機能、途中から自動的に閉まる「オートクローズ」機能などのついたタイプが用意されています。

ベアリングタイプは脱着可能なものでも前方にまっすぐ引き抜くことができます。引き出し上下のクリアランスは 5mm 程度とっておけばよいでしょう。

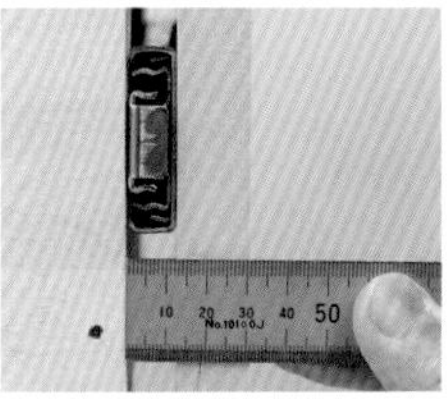

レールを側面に取りつけるため、引き出しの横幅はレールの厚み2本分（使用製品は 12.5 × 2 = 25mm）を本体の内寸横幅より小さく作る必要があります。

1 引き出しの高さの半分に、上部に必要なすき間 5mm を足した寸法で、本体側板に印をつけます。

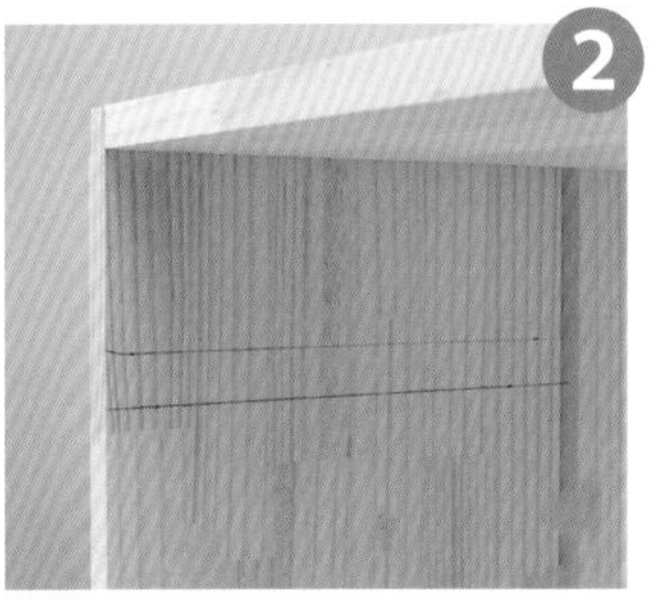

2 ❶の印からスライドレールの高さの半分を下げた位置に、取りつけの目安にする線を引きます。

3 今回は取りつけをサポートする便利なアイテム、スライドレール取りつけジグを使います。

4 ❷の線に合わせてクランプでジグを固定します。ジグは側板の前面と垂直が出るようになっています。

5 スライドレールの前端を側板の前面にそろえてジグにのせます。❶の印はレールのまん中にきています。

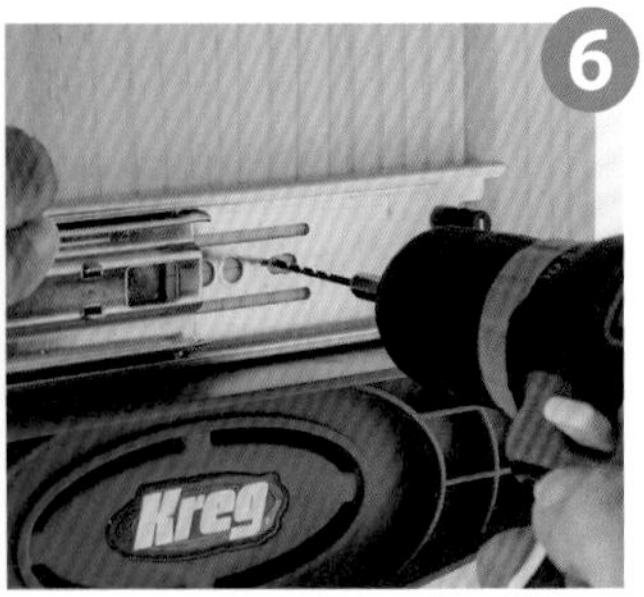

6 インナーレールを前方に少しずらし、アウターレールの取りつけ穴を出して下穴をあけます。

ネジを締めつけてアウターレールの後端を固定します。取りつけ穴はどれを選んでもかまいません。

インナーレールをさらに前方にずらし、アウターレール前端の穴を見えるようにしてネジどめします。

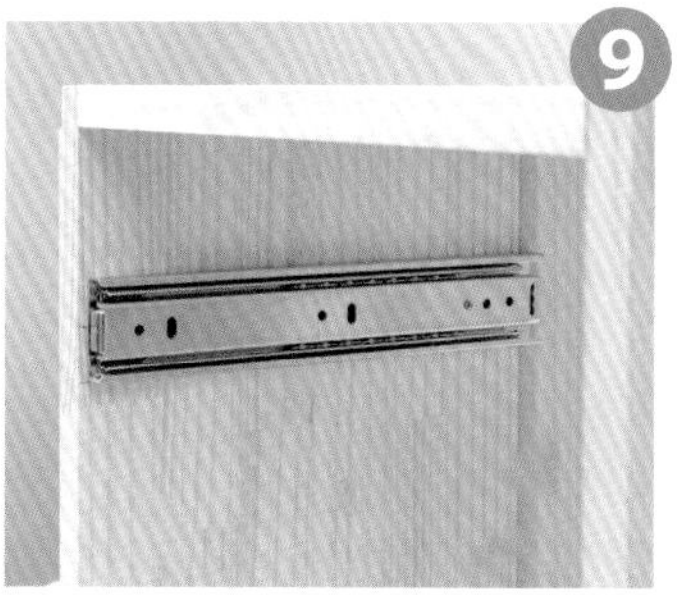

長いスライドレールを取りつける場合は、前・中央・後の 3 か所をネジどめして固定しましょう。

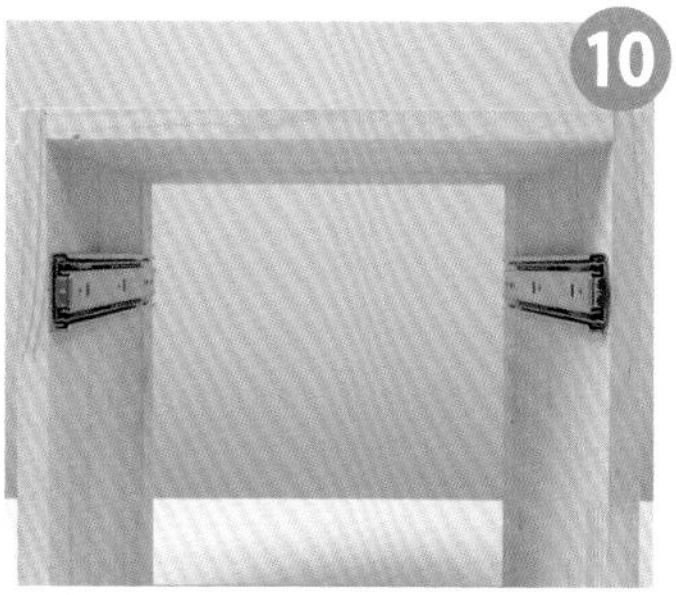

反対の側板にもアウターレールを固定します。左右の高さがずれないように正確に作業してください。

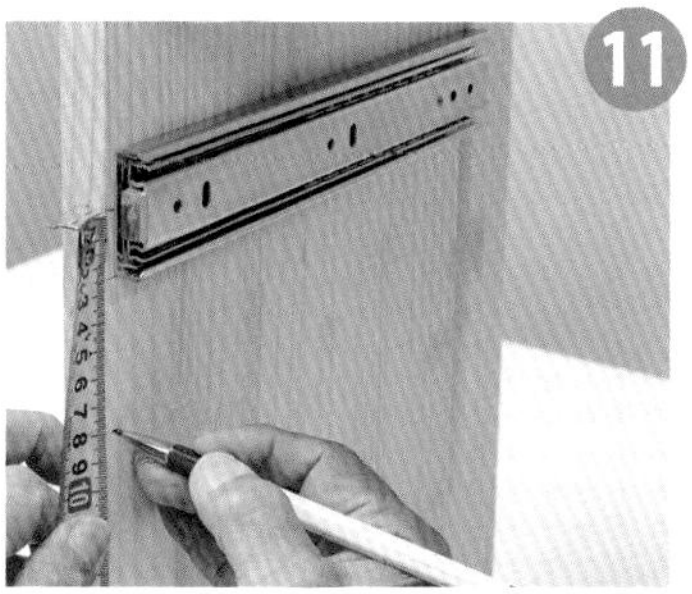

引き出しの高さ、上下のすき間を計算して、箱の下端になる位置に印をつけます。

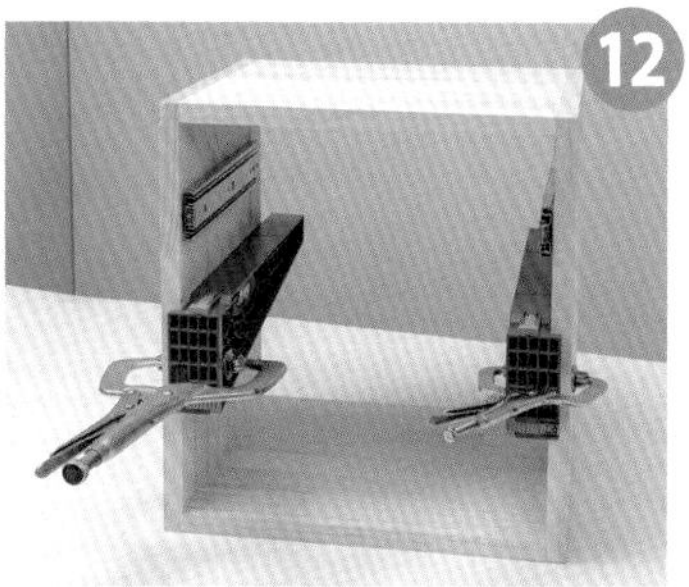

⓫の印に高さを合わせてスライドレール取りつけジグを固定します。

左右のインナーレールを引き出した状態で引き出しを入れ、そのままジグの上にのせます。

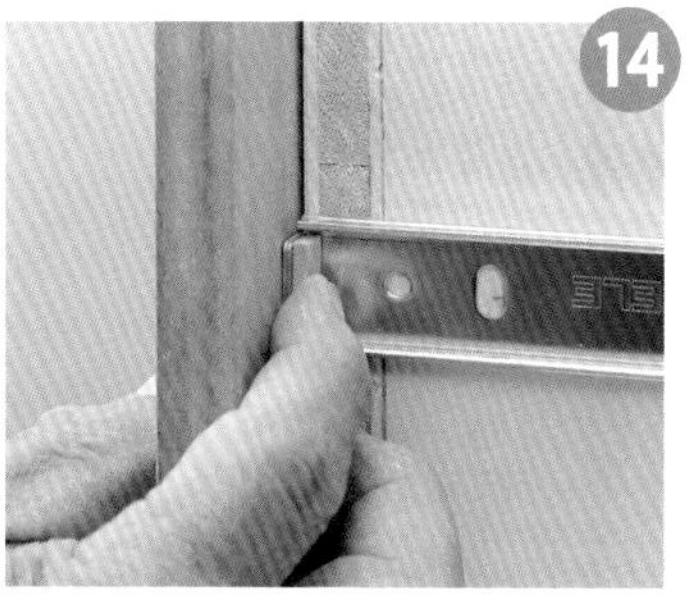

インナーレールの前端を箱の前面に合わせます。

インナーレール前方の取りつけ穴に下穴をあけてから、ネジを締めつけます。穴はどれでもOKです。

引き出しの反対側も同じようにし、両方のレールの前端を先にネジどめします。

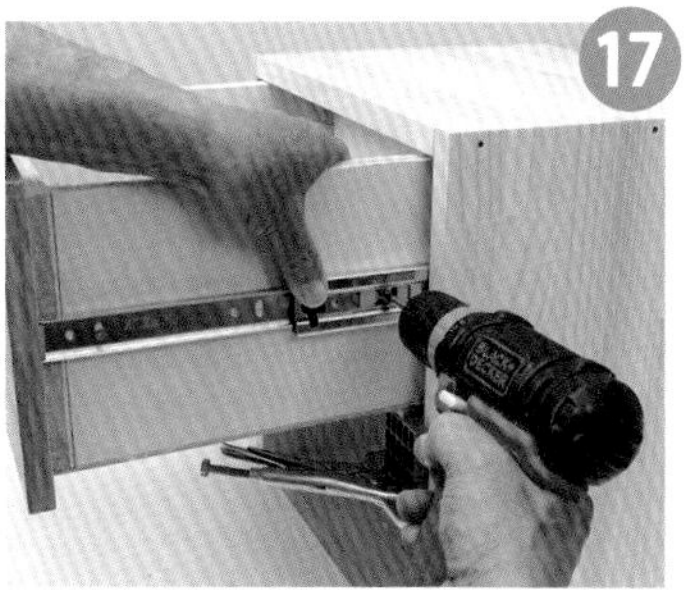

引き出しごとインナーレールを前に出して、後方の取りつけ穴をネジどめして取りつけは完了です。

ヒント

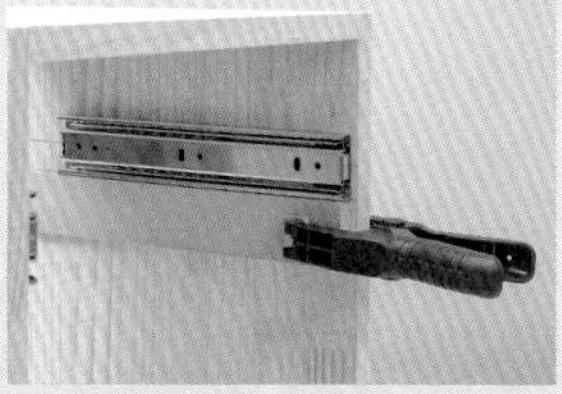

ジグを用意できない場合は、角材で代用できます。その際は側板前面から垂直の線を引いて、高さをそろえて固定しましょう。

著　者
山田　芳照（やまだ よしてる）

1999年、（株）ダイナシティコーポレーションを設立し、DIY情報サイトDIYCITYを運営している。DIYアドバイザーの資格を取得し、DIY普及活動として、2005年から6年間、NHK Eテレ「住まい自分流」に講師で出演した。
以後、DIYをテーマにしたTV番組の講師及び監修、企画制作を行っている。2013年からは、ホームセンターに置かれているHowtoシートの監修と制作を行い、社員研修やDIYセミナー、DIY教室、体験講座などの企画運営を継続して行っている。DIYパフォーマンス集団「佐田工務店」は、よしもと芸人を中心に立ち上げ、イベントやTV番組を通じてDIYをさらに普及させる活動も行っている。

スタッフ

本文デザイン	吉田デザイン事務所
編集協力	木下 卓至
	那須野 明彦
	大野 晴之
カメラマン	鈴木 忍
制作協力	とよた 真帆
	山田 成子
	山崎 真希
	川岸 和佳子
	立野 真樹子
	森田 なほみ
編集担当	原 智宏（ナツメ出版企画株式会社）

本書に関するお問い合わせは、書名・発行日・該当ページを明記の上、下記のいずれかの方法にてお送りください。電話でのお問い合わせはお受けしておりません。
・ナツメ社webサイトの問い合わせフォーム
　http://www.natsume.co.jp/contact
・FAX（03-3291-1305）
・郵送（下記、ナツメ出版企画株式会社宛て）
なお、回答までに日にちをいただく場合があります。正誤のお問い合わせ以外の書籍内容に関する解説・個別の相談は行っておりません。あらかじめご了承ください。

DIY《ディーアイワイ》で作《つく》るリメイク家具《かぐ》・リモデル家具《かぐ》

2023年5月1日　初版発行

著　者　山田芳照《やまだよしてる》
発行者　田村正隆

発行所　株式会社ナツメ社
東京都千代田区神田神保町1-52　ナツメ社ビル1F（〒101-0051）
電話　03(3291)1257（代表）　FAX　03（3291）5761
振替　00130-1-58661
製　作　ナツメ出版企画株式会社
東京都千代田区神田神保町1-52　ナツメ社ビル3F（〒101-0051）
電話　03(3295)3921（代表）
印刷所　図書印刷株式会社

ISBN978-4-8163-7358-9　Printed in Japan